地域社会から見る帝国日本と植民地

朝鮮・台湾・満洲

松田利彦・陳姃湲 編

思文閣出版

地域社会から見る帝国日本と植民地——朝鮮・台湾・満洲◆目次

地域社会から見る帝国日本と植民地——朝鮮・台湾・満洲

序

松田利彦

植民地支配が「支配される側」にとってどのような意味を持ったか――この古くからの問いは、近年、「帝国史」研究の場からとりわけ多く発せられている感がある。

周知のように、「日本史」「台湾史」「朝鮮史」が別々の学問領域として分節化され、「日本史」にとって植民地の問題が外在的ないし周縁的な問題と見なされてきた研究傾向を克服すべく、一九九〇年代後半以降、帝国史研究が活発化した。その一方で帝国史研究の自閉性への危惧も語られるようになっている。たとえば駒込武氏は、「帝国史研究は、「朝鮮人や台湾人にとって植民地支配はどのような意味を持ったのか」という問いへのこだわりを欠く時、きわめて容易に「日本人」による「日本人」のための「朝鮮史」「台湾史」研究へと回収されてしまうであろう」と述べている。(1) それは日本帝国史の研究に限らない。イギリス帝国史研究においても、「ヨーロッパにとっての帝国支配がどんな意味をもっていたのかという問題に関心が偏り過ぎているために、「支配される側」にとって帝国支配がいかなる意味をもっていたのかという問題を後景に退けてしまっている」とされ、(2)「帝国史と地域研究の接合(3)」という問題が提起されている。

こうした問題意識は、帝国史研究が一国単位のナショナルヒストリーの克服という美名のもと「宗主国」史の外延に植民地史を包摂し、結果として植民地主義的な思考枠組みを再生産してしまうことへの危機感から生じている。ひいてはそれは、グローバル化の中で、周縁地域が中心部と否応なく結びつけられつつ世界に飲み込まれていく不安や焦燥という、今日的な問題ともどこかで通底しているかもしれない。

さて、帝国史研究におけるこのような潮流を念頭に置きながら近年の日本植民地史研究に目を向けてみたとき、そこには帝国史研究の問題提起に呼応しうる議論が生み出されつつあることに気づくだろう。

現在の植民地史研究は「支配される側」の問題をどのように組みこもうとしているのだろうか。植民地支配権力と現地社会の関係や、両者の間に生まれた政治空間といった問題に関わる個別的議論については、本書第一部で整理することにして、ここでは近年の植民地研究全般にもっとも大きな影響力を与えているフレームワーク「植民地近代性」論 Colonial Modernity をめぐる議論をとりあげてみよう。

「植民地近代性」論に立つ論者は、近代批判の視角を根底に置きつつ、近代的価値観・制度や規範意識の浸透力に着目し、被支配民族の近代的なるものへの憧憬や内面化、近代的主体への転化などを解明しようとしてきた[4]。しかし、「近代性」をどの程度、植民地期の朝鮮人が受容したか（あるいはしなかったのか）については、論者によって見方に大きな幅がある。民衆史研究者からは、植民地において「近代」がどれほど浸透し人々を包摂しえたかは疑問であり、植民地権力に回収しきれない人々の心性や底辺社会の諸相を重視すべきだとの批判も投げかけられている[5]。さらにこうした批判を一定程度受け入れつつ、近代から疎外された要素も含めた「構造」として「植民地近代」を捉えるという考え方も最近現れている[6]。

このように、植民地社会の性格規定という問題意識から出発した「植民地近代性」論は、「近代のヘゲモニー」に対する論争を媒介として、次第に「非近代的」「自律的」な民衆世界をどのように位置づけるかという議論に収斂しつつある。言いかえれば、植民地近代のなかで「支配される側」はどのような場所を占めたのか、という問題が議論の焦点となっている。無論、このことのみで「植民地近代性」をめぐる多様な議論を語り尽くすことはできないが、大きな潮流の一つとして、植民地権力（近代のヘゲモニー）と現地社会の関係性が研究者の関心を引きつけていることは間違いない。

筆者が、二〇〇八年度から二〇一〇年度にわたり国際日本文化研究センターで共同研究「植民地帝国日本における支配と地域社会」を組織したのも、上述した各方面から提起されている問題意識を受け止めようとするところから出発した。植民地政策研究を政策分析だけで完結させることなく、支配される側を組み込んだ議論を構築したいと考えたのである。このこと自体は何も目新しい提言ではないが、多様な切り口を持つこの問題を具体的な歴史事実に基づいて考えていくことは一人の研究者の力で容易にできることではない。朝鮮史・台湾史をフィールドとする研究者がそれぞれの多彩な問題関心から描いた歴史像を持ち寄り集積することで――点描画において一つ一つの微細な点が全体として一枚の絵画をなすように――植民地期の地域社会像を浮かび上がらせていくことにこの共同研究の意義があったのではないかと思っている。

また、筆者はこの共同研究に先立ち二〇〇四年度から二〇〇六年度にかけ共同研究「日本の朝鮮・台湾支配と植民地官僚」を組織し、法務・財務・土木・技術・逓信・警察・教育・鉄道・宗教など多様な分野に即して、植民地官僚がいかなる政策思想をもち、それがどのように実際の政策に結びついていたかについて掘り下げたが[7]、反面、植民地官僚によって導入された政策が現地社会とどのように切り結んだのか、という問題には十分に切りこむことができなかった。今次の共同研究は、その点の反省も踏まえて、支配政策の実施過程において、現地の朝鮮人・台湾人あるいは在住日本人などからどのような抵抗／非協力／協調などの反応が生じたのか、という局面に視点を下降させることを企図したものでもある。

なお、共同研究「植民地帝国日本における支配と地域社会」が作業枠として設定した「地域社会」という言葉について若干説明しておきたい。ここでいう「地域社会」とは、植民地支配の浸透あるいは近代世界の形成によって再編される自己完結的な生活圏、という程度の意味で用いている[8]。もとより「地域」という概念は曖昧であり、従来はおもに地域研究（Area Studies）の領域で用いられてきた鍵概念であるが、ここでの「地域」はもちろんそのような大きな地政学的概念ではない。グローバル―リージョナル―ナショナル―ローカルという現代世界の四層構造[9]からいえば、我々の扱うのはローカルのレベルということになる。

また、こうしたローカルレベルの地域史・地方史研究を分類する際に、「本来の地方史（あるいは、「それ自体としての地方史」）」「地方化された国史」という区分が用いられることがある。[10]前者は、特定地域を全国史の一部分としてではなく独立した実体として、地方それ自体の歴史的アイデンティティーを探る研究手法、後者は全国史に通底する一般的理論・解釈を立証ないし反証することを一次的目標として、必要な地域の歴史に接近する手法と説明される。もちろん両者を厳密に区分できない場合もあるし、かつ二つの手法は相互補完的な研究方法と見なすべきだろう。したがって本書ではいずれの方法論も排除していない。ただ、帝国史の問題提起への応答を意識した本書では、特定地域に沈潜してその地域固有の歴史的特性を明らかにする「本来の地方史」を扱う論文は少ない。その意味では、後者の「地方化された国史」に近い感を読者に与えるかも知れないが、特定地方の事例を「一国史」の歴史に回収させることを目的としているわけではないことはあらかじめ断っておきたい。むしろ、地域社会に関わるテーマを個々に掘り下げながらも、朝鮮史と台湾史を横断する枠組みをとることで、ナショナルヒストリーを超えて植民地研究に通底する問題群に接近することが、共同研究班員の間でゆるやかな合意になっていたと思う。

さて、三年間の共同研究を通じて「帝国史」と「地域社会」という大きく異なるレベルの問題を結びつけようと苦闘した末、研究成果はやや視角の異なる二冊の形で公にすることにした。一つは本書であり、地域団体・地域エリート・都市・衛生・娯楽・戦時動員等々、概して植民地史研究において地域社会を剔抉するための切り口となりうる多様なテーマを提示することにつとめた（もちろん、本書でとりあげたテーマによって地域社会論全域をカヴァーできるわけではない）。今ひとつは、二〇一一年七月に国際日本文化研究センターで行った国際研究集会の報告書『植民地帝国日本における支配と地域社会』（国際日本文化研究センター、二〇一三年）である。ここでは、朝鮮史と台湾史の架橋を意識しながら、朝鮮史研究者と台湾史研究者が植民地権力と地域社会の媒介者・学校・衛生・青年会など同一のテーマをともに論じることで、日本統治期の朝鮮史と台湾史の「相互参照」を試みている。本書の姉妹編としてお読みいただければ幸いである。

（1）駒込武「「帝国史」研究の射程」（『日本史研究』第四五二号、二〇〇〇年）二二四頁。

（2）前川一郎「近年のイギリス帝国史研究――現状といくつかの課題――」（『創価大学人文論集』第一七集、二〇〇五年）二八一頁。

（3）秋田茂「イギリス帝国史研究と地域史の対話」（『歴史科学』第一七九・一八〇合冊号、二〇〇五年）二二頁。

（4）代表的な研究として、金晋均・鄭根埴編著「植民地体制와 近代的規律権力」『近代主体와 植民地規律権力』（文化科学社、一九九七年）、松本武祝『朝鮮農民の〈植民地近代〉経験』（社会評論社、二〇〇五年）、尹海東ほか編『近代를 다시 읽는다』第一、二巻（歴史批評社、二〇〇六年）など。植民地近代性論の内容は、「規律権力論」「民族主義批判」「都市文化論」「女性史と微視史」など多岐にわたるが、その研究史的整理としては、松本武祝「「植民地的近代」をめぐる近年の朝鮮史研究――論点の整理と再構成の試み――」（宮嶋博史・李成市他編『植民地近代の視座――朝鮮と日本』岩波書店、二〇〇四年）、김동노「植民地時期 日常生活의 近代性과 植民地性」（延世大学校国学研究院編、前掲『日帝의 植民支配와 日常生活』所収）、板垣竜太「〈植民地近代〉をめぐって――朝鮮史研究における現状と課題――」（『歴史評論』第六五四号、二〇〇四年一〇月）、허수「새로운 植民地研究의 現住所――‘植民地近代’와 ‘民衆史’를 中心으로――」（『歴史問題研究』第一六号、二〇〇六年一〇月）、高岡裕之・三ツ井崇「問題提起――東アジア植民地の「近代」を問うことの意義――」（『歴史学研究』第八〇二号、二〇〇五年六月）などを参照されたい。

（5）趙景達『植民地期朝鮮の知識人と民衆――植民地近代性論批判――』（有志舎、二〇〇八年）

（6）板垣竜太『朝鮮近代の歴史民族誌――慶北尚州の植民地経験――』（明石書店、二〇〇八年）二九頁は「〈近代〉への包摂や関与の側面だけでなく、排除や自律性あるいは「非近代的」な要素の広範な存在……を切り離すことなく、同時代的な構造としてみる必要がある」と指摘する。戸邉秀明「ポストコロニアリズムと帝国史研究」（日本植民地研究会編『日本植民地研究の現状と課題』アテネ社、二〇〇八年）六九頁、洪宗郁『戦時期朝鮮の転向者たち 帝国／植民地の統合と亀裂』（有志舎、二〇一一年）二二頁も参照。

（7） 松田・やまだあつし共編著『日本の朝鮮・台湾支配と植民地官僚』（思文閣出版、二〇〇九年）。

（8） このような「地域」概念については、板垣雄三「序章」（板垣ほか『歴史のなかの地域』岩波書店、一九九〇年）参照。

（9） 秋田茂・桃木至朗「歴史学のフロンティア——地域から問い直す国民国家史観——」（同編『歴史学のフロンティア——地域から問い直す国民国家史観——』大阪大学出版会、二〇〇八年）一〇頁。

（10） 呉圭煥「地方史研究——그 理論과 実際、英国을 中心으로——」（『大邱史学』第三〇号、一九八六年）、高錫圭「地方史研究의 새로운 模索」（『地方史와 地方文化』第一号、一九九八年）。

解説

松田利彦・陳姃湲

本書は、大きく分けると二つのパートから構成されている。まず、第Ⅰ部で、松田と陳がそれぞれ朝鮮史研究・台湾史研究の立場から、帝国・植民地研究において地域社会がどのように扱われてきたか、既存研究の潮流と課題をまとめている。次に、第Ⅱ部から第Ⅶ部までは二二本の個別論文を収録し、六つのテーマに沿って配列した。

ここでは、第Ⅱ部以下の各論文のあらましを紹介しておきたい。

第Ⅱ部「地域社会団体」

植民地統治下、地域社会につくられたさまざまな官製団体の多くは、総督府やその周辺につらなる中央集権的な組織をもっていた。このような団体の分析は、おのずと、共同体の自律性・自己完結性が強かった前近代とは異なり中央の政治権力と接続された近代の地域社会のあり方を示すことにつながる。と同時に、地域社会団体の内部には、日本人と現地民族さらには有力者・対日協力者と民衆、ジェンダーなど錯綜した支配—被支配関係が存在した。そこに植民地特有の状況を探ることもできよう。

庵逧由香「朝鮮における帝国在郷軍人会」は、日本本国に一年遅れ一九一一年に朝鮮で設立された帝国在郷軍人会について、その創設経緯と一九三〇年代までの展開を跡づける。朝鮮の在郷軍人会は、日本と異なり道ごとに一つずつ支部が設置され、分会は各道の主要都市にのみ設置された。朝鮮人の在郷軍人は制度的には一九三八年の志願兵制度実施以降に現れたため、在郷軍人会支部と朝鮮人社会が密接な関係を持ったわけではなかった。しかし、創立初期から在郷軍人会には、中枢院議員や郡守、町総代ら非軍人の朝鮮人名士が、特別会員や名誉会員といったかたちで所属していたことが確認される。また、分会の中には、朝鮮人を組織して青年会を設立させるなど積極的に地域の朝鮮人と関わろうとしたケースも見られる。一九三〇年代に入ると、朝鮮軍にとって「思想運動」の朝鮮社会への普及状況や在郷軍人間での思想状況を把握する場として在郷軍人会の役割が重視されるようになった、としている。

松田利彦「植民地期朝鮮における消防組について」は、朝鮮開港以後、日本人が朝鮮に扶植した消防組の歴史を俯瞰する。消防組は、在朝日本人の自治的組織として生まれたが、当初より領事館・理事庁の監督を受け公的団体としての性格は日本本国より強かった。そして韓国併合後は法的にも官設化されたが予算は不十分だった。また、朝鮮人を組員に編入したことで規模が急膨張したが、組織下部に行くほど朝鮮人の比重が高まる構成になっていた。一九二〇年代の「文化政治」期、消防組の問題点が、朝鮮語新聞の報道などでとりあげられるようになった。まず、財政基盤の弱さを民間からの寄付で補おうとして、地域の朝鮮人住民とトラブルを起こした。また、幹部の構成や人選をめぐって消防組内部での日本人と朝鮮人の対立が表面化することもあった。しかし一九三〇年代以降、消防組は、農村振興運動の補助団体として警察補助機関化が進み、日中戦争期には銃後防空組織へと改編された。

福井譲「逓信政策による農村支配の一形態――「簡易生命保険模範部落」を中心に――」は、一九三〇年代朝鮮における農村振興運動期に、簡易保険の普及のために設けられた「簡易生命保険模範部落」の導入背景と展開について論じる。簡保制度は植民地朝鮮では一九二九年に導入されたが、経済力が乏しく簡保制度を理解していなかった朝鮮人加入者を中心に保険の失効者が続出し、当初より順調に展開したわけではなかった。こうしたなか一九三〇年代に農村振興運動が開始されると、朝鮮総督府逓信局は、勤倹貯蓄や民力涵養などの同運動の基本理念と合致するものとして簡保を改めて意義づけた。簡保の普及・拡大のために、一九三〇年代半ばから各地で設置されたのが簡保模範部落だった。そこでは、簡保拡大のために中堅人物を活用したり簡保組合を設置したり、「保険牛」を賞品とする表彰制度を設けたりするなどの方法によって、部落全体の生活改善が図られたことを明らかにしている。

宮崎聖子「植民地女性と「国民化」の問題——一九四〇年代前半植民地台湾における女性と青年団——」は、当該期の社会組織化のプロセスにおけるジェンダーや階層のバイアスを考察することで、「皇民化」や「国民化」の概念を再検討する手がかりを提供しようと試みる。植民地の各種社会組織は、前近代のそれとは異なる様式で個々人を組織化する役割をも果たした。とはいえ、植民地社会の抱える民族間の権力関係を強調する研究史のなかで、その具体的なプロセスは「皇民化」という概念に収斂され、詳細な分析がおよんでいなかった嫌いがある。それに対して、本稿は一九四〇年代の台湾の女子青年団を手がかりに、植民者の次元における政策変化の側面のみならず、それを被植民者たちがどのように実践したかにまで視野をひろげることで、植民地の女性たちが経験した「国民化」あるいは「皇民化」とは、内地のそれと内容を異にしているのみならず、植民地の男性の経験とも同様ではなく、さらには同じく植民地女性であっても、その内実は階層や時代、地域などに複雑な影響を受けていたことを明らかにする。

第Ⅲ部「宗教・慣習と社会教化」

朝鮮人や台湾人の生活・行動様式を規定していた宗教や慣習は、植民地期において支配者にも被支配者にも複雑な問題を突きつけた。すなわち、総督府は、台湾・朝鮮における旧慣調査に端的に表れているように、前近代以来の慣習をどのように保護／排斥／利用するかという問題にさまざまな場面で直面することになった。また、植民地民衆の側では、生活領域に流入し慣習を改変しようとする力——「植民地近代」——と否応なく向き合うことになった。この点が研究史上の重要な論点となっていることは序文で述べたとおりである。

永島広紀「朝鮮総督府の「社会教育」と「地方改良」」は、朝鮮総督府学務局を中心とする「社会教育」の担当部課とその人事慣行について論ずるものである。もともと、一九一〇年代からの古蹟調査事業の進展にともなって増設された古蹟調査課が、三・一運動後に設けられた宗教課とともに社会教育課の前身となった。したがって「旧慣」にまつわる諸事業が総督府の社会教育の中核となったが、戦時期にはさらに社会教化の業務が強化された。学務局は、朝鮮王朝の儀典の継承を内外に示す部署という位置づけにあったことから朝鮮人高等官の配置が多く、社会教育課も例外ではなかった。こうした社会教育を担当する朝鮮人官僚は、中枢院通訳官・経学院・明倫専門学院とも人事的に密接に結びついていた、と論じている。

青野正明「植民地朝鮮の宗教運動と「中堅人物」——農村社会の変動を軸に——」は、植民地期の農村における宗教運動と農村振興運動下の「中堅人物」を素材としながら、「近代」と「民衆文化の自律性」を区別する議論を批判する。まず、天道教（新派）の農民運動に着目し、そこでは、集団農場化を通じて村落自治を掌握することで農村の合理化が図られていたとされる。そこに参加していく農民の心性にも、非合理的な終末思想的要素への共鳴とともに、巫俗の否定のような合理主義が見いだせる。次いで着目するのは、総督府による農村振興運動の末端での担い手となった中堅人物である。中堅人物は、疲弊した農村を救済するすべを農村振興運動以外に見いだせないなか、葛藤しつつも農村振興運動の近代文化にすがりつき総督府の論理を受け入れた。そのようにして、植民地期、朝鮮人がいわば生存のために近代的合理性を内面化した可能性が指摘されている。

水野直樹「咸鏡北道における思想浄化工作と郷約・自衛団」は、朝鮮咸鏡北道で一九三〇年代以降、実施された思想浄化工作と、その中で組織された郷約と自衛団について分析している。咸鏡北道当局は、朝鮮王朝期の郷約を換骨奪胎して農村振興運動に利用しようとした。郷約には南三郡（明川・吉州・城津）で盛んだった農民運動を防止することも期待されたが、さほど効果は上がらなかった。そこで、同道では一九三六年以降、南三郡思想浄化委員会を組織しつつ、思想浄化工作の末端補助機関として、警察の統制のもと農民運動の激しい地域を中心に自衛団を設置した。世帯主を構成員とした郷約に対し、自衛団は、当局のより強い統制下、原則として青年男子すべてを組織するものとされていたが、農民組合運動を完全に抑えこむことはできなかった。日中戦争期以降になると、自衛団は南三郡以外の地域にも急速に拡大するとともに、労働力動員の一翼を担う機関に変貌していった、とされている。

第Ⅳ部「慣習と法の「近代化」」

ここには、植民地期における慣習の法制化や植民地法の特質に関わる論文を収めた。前近代から引き継いだ慣習と日本が導入しようとした近代法とは、多くの場合、別々の領域を形成していたというよりは、相互に絡み合いながら植民地支配のための法体系を作っていた、と考えるべきだろう。すなわち、前近代の法や法的慣習が植民地法として再定義される過程で大きく変貌した場合もあるし、日本法の導入と映る法令も現地の状況に合わせた改変を加えられている場合もあった。

陳宛妤「植民地台湾社会における法の植民地近代性――民事担保権使用の分析を中心に――」は、不動産担保権をとりあげ、日本統治期台湾で、慣習法（「旧慣」）が近代法（日本民法）へ移行する近代化プロセスのなかで、台湾人民衆の経験した「植民地近代」の様相を明らかにする。一九二二年に日本民法の台湾施行が決まると、それまで「旧慣」に準じて営まれていた台湾人同士の社会経済上の諸関係は、近代法のもとでの再編を余儀なくされてしまう。なかでも担保権は、土地所有関係の再規定や商売上の資金調達など経済活動上の便益に深くかかわっていたため、それにかかわる近代法の継受というプロセスを、台湾人はみずからの立場で理解しかつ実践しなければならなかった。本稿は台湾の担保権制度が日本統治時期に経た展開過程を概観し、さらに、買弁商人の作成した公正証書や地方エリートの日記など台湾人の視点と体験にもとづく資料を用いながら、日本からもたらされた法制度の変化に直面した台湾人たちが、代書人、弁護士等の法律専門家の「翻訳」と「媒介」にたよりつつ、時にそれを利用し時に変形させつつ、柔軟に対応していった様相を浮き彫りにする。

李鐘旼「日本の植民地支配と笞刑――朝鮮の事例を中心に――」は、朝鮮で一九一〇年代に行われていた笞刑をとりあげ、笞刑が当時の刑罰に占めた位置やその撤廃にいたる動きを、他の日本植民地の事例も参照しつつ考察する。台湾では笞刑は統治上の効果と行刑費の節減のため一九〇四年に導入されたが、非文明的刑罰を許容したことについては台湾現地の特殊事情のためという理由づけがなされた。このような根拠で差別的な簡易処罰を導入したのは、朝鮮でも同様だった。一九一二年に施行された朝鮮の笞刑令は、犯罪即決例によって裁判抜きで警察署長等が行った即決処分にもとづき、主に賭博、森林令違反や軽犯罪に適用された。三・一運動が起こると、収監者の激増により懲役や拘留を笞刑処分に代えるケースが増える中、笞刑は恣意的な公開刑の性格を強めていった。笞刑の存廃については総督府一線官吏の間では存続論が強かったが、日本の暴力的鎮圧を非難していた在朝鮮宣教師や英米の圧力を受け、一九二〇年に廃止されるにいたった。

長沢一恵「植民地朝鮮の民間鉱業の地域動向と「鉱業警察」の設置――鉱業近代化における社会法規の形成をめぐって――」は、朝鮮において鉱山災害防止や鉱山労働者保護に関する社会法規の制定が模索され、戦時期になって実現する過程を跡づける。朝鮮鉱業令（一九一五年）は日本の鉱業法（一九〇五年）に準拠していたが、鉱山労働者扶助の観点を持つものではなく鉱山保安のための鉱業警察制度も設けられなかった。しかし、一九三〇年代に入ると産金奨励政策による近代的設備の導入にともない鉱山災害が急増したため、産業・労働立法の制定が検討された。そして、朝鮮産業経済調査会の答申決定により、一九三八年に朝鮮鉱業警察規則と朝鮮鉱夫労役扶助規則が共に制定され、朝鮮総督府の鉱山行政は助長奨励から取締監督へと方針を転換したが、その主眼は労働環境の改善よりも戦時下で増産実績をあげるための監督に置かれていた、とされている。

第Ⅴ部「知識人・有力者・エリート」

日本統治下にあって、「植民地近代」に接する機会が最も多く、またそれにもっとも鋭敏に反応したのが、現地の知識人・有力者・エリートたちだった。彼らが植民地権力と現地社会の媒介項として働き、地方統治システムの変化にも関わったこと、知識人エリートが帝国内の各地域を移動し知の環流をも担ったことを以下の諸論文が描き出す。

春山明哲「黄欣：台南の「固園主人」――植民地近代を生きたある台湾人の肖像――」が論じるのは、植民地社会を生きる被植民者の個々人にとって、「植民地近代」とははたしてどのように経験されたのかという問題である。一八八五年に生まれ一九四七年に亡くなるまで、日本の台湾統治を丸ごと経験した黄欣は、統治者の持ちこんだ近代的立身出世の図式にならって、内地留学や通信教育などの機会をみずから活用しただけでなく、法律を学ぶことで植民地人たる台湾人の状況をも認識することができた。台湾に戻ると、実業家として成功し台南有数の資産家となった黄欣は、台湾人の社会で築いた人的ネットワークを基盤にして台湾総督府評議会員として活動したほか、さらに台南の台湾人社会が抱える諸問題の解決にも尽力した。本稿は黄欣自身の作成した二通の履歴書にもとづいて、その生涯を跡づけつつ、そこから総督府、日本内地での経験、台南の地方社会が複雑に絡み合いつつ繰り広げられる植民地近代を、台湾人の目線から汲み上げたものである。

野口真広「一九一〇年代台湾社会支配像の再検討——地方有力者と庶民の伝統的関係の変化を事例として——」は、領台直後の武力抵抗が終息を迎えた一九一〇年代を対象に、総督府とのかかわりを通じて徐々に多層化していく台湾人社会の動向を、公文書や日本人官僚の個人文書から浮かび上がらせている。台湾抗日独立運動史の流れからみれば、一九一〇年代は台湾人の抵抗が武力闘争から一九二〇年代の合法的闘争へと移っていく過渡期としてとらえられ、地方有力者たちを中心とした学校設立など、のちに合法的抵抗へと結びつく一部の動きのみで語られてきた嫌いがある。それに対して本稿は、総督府と台湾人社会とのかかわり方へと視点を切り替えることで、武力抵抗の鎮圧に成功し産業開発に取り組んだ統治政策が台湾人社会を根本的に揺るがせ、清朝以来の支配体制にのっとったままの地方行政システムでは、その動向も把握しきれなくなったことを、浮浪者対策および西来庵事件を通じて明らかにする。

陳姃湲「植民地で帝国を生きぬく——台湾人医師の朝鮮留学——」は、植民地出身者がもう一つの植民地に抱いた夢やそこでの経験を通し、植民地を出発点として再度帝国像を描きなおすことを試みる。一九三〇年代になると、植民地社会の不平等性の深化は、自由業でありながら安定的な高い収入が保証される医師業に多くの植民地出身の若者を惹きつけることになり、その結果、台湾や朝鮮の医学校は難関を極める狭き門となった。本稿が注目するのは、そのようなさなか朝鮮に留学して医師となった台湾人の経験である。まず彼らの留学を可能にした台湾と朝鮮の諸条件を比較考察することで、医学教育や医療制度をめぐる二つの植民地社会の違いを浮き彫りにすると同時に、彼らにとって植民地統治とは抑圧と制限の源であったのみならず、帝国の広がりに沿ってみずからの将来を切り開く利器ともなっていたことを論じる。さらに、彼らの戦後経験を振り返ることで、植民地支配が個々人の世界認識をどのように制限しつづけていたかをも考える。

広瀬貞三「南朝鮮鉄道工事と土地収用令」は、植民地朝鮮における土地収用令（一九一一年公布）の事例研究として、一九二九年の全羅南道麗水郡における南朝鮮鉄道工事を考察する。光州と麗水港を結ぶ鉄道の敷設工事および終端港の麗水港の工事にあたった南朝鮮鉄道の社長・根津嘉一郎がこの事業に乗り出したのは、麗水郡の日本人・朝鮮人有力者の誘致による。工事予定地の買収は、麗水郡内の朝鮮人有力者を鉄道用地斡旋委員として彼らに交渉を行わせる方式がとられた。斡旋委員の強圧的な土地買収に対して、地域農民は麗水農民会を組織して反対運動を起こしたが、総督府は一九三〇年に土地収用令を適用し地元知事が裁決した。工事に対して、麗水郡の有力者は、鉄道用地斡旋委員として土地買収に協力した多数派と土地収用令により土地を奪われ工事に反対した者とに分かれたが、両者は固定的なものではなく同一人物が二つの対応を揺れ動く様相も見られた。

大浜郁子「沖縄出身者の台北師範学校における台湾教育経験と沖縄の「戦後」復興への取り組み」は、戦前と戦後という時間的バイアス、そして沖縄と台湾という空間的バイアスを同時にまたいで生き抜いた人々の経験をつないで通観することを試みる。本稿はまず台北師範学校の学籍簿資料を用い、明治から大正にかけて同校を卒業した沖縄出身者の数を算出したうえ、そのなかから名城政雄と屋良朝苗の例をとりあげる。彼らの経験における戦前・戦後の連続性を考察することで、台湾の教育が植民地統治の初期に沖縄から渡った人々の人的ネットワークに負うところが多かったこと、さらに彼らが戦後沖縄の教育復興を担う人的基盤となったことを明らかにしている。

第Ⅵ部「都市と衛生・娯楽」

近年の植民地史研究では、文化史・思想史・都市史などの各分野で、現地社会への植民地権力の浸透において直接的な暴力以外の回路が果たした役割が注目されつつある。ここでは、そのような例として医療・衛生事業と娯楽の問題をとりあげる。日本のもたらした衛生施設や娯楽が地域社会への介入の回路として働いたあり方、また、その際に、在留日本人が重要な役割を果たしていたことが読みとれるだろう。

金貞蘭「開港期釜山における朝鮮牛の輸出と「輸出牛検疫所」の設置」は、日清・日露戦争以後の日本の朝鮮牛輸入にともない生じた牛疫予防問題について論ずる。両戦争を経て朝鮮牛に対する需要は急増し、食肉や軍需品のための生牛・牛皮の日本への輸入が拡大した。しかし、これとともに牛疫の流入防止も課題となった。日本国内では牛疫予防法規はすでに作られていたが、朝鮮には獣疫予防施設や関連規則がなかった。また、帝国議会に出された朝鮮牛の輸入禁止を求める法案（一九〇九年）にも対応するため、日本の農商務省・韓国統監府・朝鮮政府の農商工部が朝鮮における牛疫防止法規の策定にとりくむにいたった。この結果、一九〇九年、朝鮮政府によって輸出牛検疫法と輸出牛検疫所官制が公布された。釜山に設けられた輸出牛検疫所の建設・管理には、畜産業や牛の輸出業に携わっていた在留日本人も協力している。こうして作られたのは、当時の国際基準より厳しく強制的な釜山と日本における二重繋留検疫制度だった。

李炯植「一九一〇年代植民地朝鮮における衛生行政と地域社会」は、朝鮮総督府の衛生行政と朝鮮社会の対応を描く。植民地当局は、一九〇七年のコレラ発生への対応と一九一一年「満洲」で発生したペストに対する防疫対策を通じ、憲兵と警察官を中核とする伝染病予防政策を形成した。一九一五年公布の伝染病予防令は、衛生組合を警察系統の所管に置くことで衛生行政における憲兵警察の主導権を認めたものであり、総督府内で内務部の反発も招いた。他方、朝鮮人は総督府の阿片専売計画に反対し延期させたが、朝鮮人漢方医・貴族による漢方式の避病院設立運動は憲兵警察の弾圧で挫折を余儀なくされた。また、日本人医師会は発言権を抑えられていたことに不満を抱きつつ、警務総監部の衛生政策に協力した。さらに、総督府は西洋人宣教師による専門的医学教育機関の設置計画に対して警戒を示しつつ、これに対抗しうる医学専門学校設立に乗り出さざるをえなかった。このように総督府の衛生政策はさまざまな民間セクターとも対立しながら形づくられていったことが明らかにされている。

胎中千鶴「植民地台湾の大相撲興行と「国技」相撲」は、一九二〇年代から三〇年代にかけて、台湾で相撲の国技化に尽力した木村秀雄（本稿によれば、のちの八尾秀雄）の活動を追うと同時に、そのような試みが植民地社会で実際にどのように受容されていたかを考察する。伝統文化としての相撲が、日本の帝国主義化とちょうど時を同じくして「帝国の国技」の地位を新たに獲得すると、領台以来「見せるスポーツ」として存在してきた台湾の相撲にも変化が現れてきた。それまで興行の対象に過ぎなかった相撲を被植民者たちに実践させることで、身体的なレベルから日本化を図ると同時に、さらにはそれを通してみずからの個人的な身分上昇をも果たそうとした者――木村秀雄が現われたのである。本稿は、相撲国技化をめぐる木村の一連の活動を分析することで、台湾の日本人社会の不均質性を明らかにするのみならず、木村の思惑とは裏腹に台湾人や原住民のあいだで一人歩きをする相撲のありようを通し、被植民者たちが経験した日本ナショナリズムの実態をも浮き彫りにしている。

田中隆一「日中戦争期、満洲都市の住宅問題と保健・衛生行政――奉天を中心に――」は、日中戦争期における「満洲国」奉天の住宅・衛生問題を検討する。一九三〇年代の奉天では日本人と中国人苦力の流入により人口が急増し深刻な住宅難が生じた。「満洲国」政府は満洲房産株式会社を設立し住宅建設を進めたが、日本人官僚らを主たる対象とするものであり、住居様式の異なる中国人労働者への政策的配慮は乏しかった。物価騰貴のなか家賃統制も行ったが、房産自体が家賃をつり上げていると批判されたように有効な政策を打ち出せなかった。また、このような住環境の悪化にともない、伝染病や結核の蔓延など都市の「非衛生」も問題化していた。これに対しては、予算不足で行政的施策の及ばない部分を補うため、協和会などと連携しつつ、毎年「清掃週間」「健康週間」「体育週間」といった大衆動員行事が展開された。こうした政策の背後に、政策当局者の「国民の生命に対する国家管理」への志向を見てとることができる、と論じられている。

第Ⅶ部「戦時体制下の地域社会」

戦時期は、総督府権力と地域社会の接点が拡大するのにともなって植民地支配の矛盾が集約的に現れた。ここに収めた論考は、いずれも植民地権力と現地の人々の相剋を扱いながら、戦時期の人的・物的動員に対する植民地人の「協力」の裏面に、消極的ではあれ多様なかたちの抵抗が広まっていたことを明らかにしている。

藤永壮「戦時期朝鮮における「慰安婦」動員の「流言」「造言」をめぐって」は、戦時期の朝鮮各地で流布していた「慰安婦」に関する「流言飛語」をとりあげ、その内容の変化や拡散ルートなどの全体像を明らかにしようとする。女性動員についての流言は、「慰安婦」募集が始まった一九三八年春頃に、まず慶尚北道で現れ、同年秋以降各地に広まった。流言の内容は、日本軍のため未婚女性が雑役に使われる、血液を採取される、あるいは性的慰安を強要されるといったものだった。流言には事実を反映した部分もあり、中には実際に南京の慰安所で「慰安婦」をつとめた女性が慰安所の過酷な生活を語った「流言」もあった。一九三九年に慶州で広まった女性売買のうわさも、日本軍の作戦に対応して台湾経由の「慰安婦」送出ルートが作られていた事実を反映していた。さらにアジア太平洋戦争期になると、平壌でシンガポール・南洋への動員に関する流言が現れたが、そこで語られている業者の詐欺的募集も実際に行われていたと見られる。

崔眞善「植民地期朝鮮の「国語普及運動」の展開と朝鮮女性の対応」は、一九四二年の徴兵制実施公表とともに強化された日本語普及運動に、朝鮮女性がどのように対応したかを考察する。女性への日本語普及政策は、小学校での「母の会」による講習会や就学児童による母親への「一日一語運動」、愛国班による講習会など多様な方法を通じて進められた。日本語ができないと社会的・経済的不利益を被るなど、自発的な日本語学習を強制する構造も作られていた。このような中、農村女性の場合は「軍国の母」として積極的に参加する様子が報道されており、知識人女性も講習会の講師やイデオローグとして日本語普及の先頭に立っている。ただし、前者の農村女性の場合は近代教育を享受できなかった女性の知識欲の現れと捉えるべきであるのに対し、後者の知識人女性は啓蒙主義的なゆがんだ使命感に基づくものであり、両者の「自発性」の内実は大きく異なる。また、こうした中でも家庭で朝鮮語を使用する女性もいたように抵抗の意志も伏在していた。

樋口雄一「戦時末期朝鮮邑面の機能と朝鮮人民衆との乖離について」は、戦時期末期の朝鮮社会の様子を、末端行政と民衆の乖離という側面から捉えようとした。この時期、朝鮮総督府は、地方行政が戦時政策遂行の成否の鍵を握っていると認識していた。京畿道の「邑面事務指導監督規定」(一九四四年)によれば、末端行政機関では、国民総力運動・貯蓄奨励・労務動員・物資需給調整・食糧対策などの事務が急増していた。また、こうした施策を行ううえで民衆の合意の調達も課題とされていた。他方、面職員の側では、人員不足などのため政策を形式的にしか処理できず面民に理解されていないという限界を感じていた。このような事態への対策として面長らの処遇改善や錬成などが実施されたが、地域住民は戦時政策を受け入れてはいなかった。たとえば、配給を受けるための「幽霊人口」が増えるという現象が見られたり、米の供出に不満をもつ面民が郡面職員・愛国班と衝突する事件も起こったりしていた。

以上の諸論文が、帝国日本の植民地支配が地域社会レベルにいかなる影響をもたらしたのか、それに対して有力者から一般民衆にいたる地域社会の人々はどのように反応したのかについて、多面的かつ具体的な歴史像を浮き彫りにしてくれるものと期待している。

※以上の「解説」は、朝鮮および「満洲」史関係論文（第Ⅱ部庵逧・松田・福井各論文、第Ⅲ部永島・青野・水野各論文、第Ⅳ部李鐘旼・長沢各論文、第Ⅴ部広瀬論文、第Ⅵ部金貞蘭・李烔植・田中各論文、第Ⅶ部藤永・崔眞善・樋口各論文）について松田利彦が、台湾史関係論文（第Ⅱ部宮崎論文、第Ⅳ部陳宛妤論文、第Ⅴ部春山・野口・陳姃湲・大浜各論文、第Ⅵ部胎中論文）について陳姃湲が解説を書き、全体を松田が調整した。

第Ⅰ部

研究の現状

植民地支配と地域社会——朝鮮史研究における成果と課題——

松田利彦

はじめに

本稿では、「植民地支配と地域社会」という問題に関わる既存研究を概観し論点を整理する。もとより「植民地支配と地域社会」というテーマには必ずしも明確な範疇が設定できるわけではない。特定地域のフィールドワークのみを想起する研究者もいるだろうし、逆にその枠を極限にまで広げればあらゆる植民地史研究は支配・地域という問題と無縁ではいられない。たとえば韓国では、植民地期の民族運動や地主制について特定地域を対象とした膨大な研究蓄積がある。しかし、それらは必ずしも本書の対象とする問題領域とは直結しないため、ここでは積極的にはとりあげない。また、それ以外にも、学校・宗教・地方制度・官製団体等々の各分野において関連研究は無数にあるが、これらも基本的には除外し、個別的なテーマの研究史の整理は本書第Ⅱ部以降に所めた各論文に譲ることにした。

本稿が論じる範囲は、日本統治下の朝鮮における植民地権力と地域社会の連関構造について理論的枠組を提供している研究、ならびに、地域における生活単位たる村落共同体や生活そのものに関する研究に限定している。

しかし、これらを俯瞰するだけでも朝鮮史研究において地域社会研究がいかなる理論的枠組みを作り、どのような議論を展開してきたかを跡づけることができよう。同時にそれを通じて、本書の想定する「地域社会」の射程範囲も理解していただけるのではないかと考えている。

一　植民地権力と現地社会間の連関構造・媒介者について

はじめに、植民地権力と現地社会間の相互交渉あるいはその媒介者について理論的枠組みを提示してきた研究をとりあげる。

(1)「植民地公共性」論

植民地支配権力と現地社会の関係をこれまで朝鮮史研究はどのように捉えてきたのか。

植民地朝鮮には国政参政権は与えられず、現地社会の要望を朝鮮総督府の政策に反映させる制度的回路は乏しかった。しかし、それを総督府による「直接統治」と見る見方は、植民地権力への過大評価となる危険性をはらむ。特に一九二〇年代のいわゆる「文化政治」期においては、総督府が、非公式的なチャンネルを通じて、植民地権力と現地社会間の媒介者を政策的に育成しようとした事実があるからである。

こうした側面に着目したのが、「植民地公共性」の議論である。すなわち、三・一独立運動（一九一九年）後に登場した多様な民族主義・社会主義運動勢力に対処するために、朝鮮総督府が「抑圧と懐柔等によるさまざまなバーゲニングを通じて朝鮮人の政治運動を操縦し安定的支配を持続しよう」と試み〔金東明二〇〇六、四八九頁〕、その結果、「バーゲニング」を基盤とした総督府と協力者間の相互関係が「植民地公共性」を創出した、と見る議論である。具体的には、一九二〇年の地方制度改正による諮問機関（道・府・面各級の協議会）の設置、二〇

年代以降の総督府による「自治」（朝鮮議会設置）構想を通じて「日帝は韓国人協力体制の構築を多面的に試みるが、これによって韓国人の協力が構造化し日常化」し、「近代性」と「公共性」をもった政治空間が形成されたと論じられる［尹海東二〇〇二、一三七頁］。こうした地方制度改正や後述する「有志」層の形成により「植民地政府や地方政府は、在朝日本人や被統治者の間で構成される一種の「公論」、すなわち植民地輿論を勘案してのみ統治が可能である、という構造が成立した」と見なす論者もいる［並木二〇〇三、一八頁］。尹海東・황병주《ファン・ビョンジュ》編［二〇一〇］は、植民地公共性について理論的検討を行うとともに、植民地期の都市住民運動や社会事業政策・墓埋政策などからこの問題を考察する。

また、このような「植民地公共性」を舞台に活動した朝鮮人は、しばしば「親日派」と呼ばれる範疇とも重なる。近年、活発化している「親日派」の内在的論理の解明という動きも、「植民地公共性」の議論と連動している部分がある［並木一九九九、二〇〇三］。

他方で、「植民地公共性」なるものがはたして本当に日本統治下の朝鮮で成立していたといえるのか、また、それが存在したとしてもどの程度植民地社会を理解する概念として有効か、という点をめぐっては少なからぬ批判もある［三ツ井二〇〇八］。たとえば、趙景達氏は、「植民地公共性」は、「都市・知識人社会が総督府からの暴力を民衆に移譲し、ともに民衆を排除することによって成立していた」のであり、大多数の民衆は「植民地公共性」に包摂されてはいなかったのではないかと疑問を呈している［趙景達二〇〇四、二九一頁］。また、池秀傑氏も、「日帝下の〝公〟は国家に対する無条件的な忠誠と献身を〝公的なもの〟と美化しようとした政治的意図、および、私的領域をいわゆる公共性を名分として国家領域に包摂しようという意図が組みこまれた一種のイデオロギー言説」に過ぎなかったとして、植民地において公論を形成する場や主体は存在しなかったと論じている［池秀傑二〇〇七ａ］。

（2）「農村エリート」論

「植民地公共性」論が朝鮮社会全体の性格規定を展望しているのに対し、より農村村落に近接したレベルでも、近代的志向を持った朝鮮人と植民地権力の間に相互交渉関係を見て取ろうとする「農村エリート」論が提唱されている。松本武祝氏の説明によれば、「規律権力装置・大衆文化・近代的メディアを直接に経験することのできた人物が、農村内部にも少数であれ存在し始めた」。在村中小地主からなるこうした「農村エリート」は、植民地権力を村落レベルに浸透させる重要な媒介となり、一九三〇年代の農村振興運動期、「中堅人物」として台頭する。そして、彼らは「「近代」のヘゲモニーと伝統的な規範とが角逐する」村落において、他の村落農民に対し「規律権力装置それ自体としての機能」を果たした、と捉えられている［松本二〇〇五、二九〜三三頁］。

「農村エリート」論に対しては、「近代のヘゲモニー」や総督府権力を農村エリートが受容したことを過度に強調しているとの批判も強い［新納一九九九、趙景達二〇〇四、松田二〇〇九b］。あるいは、「地方有志」・「下級官僚」（郡面書記）・「中堅人物」（青年）・「革新青年」（要注意要視察人物）等、多様な地方政治主体の差異を無視して「農村エリート」に一括してしまっているとも指摘されている［池秀傑二〇〇七a］。

（3）「官僚─有志支配体制」論

すでに何度か言及した池秀傑氏は、植民地社会を理解する枠組みとして「官僚─有志支配体制」論を提唱している。氏によれば、「官僚─有志支配体制」とは、土地財産・社会活動能力・当局の信用などをかねそなえた「有志」と、「農村支配のパートナーを切実に必要としていた総督府権力がともに形成・発展させた支配体制」と定義されている［池秀傑一九九九a、五三五〜五三六頁］。「有志」は、朝鮮開港以来の近代転換期のなかで生まれた地主・「公職者」・各種公共組合幹部・知識人など多様な新興有力者からなるとされる。忠清南道公州をフィールドとした一連のモノグラフから有志研究を始めた氏は、近代移行期における有志の蓄財や社会進出の過程についての個別的研究［池秀傑一九九六b、一九九七a、一九九七b、一九九九c］や、彼らが地域社会で展開した住民利害に関わる請願運動［同、一九九六a］、有志と農民運動・青年運動の関係［同一九九七c、二〇〇七b］などの事例研究を着実に蓄積し、この分野の研究をリードしている。

「官僚―有志支配体制」論は後発研究にも大きな影響を与えてきた。「有志」論を参照した地方史研究としては、金英喜［二〇〇三］の農村統制政策研究（第二部）が、忠清南道燕岐郡における農村振興会の役割を解明するなかで、官治補助機関でありながら農民の経済的利害を調整する役割も果たしていた同会に地域有志が積極的に関わっていったと論じている。

また、各地の事例研究では、地方有志が植民地体制内で社会上昇を果たした側面と地域社会の利害を代弁して運動した側面を複合的に捉えようとする研究が多い。이경란《イ・ギョンナン》［二〇〇六］は、全羅北道臨陂における新興地主層有志が、水利組合や金融組合など植民地権力機構の中に入りこみつつ教育事業の支援など地域の近代化にも関与した姿を描く。권경안《クォン・ギョンアン》［二〇〇七］は、全羅南道潭陽における有志の官公職への進出とともに、学校設立運動への関与などを検討している。慶尚北道尚州を扱う板垣竜太［二〇〇八］は、一九二〇年代における私設講習会や普通学校の設立運動における有志の動向を明らかにしている。一九二〇年代における黄海道載寧の地域有力者層の社会活動が青年会運動・教育事業から体制内化の方向に向かう過程を追った辻［一九九九］もある。このほか、釜山の在朝日本人研究を積み重ねている洪淳権［二〇〇八、二〇一〇］は一九二〇年代以降の地域開発と日本人・朝鮮人有志の関係に着目している。董宣熹［二〇一一］は、道評議会（一九二〇年に設置された地方諮問機関）と道会（一九三〇年に道評議会の後身として設けられた議決機関）に選出された朝鮮人議員を有志と捉え、彼らの社会的経済的背景や地域生活改善運動への参加などを検討している。

ただ、これらの研究の多くは、「官僚―有志支配体制」論の枠組みを下敷きにしているとはいえ、「有志」・「有志集団」の構成や行動を扱うものであり、「官僚」の方については基本的に分析対象からはずされている［松田二〇〇九a］。「有志」論を超えて植民地支配体制論たり得るためには、有志と官僚あるいは有志と地域住民の関係といった外延的問題をさらに検討していく必要を感じさせる。官僚との関係でいえば、「官僚―有志支配体制」論では、官僚すなわち植民地権力との関係に即して有志を考察しようとした結果、植民地期の地域有力者層のなかでも官と癒着した部分に考察対象が限定されてしまいがちなことが問題であろう。そのため、「当時の地域社会では、当局と癒着していなかった者でも、社会的信望のある「有志」はいたのではないか」との疑問も呈されている［朴賛勝二〇〇六a、一九頁］。板垣［二〇〇八］も同様に、少なくとも一九二〇年代においては、民族主義・社会主義を含む政治運動団体の構成員も「有志」と呼ばれていたことを指摘し、「有志」と「革新青年」を切り離して捉える池秀傑氏の見方に異議を唱える（一八一頁）[1]。さらに、地域の一般住民との関係についても「官僚―有志支配体制」に従属する存在として住民を描くのではなく、住民が地域リーダー（有志）の代表性のチェックを通じて能動的に地域政治に参与していた面を強調すべきだとの議論もある［許英蘭二〇〇七］[2]。なお、「有志」の歴史的起源についても、池秀傑氏が新興有力者層を措定しているのに対して、朝鮮王朝期の郷吏層に求めるべきとの議論があるが、これについては第二節（1）で述べたい。

以上とりあげた「植民地公共性」論、「農村エリート」論、「官僚―有志支配体制」論には、いずれも、植民地権力と現地社会との間の断絶性を強調するよりは両者の関係性に着目しようという共通する問題関心の所在がうかがわれる。それぞれ異なる問題意識から生まれたものだが、これらの議論の焦点は総督府権力と現地社会の間に生まれた政治空間がどの程度植民地社会全体の性格を規定したといえるか、あるいは、総督府に対して抵抗・協調・非協力をもって対峙した現地社会の媒介者をどのような勢力に求めるか、といった点に収斂していることが見て取れよう。

（4） 戦時期をめぐる議論

日中戦争以降の時期に「皇民化」政策と戦争動員政策のもと植民地権力と地域社会の接点が極大化し、さまざまな矛盾が噴出したことについては多くの研究者の見解は一致している。しかし、この時期をどう性格規定するかという問題に対しては立場は分かれる。

日本では、山之内・コシュマン・成田［一九九五］がシステム社会論にもとづく「総力戦体制論」を提唱し、朝鮮史研究にも影響を及ぼした。この議論は、総力戦のもと、世界的規模で階級社会からシステム社会への移行が促され、社会の構成員を戦争遂行のための主体的担い手とする政策がとられたことを強調する。並木［二〇〇六］は、このような議論を援用して「劣位のグループに属していた朝鮮人に対して……「内鮮一体」のスローガンの下に、朝鮮教育令の改定や創氏改名を通じた「強制的均質化」を断行」することで、「社会的身分差別の撤廃に取り組んだ」という戦時期像を提示する（二三八頁）。こうした総力戦体制論は、この時期のさまざまな社会変革を単に抑圧的・暴力的な動員と見る視点を乗り越えようとする視座を提唱した点では注目されよう。

しかし、元来、総力戦体制論の出発点には植民地問題への関心はほとんど見いだせず、このような議論を植民地にただちに応用しうるという見方が研究者間に定着しているとはいえない。筆者自身も、総力戦体制論に対して、ナチズムの「開かれたエリート理論」に対するファシズム研究者の批判を借りながら、総力戦期植民地朝鮮の現実は、「社会的身分差別の撤廃」が進んだというよりは「不平等の顕在化」が強まったと見るべきだとして、総力戦下の動員を通じた「強制的均質化」を強調する議論に疑義を呈したことがある［松田二〇一一］。

他方、韓国で戦時期を対象に共同研究を組織してきた方基中氏は、日本の学界における「総力戦体制論」を批判し「植民地ファシズム論」を対置しようとした。方基中〔二〇〇八〕によれば、総力戦体制論においては「権力の制度化と国民統合の裏面に、これとは絶え間ない緊張関係を維持している様々な民主主義原理の貫徹様式とその主体能動的運動性に対する歴史的・実践的意義は無視」されてしまうとされ、植民地主義の問題を強制的均質化を通じた規律化と国民統合の問題に矮小化する危険性を指摘している（二四九頁）。そして、朝鮮総督府による戦時統制・動員体制の特殊性を解明するとともに「親日派」の能動的な加担姿勢を表現するための概念として、「植民地ファシズム」というタームを提唱している。

方基中氏の議論は総力戦体制論に対する批判としては理解できるが、「植民地ファシズム」を代替概念とするにはまだ検討すべき問題が残されている観がある。たとえば、「植民地ファシズム」にいう「植民地性」の中身は追究されておらず、日本本国と植民地の差異が不明なままに用語が一人歩きする危険性が指摘されている〔福井二〇〇六〕。また、独伊のファシズム体制にみられたような中間層を基盤とする「疑似革命」が植民地朝鮮で見いだせないという問題点もある〔松田二〇一一〕。現状では、「総力戦体制論」「植民地ファシズム論」ともに戦時期朝鮮の多面性を捉え切れていないといわざるを得まい〔洪宗郁二〇一一〕。

二　現地社会・民衆に関する議論

前節でとりあげた「植民地公共性」論や「農村エリート」論が植民地権力のヘゲモニーを強調するのに対して、趙景達〔二〇〇二〕は、むしろ「底辺民衆、なかんずく農民を自律的存在として見る観点」から「民衆の日常性に接近」し「近代世界とは隔絶しているそうした民衆の基層文化」を探ろうとする立場をとる（六・一二頁）。青野〔二〇〇一〕の進めた宗教勢力による「村落自治」再構築運動についての研究も、宗教運動の位置づけについて論を異にするものの、こうした民衆の自律的世界を明らかにする試みと見ることができる。

こうした民衆の自律性という議論は魅力的だが、それをどこまで具体的に跡づけうるかという点では困難を抱えている。「「農民の自律性」が果たして存在するのか、どの程度の自律性なのか、その自律性の存否をどのようにして確認できるのか、等の質問に対し民衆史は経験的方法を通じて説明する義務がある」〔허수二〇〇六、一二二頁〕と指摘されている通りである。たとえば三・一独立運動の発生契機と村落共同体の関連という問題への関心が、一九九〇年代以降現れてきているものの、村落共同体の自律性が三・一運動の拡大を支えたのか、逆に村落自治の解体が運動の誘因となったか、議論は分かれている。(3)

こうした点もふまえ、本節では、植民地支配を受けた現地社会そのものに視座を移し、その性格をめぐる近年の議論をとりあげていきたい。

(1) 地域社会・村落共同体(マウル)についての議論

植民地権力と現地社会の角逐が地域社会にどのような意味を持ったか、地域政治を担った有力者と(民族運動を含む)社会運動とがどのような関係を構築していたかといった問題を掘り下げるには、その基盤となった地域社会あるいは村落共同体そのものに対する分析が欠かせない。しかし、第一節でとりあげた研究も一部を除くと、村落共同体をややもすると抽象的・概念的にしか措定してこなかった嫌いがある。そのため、村落自治の基盤となった洞契について研究した後述の李庸起〔二〇〇七a〕からは、従来の村落共同体研究が基本的には村落再編「政策史」研究にとどまっており、「マウル〔村落〕内からの視角」を欠いているとの批判が投げかけられている(八頁)。

この点、特定の地域に対するフィールドワークや文献調査を通じて、地域政治や村落共同体の具体像に迫ろうとする研究が、ここ一〇年ほど相次いで現れてきていることは注目に値する。特定の郡・面あるいは旧洞里に視

座を固定し、前近代から近現代にかけての長い時間的スパンの中で地域社会の変容を描きだそうとした研究としては、李庸起［二〇〇七a］、忠南大学校内浦地域研究団［二〇〇六］、板垣［二〇〇八］、洪淳権［二〇一〇］、전흥식《チョン・フンシク》［二〇一〇］などが相次いで現れた。これらの研究の扱う問題は、伝統的エリート（両班士族や郷吏）の社会的ネットワークの存続と変容、地域有力者の経済的上昇過程、新教育の受容と新世代の知識人の登場、邑内の景観変化など多岐にわたるが、ここでは今後活発化するであろう重要な論点を四点あげておきたい。

一つは、朝鮮人「地域エリート」(4)の問題である。たとえば、朴賛勝氏による忠清南道各地域についての事例研究は、開港以後から解放後にかけての近代移行期における、地域エリートの出自や社会的・政治的な上昇過程、植民地期における彼らの動態などを明らかにしている。禮山地域における地域政治を新興移住地主・商人の社会経済的上昇、彼らと土着勢力の拮抗という枠組みの中で描きだした朴賛勝［二〇〇六b］、唐津地方では新教育を受けた家門が経済的にも躍進し地主や総督府官吏となって地域エリートを構成したことを明らかにした同［二〇〇六c］などの業績がある。

こうした基礎的研究の積み重ねを通じて、地域エリートの出自についての議論も深まりつつある。第一節（3）で紹介したように、地域エリート論の先駆というべき「官僚—有志支配体制」論を提唱した池秀傑氏は、開港以後に台頭してきた多様な新興勢力を地域エリート（有志）の起源と捉えた。しかし、これに対しては、郷吏（世襲の役職として地方行政実務を担当した土着の地域有力者）が両班士族を抑え、近代移行期に社会的上昇を成し遂げ、植民地期における地域エリートの重要な構成要素となっていくという見取り図を描く立場もある。こうしたいわゆる「郷吏躍進論」は、李勛相［一九九四、一九九九］、洪性讃［一九九五、一九九八、一九九九］等、もともと朝鮮王朝後期の郷吏を研究してきた研究者によって提示された。その代表たる洪性讃［一九九九］は、全南谷城の事例研究を通じて、文明開化思想と親和性をもつ郷吏層を両班と対比させつつ、彼ら郷吏家門の蓄財と植民地期における公職への進出過程を跡づけている。池秀傑氏の「有志」が近代移行期に政治力・経済力を蓄積した新興有力者を措定しているのに対し、「郷吏躍進論」は前近代からの身分的な要素を重視する点に違いがあるといえよう。

そして、地域事例研究の蓄積は、こうした「郷吏躍進論」が一定有効性を持つことを示しつつある。全羅南道羅州における郷吏の動態について研究してきた박진철《パク・ジンチョル》［二〇〇八］が「郷吏躍進論」を支持し、先述の권경안《クォン・ギョンアン》［二〇〇七］も潭陽地域の鞠氏家門について「有志」という言葉を用いてはいるものの、彼らの出自が郷吏だった点を重視している。ただ、地域エリートの出自が「有志」なのか「郷吏」なのかといった二項対立的な問題設定は必ずしも生産的ではないだろう。植民地化にともなう新たな地域エリートの形成過程には当然地域的差異があったはずであり[5]、今後はそのような差異を生み出した条件について議論を深めていく方向を目指すべきだと考える。

なお、地域エリート論に関連して、趙景達氏の展開する独自の「名望家」「徳望家」秩序論にも論及しておきたい。すなわち、朝鮮王朝期の「「守令―吏・郷支配構造」から疎外された旧郷層や没落両班、あるいはその学識をもって自ら士と処そうとした郷村知識人たちが、儒教的民本主義に則って徳望家として正義を実現しようとする意識」をもつようになり、そのような徳望家意識は大韓帝国期にはさらに民衆レベルにも拡散する、と展望する議論である［趙景達二〇〇二、四四・三六一～三六五頁］。「徳望家」秩序論にも問題は残されているが[6]、朝鮮王朝末期の民乱の分析からえられたかかる知見が重要な視角を提起していることは間違いない。すなわち、この系列の他の研究が地域エリートの動向のみを追究しようとする傾向があるのに対して、「徳望家」秩序論は徳望家に対する民衆の心性を視野に入れている。地域エリート研究といえどもこうした民衆史的視点が望まれることはいうまでもあるまい。

第二に、地域社会を構成した有力者層として在朝日本人を捉える研究にも触れておきたい。在朝日本人についてはすでに木村健二、孫禎睦、高崎宗司、Uchida Jun ら各氏のまとまった研究が存在するが、地域社会のなかで日本人移民と朝鮮人住民がどのような関係を形成したかという点への目配りは必ずしも十分ではなかった。もちろん在朝日本人社会は、居住地域や教育・医療などの面で朝鮮人社会とは分離・隔絶した社会を形成していたから、在朝日本人社会を切り離して分析対象とする研究方法には正当な面もある。

しかし、朝鮮人地域エリートの場合は在朝日本人と活動舞台が重なりえたことも見落とせない。日本人移民によって開発された代表的な都市である群山を研究した李俊植［二〇〇六］は、こうした問題を指摘しながら、朝鮮人有力者が植民地支配体制に協力しつつも日本人有力者と競合する面を持っていたことを示す。また、鄭然泰［二〇〇三、二〇〇五］は忠清南道江景の朝鮮人資産家型有志と日本人有志の関係を跡づけ、朝鮮人有志は地域利害問題の解決については日本人有志と協力したものの、経済成長の追求においては民族差別の壁を越えることができず、地域経済は日本人に掌握されたとする。池秀傑［二〇〇五］も忠清南道の大田・公州・鳥致院における在留日本人社会と朝鮮人社会の絡み合う関係に着目し、地域政治において朝鮮人有志が日本人のネットワークに周辺的に包摂される様子を描く。先にもあげた洪淳権［二〇一〇］は、釜山および東萊の地方協議体（一九二〇年代の府評議会・指定面協議会、三〇年代の府会・邑会）が地方行政運営に果たした機能を検討しながら、日本人議員と朝鮮人議員の競合関係、ならびにその地域的差異を考察する。

さて、地域社会論に関わる三つ目の論点は、村落自治の具体的様相という点である。村落共同体の自治的運営を担った村契・洞契の運営を明らかにした研究を見ておこう。鄭根植ほか［二〇〇三］は、全羅南道鳩林の村契が一九二〇年代に村落運営と住民の扶助・福利のために組織され、解放後も自治機能を維持していたとしている。また、全羅南道長興を対象とした李庸起［二〇〇七a］は、洞案や洞契収支簿などの現地資料を発掘し、洞契の構成人員や収支状況の分析を通じて、植民地期、面—行政洞里という地方末端行政単位が整備されつつも、村落（旧洞里）を単位とする洞契は独自の組織と財政基盤を持ちつづけ、むしろ植民地期に活発化した側面もあったことを明らかにした。「伝統的権威」が強く残っている村落ほど植民地権力の浸透度が弱かったという仮説（二一一頁）も興味深い。伝統的権威と官治的行政権力の関係という問題は、李庸起［二〇〇九］でも扱われている。

最後に、第四点として、上記の植民地期の地域エリートや村落研究の成果をふまえ、解放後まで視野を広げた研究も現れている。並木［一九九三］は植民地期に面長・区長等を経験した人物たちが解放後の地域社会あるいは国政レベルで台頭してくることを先駆的に指摘したが、特定地域を対象にそれを実証する研究が生まれてきている。朴賛勝［二〇〇六b、c］は、忠清南道各地の事例研究を通じて、解放後も植民地期の地域エリートは継続したが、米軍政期と朝鮮戦争期における左翼勢力の排除により一九五〇年代に地域社会の政治構造は急激に変化したと見ている。朝鮮戦争時における村落レベルでの民間人虐殺を考察した朴賛勝［二〇一〇］も、植民地期の地域エリートの解放後における再編という問題を意識している。また、李庸起［二〇〇三］は、植民地期末期の戦時動員により国家権力の村落への浸透が進み、解放後、農地改革や朝鮮戦争によって村落共同体の自治的機能が決定的に崩壊したとしている。

（2）「生活」への着目

最後に、やはり植民地下の日常性への接近という意図から出発している「生活」への着目という研究傾向をとりあげよう。一般民衆の「生活」への着目という提言自体はつとになされてきた。たとえば一九八〇年代、植民地期の経済成長を重視するいわゆる「植民地近代化（Colonial Modernization）」論が起こり論争を巻き起こしたが、その数量経済学的手法によるアプローチへの批判として、植民地下朝鮮人の生活の実相を探る必要があるとの指摘がなされていた［方基中一九九六、権泰檍一九九七］。

また、本書序文で述べた「植民地近代性（Colonial Modernity）」論にあっても、この議論が広まるきっかけを作った金晋均・鄭根埴［一九九七］は、学校・工場・病院などの規律装置を通じて近代的な規範意識が扶植されていくという観点から、植民地期朝鮮人の日常生活を研究対象に設定する視点を提示した。孔堤郁・鄭根埴編［二〇〇六］は、このような問題関心を引き継ぎ、時間管理や衣服統制、体育教育に対する植民地権力の規制や、上下水道の近代化・京城の都市計画・「新女性」・西洋映画など都市や消費に関わる論考を収める。李相録・李優戴編［二〇〇六］も、ドイツにおける日常史研究を参酌しながら多様な問題を扱う。植民地朝鮮を直接の対象とした論考としては、場市（在来市場）を通じて見る地域住民の複合的な欲望、ブルジョア民族主義系列の生活改善運動、在朝日本人が朝鮮人児童に加えた私刑を分析した論文を含む。延世大学国学研究院編［二〇〇四］では、都市と農村の空間構造や日常生活の変化、資本主義経済の導入にともなう消費・ファッションの変化、民間信仰の変容、監獄・学校・警察を通じた規律化などの問題が扱われている。김영심《キム・ヨンシム》ほか編［二〇〇八］も、鉄道・通信・百貨店・出版文化・通信統制など「植民地近代」と日常生活に関わる諸問題に着目する。

他方、水野編［二〇〇四］は、こうした日常史研究が言説分析に偏りがちである点を批判し、被支配者の具体的な日常生活に植民地主義や「植民地近代」がどのように投影されていたかを探るという立場から、朝鮮人の名前に対する政策、戦時体制下における強制的な身体の規律化などを扱っている。(7)

おわりに

本稿では、植民地支配と地域社会という枠組みを浮かび上がらせることを目的に、これまでの研究の整理を試みた。筆者の力不足により問題の所在を指摘するにとどまり、対立する論争に白黒をつけるには手が届かなかった部分も多いことは認めなければならないが、いくつかの問題群を通じて今日の研究状況を俯瞰することはできたのではないかと思う。やや乱暴にまとめれば、そこには大きく二つの流れが見て取れる。

一つは、ポストコロニアリズムを意識した理論構築に向かおうとする流れである。「植民地近代性論」に淵源をもつ「植民地公共性」論や「農村エリート」論、あるいは「生活」研究の多くがここには含まれる。これらの研究は、多様な形で展開しつつも、基本的には植民地における近代性の浸透、近代のヘゲモニーの問題に関心の焦点を合わせている。

もう一つは、特定地域に密着した研究である。韓国では地方自治制の復活（一九九一年）とそれにともなう地方自治体による道史・市史・郡史編纂のなかで、地方史・地域史研究の意義が改めて問われてきた［양정필《ヤン・ジョンピル》二〇〇七］。そのなかで、たとえば日本の植民地統治の「一元性」に対立するものとして地域社会共同体の「多元性」を捉えるとか、ナショナルヒストリーには回収しえない独自の歴史像を描きうるといったことが、地域史・地方史の可能性としてしばしば語られてきた［高錫珪一九九八、이정은《イ・ジョンウン》二〇〇九、洪淳権二〇一〇、전홍식《チョン・フンシク》二〇一〇］。

どちらの潮流も「下からの歴史」の重要性を強調するように、究極的な問題意識は通底している。しかし、研究手法や対象では大きく隔たりがあり、たとえば——例外はあるにせよ——前者は言説研究を軸としながら都市生活に着目する傾向が強く、後者は農村でのフィールドワークが中心となっている［宮本二〇〇五］。このこと自体は研究の広がりという点から見れば一概に問題だとはいえないかもしれない。しかし、単に理論と実証というレベルの差を超え、研究対象や問題意識には大きな懸隔があることは自覚しておくべきだろう。すなわち、かたや近代的主体として鋳造された朝鮮人に注目し、かたや村落共同体における民衆の土着的自律性を描こうとしているというのが全体的な状況といわざるをえない。植民地近代性の問題から出発しつつ農村を考察対象に据えた松本［一九九八］やフィールドワークによる観察を植民地期朝鮮人の近代経験と結びつけて考察した板垣［二〇〇八］のような研究も現れつつあるが、二つの流れを視野に入れながら植民地社会の全体像を描くという作業は依然として大きな課題として残っている。

最後に、本稿で確認したこうした問題関心が、朝鮮史研究内部に閉じられたものではなく、近年の台湾史研究においても広く見出されることについて触れておきたい。「植民地近代性」の議論は近年、台湾史研究の場でも参照されつつある［駒込二〇〇三、張隆志二〇〇四］。また、朝鮮史における文脈とはかなり異なるが、植民地期台湾社会におけるエリート階層（「土着漢族地主資産階級」「領導階層」「文明紳士」）についての研究もすでに相当の蓄積をもっているし［若林一九八三、呉文星一九九二、陳培豊二〇〇一］、街庄レベルの政治史［近藤一九九六、蔡慧玉一九九八、宮崎二〇〇八］や「生活」への着目［宮本二〇〇五、張隆志二〇〇六］などは朝鮮史研究者にも馴染みやすいアプローチだろう。

植民地期台湾史におけるこうした研究成果の詳細については、本書所載の陳姃湲氏の研究史整理に譲りたいが、朝鮮史・台湾史双方を通底する研究関心が拡大していることは間違いない。「朝鮮史」と「台湾史」の住み分けのなかでは必ずしも見えてこなかったこのような問題意識の共通性の〝可視化〟がそろそろ可能な段階にさしかかっているのではないか、という提言をしつつ、本編の結びとしたい。(8)

（1）池秀傑［一九九九c］によれば、植民地期の「地方政治」は、「官僚―有志支配体制」を媒介とした有志の「有志政治」、革新青年集団の社会運動、農民たちの農民運動から構成されると説明されている（五八三頁）。

（2）この他、尹海東［二〇〇七］は、「官僚―有志支配体制」論に対して、「事件史的接近法」・「郡単位の地方政治史」といった研究手法をとるものとして批判を投げかけ、池秀傑氏との間で論争を展開した。

（3）「郷村共同体という〝自律的〟空間」があったことや旧名望家層の影響力が村落に依然として残っていたことこそが

地方農村における三・一運動の動因となったことを強調する論者もいるが［金翼漢一九九六、이정은《イ・ジョンウン》二〇〇九］、その一方で、尹海東［一九九五］は、むしろ総督府の地方制度改編にともなって共同体的郷村自治機構が解体したことこそが民衆に「民族的アイデンティティー」を自覚させた、とする。

（4）「地域エリート」というタームは朴賛勝［二〇〇六a］から借用した。同論文によれば、「地域エリート［local elite──原注］とは、一地域の政治・経済・文化・社会のすべての側面で指導的位置にある者たち」を指す、とされている（一三頁）。「有志」「有力者」などと称されてきた諸概念を緩やかに束ねるタームとして本稿でも用いている。

（5）本文中で述べた郷吏層の文明開化思想への親和性という議論に対しては、郷吏層が文明開化論を拒否した羅州の事例、逆に、両班が文明開化論を受容し近代的エリートに変貌した潭陽・古阜の事例などが指摘されている［朴賛勝一九九三、同二〇〇六a、一七頁］。池秀傑［二〇〇一］も、植民地期に有志として公職に進出したのはむしろ在地土豪氏族の家系だったという慶尚南道咸南についての事例研究を行っている。

（6）名望家・徳望家秩序論に対し、池秀傑氏は、韓末の新興有力者層が「有志」として登場してきたことを重視し、伝統的な名望家支配・徳望家秩序は「「官僚─有志支配体制」の形成と共にその政治的社会的影響力を喪失した」と批判している［池秀傑二〇〇七、九頁］。このような指摘は、植民地期の地方制度を研究した金翼漢［一九九六］の見解とも符号する。これによれば、朝鮮王朝末期以来、自治運営によって農民の生活の場として機能していた（旧）洞里においては、「学問的な素養と徳望を備えた地域名望家が尊位や知事人として自治機構を諮問・指導」していた。しかし、一九二〇年代の地方制度の改正や模範部落の創設により「新教育に敏捷に対応し、比較的若い時から郡面などの行政機関や普通学校学務委員・金融組合評議会・郡農会通常委員などに進出した」「新興有力者」が台頭したとしており（三〇三〜三〇五頁）、やはり地域社会秩序形成において名望家から新興有力者・有志という変化が見られたことを示唆している。

（7）これらとは別に、近年、農村における生活史研究にも注目すべき成果が現れている。その代表例として、主に官憲資料の再構成から戦時下の農村の実相を探ろうとした樋口［一九九八］をあげられる。また、日記を素材として農民・農村知識人の生活相や意識を研究する気運が高まっていることも指摘しておきたい［조은《チョ・ウン》一九九一、板垣二〇〇三、二〇〇四bなど］。

（8）この問題については、松田「〈相互参照系〉としての植民地朝鮮と台湾」（同編『植民地帝国日本における支配と地域社会』国際日本文化研究センター、二〇一三年）も参照されたい。

〔参考文献〕

本文中で言及した文献を中心とし、特に研究史の潮流を代表する文献も付加した。必ずしも網羅的なものではない。

日本語（著者名の五十音順）

青野正明二〇〇一『朝鮮農村の民族宗教──植民地期の天道教・金剛大道を中心に──』（社会評論社）
秋田茂二〇〇五「イギリス帝国史研究と地域史の対話」（『歴史科学』第一七九・一八〇合冊号）
板垣竜太二〇〇三「「新旧」の間で──日記からみた一九三〇年代農村青年の消費行動と社会認識──」（『韓国朝鮮の文化と社会』第二号）
──二〇〇四a「〈植民地近代〉をめぐって──朝鮮史研究における現状と課題──」（『歴史評論』第六五四号）
──二〇〇四b「植民地の憂鬱──農村青年の再び見い出された世界──」（宮島博史他編『植民地近代の視座　朝鮮と日本』岩波書店）
──二〇〇八『朝鮮近代の歴史民族誌　慶北尚州の植民地経験』（明石書店）
金翼漢《キム・イッカン》一九九六『植民地期朝鮮における地方支配体制の構築過程と農村社会変動』（東京大学大学院人文社会系列博士論文）
駒込武二〇〇〇「「帝国史」研究の射程」（『日本史研究』第四五二号）
──二〇〇三「台湾における「植民地近代」を考える」（『アジア遊学』第四八号）
──二〇〇五「「帝国のはざま」から考える」（『年報　日本現代史』第一〇号（「帝国」と植民地））
近藤正己一九九六『総力戦と台湾：日本植民地崩壊の研究』（刀水書房）
陳培豊《チェン・ペイフォン》二〇〇一『「同化」の同床異夢：日本統治下台湾の国語教育史再考』（三元社）
池秀傑《チ・スゴル》二〇〇五「日帝時期の在朝鮮（邑単位）日本人社会と朝鮮の〝地方自治〟──忠清南道公州・大田・鳥致院の事例を中心に──」（宮嶋博史・金容徳編『日韓共同研究叢書一二　近代交流史と相互認識Ⅱ』慶應義塾大学出版会）
趙景達《チョ・ギョンダル》二〇〇二『朝鮮民衆運動の展開』（岩波書店）

――二〇〇四「暴力と公論――植民地朝鮮における民衆の暴力――」(須田努他編『暴力の地平を超えて』青木書店)
――二〇〇八『植民地期朝鮮の知識人と民衆　植民地近代性論批判』(有志舎)
鄭然泰《チョン・ヨンテ》二〇〇五「日帝の地域支配・開発と植民地近代性――浦口商業都市・江景地域の事例――」(宮嶋博史・金容徳編『日韓共同研究叢書一二　近代交流史と相互認識Ⅱ』慶應義塾大学出版会)
辻弘範一九九九「植民地期実力養成運動における連続と転換――載寧青年会幹部の地域有力者層による活動（一九二〇～二七）――」(『朝鮮史研究会論文集』第三七集)
並木真人一九九三「植民地期朝鮮人の政治参加について――解放後史との関連において――」(『朝鮮史研究会論文集』第三一集)
――一九九九「植民地期朝鮮政治・社会史研究に関する試論」(『朝鮮文化研究』第六号)
――二〇〇三「朝鮮における「植民地近代性」・「植民地公共性」・対日協力」(『国際交流研究』第五号)
――二〇〇六「「植民地公共性」と朝鮮社会――植民地期後半期を中心に――」(朴忠錫・渡辺浩編著『「文明」「開化」「平和」日本と韓国』慶應義塾大学出版会)
新納豊一九九九「［書評］松本武祝『植民地権力と朝鮮農民』」(『歴史学研究』第七二六号)
方基中《パン・キジュン》二〇〇八「「日本ファシズム」認識の混沌相と克服の方向――東アジア共同体構築のための歴史認識の共有と関連して――」(弁納才一・鶴園裕『東アジア共生の歴史的基礎――日本・中国・南北コリアの対話――』御茶の水書房)
樋口雄一一九九八『戦時下朝鮮の農民生活誌――一九三九～一九四五――』(社会評論社)
福井譲二〇〇六「［書評］方基中編『日帝 파시즘 支配政策과 民衆生活』」(『アジア社会文化研究』第七号)
洪宗郁《ホン・ジョンウク》二〇一一『戦時期朝鮮の転向者たち　帝国／植民地の統合と亀裂』(有志舎)
前川一郎二〇〇五「近年のイギリス帝国史研究――現状といくつかの課題――」(『創価大学人文論集』第一七集)
松田利彦二〇〇九a「朝鮮における植民地官僚――研究の現状と課題――」(松田・やまだあつし共編著『日本の朝鮮・台湾支配と植民地官僚』思文閣出版)
――二〇〇九b『日本の朝鮮植民地支配と警察――一九〇五～一九四五年』(校倉書房)
――二〇一一「総力戦体制の形成と展開」(趙景達編『植民地下の朝鮮』東京堂出版)

松本武祝一九九八『植民地権力と朝鮮農民』（社会評論社）
――二〇〇四「「植民地的近代」をめぐる近年の朝鮮史研究――論点の整理と再構成の試み――」（宮嶋博史・李成市他編『植民地近代の視座――朝鮮と日本――』岩波書店。初出は二〇〇二年）
――二〇〇五『朝鮮農民の〈植民地近代〉経験』（社会評論社）
水野直樹編二〇〇四『生活の中の植民地主義』（人文書院）
三ツ井崇二〇〇八「地域の視点から――朝鮮――」（日本植民地研究会編『日本植民地研究の現状と課題』アテネ社）
宮崎聖子二〇〇八『植民地期台湾における青年団と地域の変容』（御茶の水書房）
宮本正明二〇〇五「【研究動向】植民地と「文化」」（『年報 日本現代史』第一〇号〈「帝国」と植民地〉）
山之内靖・ヴィクター・コシュマン・成田龍一編一九九五『総力戦と現代化』（柏書房）
尹海東《ユン・ヘドン》二〇〇二「植民地認識の「グレーゾーン」――日帝下の「公共性」と規律権力――」（『現代思想』第五号）
若林正丈一九八三『台湾抗日運動史研究』（研文出版）

韓国語（著者名のガナダラ順）
김영심ほか編二〇〇八『日帝時期 近代的日常과 植民地文化』（梨花女子大学校出版部）
高錫珪一九九八「地方史研究의 새로운 模索」（『地方史와 地方文化』第一号）
孔堤郁・鄭根埴編二〇〇六『植民地의 日常支配와 亀裂』（文化科学社）
권경안二〇〇七「日帝強占期 潭陽地域 鞠씨의 有志活動」（『地方史와 地方文化』第一〇巻第一号）
權泰檍一九九七「'植民地期 朝鮮 近代化論'에 대한 断想」（于松趙東杰先生停年紀念論叢刊行委員会編『于松趙東杰先生停年紀念論叢』第Ⅱ巻〈韓国民族運動史研究〉、나남）
김동노二〇〇四「植民地時期 日常生活의 近代性과 植民地性」（延世大学校国学研究院編『日帝의 植民支配와 日常生活』慧眼）
金東明二〇〇六『支配와 抵抗、그리고 協力――植民地朝鮮에서의 日本帝国主義와 朝鮮人의 政治活動――』（景仁文化社）
金英喜二〇〇三『日帝時代 農村統制政策研究』（景仁文化社）

김중섭二〇一二『社会運動의 時代——日帝侵略期 地域共同体의 歴史社会学——』(북코리아)
金晋均・鄭根埴一九九七「植民地体制와 近代的規律権力」(同編著『近代主体와 植民地規律権力』(文化科学社)
董宣熺二〇一一『植民権力과 朝鮮人 地域有力者——道評議会 道会議員을 中心으로——』(선인)
박진철二〇〇八「韓末 日帝下 羅州地域 郷吏家門의 動向——密陽朴氏를 中心으로——」(河元鎬ほか編『韓末 日帝下 羅州地域의 社会変動研究』成均館大学校大同文化研究院)
朴賛勝一九九三「日帝下 羅州地域의 民族運動과 社会運動」(『韓国近現代地域運動史』第二巻、驪江出版社)
——二〇〇四「近現代 康津地方의 政治社会的 動向과 地域엘리트」(『地方史와 地方文化』第七巻第二号)
——二〇〇六a「序論——研究의 目的과 方法論——」(忠南大学校内浦地域研究団編『近代移行期 地域엘리트 研究』Ⅰ、景仁文化社)
——二〇〇六b「近現代 禮山地方의 政治社会的 動向과 地域엘리트」(忠南大学校内浦地域研究団編『近代移行期 地域엘리트 研究』Ⅱ、景仁文化社)
——二〇〇六c「近現代 唐津地方의 政治社会的 動向과 地域」(忠南大学校内浦地域研究団編、前掲『近代移行期 地域엘리트 研究』Ⅱ)
——二〇〇六d「内浦地域의 近代化와 地域再編의 特性」(忠南大学校内浦地域研究団編、前掲『近代移行期 地域엘리트 研究』Ⅱ)
——二〇一〇『마을로 간 韓国戦争——韓国戦争期 마을에서 벌어진 작은 戦争들——』(돌베개)
方基中一九九六「論評」(『光復五〇周年 国学의 成果』精神文化研究院)
——編二〇〇四『日帝 파시즘 支配政策과 民衆生活』(慧眼)
——・田上俶二〇〇六「日帝 파시즘認識의 混沌과 再認識의 方向」(方基中・田上俶編『植民地파시즘의 遺産과 克服의 課題』慧眼)
양정필二〇〇七「近現代地域史研究의 現況과 展望」(『歴史問題研究』第一七号)
延世大学国学研究院編二〇〇四『日帝의 植民支配와 民衆生活』(慧眼)
尹海東一九九五「日帝의 支配政策과 村落改編」(『歴史批評』第二八号)

――二〇〇六『支配와 自治』(歴史批評社)
――二〇〇七「'植民地認識의 灰色地帯'를 위한 변증――아래로부터의 사회사 연구를 위하여――」(二〇〇七年韓国歴史学研究会学術大会発表文)
――・황병주編二〇一〇『植民地公共性――実体와 隠喩의 距離――』(책과함께)
이경란二〇〇六「日帝下 臨陂地域의 周辺化와 朝鮮人有志層의 動向」(洪性讃・최원규・李俊植・우대형・이경란『日帝下萬頃江流域社会史――水利組合、地主制、地域政治――』慧眼)
李相録・李優戴編二〇〇六『日常史로 보는 韓国近現代史』(책과함께)
李庸起二〇〇三「一九四〇~五〇年代 農村의 마을秩序와 国家――京畿道 利川의 어느 集姓村 事例를 中心으로――」(『歴史問題研究』第一〇号)
――二〇〇七a『一九世紀後半~二〇世紀 中盤 洞契와 마을自治』(ソウル大学校大学院国史学科博士論文、二〇〇七年)
――二〇〇七b「『日帝時期 地方政治史研究方法 試論』에 대한 토론」(二〇〇七年韓国歴史学研究会学術大会発表文)
――二〇〇九「日帝期 面単位 有力者의 構成과 地域政治――全南長興郡蓉山面 事例를 中心으로――」(『大東文化研究』第六七輯)
이정은二〇〇九『三・一独立運動의 地方示威에 関한 研究』(国学資料院)
李俊植二〇〇六「日帝下 群山의 '有力者' 集団과 地域政治」(洪性讃ほか、前掲『日帝下萬頃江流域社会史』)
李勛相一九九四「朝鮮後期의 郷吏와 近代以降 이들의 進出――仲裁엘리트의 談論과 그 帰結――」(『歴史学報』第一四一号)
――一九九九「論評［後掲、洪性讃一九九九に対する論評］」(延世大学校編『韓国近代移行期 中人研究』新書苑)
張隆志《チャン・ロンヂー》二〇〇四「植民主義・近代性과 台湾近代史研究――史学史와 方法論에 대한 反省――」(『歴史問題研究』第一二号)
전흥식二〇一〇『日帝侵略과 強占時期 忠州地域史』(韓国学術情報)
鄭根植ほか編二〇〇三『鳩林研究――마을共同体의 構造와 変動――』(景仁文化社)
田上俶二〇〇四「日帝軍部 파시즘 体制와 '植民地 파시즘'」(方基中編、前掲『日帝 파시즘 支配政策과 民衆生活』)
鄭然泰二〇〇三「朝鮮末 日帝下 資産家型 地方有志의 成長追究와 利害関係의 中層性――浦口商業都市 江景地域 事例――」(『韓国文化研究』第三一号)

조은一九九一「日帝下郷村 班家의 家族生活의 変化」(『女性・家族・社会』第一号)

池秀傑一九九六a「日帝下 公州地域 有志集団의 道庁移転反対運動」(『歴史와 現実』第二〇号)

——一九九六b「日帝下 公州地域 有志集団 研究——事例(一)徐悳淳(一八九二~一九六九)의〝有志基盤〟과〝有志政治〟」(『歴史歴史教育』第一号)

——一九九七a「日帝下 公州地域 有志集団 研究——事例(二)金甲淳(一八七二~一九六〇)의〝有志基盤〟과〝有志政治〟」(于松趙東杰先生停年記念論叢刊行委員会編刊『韓国民族運動史研究』)

——一九九七b「日帝下 公州地域 有志集団 研究——事例(三)池憲正(一八九〇~一九五〇)의〝有志基盤〟과〝有志政治〟」(于松趙東杰先生停年記念論叢刊行委員会編刊『韓国民族運動史研究』第二号)

——一九九七c「日帝下 全南 順天地域의 小作人組合運動과〝官僚—有志 支配体制〟」(『韓国史研究』第九六号)

——一九九九a「旧韓末—日帝初期 有志集団의 形成과 郷吏」(延世大学校国学研究院編、前掲『韓国近代移行期 中人研究』)

——一九九九b「日帝下 忠南 瑞山郡의〝官僚—有志 支配体制〟——『瑞山郡誌』(一九二七)에 대한 分析을 中心으로——」(『歴史問題研究』第三号)

——一九九九c「日帝下 忠南 鳥致院 有志、孟義燮(一八九〇~?)의〝有志基盤〟과〝有志政策〟」『歴史와 歴史教育』第三・四合集)

——二〇〇一「近代 移行期 慶南 咸安地域의 社會移動 様相」(『韓国独立運動史研究』第一七号)

——二〇〇七a「日帝時期 地方政治史研究方法 試論」(二〇〇七年韓国歴史学研究会学術大会「日帝下 地方支配를 보는 두개의 視角——科学的実践的歴史学과 脱近代歴史学——」発表文)

——二〇〇七b「日帝時期 忠南扶余・論山郡의 有志集団과 革新青年団」(池秀傑ほか編『韓国近代社会와 文化』Ⅲ(一九二〇・三〇年代〝植民地的近代〟와 韓国人의 対応)、서울大学校出版部)

忠南大学校内浦地域研究団編二〇〇六『近代移行期 地域엘리트 研究』Ⅰ・Ⅱ(景仁文化社)

허수二〇〇六「새로운 植民地研究의 現住所——〝植民地近代〟와〝民衆史〟를 中心으로——」(『歴史問題研究』第一六号)

許英蘭二〇〇七「市街地改造를 둘러싼 地域住民의 植民地経験——安城의 鉄道・市場・公園 그리고 地域住民——」(『歴史問題研究』第一七号)

洪性讃一九九五「韓末・日帝初 郷吏層의 変動과 文明開化論――寶城郡守呉在永의 경우를 中心으로――」(『韓国史研究』第九〇号)
――一九九八「一九世紀・二〇世紀初 郷吏層의 변동과 社会経済的 動向――谷城 郷吏 丁氏의 事例를 中心으로――」(『経済史学』第二四号)
――一九九九「韓末―日帝下의 社会変動과 郷吏層」(延世大学校国学研究院編、前掲『韓国近代移行期 中人研究』)
洪淳権編二〇〇八『釜山의 都市形成과 日本人들』(선인)
――二〇一〇『近代都市와 地方権力――韓末・日帝下 釜山의 都市発展과 地方勢力의 形成――』(선인)

中国語(著者名の画数順)

呉文星一九九二『日據時期臺灣社會領導階層之研究』(正中書局)
張隆志二〇〇六「国家與社会研究的再思考:以臺灣近代史為例」(『中央研究院近代史研究所集刊』第五四期)
蔡慧玉一九九八「日治臺灣街庄行政(一九二〇―一九四五)的編制與運作」(『臺灣史研究』第三巻第二期)

植民地から帝国史研究の可能性を再考する
――台湾史における地方エリートの研究動向と関連して――

陳　姃湲

一　台湾の植民地史研究から帝国史研究を再考する

一九八〇年代以降の台湾社会の民主化と本土化の波に乗って、かつて中国大陸を主にとりあげてきた台湾の人文系の研究においても、台湾が研究対象として徐々に脚光をあびるようになってきた。特に二〇〇〇年代にはいってからは、大学や研究機関に台湾史や台湾文学を研究分野としてかかげる学科や研究所が多数現われるなど、新しい研究領域でありながら、台湾研究の台湾における学問的地位はすでに確実なものとなっている。

一方、台湾研究の急速な活性化が、台湾社会のナショナルアイデンティティー構築と連動する部分が多いことからも察せられるように、その国際化に向けられた試みの多くも、国際政治の舞台における台湾の現状を打破しようとする問題意識を反映しているといえよう。たとえば、かつて中国社会の一部として中国大陸との関連性が大いに強調されていた清代台湾史研究や、日本との関係のみに主眼が置かれていた日本植民地時期の台湾史研究は、ややもすれば支配―被支配関係のなかにおちいり、台湾の歴史は従属的なものとして描かれがちだった。言いかえれば、台湾史が真に内発的な連続性を獲得するためには、国際政治の舞台における台湾のポジションが歴史的文脈から裏づけされねばならず、より多角的な周辺地域との関係から台湾史の文脈を模索する必要があると考えられたのである。

そのような試みは、日本統治時期の台湾史研究においては、横の広がりから近代台湾の歴史的位相をもとめようとする――いわゆる「植民地史研究」として具体化された〔陳延湲二〇〇八〕。つまり、朝鮮や満洲はもちろん、ひいては南洋群島や中国大陸にいたるまで、東アジアの周辺地域との関連性や比較をも念頭にいれたうえで、帝国全体の範疇から台湾植民地統治の意味を考察したり、ほかの植民地や占領地との比較を通して台湾社会の性格を再考したりする研究が多くなったのである〔許雪姫二〇〇九、一九四頁〕。

注目すべき点は、このように台湾社会内部の動きを反映する研究の潮流が、「朝鮮、台湾およびその他のいわゆる「外地」を視野に入れて総体としての「帝国日本」を描こうとする」日本の「帝国史研究」の潮流とのあいだに〔岡本真希子二〇一〇、一一九頁〕、少なくとも研究視野と討論範囲の拡大という側面を、期せずして共有していたことであろう。しかし、共通点ばかりではない。帝国史研究が日本史領域から朝鮮史や台湾史範囲へとシフトされつつあった一九九九年、駒込武〔二〇〇〇、二二四頁〕は植民地研究におけるその動向を次のように整理している。

第一に、日本と朝鮮、あるいは日本と台湾という二項間の関係にとどまらず、複数の植民地・占領地と日本内地の状況の構造関連を横断的に捉えようとすること、第二に内地の状況が植民地支配を規定した側面のみならず、植民地の状況が内地に与えたインパクトを解明すること、第三に従来の経済史を中心とした帝国主義史研究の成果をふまえながらも、政治史や文化史（あるいは、政治史としての文化史）の領域を重視すること、第四に「日本人」「日本語」「日本文化」というカテゴリーを自明なものとみなさず、その形成と変容の歴史的プロセスに着目することである。

以上からも読みとれるように、帝国史研究は、単にそれまで朝鮮史や台湾史の領域でそれぞれ進められてきた各植民地研究の成果を互いに総合することだけを意味したわけではない。それ以上に、これまでの日本史研究に対する学問的反省に基づいて、それをベースにしつつ帝国の構造を内外から考えなおすことこそが、帝国史が真にめざす方向性であった。一方、台湾の植民地史研究が成しとげようとしていたのは、どちらかというと、それまでもっぱら日本内地との関係から読み解かれてきた台湾史を、支配―被支配の図式から解き放つことである。より具体的には、比較史や交流史の手法を用いることで、朝鮮や満洲など周辺地域まで歴史的スペクトルをひろげ、より多元的な視座から台湾史を考察しようとしてきたのである。

両者間にこのようなズレをもたらした背景に、研究視野の相違以上に、統治者として帝国の中心に立つ日本と、被支配者として帝国の周縁に置かれていた台湾とのあいだに、それぞれ経験した歴史的文脈そのもののちがいがあったことはいうまでもない。たとえば、日本史の研究者が内務省や拓務省関連の資料、あるいは周流する植民地官僚の足跡から、比較的容易に日本を中心に各植民地を放射線状につなげる帝国像を想定できるとしよう。しかし、台湾史研究者が台湾人の歴史的経験や文献資料を通して出会う周辺地域は、ほとんどが日本に限られてしまい、そこから描き出される地域像も帝国であるというより、植民地と母国との支配―被支配関係に収斂されてしまいがちである。今日、台湾史研究者が日本植民地時期の台湾と朝鮮や満洲など日本以外の地域との接点をもとめたところで、そのような意志を支えられる資料や歴史的文脈は非常に少なく、可能な研究方法は比較研究くらいしか残らなくなってしまう(1)。このように、非対称的な歴史的経験は研究視野のみならず、歴史資料を経由して実践できる具体的な研究方法にまで影響をおよぼしているのである。

一方、日本の学界における帝国史研究に対しては、その研究パラダイムに対する反省と克服が論じられるようになってひさしい。駒込武氏の巧みな表現を借りれば、帝国史を「日本人」による「日本人」のための「朝鮮史」「台湾史」研究へと回収させないための――あるいは文化帝国主義と化させないための、実践的試みがなかったわけではない［駒込武二〇〇〇、二二四頁］。たとえば、いわゆる「統治様式の遷移」を論じるうえで、内地から植民地へと拡散するパターンを既定のものとせず、植民地から内地へと逆流したり、さらには内地を経由せず植民地同士で直接遷移したりする事例がとりあげられるようになった［松田利彦二〇〇七］。ほかにも、遷移における取捨や時差までが考察されるなど［岡本真希子二〇一〇］、政治史や制度史における積極的な試みは特に注目に値する。

ただ、このように植民地や外地に重点を置いたり、あるいは日本をあえて退席させたりしたところで、このような試みがはたして帝国史研究に植民地的視座を確保させる根拠となりうるのだろうか。そこで描きだされるものは依然として日本が主体となって各植民地で行なった統治と支配のスキルであることには変わりがなく、植民地あるいは植民地の人々から眺めた帝国像は依然として導き出せないのではなかろうか。植民地の立場から帝国を読みなおすためには、内地より派遣され各植民地を周流した官僚ではなく、官僚になろうと試みた植民地の人々の経験に、より注目する必要があるのではなかろうか。また、日本政府と総督府とのかかわりより、総督府と植民地の在地社会との関連性へと、議論の焦点をシフトさせないかぎり、植民地的視座で帝国史を描きなおしたことにはならないのではなかろうか。

ここまで、台湾の植民地史研究と日本における帝国史研究がそれぞれ直面している難問をかえりみてきた。そのうえで本稿は、台湾あるいは台湾人の立場から帝国史を描き出しうる――すなわち、台湾人が体験したり認識したりした帝国像を再現しうる――戦略的拠点として、地方エリートの存在に着目する。(2) 台湾人の立場からすれば、彼らは支配政権の交替に際して、異なる植民体制に順応ないし反抗するのかを決めたり、また台湾民衆にかわって植民地の意見を統治者に要求したりすることで、直接的にまたは間接的に統治様式に影響力を行使した主体である。また、日本植民地統治者側からすれば、新領土においてさまざまな統治様式を試みるうえで、彼らは植民地民衆とのあいだを仲介する協力者であったり、あるいは植民地民衆を率いて植民地統治への反抗を主導する抵抗勢力でもあったりした。言いかえれば、彼らは台湾人社会における上層部分として、植民地統治者たちとの接点をもっとも多く持ちえたと同時に、それを通して日本を始めとする台湾以外の地域への見聞を得る機会にも恵まれていた。そのような人々の地方社会における動向、海外経験、そしてそこから得られた世界認識などを手がかりに、植民地の立場から帝国史を書きなおす可能性はなかろうか。さらには、これまで比較史に頼りがちだった台湾の植民地史研究のために、新たな視座を見出すことはできないのだろうか。

もちろん帝国の末端に位置する植民地の地方社会と地方エリートに立脚して描かれる帝国像は、いままで日本を中心にすえてきた帝国史研究の枠組みの中で示されてきたような放射線状の構図とは異なるかもしれない。それは周縁を起点としているがために、屈折ないし歪曲した不完全なものとして提示されるだろう。ただこのようないびつな帝国像は、帝国主義が東アジア各地域の歴史に残した遺産そのものであるのみならず、そのような各植民地から眺めた帝国像を重ねていってこそ、より細密な帝国内部の構造を描き出しうるのではなかろうか。

次節からは、台湾史において清代から日本植民地時期にわたって地方エリートが経た変容を大まかに整理し、地方エリートを主体として帝国史を再構築する可能性を考えることとしたい(3)。

二　日本植民地統治と地方エリートの変容

「郷紳」や「有志」の社会的役割や歴史的性格をめぐって、盛んな議論が交されて久しい中国史や朝鮮史とは異なり、台湾史における「地方エリート」は、その定義やタームをめぐる議論が始められてまもないといって過言ではない。たとえば、日本では若林正丈［一九八三］が公立台中中学校設立問題を考察するうえで、「台湾土着地主資産階級」というタームを用い、概念的な整理を試みたことがよく知られている。一方、台湾では一九八〇年代に蔡淵絜〔一九八〇、一九八三、一九八六〕と呉文星〔一九九二〕がそれぞれ清代と日本植民地時期における「社会領導階層」について、先駆的な研究を行なったが、最近になっては「地方菁英」や「士紳」というタームを用いる研究も多くなっている。

まず、若林正丈氏によれば、「台湾土着地主資産階級」とは「日本権力による台湾漢族支配の政治的、経済的な媒介者の役割を受け持たされた漢族社会の上層部分（地主、資産家等）」とされ、形成史的には「清末までに台湾社会で形成されていた移住漢族社会の上層部分が、日本による植民地支配の確立の過程――日本権力、資産からの植民地的近代化を強行する諸課程――を経て、変形されてきたもの」として想定された。さらに、若林氏はそのような台湾社会の上層部分を、開拓のリーダーとして武力を擁して「高山族」との抗争や械闘などにおいて勢力下の住民の指導と保護に当たっていた「土豪」、試験を受けるかあるいは官職の購入により科挙合格の資格ないし官位を持つようになった「紳士」、そして「そのたの地主や商人などの資産家」の三つのグループにわけ、清末から日本植民地統治初期にかけて台湾社会が経た変容を説明する。

その議論を要約すると、開拓と定住が行なわれたばかりの辺境社会の性格を反映して、土豪のしめる比率が高かった台湾社会は、清朝の王朝統治が安定化していくにつれ、土豪の士紳化現象が進められる。一八九五年に台湾が日本に割譲されるや、多くの土豪が抗日ゲリラ闘争に投身したり、士紳たちが大陸への「内渡」を選択したりするなど、彼らは日本統治によって脅かされかねない既得権益を守ろうとした。ただ、抗日ゲリラ闘争は遅くとも一九〇二年までには「土匪招降策」と討伐によって終息を告げ、また士紳たちの「内渡」の可能性も一九一一年に清朝が崩壊すると同時に消え去ってしまう。そこで、日本植民地統治者側は彼らが反日勢力へと転化せぬように、植民地警察制度と保甲制度で監視を加えると同時に、土地調査事業を通してその経済基盤を容認することで、彼らが地方社会と民衆に対して有していた権威と影響力を、植民地統治に利用しようとした。このようにして、土豪にせよ、士紳にせよ、割譲前に台湾の漢族社会を指導していた階層は、植民地統治のもとで単なる資産家、名望家に変容を強いられ、一九一〇年代以降は日本植民地統治への適応を余儀なくされる。

一方、前述したように、台湾で蔡淵絜氏と呉文星氏がそれぞれ清代と日本植民地時期を対象として、台湾社会全般に対する考察を行なった当初に用いたのは、「社会領導階層」というタームである。しかし、地方史の立場から特定地方における地方エリートのありようを実証的に検証する研究が、特に二〇〇〇年以降学位論文を中心に多くなるにつれ[4]、それをとらえるタームとして「地方菁英」や「士紳」なども混用されるようになり、研究者たちのあいだでさらなる議論が待たれるようになっている。

前掲の蔡淵絜氏の研究によれば、漢族による移住と開墾が行なわれた当初は、経済型の社会エリートが多くみられたが、一九世紀半ばより台湾社会の経済的発展と政治的安定が成し遂げられるにつれ、政治的エリート、文教的エリートが並存するようになる。このような清末台湾における社会エリートの多元化現象は、前述した若林氏のいう「土豪の士紳化現象」とも内容的に相通ずる部分が少なからず認められよう。つづいて呉文星氏は、蔡淵絜氏の議論を踏まえたうえで、まず「社会領導階層とは、研究カテゴリーからして『地方性領導階層（地方リーダー階層、local elite）』、あるいは『次級領導階層（准リーダー階層、sub-elite）』を指す。より具体的にいえば、彼らは清代に科挙に合格した士紳や、科挙こそ合格していないものの同じくらい勢力を持っていた地主、豪商、読書人などからなっており、日本植民地時期にはいれば、政治、経済、教育、文化など各方面において比較的要職を占めたり、かなり好成績を収めたりした」と討論対象を定義する[5]。そして、特に植民地統治の政策や政治との関連性に主眼を置いたうえで、「台湾人社会の社会領導階層たちが変局に遭遇して生み出した変動を究明し、植民地統治体制下で台湾人社会領導階層の構造と機能に生じた変遷を探求」した。

ここからもみられるように、蔡淵絜氏にかぎらず、呉文星氏のいう「社会領導階層」も、若林氏のいう「台湾土着地主資産階級」と同じく、基本的には「移住漢族社会の上層部分が日本による植民地支配の確立の過程を経て、変形されてきたもの」として考えられた。呉氏にせよ、若林氏にせよ、さらには蔡氏にせよ、用いたタームそのものには違いがあるとはいえ、日本と台湾の学界ではかなり類似した問題設定が行なわれていたのである。

一方、陳世栄［二〇〇九］は「社会領導階層」が「地方菁英」であることは間違いないとしながらも、「地方菁英」をそのまま「社会領導階層」とみなすことに対しては異見を提議し、かつて蔡淵絜・呉文星両氏によって想定された「社会領導階層」――そして、若林氏のいう「台湾土着地主資産階級」をも含めて――概念の修正を呼びかける。それによれば、彼らが果たしていた社会的機能は、「社会領導階層」という概念で説明されているような政治的、経済的、教育的場面に収まるようなものではなく、実際には、訴訟や紛争の調停、宗教行事、建築にいたるまで、より広範囲に及んでいた。さらには、彼らの活躍も地方社会だけに限定して考察できるわけではないとする。言いかえれば、既存の研究成果が「社会領導階層」の活動と影響力の幅を限定しすぎて考えてきたという問題意識から、「地方菁英」というタームを用い、「社会領導階層」が見逃してきた側面をも議論に包摂しようとしたのである。(6)

注目に値するのは、このように概念として設定された「社会領導階層」と台湾史上を実際に生きていた地方エリートたちとのあいだに、ズレをもたらした要因として、陳世栄［二〇〇九、七頁］が台湾史における研究史の断絶をあげている点である。

重要なのはこのような研究において、連続的な歴史的視野が欠如しているため、社会変化の長いスパンから地方菁英の定義や、役割の多様性、そして実際に地方菁英となっていた人々の変化を吟味し、地方菁英の立場から彼らの自主的な面貌を描きだせていない点である。［中略］それは研究方法に起因するのではなかろうか。［中略］また、このような概念に対する議論を進めるときに、既存の成果の背景にある「中国中心史観」を再考し、台湾社会における地方菁英の特質を吟味する必要があるのではなかろうか。

台湾で清代初期に開墾活動によって富を蓄積した人々の多くは、清朝支配体制の安定化にともなって士紳としての地位を獲得すると同時に、徐々に王朝体制にふさわしい方法で地方エリートとして機能するようになった［Allee 1994、Shepherd 1993、蔡淵絜一九八〇、一九八三、一九八六］。このように清末台湾において経済的、政治的、文教的地位を享有した地方エリートは、いったん台湾が日本に割譲されるや、その一部が武装ゲリラ抗争と「内渡」によって台湾史の文脈から消え去ってしまう［翁佳音一九八六、鄭天凱一九九四、陳怡宏二〇〇〇、邱正略・康豹二〇〇四］。その後も台湾に居残ったものたちは、植民地統治が安定した一九二〇年代以降、日本の植民地統治に妥協したり、適応したりしつつ、台湾社会における新たなリーダーシップを獲得しつつあった［藤井康子二〇〇七、陳翠蓮二〇〇八、呉文星一九八六、一九九二］。言いかえれば、台湾史の文脈に沿っていえば、このように政権交替に対応しつつ、台湾人社会と外来政権とのあいだを仲介する存在として、清代と日本植民地時期の地方エリートには、一定の連続性と変容の過程が認められるのである。(7) 問題はこのように異なる時代と異なる政権のあいだを連続して生きぬいてきた地方エリートをとらえるうえで、互いに断絶した異なるパラダイムが適用されてきたという点である。

三　戦後台湾史研究における地方エリート論の展開と断絶

地方社会をテーマとする研究は、台湾史のなかでもとりわけ長い研究史を有する。台湾史がまだ「台湾史」として認識される前から――特に中国大陸での実地調査の機会に恵まれなかった第二次世界大戦直後のアメリカ学界を中心に、台湾は清代中国社会を討論しうる格好のモデルとしてとりあげられてきた。そのため、台湾の地方社会研究はアメリカ学界由来のパラダイムを適用しつつ、清代史を中心に中国史の延長として始められたのである。

戦後、蕭公権・瞿同祖・費孝通・張仲礼など在米研究者各氏による中国研究では、地方社会と国家権力との関係を仲介した存在として、中国近世における「士紳」の存在に注目しはじめた。そのような問題意識のもとで、教育内容、立身出世の過程、道徳観にいたるまで、地方社会における「士紳」たちの社会的性格が幅広く考察された。このような議論は一九七〇年代以降、何炳棣氏とクーン氏(Philip A. Kuhn)などによるローカルエリート論へと引き継がれ、以降明清社会史研究の方向性を決定するもっとも主要な論点となる[陳世栄二〇〇六、一三二〜一三八頁]。

一九七〇年代から八〇年代にかけて、アメリカ学界の生み出した清代台湾社会史は、明清中国社会史の研究パラダイムに基づいて、中国史の延長——あるいはその実験場として台湾社会をとらえていたのである。このようなアメリカの中国研究トレンドは、さらに陳其南[一九九〇]、李国祁[一九七八]、郭廷以[一九五九]など、台湾の中国史家による台湾研究へとつながり、本格的な台湾史研究を始める礎石を提供したことは確かである。ただ、在米中国史研究の系譜を受け継いで始まった台湾史研究が一九九〇年以降も、ハーバマスの公共圏理論、黄宗智の第三領域論、デュアラ(Prasenjit Duara)の文化ネットワーク論など、多様化されていくアメリカの中国史パラダイムに持続的に影響されていたことも否定できない。注目に値するのは、このように中国史研究の一環としての台湾研究が、台湾史研究そのものにもたらした断絶である。この問題と関連して、張隆志[二〇〇六、一一五頁]はかつて戦後台湾史研究において交錯する研究パラダイムを整理しつつ、以下のように指摘する。

このような中国地方史としての台湾史研究の文脈は、一八九五年以降の台湾割譲と政治権力交替によって断裂を余儀なくされる。言いかえれば、彼らにとって植民地時代の台湾史研究は日本近代史の一部分としてみなされ、もはや中国史研究の領域ではなく——強いていえば、中国近代史の異例的なエピソードとして扱われたのである。

中国史研究の範疇から出発した台湾史研究が一八九五年を下限としていたために、ほとんど空白のまま残されていた日本植民地時期にスポットライトが当てられるまでは、一九八〇年代後半以来の台湾社会の本土化、自由化を待たなければならなかった。ただ日本植民地時期の台湾研究を触発したのは、台湾社会におけるナショナリティー意識の高揚だけではない。当時は、台湾総督府文書などの公文書や日記類を含む個人史料など、それまで自由に利用できなかったさまざまな歴史資料が発掘、整理、公開されたことで、日本植民地時期の台湾研究の土台が用意された時期でもある。さらには、それまで日本など海外へと活躍の場を移せざるをえなかった知識人たちの影響力も、戒厳令の解除によってようやく回復された。たとえば、戴国輝が進歩的研究者を率いて行なっていた日本の研究成果が、台湾研究者たちによって受け継がれる可能性が見えてきたのもこのときである［春山明哲二〇〇八］。

一方、台湾ナショナリティーに触発された新しい世代の台湾史研究者たちは、中国中心史観を克服すべく、日本における研究成果はもちろん、たとえば、ポストコロニアリズムや植民地近代性論など、東アジア各国の研究パラダイムを積極的に取り入れはじめる［若林正丈・呉密察編二〇〇四］。言いかえれば、中国中心史観を克服しようとする研究者たちの努力は、そのまま研究パラダイムにおける断絶とつながってしまったのである。

このようにして、台湾という歴史舞台が経験した政治権力の交替と断絶は、そのまま研究史におけるパラダイムの交替と断絶となり、その歴史の狭間を生き抜いた人々が体現する連続性を語る余地を少なくしてしまった。台湾史そのものの連続性を追究しようとする努力は、議論のよりどころを中国大陸から東アジアへと変えさせた。しかし、それは台湾史のそとから台湾史記述の根拠を求めようとすることには変わりがなく、台湾史における歴史記述の連続性が確立されているとは、依然として言いがたい。それだけではない。歴史事実そのものに基づいたときにのみ見出しうるさらなる台湾史の可能性——つまり帝国史としての発展可能性をも失わせたのではなかろうか。

おわりに

ここで話題を帝国史研究そのものに戻したい。

これまでナショナルヒストリーの枠組みに縛られてきた嫌いのある東アジア地域史の可能性を再考したときに、帝国史研究の示唆する点は少なくない。東アジア地域の歴史が、各国の近代ナショナリズムをよりどころとして構築された朝鮮史、中国史、日本史、さらには台湾史を互いに総合したところで生まれるものではないことは、歴史解釈をめぐって東アジアの各地で起きている歴史紛争からも明らかである。言いかえれば、各国の歴史記述をナショナルヒストリーの枠組みから解き放ち、それとは異なる枠組みを用いてはじめて、東アジアの地域史を語りうる可能性が浮き上がるのである。帝国主義の再現という疑いさえ解決できれば、ナショナルヒストリーとは異なった視点から東アジア全体の歴史を記述しうる枠組みとして、帝国史研究の持つ可能性は決して少なくない。とはいえ、帝国史研究を帝国主義の再現たらしめない可能性は、果たして存在するのだろうか。

帝国史研究によって帝国主義批判をなす唯一の方法は、帝国を動かしていた政治制度からも、帝国を統治していた統治者たちの立場からも、あえて距離をとり、生の植民地の人々の経験に基づいて、帝国を眺めることでしかないのではなかろうか。問題は帝国主義の全面的コントロールのもとに生きることを強いられていた植民地の人々にとって、果たして帝国が見えていたのであろうかということであろう。植民地の人々が生きていた世界に、母国日本のほかに、朝鮮や満洲も存在していたことが前提されない限り、植民地の人々の立場から帝国史を記述しなおす可能性は皆無である。

本稿では、台湾史における地方エリート研究を例として、外国史や隣接学問からパラダイムを援用して得られる歴史研究の視野が、どのように歴史的文脈の実体的な再現を妨げ、歴史解釈の空洞を生んできたかをみてきた。言いかえれば、植民地台湾を生きていた地方エリートが、母国日本とのつながりのみに基づいて帝国や世界を理解していたという認識そのものに、台湾史研究を支配してきた解釈枠組みや研究パラダイムの影響はなかろうか。帝国を生きていた植民地のエリートたちも、実際には日本が用意してくれたレールからはみだして、帝国を認識する自主性の余地を持っていたのではなかろうか。真に台湾の歴史的文脈に立脚して帝国史を描くためには、いま再度台湾史の内部に視線を向けなおす必要があるのではなかろうか。

(1) 近年台湾における植民地比較研究としてよくとりあげられるテーマには、京城帝国大学と台北帝国大学の比較、総督府建築の比較、地方制度の比較などがある。また、本稿は以下で、植民地が主導的に他の植民地や外地と連接しうる可能性がほとんどなかったという理解に対して、そこに研究者たちが見落としている盲点はないかを再考することとしたい。

(2) 本稿で用いる「地方エリート」とは、既存の台湾史研究における「台湾土着地主資産階級」や「社会領導階層」を克服できる概念として、既存のカテゴリーからはみだしてしまうケースをも含められるよう、ゆるやかなバウンダリーを想定するが、まだ厳密な検討を経たものではない。本稿では、台湾にせよ、日本にせよ、先行研究に使われたタームは、そのまま（和訳せず）用いる。また、植民地人でありながら、統治者と被支配者との間を仲介する植民地社会の中間者として、能動的に社会進出の機会と場を模索していた行動者を「地方エリート」として考える。

(3) 本稿は台湾史分野において帝国史研究と地方社会研究とが相互に示唆する新たな視座を検討するもので、関連する個々の研究成果に対する回顧は省略する。台湾史のなかで地方エリート研究の成果を整理したものとしては、陳世栄

［二〇〇六］および張隆志［二〇〇六］などが参考になる。

（4）たとえば、新竹地方について、林玉茹［一九九八］、王興安［一九九九］、李政亮［一九九九］、林玉茹［二〇〇〇］、陳志豪［二〇〇六］／桃園については、陳世栄［一九九九、二〇〇一］など。新荘については、康豹［二〇〇〇］、李亮蘐［二〇〇九］／豊原については、洪秋芬［二〇〇四］、陳世栄［二〇〇九］／高雄については、王御風［二〇〇五］／草屯について、張家綸［二〇〇七］、張素玢［二〇〇八］／苗栗について、陳瑞霞［二〇〇八］、何治萱［二〇〇九］／台中について、陳立家［二〇〇八］／埔里について、邱正略［二〇〇九］／基隆について、陳燕如［一九九八］などがある。

（5）一方、所澤潤氏は「社会領導階層」を「社会的リーダー階層」と和訳している［呉文星二〇一〇］。ここで用いた「地方リーダー階層」や「准リーダー階層」という表現も、同書の訳語にしたがったものである。

（6）陳世栄氏はほかに「地域社会」と「地方社会」についても、厳密な考察を行なっているが、紙面の制約もあり、本稿では省略する。この論点については、李亮蘐［二〇〇九］に詳しい。

（7）たとえば、霧峰林家・基隆顔家・板橋林家・鹿港辜家・高雄陳家など「台湾五大家族」を中心とする家族史研究の成果をあげることができよう。清代以来戦後にいたるまで、地方社会において持続的な影響力と経済力を維持できた彼らの足跡は、台湾の地方エリートたちが政権交替と時代変化に対応しつつ、社会的地位を維持してきたプロセスを如実にみせてくれる。この方面には特に霧峰林家を中心にかなりの研究成果が蓄積されている［Meskill 1979、許雪姫一九九八、二〇〇〇、陳慈玉一九九九、辜顕栄翁伝記編纂会二〇〇七、戴宝村二〇〇八、王世慶一九九一、黄富三一九九二、一九八七］。

〔文献目録〕

ここでは、本文にとりあげている研究を、発表言語によって中国語、日本語、英語に分け、中国語文献については執筆者氏名の画数順、日本語文献については五〇音順、英語についてはアルファベット順に配列した。

中国語文献

王世慶一九九一『霧峰林家之調查与研究』（林本源中華文化教育基金会）

王御風二〇〇五「近代台湾地方議会与領導階層之研究——以高雄市為例（一九二〇～一九六〇）——」（成功大学歴史学博士論文）
王興安一九九九「植民地統治与地方菁英——以新竹、苗栗為中心——」（台湾大学歴史学修士論文）
何治萱二〇〇九「從書院教育到公学校教育——清末到日治時期苗栗地方社会的変遷——」（交通大学客家文化学修士論文）
李亮霆二〇〇九「日治時期台湾総督府対地方社会的控制与回応——以新荘郡為例——」（中央大学歴史学修士論文）
李政亮一九九九「日拠時期新竹政治社会菁英初探」（『竹塹文献』第一〇期）
李国祁一九七八『清代台湾社会的転型』（教育部社会教育司）
林玉茹一九九八「清代竹塹地区的商人団体——類型、成員与功能的討論——」（『台湾史研究』第五巻第一号）
——二〇〇〇『清代竹塹地区的在地商人及其活動網絡』（聯経出版事業公司）
呉文星一九八六「日拠時期地方自治改革運動之探討」（金祥卿編『台湾史研究及史料発掘研討会論文集』台湾史跡研究中心研究組）
——一九九二『日拠時期台湾社会領導階層之研究』（正中書局）
邱正略二〇〇九「日治時期埔里的殖民統治與地方發展」（曁南大学歴史学博士論文）
邱正略・康豹二〇〇四「武装抗争与地方社会——以西来庵事件対於沙仔田等十五村庄人口結構的影響為例——」（洪宜勇編『台湾植民地史学術研討会論文集』海峡学術出版社）
洪秋芬二〇〇四「日治時期植民政府和地方宗教信仰中心関係之探討——豊原慈済宮的個案研究——」（『思与言』第四二巻第二期）
若林正丈・呉密察編二〇〇四『跨界的台湾史研究——与東亜史的交錯——』（播種者文化有限公司）
翁佳音一九八六『台湾漢人武装抗日史研究（一八九五～一九〇二）』（国立台湾大学出版委員会）
康豹二〇〇〇「日治時期新荘地方菁英与地蔵庵的発展」（『北県文化』第六四期）
張家綸二〇〇七「草屯社會發展與地方菁英（一七五一～一九四五）」（台湾師範大学歴史学修士論文）
張素玢二〇〇八「濁水渓辺際土地的開発与農村菁英的崛起」（陳慈玉編『地方菁英与台湾農民運動』中央研究院台湾史研究所）

張隆志二〇〇六「国家与社会研究的再思考――以台湾近代史為例――」（『中央研究院近代史研究所集刊』第五四期）
黄富三一九九二『霧峰林家的中挫（一八六一～一八八五）』（自立晩報社文化出版部）
――一九八七『霧峰林家的興起――従渡海拓荒到封疆大吏（一七二九～一八六四）――』（自立晩報）
許雪姫一九九〇『龍井林家的歴史』（中央研究院近代史研究所）
――一九九八『霧峰林家相関人物訪談記録』（台中県立文化中心）
――二〇〇〇『板橋林家――林平侯父子伝――』（台湾省文献委員会）
――二〇〇九「二〇〇七年台湾史研究的回顧与展望」（『台湾史研究』第一六巻第二号）
郭廷以一九五九『台湾史事概説』（正中書局）
陳世栄一九九九「清代北桃園的開発与地方社会建構（一六八三―一八九五）」（中央大学歴史学修士論文）
――二〇〇一「清代北桃園的地方菁英及「公共空間」」（『政大歴史学報』第一八期）
――二〇〇六「国家与地方社会的互動――近代社会菁英的研究典範与未来的研究趨勢――」（『中央研究院近代史研究所集刊』第五四期）
陳立家二〇〇八「日治時期台中地区地方菁英的重塑（一八九五～一九三五）」（政治大学台湾史修士論文）
――二〇〇九「近代豊原地区地方菁英影響力的形成与発揮」（政治大学歴史学博士論文）
陳志豪二〇〇六「北台湾隘墾社会転型之研究――以新竹関西地区為例（一八八六～一九四五）――」（中央大学歴史学修士論文）
陳其南一九九〇『家族与社会――台湾和中国社会研究的基礎理念――』（聯経出版社）
陳怡宏二〇〇〇「忠誠和反逆之間――一八九五～一九〇一年間台北、宜蘭地区「土匪」集団研究――」（台湾大学歴史学修士論文）
陳姃湲二〇〇八「以台湾観点審視東亜植民地研究的過去与未来」（『中央研究院週報』第一一五九号）
陳慈玉一九九九『台湾鉱業史上的第一家族――基隆顔家研究――』（基隆市立文化中心）
陳瑞霞二〇〇八「従書院到鸞堂――以苗栗西湖劉家的地方精英角色扮演為例一七五二～一九四五）――」（交通大学客家社会学修士論文）

陳翠蓮二〇〇八「菁英与群衆――文協、農組与台湾農民運動之関係（一九二三～一九二九）――」（陳慈玉編『地方菁英与台湾農民運動』中央研究院台湾史研究所）
陳燕如一九九八「中元普度与政商之間――日拠時期基隆地方領袖的発展――」（台湾師範大学歴史学修士論文）
辜顕栄翁伝記編纂会二〇〇七『辜顕栄伝』（呉三連台湾史料基金会）
蔡淵絜一九八〇「清代台湾的社会領導階層（一六八四～一八九五）」（台湾師範大学歴史学修士論文）
――一九八三「清代台湾社会領導階層性質之転変」（『史聯雑誌』第三期）
――一九八六「清代台湾基層政治体系中非正式結構之発展」（中華文化復興運動推行委員会編『近代歴史上的台湾』台湾商務印書館）
鄭天凱一九九四「政権交替下的地方社会――雲林事件（一八九六）的探討――」（台湾大学歴史学修士論文）
戴宝村二〇〇八『陳中和家族史――従糖業貿易到政経世界――』（玉山社）

日本語文献
岡本真希子二〇一〇「植民地期の政治を描く視角について――体制の内と外、そして「帝国日本」――」（『思想』第一〇二九号）
駒込武二〇〇〇「「帝国史」研究の射程」（『日本史研究』第四五二号）
呉文星著、所澤潤監訳二〇一〇『台湾の社会的リーダー階層と日本統治』（交流協会）
春山明哲二〇〇八「日本における台湾史研究の回顧と展望」（春山明哲『近代日本と台湾――霧社事件、植民地統治政策の研究――』藤原書店）
藤井康子二〇〇七「一九二〇年代台湾における地方有力者の政治参加の一形態――嘉義街における日台人の協力関係に着目して――」（『日本台湾学会報』第九号）
松田利彦二〇〇七「近代日本植民地における「憲兵警察制度」に見る「統治様式の遷移」――朝鮮から関東州・「満洲国」へ――」（『日本研究』第三五号）
若林正丈一九八三「総督政治と台湾土着地主資産階級――公立台中中学校設立問題（一九一二～一九一五年）――」（『アジ

ア研究』第二九巻第四号)

英語文献

Allee, Mark A. 1994, *Law and Local Society in Late Imperial China: Northern Taiwan in the Nineteenth Century*, (Stanford: Stanford University Press)

Meskill, Johanna Margarete Menzel. 1979, *A Chinese Pioneer Family : The Lins of Wu-feng, Taiwan, 1729-1895* (Princeton: Princeton University Press)

Shepherd, John R. 1993, *Statecraft and Political Economy on the Taiwan Frontier, 1600-1800*, (Stanford: Stanford University Press)

第Ⅱ部

地域社会団体

朝鮮における帝国在郷軍人会

庵逧由香

はじめに

本稿は、植民地朝鮮における帝国在郷軍人会の設立と活動について、その概要を主に設立初期から一九三〇年代までを中心に跡づけることを課題とする。在郷軍人会は、徴兵制が布かれていた戦前の日本で、これを維持し、国民の支持を得るための最大の地域組織であり[1]、また権力が民衆を組織したもっとも包括的かつ代表的なモデルとして[2]、これまで多くの研究がなされてきた[3]。

朝鮮の帝国在郷軍人会は、一九一〇年の日本での設立を受けて、陸軍の主導で翌年に設立された。その構成員は主には在朝鮮の日本人在郷軍人であったが、実態としては、日本人だけではなく、地方行政官などの朝鮮人が早くからその名を連ねていた。しかし基本的には朝鮮の在郷軍人会と地域の朝鮮人は、日本のように密接に関わっていたわけではなかった。朝鮮では一九四四年まで徴兵制が実施されなかったため、朝鮮人の予備役・後備役が制度的に出はじめるのは、一九三八年に陸軍特別志願兵制度が朝鮮人に対して実施され、最初の志願兵除隊者が在郷軍人に編入される一九三九年からである[4]。

特に朝鮮では、朝鮮駐屯日本軍（以下、朝鮮軍）の七～八割が咸鏡南北道を中心とする中国・ソ連との国境地帯に集中していたため、なおさら地域に住む朝鮮人が軍と接する機会は少なかったであろう。何より、朝鮮軍は朝鮮人の民族解放運動を圧倒的な武力をもって掃討してきた張本人であり、朝鮮人にとっては、朝鮮軍に対する印象がよいはずはなかった。

しかし、圧倒的多数人口が朝鮮人である植民地下の朝鮮において、支配下にある異民族に対して軍隊思想とその重要性を啓蒙し朝鮮社会に根付かせる機関として、朝鮮の在郷軍人会は日本とはまた異なる役割を担わざるをえなかった。植民地支配が進み、また軍部が戦争動員体制構築準備をはじめるなかで、その必要性はますます強まっていくことになる。

朝鮮の在郷軍人会に関する研究は、これまでほとんど行われてこなかった。近年になってようやく、朝鮮軍研究の中で、朝鮮の在郷軍人について部分的に分析・言及する研究が出てきた。まず朴延鎬氏は、朝鮮軍を治安維持と国家防衛という二つの任務を同時に担っていた存在として分析し、朝鮮での動員問題に関わり初期の在朝鮮在郷軍人（日本人）の状況について言及している。[5] また金相奎氏は、朝鮮軍の朝鮮人兵力動員を実質的に担った朝鮮軍兵事部の構成と役割について分析する中で、その主な管掌業務であった在郷軍人動員業務や、陸軍特別志願兵制度実施以降の朝鮮人在郷軍人数について分析した。[6] しかし朝鮮の在郷軍人会について考察したものはほとんどなく、パク・チョルギュ氏が一九一〇年代の釜山地域の日本人社会団体を分析する中で、帝国在郷軍人会釜山分会について簡単に紹介しているくらいである。[7]

本稿では、このような研究状況に鑑み、朝鮮における帝国在郷軍人会の設立と活動について、帝国在郷軍人会の基本的情報にも留意しつつ整理し、跡づけたい。在郷軍人会は、朝鮮植民地支配の中でどのような役割を果たし、その実態はどのようなものだったのだろうか。また、地域社会の中で、朝鮮人とどのように関わっていたのだろうか。本稿では、このような問題意識を前提として、設立から一九三〇年代の中頃、特に初期の状況を中心に考察することにする。

一　帝国在郷軍人会の朝鮮での発足

日露戦争以後から日本各地の郡市町村で組織されたさまざまな在郷軍人団が全国組織として統合され、帝国在郷軍人会として発足したのは一九一〇年一一月、「韓国併合」の約三か月後であった[8]。陸軍を中心に一九〇七年からはじまっていた設立に関する協議が一九一〇年に入り急速に進み、同年一〇月には初代帝国在郷軍人会会長である寺内正毅陸軍大臣（朝鮮総督兼任）により、帝国在郷軍人会長名で最初の「帝国在郷軍人会規約」が出された。この「規約」の第二条で「海外枢要の地に支部を置く場合」が想定され、第五条には「支部は［中略］韓国［ママ］に在りては韓国駐剳軍司令官［中略］の監視を受く[9]」とあることから、朝鮮を含む植民地での帝国在郷軍人会（以下、在郷軍人会）の設立が当初から前提とされていたことがわかる。同年一一月一五日に、寺内は朝鮮駐剳軍司令官にあてて、「近き将来において朝鮮・台湾・満洲にも、支部以下の設立を希望する」ため、配慮を要請する申し入れを行った[10]。こうしたことから、朝鮮でも日本と同時に在郷軍人会が組織されたと思われがちだが、実際に朝鮮で最初の支部・分会が発会したのは、それより約七か月後の一九一一年六月であった。本節では、朝鮮における「併合[11]」前後の在郷軍人をめぐる状況や、在郷軍人会の設立過程についてみることにする。

その前にまず、在郷軍人会の概要を簡単に確認しておこう。在郷軍人会は、陸軍の主導で作られた半官半民の全国組織である。ここでいう「在郷軍人」とは、現役の在営中の軍人以外で、予備役・後備役・退役将校同相当官、准士官、予備役・後備役下士兵卒、帰休兵、補充兵などをさす[12]。徴兵制が布かれていた戦前の日本において、戦争が勃発した時の予備役・後備役などの召集・動員に備えて、在郷軍人会は地域におけるこれらの把握や平時からの教育・監視を重要な目的の一つとしていた。特に各地域で徴兵され、兵役を終えて予備役・後備役として再び地域に戻った将校・兵士たちは、軍隊と地域を結ぶ役割も担っていた[13]。設立当初に発表された「帝国在郷軍人会設立の趣意」からも、これらが読み取れる[14]。

一方、併合直後の朝鮮には、日露戦争終結直後の一九〇五年一〇月から配備されていた二個師団（第一三師団と第一五師団）が駐屯していた。これら師団の所属部隊は朝鮮内に常駐するものの、駐劄軍司令部のもとに日本の各師団から一定期間交代で派遣される交代派遣制をとっていた[15]。したがって、朝鮮での兵役終了後は、予備役となる兵士たちは基本的に日本の故郷に帰国しており、そもそも併合直後で日本人人口が少ないこともあいまって、朝鮮における在郷軍人の状況は、その数や分布などの基本条件が日本とは大きく異なっていた。一九一一年段階で朝鮮に在住する在郷軍人の数は、京城・仁川・釜山の三大都市でおよそ二一三七人だったという[16]。

軍部では併合にともない、日本領となった朝鮮に在住する在郷軍人に関する取扱いをどうするのかについての検討・対応がはじめられたと思われる。たとえば、併合の一か月後である一九一〇年九月に第一〇師団は、在郷軍人の朝鮮内での旅行または在留に対し、陸軍服役条例上では「外国」扱いにしないものの、併合によっていきなり日本とまったく同様に扱うのはどうか、という照会をしている[17]。一九一一年三月には「朝鮮軍人に関する件」（勅令第三六号）で、「朝鮮軍人」の地位や待遇を定めた。

在朝鮮の日本人在郷軍人の勤務演習および簡閲点呼については、併合から一年以上たってようやく具体的に検討されはじめたようである。一九一一年九月二七日には、石本新六陸軍大臣から林董外相にあてて、陸軍軍人服役令の制定の際に「朝鮮、台湾、樺太、満洲、関東州に在留する者は願によりその付近の地で勤務演習及び簡閲点呼をなすこと」とし、あわせて朝鮮では憲兵隊長がその事務の一部を担当できるようにする規定を設けることについて問い合わせている[18]。

勤務演習とは、在郷軍人を対象に二年おきに三～四週間召集され行われる軍隊教育で、簡閲点呼は在郷軍人の思想・身体状況などの動向を把握するために一年に一度行われていた。[19]「外地在留在郷軍人の指導し要すること内地在住者に比し一層切要なる」[20]ことを理由に、朝鮮を含む植民地での勤務演習と簡閲点呼に関する規定が別個に定められるのは、一九一八年二月になってからである。いずれにせよ、在朝鮮の在郷軍人に対する軍部の対応は、併合以降数年をかけ、朝鮮の実情に合わせつつ方向づけがされていったと思われる。

しかし一方で、併合前から朝鮮にも在郷軍人会が存在していたことが確認できる。一九〇九年一月に大韓帝国皇帝が朝鮮西北部を訪問した際に、その出迎え準備について在郷軍人会で協議したという憲兵隊報告[21]や、また出迎えた団体のリストに在郷軍人会の名前も見られる。[22]関係者の証言では、日露戦争以降に「在郷軍人が朝鮮に渡来するもの多くを加ふるに従い京城でも在郷軍人会設置の説を唱えるようになった[23]」という。仁川では一九一〇年にはすでに、ある会社の支店長を中心に在郷軍人会の組織が作られていた、という証言もある。[24]また、一九〇八年に朝鮮に来たある憲兵は、一九一〇年ころに「在郷軍人分会設立の議あり、私たちはこれを斡旋して［中略］［水原の］華虹門丘上で発会式をあげた[25]」と証言している。併合前後には、勤務演習や簡閲点呼の書類、在郷軍人の調査指導は憲兵の仕事であった。

こうした状況のなか、朝鮮では一九一一年一〇月四日に政務総監から各道長官・府尹・郡守に宛て、「帝国在郷軍人会に援助を与ふる件」という通牒が出された。[26]その全文は、次の通りである。

> 帝国在郷軍人会は在郷軍人を以て組織し陸軍大臣監督の下に軍人に賜りたる　勅諭の精神を奉体［ママ］し在郷軍人の品位を進め其の親睦を醇ふし軍事知識を増進することを目的とする団体にして其の会務の発展は地方風教上に裨益する処亦鮮少ならずと相認め候処今や同会は本部を東京に置き内地の各地方には概ね支部、分会等の設けありて一般に会務発展の機運に向へり而して朝鮮に於ては各憲兵管区に支部を置き憲兵隊長を以

て其の支部長とし尚ほ所要の地に分会を設くることと相成候趣に付ては其の管内に於ける帝国在郷軍人会の支部及分会の成立並其の事業の遂行に関し相当の便宜を与へ其の発展を援助せられ候様致度帝国在郷軍人会設立に関する趣意書及同会規約書等相添此段及通牒候也

この通牒では、在郷軍人会の目的と意義が示され、各連隊管区に支部が置かれている日本と異なり、朝鮮では憲兵隊管区ごとに支部を置いて各憲兵隊長を支部長とすること、また所要地に分会を置くこと、さらに支部と分会の設立と事業に便宜を与えて、その発展を援助するよう指示されている。この通牒とともに、日本で在郷軍人会が発足した時に出された「帝国在郷軍人会設立に関する趣意」(註14参照と内容同じ)と「帝国在郷軍人会規約」全文が『朝鮮総督府官報』に掲載された。またほぼ同じ時期に、通牒「帝国在郷軍人会に与へられたる特典に関する件」が通達され、天皇やその家族の行幸などの際に、在郷軍人会の支部や分会から代表者が送迎に参列できるという「特典」が、日本と同様に朝鮮の在郷軍人会にも与えられた[27]。

上記通牒に先立ち、朝鮮でも支部や分会が設立された。一九一一年五月には、まず釜山分会が設立され[28]、続く六月一八日には、京城支部が発会式を行っている。この京城支部の発会式は、朝鮮総督・政務総監・師団長・憲兵司令官などが来賓として参加するなか、景福宮内で行われた。朝鮮軍の在郷軍人会発足に向けての準備過程については、発足から一五年後に行われた座談会で、関係者数名により当時の様子が語られている[29]。

この座談会での発言をもとに、その過程を整理すると、次のようになる。一九一〇年に在郷軍人会ができた時、会長である寺内正毅が朝鮮総督在任中であり、朝鮮在郷軍人会を組織するという内儀の席がもたれた。日本の在郷軍人会組織は連隊区が中心だが、朝鮮でそれに匹敵するものは何かと審議した所、ちょうどその頃憲兵警察制度が布かれて各道の憲兵隊長が警務部長を兼任していたので、それに一支部を任せ、その支部に各地の在郷軍人会[分会のこと]を作らせたらよい、と決まった。京城支部の具体的な発足指示があったのは一九一一年だが、その組織化に力を入れてあたったのは憲兵隊で、まずは京城府内の在郷軍人の調査を開始した。その結果、京城府内には七つの分会を作ることになり、五月には京城分会に属する将校全員を招集して分会設立に関する協議会を開催した。その協議会で京城分会規約草案や分会事務所の位置・区域・目的・事業・会員・機関・分掌などが審議され、各役員を指名した。発会式開催にあたっては準備委員を組織し、費用は会員の将校および会員外の寄付で充当した。発会式は正会員四六一人、来賓七三人の計五三四人が集まる中、盛大に行われた、という。

その翌年一九一二年には、帝国在郷軍人会規約が改正され、第二条には「朝鮮、台湾、樺太、関東州その他海外枢要の地に支部、分会を置くことあるべし」という文言が付け加えられる[30]。以後、朝鮮の在郷軍人会は徐々に会員数を増やし、支部以下の分会数も増えていく。これは、朝鮮の在郷軍人の在住状況が少しずつ確認されていくことによる統計上の数の増加という面もあると思われるが、実際に各地の会員数が増加していったことも事実である。その背景として、併合以後は、朝鮮で兵役を終えた後にそのまま朝鮮に定着する在郷軍人が出てきたこと、また在郷軍人会を中心に、在郷軍人に対して朝鮮への移住を勧めていたことなどがあげられる[31]。また、地方の分会では、朝鮮人在郷軍人が存在しえない発足初期から、特別会員・名誉会員として朝鮮人を入会させていた事例が多く見られており、こうしたことも少なからず影響していると思われる。

設立以後の、在郷軍人会の主な制度的変遷について、簡単に確認しておきたい。一九三七年七月の日中戦争全面化以降は、大々的な兵力動員の必要性から、在郷軍人会は目まぐるしく変化するようになる。それ以前までの主な改革としては、一九二五年の規約改正と、一九三六年の勅令による会則裁可にともなう公的団体化があげられる。一九二五年の規約改正は従来と異なり大幅な改正が行われた。それは、第一次世界大戦、米騒動、関東大震災などを経て、在郷軍人会の社会的役割が治安維持法体制や総動員体制確立の上でより強く求められるようになったことを反映していた[32]。また「満洲事変」を経て一九三六年には、在郷軍人会は軍部の国家総動員準備政策の要請にもとづき「国防」思想普及運動を展開するなど、その役割がより重視されるようになる。一九三六年九月には勅令三六五号により「在郷軍人会令」が裁可され、ついで「帝国在郷軍人会規程」が陸軍海軍省令第一号の承認を受けた。これにより、在郷軍人会規約は法的効力を持つようになり、その存在は半官半民団体から公的団体となった。

二　朝鮮における在郷軍人会の組織と活動内容

本節では、朝鮮における在郷軍人会の組織と活動について、基本的な事項を見ることにする。朝鮮の在郷軍人会も基本的には日本と同一の規約で運営されていたものの、前節で述べたように、在郷軍人の数や存在状況が日本とは大きく異なる朝鮮では、監督機関や管区区分など、制度的にも日本と異なる部分が少なくなかった。このような在郷軍人会の組織は、時期とともに変化する。特に規約が大きく改正されるのは一九三六年であるが、ここではとりあえず、それ以前を中心に見てみよう。

(1)　組織

1　支部と分会

在郷軍人会の基本的な組織構造は、本部―連合支部―支部―連合分会―分会―会員という位階構造である。本部は東京に置かれ、日本では支部は軍隊管区、分会は各地方行政区画を基準に分けられていた。すなわち、連合支部は師団司令部所在地に、支部は連隊区司令部所在地に、連合分会は各郡の郡役所所在地に、分会は各市町村の市役所・町役場・村役場所在地に置かれた（「帝国在郷軍人会規約」第二条）。

朝鮮でも同じように基本構造は連合支部―支部―連合分会―分会―会員である。また、これとは別に工場・鉱山・大会社・鉄道など、一つの勤務先に多数の在郷軍人がいる場合、勤務先ごとに組織された特殊分会があった（「規約」第三条）。朝鮮では、駐屯する日本軍が交代派遣制の頃は、在郷軍人会も師団ではなく「朝鮮」という大きな所管で分類され、その下に一三道に一つずつ、支部が置かれていた。[33] 常駐の第一九師団、第二〇師団が新設され交代派遣制の師団と交代した一九二〇年ころに、これら一三の支部がそれぞれ所管の師団下に置かれるようになったと思われる。また朝鮮の場合、実際には連合支部が置かれたことはなかった。

表1は、朝鮮の支部、連合分会、分会について、筆者が雑誌記事・新聞記事などから確認しうるものをまとめたものである。これを見ると、支部が各道ごとに一つずつ作られているのがわかる。表では、各師団の管轄区域ごとにまとめ、さらにさまざまな資料で確認された分会を、道ごとに分類した。この表を参考にしつつ、支部、連合分会・分会について、その地域範囲と組織をみてみよう。

① 支部

日本では師団司令部所在地に連合支部が置かれたが、朝鮮では連合支部自体が置かれることはなかった。したがって本部のない朝鮮では、在郷軍人会の配下組織で最も大きい単位が支部ということになる。日本では連隊区司令部の所在地に支部が置かれたが、規約第六条では、朝鮮などの地では会長の承認によりそれ以外の区域所在地に置くことも可能となっていた。実際の朝鮮の支部所在地を見ると、各道の主だった都市に置かれていることがわかる。

支部の場合、支部長は日本では連隊区司令官だったが、日本以外の地域では支部内に住む特別会員・正会員から選出することになっており、朝鮮では当初、憲兵隊長に嘱託されていた。[34] また支部の監督は、朝鮮では守備管区の憲兵隊隊長が担うことになっていた。これが一九二〇年になると、支部長は朝鮮の各連隊長が担うようになる。「重要な指導の位置にある支部長、連合支部長には現役者を以て之に当らしめ、それに有力なる在郷者の幕

表1　朝鮮の在郷軍人会組織

道	師団	支部	連合分会	分会
京城	第20師団	京城支部	龍山連合分会	鐘路分会、永登浦分会、京城第八分会
			京城連合分会	
京畿				仁川分会、京畿道庁分会、開城分会、烏山分会、江華分会、金浦分会、広州分会、鳥致院分会、平澤分会、加平分会、坡州分会、水原支部
忠北		清州支部		清州分会
忠南		公州支部	大田連合分会	大田分会、扶餘分会、公州分会、洪城分会、天安分会、舒川分会、洪州分会、礼山分会、江景分会、瑞山分会、論山分会、江景分会、扶余分会、唐津分会
全北		全州支部		全州分会、金堤分会、南原分会、参禮分会
全南		光州支部		順天分会、霊光分会、筏橋浦、済州分会、谷城分会、木浦分会、三千浦分会、海南分会、霊厳分会
慶北		大邱支部	安東連合分会	尚州分会、永川分会、盈徳分会、聞慶分会、倭館分会、大邱分会、浦項分会
慶南		晋州支部		蔚山分会、統営分会、固城分会、泗川分会
			釜山府連合分会	釜山分会、道庁分会、牧島分会、釜山鎮分会、富平町分会、九徳分会、釜山北分会、釜山南分会、釜山中央分会、釜山西分会、釜山東分会
平北		義州支部		東倉分会、新義州分会、中江鎮分会、満浦鎮分会、楚山分会、江界分会、厚昌分会、熙川分会、義州分会、朔州分会
平南		平壌支部		平壌分会、安州分会、平壌寺洞2分会
黄海		海州支部		海州分会、兼二浦分会、新幕分会、南川分会、延白分会、黄州分会
江原	第19師団	春川支部		鉄原分会、麟蹄分会、春川分会、旌善分会、寧越分会、平康分会、江陵分会
咸北		鏡城支部（後に羅南）		雄基分会、穏城分会、清津分会、会寧分会、羅南分会、鏡城分会
咸南		咸興支部		元山分会
工場分会：平安南堂大同郡朝鮮総督府平壌工業所分会（平壌寺洞） 咸鏡南道甲山郡鎮東面銅店久原鉱業株式会社分会（咸興銅店）				

出典：表のうち、支部は1916年現在のもの。また1921年段階で176あったという連合分会、分会は、すべてが確認できたわけではなく、植民地期を通じて『戦友』『東亜日報』『毎日申報』『朝鮮総督府官報』などの記事や文書に出てくるものを、筆者が確認できる限り集め、分類したものである。

僚（副長）が補佐を附して其欠を補ふ[35]」とあるように、支部役員を現役将校・憲兵が兼任しながら連合分会以下の下部組織を指導・統括・監督するのが主な役割であったと思われる。

② 分会および連合分会

分会および連合分会は、軍管区以下の地方行政単位を基準につくられていた。在郷軍人を中心とする会員を抱え、地域に根ざし自治的な運営を行っていた、最も基本的な単位であるといえよう。京城・釜山のような都市部ではいくつかの分会を併せて連合分会がつくられていた。この連合分会が一般化したのは一九一七年からで、それ以前は「特例」だったものが、同年の規約改正で一般的に置くことができるようになった。たとえば京城連合分会の場合、一九二二年八月になってから結成された。また、一つの職場に複数の在郷軍人がいる場合に結成されることがある特殊分会としては、朝鮮では一九二一年の段階では平壌の朝鮮総督府平壌工業所分会と咸興の久原鉱業株式会社分会の二つが確認できる。

市町村ごとに一つずつあった日本の分会と異なり、朝鮮には一九二一年段階でも分会は一七六しかなかった。各町村の区域内に住んでいる会員で組織された日本の分会に比べ、各地域の在郷軍人数は少ないものの、一つの分会がカバーしなければならない地域は広く、事務処理にも時間がかからざるをえなかった[36]。

連合分会長、分会長はともに、それぞれに置かれた評議会で「軍隊教育を受けた正会員」の中から推薦され、支部長の承認を受けて決められた。連合分会長や分会長は、直接会員に接して指導・統制する必要から、当該地の在郷者の中から選ぶことが前提とされていた[37]。

2 会員

では次に、連合分会、分会を構成する会員の資格について見てみよう。基本的に会員は正会員、特別会員、名誉会員の三種類であった。規約で規定されたそれぞれの会員の資格は、次の通りである[38]。

表2　支部分会数

	総数				日本		朝鮮	
	1920年		1921年		1920年	1921年	1920年	1921年
支部		99		98	74	73	13	13
郡市以下連合分会	652	645	658	638	633	638	なし	なし
工場連合分会		7		8	7	8	なし	なし
市区町村分会	12,880	12,751	12,985	12,504	12,475	12,504	150	174
工場分会		129		148	125	148	2	2
計		13,631		13,616	13,314	13,298	165	176

出典：「帝国在郷軍人会概況調」(「100．帝国在郷軍人会概況調査送付ノ件」『陸海軍関係雑件』第四巻、アジア歴史資料センター、Ref：B07090020100）および「帝国在郷軍人解概況調べ」(「在郷軍人会に関する件（五）」『公文備考』大正10年、アジア歴史資料センター、Ref：C08050129400）より作成。

正　会　員　予備役後備役将校同相当官（将官同相当官を除く）准士官、予備役、後備役下士兵卒、帰休兵、補充兵、第一国民兵役に在る者及六週間陸軍現役を終わり第二国民兵役に在る者

名誉会員　在郷軍人に非ずして特に本会に助方を与へ又は功労ありたる者若は其の協力を受くるべき者にして本部、支部、連合分会又は分会の推薦に係る者

特別会員　在郷将官同相当官及本部、支部、連合分会又は分会の推薦に係る現役将官同相当官

正会員の範囲は、一九三〇年代以降に対象が少しずつ拡大されていくことになるが、基本的には予備役・後備役・退役将校同相当官、准士官、予備役・後備役下士兵卒、帰休兵、補充兵である。名誉会員と特別会員の範疇は、基本的には現役将校などを特別会員として想定し、名誉会員は在郷軍人ではない者が主に対象となったと思われる。ただし実際には、朝鮮で見られるケースの中には、名誉会員と特別会員があいまいになっている場合が見られる。特別会員の場合、現役将校ではなくても、支部や分会が推薦する官公吏や人物も対象となっていたためと思われる(39)。

表3　1916年現在の支部別会員数

所管			朝鮮												
支部			晋州	大邱	光州	全州	公州	清州	京城	春川	海州	平壌	義州	咸興	鏡城
会員	正会員	将校	126	76	62	51	44	23	280	13	30	44	31	44	27
		准士官	–	–	16	11	21	6	56	6	8	17	11	21	26
		下士	–	–	150	130	149	77	736	39	77	174	95	149	112
		兵卒	1,830	1,078	699	613	568	253	2,171	235	218	523	309	534	456
		計	1,958	1,417	927	805	782	359	3,243	293	333	757	446	748	621
	名誉会員		–	164	13	150	3	10	37	14	13	12	13	51	19
	特別会員		19	42	141	8	60	1	142	32	52	134	60	106	–
	合計		1,975	1,623	1,081	963	845	370	3,422	339	398	903	519	905	640
	海軍軍人		167	29	27	–	17	–	53	10	9	30	7	–	6
	未教育補充兵		–	–	–	–	–	–	27	12	–	21	26	–	–
	前年度計		2,372	1,448	1,013	1,114	829	298	2,624	294	398	802	500	768	629

出典：帝国在郷軍人会本部「大正五年度会員財産調査表」（「在郷軍人会関係（九）」『公文備考』第五巻、大正六年、アジア歴史資料センター、Ref : C08020898800）より作成。

3　支部、分会、会員数

次に、朝鮮の支部・分会数および会員数を見てみよう。これらの統計は限られた年しか確認できていないが、ここでは現在わかる範囲で見てみることにする。まず表2は、一九二〇年および一九二一年の日本と朝鮮および日本の領域全体の総数を、支部・分会別に記したものである。

表2では、一九二一年段階での統計であるため、朝鮮の連合分会はまだ存在していないことになっている。この時点で、朝鮮の分会は一七四あった。両年を比べると、わずか一年の間に、分会が二四も増加したことがわかる。分会はこの後も増加しつづけ、一九二八年には約二倍の三〇三になる[40]。

次に、会員数を見てみよう。表3は、一九一六年現在の各支部会員数の一覧である。各支部の正会員（階級別）、名誉会員、特別会員、海軍など会員別に統計してある。会員数としては、支部別では最も多いのが京城支部の三四二二人で、ついで晋州支部の一九七五人、大邱支部の一六二三人と続いている。また表3にはないが、一九一六年の朝鮮全体の会員数総計は、一三、九八三人であった。これが三年後の一九一九年になると、一七、九二三人と四〇〇〇人近く増加し[41]、一九二四年になると約二五、〇〇〇人にもなっていた。

しかし実情としては、分会が非常にまばらにしかつくられておらず、また「分会の組織がある地方に在住する者も加入していない[42]」ため、すべての在朝鮮在郷軍人を網羅していたというわけではなかったようである[43]。

（2）事業と運営

在郷軍人会で行われていた事業はいろいろあるが[44]、主には（一）三大節（四方拝・紀元節・天長節の皇室関係の記念日）や軍関係の記念日、戦没者慰霊祭などの行事の開催、（二）会員やその家族の相互扶助、（三）懇話会や射撃会などの軍事思想普及のための催し開催などであった。

各支部の初期の活動については、その実態をかいま見ることのできる資料がある。一九一六年に在郷軍人会本部が各支部に報告書を提出させて作成した、「大正五年度部内景況報告」がそれである。表4は、このうち朝鮮の一三支部を抜き出したものである。

表4には、支部の一般状況や会員の意識、集合状況や会員の素行、地方官民の会に対する意向など、興味深い内容が多い。無難な報告もあれば、支部の活動や状況がそれほどよくないことを示す内容も散見される。これらは各支部が自己評価して本部に報告したものであるということを考えると、特に評価の低い内容については、信憑性が比較的高いといえる。

たとえば、支部の一般状況として、一〇〇人単位で会員を増やしている支部もあれば（清州・咸興）、会員数の多い晋州では、会員の住居移動が激しく集合機会が少ないとされている。定められた事業の実施状況はほとんどの支部が「大概実施」と無難な回答を寄せているが、規定の事業以外にも植林・植樹や貯蓄を行っている支部や、平壌のように分会が演武場を設置している所、中には会報を発行している分会も複数見られる。また、会員の素行については、ほとんどの支部会員で犯罪・犯行が見られるのは興味深い。表4の報告は、朝鮮で在郷軍人会が設立されてから五年後の支部・分会の様子であるが、在郷軍人会がそれほど定着していない様子が端々にうかがえる。

また、分会レベルで行っていた活動としては、在郷軍人会の会報である『戦友』や各種新聞記事などで確認される限りでは、射撃大会、招魂祭、評議会開催、遙拝式、遺族の義援金集め、陸軍記念日祝典、戦没者慰霊祭などがある。しかし、分会の活動もやはり、朝鮮の場合は地域によってかなり差が激しかったようである。これは、一九一六年四月に総督府付武官となった高橋綏次郎の次のような評価にもよく表れている。

各分会の状況は土地に依りて著しく差違がありまして中には地方官民の有力なる援助を受け多額の基本金を有し結合確実にして活気を有するものもあれども、中には会員の多きに拘らず誠に振るわぬものもあり、殊に朝鮮文物の中心地である京城分会の如きは会員の数千二百余名に達して居るけれども会合の時には高高百乃至二百名の集合を見る位で振はぬことが夥しくあります[45]。

会員が最も多く、また朝鮮で最初に結成された京城分会の活動が不振であるという点は、興味深い。高橋はその原因として、人数の多さによる意志疎通の困難さなどをあげている。また、設立後一〇年を経てもいまだに会員の質の悪さと在郷軍人会の今後について嘆く、ある順天分会幹部の見解も興味深い。

順天在郷軍人分会幹部の言によれば、現今の在郷軍人分会員の約半数は未教育補充兵あるいは短期補充教育を受けたにすぎない者で、在郷軍人会設立の趣旨を解せず軍人精神に乏しき者義務的精神の希薄なる者など多く、どうもすれば幹部の指示を批判し善良なる既教育兵の軍人精神を軟化し軍人会設立の基礎を危くせんとするやの傾向なきにあらず。この弊習を打破しようと極力防圧[ママ]に努めつつあるが、彼らの中には相当社

京城	春川	海州	平壌	義州	咸興	鏡城
面目を改めつつあるも未だ予期に達せず	穏健に発達し基礎鞏固を加ふ	格別発展を認めず之れ定住者少なきに依る	分会の発達に従い避遠の在住者にも会旨普及せり	会旨漸く徹底し逐次発展の域に向う	前年比し会員百二十六名増加し地方に信用あり漸次発展す	会員は概ね相当に職にあり官民の信頼を受く
五回	公務の序てのみ	各分会共に年一回	三十回		二回	
営利に専にして会の為尽力する者少きも近来会合の度加はり相互親睦なり	最寄会員は倶楽部若くは茶話会を以て親睦を努む	一般に本会の趣旨を会得し円滑なり	一般に責務を自覚し協同和親分会に尽力するも将校にして入会を肯せざる者三名あり	一致団結を固くするに力めつつあり	概して良好なり	一般に責任を自覚し家業に精励し融和親睦なり
大概実施せらる	大概実施せらる	大概実施せらる	大概実施せらる	概ね実施せらる	大概実施せらる	概ね実施せらる
安城分会は貯金を励行し植樹及朝鮮語研究を行う			平壌分会は演武場を設置し公開す	植林、果樹園毎月五十銭以上の貯金	植林	道場を設置し会員及青年の体育及尚武心の向上に努む
四分一	五割乃至七割	二分一乃至三分一	三分一以上	六割強	二分一以内	五割乃至八割
一般に良好なるも処罰者少なからず	多くは良好なるも犯罪者八名あり	各会員一般に正業に従事するも若干無職の徒ありて非難あり	一般に良好なるも地方民に顰蹙せらるる将校二あり	概して良好なるも若干の不都合者あるを遺憾とす	会員たるの体面を汚す者少し	概ね良好
京城、仁川、安城分会は整備したるも他は尚不良なり	一般に良好なるも鉄原最も優秀なり	甲、兼二浦分会 乙、新募分会	各分会共に漸次発展したるも未だ充分ならず	各分共に面目を一新し不良と認むるものなし	皆良好	概ね良好

表4　各支部の状況(1916年現在)

	晋州	大邱	光州	全州	公州	清州
支部一般の状況	漸次発展の域に進みつつあるも会員の住居常ならず集合の機会少なし	漸次良好の域に進みつつあり	向上の曙光あるも予期の点に達する尚ほ遠し	穏健に発達し基礎鞏固ならんとす	漸次発展基礎漸く鞏固ならんとす	漸次隆盛に向ひ本年は八百三十九名の会員を増加す
支部長及支部役員分会の為出張数	公務の序てのみ		公務の序てのみ	公務の序てのみ	一回	
会員の意識及親睦の状況	広面積に散在し集合の機会少なく親睦厚きを得ず	一般に会の発展に努めんとし互に融和す	漸次良好にして相互親睦なり	一般に責務を自覚し協同分会に努力し親善なり	自ら率先して分会の為め努力する者少し相互親睦なり	本会の発展に努め親睦なり
規約第八条各項*実施の状況	概ね実施せらる	大概実施せらる	概ね実施せらる	大概実施せらる	大概実施せらる	三大祝日及記念日のみ実施す
実施せし規約外事業の種類			植林、屠獣場経営	記念植樹	貯金、植林	国有地を借入し植樹
集合の状況		二割乃至五割		六割乃至九割	六割乃至八割	事故者の外は全部出席
会員の素行		互に素行を慎むに至りたるも尚ほ犯行少なからず	概して良好なるも将校以下六名の所刑者あり	良好にして信用加わりたるも犯罪者に将校一名他に十名あり	概して良好なり	一般に良好なるも大尉二名軍医一名の犯罪あり
分会の成績(最良(甲)最否(乙))	釜山は最良なるも他は等差なし			各分会共に良好なり	甲、太田分会　乙、公州分会	甲、清州にして忠州沃川之に次ぐ
会費免除者の多寡(甲)会費を徴収せざる分会数(乙)					乙、四分会	甲、二名

京城	春川	海州	平壌	義州	咸興	鏡城
			設立なし		甲、親密	
一般に著く好感を有し援助する者増加す	総会等には地方官民の有力者出席するに至れり	一般に好感なるも有力者なきを以て援助なし	一般に会旨を認め援助するも未だ充分ならず	一般の会旨を解し相当援助するも淡冷なる官公吏あり	良好	益々良好
			平壌分会は隔月に機関雑誌を発行す			

会的地位を為し軍人固有の特質を現代思想に副わざるものとして卑下する意向また顕然。ゆえにこれらを既教育者と同一団体に加入させておくと、終には軍人分会全部を悪化し数年後にはどんな変化をみるのか杞憂にたえず。(46)

分会の運営を担っていた役員の不祥事の例もある。たとえば、一九二八年ごろの報告では、京城第八分会のある役員は、その役職を自分の営業に利用しようとして会務には不熱心だったところ会員の間で反対者が増加し、分会副長の勧告で辞職したという。また元山分会では、ある分会理事が分会への貢献が少ない上に、妾を囲うなど行状も評判が悪く、分会の体面に関わるため、会員の中で排斥の声が高まり幹部が忠告したが改まらず、結局総会でその理事の罷免手続きをとった、という。(47) 逆にこのような例は、分会運営がある程度分会内で自治的に行われていた側面があったことを示しているともいえよう。

一九二七年六月に陸軍省は、在郷軍人会に対し最初の国庫補助金を交付した。(48) この国庫補助金交付に関して会員らがどのように考えているのか、感想を調査した報告書がある。(49) この中には、日本に比べて植民地の在郷軍人会が直面している問題を吐露した意見も散見され、興味深い。たとえば、「植民地分会の

	晋州	大邱	光州	全州	公州	清州
分会の青年会(甲)及軍人後援会(乙)との連繫状況			甲、親密	甲、親密		
地方官民の意嚮及実現		一般に好感を以て援助を興う	一般に好感を以て援助を興ふるも中には阻害せんとする者あり	一般に意嚮極めて良好にして援助増加す	一般に会旨を賛成し援助を興う	多くは分会の為め尽悴し良好なり
支部分会の発行図書			支部なし 木浦分会は会報を出す			
雑件						

出典：帝国在郷軍人会本部「大正五年度部内景況報告摘要(其四)」(「在郷軍人会関係(9)」『公文備考』巻5、大正六年、アジア歴史資料センター、Ref : C08020898800)より朝鮮の部分を抜粋。
＊:「規約第八条各項」は、本稿註(44)を参照のこと。

如きは会員の異動頻繁なる関係上会費捻出など円滑を欠き従って活動意の如くならざる」(羅南)、「植民地の在郷軍人分会は内地分会に比し其の使命の一入重大なるに拘らず財政上の関係より一般に維持困難の状態にあり。由来在郷軍人中の大多数は現役に服し更に予備役後備役等ありて分会員としては会費を捻出し会を維持せざるべからざる等、義務過重の感ある」(京城)、「内地と趣を異にする朝鮮に於て都鄙の関係及人員等の顧慮せず配当額が殆ど一律なるは多少考慮研究の余地あるものと思料す」(某分会長)、「内地よりも寧ろ朝鮮方面に其の大半を配当するが至当なり。内地分会は既に何れも堅実に発達し居るに反し朝鮮に於ける分会員は各地より寄り集まりの者を包容し見るべき事業としても皆無なり故に国庫補助を仰ぎて大に軍人分会を発達せしむるの要あるものなり」、などである。

三　在郷軍人会と朝鮮人

(1)　朝鮮人会員

本節では、地域の在郷軍人会と朝鮮人との関わりについて見ることにするが、まず、朝鮮における在郷軍人会の初期朝鮮人会員について見ておきたい。朝鮮で在郷軍人会の正会員資格を

表5　初期在郷軍人会の朝鮮人会員の例

名前	地域	主な職歴	在郷軍人会会員記録
李完植	全北	全羅北道中枢院議員	1911年　分会特別会員
金弘祚	慶南	慶尚南道中枢院議員	1911年　蔚山分会特別会員 1918年　同名誉会員に推薦される
金鍾翕	忠南	忠清南道中枢院議員	1912年　帝国在郷軍人会扶余分会顧問を嘱託
孫之鉉	慶北	慶尚北道慶山郡守	1917年　顧問に嘱託
全聖旭	京城	壽松町総代	1921年　名誉会員
趙重壁	忠南	授恩洞・敦義洞総代	1928年　保寧分会 顧問
桂泰鎔	京城	銅雀町総代	1935年　永登浦分会名誉会員
文明琦	慶北	慶北道会議員	1935年　盈徳分会特別会員
張熙元	京城	鐘路2丁目総代	1936年　在郷軍人会名誉会員
金淇正	慶南	慶尚南道中枢院議員	(年不明)　統営分会名誉会員
李東㷂	京城	積善町総代	(年不明)　名誉会員
鄭圭煥	京畿	社稷町総代	

出典：国史編纂委員会韓国史データベース、中枢院調査資料などの人物履歴から抽出。

持つ朝鮮人が数的に一定程度出てくるのは、陸軍特別志願兵制度が施行され、その兵役期間の修了者が出てくる一九三九年以降である。[50] それ以前は、入隊した一部の朝鮮人を除いて正会員資格のある朝鮮人はほとんど存在しなかったはずであるが、実際には「名誉会員」「特別会員」の資格で各地域の分会の会員となる朝鮮人は少なくなかったと思われる。

表5は、人物データベースなどにある履歴記録から、朝鮮人で在郷軍人会の会員となった人物を取り出したものである。職歴が多い場合は、在郷軍人会の会員となった時期のものを選んだ。中には、会員になった時期のわからないものもいくつか入っている。この表に出ている朝鮮人会員は例にすぎず、全体の数や状況はまだ不明な点が多い。名誉会員と特別会員がどのように区別され推薦されているのかは、時期や職位などに特に法則性が見いだせないことから、おそらく地域の分会ごとに異なっていたと推測される。

しかし、これら数少ない例を見る限りでも、各道の中枢院議員や郡守、町総代といった、その地域内で一定程度の影響力を持った朝鮮人たちが、「名誉会員」「特別会員」という形式で在郷軍人会組織に加入していたことがわかる。おそらく、各地の連合分会や分会で、同じように地域の朝鮮人有志が名誉会員・特別会員に推薦されていたと思われる。

また、在郷軍人会の機関誌である『戦友』に掲載されていた各分会の「功労者表彰人」リストの中にも、朝鮮の分会の中に、日本人に混じって朝鮮人の名前もかなり見られる。たとえば、一九一三年に発行された三七号だけでも、公州支部管内の禮山分会所属の功労者表彰人の中に、「尹昇求、兪致稗、金雲夏、李元鐘、張基益、李興世、成楽奎、朴仁喆、洪世泳、張義燮、白忠基、兪鎮相[51]」といった朝鮮人の名前が多数入っていた。その経緯など詳細は不明だが、設立から二年あまりの一九一三年の時期に、功労者として朝鮮人の名前が入っているのは、興味深い。

(2) 朝鮮地域社会の中の在郷軍人会

基本的に一部を除いて地域の在郷軍人会と朝鮮人が直接的に行動をともにするケースは一般的ではなかったと思われるが、中には、積極的に地域の朝鮮人と関わろうと試みた分会もあった。その一つの例として、会内に朝鮮人の青年団を結成させた大田分会のケース[52]を見てみよう。

大田分会所属の日本人後備役松浦善次と予備歩兵春浪竹雄は、大田市内の山内面朗月里に居住していたが、そこに住む朝鮮人青年らの「従来遊惰放縦を好み労を厭うの風習を」問題だと考え、朝鮮人青年の「善導は吾人在郷軍人の責務にして率先範を垂し以て精神的に感化すべき」であると、一九二七年に朗月里青年会を設立することにした。松浦は牧場主、春浪は農業従事者であった。朗月里は三八戸の小さな村で、そこに住む日本人は松浦と春浪の二人だけだったという。

同年五月一五日、松浦を発起人として春浪宅で朗月里青年会の創立総会が開かれ、会員二五名、来賓五名が集まった。その結果、役員は会長春浪、副会長は朗月里区長である沈洛杠、評議員は金鍾貴はじめ四名などで、松浦は名誉会長になった。会の綱領は「一致団結修養し積み自己の業務に勉励し義務的精神の養成その他軍人の精神となるべき勅諭の五ケ条に則り鮮人青年の啓発を企図」することとし、目立った活動としては大田歩兵大隊中隊の行軍にあたって出迎えや湯茶の提供などもした。このような松浦らの行動に対し、当時の朝鮮憲兵隊司令官は、「軍人精神に則り率先範を示し以て鮮人青年に精神的感化を与え内鮮融和の実を挙けむと努力しつつあり」と評価した。

また、一九二三年に雑誌『開闢』に、在郷軍人会の朝鮮人に対する一方的な関わり方や、朝鮮人の中で在郷軍人会がどのように見られていたのかを端的に表している記事が掲載されている[53]。その記事は、在郷軍人会が起こしたある事件について書かれているが、あらましは以下の通りである。原州郡在郷軍人会（おそらく原州分会）の三〇人ほどが原州郡の板富面観雪里でノロジカ狩りに行き、民家の前に逃げたノロジカを追ううち、民家の門前であるにもかかわらず銃を乱射し、そこにいた一一歳の申英均を撃ってしまった。申英均は治療を受けたが三日後に死亡したため、これを告訴しようとした英均の両親が代書所に訴状を書いてもらいに行ったが、在郷軍人会を怖がって書いてもらえなかった。しかたなく警察署と裁判所に口頭で告訴したが、もともとそのノロジカ狩りには警察署の人間や日本人有力者が参加していたため、告訴は受理されず、在郷軍人会では各方面に働きかけてこれを不問に付し、結局両親に慰労金二〇〇円を渡してうやむやにしてしまった、というものである。この記事では、狩猟規則や法、そして人民の生命財産を保護すべき官庁や裁判所のひどさを痛烈に批判している。

一方、朝鮮軍にとって朝鮮の在郷軍人会は、「思想運動」の朝鮮社会での普及状況や、在郷軍人たちの思想状況を把握する場でもあった。「近時在郷軍人中思想の左傾せんとするか如き者あるは遺憾とする[54]」といった声が聞かれる中、在郷軍人の中でも社会主義思想の影響を受けたとされる「要注意在郷軍人」の動向や、在郷軍人の社会運動関与の状況が、定期的に陸軍大臣まで報告されていた[55]。

これに加え、朝鮮では、「民族思想」の影響や動向も監視の対象に含まれた。一九三〇年二月には、朝鮮軍司令部に思想研究委員が設置された。同委員は、朝鮮内の各種思想運動に関する情報を収集し、行動の観察、朝鮮における民族思想推移の研究考案とその対策の研究立案、さらに軍隊・在郷軍人・青年などに対する思想的影響に関する事項を管掌した。軍参謀長を委員長とし、数名の委員の中には憲兵委員も含まれていた[56]。

このように、朝鮮地方社会に一方的に関わりを持っていた在郷軍人会の様相は、地域や分会によって差はあるかもしれないが、一部地域に限られたものではなかったと思われる。こうした日本人在郷軍人らを中心とする在郷軍人会の体制が本質的に変わるのは、一九三八年の陸軍特別志願兵制度実施により、翌年に初めて一定数の朝鮮人退役者が出現してからであった。一九三九年四月には、除隊した朝鮮人志願兵に対し、「内地人壮丁と同じように在郷軍人の名誉が与えられる[57]」ことになった。一九三八年に最初に志願兵訓練所に入所した朝鮮人志願兵は、一九三九年に入隊し、一九四一年には除隊して在郷軍人となる計算である[58]。特に朝鮮総督府は、陸軍特別志願兵制度を導入した当初から、このような朝鮮人在郷軍人を「一般朝鮮民衆に対する国体観念培養」「日本精神の高揚」のための指導者として「活用」する方法を構想していたという[59]。

日中戦争が全面化し、その長期化が明らかになってくると、朝鮮でも在朝鮮の日本人在郷軍人の動員が緊要の課題として浮上してきた。一九三九年八月には、朝鮮軍内に兵事部が設置され、朝鮮での徴集・収集・徴発に関する事務について、一九師団、二〇師団併せて朝鮮全体を統一的に管掌することになる[60]。このような日本人在郷軍人の動員問題と体制の変化、そして一九四二年には朝鮮人の徴兵制度実施決定などにより、朝鮮の在郷軍人会は戦時期に大きく変化していくことになる。

おわりに

一九一〇年に日本で帝国在郷軍人会が設立された時、その規約の上では、朝鮮を含む植民地での設立が前提とされていた。実際に朝鮮で帝国在郷軍人会が設立されるのは一九一一年に入ってからで、六月には京城支部が大々的な発会式を行い、続いて一一月には地方行政に向けて、在郷軍人会を援助するよう政務総監による通牒も通達された。

朝鮮では在郷軍人会の支部は日本とは異なり、道ごとに一つずつ設置され、分会は各道の主だった都市にのみ設置された。その活動は地域によってかなり差が激しく、定期雑誌を刊行し事業が活発で財政も豊かな分会もあれば、京城分会のように会員数は多くても行事への参加率は低い分会もあった。

このような朝鮮の在郷軍人会の各地方分会には、一九一一年というかなり早い時期から、朝鮮人会員が存在していた。彼らは中枢院議員や郡守、町総代といった役職で明らかに非軍人であったが、特別会員、名誉会員、顧問といった形で推薦を受けて在郷軍人会に所属していた。また、在郷軍人会の功労者表彰人の中にも、早くから在朝鮮の朝鮮人の名前を確認できる。

分会の中には、村の朝鮮人青年を組織して青年会を設立させるなど、積極的に地域の朝鮮人と関わろうとしたケースも見られる。また、一九三〇年代に入ると、朝鮮軍にとって民族運動をはじめとする「思想運動」の朝鮮社会への普及状況や、在郷軍人どうしで思想状況を把握する場としての在郷軍人会の役割はより重視されるようになってくる。このような朝鮮の在郷軍人会の体制が本質的に変わるのは、戦時期に入り朝鮮人の戦時兵力動員の実施以降となるが、戦時期の在郷軍人会の変質と実態に関しては、また稿を改めて考察したい。

(1) 藤井忠俊『在郷軍人会──良兵良民から赤紙・玉砕へ──』(岩波書店、二〇〇九年)三四〇頁。

(2) 「編集前記　在郷軍人会史研究の課題と方法」(『季刊現代史』第九号、一九七八年)五頁。

(3) 包括的な研究として代表的なのは、『季刊現代史』第九号の「特集・日本軍国主義の組織的基盤──在郷軍人会と青年団」、藤井、前掲書、などである。また、軍部の国民動員の特徴として在郷軍人会を通じた軍部の宣伝・議会政策の計画と実態を分析した功刀俊洋「日本ファシズム体制成立期の軍部の国民動員政策」(日本現代史研究会『日本ファシズム(二)国民統合と大衆動員』大月書店、一九八二年)や、軍部と日本の地域社会との関わりという視点からの研究としては、宮本和明「帝国在郷軍人会成立の社会的基盤──大正期茨城県の農村を素材として──」(佐々木寛司編『国民国家形成期の地域社会──近代茨城地域史の諸相──』岩田書院、二〇〇四年)、宮地正人「戦争と地域史研究──歴史研究者の一つの今日的課題について──」(『歴史評論』第六八六号、二〇〇七年)、河西英通「地域と軍隊をむすぶ人々」(『せめぎあう地域と軍隊』岩波書店、二〇一〇年)などがある。在郷軍人会の現実政治との関わりを具体的に分析した、戸部良一「帝国在郷軍人会と政治」(猪木武徳編著『戦間期日本の社会集団とネットワーク──デモクラシーと中間団体──』NTT出版、二〇〇八年)もある。他に、各地域の具体例を分析した研究も多い。たとえば、君島和彦「在郷軍人会分会の成立と展開──一九一〇年前後の埼玉県松井村分会の事例──」(『東京学芸大学紀要』(第三部門、社会科学)第三九号、一九八七年一二月)、猪巻恵「在郷軍人会の地域社会における確立過程について──若松支部資料を事例として──」(『現代社会文化研究』(新潟大学大学院)第三一号、二〇〇四年一一月)など。

(4) 金相奎氏によると、一九三八年に日本軍に動員された朝鮮人志願兵のうち、一九三九年には現役はまだ服務期間が残っていたが、輜重兵および第一補充兵・高射砲兵は除隊し、在郷軍人となった。金相奎「전시체제기(一九三七〜一九四五) 조선주둔일본군 병사부(兵事部)의 조직과 병력동원 역할」(高麗大学校大学院韓国史学科修士論文、二〇一一年)五三頁。

(5) 朴延鎬「近代日本における治安維持政策と国家防衛政策の狭間──朝鮮軍を中心に──」(『本郷法政紀要(東京大学)』第一四号、二〇〇五年)。

(6) 金相奎、前掲論文。

(7) 박철규「부산지역 일본인 사회단체의 조직과 활동──一九一〇년대를 중심으로──」(釜山慶南史学会『歴史와 経済』

第五六号、二〇〇五年）。

（8）日露戦争以後から帝国在郷軍人会発足までの経緯やその背景などについては、現代史の会共同研究班「総合研究在郷軍人会史論」（『季刊現代史』第九号、一九七八年）五〇～八九頁を参照。

（9）官通牒第二八五号明治四四年一〇月四日政務総監「帝国在郷軍人会ニ援助ヲ与フル件」（『朝鮮総督府官報』第三三二号、一九一一年一〇月四日）。以下、引用史料は読みやすさを考慮して現代仮名づかいに直した。

（10）帝国在郷軍人会三十年史編纂委員『帝国在郷軍人会三十年史』（帝国在郷軍人会本部、一九四四年）五二頁。

（11）便宜上、以後は「併合」のカギ括弧をはずして表記する。

（12）徴兵による兵役の分類については、「解説　兵役と点呼（大正期）」（『季刊現代史』第九号、一九七八年）がわかりやすい。満二〇歳に達した青年男子は徴兵検査を受け、身体検査の結果甲種、乙種、丙種、丁種などに分類される。甲種・乙種が合格でこの中から現役兵・補充兵が選抜された。現役徴集者は三年間の軍隊教育を受けるが、退営後四年四か月は予備役、一〇年は後備役に服する。現役に欠員が生じた場合に召集される補充兵役は、年限が一二年四か月で一五〇日以内の教育召集があった。また一七～四〇歳までの男子で現役・予後備役・補充兵役を終えた者が編入される。一般的に在郷軍人とは予後備役、補充兵役にある者と四〇歳までの国民兵役の者をいう。

（13）在郷軍人組織の役割やその意味については、遠藤芳信「在郷軍人会成立の軍制史的考察」（『季刊現代史』第九号、一九七八年）を参照。

（14）「帝国在郷軍人会設立に関する趣意」の主な内容は以下の通りである。

［前略］将来軍の編制は在郷軍人の精鋭を必要とすること愈々切実なるを以て［中略］在郷軍人の既設団体を糾合し、其の目的を定一にし、其の行動を整斉にし、尚ほ未だ其の設備を見ざる地方に於ては其の創立を奨励し、以て在郷軍人をして地方良民の模範たらしむると同時に益々軍人精神の鍛錬と、軍事知識の増進とを図り、併せて会員の相互扶助慰藉の方法を講ぜしめんとす。

（「在郷軍人会関係（六）」『海軍省公文備考類』昭和五年、アジア歴史資料センター、Ref：C08020898500）

（15）藤原彰『日本軍事史　上巻戦前編』（日本評論社、一九八七年）一五〇頁。

（16）朴延鎬、前掲論文、一二三四頁。他にも京城の在郷軍人会数が約一〇〇〇名余りだったという証言がある。大島勝太郎

談「勅令に依る　会令発布記念回顧座談会（三）」（一九三六年一一月一二日付け新聞記事（新聞名不明）、ソウル大学校中央図書館所蔵「新聞切抜朝鮮関係1」）。

（17）「客月二十九日条約第四号に依り韓国を日本帝国に併合相成候に付ては同地旅行在留は服役条例第九条第三項同第三十条第三項に該当せざるものと解釈致候も直に之を以て従来の内地旅行、寄留同様の取扱を為すも如何はしく疑義相生候条何分の指示相成度候也」。服役条例の該当部分は、第九条は「休職停職の将校［中略］外国に旅行又は寄留せんと欲する者の取り扱いは別に定める所による」、第三十条は「予備役後備役将校十四日以上旅行［中略］外国にある者召集の通報を受け又はその他の手続きにより充員召集若しくは後備軍召集があるときは直に帰朝し本籍地到着後に十四日以内に師団長に届出べし」である。これに対し陸軍次官が、朝鮮の場合は「外国」と同様の許可は必要ない、と回答している（「朝鮮に在る在郷軍人に関する件」明治四三年「肆大日記　一〇月」『陸軍省大日記』、アジア歴史資料センター、Ref: C07072877100）。

（18）「3、陸軍軍人服役令同施行規則制定ノ件」（『本邦人徴兵関係雑纂』アジア歴史資料センター、Ref: B07090147300）。

（19）前掲「解説　兵役と点呼（大正期）」、四七頁。

（20）「朝鮮、台湾、樺太関東州、満洲、演習召集簡閲点呼施行規則制定の件」（『大日記甲輯』大正八年、アジア歴史資料センター、Ref: C02030879500）。

（21）「日本人側にては理事庁民団協議の下に民間委員を加へ準備中にて在郷軍人会にても之に関し協議し準備に怠りなし」（「憲機第百七十一号　韓皇行幸に付韓民意向」一月二一日付け平壌分隊長内報、駐韓日本公使館『統監府文書』第一〇巻）。

（22）「憲機第百九十八号　御巡幸に関する件」（一月二七日付け、前掲資料平壌憲兵分隊長内報、駐韓日本公使館『統監府文書』第一〇巻）。

（23）大島談、前掲資料。

（24）島崎龍一談「勅令に依る　会令発布記念回顧座談会（六）」（一九三六年一一月一七日付け新聞記事（新聞名不明）、ソウル大学校中央図書館所蔵「新聞切抜朝鮮関係1」）。

（25）佐々木文右衛門談「勅令に依る　会令発布記念回顧座談会（十一）」（一九三六年一二月一日付け新聞記事（新聞名不

明）、ソウル大学校中央図書館所蔵「新聞切抜朝鮮関係1」）。

(26)「帝国在郷軍人会に援助を与ふる件」（明治四四年官通牒第二八五号）（『朝鮮総督府官報』第三三二号、一九一一年一〇月四日）。

(27)「帝国在郷軍人会に与へられたる特典に関する件」（明治四四年官通牒第二八七号）（『朝鮮総督府官報』第三三五号、一九一一年一〇月七日）。在郷軍人会の権威づけに皇室との関係が利用された点については、現代史の会共同研究班、前掲論文、九五～九六頁を参照。

(28) 박철규、前掲論文。

(29)「勅令に依る　会令発布記念回顧座談会（一）～（十三）」（一九三六年一一月一二日～一二月一六日、新聞記事（新聞名不明）、ソウル大学校中央図書館所蔵「新聞切抜朝鮮関係1」）。

(30)「帝国在郷軍人会規約中改正の件」（『大日記甲輯』明治四五年　大正一年、アジア歴史資料センター、Ref：C02030661500）。

(31) 朴延鎬、前掲論文、一三四頁。

(32) 一九二五年の規約改正の意味や背景については、「再編へむかって――反動からの新体制づくり――」（『季刊現代史』第九号、一九七八年）、三二〇～三二六頁、および藤井、前掲書、一五七～一六五頁を参照。

(33)「大正五年度会員財産調査表」「在郷軍人会関係（9）」（『海軍省公文備考類』大正六年、アジア歴史資料センター、Ref：C08020898800）。

(34) 高橋綏次郎「在郷軍人会の発展を望みて」（『朝鮮彙報』一九一八年二月）七五頁。

(35) 陸軍省徴募課「帝国在郷軍人会の概要」（『偕行社記事』第七五一号、一九三七年四月）八九頁。

(36)「朝鮮内では［中略］市街地に於ては人の出入が繁しく又田舎では人が分散しある等の為に在郷軍人会に対する事務の整備に不便が多く従て同分会の発達進歩は内地に比し一層困難であります」（高橋、前掲資料、七九頁）など。

(37) 陸軍省徴募課、前掲資料、八九頁。

(38) 在郷軍人会規約は数年ごとに大小の改正が行われるが、ここではだいたい内容が固まってくる一九一七年改正のものを参照する。「帝国在郷軍人会規約（明治四三年一一月定大正六年五月改正）」（帝国在郷軍人会水戸支部『在郷軍人便覧』

一九二一年）。

(39) 陸軍省徴募課、前掲資料、九〇頁。

(40) 朴延鎬、前掲論文、一二三四頁。

(41) 「帝国在郷軍人会会員調査表」大正八年（「在郷軍人会について（2）」『公文備考』巻三、大正九年、アジア歴史資料センター、Ref：C08021522000）。

(42) 「在郷軍人會의 指導機關設置、騷擾에 備키 爲하야」『東亜日報』一九二四年一二月一三日。

(43) また、「会員数は毎年の簡閲点呼を受ける実際の軍人数と異な」っていた（前掲「在郷軍人會의 指導機關設置、騷擾에 備키 爲하야」）。

(44) 在郷軍人会規約に定められた事業は、以下の通りである。

一、本部に於て雑誌を発行すること／二、毎年三大節に於て遙拝式及勅諭奉読式を行うこと／三、陸軍記念日（三月十日）には最寄り地方に於て祝典を行うこと／四、毎年少くも一回最寄り地方に於て戦没死亡者の祭典を行うこと／五、廃兵及戦死者遺族を優遇すること／六、最寄地方に於て軍事に関する懇話会を開き撃剣会、射撃会を開くこと／七、有勲者の名誉を保持せしめ、之を優遇すること／八、会員にして傷痍若は疾病に罹り自活し能はざる者、又は厄災に罹りたる者あるときは之を救助すること／九、会員にして死亡したるときは会葬し、時宜に依り其の遺族に弔慰金を贈り、又は其の葬祭を行うこと／十、在営兵卒の家族にして救護の必要ある者を救助すること／十一、会員たりし者の寡婦、孤児にして救護の必要ある者を救助すること。

(45) 高橋、前掲資料、七九～八〇頁。

(46) 「在郷軍人の思想状況の件」（『密大日記』大正一〇年、アジア歴史資料センター、Ref：C03022578900）。

(47) 「要注意在郷軍人及在郷軍人社会運動干渉の件」（『密大日記』第2冊、昭和三年、アジア歴史資料センター、Ref：C01003798200）。

(48) 「帝国在郷軍人会三十年史付録年表」（帝国在郷軍人会三十年史編纂委員、前掲書、五頁）。

(49) 「国庫補助金交付に対する在郷軍人の感想に関する件」（『密大日記』昭和二年、アジア歴史資料センター、Ref：C01003718300）。

(50) 金相奎、前掲論文、五三頁。
(51) 『戦友』第三七号（一九二三年一一月）。
(52) 以下、このケースの詳細については、「在郷軍人の鮮人青年指導に関する件」(『密大日記』昭和二年、アジア歴史資料センター、Ref:C01003717800）から抜粋した。
(53) 「嶺西八郡과 嶺東四郡」(『開闢』第四二号、一九二三年一二月一日)。
(54) 「国庫補助金交付に対する在郷軍人の感想に関する件」(『密大日記』昭和二年、アジア歴史資料センター、Ref:C01003718300)。
(55) 「要注意在郷軍人及在郷軍人社会運動干渉の件」(『密大日記』昭和三年、アジア歴史資料センター、Ref:C01003798200)。
(56) 「朝鮮軍司令部思想研究委員規定の件」(『密大日記』昭和五年、アジア歴史資料センター、Ref:C01003892000)。
(57) 「除隊된 志願兵에 在郷軍人의 榮譽 就職도 適当하 斡旋」(『毎日申報』一九三九年四月二〇日)。
(58) 金相奎、前掲論文、五三頁。
(59) 金相奎、前掲論文、五四頁。
(60) 朝鮮軍兵事部の設置過程や詳細については、金相奎、前掲論文を参照。

植民地期朝鮮における消防組について

松田利彦

はじめに

近代日本が植民地に導入し、地域社会に扶植した組織の一つに消防組がある。本稿は、植民地朝鮮における消防組の展開とその植民地的特質を探ることを目的としている。

朝鮮の消防組は、一八八二年の朝鮮開港以後、日本領事館や理事庁の後押しを受けながら在留日本人の自治的組織としてつくられ、植民地期に入ると地域の朝鮮人も組員に取り込んでいった。一九三〇年代後半には約一四〇〇組の消防組が設けられており、平均すると六割程度の面（日本の町村に当たる末端行政単位）に消防組があった。かなりの程度、地域社会に存在感をもつ組織だったといってよい。

その一方で、消防組は、消火・防災・人命救助といった自然発生的な要請に応える日常的組織であり、一見、とりたてて植民地的な特質を見出しがたいように思えるかもしれない。従来、朝鮮植民地期における消防組についての研究が、少数の例外(1)を除けば皆無に等しいのもそのような理由からだろう。しかし、筆者は、植民地地域社会に埋め込まれたこのような日常的な公共団体の考察を通じてこそ見えてくる問題もあると考えている。本稿では、特に近年、関心を集め集中的に議論されている日常生活のなかの支配権力の問題として、消防組の歴史を切開してみたい。一九九〇年代以降、被支配者の日常生活が植民地支配によってどのように変容したか、そこにはどのような権力関係が潜んでいるかを明らかにしようという研究が相次いで現れてきた(2)。本稿も、こうした研究に示唆を受けている。

それでは、植民地下朝鮮の消防組にはどのような権力関係が伏在していたのだろうか。この点に関して、全羅南道群山における消防組の歴史を通観した元栄錦氏の研究を検討しておこう。同氏の業績は、今日にいたるまで植民地期朝鮮の消防組についての唯一の研究論文であるが、以下のような歴史的位置づけには物足りなさも感じる。

開港以後の群山において、消防組は、日帝行政当局にとっては、日本人はもちろん朝鮮人に対する効果的な制御手段であると同時に、日本帝国工業化の基礎となる食糧資源確保のための群山港の安全装置として機能した反面、朝鮮人にとっては日本人の脱法的な収奪手段を庇護し助長しつつ朝鮮人の抗日意志を挫く日帝の下手人だった(3)。

元栄錦論文においては、いわば消防組の機能を警察と同等にとらえている。たしかに本稿で後述するように消防組が朝鮮人の社会運動・民族運動に対抗する手段として動員された事例もある。しかし、消防組の社会的役割を警察や軍隊と同じような支配のための暴力行使と見なすことには違和感を感ずる向きも多いだろう。植民地といえども、消防組自身、「消防は警察のやうに強権を持たぬ、同じく唱へらるゝにしても其の出どころが違ふ(4)」ことはよく自覚していた。「資源確保のための［中略］安全装置」「朝鮮人の抗日意志を挫く日帝の下手人」といった強権的側面のみならず、もっと日常的な文脈からも、消防組の「権力」や「植民地性」を読みとるべきだというのが筆者の立場である。

こうした点では、日本の近代消防史の研究は有益な示唆を与えてくれる。江戸町火消の明治以降の展開を跡づけた鈴木淳氏の研究、近代において全国各地でむら消防組が公設化されていく事例を扱った後藤一蔵氏の研究[5]は、いずれも、町火消・むら消防に源流をもつ自治的な消防組（私設消防組）に対する国家権力による統制を重要な論点としている。これらの研究は、植民地の消防組には言及してはいないが、このような国家権力と民間の私設消防組の関係という問題が植民地朝鮮においてどのような形で現れてくるかは検討に値しよう。

ただし、異民族統治の場だった植民地では問題はさらに複雑である。植民地台湾での事例だが、蔡秀美氏の研究によれば、常備消防手は日本人を主体としており、台湾人を除外する構造が植民地期、一貫していたと指摘されている。[6]消防手のなかでの現地民族の比率は朝鮮では台湾よりも高かったから、朝鮮と台湾を同列に比較することはできない。しかし、在朝日本人の創設した消防組に多くの朝鮮人組員を編入したことはかえって両者の対立が紛争事件として表面化する原因ともなった。いずれにせよ、植民地の消防組が内部に民族矛盾を抱え込んでいたことは重要な特徴である。朝鮮の消防組は植民地権力―在朝日本人―朝鮮人という三者がかかわり、日本本国よりも重層的な権力関係を内包していたといってよい。

以下、本稿は、第一節で朝鮮開港から韓国併合にかけての消防組の創設期を扱う。第二節で併合後の消防組の変化として、各地の消防組が総督府による一元的統制に置かれるようになったことと、朝鮮人組員が急増し消防組全体の規模が拡大したことを指摘する。第三節では、一九二〇年代の「文化政治」期、消防組が地域社会との間で引き起こしたトラブルや消防組内部で起こった民族対立などを検討する。第四節では、一九三〇年代の農村振興運動下、警察の補助機関化が進んだ消防組が日中戦争期、防空組織へと変貌し、一九三九年に警防団へ改組され幕を下ろすまでの過程を跡づける。このような歴史的変遷を跡づけつつ、「消防組」という一見非政治的な団体を通じて、日常生活の次元で植民地的権力関係を析出することを目的としている。

一　朝鮮開港と消防組の創設

一八七六年、日朝修好条規が締結されると、朝鮮の開港・開市が相次ぎ日本人が増加するとともに、それらの地域に在留日本人の設立した消防組が続々と生まれた。最初の消防組は、一八八四年、仁川（一八八二年領事館設置、八三年開港）に作られた。仁川居留地の総代だった幾度健一郎が日本領事に申請して設立されたものである。仁川は日本人の専管居留地ではなく各国居留地だったが、消防組の運営は実質的に日本人が担った。[7] ついで一八八九年には漢城（一八八三年開市）に、一八九一年には釜山（一八七六年開港）にも消防組が生まれる。[8]

以後、日清戦争後と日露戦争前後の二度にわたり朝鮮移民ブームが起こり、一八九四年時点では九三五四名に過ぎなかった在留日本人人口は、一九〇五年には四万二四六〇名に達する。[9] 開港地と主要都市での消防組の設立年代は日清戦争から日露戦争後のこの時期に集中している。資料上で設立年が確認できる都市をあげれば、木浦（一八九九年）・群山（同前）、新義州（一九〇六年）、龍山（同前。のち漢城消防組に合併）、光州（一九〇七年）、大田（同前）、忠州（同前）、馬山（同前）、水原（一九〇八年）、江陵（一九〇九年）[10] 等で消防組が組織されている。

ところで、これら初期の消防組の官民関係、すなわち在朝鮮日本領事館との関係は興味深い。消防組の設立過程を見ると、領事館・領事館警察が主導し在留日本人有力者を動かしてつくったという場合が多いのである。

いくつかの具体例をあげれば、仁川消防組では、一八八四年に在留日本人が領事館に設立を申請した際、領事館警察による管轄を願い出ており、一八八九年には警察側で「消防事務心得」を定めている。群山消防組の場合、木浦領事館群山分館主任の浅山顕蔵と在群山日本人とが中心になって設立した。浅山と消防組設立者が同郷（対馬）という縁もあった。[11] また、木浦消防組の場合も、木浦領事・森川季四郎、木浦領事館警察署長・遠藤忠興らが「斡旋尽力」したという。[12]

また、こうした民間消防組は居留民団や日本人会、あるいは各国居留地会が運営していたが、一八九〇年代から一九〇〇年代にかけ、各開港地の領事館は消防組を統制する領事館規則を公布した。したがって、このときから形式的には領事館規則に基づく公設消防組となっていたのである。さらに日露戦争後の統監政治期、各開港地に理事庁が設けられると、理事庁令によって改めて消防組規則が制定された。

木浦消防組を統制するために木浦領事が一九〇九年一二月に出した「消防組規則」（木浦領事令第八号）を見よう。第一条では、「居留民団又は日本人会は火災其他の非常事変の災害に際し警防救護の為消防組を設置せんとする時は所轄警察署を経由し理事官の認可を受くべし」と、消防組が理事官による認可を受けねばならないことを明記している。第三、四条では、消防組に組長・副組長・小頭・消防手をおくこととし、組長・副組長は理事官の任命、小頭以下は警察署長の任命によることを定めている。(13)

このように官の統制が加えられた背景には、消防組の担い手の問題も関わっている。少なくとも初期の消防組においては、消防手は社会的アウトロー的な性格ももちかねない下層労働者・職能集団によって担われていた。群山消防組の場合は、在留日本人有力者・谷口伊太郎の経営する回漕業群山組の仲仕二七、八名が消防手となった。(14)大田消防組は、当初容易に組員が得られぬので在留日本人各戸から義務的に出動させていたが、一九〇九年一〇月新たに職工を中心に組員を任命した。(15)木浦消防組は、三つの仲仕組より三〇名の仲仕を出して消防手にしている。(16)ちなみに、この木浦消防組について、のちに木浦警察署長は「世間には消防のことは仲仕や土方のみの仕事の様に思つて消防手を軽んずる人の尠くない」と認めながら、実際、一五〇名の消防手は「大抵中流以下の者」であり、「彼等の仲間に免れざる賭博、乱酔、喧嘩などの悪風習を矯正」することも消防組の目的だと説明している。(17)消防手を「下賤の者のなす仕事」と見る風潮は植民地期に入ってからも見られる。(18)

こうした事例を見る限り、在朝日本人の中でも仲仕のような力仕事を請け負っていた労働者を官の統制下に置きつつ、居留民社会の維持に欠かせない消防事業に振り向けようという意図も隠されていたことがわかる。やや極端な例では、釜山消防組は設立当初日雇い人夫によって編成されていたが、一九〇七年に釜山理事庁が解散を断行して小頭以上の組員を居留民団議員などの有力者に差し替えている。[19]

以上のように、在朝日本人社会においては、草創期から官と民の双方が消防組組織を支え合う構造がはっきりしていた。朝鮮の消防組は当初より領事館や領事館警察の後押しを受け、比較的短い期間のうちに公設機関化したのである。もちろん、「公設」「官設」消防とはいっても、人員や費用の出所は民間だった。漢城や仁川の場合は、併合を前後して消防に専門的に従事する消防手（常備消防手）も設けられていたが、[20]一般的には、消防手は普段別の職業をもちながら火災のときのみ消防にあたるいわゆる義勇消防手だった。また、運営費用は居留民団費や寄付に頼り貧弱だった。

しかしそれでも、消防組をめぐる官民関係は朝鮮と日本「内地」（以下カッコを省略）とではかなり異なる。日本本国では、江戸時代以来、住民の自治的組織として町火消や村消防が機能していたが、明治時代に入り消防組織を警察の統制下に置き市町村単位で公設消防組を組織する動きが強まり、一八九四年の消防組規則の施行によって官設消防組に改編される。[21]内地ではこの過程で官と民の葛藤が避けられなかった。

これに比べると、朝鮮では初期から官に依存する形で消防組が運営されていたことは明瞭である。ひとつには内地の官設消防組のモデルがすでに形成されつつあった時期に朝鮮で消防組の組織が始まったという歴史的な時間差があろう。それとともに、在朝日本人社会における官民関係の特殊性も指摘しうる。すなわち、朝鮮に渡ってきた日本人が国家権力を背景に植民者社会を形成した事実は在朝日本人史研究においてしばしば指摘されるが、[22]このような朝鮮在住日本人の権力依存的な性格が消防組の形成過程と存在形態にも反映されていた、と考えられる。

ちなみに、当時の在朝鮮消防組に期待された活動にも、官とのもたれ合いという性格は現れている。消防組が担った役割は単に消火活動ばかりではなかった。この時期、消防組の財政状況は貧弱で、設備も龍吐水や腕用ポンプなど旧時代の遺物が使われていた。それでも消防組が各地で続々と生まれたのは、消火活動以外に自警団としての役割が期待されていたためである。漢城消防組の場合、創設の「当時は消火の目的と称するよりも、寧ろ居留民を警戒する為に自発的に組織された[23]」とされた。また、群山消防組は、居留地外で日本人が土地を購入して朝鮮人との間に紛争が生じたことが背景となり、在留日本人の「保護」のため領事が消防組設立に乗りだしたという事情があった[24]。消防組は、居留民の保護という領事館の職務の一端を分担してもいたのである。

他方、この時期、朝鮮人の消防組織はどのようなものだったのだろうか。在留日本人の設けた消防組以外に、朝鮮政府の整備した消防組織もなかったわけではない。朝鮮の各種社会制度の近代化が進められた甲午改革（一八九四〜九六年）において文官警察組織として警務庁が設置され、「行政警察章程」（一八九四年七月）により消防も警務庁の管掌事務とされた。朝鮮政府において消防を管轄した部局は、一八九五年四月からは警務庁警務使官房総務局、一九〇〇年六月以降は警部警務局警務課、一九〇六年二月以後は警務庁警保課となっている。ただ、この時期にはまだ専門の消防手は設けられていない。内務令第四号「巡検職務細則」（一八九六年二月）によれば、巡検（日本の巡査にあたる）が火災時、一般人を指揮して消火し現場の犯罪行為を取り締まることになっていた[25]。宮中警察から独立した人員をもつ朝鮮人消防施設としては、一九〇七年一月に宮中消防隊がつくられている。宮中のみならず漢城府内の消防も担当した宮中消防隊は「旧韓国に於ける消防機関の嚆矢」とされる[26]。同じ時期、韓国政府は貯水場を設け、消防組を組織する計画を持っていたとも伝えられる[27]。実際に地方で、朝鮮人の消防組が作られた例があり、併合前（年代不明）の木浦では務安監理により朝鮮人消防組が組織されたとされる。ただし、木浦の朝鮮人居住地域に日本人が入り込み混住地域になったのにともない、日本人の居留地消防組に合併されたという。[28] 朝鮮人が消防組に本格的に加入するのは韓国併合後をまたねばならなかった。

二　韓国併合後の地方制度改編と消防組規則の制定

韓国併合後、一九一〇年代の「武断政治」期における消防組の整備をたどってみよう。この時期における消防組の重要な変化としては、従来、各地の理事庁ごとに管理されていた消防組が一元的に総督府の管轄下に入ったこと、および消防組の数が急増するとともに朝鮮人の編入が進んだことがあげられる。

前者については、一九一四年四月、朝鮮では府制（制令第七号）の施行にともない、旧開港地在留の日本人の特権的自治のよりどころとなっていた居留民団・各国居留民会が廃止され、府が設けられた。これによって、従来、居留民団の経営していた消防組は府の管轄に入った。さらに、一九一五年六月、総督府令第六五号「消防組規則」により消防組の公的施設としての性格が明確化された。日本本国の「消防組規則」（一八九四年、勅令第一五号）と比較しながら、朝鮮で公布された消防組規則（以下、内地の消防組規則と区別するため「朝鮮消防組規則」と記す）の特徴を考えてみたい。

第一に、朝鮮消防組規則は、消防組織を官製団体とする法的根拠となった。消防組は道知事が設置主体となり（第一条）、組頭・副組頭・小頭は道知事が任免し、消防手は警察署長が任免するとされた（第三条）[29]。ちなみに、消防組の幹部の名称を本国と同じ組頭・副組頭・小頭という名称に統一したのはこのときである（これらの名称は江戸時代の町火消に由来する）。内地でも、消防組規則により消防組は府県知事の設置認可を受けることになったので、表面的には同様に思える。しかし、内地の消防組規則では、従来広く認めていた自治的な地域の「むら消防が否定されたことに大きな特徴」があり[30]、自治的消防組織の官への吸収という政治的意図が強かった。これに対し、朝鮮では、前述のように消防組はもともと領事館や理事庁の認可のもとに設置され、すでに事実上の公設化が進んでいたから、認可主体を府から道に格上げしたという小幅の変化にとどまった。

第二に、消防組を警察の管轄下に置くことを明確化した。朝鮮消防組規則では、「組頭ハ警察署長ノ命ヲ承ケ消防組ノ事務ヲ管理シ組員ノ指揮取締ニ任ス」(第四条)、「警察署長ハ消防組ヲ指揮監督ス」(第五条)とされている。これらは、内地の消防組規則の第四条、第五条にほぼ対応している。ただし、朝鮮消防組規則中、「警察署長必要ト認ムルトキハ消防組ニ対シ水火災其ノ他ノ災害ノ警戒防禦ノ為出動ヲ命スルコトヲ得」(第七条)という条文は、内地の消防組規則には見当たらない。朝鮮の場合は、消防組に対する警察署長の指揮権が幅広く設定されているのである。後述のように、水火災以外にも、朝鮮人の「騒擾」を阻止するために消防組は動員されたが、それはこの条文を根拠としたのだろう。

第三に、消防組織の設置区域と費用負担の問題である。内地の消防組規則では、設置区域は市町村とされ(第二条)、消防組員の手当・被服・器具・建物など一切の費用も市町村の負担と規定されていた(第一一~一三条)。ところが、朝鮮消防組規則ではこれらについての定めがまったくない。植民地朝鮮では、末端行政単位として面の整備を進めている段階であり、消防組の維持運用が面の負担となったのは一九一七年に面制が施行されてからだった。逆にいえば、朝鮮では、地域で消防組を支える行政単位が確立していないにもかかわらず、消防組の官設化の形式を作ろうとしたのである。

第四に、消防組の逸脱防止規定について見よう。朝鮮消防組規則では「火災警防〔中略〕ニ非サレハ集会若ハ運動ヲ為スコトヲ得ス」(第八条)としており、これは内地の消防組規則第八条とほぼ同文である。ただし、内地でこの条文が盛り込まれたのは、一八九〇年代初期の国政選挙において政府与党と民党の衝突に消防夫が関わる事件が各地で起こったためだった。[31]参政権の与えられていない朝鮮では消防組のこうした政治的活動は起こりえない。むしろ、前述したように、草創期の消防組はアウトロー的職能集団によって構成され統制対象となっていたが、その対策として盛り込まれた条文と見るべきだろう。

なお、植民地台湾では一九〇二年台北を皮切りに各地で消防組が設置され、やはり「官督民弁」で運営されていたが、地域ごとの消防組規則は一九二一年の勅令第二〇六号「台湾消防組規則」によりようやく統一され、内地や朝鮮よりかなり遅かったことを付記しておく[32]。

次に、消防組の量的拡張と朝鮮人組員の増加を見よう。

表1に見るように、併合後、一九一三年頃を前後して消防組の数は飛躍的に増加し、一九一〇年末に六八個に過ぎなかった消防組数は数年で一気に一〇倍ほどになった。消防組数は、この後も植民地期を通じて緩やかな増加趨勢をたどる。しかし、表2と照らし合わせるとわかるように、朝鮮における火災件数は（統計の精度に差がある併合前後は別として）必ずしも大きな変動があったわけではない。消防組は、火災の発生とは別個に政策的に整備されていったのである。

一九一〇年代初期に消防組の数を押しあげたのは、朝鮮人の編入によるところが大きい。もともと在留日本人を主体に設立された朝鮮の消防組は、表2からわかるように併合直後まで日本人が構成員の多数を占めていた。しかし、一九一二年以降、朝鮮人の消防職員が急増した結果、人数の上では圧倒的に朝鮮人が多くなり、植民地末期までおおよそ八〜九割程度を朝鮮人が占めた。先述のように消防組の数自体の増加は緩やかだったから、朝鮮人が消防組を新設したのではなく、基本的には既存の消防組に朝鮮人の編入が進んだものと考えられよう。

ちなみに植民地台湾では、消防組の設立は日本人居住地域が優先され、多くの台湾人は消防組ではなく壮丁団のもと消防活動を行ったという[33]。朝鮮では朝鮮人が日本人消防組に組み込まれたのに対し、台湾では日本人消防組と台湾人の消防活動は別系統になっていたということになる。朝鮮と台湾の植民地統治の比較研究では、さまざまな側面で朝鮮における「包摂」と台湾における「排除」という性格の差異が指摘されてきたが、消防組とい

表1　朝鮮における消防組数と消防職員数の推移

			1910	1911	1912	1913	1914	1915	1916	1917	1918	1919	1920	1921
消防組数（個）	組織形態	常備組織									1			
		内地人組織	41	39		28	28	22	18	17	14	15	13	20
		朝鮮人組織	22	77		414	401	375	275	219	234	212	202	213
		内地人・朝鮮人共同組織	5	38		191	266	317	373	403	397	427	412	406
		内地人・朝鮮人・中国人共同組織		1		2	1	1	5	2	5	2	7	12
	計		68	155	286	635	696	715	671	641	650	656	634	651
消防職員数（人）	民族	内地人	1,882	6,546	4,520	6,022	6,391	6,982	7,325	7,530	7,683	7,955	7,943	8,013
		朝鮮人	980	4,345	17,257	56,559	68,041	65,666	63,852	40,245	37,545	36,573	33,449	34,220
		外国人		4	9	8	44	28	39	34	45	41	70	71
	計		3,559	10,895	21,786	62,589	74,476	72,676	71,216	47,809	45,273	44,569	41,462	42,304
	朝鮮人比率（%）		27.5	39.9	79.2	90.4	91.4	90.4	89.7	84.2	82.9	82.1	80.7	80.9

			1922	1923	1924	1925	1926	1927	1928	1929	1930	1931	1932	1933	1934	1935	1936	1937	1938
消防組数（個）	組織形態	常備組織	5	6	6	6	7												
		内地人組織	11	11	11	11	11												
		朝鮮人組織	231	248	261	270	272												
		内地人・朝鮮人共同組織	435	465	495	509	541												
		内地人・朝鮮人・中国人共同組織	17	16	20	22	17												
	計		699	746	793	818	848	876	906	935	965	974	994	1,022	1,081	1,154	1,224	1,283	1,393
消防職員数（人）	民族	内地人	8,489	8,790	9,064	9,253	9,495	9,325	9,398	9,198	9,102	9,223	8,861	8,789	8,961	8,581	8,415	8,319	7,965
		朝鮮人	34,248	39,167	41,306	42,840	44,837	45,554	47,842	48,265	49,950	50,480	50,483	51,520	53,686	55,510	57,533	58,132	61,412
		外国人	73	86	98	98	109	94	115	98	83	83	48	49	43	42	40	37	37
	計		42,810	48,043	50,468	52,191	54,441	54,973	57,355	57,561	59,135	59,786	59,392	60,358	62,690	64,133	65,988	66,488	69,414
	朝鮮人比率（%）		80.0	81.5	81.8	82.1	82.4	82.9	83.4	83.9	84.5	84.4	85.0	85.4	85.6	86.6	87.2	87.4	88.5

出典：朝鮮総督府編刊『朝鮮総督府統計年報』各年版より作成。
註1：「内地」の括弧を省略した。
　2：原資料における合計の誤りは訂正した。
　3：1927年以降の消防組の組織形態別内訳は不明。

表2　朝鮮における火災件数

年	1905	1906	1907	1908	1909	1910	1915	1920	1925	1930	1935	1940
火災件数(戸)	58	132	866	302	214	2,872	4,357	3,125	5,237	4,742	6,002	5,056

出典：韓国統監府編刊『統監府統計年報』各年版、朝鮮戦総督府編刊『朝鮮総督府統計年報』各年版。
註：変動の大きい1905～1910年については各年ごとの数字をあげたが、それ以降は例示的に5年ごとの数字をあげるにとどめた。

表3　消防職員の民族別比率

	1912年					1925年				
	組頭	副組頭	小頭	消防手	計	組頭	副組頭	小頭	消防手	計
内地人(人)	117	87	359	3,957	4,520	407	187	1,029	7,630	9,253
朝鮮人(人)	199	191	974	15,893	17,257	389	424	2,293	39,734	42,840
中国人(人)			1	8	9			3	95	98
計	316	278	1,334	19,858	21,786	796	611	3,325	47,459	52,191

出典：朝鮮総督府編刊、前掲『朝鮮総督府統計年報』1927年版より作成。

う地域組織にもこのような違いが見いだせるのは興味深い[34]。

もっとも、朝鮮の消防組が朝鮮人を「包摂」したとはいっても、それは、消防組が朝鮮人を主体とする組織に変わったことを意味しない。表3から消防職員の人員構成をみると、幹部は日本人と朝鮮人が拮抗していたのに対して、末端の消防手は朝鮮人が圧倒的に多数を占めていた。つまり消防組は朝鮮人の比率という点から見ると、上位に行くほど先細りになる完全なピラミッド型構造だった。消防組に限らず、総督府官僚機構から商業会議所や各種組合にいたるまで当時の植民地政治経済諸組織がもっていたこのようなピラミッド構造は、植民地特有の民族矛盾を表すものであり、後述するように消防組内部の紛擾の温床となった。

さて、以上のように消防組は植民地期初期に組織数・人員数ともに大きな伸びを見せた。しかし、その内実は必ずしも発展とは呼びがたいものだった。官製化・公設化を裏づける財政基盤が乏しかったためである。総督府は一九一五年の消防組規則により消防組を公設団体とすることにしたとはいえ、地方ごとの状況を考慮すると公設消防組を一律的に設立することは非現実的だと判断していた。一九一五年八月に出された朝鮮総督府訓令第一一号「衛生組合及消防組ニ関スル件」によれば、消防組（および伝染病予防令に基づき設立された衛生組合）の必要性は地方により差があるので「都鄙ヲ通シテ一斉ニ之ヲ設置」するのが法令の趣旨ではないとされ、警務総監部の通牒でも消防組の設置には「面ノ経済状態ヲ考慮」せよと指示している。(35)

実際、消防組の維持費は大都市でも悩みの種だった。大田消防組は、一九一二年四月維持費が途絶えたのでいったん解散に追いやられ、道警察部と大田警察署の要望で再組織されたが、実態としては組合幹部の拠出と住民の寄付で運営していた。(36)同消防組は、後述の面制施行の際も一九一九年まで面予算に消防費が計上されなかった。また、群山消防組も一九一四年に府の管轄下に入ったあと二〇〇名の消防手を一〇〇名に削減している。(37)光州消防組の場合は、消防組単独での運営が難しく、一九一四年一二月に衛生組合と合同し光州衛生消防組合として運営された。(38)

消防組に公的予算が配分されることが明確化されたのは、一九一七年一〇月の面制・面制施行細則の施行による。面の事業として、道路・灌漑・墓地などともに「消防、水防」が定められたことによる。しかし、面制下においても予算措置は不十分だった。一九一七年一〇月に総督府で開かれた第一部長会同における指示事項では、「面制施行後ハ各種事業ノ緩急ヲ顧慮シ〔中略〕消防施設ヲ充実」させよとして面の負担を増加させぬよう釘を刺している。(39)無条件に消防組の充実を図るには財政的制約が厳しかったのである。たとえば、黄海道警務部は、消防組の設備・給与などの費用は「設置地域内面財政状態ヲ顧慮シ」必要な程度にとどめ無理をせぬよう通牒している。(40)

このようにして植民地初期の消防組の整備過程において、消防組の組織内部、特に下級の消防手に朝鮮人を取り込んでいったこと、公設化されつつも財政基盤が脆弱だったことなどは、構造的問題として三・一運動後の「文化政治」期に表面化することになる。

三　「文化政治」の政治空間と消防組

一九一九年の三・一独立運動に対して、日本の軍・憲兵・警察ばかりでなく在朝日本人も弾圧に加担したことはよく知られている。在朝日本人の民間組織として出発し、公設化以後も日本人が幹部を占めた消防組も、在朝日本人による弾圧装置の一つとして活動した。李昇燁氏の研究によれば、三・一運動初期（三月～四月初）、主に農村地域の中心部で在郷軍人会とともに消防組が武装自衛団の主力となり、一般の朝鮮人に対するリンチ攻撃も行ったという。[41] 各地の消防組史にも、たとえば、光州消防組は「万歳騒ぎ」に対して十数名を増員し自衛団・守備隊と連絡をとりながら毎夜夜警を行ったとか、群山消防組は一か月余にわたり夜間を含め警備に従事したなどの記述が見られる。また、こうした三・一運動時の弾圧のかどで、解放後に北部朝鮮で逮捕・抑留された消防組員もいたという。[42]

さて、三・一運動後、「文化政治」と呼ばれる懐柔政策のもと、朝鮮総督府は朝鮮人の取り込みをはかった。総督府が朝鮮人に言論・結社活動を許容したことにより、両者の間に一定の政治空間が生まれたのである。こうした中、総督府警察は、「警察の民衆化」というキャンペーン運動を一九二〇年代前半、活発に展開し、警察イメージの良好化をねらった。[43]「警察の民衆化」キャンペーンでは、防犯・衛生・交通などとともに防火も宣伝対象となり、警察の管轄下にあった消防組も[44]「民衆化」に関わった。消防組と地元警察署が共催した活動写真の上映（全北裡里）、宣伝ビラの配布（釜山）、防火宣伝の実施（慶南浦項）などの活動を行っている（『東亜日報』一九二二年七月九日、『朝鮮日報』一九二四年一月五日、『朝鮮日報』一九二九年二月二二日）。なお、消防組のこうした宣伝活動は、民衆に対するイメージ改善のみならず、後述する寄付金の募集も目的としていた。

しかし、こうした試みにもかかわらず、消防組に対する朝鮮人社会のイメージはむしろ悪かった。『東亜日報』

紙の表現では、「朝鮮の消防隊《（ママ）》といえば非常時に巡査以上に当局に使われる一方で、乱暴なまねをむやみにするのが常で一般の不評を買っていることは改めて言うまでもないが［中略］[45]」云々とされている。こうした消防組への不満・批判は、朝鮮人知識人の言論活動や社会運動が一定程度可能になった「文化政治」の政治空間で噴出した。

消防組の問題点は、大きく分けると、外部の住民や地域社会とのトラブル、および組織内部での日本人と朝鮮人の対立という二つのかたちで現れた。

まず、前者の対外的トラブルについて見てみよう。当時の朝鮮語新聞で報道された消防組員の暴行・非行事件を表4に整理してある。これによれば、典型的に見られたのは、寄付金の強要にともなういざこざだった。すなわち、消防組が、その設立・維持のための寄付金や出初式の祝儀を求めたところ、拠出しない者、あるいは拠出しても少額しか出さない者がいたために、彼らに対して、暴行や家屋の破壊に及んだりポンプで放水したりして嫌がらせをした、という事件である（事例①、②、⑤〜⑧、⑪、⑬）。

この背景には、消防組の関連費用が前述のように法令上、面の負担となったにもかかわらず、それだけでは不足するため、民間からの寄付に依存していたことがある。一九二四年に出された内務局長・警務局長通牒「消防組ノ費用支弁ノ件」によれば、消防組規則第九条により消防組の費用は府・面の負担となっているのに、「消防組又ハ組員ニ於テ自ラ一般面民ヨリ寄附ノ募集ヲ為シ其ノ受納金ヲ任意ニ処分スル向モ往往有之」とされている。[46]面民への寄付金強制や不明朗な処理は広く見られたのである。さらに、朝鮮消防界の古株・前京城消防署長小熊九萬造は、消防組が寄付金を強要しても監督機関の警察は「情を加へて［中略］特別の許可や、黙認」を与えていると苦言を呈している。[47]こうした消防組の横暴ぶりは斎藤実総督の耳にまで届いていた。釜山消防組が出初式の宴会で祝儀を強要した事件を知った斎藤総督は慶尚南道知事に注意を促し、これを受け知事は管下警察署長に

表4　消防組員による暴行・非行事件

	年月	場所・内容	出典
①	1918年	達城郡玄風面消防組、財産家李相龍宅に寄付金が少ないとポンプで放水。その後、高長湖宅でも放水、警察は何も注意せず	東亜日報25.2.4
②	1923年5月	天安邑消防組。警察の指揮下で春季訓練。訓練後消防隊員が廣南商店に放水するという乱暴をはたらく。具警部と井上署長が制止。消防組設立時の寄付金が少なかったことへの報復らしく世論は紛々	朝鮮日報5.22 東亜日報10.25
③	1923年9月	咸平消防組。労働組合と警察が衝突。騒擾当時、手鉤で労働親睦会員に負傷させた小川消防頭は辞任、「朝鮮に住んでいながら朝鮮人の怨みを買うとは何事か」というのが辞職の最大原因のよう。在住日本人は朝鮮人への厳罰要求および朝鮮人への経済圧迫を決議	朝鮮日報9.17
④	1923年10月	天安消防組。秋季演習後、第一部組員が百済商事株式会社に放水、支配人に乱暴する。村上組頭は消防組全体の過失でなく一部の者のしたことだと述べる。百済商事社員の抗議に対して再度消防組員が押し寄せ窓ガラスを割り先よりもひどい暴行を働いたため百済商事では警察の措置を求める。日本人組員は「自分たちの過失で天安消防組の体面を汚し面目ない」と総辞職すると報道される	朝鮮日報10.24 10.26 東亜日報10.25
⑤	1925年1月	達城郡玄風面消防組。出初式の後寄付金を断った金尚華と金澤鎮の家にポンプで放水。出初式の宴会に妓生を呼ぼうとしたが来なかったため妓生の主人李鎬善にも放水。李鎬善が警察署に訴えたところ「こいつ生意気だ」と消防組頭に足蹴にされる	東亜日報2.4 2.5
⑥	1925年12月	黄海・長連消防組。当地の何人かの青年によって組織された消防組で無理な行動が多く非難が多い。消防器具刷新のため1200円の予算を組み、任昌基に対して現金30円の寄付を求めたが4円しか出せないといわれポンプで放水	東亜日報12.31
⑦	1926年1月	義州・九龍消防組。出初式の名目で3、40名が遊興に興じたが遊興費を請求されると、家具を壊したりポンプで家に放水したりした。警官が来てもむしろ加勢をしたため結局村民は踏み倒しを承認せざるを得なかった。消防組は200余円を酒代に蕩尽し4、5日連続で防火演習という名目で酒ばかり飲んでいた	朝鮮日報1.17
⑧	1926年1月	南市消防組。出初式の日、義捐金を集めようと鄭允鳳の家に行ったが主人が不在、2度目に行ったときも応対がなかったため消防組頭と副組頭は部下(朝鮮人)に門戸を壊させ家人に乱暴をはたらいた。頭と組頭は殴打と家宅侵入罪で告訴された	朝鮮日報1.17 東亜日報1.17
⑨	1931年3月	論山郡仁川里消防組(組頭は朝鮮人)。消防組合員40名が仁川青年会を襲撃し窓ガラスや器具を破壊し青年会員を殴打。出初式後の宴会会場に青年会館を使わせなかったことが原因	東亜日報3.7
⑩	1931年12月	潭陽消防組。平井組頭以下43名が鄭相鎬の所有する貸家を鎮火した後、鄭の経営する大昌商会・大昌精米所を襲撃し破壊・放水する。鄭によれば平井の売る商品が高価なので他で購入することにしたため平井の感情が悪化したことが原因	東亜日報12.8
⑪	1932年1月	安岳消防組。出初式で遊興費の寄付に応じなかった張敬愛・慶益順の家にポンプで放水	朝鮮日報1.10
⑫	1934年6月	密陽駕谷里消防組。友人と遊んでいた朝鮮人少年に鎌で切りつけ全治1ヶ月の怪我を負わせる	東亜日報6.5
⑬	1935年1月	清州消防組。出初式の日に故意にホースで全世起宅に放水。被害者全世起によれば原因は出初式に寄付金を出さなかったことかあるいは消防組員に同業者(商店)がいることかと推測される	朝鮮日報1.11

通牒を発している[48]。

また、朝鮮の消防組では、一九二〇年代に入ると消防設備の近代化が進められたこともあげられる。特に、明治末年に国産化に成功したガソリンポンプは、内地では一九一五年頃から各町村で購入されていたが、朝鮮ではこれに数年遅れて導入されるようになった。早くも一九一二年にガソリンポンプを設置していた京城消防組は例外としても、三・一運動以後になると、群山・木浦・大田（以上、一九一九年に購入）、新義州（二一年）、忠州（二三年）、密陽（二四年）など主要都市の消防組でガソリンポンプが導入された[49]。一九三〇年代半ばになると、「何処の消防を見ても、一寸した所には必ずガソリン［ポンプ――引用者］の一台位備へてゐない組はない」といわれるようになっている[50]。旧来の腕用ポンプの五～六倍の価格とされたガソリンポンプをはじめ自動車ポンプや水管運搬車などの近代消防器具の購入、あるいはこうした器具を扱うための常備消防手の設置も、消防組の負担を増す要因となり寄付金強要に走らせることになった。

これら金銭がらみのトラブル以外の例としては、朝鮮人労働組合と警察の衝突に際して消防組員が朝鮮人側を負傷させた事例③のようなケースもある。このようなトラブルにまでいたらずとも、消防組が朝鮮人の諸運動を弾圧する側にまわることはままあった。この点は後述する。また、商売上の対立など私怨による報復というケースも見られた（⑩、⑬）。

なお、奇異に聞こえるかもしれないが、これらの地域住民とのトラブルの背景としては、江戸時代の「火消組」の伝統的意識を朝鮮の消防組ももっていたことを指摘しておきたい。俗に「火事と喧嘩は江戸の華」といわれるように町火消の暴力性は江戸ではある程度容認されていたが[51]、在朝日本人消防組もこうしたメンタリティーを受け継ぐべき精神と認識していた。一九三〇年代に刊行された『大田消防の沿革』に収められた道警察部長の言葉によれば、「従来消防組の陥り易き弊として任俠を誇示し任俠を押売りすることが往々にして見受けられる[52]」とのくだりがある。同じ時期の『朝鮮消防』誌にも、「任俠」が職務であることを自覚せず、ただ伝統のみ振りかざすとしたら社会には有害無益である、「団結の威力を以て或る願望を強要せんとする如きは〔中略〕穏当でない」との苦言が寄せられている。[53] 昔ながらの「任俠」をふりかざし暴力を容認させようという文化を朝鮮の消防組は受け継いでいた——あるいは「再創造」した——のである。

次に、消防組の構造的問題として、消防組内部での民族対立について見てみよう。一九二六年の『東亜日報』のある記事は次のように伝える。

朝鮮人と日本人が互いに集まり仕事をする場では必ず衝突が起こる。これは我々が常に見聞する事実だ。大体営利事業であれば、各自利害関係と自民族の発展上の関係如何で衝突があるいはやむを得まいが、消防組のような義勇的機関内で常にこのような不祥事が起こるのは情けないことだと言わざるを得ない。〔中略〕各地方の紛擾事件報道を大体総合してみると、低劣な一部日本人たちが民族的優越感から朝鮮人を無視するところからもっとも多く起こっている。[54]

消防組の内部で、日本人の「民族的優越感」に基づく朝鮮人差別、それにともなう「衝突」といった「不祥事」が各地で見られるというのである。植民地朝鮮においては、官民問わず日本人と朝鮮人の混成集団となっていた組織・団体では民族対立の起こる素地が遍在していたが、消防組も例外ではなかった。

新聞報道に現れたいくつかの例を見ると、一九二五年八月、公州消防組では、新幹部の選出を日本人同士だけで行おうとしたために、朝鮮人側幹部が善後策を協議している（『東亜日報』一九二五年八月一三日）。また、一九二六年一月、慶尚北道の尚州消防組でも幹部の交代に端を発した民族間の紛糾が起こっている。すなわち、同消防組では、副組頭の辞任に際し、日本人側幹部以下消防手二三名が組頭の自宅に集まり選挙をしたが、朝鮮人組員には何の通知もしなかったのである。朝鮮人幹部孫学模が尚州警察署長に訴えたところ、組頭蒲生嘉藤治は逆に、「貴様のような者は容赦なく処分する」と脅した。一二月には、朝鮮人一般組員は、謝罪を頑として拒む蒲生を排斥すべく、同盟書を尚州警察署長に提出することを決議した。たまたまこの日小火があり、朝鮮人消防組員が出動したところ、蒲生は自分の指揮を受けぬ者には一般器具の使用を禁ずと発言し、朝鮮人組員の怒りに油を注いだ。結局、この事件は蒲生組長が辞表を提出することで幕を下ろしている（『朝鮮日報』一九二六年一月二四日、一二月一六日、一二月二七日）。

こうした消防組の内部対立は、日本人が消防組の幹部陣を占め、朝鮮人組員に十分な発言権を与えていなかったために生じていたことが読みとれよう。

ところで、民族問題との関わりで消防組が社会の耳目をひいたのは、こうした内輪もめのためばかりではなかった。三・一運動でもそうだったように、消防組は、朝鮮人の社会運動の鎮圧や警戒のために出動することもあった。

一九二三年、全羅南道咸平消防組員が朝鮮人労働組合員を負傷させた事件については前述したが（表4、事例③）、それ以外にも、一九二四年一月、光州消防組が、小作争議の陳情のため警察署に押し寄せた朝鮮人数百名と対峙したことがあった（ただしこのときは署長の諭示により解散した）[55]。一九二七年一二月には、大田で朝鮮人と華僑の衝突事件に際して消防組が夜間警戒したり[56]、一九二九年一一月、光州学生運動に対して光州消防組も出動警戒したりしている[57]。警察の補助機関として、騒擾の未然防止に消防組が動員されたのである。

だが、消防組は単に「日帝の走狗」というには複雑な性格をもっていた。日本人が幹部職を牛耳ってはいたが一般の職員は朝鮮人が多数を占めていたため、朝鮮人消防組員がむしろ朝鮮人側の利害を代弁する場合もあったからである。たとえば、一九二六年六月、京畿道の安城消防組では演習後に宴会を開いたが、消防組員・朴性鳳が踊りを舞っている最中に安城署の日本人巡査が朴を足蹴にし流血させるという事件が起こった。これを見た東亜日報安城支局長・金台栄は抗議したが、安城署の別の日本人巡査から殴打を受けた。このとき金台栄が朝鮮人消防組員に助けを求めたため重傷は免れたが、「人種差別」との声で安城市街の空気は険悪化したという（『朝鮮日報』六月二二日）。ここでは、朝鮮人消防組員が東亜日報記者とともに日本人警察官と対立する立場にあったことが見てとれる。

朝鮮人と消防組の間に結ばれた協力関係の端的な例が、三・一運動後、朝鮮各地に生まれた青年会との関係である。初期の青年会は、品性向上・知識啓発などのスローガンを掲げた自己修養的性格が強かったものの、講演活動や教育事業を通じて一九二〇年代民族運動の先駆けとなったことが知られている。こうした青年会と消防組の協力関係は新聞記事でも散見される。以下、事例をあげていこう。

一九二〇年八月、京畿道纛島では伝染病が発生したが、当地の消防組は聖徳青年会と協力して防疫活動を行っている（『東亜日報』八月二〇日）。一九二三年一一月には、醴泉消防組の人事問題に青年会が関わっている。従来の消防手をすべて解任し醴泉青年会員と交渉しできる限り青年会員から選抜するという問題が懸案となっていたが、青年会員から四〇余名を選ぶことで円満解決した、とされている（『朝鮮日報』一一月一〇日）。同様の例は、一九二六年初頭の瑞山消防組でも見られる。同消防組の消防手（日本人を除く）は大部分その日暮らしの労働者だったが、瑞寧青年会執行委員長の働きかけもあり改選で多くの青年が消防手となったとされている（『東亜日報』一月一七日）。また、平北・龍川郡の運餉消防組では警察への抗議に青年会と共同歩調をとっている。一九二七年一二月、賭博犯として逮捕された同組員が駐在所で殴打される事件が起きたが、この噂が広まると他の消防組員は自分も拷問されたことがあるといって全員が一斉に退職願を出すにいたった。このとき運餉青年会では緊急委員会を開き拷問事件声討講演会を準備したのである（『朝鮮日報』一二月一日）。

ここに登場する青年会の多くは、地域レベルあるいは朝鮮全体の社会運動に関わっていたことが確認でき、民族運動系の団体と見て差し支えないだろう[58]。こうした青年会との協力のほか、民間との連携としては、海州消防組が、地元私立学校の財政危機に対し、父兄会が開催した同校経費補充演劇大会を後援している例もある（『朝鮮日報』一九二八年二月二三日）。

以上のように一九二〇年代になると、消防組は朝鮮社会の関心を引き存在感を増した。朝鮮語新聞の発刊や社会運動の活発化により、消防組の活動や内部の民族差別が公になったことがその背景にある。消防組は、警察と協力してこの時期の社会運動の警戒や鎮圧にも従事したが、その一方で、単なる当局の手先とは言いきれない性格ももった。構成員の多数を朝鮮人が占めた消防組は、青年会をはじめ朝鮮人の社会運動と連携関係を結ぶこともあったのである。

しかし、こうした消防組の複合的な性格は一九三〇年代にはいると次第に消失し、体制内化は一つ上の段階へ進んでいく。

四　消防組の警察補助機関化

(1)　農村振興運動期

一九三〇年代の消防組の特徴としてまず目につくのは、警察補助機関としての性格が強化されたという点である。そのきっかけとなったのは、この時期の朝鮮総督府の最重要施策たる農村振興運動だった。総督府は、農民の「自力更生」による農村経済の再建をかかげ、一九三三年春、農村振興運動を本格的に開始したが、このとき警察は農村振興運動と連動しつつ警察協力団体の再編をすすめた。そして、警察が警察協力団体の最有力候補として注目したのが消防組にほかならなかった。消防組が警察機能の柱である治安維持に本来直接関わらない団体であるが故に、保安組合[59]のような警察主導の治安維持協力団体よりもかえって地域民衆の協力を得やすく普及度も高かったことに目をつけたのである。こうして消防組は、漸次、治安警察機能も付与されていく。

このような動きは、一九三四年頃から見られる。この年四月、総督府で開催された警察部長会議では、警察力不足を補うため民間の協力を得る方法が諮問されたが、消防組の強化・再編も有力な選択肢としてあげられていた[60]。また、同年一〇月咸鏡南道新昌で銃器盗難事件が発生した。その際消防組および自衛団・青年団を警察に協力させたところ捜査に効果的だったので、警務局では、これらの団体を横断的に統制して警察補助機関として訓練する構想を立てたと新聞紙上に伝えられている（『朝鮮日報』一九三四年一〇月二四日）。実際、こうした検討は警務局内部で進められたようである。翌一九三五年二月の新聞報道によれば、警務局は警察補助機関についての調査を終え、四月頃から各道消防組・義勇青年団・保安組合・農村振興会などを利用する方針を固めたとされている。もっとも、各団体を統一的に統制するのではなく、地方の事情に合わせて利用する方針だった（『朝鮮日報』二月二一日）。

各道の具体的な取り組みを見よう。まず、「「簡易消防組」の王国」と称された全羅北道の場合である[61]。同道警察部は一九三四年五月に通牒を発し、各署一斉に保安組合、振興部落、模範衛生部落などに簡易消防組を組織することになった。同年夏には既設消防組五六組に対し、簡易消防組は一五八組に達している。全州警察署長の談によれば、「警察事務の補助として年末警戒、衛生事務の補助等随時土地の青年等を利用するにも、其処に簡易消防組といふ一の団体を形成すると否とは指揮、命令訓練の上に如何程有効であるか計り知られない」とされている。明らかに簡易消防組は、単なる防災設備ではなく、さまざまな警察補助のために青年層を動員できる地域の中核団体と位置づけられていた。また、治安維持・衛生事業以外にも、同道の簡易消防組は、堆肥の貯蔵・共同小作・正条植の指導・道路の改善・植樹などにも利用されていた。

こうした簡易消防組の担い手となったのは、農村振興運動で村落の新進指導者として当局から期待されつつあったいわゆる中堅人物だったと思われる。無論彼らとて一方的に上から動員されていたのではないだろう。『朝鮮消防』誌上の記事によれば、「遊び歩きの青年たちが異様な帽子を冠つて得意然と構へてゐるのを見た駐在所員が調べると、何ぞ図らん先日交附した［消防組――引用者］組員帽子だった。……叱言をいふ訳にも行かぬ、彼等はそれを自己の名誉として喜こんでゐる」という姿が目撃されている。[62] 地域社会で消防組の役割を与えられることに「名誉」を感じ「得意然」としている青年たちがおり、地道な下働きを期待する警察からはむしろ「叱言」を言いたくなるような場面も見受けられたのである。

次に、江原道の事例も見よう。同道警察部では、一九二〇年代以来育成に努めてきた保安組合（注(59)参照）を全廃し簡易消防組合に変えるという大胆な方針を一九三四年一一月に立てている。[63] 同年の同道警察署長会議においては、「警察指導団体（消防組、簡易消防組、保安組合ノ類――原注）ヲシテ農山漁村ノ自力更生ノ運動ニ参与シ一層実効ヲ挙ケシムルニ有効適切ナル事項並ニ方法如何」[64] が諮問されたが、これに対して、六警察署が「有名無実ナル保安組合ヲ解消シ簡易消防組ヲ新設シ消防組ニ準シ指導スルコト」と答申している。警察協力団体の消防組への解消と統合は現場でも支持されていたのである。そして、消防組には防火にとどまらず、農村振興運動に即応した機能が期待されていた。蔚珍署の答申では、「消防ハ単ニ火防機関ニ止ムルコトナク消防組規則及施行細則ヲ改正シ振興運動ノ中心人物タラシムル目的ノ下ニ指導スルコト」と主張している。また、消防組や簡易消防組によって共同農作業を実施する案も八警察署から出されていた。

(2) 日中戦争期

一九三〇年代初頭以降、警察補助機関化と多機能化が進んだ消防組は、日中戦争期になると、防空というさらに新たな役割を負うことになる。

一九三七年一一月、朝鮮に防空法が施行され[65]、各道警察部警務課には防空係が設置された。この防空法施行前後から、消防組は防空体制の構築の一端を担いはじめていた。上海で刊行されていた朝鮮人の民族運動系のある雑誌は、朝鮮内の状況を、消防組が警察と協力して「十五才ヨリ三十才マデノ青年群衆ヲ網羅シ〔中略〕防空演習ヲ強行シテ居ル」と伝えている[66]。

具体的な防空演習の例を見てみよう。一九三七年一一月に開城で行われた演習は、消防組の秋季演習と防護団[67]の防空演習を合同で行うものだった。演習では焼夷弾の煙幕のなか、消防組は天をつく大火を鎮火したと報道されている（『朝鮮日報』一九三七年一一月二日）。翌年の仁川や水原での消防組秋季演習も、敵機襲来を想定して、防護団とともに鎮火・防毒の訓練を行うものだった。また、同じく一九三七年半ば以降から『朝鮮消防』誌上に、空襲時の一般家庭の心得や毒ガス・焼夷弾への対策など防空に関する記事が頻繁に現れるようになった[68]。

これとともに、総督府警務局では、消防組の防空組織への転換も検討しはじめていた。一九三六年頃から警務局は防空法についての検討を進め、「防護団、消防組、水防団等の警防機関の改組即ち実戦的態勢への再組織に付ては内地に於ける実績等をも詳細検討し慎重審議」をしていた[69]。そして、政務総監を委員長として一九三九年七月に開催された朝鮮中央防空委員会の決定に基づき[70]、同月三日、総督府令第一〇四号「警防団規則」が公布された。これにより同年一〇月一日、消防組は水防団[71]・防護団とともに警防団へ解消された。これらの団体はいずれも警察署長が指揮する団体であり、指揮系統が重複していると空襲を受けた場合の対応が懸念されるというのが理由だった。解消時、消防組は組数一三九三、組員数六・九万名を数えたのに対し、新たに生まれた警防団は、結成時、団体数二四三二、団員数一八万名という巨大組織になった。

このような解消過程は、内地で警防団規則（一九三九年一月、勅令第二〇号）により消防組が解散され、警防団に改編されたのと軌を一にしている。このようにして、消防組は、朝鮮開港以来連綿と続いてきた歴史にいったん幕を下したのである。

おわりに

日本が植民地朝鮮に導入した消防組という装置は、近代的防災組織という側面をもちつつ、他面で植民地特有の矛盾も体現していた。以下、本稿での議論を整理しておきたい。

消防組は、在朝日本人の自治的組織を出発点としつつ、領事館・理事庁（および領事館警察・理事庁警察）の監督を受け公的団体としての性格も当初より強かった。そして韓国併合後、地方制度改革とともに消防組は公設団体として位置づけられた。一九一〇年代、消防組は在留日本人の居留民団から切り離され府・面の事業とされたのである。しかし、消防組に対する公的予算は多くの場合不十分で、公設化の内実がともなっていたとは言いがたい。また、組織数でも職員数でも一九一〇年代前半に消防組は急膨張したが、それは朝鮮人を組員に編入したことによるものであり、消防組の組織下部に行くほど朝鮮人の比重が高まる構成になっていたことも消防組の潜在的な不安定要因となった。

一九二〇年代の「文化政治」下の政治空間の拡大によって、消防組は朝鮮語新聞でとりあげられその存在が社会的にクローズアップされた。そこに見出される消防組の姿は複数の像から成り立っている。一つは従来の研究で指摘されていたもの、すなわち、三・一運動とそれ以後の民族運動を抑圧する植民地権力の「手先」としての消防組である。しかし、消防組が朝鮮社会で占めた位置はそのようなものばかりではなかった。

まず、民族運動の抑圧よりももっと日常的な次元で、消防組は地域社会でアウトロー的行動を起こしていた。財政基盤の弱さを民間からの寄付で補わなければならなかったことが背景となって、地域の朝鮮人住民としばしばトラブルを起こした。また、内地の消防組、ひいては江戸時代の町火消がもっていた暴力を容認する「伝統」

的意識を、（少なくとも当事者の意識としては）朝鮮の消防組も引き継いでいたことも関わっていた。さらに、消防組は一方的に日本人支配者側に立つというよりは、内部に民族矛盾を抱える組織だった。それゆえ、幹部の構成や人選をめぐって消防組内部で日本人と朝鮮人の対立が表面化したり、場合によっては消防組は朝鮮人青年会と連携したりもした。

一九三〇年代になると、消防組は、農村振興運動のなかで警察補助団体として着目されるようになった。消防組が朝鮮人を包摂する地域組織だったため、朝鮮人社会への官製運動の浸透を担うことが期待されたのである。各道警察部は、消防組や簡易消防組の設立を積極的に進め、防災のみならず治安維持や農事作業に動員した。こうして一九三〇年代以降、多機能化とともに官製団体化が進んだことは、消防組が日中戦争期、銃後の防空組織へと改編される前提条件となった。

最後に今後の課題を記しておきたい。アジア太平洋戦争中、内地のように都市爆撃を受けなかった植民地朝鮮については、これまで銃後の防空組織とその活動はほとんど注目されてこなかった。しかし、戦時下の朝鮮警察にとって、日常的活動のなかでもっとも大きな比重を占めたのは警防団を核とする防空演習だったという。[72]また、日本本国の銃後防空組織の活動に対しては、地域末端における戦時動員体制の一環として位置づける視角が一九七〇年代以来つとに提唱されている。[73]植民地朝鮮についても同様の視角から、銃後社会の防空組織や防空活動を戦時動員の枠組みから捉えうるであろうし、そこでは警防団の母体となった消防団での歴史的経験が活用された可能性もある。本稿の消防組の研究がこのような課題を展望していることを付記して筆をおく。

（1）　韓国では官公庁の編纂による通史として、内務部編刊『韓国消防行政史』（一九八九年）があるが、制度・法令の概述にとどまる。研究者による論考としては元栄錦『韓末・日帝 強占期 群山消防組의 組織과 活動』（群山大学校教育大学院碩士論文、二〇〇六年）が唯一のものである。

(2) 本書所収の松田「植民地支配と地域社会――朝鮮史研究における成果と課題――」を参照されたい。
(3) 元栄錦、前掲論文、一七～一八頁。
(4) 城北散人「消防精神の意識」(『朝鮮消防』第七巻第一〇号、一九三五年一〇月) 二六頁。
(5) 鈴木淳『町火消たちの近代 東京の消防史』(吉川弘文館、一九九九年)、後藤一蔵『消防団の源流をたどる――二一世紀の消防団の在り方――』(近代消防社、二〇〇一年)。
(6) 蔡秀美「従常備消防手到特設消防署：日治時期臺灣常備消防之引進與発展」(『臺灣師大歷史學報』第四一期、二〇〇九年六月) 九四～九五・一〇七頁。ただし、蔡論文の主眼は、台湾植民地期、都市部を中心に消防施設が常設化され、消防人員の待遇改善と特設消防署の設置(台北、一九四三年)がなされたことに台湾消防制度の「近代化」を見出そうという点にある。反面、消防制度・組織の植民地的要素への批判的視角は弱く問題を残している。
(7) 仁川府庁編刊『仁川府史』上巻(一九三三年。景仁文化社編刊『韓国地理風俗誌叢書』第三九巻、一九八九年) 二三四～二三五頁、樋渡兼三郎「この組の名誉を荷ふて」(『朝鮮消防』第七巻第五号、一九三五年五月) 三五頁。
(8) 漢城については、内務部編刊、前掲書、四三頁。なお、同書が漢城の消防組をもって在朝日本人の消防組の嚆矢としている点は誤りで、仁川消防組の設立の方が先である。釜山については、釜山府編『釜山府史原稿』第六巻(景仁文化社、影印、一九八九年) 四一九頁。
(9) 高崎宗司『植民地朝鮮の日本人』(岩波新書、二〇〇二年) 四七頁。
(10) 各消防組の設立年は以下の資料による。木浦消防組編刊『木浦消防沿革史』(一九二九年) 一四頁、「平安北道支部特輯篇」(『朝鮮消防』第八巻第七号、一九三六年七月)、加藤幾三郎編『光州消防二十年史』(光州消防組、一九三三年)、田辺無聲編『大田消防の沿革』(大田消防組、一九三三年)、土田團之助「韓国の消防に就て」(『警察協会雑誌』第八九号、一九〇七年一〇月) 六四三頁、『朝鮮日報』一九三八年一一月二〇日、三又武夫(江原道警察部保安課)「江原道消防の概要」(『朝鮮消防』第八巻第一〇号、一九三六年一〇月)。
(11) 元栄錦、前掲論文、一四頁。
(12) 木浦消防組編刊、前掲書、一頁。
(13) 同前、三～四頁。

(14) 秋山忠三郎編『群山消防組発達誌』(群山消防組詰所、一九二七年)一六頁。
(15) 田辺編、前掲書、三頁。
(16) 木浦府編刊『木浦府史』(一九三〇年)九四三頁。
(17) 木浦消防組編刊、前掲書、一五頁。原資料は、一九一〇年代前半に『釜山日報』に掲載された松井信助木浦警察署長談話。
(18) 前掲「平安北道支部特輯篇」五六頁。
(19) 土田、前掲「韓国の消防に就て」二九〜三〇頁。同「韓国消防視察談」(『大日本消防協会雑誌』第五巻第一〇号、一九〇七年一〇月)三頁。
(20) 仁川府庁編刊、前掲書、上巻、二三五〜二三六頁、萩森茂『京城と仁川』(大陸情報社、一九二九年)一五三頁。
(21) 鈴木、前掲書、一四六頁、後藤、前掲書、五九・六六頁。
(22) たとえば、木村健二『在朝日本人の社会史』(未来社、一九八九年)一九〜二五頁、Uchida Jun, *"Brokers of Empire": Japanese Settler Colonialism in Korea, 1910-1937* (ph.D dissertation, Harvard University, 2005) pp.33-40.
(23) 萩森、前掲書、一五四頁。
(24) 元栄錦、前掲論文、九〜一一頁。
(25) 以上、内務部編刊、前掲書、四〇〜四一頁。
(26) 朝鮮総督府警務局編刊『朝鮮に於ける消防の概要』(一九二六年)一頁。
(27) 「雑報 消防組組織」(『大日本消防協会雑誌』第五巻第四号、一九〇七年五月)四二頁。
(28) 木浦消防組編、前掲書、一九頁。なお、「監理」は開港場を管轄する朝鮮政府側の官職で、務安には一八九七年から監理が置かれ一九〇六年に廃止されている。
(29) 消防手の任免については、京城の場合は、一九二二年に常備消防組織として消防所(二五年に消防署と改称)が設けられたので消防所長(署長)の任免によると改正された。なお、消防所長(署長)には警視が配属された。
(30) 後藤、前掲書、六二頁。
(31) 鈴木、前掲書、一四六〜一四八頁。

(32) 蔡秀美、前掲論文、八四～八五頁。
(33) 蔡秀美、前掲論文、七〇・八七頁。
(34) 朝鮮統治における「包摂」と台湾統治における「排除」という構造は、たとえば植民地官僚機構への現地民族の編入の度合い、植民地大学（京城帝国大学、台北帝国大学）入学者数に占める現地民族の比率といった問題でも耳にする（なお「包摂」と「排除」というタームは、岡本真希子『植民地官僚の政治史――朝鮮台湾総督府と帝国日本――』三元社、二〇〇八年、八〇四頁から借用した）。もとより、植民地官僚機構や植民地大学の場合は朝鮮人が「包摂」されていたといっても一部のエリート階層のみであり、消防組のような地域社会末端に広がった組織と同列に論じられないことはいうまでもない。
(35) 黄海道第一部地方係編『黄海道地方行政例規』（一九一八年）三二一頁。保発第三四二号「消防組規則施行ニ関スル件」（一九一五年七月二八日。『警務彙報』第一〇四号、一九一二年九月、二二五頁）。
(36) 田辺編、前掲書、四頁。
(37) 元栄錦、前掲論文、二六～二七頁。
(38) 加藤編、前掲書、五・五五頁。
(39) 「大正六年七月第一部長会同指示事項」（黄海道第一部地方係編、前掲書、一〇〇〇頁）。
(40) 各郡守宛第一部長通牒・地第三七七三号「消防組ノ費用ニ関スル件」（一九一八年七月。同前、三三六頁）。
(41) 李昇燁「三・一運動期における朝鮮在住日本人社会の対応と動向」（『人文学報』第九二号、二〇〇五年三月）一二〇～一二八頁。
(42) 以上は、加藤編、前掲書、五〇～五一・五八頁、秋山編、前掲書、五六頁、島ノ内孝四郎『昭和二十年八月　北朝鮮』（新人物往来社、一九八三年）二二二～二二三頁、による。
(43) 松田『日本の朝鮮植民地支配と警察――一九〇五～一九四五年――』（校倉書房、二〇〇八年）第四部第三章、参照。
(44) 警察と消防組の関係という点で付記しておくと、一九二〇年代の京城では一部の消防組人員の警察官吏への編入が進められた。一九二二年四月より京畿道に消防手を配置し判任官の待遇とした（勅令第一八〇号「朝鮮総督府地方官官制中改正ノ件」による）。京城消防署（一九二五年設置）では、一九二五年八月現在、警視（小熊九萬造署長）以下、警部補二名、巡査部長二名、消防手部長一一名、消防手一〇一名が、官吏として名があがっている（神阪退三編『朝鮮警察職員録』一九二五年版、朝鮮警察新聞社、一九二五年）。京城以外では、一九三九年に釜山・平壌に消防署が設置され、消防官吏が置かれた。

(45)「達城郡玄風面 消防組의 悪手段」（『東亜日報』一九二五年二月四日）。引用部分は後掲表4、事例⑤に対する記者の論評。

(46) 各道知事（全北を除く）宛内務局長・警務局長通牒・地乙四〇九号「消防組ノ費用支弁ノ件」（帝国地方行政学会編刊『朝鮮地方行政例規』一九二七年版、四九五頁）。地方でもたとえば光州消防組は一九三三年に制定した規約で警察署長や組頭の許可なくみだりに集会や金銭の募集を禁ずる旨を明文化している（加藤編、前掲書、八頁）。

(47) 小熊九萬造「消防組監督の一画期」（『警務彙報』第三〇二号、一九三一年六月）六三頁。なお、小熊九萬造は、小学校卒業後、警視庁巡査・神奈川県巡査となる。文官普通試験にも合格している。統監府期の朝鮮に警務顧問本部補佐官補として赴任、かたわら京城消防所長をつとめ一九〇七年に設けられた王宮消防隊の訓練にもあたった。一九〇八年韓国政府警視庁警部に傭聘。韓国併合後は警部として警務総監部保安課消防係（兼京畿道警務部警部）をつとめる。一九二三年警視に昇進。一九二五年、京城消防所が消防署と改称すると初代署長となり一九二九年までつとめた（小熊「予の死とその前後」『警務彙報』第二九六号、一九三〇年一二月、「韓国歴史情報統合システム」http://www.koreanhistory.or.kr/などによる）。

(48) 斎藤実宛渡辺豊日子書簡、一九三一年一月二一日（『斎藤実関係文書』書簡の部一六六三―一）。

(49) 元栄錦、前掲論文、三〇頁、木浦消防組編刊、前掲書、二八頁、田辺編、前掲書、六頁、前掲「平安北道支部特輯篇」四九頁、『朝鮮日報』一九二四年六月一四日などによる。

(50) 大野城東「東朝鮮の消防を訪ねて（一）」（『朝鮮消防』第八巻第三号、一九三六年三月）六〇頁。

(51) 池上彰彦「江戸町火消制度の成立と展開」（西山松之助編『江戸町人の世界』第五巻、吉川弘文館、一九七八年）一三七～一六〇頁。

(52) 田辺編、前掲書、三頁、忠清南道警察部長・古市進による「序」。

(53) 城北散人「朝鮮の消防組は消防組なり」（『朝鮮消防』第一〇巻第八号、一九三八年八月）二〇頁。

(54) 「消防組의 紛騷」(『東亜日報』一九二八年八月一六日)。

(55) 加藤編、前掲書、五八頁。

(56) 田辺編、前掲書、一〇頁。

(57) 加藤編、前掲書、五九頁。

(58) 醴泉青年会については、一九二四年に結成された全国的組織の朝鮮青年総同盟に加盟していたことが確認されるし(京城地方法院検事長宛京城鍾路警察署長、京鍾警高秘・第六七八七三号「朝鮮青年総同盟執行委員懇談会開催ノ件」一九二七年六月一八日。前掲「韓国歴史情報統合システム」による)、瑞寧青年会は農民運動に関与して小作人の利益擁護を計ろうとしていた(『東亜日報』一九二七年一二月三〇日)。また、運餉青年会は新幹会の指導者を招いて講演会を開催しようとしたことがある(『東亜日報』一九二七年一二月六日)。

(59) 一九二〇年代以来、朝鮮警察が「民衆の警察化」のスローガンのもと、民衆が自発的に警察と協力する体制をつくるべく、道警察部単位で設置した警察協力団体が、保安組合である。地域によっては、安全組合・夜警団などの名をつけられることもあった(松田、前掲書、四八〇～四八五頁)。

(60) 松田、前掲書、五七四～五七八頁。

(61) 以下、全羅北道保安課長「予防警察に対する施設改善事項」(『警務彙報』第三四五号、一九三五年一月)一一〇頁、城東「全羅北道の〝簡易消防〟」(『朝鮮消防』第七巻第七号、一九三五年七月)二七～三〇頁。

(62) 城東、前掲「全羅北道の〝簡易消防〟」二九～三〇頁。

(63) 江原道保安課長「我が道に於て既に実施しつゝある予防警察に関する施設改善事項の概要」(『警務彙報』第三四五号、一九三五年一月)。

(64) 江原道警察部『諮問事項答申書』(一九三五年六月。京城地方法院検事局『警察署長会議事項』一九三五年、『大検察庁文書』二三四、国史編纂委員会所蔵)。なお、このとき出席した江原道警察部管下の警察署は二一署である。

(65) 勅令第六六一号「防空法朝鮮施行令」による。なお、内地では防空法は一九三七年一〇月に施行されていた。

(66) 「民族革命 第五号」(『朝鮮出版警察月報』第一〇六号、一九三七年七月。鄭晋錫編『極秘 朝鮮総督府言論弾圧資料叢書』第一八巻、韓国教会史文献研究院、一九〇七年、三六八頁)。

(67) 防護団は、内地では一九三〇年頃から市町村長の任意設置による民間防空団体として各地に設立されており、朝鮮でも同様に根拠法令のないまま府邑面管轄の団体として設けられていたようである。ただし朝鮮では、一九三九年四月に防護団は各警察署長の管轄下に移された(『京城日報』一九三九年二月一八日)。

(68) 消防組が警防団に統合される一九三九年七月以前の『朝鮮消防』誌上の防空関連記事としては以下のようなものがある。湯原利助「防空と消防人の覚悟」(第九巻第六号、一九三七年六月)、編集室録「家庭防火群組織の要項」(第九巻第七号、一九三七年七月)、「毒ガスの種類と作用及手当法」・山田生「焼夷弾下に暴露さる、日本家屋」(第九巻第八号、一九三七年八月)、「防毒面の用意」・「焼夷弾の消去法」(第九巻第九号、一九三七年九月)、田辺平学「防空と建築問題」・佐竹保次郎「我国防空対策」(第九巻第一一号、一九三七年一一月)、新海悟郎「空襲に対する木造家屋の改良法」(第一〇巻第二号、一九三八年二月)、津川俊夫「住宅・貸家用の防護室と防空壕」・「防毒資料の実際的統制」(第一〇巻第七号、一九三八年七月)、「防空建築の話」・「「沈黙の空襲」とは何か」・「消防組と防護団の話」(第一〇巻第九号、一九三八年九月)、穂積重遠「家庭防火群の基準につき」(第一一巻第二号、一九三九年二月)、「欠如せる防空認識の喚起」(第一一巻第四号、一九三九年四月)、「独逸の家庭防空の実際」(第一一巻第五号、一九三九年五月)、三橋孝一郎「警防団設置及朝鮮防空協会の設立」(第一一巻第七号、一九三九年七月)。

(69) 三橋、前掲「警防団設置及朝鮮防空協会の設立」五七頁。

(70) 「朝鮮中央防空委員会開催」(『警務彙報』第四〇〇号、一九三九年八月、九六頁)、『大阪毎日 朝鮮版』一九三九年七月二日。

(71) 水防団は水害への対処のため、一九三五年総督府令第六八号「水防団規則」によって設置され、消防組と同じく警察系統に属していた。

(72) 坪井幸生氏(元忠清北道警察部長)の筆者に対する談話(二〇〇五年一二月、城山文化センター(東京都稲城市)にて行う)による。全羅南道の南平駐在所首席だった笘崎勝弥も、戦後の回想で「[燈火]管制は毎日毎夜発令され、警防団、婦人会員を出勤させ竹槍を持たせたり、バケツを婦人に持たせ、町の要所要所に待機させてばかり」いたと述べている(笘崎「羅州を偲ぶ」安藤健一編『全南警友』第二号、一九六八年、九一頁)。

(73) 最近の研究としては、土田宏成『近代日本の「国民防空」体制』(ぺりかん社、二〇一〇年)参照。

逓信政策による農村支配の一形態
――「簡易生命保険模範部落」を中心に――

福井　譲

はじめに

植民地期、『朝鮮逓信協会雑誌』という雑誌が存在した。その名称からも分かるように朝鮮での逓信行政に関する論説を扱っていたもので、通巻二〇〇号を迎えた一九三五年一月には誌名を『朝鮮逓信』と改めている。あくまで「朝鮮逓信協会」による刊行であったが、記事のほとんどは逓信局長も含めた逓信局関係者によって占められており、実質的には逓信局の定期刊行物という性格を帯びていた。

この雑誌の一九三七年三月号に、次のような記事が掲載されている。

近年自力更生の声叫ばれるや、各地に何々自力更生模範部落、何々簡易生命保険模範部落等の創設を、新聞に、雑誌に毎日の様に見受ける［中略］昭和十年頃より出張員に於いて下台東里全部落緩急を目標に努力の結果、凡そ模範部落としての範囲内件数、保険料にも達した(1)［後略］

ここでは当時の全羅南道務安郡所在の、とある集落が紹介されている。場所は珍島の北西、黄海に浮かぶ上台島に位置する下台東里というところで、そこの全集落が「模範部落」（以下カッコ省略）に指定されていたところ、一九三七年頃までには簡易生命保険（以下「簡保」と略記）の分野で優秀な成績を収めた、という内容である。何が「優秀な成績」だったのか。この記事によれば模範部落内に所在する五〇戸のうち、三二戸が計三二件の簡保に加入し、保険料（掛け金）二七円三〇銭と保険金四三七七円六〇銭に達していたのだという。当時「月一円内外の保険料を捻出世せしめ簡易保険制度に加入せしむることは甚だ至難のこと」[2]という指摘も存在していたから、一件あたりの一月平均保険料が八五銭であったのも、決して低い額ではないのであろう。

ところでこの記事は、もう一つ異なるエピソードを紹介している。この記事の前年、すなわち一九三六年八月にこの模範部落に居住する婦人数名が海草を採取していたところ、そのうちの一人が誤って海に転落し、死亡してしまった。しかし「不幸中にも簡易保険へ加入してゐた」ため、彼女の遺族に保険金一八〇円が支払われることとなった。この出来事は、「模範部落創設初めての保険金支払だけに部落民に非常に好印象を得せしめた」のだという。

ここに登場した下台東里の事例は、まさに「簡易生命保険模範部落」の一事例として紹介されたものである。この簡保模範部落とは何なのか、本論の疑問はここから始まっている。そこでこの簡保模範部落なるものがこの時期、何を目的に登場し、一体どのような活動をしていたものであったのかを明らかにしたい。

模範部落とはもともと一九一〇年代、政策の浸透・普及を目的に総督府によって各地に指定された「模範面」「模範里」を、より徹底した形で実践するために、集落レベルに限定する形で一九二〇年代に登場した一つの政策である[3]。それが三〇年代に入り、農村振興運動の開始とともにさまざまな政策の実践の場として活用されていった。ここでは各種改善運動を徹底普及させるため、かなりのミクロなレベルで設定されていたことが特徴であった。

その意味で、冒頭に登場した簡保模範部落もその一つである。しかしこの模範部落制度が誰によってどのように進められたのか、そこで追求されたものが何であったのかについては、これまでほとんど注目を受けることはなかった。唯一例外的に朝鮮での簡保政策を論じた梁洪準氏によって、慶尚北道達城郡での事例が紹介されたにとどまっている。[4] むろんその名称のように、簡保の導入・普及を図ったものであることは確かであろう。しかしこの時期、総督府が朝鮮の農村社会で簡保を普及させようとしたことは、一体どのような意味をもっているのであろうか。それが「自力更生」を目的とした農村振興運動と時期的に並行していたのは、決して偶然ではあるまい。[5] 農村振興運動が求めていたものと簡保のそれとで、何がしかの類似点なり共通点が存在したと見なし得るのであれば、この簡保模範部落制度を検討することも、決して無意味ではないだろう。

ただし先に断っておかねばならないのは、本稿では簡保模範部落に注目するものの、その内部における朝鮮人側の対応や動きについてはほとんど論じることができなかった。本書の発端となった共同研究「植民地帝国日本における支配と地域社会」の趣旨からすれば、極めて不十分な結果にとどまってしまった感は否めない。この点を別の機会に譲らねばならなくなった点をご容赦いただきたい。

なお、章末に「簡易保険組合規約」(準則)を掲げた、

一 簡易生命保険の導入と失効問題

朝鮮において簡保が導入されたのは一九二九年一〇年のことである。簡保が導入されるまでの詳細な経緯についてはすでに別稿にて論じたことがあるので、ここでは深く立ち入らない。[6] いずれにせよ逓信局を初めとする簡保導入側にとり、当初の段階ではこの新制度が果して朝鮮において根付くか否かが懸念事項であった。しかし実際に運用が開始されると、少なくとも表向きには杞憂であったと見なされる見解が数多く出されることとなる。実際、当時の政務総監であった今井田清徳も、同制度について次のような見解を表していた。

保険思想の幼稚なる朝鮮民衆を対象として創められたる本事業が果して成果を収むるを得るや否やに付ては世人の甚だ疑問としたる処なるが、其の実績は見事に世人の予想に反し事業の開始せらるゝや年々意想外の好成績を収め［中略］殊に加入者数の六割六分を朝鮮人が占め居る実況に在ることは斯業の為将又半島発展の為慶賀措く能はざる所である(7)

今井田は朝鮮において直接逓信政策に関わった訳ではない。しかし彼が官僚としてのキャリアを逓信省から歩み始め、一九二五年から二七年まで簡易保険局長を務めていたこと、そして政務総監退任後の三七年三月から亡くなる四〇年五月まで簡易生命保険積立運用委員の任にあったことを考えれば、彼の発言もまたそれなりの重みを持ってくる。

ともあれこのようにして導入された簡保であったが、当初より順調に進んだわけではない。それまで一般の保険業が存在していなかった朝鮮において、「死亡によって遺族に現金収入をもたらす」ということに対して、なお強い抵抗感が存在していた(8)。生命保険に対するこのような一種の誤解は、新たに導入されようとする簡保に対しても、おのずと負の要因として作用していたのである。そもそも簡保自体の目的と性格を十分に理解しないまま加入してしまう事例(9)や、利子をともなうものとして貯金と混同してしまった事例(10)、あるいはどのような場合であっても保険金は支給される、つまり掛け金のすべてが必ず何らかの形で戻ってくるという認識が存在していた(11)。こうした誤解の存在は、必然的にトラブルを生み出し、簡保の安定的運用にとっての阻害要因となりうる。その一つが、失効者の続出である。

生命保険制度なるものが、多数の加入者による保険料支払いよって成立している以上、加入者には長期間に渡る定期的・定額的な保険料の払い込み義務が要求される。当然簡保でも、一定期間におよぶ毎月の支払い必須条件とされていた。そのため契約期間内に何らかの事情で保険料の払い込みが滞ってしまうと、郵便局側(12)では「事

表1　簡易生命保険の新規加入実績（1929～34年）

	保険契約数			保険料			保険金		
	全体	日本人	朝鮮人	全体	日本人	朝鮮人	全体	日本人	朝鮮人
1929	125,129	68,950	56,179	147,653.4	93,033.5	54,619.9	26,255,278.8	16,506,927.6	9,748,351.2
1930	176,503	58,513	117,990	181,170.3	73,294.2	107,876.1	32,240,355.9	13,060,105.8	19,180,250.1
1931	170,666	47,758	122,908	162,149.3	58,560.7	103,577.6	29,377,173.9	10,379,128.8	18,997,745.1
1932	190,675	47,751	142,924	176,632.9	60,047.7	116,585.2	32,997,243.9	10,634,507.5	22,362,736.4
1933	195,713	44,205	151,508	182,862.6	57,175.3	125,687.3	34,675,193.3	10,053,013.2	24,622,180.1
1934	206,229	40,868	165,361	200,583.6	52,225.1	148,358.3	38,352,173.6	9,137,837.9	29,214,335.7

出典：朝鮮総督府逓信局『朝鮮総督府逓信年報』各年度版より作成。
註：「保険料」「保険金」はいずれも総額、単位は円。

故」として処理され、最終的に失効してしまう。問題はこの場合、単に契約した保険が無効となるのみならず、それまで払い込まれてきた保険料が「掛け捨て」となってしまうことである。もちろん失効分に対する払い込み保険料は、原則として契約者に返還されない。そのため、このしくみをよく理解していない加入者からすれば、そのような結果にいたった事情は何であれ、保険・保険料ともに失い、半ば「詐欺」と同等のものに見えてしまうのである。

実際にこうした問題は当時頻繁に生じていたようで、『朝鮮逓信協会雑誌』の誌上においてもいくつかの事例が伝えられている。表1は二九年より三四年までの新規加入数のほか保険料、保険金（いずれも総額）について、日本人・朝鮮人別に示したものである。これを見ても明らかなように、加入件数・保険料・保険金すべてが一貫して増加の一途を辿っていく。ただし民族別に見た場合、そうした急増は年を経るごとに朝鮮人によって占められていった。

保険件数・保険料・保険金のいずれも、日本人あるいは朝鮮人のどちらかに偏向していたという訳ではない。ただよく見ると、日本人・朝鮮人間で特徴が存在している。すなわち一件当たりの平均保険料は日本人の方が高額であったのに対し、朝鮮人のそれは若干低いレベルにとどまっていた。しかし加入件数において朝鮮人は、初年度を除いて圧倒的に日本を凌駕している。そのため保険料・保険金いずれの総額も日本人をはるかに上回っている。年を追って日本人・朝鮮人の差は開いていくのだが、おおよそ朝鮮人が日本人の二倍～四倍で

表2　簡易生命保険の失効件数・額(1929～34年)

	保険件数			保険料			保険金		
	全体	日本人	朝鮮人	全体	日本人	朝鮮人	全体	日本人	朝鮮人
1929	5,706	2,518	3,188	6,341.4	3,319.7	3,021.7	1,082,099.8	551,456.7	530,643.1
1930	43,916	11,633	32,283	44,630.1	15,200.2	29,429.8	7,819,412.2	2,609,966.0	5,209,446.2
1931	76,138	15,332	60,806	69,525.7	18,652.1	50,873.6	12,401,649.4	3,270,786.5	9,130,862.9
1932	81,649	16,241	65,408	71,536.3	19,621.0	51,915.3	13,213,126.5	3,470,965.2	9,742,161.3
1933	78,329	15,441	62,888	68,297.9	19,038.9	49,259.0	12,860,827.7	3,330,858.6	9,529,969.1
1934	69,418	12,081	57,337	61,805.8	14,790.9	47,014.9	11,839,796.0	2,607,636.6	9,232,132.4

出典：朝鮮総督府逓信局『朝鮮総督府逓信年報』各年度版より作成。
註：「保険料」「保険金」はいずれも総額、単位は円。

あったということができるだろう。

その一方で、失効件数もまたかなりの数に及んでいた。表2を見る限りでは、全体の失効件数は一九三〇年に最多数を示しているが、それ以外の項目では一九三二年にピークを迎えている。いずれの項目もその後は低減していくとはいえ、表1に反比例する形で減少していったわけではない。あくまで三二年頃に最大数にいたったというだけであり、その後もかなりの数で失効は生じ続けていたのである。

ここで試しに、同年中での新規分と失効分を比較してみよう。むろん現実の失効は加入年度内に生じるとは限らないので、ここでの比較は単なる参考にしか過ぎない。その点は差し引くとしても、件数・保険料・保険金いずれにおいても朝鮮人の方が高い比率であったことが分かる。保険件数では日本人が最高でも三割五分であったのに対し朝鮮人では五割近く、保険料においても日本人の三割強に対して朝鮮人はやはり五割、保険金も同様の規模である。これらは失効する頻度が、件数・金額いずれにおいても朝鮮人において高かったことを示している。

では、こうした失効は何ゆえ生じていたのであろうか。最も頻繁に生じていたのは、経済的な事情で毎月の払い込みが維持できなくなったことである。しかしそれ以外にも、さまざまな要因が存在していた。

一つは、事前に十分な説明がなされず、加入予定者が簡保を熟知しないまま契約・加入したケースが多かったことである。毎月払い続けなければならないことはもちろん、どのような事情が失効へといたるのか、失効後の保険料がどうなるのかについても加入者に対して十分説明がなされず、失効後にトラブルとなることが多かったようである。[13]

実は、これは単なる説明不足というレベルにとどまるものではなかった。簡保開始当初から懸念されていたこととして、そもそも簡保を扱う郵便局員がこの制度を十分に理解しておらず、事実とは異なる内容を伝えてしまうことが見受けられた。[14]また郵便局員の接客態度や勤務態度自体に問題があるという指摘も存在していた。これらの結果として加入希望者と十分な意思疎通ができず、契約上の誤解と齟齬をもたらしていたのであろう。

しかしこれは、決して郵便局員の姿勢にのみ原因があった訳ではない。そもそも簡保なるものが当時の郵便局にとって新たな、換言すれば不慣れな業務であった。たとえばそれまでには存在しなかった「集金」という作業に人員を十分充てることができず、予定日に集金することができないという問題があった。中には、みずからの不手際で所定期間内に徴収することができなかったために、局員が延滞料を補填するという例も見受けられた。[15]

こうした問題には、当時の朝鮮内の郵便局を取り巻く条件が作用していた。もともと朝鮮の郵便局は同時期の日本内地に比べ数が少なく、そのため特に農村部や山間部に所在する局では広範な面積と多数の人口を担当区域内に抱えていた（表3）。当時はなお移動手段には制約があり、担当区域が広い分だけおのずと集金業務にも支障を来たすこととなる。

表3　朝鮮・日本内地における郵便局数の比較（1935年）

	局所数	面積（km²、1局所当り平均）	人口（1局所当り平均）
朝鮮	977	225.94	21,623
日本内地	12,726	30.04	5,284

出典：朝鮮総督府逓信局『朝鮮逓信事業沿革史』1938年、30頁。

以上のような問題を抱えていた簡保には、もう一つ別の懸念が存在していた。それは、先の表1のように着実な増加を示していながらも、なお関係者からは成績不良と見なされていた点である。簡保が導入されて三年以上経た後においても、「朝鮮に於ける朝鮮人が創業以来三年余にして千人当り十二件に過ぎざる」[16]状況にあると逓信局側は考えていた。それは、「内地人に比し金融鈍きため、保険掛金は概して小額」、あるいは「朝鮮人の加入者多い局ほど掛金の平均率が低い」[17]という言説からもうかがえる。

この当時頻繁に指摘されていたのが、朝鮮人は歴史的・文化的に貯蓄観念に乏しいという点である。[18]果たして当時の朝鮮人と貯蓄は接点がなかったのであろうか。ここで参考までに、朝鮮人の郵便貯金について確認しておこう。次の表4は、併合から一九三三年までの朝鮮人による郵便貯金の実態をまとめたものである。紙幅の都合から日本人との対比は省略するが、これを見る限りでは、全人口に対する貯金規模の小ささは否めないとしても、朝鮮人にとって郵便貯金は決して無縁の存在ではなかった。もちろん簡保と郵貯では目的や形態が異なるため、単純に比較することはできない。しかし少なくとも、「貯蓄観念の欠如」という観点で先の状況を説明することはできない、ということだけは明らかであろう。

ところで農村振興運動の開始にともない、逓信局は簡保の意義と重要性を改めて強調するようになる。すなわち一定額の保険料の定期的な払い込みを続けるためには常日頃から「貯蓄」に注意し、浪費を抑えなければならない。かかる「努力」を要する簡保は「勤倹貯蓄の涵養」と「民力の培養」を実践するものとして、農村振興運動の基本理念と合致すると改めて位置づけられたのである。すなわち逓信局は「相互扶助及勤倹貯蓄の美風を涵養せしめ」ることを目的とした簡保を、「朝鮮民衆の生活の安定へをモットーとする点に於て農村振興運動と全く共の根本観念を同一」にし、「農村振興運動の有力なる助成方法の一であり相互依存の関係を見る」という点を前面に押し出すようになったのである。[19]これは、井上清（逓信局長）による次の言にも如実に現われている。

今や国を挙げて絶叫せられる「自力更生」の繁栄に到達するためには、簡易保険の施設も重要な役割を演

表4　朝鮮人による郵便貯金の状況（1910～33年）

	預入人員	対前年比（%）	預入金額	対前年比（%）	一人平均額	対前年比（%）	人口1万人に対する貯金力	
							預入人員	預入金額
1910	34,913	－	190,045	－	5.44	－	27	145
1911	99,958	286.3	459,821	142.0	4.60	84.6	72	332
1912	294,120	294.2	744,654	161.9	2.53	55.0	202	511
1913	480,798	163.5	1,017,703	136.7	2.12	83.8	317	671
1914	548,090	114.0	1,131,684	111.2	2.07	97.6	351	724
1915	649,528	118.5	1,470,683	130.0	2.26	109.2	407	922
1916	827,215	127.4	1,893,800	128.8	2.29	101.3	507	1,161
1917	998,043	120.7	2,176,133	114.9	2.18	95.2	601	1,310
1918	1,110,571	111.3	2,570,453	118.1	2.32	106.4	665	1,539
1919	1,119,028	100.8	2,498,093	97.2	2.23	96.1	667	1,488
1920	1,077,160	96.2	2,326,166	93.1	2.16	96.9	637	1,375
1921	1,084,484	100.7	2,656,570	114.2	2.45	113.4	636	1,557
1922	1,198,075	110.5	2,764,032	104.0	2.31	94.3	696	1,606
1923	1,260,783	105.2	2,899,036	104.9	2.30	99.6	723	1,662
1924	1,167,977	92.6	2,916,865	100.6	2.50	108.7	663	1,656
1925	1,221,733	104.6	3,005,463	103.0	2.46	98.4	659	1,621
1926	1,287,912	105.4	3,229,802	107.5	2.51	102.0	692	1,735
1927	1,367,752	106.2	3,777,007	116.9	2.76	110.0	734	2,027
1928	1,439,435	105.2	4,305,957	114.0	2.99	108.3	771	2,307
1929	1,482,825	103.0	4,937,196	114.7	3.33	111.4	789	2,628
1930	1,523,364	102.7	5,126,622	103.8	3.37	101.2	774	2,601
1931	1,689,105	110.9	5,365,217	104.7	3.18	94.4	857	2,722
1932	1,896,164	112.3	6,414,343	119.6	3.38	106.3	946	3,201
1933	2,173,300	114.6	7,423,343	115.7	3.42	101.2	1,067	3,674

出典：朝鮮総督府逓信局『朝鮮逓信事業沿革史』（1938年）309～310頁より作成。
註：1934年以降は民族別の調査を行わなくなったため、日本人・朝鮮人の統計が存在しない。

ずることに為るのである。即ち簡易保険の契約を為すことは、冗費を節約して保険の効果を収めんとするものであるから、自力更生の要諦たる勤倹貯蓄と自立を現実に行ふものと謂ひ得て最も理想的であるが、我が簡易保険には更に一つの途を有つて居る[20]

ここにいたり、農村振興運動との強い接点を見出した逓信局は、簡保をより普及・拡大させるために新たな施策へと乗り出すこととなる。それが「簡易生命保険模範部落」である。

二　簡易生命保険模範部落の登場

簡保模範部落設置の目的は、いかなるものであったのか。これについて元山逓信分掌局保険課長の東英治は、次のように説明している。

一地方の部落民に簡易保険に加入せしめ、簡易保険に加入せしめたる地方民をして、部落を単位に保険組合を組織せしむることは、その部落民を簡易保険に依つて協力一致とか、共存共栄とか、隣保共助とか、忍耐勤勉とかの思想方面からも精神作興の一助となり、冗費の節約・生活の改善・貯蓄心の涵養等経済方面からも農村振興に寄与するところ少なくないと云ふ[21]

簡単にいえば、ある程度の簡保加入者のいる集落を選び出し、さらに加入戸数を増やして安定的に簡保を運用させる、という制度である[22]。ただし現実には、住民は単に簡保に加入さえすればよいという訳ではなかった。一つはここにあるように「保険組合」の運営を通じて「共存共栄」「隣保共助」「忍耐勤勉」といった「精神作興」を実行するところに、この制度の意味があった。節約や貯蓄の実践により、最終的には模範部落内の全戸の生活改善を図ろうとしたのである。

今一つ注目すべき点として、模範部落内での中堅人物の活用である。模範部落運営の具体的方法として、東はまた次のように述べている。

既に他から指定なり奨励せられて居る部落を選定して、此の部落に勢力を注ぎ、振興会の委員なりその部落の中堅人物なりに提携助力を求め、簡易保険制度を徹底的に理解せしめ、保険料捻出方法、保険料取纏め払込方等に就き充分なる打合せをなして組合設立に着手し、模範部落の造成を図るべき[23]［傍線引用者、以下同じ］

模範部落内の住民には、簡保に関する知識や行動が求められたことはすでに確認した通りである。しかしそれは、単に住民各自の次元ではなかった。「その部落の中堅人物」を活用することも、この制度は担っていた。例えば次の見解はこの点を示唆している。

簡易保険部落の中心人物、簡易保険組合の幹部に特別の教育を施し是等と連絡強調を図つて、簡易保険組合の家系に順応する対策を講じて行くと云ふことは、局所にとつても、亦便宜多大[24]

模範部落設立の効果としてその可能性を述べたものであることから、必ずしもこの形で実行されたとは断言できない。しかしこの制度導入の時点で、必要に応じて彼ら「中堅人物」に対する教育の機会や場を設けようとしていたこと、そしてそれを郵便局員の担当者を通じて実施しようという考えであったことはうかがい知れる。またこれと関連して、郵便局長については彼らを振興会の委員として活動させることも検討されていた[25]。これらの点からするとこの制度は、模範部落を「郵便局—中堅人物—住民」という構造で捉えていたといえよう。

また簡保模範部落の指定に合わせ、各集落では「簡保組合」が設置されていた[26]。すべての簡保組合が同じ組織構成であったのかは定かでないものの、たとえば章末に掲げた「簡易保険組合規約」を確認することは可能である。これを見ると、簡保模範部落として指定された集落では、すべての住民が必ずしも簡保組合の構成員という訳ではなかったことが分かる。また郵便局長を副組合長とし、組合幹事には保険料支払いの確認・督促に従事させていた点は、郵便局と模範部落との関係の強さを想起させる。ともあれ簡保組合はあくまで模範部落内の簡保加入家庭を対象としていたため、簡保未加入家庭は組合活動から除外されていた。それゆえ、簡保未加入家庭は活動への参加が制限されていただけでなく、それにともなう各種の恩恵からも外されていたということになる。この点からすれば、簡保への加入の是非が地域での人間関係、各家庭間の関係に何がしかの影響を与えていたことは想像に難くない。

それでは「簡易生命保険模範部落」は、一体いつから開始されたのであろうか。簡保模範部落の設置に関する通牒類を確認することはできないが、明確に遡ることができるのは一九三四年一一月の慶尚北道達城郡での事例である。[27] それによると、農村の経済状況が改善されない限り住民に簡保加入を薦めても可能性は見込めないとして大邱郵便局は簡保模範部落を設立、加入済みの住民に簡保組合を結成させた。そして達城郡農会の副業奨励資金を与えて豚・ウサギなどを共同飼育させるとともに、スリッパの製造など副業を奨励した。それによって得られることとなった安定的な収入が、保険料の確保と副業の普及という好成績を収めた。この試みの成功により自信を得た郡と郵便局側が、さらなる模範部落の指定を進めていったとのことである。[28] なおこれとは若干異なり、「優良更生部落」という名称のものは二か月先立つ同年九月に確認することができる。[29] 簡保開始五周年を記念したものであり、その後各地の逓信分掌局を通じて「簡保模範部落造成方を督励」したとあるので、これが嚆矢である可能性も否定できない。

いずれにせよこれらについて、概して好意的な評価が他の地域に広まったのであろう。翌三五年になると、他の地域でも簡易模範部落を指定する事例が散見するようになる。[30] 実際、本論の冒頭に登場した務安郡の模範部落も、三五年秋に指定されたものであった。[31]

三　簡易生命保険模範部落の機能と「保険牛」

ところで簡保模範部落の運用において最も重要なものは、優秀な成績を収めた模範部落の表彰であった。「朝鮮簡易生命保険の普及を図る為[32]」とその目的が謳われていたように、一定の基準を満たせば名誉に預かれるということを大々的に宣伝することで、さらなる簡保の普及を進めることがその狙いだった訳である。表彰の対象として、たとえば元山逓信分掌局は次のような基準を設けていた[33]。

二、戸数五十戸以上の町・洞・里又は其の他の集団部落にして、全戸数の半数以上を以て団体を組織し、朝鮮簡易生命保険契約に加入し、堅実なる方法に依り、之を継続するものなること。

三、部落の全戸数が五十戸以内と雖も、其の団体の状況に依り特に表彰する価値ありと認めたるときは、之を詮議することあるべきこと。

これを見て明らかなように、実際の基準は極めて曖昧であった。原則として戸数は五〇戸以上とされつつも、状況によっては五〇戸以下でも構わない。それよりも「堅実なる方法に依り」簡保を普及・継続させている場合、あるいは「特に表彰する価値ありと認めたる」場合であれば、表彰は可能であった。もっとも先述のように「表彰」という宣伝行為自体に重要性があった訳であるから、簡保模範部落の運用において特に差し障りがなければ、その細かな基準はさほど問題視されなかったのかもしれない。

ともあれ、これによって表彰を受けた模範部落は多数存在していた[34]。たとえば先ほどの元山の場合、一九三五年七月に表5にある模範部落が表彰されている[35]。一瞥して気づかされるのは、一件当たり平均保険料が全体として低調なことである。一円を超えたものは平均一円一四銭であった会寧局の一例しかなく、それ以外はすべて一円以下、中には五〇銭程度のものすら存在する（襄陽局約四七銭、鏡城局約五二銭）。この表からは新規件数の動向を知ることができないのだが、そもそも元資料にその項目を載せていないことから、少なくともこの際の表彰では新規件数の多少は問われていなかったこととなる。となると表彰の対象は「払い込み方法」、すなわち保険料払い込みを確保・維持しようとした「努力」であったということができよう(36)。

表彰の際には、各種の賞品が授与されている。時計や鐘、農機具など日常生活に役立つ物品などがある中で注目に値するのは動物、いわゆる牛や豚、鶏などの家畜類である。賞品にこれらの家畜が与えられたのは、先ほどの慶尚北道達城郡の事例でも確認することができる。その中でも特に注目を引く存在が牛、すなわち「保険牛」である。

賞品の一つとして牛が登場するのは一九三二年（月不明）、京城逓信分掌局管内の事例においてである(37)。この時は他の模範部落には鐘などが送られている中、京畿道碧蹄郡の簡保模範部落には子牛が一頭寄贈されている。その後三四年一〇月になると、簡保五周年を記念して各道より推薦された簡保模範部落に成牛が一頭ずつ寄贈されている(38)。

功労尽力者	
部外	部内
李錫官、李信基	阿部当正（局長）、元君喜
李麟珠、李完熙	所長・所員一同
張仁澤	
	孫秉煥
張基鳳、金硫玧	鄭仲鎮（局員）、朴斗一
谷政揚（巡査）、曹国煥、鉱山事務所、海光周穎、武石得郎	
澤口惣七（巡査）、李舜徽	従業員一同
一森作馬（巡査部長）、朴水岩	従業員一同
朱文植、趙誠貫	朴寿煥（局員）
趙晃昊、安成煥	朴寿煥（局員）

賞品として牛に白羽の矢が立ったのは、何より家畜として大きいというだけではない。もともと身近な動物として農耕・運搬に利用できるだけでなく食用にもなり、皮や骨なども何がしか活用ができるためである。そして何よりも、与えられた牛を共同飼育することにより、そこで得られた利益を再び

表5　元山逓信分掌局管内での簡保模範部落に対する表彰一覧（1935年7月）

郵便局所	所在地	戸数	加入件数	保険料	払い込み方法	表彰年月日
北青局	竹坪里	88	63	55円80銭	毎月25日に薪炭、果実、白土の売却金を幹事がまとめて支払い	34/10/23
利原所	東柳亭里	52	36	20円50銭	毎月25日に組合員の副業収入を幹事がまとめて支払い	34/10/24
北坪所	丹谷洞	30	29	18円40銭	毎月25日に竹細工、養豚、養鶏の所得を役員がまとめて支払い	35/1/28
襄陽所	西仙里	35	31	14円40銭	毎月1日に養豚などの副業収益を役員がまとめて支払い	35/1/30
鏡城局	南汐津	87	56	28円90銭	毎月5・10・15日に魚、鶏卵、豚などによる収益を役員がまとめて支払い	35/2/16
清津局	土幕洞	102	61	59円80銭	毎月の給与（三菱鉱山）より差し引き、副組合長がまとめて支払い	35/2/17
会寧局	西村洞	95	101	115円	毎月5日に野菜、薪炭、鶏卵などの収益を役員がまとめて支払い	35/2/19
会寧局	金生洞	58	50	49円70銭	毎月25日に副業収入、冗費節約の剰余金を副組合長がまとめて支払い	35/2/20
北青局	泥望只里	143	105	72円70銭	毎月25日に養蚕、養鶏、養豚、製筵、機織、節米禁酒、禁煙などによる収益を幹事がまとめて支払い	35/3/19
北青局	仲坪里	73	48	29円	毎月25日に副業、禁酒、禁煙、忍苦節約による収益を幹事がまとめて支払い	35/3/19

出典：東英治「簡易生命保険模範部落の沿革と所謂保険牛の濫觴に就て」（『朝鮮逓信』第206号、1935年7月）62～64頁。
註：「功労尽力者」にある「部内」「部外」の区分は、模範部落の「内」「外」を指しているものと思われる。

簡保模範部落内で保険料支払いに充当させる。このように簡保模範部落・簡保組合内部での副業奨励や相互互助、簡保事業の拡大、さらには農村振興への寄与という観点からも「保険牛」を初めとする家畜類は、多大な効果を有すると見なされていた。(39)

おわりに
――とある中堅人物の表彰――

一九三七年一一月一九日、慶尚北道達城郡の簡保模範部落が表彰されることとなった。小雨の降る中、通常であれば郵便局や面事務所など屋内で開催されることが一般的なところ、この時だけは模範部落の位置する小高い丘の上に天幕を張る形で表彰式の会場が作られていた（写真）。式典には付近住民はもちろんのこと釜山分掌局長、釜

写真　簡保模範部落の表彰式
（慶尚北道達城郡寿城面黄青洞、1937年11月／註40書より転載）

山分掌局保険監督課長のほか大邱郵便局長、慶尚北道・達城郡・寿城面の関係者、そして東大邱警察署長などをはじめとする大邱からの出席者、さらには『京城日報』『大邱日報』の新聞記者までもが臨席していた。多数の出席者で盛況を向かえた式典は、しかし全体として「真摯な容態」で進められていき、夕闇迫る頃に無事閉会したという。

この式典で、麻生憲治釜山逓信分掌局長は次のような祝辞を述べていた。

当部落に於かれましても経済更生を一層効果的とする見地から先づ勤労精神の美風を涵養して生活の安定を得背しむるの方法としては先づ簡易保険に加入するを最も適切有効なるものと認められ其の結果生活改善に依り保険料捻出の方途を講じ爾来代表者並幹部各位の御指導と在住者諸氏の保険に対する深き御理解とに依りまして今や全部落戸数の三分の二以上に相当する加入者を得ました[40]［後略］

ここで賞賛の対象となっていたのは、この簡保模範部落において指導的役割を担った具柱書なる人物であった[41]。農村振興組合長を兼任していた彼は地域住民より信頼を集めつつ、「多年部落更生に献身的な努力」を続けてきたのだという。そして彼の息子である具癸会も大邱農林学校を卒業後、面の技手を経て家業を継ぎ、父とともに「家業に励む傍ら部落の民風の振作、営農方法の改良、副業の奨励等更生運動の強化に血みどろな奮闘を続けた」とのことであった。もともと婦人矯風会と協同して金融組合への預金にも尽力していた彼らは、簡保についても「映画、紙芝居、講演隊を総動員して部落民への保険の認識と理解を深め」させるなど、その普及に積極的に携わるようになっていた。

その具柱書は、「国旗は門毎に保険は人毎にの標語通り全部落を保険の一色に塗りつぶし終局の目的を達成せん」と答辞で述べている。彼らのような存在が、まさに逓信局の想定していた「中堅人物」であった。

簡易生命保険部落は農村振興運動期に登場した、簡保普及のための実践かつ宣伝の場であった[42]。しかし一方で、郵便局だけの力では当時すでに限界にいたっていた。その点を十分に認識していた逓信局は、拡大し続ける農村振興運動の中で簡保を埋没させまいとして独自にその再評価を推し進めていく。そこで新たな拡大策の要石として浮上したのが、簡保模範部落内の中堅人物たちであった。

とはいえ、果たして逓信局はどこまで彼らの「取り込み」を成し遂げていったのであろうか。この点については、今後さらに検討が必要である。

資料：「簡易保険組合規約」（準則）

第一条　本組合は勤倹力行、生活の改善を図り、組合員の生活安定を確保し、以て共存共栄の実を挙げ、農山漁村の振興に資すべく、簡易保険に加入するものとす。

第二条　本組合員は何々部落在住の簡易保険加入者及其の家族を以て組織す。

第三条　本組合は何々簡易保険組合と称し、事務所を何々に置く。

第四条　本組合に左の役員を置き何れも名誉職とす。

一、組合長一名　組合員互選す。

二、副組合長一名　郵便局所長に委嘱す。

三、幹事若干名　組合長之を指名す。

四、顧問数名　同部落に於ける有力なる篤志家に委嘱す。

第五条　本組合役員は職掌を左の通定む。

一、組合長は組合を代表し本組合に関する一切の事務を総理し、幹事を督励し、本組合成績の向上を図るものとす。

二、副組合長は組合長を輔佐し、組合長事故あるときは、之を代理するの外保険に関する事務を処理し、其の成績を毎月組合長に報告するものとす。

三、幹事は受持区域に属する組合員各戸に就き、毎月何日迄に保険料の納入済否を調査し、不実行者を督励し、其の成績を副組合長に報告す。

四、顧問は本組合に特に必要なる事項生じたるとき、組合の要求に依り意見を述べ又顧問の必要と認めたるとき組合長の同意を得て、意見を述ぶることを得。

第六条　本組合員は本規約を守るの外尚組合の決議に遵ふものとす。

一、本組合員は本組員たることを証し本規約の励行を誓ふため加盟書に書名捺印するものとす。

二、本組合員は止むを得ずと認めたる場合の外、濫りに脱退することを禁ず。

三、新に組合員たらむとするものは、本組合の同意を得て、何時たりとも本組合に加入するを得。

四、本組合員の保険契約を存続したるものは、相続と同時に本組合員たるものとす。

五、本組合員にして正当の理由なく、納期までに保険料の払込を怠りたるときは、一件に付何銭の過怠金を納むるものとす。

六、本組合員にして、保険料の滞納者あるときは、幹事に於て之を代納することを得。代納したる保険料を返済し得ざるときは保険金支払額又は還付金額より之を返付するものとす。

七、本組合員にして保険金受取事故の発生保険金借入の必要、保険契約の解約又は組合の脱退等に関しては、直ちに組合長に其の旨申出づるものとす。

第七条　本組合は毎年一回又は特に必要ある場合は、総会を開き、左の各項を付議するものとす。

一、本組合規約の運用又は決議を必要とする事項、但し本規約の変更に就ては、出席組合員三分の二以上の同意とす。

二、本組合の成績、庶務会計、若は必要なる事項の報告。

三、本組合員の死亡に対する弔慰、又は懇親の方法。

第八条　本組合に左の帳簿類を設備す。

一、組合員名簿
二、保険料徴収簿
三、保険料仮領収帳
四、金銭出納簿

第九条　本組合に要する経費は左に依る。
一、本組合に対する寄付金及其の他の収入に依り所要経費を支弁す。不足を生じたるときは、組合員の契約保険料の月額に応じ、之を負担するものとす。
二、収入より所要経費を支出し剰余金を生じたるときは、準備金として之を積立つるものとす。

第十条　本組合規約は　年　月　日より之を実行す。

【出典】東英治、「簡易生命保険模範部落の沿革と所謂保険牛の濫觴に就て」(『朝鮮逓信』第二〇六号、一九三五年七月)、五九～六一頁。

【註】　本文中に「何々」という記述や空欄箇所があるように、あくまで保険規約の準則として例示されたものである。ただし著者たる東の役職が「事務分掌局保険監督課長」であった点を考えれば、実際の規約もほぼ同一の内容であったと見なして差し支えないであろう。

(1)　坂口生「簡易保険模範部落の創設」(『朝鮮逓信』第二二六号、一九三七年三月)九三～九四頁。
(2)　田中静夫「農村振興運動と朝鮮簡易保険」(『自力更生彙報』第三八号、一九三六年一〇月)八頁。
(3)　이하나〔李ハナ〕「一九一〇～三二年 日帝의 朝鮮農村 再編과 ′模範部落′」(연세대학 교대학원 사학과 석사학위논문、一九九五年)二四～二八頁。
(4)　양홍준〔梁洪準〕「日帝下 朝鮮簡易生命保険 研究」(고려대학교대학원 사학과 석사학위논문、一九九四年)二七～三〇頁。
(5)　当時の逓信局長・井上清の言を借りれば「今や国を挙げて絶叫せられる「自力更生」の繁栄に到達するためには、簡易保険の施設も重要な役割を演ずることに為る」(「自力更生と簡易生命保険資金の融通」『自力更生彙報』第六号、一九三三年二月、六頁)。

(6) 拙稿「朝鮮総督府の逓信官僚とその政策観――朝鮮簡保制度の施行を中心に――」(松田利彦・やまだあつし編『日本の朝鮮・台湾支配と植民地官僚』思文閣出版、二〇〇九年)三四五~三四七頁。

(7) 今井田清徳伝記編纂会編『今井田清徳』(一九四三年)四五〇頁。

(8) この点を指摘する資料は多い。たとえば保険同人「保険勧誘の心得」(『朝鮮逓信協会雑誌』第一三七号、四一~四九頁)では、保険が拒絶される理由二八項目が列挙されている。それによると「生命保険に入ると夭折する」「死を待つ様な気分になる」「遺族に悪心を起させる」「生命を金に代へたくない」といった意見が存在していたことを確認できる。

(9) 大原大「失敗解約の防止に就て」(『朝鮮逓信協会雑誌』第一四二号、一九三〇年三月)三〇頁。

(10) 亀田周一「「保険料が高い」と言ふ非難に就て」(『朝鮮逓信協会雑誌』第一三七号)三一頁。

(11) 浅野文亮「募集の跡を顧みて」(『朝鮮逓信協会雑誌』第一三八号、一九二九年一一月)一一頁。

(12) 植民地期の朝鮮において郵便業務を扱う施設は、一九二二年までは「郵便局」「郵便局分室」「郵便所」、同年以降は「郵便局」「郵便局分室」「郵便所」「郵便取扱所」であった(この他、一時的に「郵便局出張所」「郵便所出張所」が設定されていたこともある)。「郵便局」と「郵便所」の違いは、所轄地域の人口や就労職員数の等級・規模に基づいていた。本論では煩雑となることから、「郵便局」という名称に統一した。

(13) 大原、前掲論文のほか、田崎生「契約の維持に就て」(『朝鮮逓信協会雑誌』第一三九号、一九二九年一二月)、子浪「保険契約の失効遏に就て」(『朝鮮逓信協会雑誌』第一四四号、一九三〇年五月)など。

(14) 前掲の浅野、田崎のほか、篠沢武夫「保険料の集金に就て」(『朝鮮逓信協会雑誌』第一三八号、一九二九年一一月)、今堂心「保険勧誘の実際」(『朝鮮逓信協会雑誌』第一四〇号、一九三〇年一月)、平瀬四郎「保険募集戦術の研究」(『朝鮮逓信協会雑誌』第一四三、一九三〇年四月および同一四四号、同年五月)など。

(15) 篠沢、前掲論文「保険料の集金に就て」、一〇頁。

(16) 亀田周一「朝鮮簡易生命保険の開拓余地」(『朝鮮逓信協会雑誌』一七六号、一九三三年一月)七八頁。

(17) 浅野文亮「募集の跡を顧みて――簡易生命保険創始に際して――」(『朝鮮逓信協会雑誌』一三八号、一九二九年一一月)一三頁。

(18) たとえば『宇垣一成日記　二』(みすず書房、一九七〇年) 一九三二年九月一三日条、一九三三年三月二二日条および五月一九日条。
(19) 田中静夫(逓信局保健監理課長)「農村振興運動と朝鮮簡易保険」(『自力更生彙報』第三八号、一九三六年一〇月) 六頁。
(20) 井上清「自力更生と簡易生命保険資金の融通」(『自力更生彙報』第六号、一九三三年二月) 六頁。
(21) 東英治(元山逓信分掌局保険監督課長)「簡易生命保険模範部落の沿革と所謂保険牛の濫觴に就て」(『朝鮮逓信』第二〇六号、一九三五年七月) 五七頁。
(22) たとえば「簡保模範部落　尺山里へ設置」(『毎日申報』一九三六年一一月一七日)。
(23) 東、前掲論文、五八頁。
(24) 東、前掲論文、五七頁。
(25) 近藤確郎「所感」(『朝鮮逓信協会雑誌』第一九四号、一九三四年七月) 二四頁。
(26) たとえば「[簡保模範部落設置に際し] 相互に組合を作らしめ [後略]」(「資源を与へて簡保に加入さす」『大阪毎日新聞』一九三五年五月一〇日、「[簡保模範部落に指定後] 保険組合を組織し、団体払い入れをしているので [後略]」(「簡易保険部落表彰」『東亜日報』一九三八年一〇月三〇日)。
(27) 「保険加入部落に副業の奨励資金」(『京城日報』一九三五年五月一五日)。
(28) 「資源を与へて簡保に加入さす」(『大阪毎日新聞』一九三五年五月一〇日)。
(29) 田中静夫(逓信局保健監理課長)「農村振興運動と朝鮮簡易保険」(『自力更生彙報』第三八号、一九三六年一〇月) 八頁。
(30) 「清州塲垈里に保険牛一頭」(『毎日申報』一九三五年一一月一七日) では、京城逓信分掌局によって一九三五年半ば以降に指定されたことが言及されている。
(31) 「務安郡荷衣面に簡保模範部落」(『毎日申報』一九三五年九月二五日)。
(32) 東、前掲論文、六一頁。
(33) 東、前掲論文、六一～六二頁。

(34) 簡保模範部落の表彰を伝える新聞・雑誌記事は多い。たとえば以下を参照。「簡保模範部落十村を内定〝表彰状〟と〝商品〟を来月中に釜山局から贈る」(『釜山日報』一九三六年一〇月二八日)、「簡易保険優良模範村を表彰」(『東亜日報』一九三七年一一月二三日)、「開城保険成績表彰」(『東亜日報』一九三八年三月二六日)、「裡里南中町簡保模範表彰」(『東亜日報』一九三八年九月九日)、「簡保模範部落表彰式」(『東亜日報』一九三八年一〇月一日)、「清州郵局簡易保険模範部落を表彰　酒城里、福台里の栄誉」(『毎日申報』一九三八年一〇月九日)、「安岳郵便所にて保険模範部落表彰」(『東亜日報』一九三八年一一月四日)。

(35) 東、前掲論文、六二~六四頁。

(36) 筆者の確認した限りでは、模範部落表彰の具体的な理由を伝えた資料としては東英治による解説しか見出すことができなかった。新聞紙上にて表彰が伝えられた場合でも、理由を「成績優秀」だけにとどめる場合が大半であるため、その簡保模範部落が何ゆえ表彰されることになったのかを見極めるのは極めて難しい。今後新たな資料が見出されることを期待しつつ、本論では今回程度の言及にとどめておきたい。

(37) 東、前掲論文、六〇頁。

(38) 成澤克衛「朝鮮簡易保険の普伝施設に就て」(『朝鮮逓信』第二二六号、一九三七年七月)三八頁。

(39) 成澤、前掲論文。

(40) 堀切正風「簡易生命保険模範部落表彰式」(『朝鮮逓信』第二三七号、一九三八年二月)四九頁。

(41) 以下の内容、引用は堀切、前掲論文、四八~五〇頁。

(42) 李ハナ、金英喜ともに、「勤倹貯蓄」を初めとする当該期の模範部落の活動に分析を加えている(李ハナ、前掲論文、六四~六八頁、김영희『일제시대 농촌통제정책 연구』경인문화사、二〇〇三年、四七~四九頁)。ただし、そこでは簡保模範部落や簡保そのものについての言及は見られない。簡保模範部落と他の模範部落との関係も検討すべき課題であるが、本論では筆者の非力からこの点についてとりあげることができなかった。今後の課題としたい。

植民地女性と「国民化」の問題
――一九四〇年代前半植民地台湾における女性と青年団――

宮崎聖子

はじめに

本稿の目的は、台湾の被植民者の女性が、どのように帝国に統合されていったか、その内実と具体的諸相を一九四〇年代前半の女子の青年団を通して考察することである。[1] 日本は一八九五年に台湾を植民地とし、その後、植民地社会の男女青年に内地（歴史的用語として用いる）の組織に準拠した青年団を導入した。台湾の青年団は台湾総督府（以下、総督府）や日本帝国が、植民地経営と現地住民教化のために組織したものである。この組織は「社会教育」の名目で、学校以外の場における教育・教化機関として、日本の敗戦まで存続した。「学校以外の場」とはいうものの、社会教育の営為に携わった担当者の大部分は学校教員であり、青年団活動は学校の教室や運動場などで行われることが多かった。

男子の台湾人を対象とした青年団は、一九二〇年代は抗日民族運動対策として組織され、地方指導者層の子弟等を選抜して入団させていた。その役割は時代とともに青年の修養機関→軍事的な訓練機関→徴兵訓練に接続する勤労青年の管理機関へと変遷し、公学校卒業生に対する少数精鋭の選抜制から、次第に勤労青年すべてを網羅する組織に変容した。そして最終的には徴兵制の基盤となった[2]。

一般に女子青年団は、男子の青年団と並んで「皇民化を担った」というイメージを付与されている。台湾の女子青年団体の展開の経緯について筆者はいくつかの小論を発表している[3]。それに基づき概要を述べると、総督府は一九二〇年代、未婚の女子を対象とした内地と同様の「処女会」という名称で、日本語や日本的価値観を普及するための教化機関を設置した。その後、処女会が女子青年団へと再編されると、台湾の工業化が進んだ三〇年代後半において、地域住民の教化を担い、銃後の労働力を養成する場として機能した。内地で四一年、女子青年団と青年団・少年団が統合されて大日本青少年団となったのを機に、台湾でも同年末、女子青年団・青年団・少年団が統合され、台湾青少年団が発足した。

台湾の女子青年団のモデルとなった内地の青年団体については、教育学者である渡邊洋子氏の研究がある。渡邊氏は、第二次世界大戦期の女性にとっての「国民化」の様相を、一九四〇年代前半期の女子の青年団を通して考察した。それによれば、内地の女子の青年団は四一年一月に、男子青年団や少年団とともに大日本青少年団に統合された。四一、二年は大日本連合女子青年団の活動に依拠しつつ新たな立脚点を探し、四三年以降は、男性の代替労働力としての役割を果たすと同時に、女性ならではの銃後協力に全精力を傾けた。同氏は「国民化」の定義をひとまず「国家を構成する国民の一人として承認され、国民として適切な資質や貢献を期待され、その実現を目指した教育的働きかけを受けること」とする。

そして、上野千鶴子氏による「女性の国民化」という分析枠組み[4]を批判的に検討し、「国民」という概念自体が男性中心主義によって構築されていることを前提とした上で、女性は男性とどのように異なって国民化されるのかを明らかにすべきであると指摘する。女子においては、従来求められてきた「妻」「母」「嫁」役割とこの時期に求められた新たな「国民」概念との相克を避けられず、「国民化」のプロセスは男子に比して複雑で重層的な様相を呈しているからである。[5]

一方、植民地台湾において、教育・教化の問題と深くかかわるのは「皇民化」の概念である。総力戦期の台湾における男女の青年団や青年期教育は、戦争を「事実」として支持し、被植民者である人々は戦争遂行を下支えした。これは「皇民化のプロセス」ということもできよう。ただ、台湾をめぐる研究において「皇民化」の含意は植民地期を通して不変の、「日本による強制的な同化政策のもたらしたもの」というニュアンスを帯びており、現行（現代）の国家[6]の統合からすると「それを阻害するもの」とされ、「国民化」とはまったく切り離されて議論されてきた。そのためか、「皇民化」は被植民者のアイデンティティの変容を自明のものとみなしているにもかかわらず、変容についての実証的分析はほとんどなされていない。[7] また「皇民化」の概念は、植民地主義や民族差別の問題と複合して存在する被植民者の階層の問題やジェンダーの抑圧を見えにくいものとしている。[8]

本稿でとりあげる一九四〇年代の台湾では国民学校が発足し（四一年）、陸軍特別志願兵制度（四二年）、初等教育義務制（四三年）や青年学校義務制（四四年）、徴兵制（四四年）が実施された。また内外地行政一元化[9]が進み、台湾総督府の独自性（独立性）が急速に弱まる時期にあたる。四二年以降は太平洋戦争の敗色が濃厚となり、物資や人的資源が欠乏する中、植民地台湾の被植民者も帝国の総力戦へすべてを投入するよう要求された。総力戦は、被植民者を含めてこれまでの国家の成員たる資格を再考、再編成させる契機となったと思われる。

この時期の台湾における「皇民化」の含意を渡邊氏の「国民化」の定義と対照すると、冒頭の「国家を構成する国民の一人として承認され」という部分を除き、他の部分について共通項は多い。もちろん渡邊氏の議論は日本「内地」を対象としたもので、台湾にこれをそのまま当てはめることはできない。そこで植民地を考察する視座として、朝鮮史研究者の並木真人氏の議論を参照してみよう。

並木氏は慎重に言葉を選びつつも、一九三〇年代以降の日本植民地朝鮮の状況を国家形成への過程の一部ととらえ、「国民化」という概念を暫定的に朝鮮に用いる視座を提起する。同氏は、植民地期を「負の遺産」「反国民国家」として自明視するのではなく、総督府支配体制のあり方を、植民地支配の前後にわたる長期的な歴史の連続の中で把握すべきという立場をとる。同氏はまた国家と大衆の問題を論じる際に、身分集団や社会階層を単位として考察する意義を強調している。(10) この視座は、植民地台湾にも適用できよう。

とはいえ筆者は、「皇民化」を「国民化」という言葉に置き換えることによって植民地支配を肯定するわけではない。またこの分析枠組みは、植民地期の台湾においては四〇年代に限定して慎重に運用される必要があるだろう。並木氏によりつつここで「国民化」を暫定的に持ち出したのは、それが四〇年代前半において、台湾人女性が台湾の中だけでなく帝国の中にどう位置づくのか、「国民」として承認されようとしていたのか否か、そうであるとしたら如何にしてなのかを考察する際のツールになると思われるからである。よって本研究の目的は、〈国民化〉をそれ自体が分析されるべき概念とした上で、被植民者の女性における〈国民化〉の内実を、女子の青年団の事例から検討することとする。

そこで本稿では、政策とその受け手の二つの側面から〈国民化〉の様相をとらえることを試みる。第一に、台湾総督府や帝国の台湾人女性に対する期待はどのようなものだったのかを、台湾人女子に対してなされた青年団政策を通して検討する。その際、台湾における女子の青年団政策を内地の女子青年団や台湾の男子の青年団と対照する作業を併せて行う。台湾の青年団において一九四〇年代は、男子に限らず女子についても軍事的な活動の占める比重が大きくなるが、残念ながら筆者が入手できた青年団と軍部の関係を示す資料はごくわずかである。よってここでは、当面入手できた資料に基づきその概要を示す。

ただし支配者による政策がそのままの形で政策の受け手である被植民者に受容されるとは限らないし、彼らのアイデンティティは政策と別次元のものとしてとらえる必要がある。四〇年代の女子団員は後に述べるように出身階層に広がりがあるため、政策の受け止め方において一枚岩ではない。また青年団はもともと街庄（内地の町村に相当）を基礎とした地域に組織され、発展してきた経緯がある。よって女子団員たちの政策に対する態度は、地域における政策の受容のされ方やそこでの（家族を含む）人間関係に規定されることもある。したがって第二に、女性諸個人にとって国家や帝国とはどのようなものだったのか、青年団政策の受け手であった女性たちがそれをどのようにとらえていたのかを、聞き取り調査により検討する。

なお、一九四一年末に台湾青少年団が発足する以前に、女子で組織された青年団は「女子青年団」と呼ばれ、男子の青年団と別組織であった。しかし後述するように、台湾青少年団の規定により男女は一つの組織に統合され、単位団は男女青年により組織された。したがって本稿で台湾青少年団の女子について、男子と特に区別する場合は「青年団の女子」または「女子の青年団」と表記することとする。

一　一九四〇年代以前の女子青年団

植民地期台湾の統治システムは、総督府の政策が地方官庁を通じて直接実施される仕組みであった。男女の青年団政策の受け皿となったのは、終始一貫して行政単位である街庄と、そこに設置された公学校（台湾人向けの初等教育機関に相当。一九四一年四月以降は国民学校となった）である。日本内地とは異なり、若者組のようなムラの年齢集団が存在しないといわれる漢族系住民に、学校教育以外の場で日本的価値観を注入するには、官製の行政組織と学校の資源（教員といった人的資源や校舎など）を利用するのが最も現実的で確実なチャンネルであった。男子の青年団については、政策に基づき一九一〇〜四五年を六つの時期に区分できる。[11] 男女別に固有の歴史を辿った内地の青年団体とは異なり、[12] 台湾の青年団体に関する訓令等は、同時に男女に対して出されたものであった。したがって女子の青年団の政策展開の時期区分は、男子の青年団と共通していると考えられる。とはいえ、女子の青年団が男子と同じ道を辿ったというわけではない。

それについて概要を述べると、以下の通りである。第一期の一九一〇年代に、台湾総督府が台湾人教化の第一段階として地方指導者層の教化に着手するが、この時の主たる対象は、次世代の男子青年の教化に深く関わる地域の名望家であった。

第二期の一九二〇年代は、総督府やその下部組織、地方指導者層などが女子青年団の前身となる処女会の育成に着手する。この時期は知識人の言論による抗日民族運動が盛んで、当局が重視していたのは各地に組織された青年団体における男子の統制・取り締まりであり、女子に対しては処女会の組織化を地方指導者層の自発的取り組みに任せるか、消極的な育成を行うという、付随的なものであった。男子と比べると処女会は団体数も少なく、統計も一九二六年以前はとられていない。処女会の当初の教化内容は、主として日本語（「国語」）の普及や、中国的文化の廃止を含む生活改善であった。このような女子に対する消極的態度の要因には、総督府や日本人が彼女たちに期待していなかったことや、女子の教育機会の少なさがあげられる。台湾においては、公学校／初等教育への女子の就学率は低く、一九四三年においてさえ、六割程度でしかなかった[13]（図1）。

第三期の一九三一～三五年は、総督府が未婚女子の積極的な教化に着手し、処女会を女子青年団へ転換しつつ、その育成と管理に乗り出す時期である。教化内容は、研修会や雑誌の発行などによって全島的な標準化が図られた。第二期と第三期は、公学校卒業生の中から名望家の娘などが選ばれて処女会・女子青年団に参加し、日本語による歌や踊り・劇・割烹・手芸などの修養を中心とした教化が行われた。女子青年団の主な直接的指導者は、公学校の女性教員であった。男子の青年団員が地方指導者層と緊密な関係にあり、青年団が次世代の地方指導者の揺籃となっていたのと対照的に、女子青年団の活動は地域の人々から「日本文化を台湾社会に持ち込むもの」であるとして懐疑的な目で見られていた[14]。

第四期の一九三五～三八年は、街庄の下部に創設されたより小さな行政単位である部落（歴史的用語として用いる）ごとに女子青年団の分団が置かれ、教化網がさらに広がった時期である。日中戦争が開始したことから、公学校卒業生で進学しない者については女子青年団への参加が義務となり、団員も富裕層から中層へと拡大した。また団によっては、女子に軍事的訓練を課すところも出てきた(15)。

これに続く第五期は三九～四二年、第六期は四三～四五年である。本稿でとりあげるのは主としてこの第五、六期に当たる。この時期は太平洋戦争が始まり、女子の青年団に関して短期間のうちに次々と新たな政策が打ち出された。第五期は、戦争により男性が動員されたことから、地域教化の担い手としての役割が青年団の男子から女子にシフトしていく。第六期には青年団が皇民奉公会の下部組織となり、全島打って一丸とされるが、一方で青年学校制度が確立したことにより、特に男子の青年団は形骸化が進み、四五年には終焉を迎えた。では第五、六期についてさらにみてみよう。

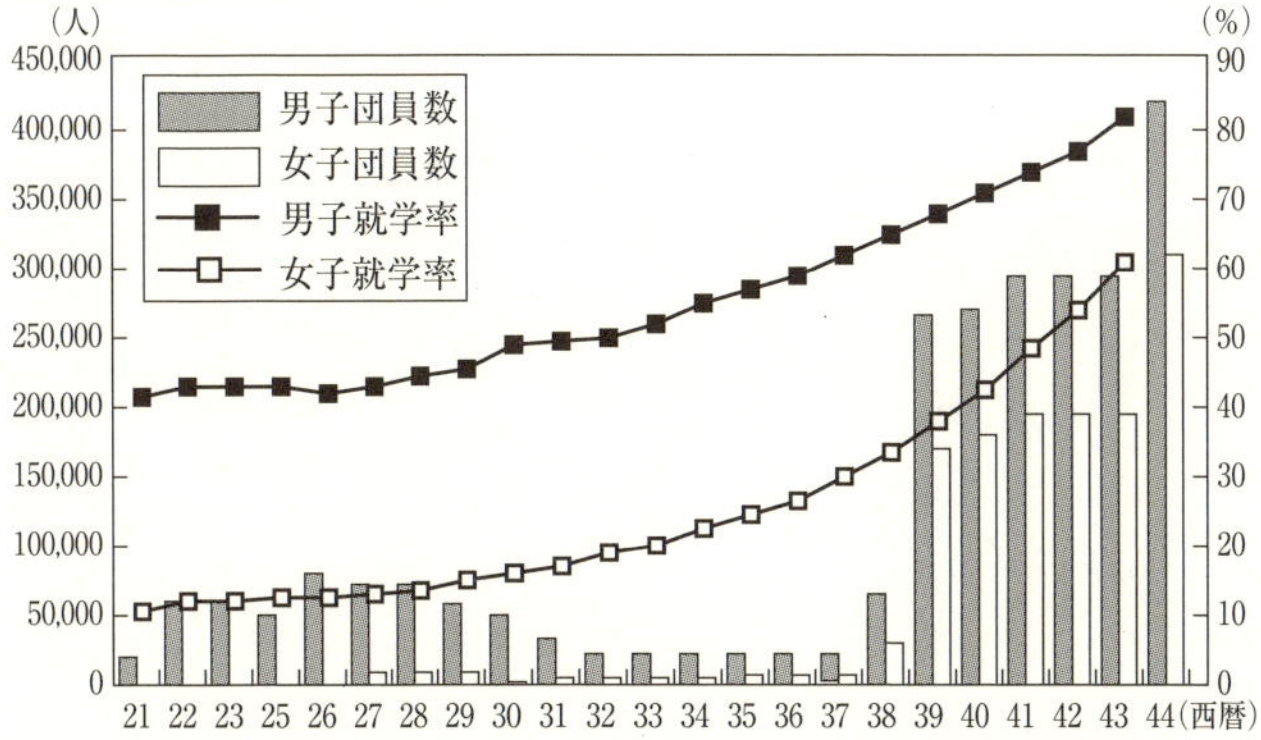

図1　台湾における男女青年団員数と初等教育就学率
（註2宮崎書、88頁より）

二　一九四〇年代の女子の青年団

（1）地域教化の担い手としての女子団員（第五期　一九三九～四二年）

女子青年団の団員数は、一九三八年から三九年にかけて爆発的に増加した（図1）。これは男子と共通の現象である。総督府が男女青年団へ参加させる者の目安を公学校卒業程度としていたこれまでの方針を変更し、初等教育を受けていない者までを入団させ始めたためであと思われる。

る。これにより、団員の中下層化はさらに進んだ。しかし総督府が青年団組織を拡大した理由は、男女で異なる。

内地では一九三九年四月に青年学校が義務制とされ、いわゆる勤労（男女）青年に対し、職業・軍事訓練が行われることとなった。台湾でも初等教育を修了した男子の「大衆青年」を中心に訓練を行うこととなり、総督府は三九年五月一一日府令第六〇号「台湾青年学校規則」を公布し、即日台湾人に対する青年学校制度を実施した。ただしこの時点では、初等教育でさえ義務化されていなかったため、台湾人に対する青年学校義務制は実施されなかった。男子の青年団の拡大は、将来拡充すべき青年学校の機能を当面肩代わりするためだったのである。[16]

一方この青年学校は台湾人女子にも適用されたが、男子と異なり、女子向けの青年学校は一九四二年七月の時点でも一校の存在を確認できるのみである。[17] 女子青年団員数の増加は、青年学校制度の実施が契機ではなく、日中戦争開始からの男性の動員で地域活動を担う人材が不足し、女子団員がそれを補うよう期待されたことが原因である。女子の初等教育就学率は四〇年にやっと四割を超えた程度で、そのような中、青年団は女性教化の手段として、また教化者となる女性を養成する装置として重要となっていく。青年学校制度実施の翌年、四〇年は「紀元二六〇〇年」にあたり、内地においても台湾においても華々しい奉祝行事が行われた。台湾総督府は、二月一二、一三日に宇治山田市と橿原神宮の二か所で行われた皇紀二六〇〇年記念全国女子青年団大会に、台湾から女子青年団代表者を派遣した。[18] 台湾人女性と皇室の結びつきをより直接的に示したのである。

女子青年団は団員数だけでなく、そのあり方も変化した。これまで修養中心だった団の活動内容は急速に軍事的訓練に傾いていき、各単位団でまちまちに行われていた軍事的訓練・査閲について、州（内地の県に相当）ごとに成文規定を行うようになった。査閲とは査閲官が現場で日ごろの訓練の成果や名簿等帳簿の点検を行うもので、これにより団員と団組織の管理が統合的に進んだ。訓練が本格化したことにより、女子青年団の指導員には日本人男性が増加した。女子青年団の場合、これまでは主として直接的な指導は公学校の女性教員が行ってきたが、以後、軍事的訓練の経験のない女性教員は団の指導から後退した。学校教員や在郷軍人である日本人男性がそれにとってかわったのである。(19)

一九四一年三月、国民学校令（勅令二五五号）が実施され、台湾の初等教育は国民学校に再編された。四一年四月、内地では青年学校の義務制実施にともない、大日本青年団、大日本連合女子青年団、少年団を大日本青少年団へ統合し、青年団に収容する対象を「初等教育から上級学校には進まない勤労青年」とした上で、大日本青少年団を国民学校と不即不離の関係に再編した。総督府は内地と同一歩調をとり、同年一二月三〇日総督府訓令第一五四号「台湾青少年団設置要項」（以下、要項）を公布した。男女青年団と少年団を統合する台湾青少年団の設置趣旨について、総務長官斎藤樹は「高度国防国家建設に向けて青少年を一元的組織の下に訓練するため」と述べている。この新組織は総裁である台湾総督、団長である総務長官を頂点に、各街庄、部落にわたるピラミッド型のものであった。(20)

要項では、単位団の設置区域を内地にならい「国民学校通学区域」とした。これまでと異なるのは組織と団員の資格である。従来の青年団運動が男女それぞれ別個に行ってきたものを、新たに男女青年を一貫した体制に置くこととなり、要項では一つの単位団の下に男子隊と女子隊が組織された。団員の資格は、これまで「初等教育修了程度」とされていたが、新たな規定では「満一四歳以上二五歳以下の男女青年」とされ、学歴の条件がなくなった。ただし実際には、これ以前に初等教育未修了者も青年団に取り込まれており、図1を見る限り、学歴の条件がなくなったことで団員数に大きな変化はなかった。つまり団員資格に関する規定の変更は、初等教育未修了の者も青年団に取り込んでいた現状を追認したものであったといえる。

ところで内地で大日本青少年団が発足する際、大日本連合女子青年団を指導してきた吉岡弥生など女子教育家を中心とした人々からは、男子との統合に対し、女子独自の指導ができなくなるのではないかという懸念が示された。[21] 一方、台湾の青年団政策は総督府のトップダウンによる側面が強く、台湾には女子教育の立場、あるいは女子青年の立場から発言する者もいなかったため、そのような議論はみられなかった。男女隔離の習慣の根強い台湾で、単位団に男女が組織されたことは大きな変化であった。とはいえ、聞き取りによれば、青年団が終戦直前に解散されるまで、青年劇（時局の解説や戦意高揚のため、青年団が中心となって行った日本語劇）や運動会といった行事を除き、男女が行動を共にすることはほとんどなかったようである。

要項が、青年団を国民学校に設置し、国民学校関係者によりこれを管理することとしたのは、国民学校に付設される予定の青年学校と青年団との連絡を密にし、男子の監督を強化するためである。[22] 総務長官斎藤はこの要項に関して、「その際、特に留意すべきは女子青年の教養訓練であります。台湾青少年団が男女青少年の合同体たる所以は女子の実生活教養訓練を男子のそれと価値に於て実行に於て軽重なからしめ、その徹底を期せんとするものでありまして、之には今後適当なる婦人指導者の活動を期待するのであります」として、特に女子青年への期待を述べている。[23] 男子青年における青年学校の重要性の高まりにともない、総督府は女子の青年団の重要性を示し、帝国をより直接的に支える人材として台湾人女性を位置づけ直したのである。

では、女子の青年団ではどのような訓練、活動をしていたのだろうか。この頃になると、時局の急展開を受けて個別の団の活動状況に関する報告は減少するが、一九四一年九月に行われた公学校教員など女性指導者が対象と思われる女子青年団指導者錬成会では、三日間の講習と四日間の天幕生活、計一週間の訓練がなされている。この訓練には台北市の陸軍病院での慰問奉仕や田の草取り、家畜果樹の手入れなどが含まれていた。[24] また四二年四月には、二日から台湾の女子団員（幹部団員と思われる）二九名が内地へ派遣され、新潟の新進農堂で内地の女子青年とともに一七日間の合宿訓練を受けている。彼女たちは早朝の掃除点呼、神前行事、剣舞、時局講話、味噌の製造や指圧療法の実習、夜の神前行事などを行った。農堂での訓練修了後は、日光・東京・京都・伊勢・奈良を見物して五月六日に帰台した[25]。これらの訓練からは、総督府が女子青年に対する指導を強化していることがうかがえる。

その他の注目すべき活動に、団員の地域の教化者としての働きがあげられる。日中戦争が開始した頃から徐々に、女子青年団員は地域において国語保育園の保姆（保母）や保姆助手として活動するようになった。「国語保育園」という名称やその保育内容は、地域により多様性があるが、ここではとりあえず日本語に親しむための幼児教化機関を「国語保育園」とする。台湾の国語保育園は、農繁期に母親に代わって幼児を預かる内地の農村託児所をモデルにしているが、母親の労働援助というより「「日本語を知らず」無学で教養のない母親」にかわり、学校に上がる前から幼児に日本語を教え、歌や踊り、挨拶などにより「皇国のよい子ども」として躾を行うという教化的側面が重視された。たとえば、台中州の州嘱託として国語保育園設置推進に従事していた岡部松五郎は『台湾における保育の理論と実際』の中で、台中州では短期の季節保育園の効果が認識され、一部は常設化した経緯を次のように説明する。

> 台中州下に於ては開設当時は何々農繁期託児所と称してゐたが、其の後州下保育園の使命が家族の労働援助といふやうな福利的施設より漸次幼児の保育といふ教育的施設へ乗り出してくるやうになつた。［中略］即ち本施設は少《（ママ）》国民たる幼児を保育して真に国家が要求する国民体位の向上と国民資質の培養とを以て本島保育事業の生命となし、人的資源の確保に努力し国家の要求に即応し皇国民たるの基礎的錬成に培ふことを目標として発展したるものである。［中略］
>
> 台湾の幼児は国語と国民的情操とに隔絶した生活の内に放置せられてゐる。母親の無知と旧来の陋習とは幼児の身体と精神とに拭ふべからざる生活の汚損を与へつゝある。これ等の幼児を保護すると共に国家が要

求する皇民的資質完成への素地を培ふことが本島保育事業の使命である。[26]

岡部によれば、台湾人に対する日本語教育の開始は、年齢が小さいほど効果があることが早い時代から指摘されてきた。しかし、台湾人は大家族制であることや福建系の女性は屋外労働をすることが少ないため、当初、保育園の必要性を認める者はいなかった。[27]また保育者については、保姆となるべき女学校卒業、あるいは同程度の学力を有する有閑階級の婦人が各部落に一名くらいはいるものと予想していたが、実際には公学校卒業生さえ一人もいない部落があるほどであったため、台中州では保姆養成の講習会を開催した。一九三八年までに受講者は一四〇〇名に達したという。[28]内地では経験のある年配の女性が保姆として望ましいと考えられていた。しかし台湾では日本語運用能力が優先されたため、若い世代の女子団員が地域の保育担当者として期待されたわけである。[29]

国語保育園の他に、女子団員の銃後奉公として期待されたものにヒマ栽培などがあげられる。ヒマ油は飛行機エンジンの減摩油として使用され、戦争に不可欠なものであった。これを栽培し、実を収穫して役場等に持ち込むことが彼女たちに求められた。また女子団員は慰問文の作成も行った。青年団の元指導教員への筆者の聞き取りによれば、団員たちは日本人指導教員も驚くほど流暢な日本語で戦地の兵士あてに手紙を書き、それに返事が来ることを団員同士で競い合って喜ぶこともあったという。

一九三〇年代後半以降、男子の青年団において、日本人男性が中下層の団員を指導するようになると、かつて台湾人地方指導者層と富裕層の青年団員が深いつながりを持っていた初期の青年団のあり方は決定的に変化し、台湾人の自律性は後退した。日本の支配は青年層や地域の細部に及ぶようになり、それを象徴するように、四二年には陸軍特別志願兵制度が実施され、青年団から若者が選抜されて島外に出征した。一方、男子と異なり、女子団員はもとより地域において政治的な力は持たなかった。しかし戦争が激しくなると、徴用などにより男性が不在になった所に、皮肉にも活動の場が与えられた。女子の青年団の拡大は、地域の男性の人手不足や青年学校の設置にともなう男子の青年団の変容と同時に進行したといえる。男性が離れていく地域で女性が主役となっていったわけである。

内地との差異についてみてみると、内地では女子団員に対し「国民の母親になる人々」という前提のもと、「母性」に着目した衛生指導や結婚指導を盛んに行い、体位向上のための訓練に水泳や体操を推奨した。また移民として満洲に渡った青年団員と共に働き子を産む伴侶を女子団員から送出することも奨励し[30]、内地ではセクシュアリティに踏み込んだ指導がその中核となった。

一方、台湾の女子青年に関して、結婚やセクシュアリティに関わるような支配者側の言及はほとんど見当たらない。すなわち「小国民」の育成はあくまで国語保育園の保姆としての教育・教化の範囲にとどまるものだった。たとえば前出の台中州嘱託の岡部は、「〔日本語を解さず〕国家目的を遂行するために必要な兵力・労力として適さない人口の量的増加は望ましくないばかりか忌避すべきもの」と述べ、台湾人の人口増加に冷淡な態度を示しており、「南方」で従軍する軍属や兵士の養成を想定して、「赤道直下の群島において十分に働き通されるまでに強靭である為には幼児よりの教育を一新すべき」と、まずは幼児教育に力を注ぐべきであるとしている[31]。このような抑制的な態度は当時の在台日本人に広くみられるもので、「産めよ増やせよ」が内地の女性に奨励されたのとは対照的である。

（2）女子労働力としての青年団とその終焉（第六期　一九四三〜四五年）

次に、一九四三〜四五年における女子の青年団の再編、形骸化と終焉について述べる。内地では四二年六月二三日に閣議決定に基き、大日本青少年団を大政翼賛会統制下の団体とすることを決定した。指導は文部省のほかに大政翼賛会がこれを行い、国庫補助金については翼賛会の予算として青少年団に交付すること、団長・副団長・地方団長等は大政翼賛会総裁によって依嘱・解雇・任免が行われることなどが決まった。

戦局が逼迫する中、台湾でも四三年以降、次々に学校教育と社会教育について新たな政策が打ち出された。四三年四月、台湾に初等教育義務制が実施された。また総督府は四三年四月二四日府訓令第九四号により、台湾青少年団を皇民奉公会の統制下に置く事を定めた[32]。皇民奉公会（四一年四月に発足）とは、内地の大政翼賛会に相当する組織で、従来の教化団体である部落振興会を「部落会」と改め、さらにその下部に内地の隣組にあたる「奉公班」を設置し、上意下達を徹底するものである。奉公班においては日本人と台湾人が一つに組織され、前者は後者を指導する立場とされた[33]。

総督府は、青少年団を皇民奉公会の推進的実践部隊と位置づけ、その目標を徴兵制に向けた「健兵たるの資質錬成と、戦力増強の敢為なる尖兵の育成」とした。同時に各州知事、庁長宛てに出された総務長官通牒「台湾青少年団ニ関スル件」は、青年団を皇民奉公会と表裏一体関係とし、原則として国民学校を設置区域と定め、国民学校長、青年学校長、学識経験者を団長とすることとした[34]。なお、青少年団における青年団と少年団は、実態としてはそれぞれ別に運営されていたため、ここでは、青年団についてのみとりあげる。

四三年の青年団の改組では、男子の兵力確保に重点が置かれた。背景には、戦局が悪化し、総督府が被植民者に対する徴兵制を視野に入れていたことがあげられる。台湾における徴兵制の実施は、四三年九月に決まった。徴兵制実施にともない、四四年四月には青年学校と勤行報国青年隊にも新たな動きが生じた。すなわち徴兵制の前段階の訓練の場として、男子について青年学校の義務制が実施され、またこれまで男子の青年団幹部養成所の役割を果たしていた勤行報国青年隊は、徴兵制の訓練機関である官立の青年特別錬成所に転換されたのである[35]。ただし女子に対しては、青年学校義務制は実施されなかった。

一九四三年四月二五日、青少年団総監が各州庁青年団長宛てに出した「台湾青少年団組織要綱」によれば、台湾青少年団は皇民奉公会総裁が統率し、その下に総監・団長・副団長・理事・幹事を置き、これらは皇民奉公会の役員が兼任することになっていた。青年団の総裁は台湾総督が、総監は皇民奉公会中央本部長が、団長は皇民奉公会事務総長があたることとし、副団長三名のうち一名は文教局長があたること、と定めている。州庁、市郡、街庄の各レベルの青年団の長は、原則として皇民奉公会の州庁支部、市郡支会、街庄分会の長、すなわち州知事・庁長、市長・郡守、街庄長があたることとなった(36)。青年団は皇民奉公会の地域組織にはりつく形で、台湾総督を頂点としたピラミッド型の組織となったわけである。

台湾青少年団組織要綱の「単位青年団準則」は、男女青年を対象としている。ここでは、国民学校の区域における一四歳以上二五歳以下の男女青年をもって単位青年団を組織することを定め、特に二一〜二五歳の団員から幹部を育成することを明記した。台湾人団員の男女が青年団の幹部となるのは、従来にないことであった(37)。団員数の拡大が、青年の中から幹部を養成する必要性に拍車をかけたのである。団員の学歴については特に規定がないが、四三年一二月の総督府による「学制臨時措置案説明資料(一問一答)補遺」によれば、初等教育を受けていない青少年に対してはこれを青少年団に加入させ、皇民奉公会が教育訓練(国語普及と軍事的訓練)を行っている(38)。男子青年団においては、中等教育等に在学する者が実質的には除外されたため、その参加者は中下層化していった。しかし聞き取りによれば、女子においては、後述するように高等女学校卒業生や在籍者も青年団に入団する事例がみられた。

四四年の団員数は女子の場合、前年の約一・五倍にのびた(図1)。地域住民すべてを網羅する皇民奉公会に青年団が組み込まれ、当該年齢の者が、教育程度にかかわらず一律に青年団にとりこまれたためであろう。この皇民奉公会傘下の青年団は単位団を軍隊のように「分隊」とその下部の「班」に分け、分隊長、班長はこれを団長が命免するよう規定していた。

青年団指導要綱では、指導の柱として「1訓練」「2勤労」「3実践」「4文化教養」の四つをあげている。「1訓練」は次に掲げるように、戦争遂行に収斂する内容が中心であるが、女子団員むけの「(ホ)生活訓練」には特に、「礼儀作法、特技、趣味娯楽、育児看護、衛生、習俗改善」があげられている。[39] 台北州の元女子団員への聞き取りによれば、台北郊外の草山（現・陽明山）で行われた合宿講習会において、実際に礼儀作法としてお茶の出し方や襖のあけしめなど日本式の作法について教わったという。子どもを産み育てる役割を担う女性に日本文化を体得させる目的であろうが、戦局の逼迫した中で行われた講習からは、「日本人的な性格の浸透」は女子にかかっている、という総督府の認識が読み取れる。

1　訓　練

(イ)行的訓練　神前行事、静坐、禊等我国民ノ伝統的心身錬成ノ方法ヲトリ入ルルヲ以テ之ヲ錬成ノ中軸トス

(ロ)軍事訓練　軍事訓練ハ純真ナル青年ノ各種徳性ヲ涵養スル外国家ニ対スル霊的感応ヲ得ル最適ノモノナルヲ以テ左ノ種目ヲ採用ス

教練、射撃

兵器機械及軍用機ノ繰作

内務、陣中勤務

行軍、野営

日本戦史

(ハ)防空訓練　左ノ種目ヲ採用ス

防空、輸送、航空、防災

(ニ)職業訓練　職業ノ国家的意義及勤労的職業ノ重ンズベキ所以ヲ徹底セシムルニコトヲ重点トス

農業、水産業ノ技能

各種産業技能

拓南ニ必要ナル技能

(ホ)生活訓練（女子ノミ）　本島ニ於ケル女子青年層ノ教養訓練ハ極メテ重要ナル地位ニアリ日本人的性格ノ滲透モ畢竟スルニ女了ノ日常生活ノ革新ニアリ　指導事項左ノ如シ

礼儀作法

特技、趣味娯楽

育児看護、衛生

習俗改善

「2勤労」については、団員は耕地作業や神社作業などさまざまな労務提供をする他に、団員期間中、地方勤労（街庄や都市において地方の事業に従事する）を一〇日、中央勤労（台湾青少年団本部が実施する事業）を一～二回行うこと、と規定されている。また青年団指導要綱では「女子ノ勤労ハ特ニ台湾ニ於テ重要ナリ」として、女子に対し労働力提供への期待が述べられている。

団の女性指導者に対しては、「大東亜戦争第二年において女子青年に国防訓練を施す」必要から、四三年二月三日～九日の七日間にわたり、国民精神研究所（大直）と赤十字病院（台北市）において研修が行われた。その内容を表1に示す。衛生や看護の項目は、戦争による傷病者の出現に備えたものであると思われる。聞き取りによれば、四三年は米軍機による攻撃が一般の台湾島民に対して始まっており、女子団員は傷病者の手当てについて

表1　「女子青年団国防訓練指導者錬成会」(1943年2月)の内容

内容	講師
総力戦と女子教育の理念	文教局長　西村高兄
国防と女子青年	台湾軍司令部教務部長陸軍少尉　藤岡武雄
女子青年団の施設経営	社会教育官　阪上福一
衛生看護法	医専教授　下川八男
救急法	赤十字病院産婦人科医長　大賀征
包帯法	同外科医長　河本三代松
患者運搬法	同書記　黿本栄四郎
国民礼法並びに生活指導	国民精神研修所指導官　中西旭
決戦体制下に於ける家庭生活	皇民奉公会嘱託　塚本克子
薙刀	台北州嘱託　森美恵

出典：「女子青年団国防訓練指導者錬成会」(『台湾教育』488号、1943年3月) 94頁。

も期待されていた。

勤労青年男子はこの頃、仕事を終えた後に青年団と青年学校へ参加しなければならなかった。青年団については自主的な参加に任されていたが、青年学校では厳しい出欠管理がなされた。そのため男性が不在となった地域を支える人材として、女子青年の負担はさらに大きくなっていった。それを示すように、一九四四年度青少年団長会議で決定された「青年団運営基本要項」の五つの「基本目標」の一つに、「女子皆労体制を確立すること」があげられた[40]。また同会議では「女子勤労挺身隊結成要綱」が決定された。これは「台湾要塞化」を完成するために、青年団員女子で長期出動可能な者により女子勤労挺身隊を結成し、生産に従事させるものである。女子勤労挺身隊は単位青年団を基幹として組織し、事業主よりの手当または謝礼金は受納することとなっていた[41]。

女子団員に関してはこのようにさまざまな規定が作られたものの、聞き取りによると、四三年頃から青年団は実質的に活動ができず、形骸化していったという。要因の一つとして、当時青年団を指導していた教員は青年学校の指導を兼務することも多く、そのため団指導が行き届かなくなったことがあげられる。第二の要因は、空襲が激しく団活動が不可能になったためである。したがって最終局面で女子の青年団の役割で重要だったのは、防空・防災に備えつつ、有償・無償にかかわらず労働力の提供元となることであった。終戦直前の一九四五年七月には青年団は解散し、国民義勇隊に統合され[42]、その終焉を迎えた。

（3）小括

総督府による女子の青年団政策は、男子とともに被植民者を帝国へ統合していく道のりを辿った。一九四〇年代は、内地と台湾は否応なく「打って一丸」とされ、台湾の青年団政策は内地と同一歩調をとるようになっていった。団の組織が段階的に拡大していく点は男女に共通しているが、それまで青年団の政策は男子中心に運営されており、男子青年団は将来の地方指導者を養成し、あるいは軍属や特別志願兵の供給元としての役割を果たしてきた。しかし四〇年代、青年学校が本格化し、また男子が大量に兵士や労働力として地域から離れて移動／異動せざるを得なくなると、女子団員はその穴を埋めるように再編され、これまで家の中にとどまっていた女性たちも地域の労働力や教化の担い手になっていった。この時期に青年団の男女が統合され、さらにそれが皇民奉公会の下部に入ったことは、女性が国家や総督府の把握対象となり、行政システムの中に位置づけられたことを示すものである。台湾青少年団以降の組織はまさに、地域における男女の人的資源再配分を可能にし、ジェンダーの再配置を行うものであった。

帝国全体に視点を移すと、台湾の青年団政策は、従来男女ともに植民地経営の視点からなされてきた。しかし四〇年代は総力戦において帝国が植民地台湾の人的資源に頼らざるを得ない状況になり、そこで初等教育義務制や徴兵制が実施され、衆議院議員選挙法により台湾の男性に選挙法が施行されて[43]、内地と台湾の差異は縮小しているようにも見える。日本政府や総督府は、台湾女性の中で日本語を解する若い世代の女子団員には、労働力の提供者や子どもに日本文化を伝える教化者としての役割を期待した。しかし子どもを産む役割については抑制的であり、民族とジェンダーによる二重の抑圧は依然として存在した。台湾総督府は女子団員を〈国民〉の最も周縁部に位置づけていたといえる。

三　諸個人にとっての青年団

(1)　聞き取り調査の概要

前節では青年団政策について検討したが、本節では政策の受け手に視点を移そう。ここでは、一九四〇年代に青年団を経験したCGさん、CSさん（ともに仮名）の二人の台湾人女性への聞き取りをもとに、彼女たちにとっての青年団の経験を描き、その意味を考えてみたい。調査は一九九九年と二〇〇一年に行った。二人は植民地下の北部台湾に生まれ、そこで青年団に参加した。CGさんは台北州新荘街において一九三九～四五年（第五、六期）に、CSさんは台北市において一九四三～四四年（第六期）に青年団で活動した。聞き取り調査における使用言語は日本語、一部は台湾語である。インタビューは断って録音させていただき、文字化した。

植民地下の台北市は島都と呼ばれ、台湾の政治と文化の中心地であった。都市部である台北市は日本人が人口に占める割合が高く、日本人と台湾人の居住地域は明確に分けられていた。いわゆる中等以上の教育機関も、台北市に集中していた。新荘街は大河川が流れる台湾北部の町である。清朝時代は港町、北部台湾の政治的中心地として栄えたが、その後衰微した。それでも植民地期は商工業が盛んで、また農産物の目玉である米の集散地として栄えた。日本人資本の工場はなかったため、日本人人口割合は一・二～二・三％と他地域と比べて小さく、その多くは官吏か教員、警察官だった。

(2)　青年団の経験と意味

次に二人の略歴と聞き取りの概要を述べる。文中の「　」は特に断りのない限り、聞き取りからの引用である。台北市でも新荘街でも一九三〇年代後半から徴用による男性の人手不足が起きていたが、四三年以降、男子向けに青年学校が設置され、多くの男子が仕事の終わった夜に青年学校の訓練を受けるようになると、人手不足はより深刻になる。彼女たちが活動したのは、男子の青年団活動が形骸化していく一方で、地域社会における女子の役割が大きくなっていく時代であった。

1　CGさん（一九二四年、新荘街生まれ）　調査時（二〇〇一年）七七歳

CGさんは少し足の具合が悪いものの、快活な人である。調査当時は台北市中心部の瀟洒なマンションに夫と息子の家族、フィリピン人のメイドと暮らしていた。時間のある時は本を読む。探険もの、歴史もの、偉人の回想録や伝記など何でも好きだという。

彼女は新荘街に一〇人きょうだいの次女として生まれた。父親は農家の出身であったが、警察官から信用組合に転職し、俸給も悪くなかった。彼女の子ども時代は比較的豊かな暮らしをしており、楽しかった思い出は、父に連れられて台北市や郊外に遊びに行ったことであるという。彼女は学校の成績が良く、公学校六年生の時、担任の教師が「（高等女学校に）進学させてはどうか」と両親に話をした。しかし組合勤めの「サラリーマン」の暮らしでは教育費の負担が大きく、母親はむしろ弟たちを中学に進学させたいと考え、彼女の進学に反対した。そのためCGさんは高等女学校へは進学しなかったが、代わりに学費のかからない公学校高等科で二年間学んだ。

CGさんが高等科を出る頃、卒業生は進学する者を除き、一律に女子青年団に入ることになっていた。当時青年団は部落ごとに分団が設置され、彼女は地元の分団で活動した。分団長は新荘街の街役場職員で、彼女は副分団長をつとめた。女子青年団の活動を指導する指導員は公学校の日本人男性教員であった。副分団長であるCGさんの役割は、分団長の男性からの勤労奉仕の指示や軍事的訓練の日時を団員の女性たちに伝えることであった。女子青年団では軍隊式の訓練や、他地域の男女青年団と運動会を行う他、奉仕の農作業などに従事した。訓

練についても時おり査閲も行われたという。

新荘郡役所（郡役所は新荘街の中心部にあった）の主任（日本人）が父親と友人だった関係で、CGさんは一八歳の時（一九四二年）に、そこで働くこととなった。彼女の郡役所への就職の背景には、男性の労働力不足がある。日中戦争が始まると、新荘街では多くの男性が徴用されていたが、一九四〇年代には男性の不在はさらに深刻なものとなった。当時郡役所で働いていたのは中学を卒業した男性が多かったので、CGさんは自分にできるだろうかと最初は躊躇したそうだが、主任が父親に「だいじょうぶ、あんたの娘、きっとだいじょうぶ。（役所に）来てみなさい」というので働くことにした。職場の産業課では、さまざまな産業統計をとったり、そのために現場に出張することもあった。郡役所では四年ほど働いたが、当時、役所に女性は少なかったという。給料はほとんどを母に渡した。彼女は働きつつ、青年団の副分団長を続けた。

翌年の一九四三年四月には、新荘街にも青年学校が設置され、男子の青年団員は仕事を終えた後、青年団活動と併せて青年学校に通わねばならなくなった。その結果、徴用されずに地域に残っていた男性たちは、さらに多忙になっていった。また青年学校においては出欠管理が厳しく行われたため、男子の青年団の活動は形骸化していった。

四五年、彼女は二一歳の時に人の紹介で台北市にある日本資本の不動産会社に勤めていた男性と結婚し、青年団から引退した。ただし四五年頃の青年団は、空襲などにより、ほとんど活動できていなかったという。郡役所のほうは、妊娠をきっかけに退職した。同年、父親が病気のため四〇代の若さで急逝するという悲しいことが起きた。まだ幼い子どもを抱えていたCGさんの母親は、新荘街で雑貨店を経営し、家計を支えた。

CGさんに彼女が活動していた頃の青年団の状況について尋ねたところ、「当時、国家の決めたことだから、仕事のある人も（青年団活動には）出て来てた」という。「あの時はですね、服従、何でも服従！という風に教育されていますからね。ほいで、国家の決めたことはね、［中略］絶対的服従ですね。まあちょっと、軍隊みたいなね」「（調査者）その服従というような教育ですけれど、それについて感想はありますか？」「ま、別に（笑）ですよ。やっぱり何ですかね、いい会合（女子の集まり）になりますの［中略］別に辛いとか何とか、そういう思い出はありませんでした。ま、いい会合」。女子の軍事的訓練に関しては、査閲の際の成績を地域で競争するような対抗意識があったという。「新荘（街）と鷺州（庄）とか、やっぱり競争的にやってましたよ。（どこが一番成績がいいか、ね。みんなそれぞれ競争心が強くてね。やはりみんな、競争に負けないように」。

CGさんの両親の世代は青年団をどのように見ていたかと尋ねると「評判がいいとか悪いとか、あん時はもう、（自分に確認するように大きくゆっくりと）お国の決めたことですからね。別にこれ、（青年団の活動に）行かない方がいいとか、この団はいいとか、そんな気持ち、全然何してやっていませんでした（全く考えていませんでした）」「（青年団への参加の管理は）徹底的でした。で、いいとか悪いとか、考慮に入っていません（笑）。（そのようなことを考慮）する人いませんでした」。

CGさんの二歳年上の姉は公学校を卒業後、一九三〇年代後半に女子青年団に参加していた。筆者は姉妹に同時に話をうかがったことがあったが、二人が互いに女子青年団の話をするのはその時が初めてであった。姉の時代の青年団は、選ばれて参加した団員に、台湾人女性の公学校教員が踊りや編み物などの手芸・料理・日本語劇など教えるという修養的なものであった。二人は参加時期が四年違うだけで、団の活動内容がまったく異なることに驚いていた。

現代社会の価値観を意識したのか、調査者の質問に対するCGさんの青年団についての語り口は遠慮がちであり、公学校卒業後の青年団への参加は義務制だったことが強調されている。当時の青年団活動は国が決めたことであり、彼女たちはそれに従うことを当然と考えていた。しかしその経験が戦後の暮らしの中で長い間重荷になっていたことは、姉妹の間でさえ青年団の活動について話さなかったことからも推測できる。しかし、戒厳令解除後、社会情勢が変化し、若い世代の日本に対する意識の変化や自分の人生を振り返りたいという気持ちが、CGさんの口を開かせたのだろう。彼女の語り口には、控え目ながらも青年団に対する肯定的な気持ちがにじみ出ていた。

自身は明言しないものの、CGさんは青年団で副分団長として活動したことを誇らしく感じていた。彼女は語りの中で、何度か自身が勉強や読書が好きであることに言及した。女の子が読書をすることを好まない父親に隠れてベッドの中で本を読むほどであった。しかし公学校を卒業する時には、弟たちを中学に進学させるため、勉強を諦めなければならなかった。一方、青年団活動では、むしろ女性の活躍が期待されたわけである。団員の台湾人女性に副分団長という幹部の地位が与えられたのは、これまでにないことであった。従来女性を雇用しなかった「近代的」な職場である郡役所で彼女が働くことになったのも、父親のコネがあった以外に副分団長としての活動が評価されたためであることは想像に難くない。CGさんは青年団を通じて地域の中で注目され、また現金収入も得るようになったのである。このことは父親の早世した一家にとって、大きな支えとなった。

またCGさんは、青年団活動を、天皇制国家が求めるような人間になるための訓練というよりも、「友だちと会えるよい機会」と述べた。従来、公学校を卒業した女性は、特に用のない限り外を出歩くことはしなかった。CGさんのような裕福な階層では、その規範はより強かった。しかし青年団は彼女の生活空間を家の外へまで拡張し、友人と会う機会や働く機会をもたらしたのである。さらに、若い女性たちにとって、地域の対抗意識をもって行われる青年団の査閲や運動会は、高揚感をともなう娯楽の要素も多分に有していた。

2　CSさん（一九二五年、台北市生まれ）　調査時（一九九九年）七四歳

CSさんと筆者は、そのごきょうだいの紹介で知り合った。一人暮らしであり、物静かな人である。彼女は八

人きょうだいの次女として生まれ、父親は永楽二区（台北市の繁華街で台湾人の居住区）の区長と板橋の財閥林家の支配人を務める名望家で、家は裕福であった。CSさんは一九四三年から一九四四年まで、台北市の永楽二区の青年団に在籍した。

彼女は就学前に、日本人が経営し日本語で教育を行う私立の稲江義塾に通い、幼い頃から日本語に親しんだ。初等教育は、台湾人を対象とする公学校ではなく日本人が通う建成小学校を卒業した。その後、私立の静修女学校（四年制）に学び、一九四一年に卒業する。女学校のクラスは当時日本人と台湾人が半分くらいずつ在籍しており、卒業生たちは進学するか、そうでなければ教員などとして働きに出たという。彼女によれば当時の女性は「みんな働いていますよ。（戦争の激しい）あの時代、家でブラブラするような人いません」という。CSさんは卒業後、いとこの紹介で台湾大学に勤め、文政学科の教授のもとで、図書整理や新聞の切り抜きなどの雑用をしていた。CSさんは働いて得た金は母親に預けて貯金したが、もともと大した額ではないので、通勤のバス代、靴や服の購入などに使うと、手元にはあまり残らなかった。家が裕福であったため、彼女が家計を支えたり家事を手伝うことは期待されていなかった。

青年団には大学で働き出して一年ほどしてから、一八歳で入団した。青年団は全員が入団せねばならず、招集があったという。父親である区長のもとには区会事務所があり、そこから該当者に招集状（一枚の紙）が届けられた。訓練は仕事を終えた夜、月に一度か何か月に一度程度、国民学校で行われた。ただ、区や台北市の運動会などが開催されると、そのために体操などをかなり練習したという。とはいえ、団活動への参加については個人の裁量に任されていたようで、招集されても仕事の都合で出てこない人はかなりいた。

CSさんによれば、永楽二区青年団の女子は四小隊に分かれており、一つの小隊が約二〇人なので、全部で七〇～八〇人くらいいたのではないかという。団の指導員は国民学校の教員、団長は中学校を卒業した台湾人男性であった。訓練は主に体操や行進といったもので、それが団活動のほとんどを占めていた。体操には女子青年団体操というものがあり、CSさんと数名が台北市の講習を受けて帰り、それを団の皆に伝達した。招集を受けると、白いシャツに黒や紺の地味なスカートを着けて集合した。これがユニフォームのようなものであった。男子も同じ日に同じ場所に集まったが、訓練は内容が異なるので男女別に行った。女性の場合、結婚後は青年団に参加する必要はなかったが、未婚者は一二歳くらいから二〇歳過ぎまでの人が在籍していた。団員内にはかなり年齢差はあったが、体操などの訓練は同じ内容で行った。中には公学校を卒業したばかりで日本語があまり話せない人もいたが、国語講習所などに通ってほとんどの人が話せるようになったという。

CSさんが参加したのは、青年団が皇民奉公会に移管される頃であろう。彼女の語りからは、青年団としての活動は年に数えるほどしかなく、一方で多くの女性がさまざまな分野で働いていたことがわかる。従来、女学校在学生や卒業生という高学歴者は青年団の対象外であった。しかし地域すべての人を網羅した皇民奉公会の下部組織となった青年団では、未婚の二五歳以下の女性であれば、CSさんのような女学校卒業生もその対象となりえたのである。本人は明言しないが、団を代表して講習を受けに行ったことから、CSさんは幹部団員であったと思われる。

きょうだいの中で青年団に参加したことがあるのはCSさんだけである。彼女には三歳年上の姉と三歳年下の妹がいる。姉は台北第一高等女学校で演習科まで五年間学んだが、その後、台北市の稲江幼稚園（臨済宗による日本人の経営）で保姆として働き始め、地域では皇民奉公会の桔梗倶楽部で活動していた。妹は高等女学校に在学中であったため、青年団には招集されなかった。CSさんは青年団が皇民奉公会傘下にあった時期に該当者ではあったが、必ずしも参加する必要はなかったと思われる。しかし「父が区長してますでしょ。もちろん出席しないと具合悪いでしょ」と語り、みずからは父親の関係で青年団に参加したことを明かしている。

青年団では現在の台湾大学近くの土地を開墾したこともあった。男子団員が掘り起こした土を女子が運ぶという作業で、当時はガソリンなど物資の欠乏でバスもなかったため、作業場まで片道一時間以上かけて歩いて行った。そのためくたくたに疲れた思い出がある。青年団の訓練時に男子と話す機会があったか尋ねると、CSさんは即座に否定するように「(話などは)しません。昔、全然ですよ。隣同士でも、話した事なんか大抵ありません……幼稚園の時から、たぶん、男と女は別々(の生活をしていた)」と答え、運動会などは一緒に行ったが、個人的な交流はなかったと強調した(44)。

青年団に参加することについて周囲の評価はどうだったか尋ねてみた。「(調査者)当時、女子青年団に参加した女の人の評判はどうでしたか」「わかりませんね」「(調査者)たとえば女子青年団に行った人はまじめだからお嫁さんにいいとか」「そんなこと、ないでしょう」「(調査者)男の人はどうですか。この人は青年団一生懸命やったから、評判がいいとか」「保守的な時代ですよ、そんなことないでしょうね。[中略]青年団に参加して悪い事なんか一つもありません。何も風紀の悪い事してるわけじゃありません」。前出のCGさんの語りと同様、この時代に青年団の是非を議論できるものではなく、参加することは当たり前であると考えられていたことがわかる。

そこでCSさんに青年団に参加してみて良かった点をうかがうと、以下のように答えた。「少しはね、隣近所の人と知り合いになれて良かったと思いますよ。でなければ少し離れた所の人たちとも、お会いする事もないと思います」。彼女はいわゆる「お嬢様」で、稲江義塾、建成小学校、静修女学校と、いわば日本人の生活圏と近いところで教育を受けてきた。おそらく青年団の活動を通して初めて、これまでとは異なる地域の同世代の人々と出会ったのであろう。しかしこれらの人たちとのつきあいは、あくまで青年団活動の中に限定されていた。

一九四四年になると、彼女の居住区に近い城内(総督府の庁舎周辺)は空襲が激しく、青年団は活動を停止した。防空演習は「隣組」(皇民奉公会の奉公班のことと思われる)で行ったという。

台北市という都市部であったこともあり、空襲が激しくなると、CSさんの家族の一部は別の町にいる祖母の家に疎開した。また徴用されて東京の工場で働いていた兄は、東京大空襲に遭い、命からがら帰還した。彼女は終戦時の感想について、「苦しい状況続かなくなって、これでやっと、と思いました。食糧難で食べるものもなく、空襲の心配で、家族ばらばらで。疎開してる人も、やはり終わってほっとしたという気持ちです」と語る。

CSさんの青年団経験の語り口は、苦難の時期と重なっているためか、CGさんの語り口とはかなり異なる。当時女学校に進学できた女性は少なく、「お嬢様」だったCSさんが青年団に入団したことで新たに得られたものは、地域の同世代の人と知り合ったことくらいであった。青年団参加の契機は区長である父親との関係であって、その義務感や肉体労働の辛さのほうが切実であったのだろう。彼女にしてみれば、調査者に対して青年団の経験を語るのはそれほど気が進むことではなかったと思われる。それでも研究へ協力しようという気持ちから聞き取りに応じて下さったのであろう。

(3) 小括

CGさんの青年団は地域（新荘街とその下部の行政単位）の行政系統に組み込まれ、分団長から副分団長である彼女に、そして彼女から各団員に命令が伝わるという、統制のとれたものであった。CGさんは比較的裕福な家に生まれ、働かねば食べていけないという程ではなかった。しかし男性の人手不足により、彼女自身が青年団の幹部であったこと、父親が街役場とつながりの深い人であったことから郡役所で働き、現金収入を得るようになった。青年団活動を通して若い女性が社会の表舞台に立つようになったのはCGさんに限らず新荘街の他の団員にも多かれ少なかれ当てはまる。彼女たちは奉仕の農作業に従事したり、地元の子どもを預かる国語保育園の保姆として働いたり、台湾における銃後奉公の最前線に立っていた。国語保育園の保姆などは、幾ばくかの報酬を得た。このように女子団員が総督府により注目され、あるいは経済的利益を得たことから、新荘街における青年団の経験についての彼女たちの語りは概して肯定的である。

一九四〇年代は、地域社会にも明らかな変化が見られる。CGさんの姉の時代の女子青年団は、街の人々から必ずしもその存在を肯定されていたわけではなかった。聞き取りによれば、当時の団員の親や親世代の中には、総督府が主導する団の活動に反発を感じる人もいた。また女の子が外へ出かけるのを嫌い、娘が団活動に参加するのを阻止しようとした家長もいた。しかし四〇年代に入ると、台湾は否応なく内地と「打って一丸」とされた。米軍機の攻撃を受ける中、出征兵士家族の農作業を手伝うなどして地域のために働く女子青年は、当たり前で必要な存在となっていった。青年団は未婚女性における社会進出を促し、これまで活動範囲を家の中に限定されていた女性を、より直接的に地域や国家へと結びつけた。

女学校卒業後に青年団に参加したCSさんは、全員参加が建前である青年団制度の下で台北市という都市部に出現した事例である。女子の青年団は、中等以上の学校に進学しない裕福な家の娘を対象として出発し、徐々に中下層の者を包摂しながらその支配を拡大してきたが、最終局面にいたって、働かねば食べていけないような女性を取り込む一方で、これまで対象外としてきた高学歴者をも統合することとなった。これはこの期の特徴であり、男子とは非対称的である。青年団は建前として地域の男女青年全員を対象としていたが、男子の場合、中等程度の学校に通っている者については、青年団や青年学校で行っている以上の訓練（教練）が学校でなされたため、青年団への参加は期待されなかった。

女学校卒業生であるCSさんは、台湾人女性の中では高い教育を受け、帝国と最も近い所に位置づけられており、CGさんのように青年団への加入が帝国への結びつきをもたらしたわけではない。個人の視点から見ると、女子青年全員が青年団員であるということは、裏を返せば全員がそうではないということに等しい。また、この頃の青年団は一年に数回しか集合せず、ほとんど機能していなかった。よって青年団はCSさんのアイデンティティの重要な部分にはなり得なかった。彼女が青年団幹部であったことを語りの中で明言しないのは、その表れであるのかも知れない。

こうしてみると四〇年代の青年団は、制度としては多くの若い台湾人女性を帝国へ包摂／再包摂することになったが、しかしそれに対する諸個人のアイデンティティは、団参加の時期や当事者の階層、学歴等により多様であるといえる。

おわりに

本稿の第二節では女子の青年団の政策について、第三節では政策の受け手である女子団員諸個人にとっての青年団の意味について検討した。一九三〇年代前半までの女子青年団は、公学校を修了した女性が結婚するまでの修養の場であり、それに参加できたのは一部の富裕層の娘であった。しかし三〇年代後半になると、女子団員は増加し地域の中心的存在として活動するようになる。本稿でとりあげたそれに続く四〇年代前半の青年団は、その機能を戦争遂行へと急速に収斂していき、最終的には女子青年すべてが労働（有償、無償の双方を含む）や青年団を通じた教化（されることとすることの双方を含む）によって、女性自身の「皇民化」、あるいは国語保育園を通じて子どもの「皇民化」に大きな役割を果たし、地域における総力戦体制を支えた。換言すれば戦争という国際関係の危機が、国家による被植民者女性の包摂の契機となった。

事例にあげた二人は学歴や出身階層は異なっているが、当局の管理の下、結果として戦争協力を行ったことは否定できない。一方、個人としての娘たちは自分なりに「生きる場所」や「やりがい」をその中に見出しているという状況も見てとれる。CGさんの場合、弟のために女学校進学を諦めたが、青年団で副分団長として活躍し、団に在籍していることで郡役所の仕事が見つかり、現金収入を得るようになった。それは男性不在の非常事態の下で起きたことであるが、青年団の経験は「自らが力を得た」という文脈の中で語られた。彼女自身はイデオロギー的な国家への献身というよりむしろ、家族や地域の中で片隅に置かれていた者が活躍の場を得た、という文脈でとらえている。これは、階層やジェンダーによる差別と無関係ではない。

CSさんにとって青年団参加の契機となったのは、国家のためというより、地域の指導的立場にあった家のため、家長である父親のためであった。家族や家の存在が団への参加を左右していることは二人に共通しており、より女性に固有な状況であるといえる。

本論で扱った青年団政策とその政策の受け手の事例は、「皇民化」という分析枠組を再検討する材料を提供しているように思われる。〈国民化〉の視点から考えた場合、台湾の（女子）青年団は、植民地経営の一環であると同時に、次第に女性を帝国に統合する役割を担い、統合は四〇年代に加速したといえる。ただ、女子団員の理念型やあり方は、青年学校に通う男性の労働力との、あるいは教化すべき子どもとの連関によって規定された。これらの事柄には、支配者側のジェンダーバイアスが色濃く反映されている。

また内地人の女子団員には子どもを産み増やすことが奨励されたのに対し、台湾人に対しては日本語を習得した若い世代に限定して、家庭や地域で日本語を普及する役割の方に力点が置かれた。ここには日本文化の体得の程度に応じた、エスニシティと世代に基づくバイアスが看取できる。こうしてみると帝国が危機的状況になって初めて、総督府や日本帝国は被植民者の若い女性に対して地域や国家への全面的な貢献を求めるようになったといえよう。彼女たちは「国民」の周縁に位置づけられようとしたものの、その帝国はまもなく崩壊するものに過ぎなかった。

青年団の政策は、その受け手である諸個人において、為政者の意図通り機能したわけではなく、受容のされ方には受け手の階層や青年団を経験した時期によっても多様性がある。このアイデンティティは〈国民化〉を考える際にどう扱うべきだろうか。当面は、諸個人のミクロな経験をマクロな政策に回収するよりも、両者を複眼的にとらえ、相互参照しつつ〈国民化〉の概念を練磨していくことが重要と考える。本稿では、台湾の少数先住民の人々を分析の対象に加えていない。また個人における青年団の経験と戦後とのつながりについても紙幅の制限のため、検討していない。〈国民化〉の問題を考える際に、戦前と戦後のアイデンティティの連続性がカギとなると思われるが、これらについては今後の課題としたい。

(1) 「台湾人」の名称について、現代台湾においてはさまざまな議論がある。ただしここでは、当時は「本島人」と呼ばれた、いわゆる漢族系住民を指すこととする。台湾の被植民者には大別すると、マジョリティにあたる漢族系住民とオーストロネシア語族系の少数先住民が存在するが、後者については資料が十分でないことから、ここでは漢族系住民についてのみとりあげる。以後、漢族系住民を本稿では「台湾人」と表記する。

(2) 宮崎聖子『植民地期台湾における青年団と地域の変容』(御茶の水書房、二〇〇八年)。

(3) 宮崎聖子ⓐ「植民地期台湾における女性のエイジェンシーに関する一考察――台北州A街の処女会の事例――」(『ジェンダー研究』第六号、二〇〇三年三月)八五～一〇八頁、宮崎聖子ⓑ「植民地期台湾における女子青年団の展開過程(一九三一～一九三五年)」(『ジェンダー研究』第七号、二〇〇四年一二月)六九～九一頁、宮崎聖子ⓒ「植民地支配下の台湾におけるジェンダーの再編――女子青年団(一九三六～一九四一年)を事例に――」(『F-GENSジャーナル』第四号、二〇〇五年九月)五五～六〇頁、宮崎聖子ⓓ「台湾における女子の青年団と諸個人の経験(一九三九～四五年)」(『現代台湾研究』第三九号、二〇一一年三月)六二～八三頁。

(4) 上野千鶴子『ナショナリズムとジェンダー』(青土社、一九九八年)。

(5) 渡邊洋子「一九四〇年代前半期の女子青年団運動の指導理念と事業(Ⅰ)」(『京都大学生涯教育学・図書館情報学研究』第一号、二〇〇二年三月)三～四一頁。その他に内地の処女会や女子青年団に関しては、以下のような論考も参照した。岡田洋司『大正デモクラシー下の〝地域振興〟――愛知県碧海郡における非政治・社会運動的改革構想の展開

――』（不二出版、一九九九年）、千野陽一『近代日本婦人教育史――体制内婦人団体の形成過程を中心に――』（ドメス出版、一九七九年）、日本女子社会教育会『四十年のあゆみ』（日本女子社会教育会、一九八一年）、日本女子青年教育振興会『大日本連合女子青年団の全貌』（大日本法令出版株式会社、一九四二年）、日本青年館『大日本青少年団史』（日本青年館、一九七〇年）、平川景子「国民国家形成期における処女会――女子青年団の組織化――労働・性愛・科学の装置」（近藤和子編『性幻想を語る――近代を読みかえる』第二巻、三一書房、一九九八年）一一一～一四五頁。

（6）台湾が「国家」であるか否かについては議論があり、ここではとりあげないものの、暫定的にそれに準じるものとして考える。

（7）筆者は個人的に、この「皇民化」の概念が十分に検討されないまま戦後も一般に使用され、一九九〇年代までの台湾において、日本教育を受けた人々を「日本の奴隷教育を受けた」として蔑視する基盤を創ったと考えている。

（8）同様の指摘は以下でも行った。宮崎、前掲ⓐ論文。

（9）内外地行政一元化については、以下のものが参考になる。近藤正己『総力戦と台湾――日本植民地崩壊の研究――』（刀水書房、一九九六年）第六章、水野直樹「戦時期の植民地支配と『内外地行政一元化』」（『人文学報』第七九号、京都大学人科学研究所、一九九七年三月）七七～一〇二頁。

（10）並木真人「大衆の国民化と民族化――植民地期朝鮮の事例から――」（『国際交流研究：国際交流学部紀要』第九号、二〇〇七年三月）二三～二四頁。

（11）宮崎、前掲書。

（12）渡邊氏は男女の差異に注目した青年団研究を行っている。それによると、たとえば男子の青年団については大正時代に五回も訓令が出されたが、女子について訓令が出されたのは一九二六年が初めてであった。その全国組織化についても、以下のように異なる。

男子では、中央報徳会（一九一六年一月）→青年団中央部（一九一六年一一月）→（財）日本青年館（一九二一年九月）→大日本連合青年団（一九二五年九月）→大日本青年団（一九三九年四月）→大日本青少年団（一九四一年一月）

女子では、処女会中央部（一九一八年四月）→大日本連合女子青年団（一九二七年四月）→大日本青少年団（一九四一年一月）

渡邊洋子『近代日本女子社会教育成立史——処女会の全国組織化とその指導思想——』(明石書店、一九九九年)四二二～四二七頁。

(13) 日本内地において、女子が小学校を卒業することは一九二〇年代にはほぼ当然となった。久保義三他編『現代教育史事典』(東京書籍、二〇〇一年)七九頁。

(14) 宮崎、前掲ⓐ論文。

(15) たとえば、台南州『社会教育要覧』(台南州、一九三八年)四六頁。

(16) 宮崎、前掲書、二五七～二六三頁。

(17) 「台湾公立学校官制中ヲ改正ス(一九四三年九月二六日)」(『公文類聚・第六七編・昭和一八年・第四四巻・官職三八・官制三八(台湾総督府六)』国立公文書館、Ref:A03010093200)。この資料の「参考四」の「青年学校生徒数調」によれば、四二年七月末現在、台湾人女子の青年学校在籍者数は四〇名である(それに対して、男子は二〇六八人)。また「参考六」の「公立青年学校拡充計画表」によれば、総督府には台湾人女子の青年学校を今後も増やす計画はなかった。

『台湾事情』昭和一九年版によると、四三年度においても台湾人女子の青年学校は一校のみである。日本人女子と台湾人女子の両方を収容する女子青年学校は七校あったが、台湾人女子の数はそれらに在籍する人数を合計しても一一八人である。台湾人男子の青年学校在籍者数が一〇、四二三名であったのと比較すると、大きな開きがある。台湾総督府編『台湾事情』昭和一九年版(台湾総督府、一九四四年)一一三～一一四頁。

女子の青年学校は原則として普通科二年、本科三年(男子は普通科二年、本科五年)である。教授及訓練時数は一年あたり二一〇時間、普通科では日本人女子と比べて台湾人は修身の時間が多く、そのかわり職業科・家庭科・体操科が少なくなっている。

(18) 宮崎、前掲書、二七五～二七六頁。

(19) 宮崎、前掲書、二六三～二六八頁。

(20) 宮崎、前掲書、二七一～二七五頁。

(21) 渡邊、前掲論文、一一～一三頁。

(22) 国民学校令が実施され小学校、公学校が国民学校に一本化されたのにともない、青年学校規則も一九四一年四月一二日の府令八九号により改正された。建前としては青年学校に「内台」の区別がなくなり、カリキュラムも男女の区別のみとなった。その他に変更されたのは、女子においては体操科が、男子においては普通科の体操科、本科の教練科がそれぞれ年間一〇時間ずつ増えた点である。ただし総督府は、徴兵制を視野に入れた政策の運営上、実際には台湾人と日本人の青年学校を明確に区別していた。宮崎、前掲書、二七七〜二七八頁。

(23) 「台湾青少年団設置要綱制定について 斉藤総務長官談話」(『青年之友』二月号、一九四二年二月)二頁。

(24) 「女子青年団指導者錬成会」(『台湾教育』第四七二号、一九四一年一一月)九二頁。

(25) 許氏金(新竹市新富青年団)「修練の旅を了りて」(『青年之友』八月号、一九四二年八月)二三〜二四頁。

(26) 台湾社会事業協会台中支部『台湾に於ける保育の理論と実際』(一九四二年)五〜七頁。

(27) 台湾社会事業協会台中支部、前掲書、一頁。

(28) 岡部松五郎「保育の重要性と保姆養成機関設置の急務(二)」(『方面時報』第三七号、一九三八年一一月)三頁。

(29) 一九四三年の時点で全島に一七九七か所の国語保育園が設置され、約七万人の幼児が収容されていた。「保育園を合理的統合 完璧の国校予備校へ」(『台湾教育』第四九一号、一九四三年六月)六四〜六五頁。保姆の仕事が有償か無償かについては、地域により異なった。

(30) 渡邊、前掲論文、一八〜一九頁、相庭和彦他『満洲「大陸の花嫁」はどうつくられたか——戦時期教育史の空白にせまる——』(明石書店、一九九六年)。女子青年団におけるセクシャリティの管理については、以下も参照。渡邊洋子「一九三〇年代の女子青年団と男子青年団——「公共的精神」と「結婚」——」(橋本紀子他編『ジェンダーと教育の歴史』川島書店、二〇〇三年)一五七〜一八三頁。

(31) 台湾社会事業協会台中支部、前掲書、一三頁。

(32) これにともない一九四一年一二月の府訓令一五四号による「台湾青少年団設置要綱」は廃止された。

(33) 宮崎、前掲書、二六九〜二七一・三一二〜三一三頁。

(34) 宮崎、前掲書、三一三頁。

(35) 宮崎、前掲書、三一一頁。

(36) 一九四三年四月二五日奉本訓第八三号　青少年団総監通牒「台湾青少年団ニ関スル件」。
(37) 宮崎、前掲書、三一二〜三一三頁。
(38)「学制臨時措置案説明資料（一問一答）補遺」(『昭和一八〜一九年　本邦ニ於ケル教育制度並状況関係雑件　外地一般関係　義務教育関係参考資料』(台湾総督府　一九四三年一二月）外務省外交史料館、茗荷谷研修所旧蔵記録I-14)。
(39) 宮崎、前掲書、三一六〜三一七頁。
(40) 台湾総督府編『青年錬成関係法規集』(台湾教育会、一九四四年）一一〇頁。
(41) 台湾総督府編、前掲書、一一二〜一一三頁。ただし女子中等学校、専門学校在学者や、病弱者は対象から除外された。
(42) 台湾総督府『台湾統治概要』(復刻版　明治百年誌叢書第二〇三巻、原書房、一九七三年、原本は一九四五年刊）八一頁。国民義勇隊は、台湾島決戦体制に臨み「本島防衛の実践組織たらしむる為」、保甲を解消し、これを基盤として結成されたものである。
(43) 近藤、前掲書、四二一頁。
(44) ただし他の地域の聞き取りによれば、青年団活動を通じて知り合った男女青年が結婚することも例外的にあったという。

〔謝辞〕お名前をあげることはできませんが、お話を聞かせて頂いた台湾の皆様や、国立中央図書館台湾分館（現、国立台湾図書館）の皆様にはたいへんお世話になりました。ここに厚くお礼申し上げます。

〔付記〕本研究は平成二二〜二四年度科学研究費補助金基礎研究(C)(研究代表者　宮崎聖子)「植民地における通婚と家族をめぐる法制・慣習の研究」の成果の一部である。

第Ⅲ部

宗教・慣習と社会教化

朝鮮総督府の「社会教育」と「地方改良」

永島広紀

はじめに

小文が考察対象とするのは、日本統治期の朝鮮の「社会教化」ないしは「社会教育」におけるその官制上の位置づけと行政的な機能である。この「社会教化」「社会教育」を管掌した朝鮮総督府の部局は「学務局」である。そして学務局内で実際の事務を所管する「社会」の名を冠した独立の課としてはまず「社会課」(以下、「旧学務局社会課」)が一九三二年二月に設置され、以後は一九三六年一〇月における「社会教育課」への名称変更を経て、戦時下の一九四三年には「錬成課」に変更されるなど、その名称と所管する業務内容とが目まぐるしく変遷している。

またこの間、地方局第二課(元の内務部地方課)をその前身とし、主に「社会事業」を専管する[1]「内務局社会課」がすでに一九二一年七月から存在しており、これがいったんは一九三二年二月に学務局宗教課と業務統合されて前出の「旧学務局社会課」となった。そして一九三六年一〇月に学務局内に社会教育課が置かれたのと同時に、事務量の増大を理由として内務局内に社会課があらためて分設されている。やがて、これが一九四一年一一月における内務局の廃止によって新設の厚生局に移管され、さらに同局の廃止と司政局の新設（一九四二年一一月）によって新局に移管されたのち、またしても司政局の廃止にともなって一九四三年一二月に再度学務局への出戻りとなり、最終的に一九四五年四月には「援護課」と改称された。

こうした「社会」を取り扱うセクションが、なぜ猫の目のように所属部局の変更と異動の繰り返しを余儀なくされていたのかについては、小稿では詳らかにしきれない。しかし、少なくとも刻々と変化し、また拡大しつつも細分化していく朝鮮社会の実情に合わせたのであり、あるいは「社会」が対象とすべき行政の多様化と所管課どうしの事務輻輳を追認した上で、その所管業務の内容を常に整理していかざるを得なかったことにその事由は逢着するのである。また戦時期にいたると、戦争の遂行にかかるまた別種の事由が存在していただろう。それにしても、これら二系統の「社会」担当課には、このあとに述べるように系統を跨いでの特殊な人事慣行が形成されており、この意味を見極めるのが小稿の当面の目標である。

さて、旧学務局社会課の前身は「宗教課」であり、三・一運動後に学務局内にて新たに増設された課であったが、当初はその名が示すように主な所管業務は既成の宗教（とりわけ寺刹等の宗教施設に関する調査）、ないしは宗教団体における許認可関係の事務であった。そして宗教団体が各種の学校を経営することも少なくなかったことから、設置当初は課長も学務課長の兼任であることが多く、専任のスタッフも少なかった。こうした宗教課の管掌事務の中にはむろん、必然的に宗教を通じた社会教化的な部分も含まれていた[2]。しかし、これに「社会教育」、すなわち学校教育ではない、より端的にいえば教科書を用いて教室内で行われる教授方法によらない教育にかかる形での文教行政上の機能が付与されたのは、大正末の緊縮財政下で朝鮮総督府も既存部局の整理を余儀なくされた結果として廃止された「古蹟調査課」（一九二二〜二四年）の事務と吏員を宗教課が引き継いだことによる[3]。

なお、この古蹟調査課は、そもそもは大韓帝国期の「度支部建築所」にその起源の一端を有し、関野貞・鳥居龍蔵・池内宏らに委託して寺内総督期に開始された「古蹟調査事業」が契機となって新設された課であった。とりわけ鳥居の人類学的調査の進捗にともなって最初は学務局編輯課（課長は小田省吾）における歴史教科書編纂の名目で恒常的な予算措置が講じられ、これが間もなく一度は古蹟調査課として独立したのである。またこれとともに、一九一五年九月一一日〜一〇月三〇日にわたって開催された「始政五年記念朝鮮物産共進会」の会場敷地内（景福宮）に建設された美術館の建物を、共進会の閉会後にあらためて「朝鮮総督府博物館」（一九一五年一二月開館）に転用したことにともなって、実際の発掘調査から出土品の鑑定と整理、そして保存・展示にいたるまでの一連の業務を担うことを期待された課であった。しかも朝鮮総督の諮問機関である「古蹟調査委員会」の事務を掌る幹事には一九二七年以降は原則として歴代の宗教／社会／社会教育課長が就任する人事的な措置がとられており、同課と古蹟調査委員会、そして朝鮮総督府博物館はまさに三位一体の組織体であった。

よって小稿は、こうした古蹟調査事業から派生して継承された「旧慣」にまつわる諸業務を、朝鮮総督府における「社会教育」の中核とみなし[4]、これを所管する課の人事慣行を踏まえた「社会教化」「社会教育」のあり方を検討していくことにする。そして、とりわけ在地の士林層を取り込むことによる「地方改良」のあり方を、やはり経学院や明倫学院をはじめとする「教化」機関における人事配置の様相を手がかりに復元する試みでもある。

また右述の通り、いく度となく名称変更を経ていることから、表示上の煩雑さを避けるため、特に断りがない限りにおいて、古蹟調査課から錬成課／援護課までをあくまで便宜的に「社会教育課」と呼び慣らすことにしたい。

表1　旧学務局社会課の管掌事項（1935年頃）

庶務及福利係	人事、文書、物品、予算、労働保護、職業紹介、労働者移動紹介、失業救済、小資貸付、其ノ他福利施設
保護係	賑恤救護、行旅病死人救護、軍事救護、児童保護、方面委員、済生院、感化院
教化係	思想善導、地方改良、生活改善、青少年団体、青年訓練所、社会教育、体育、郷校財産、経学院、明倫学院、図書館、教化団体、講習、講演

典拠：『朝鮮社會事業要覽』（朝鮮総督府学務局社会課、1936年3月）163頁。

表2　学務局社会教育課の管掌事項（1941年頃）

庶務係	庶務、予算、会計事務
教化係	他係に属せざる社会教育
青年教育係	青年団、青年訓練所、中堅青年修練所
文化係	鮮展、映画教育、音楽、図書館
地方改良係	地方改良、儒道、経学院、明倫学院、郷校財産、殿陵、享祀、祠宇書院
体育係	一般体育
宗教係	布教、寺院及寺刹事務
保存係	博物館、宝物、古跡、名勝、天然記念物等の調査及保存

典拠：『朝鮮社會教育要覽』（朝鮮総督府学務局社会教育課、1941年12月）15頁。

一　社会教育課の業務範囲

ここでまず、社会教育課が所管した業務を確認しておきたい。時期としてはかなり統治末期のものではあるが、逆に見れば同課が積み重ねてきた事務の変化、ないしはその蓄積ぶりをある程度は示しているとも考えられる。しかも官制上では課レベルの管掌を確認することは容易であるが、官制によらない係レベルの分掌は史料上での把握が容易ではない。さらには本格的な戦時体制に入る直前の時期でもあることから、旧学務局社会課時期のものと併せ示しておきたい（表1・2）。

表1・2に見えるように、旧学務局社会課における「社会事業」系の業務が切り離され「社会教化」系が強化・細分化される形で社会教育課が設置されていたことが一目瞭然である。

さて、社会教育課は一九二七年から一九四二年まで、前年までの「宗教及享祀」に関する年次報告書を発行していた。タイトルは『朝鮮ニ於ケル宗教及享祀一覧』（一九二七～三〇年）・『朝鮮に於ける宗教及享祀一覧』（三一～三九年）・『朝鮮に於ける宗教及享祀要覧』（四〇年）・『朝鮮の宗教及享祀要覧』（四一～四二年）と時期によって変更がなされている（以下『宗教享祀一覧』と略記する）が、編集内容に大きな変更はなく、既存の宗教に関する各種の統計数字を掲載するとともに、旧王朝（三国・高麗を含む）にまつわる王陵・殿廟の一覧、およびそうした王陵の墓守りたる「参奉」の配置数を別途に併記する体裁が採られている。なお、この参奉の人事は宮内省（李王職）の発令であり、朝鮮総督府社会教育課が、朝鮮における李王家の祭祀にまつわる業務を部分的に肩代わりしていたこと、また後述するように、あくまでも法令上の区分としては「宗教」ではないものの、「儒教」に関しても「経学院」「明倫学院」の運営を通じて、しかも表2に見えるように「地方改良」の枠内で事実上の所管を行っていたことは深く留意しておきたい。

なお、その『宗教享祀一覧』の巻頭には、次に掲げる組織・機関のモノクローム写真がほぼ毎年にわたって掲載されていることが確認できる（年月は『宗教享祀一覧』の発行時を示す）。

一九三〇年三月：朝鮮仏教中央教務院／妙香山普賢寺大雄殿／真宗本願寺派本昭寺／天主教鐘峴大天主堂／貞洞美監理教会／向上会館／和光教園／世富蘭偲病院

一九三二年二月：日蓮宗護国寺／金井山梵魚寺／救世軍育児ホーム／高句麗始祖東明王陵／崧陽書院

一九三三年三月：金光教龍山教会所／臨済宗妙心寺派妙心寺別院／金剛山楡岾山映楼／東洋宣教会竹添町聖潔教会／京城仏教慈済会／陶山書院／駕洛国金首露王陵

一九三四年二月：神道扶桑教惟神布教所／古義真言宗高野山光雲寺／鼎足山伝灯寺／朝鮮耶穌教長老会平壌倉田洞教会／天主公教神学校／ヴキドワルフ癩病院男子部／仁川仏教悲田院／崇信殿／麗顕陵／濫渓書院

一九三五年二月：春畝山博文寺／新義真言宗智山派金剛寺／伽倻山海印寺／第七日安息日耶穌再臨教東大門外教会／光州仏教慈光会／海州救世療養院／崇義院／朴赫居世王陵／江漢祠

一九三六年三月：真言宗醍醐派鳳閣寺／平壌日本メソヂスト教会／五台山月精寺／天主公教孤児院／中央仏教専門学校／崇徳殿／箕子陵／牛渚書院
一九三七年二月：経学院釈奠祭状況（南総督・大野政務総監昭和一一年秋期釈奠祭参列記念撮影）／崇烈殿全景（百済始祖温祚王）／新義真言宗智山派大邱遍照院全景／俗離山法住寺全景／文会書院全景（文成公李珥）／基督教朝鮮監理会開城北部教会全景／平壌光成高等普通学校々舎全景（基督教朝鮮監理会経営）
一九三八年二月：喜秀山秀教寺全景（真宗興正派）／九月山貝葉寺全景（朝鮮仏教）／大邱南山天主教堂（天主公教）／龍谷高等女学校（真宗本願寺派）／釜山金剛寺大師医院（新義真言宗智山派）／崇仁殿（箕子）
一九三九年一月：神道朝鮮布教管理事務所（京城）／京城霊光山覚心寺（黄檗宗）／智異山華厳寺（朝鮮仏教）／京城日本基督教会／崇善殿（駕洛国始祖金首露王）／紹修書院（文成公安裕）／京城培花女子高等普通学校（基督教朝鮮監理会）
一九三九年一二月：本門法華宗鶴松寺（京城）／金剛山楡岾寺／崇恵殿（新羅金味鄒王・文武王・敬順王）／京城療養病院（第七日安息日耶蘇再臨教）／正義高等女学校（平壌）／武城書院（文昌侯崔致遠）

これらを一瞥しても明らかなように、社会教育課の所管としての「宗教」たる仏教・キリスト教・神道にかかる寺社仏閣／教堂の紹介もさることながら、そうした宗教団体が母体となって経営する各種の学校や社会事業施設の名が散見される。そしてそれらとともに、傍線を付してあるとおり、『宗教享祀一覧』はいわゆる名刹・古蹟・古建築の紹介誌としての側面も有しており、それが社会教育課における前身課以来の沿革に由来するものであったことを、今一度ここで確認しておきたい。とりわけ、小稿にとっても「賜額書院」の名前が多く見られることの意味は重い。王朝が扁額を書院に下賜する形で在地の儒林・士族を束ねていった手法を、朝鮮総督府は「地方改良」の拠点を形成するのに際してそのまま転用したともいえるのである。

また『宗教享祀一覧』の刊行に加えて、一九三二年七月以降は「社会教化資料」（後掲の付表を参照）と名付けられた薄手のパンフレットを印刷して頒布していた（第六輯・第一〇輯は比較的大部な刊本）。第二七輯（一九三九年四月）までの発行を筆者は確認している。当初は旧学務局社会課が主催する巡回講演や、農村更正運動関係の周知を主な目的としていたが、次第にラジオ放送の内容速記が増えている。しかも「社会教化」的な内容から次第に「時局対応」的な啓発資料に変化していることがわかる。おそらくは国民精神総動員朝鮮連盟が本格的に活動を開始する時期を前後して、学務局の「社会教化資料」はその使命を終えたものとして取り扱われたものと推測される。

二　朝鮮総督府「社会教育課」の人事慣行

ここで表3をご覧いただきたい。一九二二年における古蹟調査課の設置以降、一九四五年までの錬成課／援護課時期までの主要な高等官人事の変遷を筆者がまとめたものである。

そもそも朝鮮総督府の学務局は他部局に比して異例なほどに朝鮮人高等官が配置されることが多く、唯一、朝鮮人が本府の局長に任命されえた部署であった。実際に李軫鎬（一九二五～二八年）と嚴昌燮（一九四四～四五年）の両名が学務局長に補任されている。こうした人事的な措置は朝鮮人側の不満を削ぐ「ガス抜き」として評価されがちである。確かにそうした面は否定しがたいとしても、ではなぜ学務局がその装置になったのかという疑問が残る。結論を先に述べれば、学務局こそは日本政府（朝鮮総督府）が李王職・経学院とともに旧王朝の「儀典」「祭祀」を継承したことを内外に示す部署であり、とりわけその中核をなす「社会教育課」の人事と所管業務にそれが色濃く反映されていたのである。

以下、個別の事例に踏み込んで、いくつかの例証を試みたい。

まず朝鮮人として初めて本府の課長に登用されたのは兪萬兼である。一八八九年生まれで、その課長就任は三六歳である。学歴としては岡山の第六高等学校（一部甲）を一九一三年七月に卒業後、東京帝国大学法学部（経

表3　朝鮮総督府社会教育課の主要人事

		課長	事務官(兼)	事務官	その他高等官	中枢院通訳官
1922	社会課	矢島杉造		洪承均		陶山武二郎
	宗教課	松村松盛(兼)				
	古蹟調査課	小田省吾(兼)				金東準
1923	社会課	矢島杉造		洪承均		陶山武二郎
	宗教課	半井清(兼)				
	古蹟調査課	小田省吾(兼)				金東準
1924	社会課	矢島杉造		洪承均		陶山武二郎
	宗教課	萩原彦三				
	古蹟調査課	小田省吾(兼)			藤田亮策(鑑査官)	金東準
1925	社会課	矢島杉造		洪承均		金東準
	宗教課	兪萬兼				
1926	社会課	矢島杉造		洪承均		鄭僑源
	宗教課	兪萬兼				
1927	社会課	神尾弌春		洪承均		鄭僑源
	宗教課	兪萬兼				
1928	社会課	神尾弌春		鄭僑源		孫永穆
	宗教課	洪承均				
1929	社会課	神尾弌春	嚴昌燮			嚴昌燮
	宗教課	李昌根				
1930	社会課	上内彦策	嚴昌燮			嚴昌燮
	宗教課	李昌根				
1931	社会課	松本伊織	嚴昌燮			嚴昌燮
	宗教課	李昌根				
1932	社会課	兪萬兼	嚴昌燮			嚴昌燮
1933	社会課	兪萬兼	嚴昌燮			嚴昌燮
1934	社会課	嚴昌燮	金大羽			金大羽
1935	社会課	嚴昌燮	金大羽			金大羽
1936	社会課	金大羽	金秉旭			金秉旭
1937	社会教育課	金大羽	金秉旭			金秉旭
	社会課	柳生繁雄				
1938	社会教育課	金大羽	金秉旭			金秉旭
	社会課	柳生繁雄				
1939	社会教育課	李源甫	金秉旭			金秉旭
	社会課	林勝壽				

1940	社会教育課	李家源甫（李源甫）	金秉旭			金秉旭
	社会課	林勝壽		田原實	木佐貫浩藏（理事官） 宮孝一（技師）	
1941	社会教育課	桂珧淳	永田種秀（金秉旭）	山路清		永田種秀（金秉旭）
	社会課	磯崎廣行		香山夏永（崔夏永）	木佐貫浩藏（理事官）	
1942	社会教育課	桂珧淳		矢尾板羊三郎		永田種秀 ※朴富陽（書記官）
	社会課	湯澤茂彌太		香山夏永	木佐貫浩藏（理事官） 大賀郁夫（技師）	
1943	錬成課	竹内俊平		矢尾板羊三郎 江東慶進（崔慶進）		中枢院書記官 朴富陽
	社会課	永井炎鍾（晋炎鍾）		香山夏永	木佐貫浩藏（理事官） 大賀郁夫（技師）	
1944	錬成課	竹内俊平	江東慶進	矢尾坂羊三郎		中枢院書記官 新居廣（朴彝淳）
	社会課	永井炎鍾		平田治人	木佐貫浩藏（理事官） 大賀郁夫（技師）	
1945	錬成課	竹内俊平	江東慶進	矢尾坂羊三郎		新居廣
	援護課	江原禮三（全禮鎔）		平田治人	大賀郁夫（技師）	

典拠：『朝鮮總督府及所屬官署職員録』各年版を元に、『朝鮮總督府官報』『朝鮮年鑑』等で補充した。
註：網掛け部分は朝鮮人高等官を示す。

済）に進んでいる。同大を卒業後に朝鮮総督府に採用され、農商工部の属（一九一七年）を皮切りに慶尚北道の理事官（社会課長）を経て本府宗教課長に抜擢されている。そして最終的には忠清北道知事を務めてから退官し、一九四〇年九月からは中枢院参議に就任している。文官高等試験の合格者ではないものの、帝大法科を卒業していることからも、課長人事における任用形態としては「有資格者」に準じると見なされたと考えられ、のちに課長となる金大羽の人事、すなわち高文組ではない帝国大学出身者（金は九州帝大工学部採鉱学科出身）の採用における前例となっている。

続く洪承均は一八八五年生まれで兪よりも年長であり、しかもすでに大韓帝国時代には度支部の税務主事に採用されていた「たたき上げ」組である。そして長く内務局社会課の事務官を務めており、特別任用組の朝鮮人高等官ではあるものの、後年の人事慣行が形成されていく発端に位置づけられる人物である。なお最終官職は全羅北道知事であり、こうした人事はやはり「体制協力」への論功行賞的な意味合いが強そうである。その後における嚴昌燮・李源甫への補職も、洪と同様に大韓帝国期に初級官吏として採用され、その後に官等が累進した世代の朝鮮人高等官としてのものである。

ところで、洪承均の後任である李昌根は朝鮮人初の高文行政科及第者（一九二三年一一月合格）であり、最終官職は慶尚北道知事（一九四〇年八月退官）である。そして高文合格者の課長就任が半ば既定化するのは李源甫の後任である桂珖淳の補職（一九四〇年九月）以降である。桂の学歴は松山高等学校（文乙）―東京帝国大学法学部であり、晉炎鍾は第三高等学校（文甲）―東京帝国大学法学部の出身である。また全禮鎔は京城高等商業学校から九州帝国大学法文学部の法科に進んでおり、戦時下において錬成課の事務官を務めた崔慶進も全と同じ学歴を有している。さらには厚生局（↓司政局）社会課の事務官であった崔夏永もまた松江高等学校（文乙）から東京帝国大学法学部という学歴を有している。旧制高校から帝国大学を経る「正系」組とともに、専門学校から帝国大学に進学した「傍系」組の高文合格者が朝鮮総督府においてもその数を増やしていたことは、行政職の高等官に朝鮮人が任用されること自体が、年を追ってほぼ文官高等試験・行政科に合格することに限定されていくとともに、一方でその合格までの学歴が多様化していったことを如実に示しているのである。

また一九三二年以降にみられる社会教育課における朝鮮人事務官の兼任発令にも注目してみたい。該当者として嚴昌燮・金大羽・金秉旭の名前が確認できるが、いずれも本官は「中枢院通訳官」(5)である。朴富陽（子爵／朴斉純を襲爵）が中枢院書記官の専任に発令（一九四一年一〇月）されることによって通訳官の配置そのものは消滅しているが、それ以前から中枢院通訳官が中枢院書記官を兼務することもあり、引き続き朝鮮人高等官の配置先として中枢院の書記官ポストが機能していたことを示している。ともかく、朝鮮人高等官のほぼ独占的な補職としての中枢院通訳官を経験しつつ、学務局の事務官をまた兼任することを経ることをもって、社会教育課長に

「栄転」する路線が敷かれていたことをうかがわせる人事を看て取ることができ、ゆえに学務局事務官と中枢院通訳官の人事異動は相互に連動していたといえる。特に金秉旭は社会教育課から再び社会課が分離したのちも、局を跨いで両課の事務官に兼務発令されており、人事と事務引継ぎの面からすれば、やがて三たび学務局に社会課が移管されること自体には、それほどの障碍はなかったのである。

加えて、最後の中枢院書記官である朴彛淳は高文合格組（一九三四年合格）であり、山形高等学校（文甲）から京都帝国大学法学部を経る学歴を経た上で、京畿道坡州郡守から平安北道理事官（社会課長）の職を歴任しての着任であった。やはり戦時期における朝鮮人官僚の課長級人事の典型に属しているといえよう。

戦時末期になると朝鮮総督府本府でも学務局以外の課長職に朝鮮人官僚が配置されはじめ、また地方道における参与官以外の部長級発令も珍しいものではなくなっている。ちょうど一九三〇年代前半に高文へ及第した世代が一挙に本府の課長・地方道の部長相当ポストに就き始めたのであり、学務局社会教育課の人事は少なくともそうした朝鮮人高等官の課長登用において時期的に先行しつつ、また一定の道筋をつけたと考えられるのである。

三　経学院人事と社会教育課

さて李氏朝鮮王朝が儒学（朱子学）を国学としていたことは、周知の通りである。そしてこれを国家制度として担保したのが官僚選抜試験としての「科挙」であり、そしてその応試への有資格者を高級官僚に養成するための教育機関としての「成均館」であった。

成均館は李朝成立間もない一三九八年に設立され、制度上の変遷・紆余はあったものの、基本的には李朝末までそのまま維持された。そして開国期を経て、甲午改革により科挙が廃止され、官僚養成が近代式の法律学校や外国語学校、あるいは師範学校に取って代わられるまで機能・存続した官立の最高学府であり、また学派・門閥・出身地域ごとに分かれて抗争を繰り返すいわゆる「四色党争」の温床でもあった。それゆえに李朝末期・大韓帝国期の内政改革の矛先は必然的に成均館にも向けられた。ただし、成均館の改革はすでに高宗時代・大院君執政の初期より始まっていた。これは興宣大院君みずからが権力基盤強化の一環として実施したものであり、とりわけ一八八七年七月には成均館に「経学院」が附設され、教学の刷新が図られていた。またさらに一八九五年七月に経学院を廃止し、勅令をもって成均館を新設された学部直轄の教育機関とした。

一九一〇年八月の韓国併合を経て、成均館は朝鮮総督府官制に基づく「経学院」として一九一一年に再発足することになる。経学院には「大提学」(一名)・「副提学」(二名)・「祭酒」(五名)・「司成」・「直員」が置かれることになっていたが、さらに地方の儒林も「講士」に任ぜられる人員配置がとられた(表4・表5を参照)。初代の大提学にはかつて外相を務めた子爵・朴斉純が就任したほか、副提学にも朝鮮貴族が補されている。祭酒の職は常任ではなかった。

経学院は当初において、かつての教育機関としての機能は付与されず、春季・秋季ごとの釈奠祭執行、および地方の郷校・文廟の統括と財産管理などの公的な儒教儀典を司る組織とされていた。ところが、斎藤実総督時代である一九三〇年には経学院に併設される形で「明倫学院」が創設され、再び儒学の教育を担当することになった。まさに学務局が主唱する「心田開発」の一環として位置づけられていったのである。この背景には、三・一運動後の「文化統治」の流れがあり、また一九二六年には京城帝国大学が新設されているなど、文教政策の充実と細分化という側面がみてとれるだろう。そして同学院は一九三九年に経学院の財団法人化にともない「明倫専門学院」に改組され、旧制における専門学校相当の学校となった。

なお、同学院の事実上の校長職にあたる「学監事務取扱」職は当初は学務課長、そして一九三三年以降は歴代の社会/社会教育課長が担った点は見逃せない。そして講師には京城帝国大学・朝鮮総督府学務局・経学院の関係者がそれぞれ委嘱されていた（表6）。つまり学務局社会教育課が所管する、あくまでも「社会教育」機関であり、かつ学務課が所管する専門学校でもあるという、行政上の管轄を跨ぐ位置づけが明倫専門学院にはなされていたのである。さらに太平洋戦下の一九四二年、明倫専門学院は「明倫専門学校」に昇格し、日本統治期の私立専門学校としては仏教系の恵化専門学校とともに最も遅く設立された専門学校となり、高等教育機関の仲間入りを果たしたが、昇格から間もない一九四四年からは「明倫錬成所」に改組されている。しかしながら、こうした措置も社会教育課改め錬成課の所管ゆえのことであったに他ならない。

さて、初代の明倫専門学校校長には経学院大提学であり明倫専門学院総裁でもあった朴相駿が横滑りの形で就任した。朴相駿（創氏名・朴澤相駿）は一八七六年に平安南道順川郡にて生まれ、旧韓国時代から電報司の吏員を務め、また併合後には平安南道の各郡守を歴任し、さらに平安南道参与官・江原道知事・咸鏡北道知事・黄海道知事を経て、一九二九年以降は中枢院参議を務めていた人物である。また最終的には一九四五年に貴族院議員に勅選されている。こうした地方官・牧民官からの叩き上げの人物が、多分に名誉職であるとはいっても経学院大提学・明倫専門学校校長に加え、のちには子爵・尹徳栄（経学院大提学）の後を襲って「朝鮮儒道連合会」の会長に就任する人事の意味とは果たして何であったのであろうか。この朝鮮儒道連合会とは一九三九年一〇月一六日に開催された「第一回全鮮儒林大会」を期に発足した、まさに朝鮮全道の儒林を戦時動員組織として再編せんとした翼賛体制である。そして同会の庶務を掌る総務部長がやはり総督府社会教育課長の当て職であったこと[6]からも、学務局社会教育課と経学院・明倫専門学校、そして朝鮮儒道連合会はまずは人事的にも極めて密接に一体化した連携関係にあったことは確かである。そして戦時末期の一九四四年一二月からはすでに京城帝大教授時代から明倫学院に出講していた高橋亨[7]が経学院提学に就任し、また朝鮮儒道連合会の副会長に推される人事も、すぐれて自然な流れであったといえよう。

直員							嘱託			
朴稚祥	李大榮	鄭喆永								
※司成へ	↓	↓	朴時陽							
	↓	↓	↓							
	↓	↓	↓							
	↓	↓	↓							
	↓	↓	↓							
	↓	↓	↓							
	※司成へ	↓	↓	朴初陽						
		↓	↓	↓						
		↓	↓	↓						
		↓	↓	↓						
		↓	↓	↓						
		↓	↓	↓						
		↓	↓	↓						
		↓	↓	↓						
		↓	↓	↓						
		↓	↓	↓						
		↓	×	↓	金台俊	崔崙熙				
		↓	兪夏濬	↓	↓	↓				
		↓	↓	↓	↓	×				
		↓	↓	↓	↓	金璜鎭				
		↓	↓	↓	↓	李重憲				
		↓	↓	↓	↓	↓				
		李熤	禹顯誠	趙泰植	↓	×	可知 清次郎	田中三郎	金璜鎭	李璉燮

表4　経学院の人事

	大提学	顧　問	提　学	副提学		司　成						
1914	朴齊純（子爵）			李容植（子爵）	朴齊斌（男爵）	李有濟	李人植					
1916	↓			↓	↓	×	↓					
1917	金允植（子爵）			↓	↓	朴稚祥	×					
1918	↓			↓	↓	↓	鄭崙秀					
1919	↓			↓	↓	金完鎭	↓					
1920	欠			×	↓	↓	↓					
1921	欠			（欠）	↓	↓	↓					
1922	欠			成岐運（男爵）	朴箕陽（男爵）	↓	李大榮					
1923	欠			↓	↓	↓	↓					
1924	欠			↓	↓	↓	↓					
1925	欠			×	↓	↓	↓					
1926	欠			鄭萬朝	尹喜求	↓	↓					
1928	欠			↓	↓	↓	↓					
1929	欠			↓	×	↓	↓					
1930	鄭萬朝			鄭鳳時	兪鎭贊	↓	↓					
1931	↓			↓	↓	↓	↓	安寅植				
1932	↓			↓	↓	↓	↓	↓				
1933	↓			↓	↓	↓	↓	↓				
1934	↓			↓	↓	↓	↓	↓	禹錫亨			
1935	↓			↓	↓	↓	↓	↓	×			
1936	鄭鳳時			兪鎭贊	李大榮	↓	羅一鳳	↓				
1937	↓			↓	↓	↓	↓	↓				
1938	尹德榮（子爵）			↓	↓	↓	↓	↓	李敬植			
1939	↓	渡邊豐日子		↓	↓	×	×	↓	↓	尹炳晧		
1940	↓											
1941	朴澤相駿											
1942	↓											
1943	↓											
1944	↓		高橋亨									
1945	？		↓									

典拠：『朝鮮總督府及所屬官署職員錄』各年版を元に『經學院襍誌』各号にて適宜に補訂した。

慶尚北道	慶尚南道	黄海道	平安北道	平安南道	江原道	咸鏡北道	咸鏡南道
朴昇東	孫庚鉉	呉憲泳	梁鳳濟	金光鉉	鄭鳳時	李鶴在	朴長鴻
↓	↓	↓	↓	↓	↓	↓	↓
↓	鄭準民	↓	↓	↓	↓	↓	↓
↓	↓	↓	↓		↓	↓	↓
↓	↓	↓	↓		↓	↓	↓
↓	↓	↓	↓		↓	↓	↓
↓	↓	↓	↓		↓	↓	↓
↓	↓	↓	↓	黄　業	↓	申泰岳	李基繐
×	↓	↓	↓	↓	↓	↓	↓
	↓	↓	↓	↓	↓	↓	魏大源
金殷植	↓	↓	↓	崔定鉉	↓	↓	↓
↓	↓	↓	↓	↓	↓	↓	↓
↓	↓	↓	↓	↓	↓	↓	↓
李會禩	鄭汶鉉	柳來亨	崔錫夏	↓	↓	×	↓
↓	↓	↓	↓	↓	↓	池琓洙	↓
↓	↓	↓	×	↓	※副提学へ	↓	↓
李尚鎬	↓	↓	裵明善	×	×	↓	↓
↓	↓	↓	↓	羅一鳳	姜錫圭	↓	↓
↓	↓	↓	↓	↓	↓	↓	↓
↓	↓	李鍾白	朴來陽	↓	↓	↓	↓
↓	鄭淳賢	↓	↓	↓	↓	↓	↓
↓	↓	↓	↓	※司成へ	↓	↓	↓
↓	↓	↓	↓	羅錫璂	↓	↓	↓
↓	↓	↓	↓	↓	↓	↓	↓
↓	↓	↓	↓	↓	↓	金炳奎	↓

表5　経学院講士の人事

		京畿道	京畿道	忠清北道	忠清南道	全羅北道	全羅南道
1913		黄敦秀	呂圭亨	韓昌愚	成樂鉉	金東振	欠
1914		↓	↓	↓	↓	↓	宋秉珣
1916		↓	↓	↓	↓	↓	鄭鳳鉉
1917		↓	↓	↓	↓	↓	↓
1918		↓	↓	↓	↓	↓	↓
1919		↓	↓	↓	↓	↓	↓
1920		↓	↓	↓	↓	↓	↓
1921		↓	↓	↓	↓	↓	沈璿澤
1922		鄭萬朝	李學魯	↓	↓	↓	↓
1923		↓	↓	↓	↓	↓	↓
1924		↓	↓	↓	↓	↓	↓
1925		↓	↓	↓	↓	↓	↓
1926		※副提学へ	↓	↓	↓	↓	↓
1928			↓	↓	↓	↓	↓
1929		權純九	↓	↓	↓	↓	↓
1930		↓	↓	↓	↓	↓	↓
1931		↓	↓	↓	↓	↓	↓
1932		↓	↓	↓	↓	↓	↓
1933		↓	↓	宋始憲	↓	↓	↓
1934		↓	↓	↓	↓	↓	↓
1935		↓	↓	↓	↓	↓	↓
1936		↓	↓	↓	金琬洙	鄭碩謨	↓
1937		↓	↓	↓	↓	↓	↓
1938	朴相駿	↓	↓	↓	↓	↓	↓
1939	↓	↓	崔浩然	↓	↓	↓	↓
1940							

典拠：『朝鮮總督府及所屬官署職員錄』各年版を元に『經學院襍誌』各号にて適宜に補訂した。

藤塚鄰 （城大 教授）	鎌塚扶 （城大 助手）	福島燿三 （総督府 編修官）	安寅植							
×	同 （総督府 編修官）	↓	↓	姜驥善	金台俊					
↓	↓	×	↓	↓	↓					
↓	↓	朴永斌 （総督府 編修官）	↓	金承烈	↓	須藤松雄 （高等商業 学校講師）	沈鍾舜 （中枢院 嘱託）	講師心得 崔崙熙		
↓	↓	↓	↓	↓	↓	↓	×	↓	平山正 向井虎吉	
↓	↓	↓	↓	↓	↓	↓		金誠鎭 柳熙晉	↓	奥山仙三 竹内清一 八尋生男 （総督府 嘱託）
↓	×	×	↓	↓	↓	×		金誠鎭 柳熙晉 鄭寅書 李昇圭 咸秉植 金永毅	↓	↓
↓			↓	↓	↓			金誠鎭 柳熙晉 鄭寅書 李昇圭 金永毅	平山正 向井虎吉 田中三郎	↓
↓			↓	↓	↓			金誠鎭 柳熙晉 鄭寅書 李昇圭 金永毅	↓	↓
↓		金秉旭 （総督府 事務官）	↓	↓	↓ （城大 講師）			金誠鎭 柳熙晉 鄭寅書 李昇圭 金永毅 董長志 朱柄乾	向井虎吉 田中三郎	↓

表6　明倫学院(S5 ～ S13)→明倫専門学院(S14 ～ S16)→明倫専門学校(S17 ～)の歴代任員

	総裁	学監事務取扱	幹事	書記	嘱託	講師				
1930	鄭萬朝 (経学院大提学)	神尾弌春 (総督府事務官)	金完鎭 李大榮 安寅植	和久正志 (総督府属) 鄭喆永 朴時陽 朴初陽 鄭鎭九		鄭萬朝	鄭鳳時 (経学院副提学)	魚允迪 (中枢院参議)	玄櫶 (総督府視学官)	高橋亨 (城大教授)
1931	↓	↓	↓	和久正志 鄭喆永 朴時陽 朴初陽		↓	↓	↓	↓	↓
1932	↓		↓	鄭喆永 朴時陽 朴初陽		↓	↓	↓	×	↓
1933	↓	兪萬兼	↓	鄭喆永 朴初陽		↓	↓	↓	藤谷宗順 木藤重德 (総督府視学官)	↓
1934	↓	嚴昌燮	金完鎭 李大榮 安寅植	鄭喆永 朴初陽 兪夏濬 李重憲		↓	↓	×	×	↓
1935	↓	↓	↓	↓		↓	↓			↓
1936	鄭鳳時	金大羽	↓	鄭喆永 朴初陽 兪夏濬 金璜鎭 李重憲		鄭鳳時	李大榮			↓
1937	↓	↓	金完鎭 安寅植 羅一鳳	↓		↓	↓			↓
1938	尹德榮	↓	金完鎭 安寅植 羅一鳳 李敬植	↓		兪鎭贊 (経学院副提学)	↓		岩村俊雄	↓
1939	↓	李源甫	李敬植 尹炳晧 安寅植	金璜鎭 李璉燮 李熤(兼) 禹顯誠(兼) 趙泰植(兼)	可知清次郎	↓	↓		↓	↓

典拠：『朝鮮總督府及所屬官署職員錄』各年版。

また、そうした京城と地方の儒林層をつなぐ立場にあることを期待された人物には高橋亨とともに白神壽吉[8]をあげることができる。白神は慶北高等女学校の校長を退官後、一九四三年二月より明倫専門学校の副校長[9]に就任している。長く地方の高等女学校に勤務した教育経験とともに、地方史料と考古美術品に造詣が深く、とりわけ李退渓[10]に関する研究[11]を熱心に行っていたことでも知られていた。高橋や白神といった在地儒林たちとの具体的な接触経験が豊富な教員出身者らとともに、本稿に登場した朝鮮総督府学務局社会教育課／中枢院の朝鮮人高等官たちこそが、農林水産業の振興だけにとどまらない、いわば思想善導としての「地方改良」に士族・儒林層をいかに取り込むかという施政方針の矢面に立っていたのである。

おわりに

文末に際して、もう一人の人物を登場させることで小稿を締めくくることにしたい。その人物は柳時煥（一八八七～一九七八）である。

豊山柳氏の嫡流（西厓・察訪公派）である彼は、同氏の族譜には次のように記載されている[12]。

柳時煥　字汝章　號義堂　一八八七年丁亥生行英陽漆谷慶山安東郡守咸鏡北道參與官成均館副館長戊午八月二十四日卒享年九十二

さらに他の人名録などを元に履歴・官歴の発令時期を補ったものを左に示しておきたい。

慶尚北道安東郡河回洞出身、大東法律専門学校・測量科卒業（一九〇八年三月）

日新義塾日語科（一九〇九年八月）、興化中学校日語科（一九一〇年九月）

臨時土地調査局技術員養成所修了

臨時土地調査局測地課技手に任官（一九一一年九月）

全羅南道・谷城郡書記（一九一七年三月）・慶尚北道・青松郡書記（一九一八年七月）・義城郡書記（一九二二年一一月）・醴泉郡書記（一九二六年一一月）

慶尚北道・英陽郡守（一九二九年二月）・漆谷郡守（一九三〇年一一月）・慶山郡守（一九三四年九月）・安東郡守（一九三五年八月）

咸鏡北道参与官兼道事務官・農商部長（一九四四年一二月）

※独立後、成均館副館長

こうした柳時煥の履歴・官歴を見るにつけ、朝鮮総督府が実施した朝鮮人高等官の人事的な配置において、彼ほど身をもってそれを具現した人物もいないように思われる。西厓・柳成龍の後裔という儒林・旧士族層の名家出身であることに加えて、大韓帝国末期から近代的な技術修習を積み、地方道の属官（郡書記）を経て高等官たる郡守に登用され、とりわけ儒林のメッカともいうべき安東の郡守を長く務めていた。そして朝鮮人高等官が道知事に累進するための常道であった参与官・道部長に補職され、ひいては大韓民国期においては李承晩政権を支えていく韓国儒林界の重鎮となっていくことは、まさに朝鮮総督府本府の朝鮮人「社会教育」課長人事とも連動している。つまり官制上の「地方改良」の担い手として自他共に認めていた存在であったことだけにとどまらない、現代の韓国社会にまで長く横たわる「旧慣」の保存そのものであった。

(1) 社会事業の中に「社会教化事業」も含まれていたが、事業内容としては「巡回講演」などが予算に計上されていただけの小規模なものであった（朝鮮総督府内務局社会課『朝鮮社會事業要覽』一九二三年八月）。

(2) 調査対象の例としては『朝鮮僧侶修禪提要』（宗教課にも属として勤務した渡邊彰が執筆）（朝鮮総督府学務局宗教課、一九二八年九月）などの刊行物にて確認できる。なお、渡邊彰は『天道教と侍天敎』（大阪屋号書店、一九一九年一一月）といった「類似宗教」に関するレポートも手掛けている。

(3) たとえば、関野貞の下で長く調査活動を支えた小川敬吉（一八八二〜一九五〇）の官歴がそれを端的に表している。小川は一九一六年から朝鮮総督府総督官房の嘱託（博物館事務）として採用され、古蹟調査課の設置とともに技手に登用されている。同課廃止後は宗教課技手に配置換えとなり、以降も社会課・社会教育課と名称変更がなされてもそのまま継続して技手として勤務している。なお、配置定員の関係からか一九四〇年以降は鉄道局技手が本官となっており、社会教育課は兼務となっていた。最終的には鉄道局技師として高等官に登用された直後に依願免官（一九四三年一月二五日付）となっている。

(4) なお小稿とは「社会教育」に関する観点・位置づけが大きく異なるものの、大韓帝国期から大韓民国にかけての社会教育に関する文教政策史を通覧できる成果として李正連『韓国社会教育の起源と展開』（大学教育出版、二〇〇八年二月）があり、併せて参照されたい。

(5) ちなみに表1に見える他の朝鮮人中枢院通訳官の初職と最終官歴（※印）を示せば以下の通りである。

金東準　一八八六年生（平北寧辺）日露戦争従軍（通訳）↓平北道通訳官補　※中枢院参議
孫永穆　一八八八年生（慶南密陽）慶尚北道道書記　※江原道知事
鄭僑源（烏川僑源）一八八七年生（京城府）財務監督局主事↓臨時土地調査局書記　※忠清北道知事
金秉旭（永田種秀）一八九五年生（京城府）普通学校訓導　※中枢院参議

(6) 一九三九年一〇月一六日付けで李源甫（李家源甫）が総務部長に就任しており、さらに一九四〇年九月二四日付けで桂珖淳がその後任となっている。また宗教課長と社会課長を歴任した兪萬兼が一九四一年一一月三〇日付けで副会長に補されている（「本會記事」／『儒道』〈朝鮮儒道連合会〉一、一九四二年五月）。

(7) 通堂あゆみ「高橋亨と朝鮮」（川原秀樹・金光来編訳『高橋亨　朝鮮儒学論集』知泉書館、二〇一一年九月）にて高橋の履歴と業績が詳細に述べられている。

(8) 一八八〇年、岡山県阿哲郡出身。広島高等師範学校卒。鎮南浦高等女学校長（一九一九年五月）・平壌高等女学校長（一九二一年三月）・京城師範学校主事兼朝鮮総督府編修官（一九二四年四月）・大邱女子高等普通学校長（一九二六年四月）を経て一九三八年四月に慶北高等女学校長に異動。

(9) 「本會記事」（『儒道』四、一九四三年八月）。

（10）明倫専門学校時代の文章としては「李退溪先生傳」（『儒道』四、一九四三年八月）、「李退溪先生傳（續）」（『儒道』五、一九四三年一一月）、「新羅武士道」（『儒道』七、一九四四年）などが確認できる。

（11）阿部吉雄の京城帝大時代における著作である『李退溪』（文教書院、一九四四年四月）の口絵には白神から提供されたという李退溪の筆蹟が写真で掲載されている。

（12）『豊山柳氏世譜』巻之三（豊山柳氏門中宗会、二〇〇七年一二月）。同書に関しては原智弘氏の教示を得た。ここに記して謝意を申し上げたい。

「往時の朝鮮に於ける自治の萌芽 郷約の一斑」(朝鮮総督府事務官/咸鏡北道知事・富永文一)/「栗谷先生と郷約」(高橋亨)	73頁
	8頁
	8頁
「國民精神作興ニ關スル詔書」 「聲明」(宇垣一成)/「難局に處する官公吏の覺悟」(今井田清徳)/「民心作興運動の本旨」(林茂樹学務局長)	20頁
山崎延吉演述	30頁
	330頁
高等法院検事・伊藤憲郎氏講演	25頁
「國民精神作興ニ關スル詔書」/「國際聯盟離脱ニ關スル詔書」/「内閣總理大臣告諭」/「宇垣朝鮮總督謹話」/「朝鮮總督聲明」/「朝鮮總督訓示」/「今井田政務總監謹話」/「同 放送講演」/「渡邊學務局長放送講演」	56頁
加藤咄堂(朝鮮総督府嘱託)	38頁
	6+26+57+26+57頁
	20頁
今泉定助(神宮奉齋会長)講演(1936年12月1日)	32頁
大西良慶(京都清水寺貫主)講演(1936年11月27日)	22頁
「心田開発とは何ぞや」:丹羽清次郎(京城基督教青年会理事)/「仏法僧の三宝に就て」:上野舜穎(博文寺住職)	34頁
「婦人の力に俟つ子女の教養について」:上田槌五郎(京城師範付属小学校主事) 「婦人と音楽趣味」:大場勇之助(京城第一高等女学校嘱託)	27頁
「朝鮮に於ける工業発展上の諸問題」:澁谷禮治(朝鮮銀行調査課長)/「燃料の話」:重村義一(恩賜記念科学館長)	17頁
「金銀の話」:志賀融(朝鮮総督府技師)/「塩の話」:齋藤岩藏(専売局塩蔘課長)	20頁
「現代社會の流動性」(京城帝国大学教授・秋葉隆)(放送)/「韓國時代の學校の懐古」(京城帝国大学教授文学博士・高橋亨)(放送)	19頁
深堀中佐(朝鮮軍参謀)/野崎社会部長(朝鮮新聞)/李覺鍾(朝鮮総督府嘱託)	45頁
文学博士 稲葉岩吉述　※放送速記	11頁
※筆者未見:『朝鮮總督府及所屬官署主要刊行圖書目錄』(1938年)に依拠	29頁
	69頁
第2回国民精神総動員強調週間・学務局社会教育課主催ラジオ放送(1938年2月11日) 高木市之助(京城帝国大学教授)	7頁

付表　「社会教化資料」各輯の表題一覧

第一輯	朝鮮の郷約	朝鮮総督府学務局社会課	1932年7月
第二輯	色服と斷髪	朝鮮総督府学務局社会課	奥付ナシ
第三輯	自力更生を目指して	朝鮮総督府学務局社会課	奥付ナシ
第四輯	起てよ民衆	朝鮮総督府学務局社会課	奥付ナシ
第五輯	農道의大本	朝鮮総督府学務局社会課	奥付ナシ
第六輯	農村は輝く	朝鮮総督府学務局社会課	奥付ナシ
第七輯	思想問題とその取締に就て	朝鮮総督府学務局社会課	1933年5月
第八輯	奮へ民衆	朝鮮総督府学務局社会課	奥付ナシ
第九輯	我等は共に生く	朝鮮総督府学務局社会課	1934年5月
第十輯	儀禮準則(附解説)	朝鮮総督府学務局社会課	奥付ナシ
第十一輯	心田の開發	朝鮮総督府学務局社会課	奥付ナシ
第十二輯	國體明徴に就て	朝鮮総督府学務局社会教育課	1937年3月
第十三輯	國土を莊嚴するもの	朝鮮総督府学務局社会教育課	1937年3月
第十四輯	心田開發とは何ぞや 佛法僧の三寶に就て	朝鮮総督府学務局社会教育課	1937年3月
第十五輯	婦人の力に俟つ子女の教養について 婦人と音樂趣味	朝鮮総督府学務局社会教育課	1937年3月
第十六輯	朝鮮に於ける工業發展上の諸問題 燃料の話	朝鮮総督府学務局社会教育課	1937年3月
第十七輯	金銀の話 鹽の話(主として朝鮮の鹽政に就て)	朝鮮総督府学務局社会教育課	1937年3月
第十八輯	現代社會の流動性 韓國時代の學校の懐古	朝鮮総督府学務局社会教育課	1937年3月
第十九輯	北支事變に對する國民の覺悟 最近の北支を見て 北支事變と朝鮮人	朝鮮総督府学務局社会教育課	1937年7月
第二十輯	朝鮮のお茶	朝鮮総督府学務局社会教育課	1937年7月
第二十一輯	日支事變の根本原因と内鮮一體精神 確立の急務	朝鮮総督府学務局社会教育課	1937年11月
第二十二輯	銃後美談抄	朝鮮総督府学務局社会教育課	1937年12月
第二十三輯	明治天皇御製謹話	朝鮮総督府学務局社会教育課	1938年4月

第2回国民精神総動員強調週間・学務局社会教育課主催ラジオ放送(1938年2月11日) 「現代戦と国防」:岩崎民男(朝鮮軍司令部陸軍大佐)/「歴史を顧みて」:藤田亮策(京城帝国大学教授)/「国際正義の建設」:尾高朝雄(京城帝国大学教授・法学博士)	23頁
第2回国民精神総動員強調週間・学務局社会教育課主催ラジオ放送(1938年2月11日) 「現代戦と国防」:岩崎民男(朝鮮軍司令部陸軍大佐)/「戦時経済体制完整への途」:大塚源次郎(朝鮮銀行理事)	16頁
藤塚鄰(京城帝国大学教授文学博士)※放送	22頁
座談会(1939年3月18日)出席者:伊森明治(全朝鮮陸上競技協会長)・日野春吉(京畿道社会課長)・高橋濱吉(朝鮮排球協会長)・福島英朔(朝鮮ラグビー蹴球協会長)・高元勳(朝鮮蹴球協会竝全朝鮮拳闘連盟会長)・塩崎光藏(大日本籠球協会朝鮮支部代理出席)・徐相天(朝鮮重量挙競技連盟会長)・山口重政(朝鮮軟式庭球連盟会長代理出席)・藤井秋夫(朝鮮卓球協会長)・石川慶一(朝鮮水上競技連盟会長代理出席)・賀田直治(朝鮮航空連盟並朝鮮自転車競技連盟会長)・金大羽(元朝鮮総督府社会教育課長)・金秉旭(朝鮮総督府社会教育課事務官)・山下秀義(京畿道学務課長)・岡野定乙吉(京城府学務課長)・井原潤次郎(陸軍歩兵大佐)・黒木剛一(海軍大佐)・江坂弘(陸軍歩兵大佐)・海老原正順(軍医中佐)・蒲勳(陸軍歩兵少佐)・塩原時三郎(朝鮮体育協会長)・梅澤慶三郎(朝鮮体育協会常務理事) 物を聴く会出席者:木下東作(医学博士)・梅澤慶三郎(朝鮮体育協会)・崔樹夏(朝鮮新聞社)・児玉實俊(京城運動場)・植平正男(京城医学専門学校)・松村正彦(朝鮮新聞社)・村岡哲夫(京城第二高等女学校)・本郷釥太郎(京城第一高等女学校)・森訥郎(京城日報社)・塩崎光藏(京城師範学校)・古津四郎(同盟通信社)・日野春吉(京畿道社会課長)・趙寅相(京城日報社)・金容善(東亜日報社)・高鳳梧(朝鮮日報社)・崔龍振(朝鮮貯蓄銀行)・金正淵(朝鮮総督府社会教育課)・孫光植(朝鮮体育協会)・鄭商熙(朝鮮体育協会)・黄乙秀(東洋拳闘会)	51頁 + 30頁

第二十四輯	歴史を顧みて 國際正義の建設	朝鮮総督府学務局社会教育課	1938年4月
第二十五輯	現代戰と國防 戰時經濟體制完整への途	朝鮮総督府学務局社会教育課	1938年4月
第二十六輯	敬義の道念	朝鮮総督府学務局社会教育課	1938年4月
第二十七輯	國防と體育に關する座談會 木下博士に物を聽く會	朝鮮総督府学務局社会教育課	1939年4月

植民地朝鮮の宗教運動と「中堅人物」——農村社会の変動を軸に——

青野正明

はじめに

筆者は植民地朝鮮の宗教運動を研究するうえで、植民地近代性論をめぐる議論が登場する前から、農村における「近代」の影響として農村社会の変動を軸とすることの可能性を追究していた。すなわち宗教運動を、解体する「村落共同体」の「村落自治」掌握を目指しながら基盤を築いた運動として、その再評価・捉え直しを試みてきたわけである。

このような問題意識を近年の議論の中で位置づけるのが本章の目的である。そのため、先に植民地近代性論と民衆運動史の論点整理をおこないたいと思う。この論点整理に農村振興運動[1]は避けられない研究対象であるため、農村振興運動での「中堅人物」[2]（以下「　」を省略）も本章の分析対象に加え、農村社会の変動をも視野に入れてその評価を試みたい。筆者は一九八七・八八年に京畿道驪州《ヨジュ》郡で中堅人物だった方と面談するという貴重な機会を得ることができた。その方たちは強い使命感を持っておられたことが印象的であったので、その経験を生かしたいと思っている。

ここで、一九二〇年代から三〇年代にかけての農村社会の変動を簡単に説明しておこう。当時の朝鮮農村は、農民の没落と流民化からもわかるように「村落共同体」の解体が進行していた。これは植民地支配下の収奪とともに商品経済化によるもので、農村における植民地的な「近代」への移行現象といえる（拙著[3]『朝鮮農村の民族宗教』一二三頁以降を参照）。そのため、たとえば民間信仰である巫俗もまた変容の渦中にあった。

巫俗の変容としては、その基盤であった「村落共同体」の解体にともない巫覡《ふげき》団体が宗教団体として組織化されたことをあげることができる（前掲拙著三一一頁以降を参照）。この現象は、社会変動にともなう宗教団体の組織化を意味し、新たに多くの宗教団体が誕生していくことを示唆している。

一　植民地近代性論と民衆運動史の論点整理

（1）宗教運動をめぐる議論

繰り返しになるが、筆者は宗教運動における近代との接点を見出し、農村社会の変動を軸にその見直し作業を試みた。つまり、植民地近代性論と同様に近代との接点を重視する位置にいるため、ここではみずからと民衆運動史との間の議論を整理してみる。

まずは民衆運動史の趙景達氏による宗教運動の評価を、二つの著書[4]『異端の民衆反乱』『朝鮮民衆運動の展開』から紹介しよう。趙氏の議論においては、民衆が「変革主体」となるか否かが評価の基準となっていると考えられる。たとえば、内省主義を説く団体は民衆を「変革主体」と認められなかったとする。東学の異端は民衆を「変革主体」に変えたが、東学の本流・天道教、文化政治下の東学系諸教団は内省主義を奨励する等で民衆を「変革主体」と認め得なくなったと評している。

それから、民衆は近代とは区別される存在として認識している。そのため、趙氏は近代的な民族運動、社会運動も低く評価する傾向にある。

筆者（前掲拙著）との大きな違いを見るには、次のような彼の指摘が参考になるだろう。

青野は自律性という言葉自体を使っていないようだが、その所説は民衆は自前の民族文化回路を通じて近代ナショナリズムに到達するということが最大の論点になっているように読み取れる。やや結論的な言い方になってしまうが、著者は民衆のナショナリズムは始源的ではあっても、それは必ずしも近代に連続するものだとは考えない。それはむしろ近代と対抗する側面を強く持っている。［中略］あくまでも近代とは区別される民衆文化の自律性のうちに民衆の心性や思想を捉えようとするのが著者の問題関心である。(5)

朝鮮農民社の運動（後述、筆者は「郷村自営」運動として評価した）に関しても、「迷信打破を掲げ、科学と合理主義を注入しようとするものであった」として、「その点では民衆文化の自律性を否定する運動であった」と、厳しい評価である。(6)

これに対して、筆者は民衆文化の認識を異にしている。「近代とは区別される民衆文化の自律性」という認識には反対で、「区別」し得ないものとして捉えている。また、この「区別」は、趙氏の植民地近代性論批判を読み解くうえでのキーワードになると考えている。

（2）　農村振興運動をめぐる議論

次は農村振興運動に関して、民衆運動史の立場からの植民地近代性論批判を、同様に趙景達氏の近著(7)『植民地期朝鮮の知識人と民衆』から整理してみよう（主に第六章「農村振興運動と民衆」から）。

1　植民地権力のヘゲモニー

まず、「植民地公共性」が末端まで包摂したことへの批判は次のように書かれている（第一章、二二頁）。

確かに民衆もまた、植民地権力に包摂されもし抵抗しもする存在であったであろう。しかしそれは外見上のことであって、民衆の心性までも日常的に植民地権力のヘゲモニーが支配していたと言うことが、果たしてできるのであろうか。

筆者も、植民地近代性論が植民地権力のヘゲモニーを強調することに対しては否定的な立場である。それゆえ、「民衆の心性までも日常的に植民地権力のヘゲモニーが支配していたと言うこと」は、同様にできないと考える。

2　農村啓蒙運動

次は、農村振興運動の前提としての農村啓蒙運動を見る視点について検討しよう。同書には、両者は「対決するような性格のものではなく、むしろ共鳴しあう点が少なくなかったと言える。そこには、近代文明の連合戦線が結ばれていた」と述べられている（第六章、一四三頁）。

これに関しては、植民地近代性論に立つ尹海東氏の二〇〇四年の論文[8]における次のような記述が参考になる（六八頁）。

植民地擬制国家により、上から創出、拡大される社会的合理性と、これを通じて国家から分離した社会の中で、植民地知識人エリートが遂行する社会的啓蒙に基づいて、大衆の合理化は進行された。［中略］もちろん基本的に共存する現実を認めねばならないが、両者はむしろ敵対的な側面をより強く表わした。このような植民地期啓蒙の逆説の上に構築されていったのが、まさに大衆の再呪術化過程だった。

民衆の心性を究明対象とするなら、筆者は農村啓蒙運動と農民との接点を見出して運動の末端における実態（「大衆の合理化」の進行如何）を解明しなければならないと考える。農村啓蒙運動における中央の論理・動向と末端での実態とは異なっているはずだからである（前掲拙著では朝鮮農民社の運動と農民の接点を分析対象にした）。末端において「大衆の合理化」が発掘されるのかどうかが問題となろう。なお、前掲拙著は、農民は固有の伝統的要素（伝統的相互扶助組織の契など）を通じて、「社会的啓蒙」がもたらす「合理化」を受け入れたという立場に立つことになる。

3　農村振興運動の「文化侵略」

それでは、農村振興運動自体に移り、この政策の「文化侵略」を問題視する記述を見てみよう。農村振興運動における「朝鮮民衆への文化侵害」の例として、「最も象徴的にして暴力的に行われたのは断髪奨励と色服奨励である」と述べられている（第六章、一四六～一四七頁）。

ここで趙氏は、「近代」と「民衆文化の自律性」との「区別」が前提にあるため、「民衆文化」に対する「近代」の「暴力的」行為をとりあげているものと推測する。しかし一方では、「民衆は合理的な生活様式をすべて拒否したわけではなく、時には総督府以上に合理的であったことがうかがえる」と、「民衆の合理性」を認める記述もあるので（一四四頁）、この二者の隔たりをどう理解すればいいのだろうか。

これに関して筆者は、農民の心性において「民衆文化」の中にとどまりながら、同時に「近代」にも対応していく側面、つまり「民衆の合理性」のあり様を見出していくべきではないかと考えている。

三・一運動前後の大衆運動を第一の再呪術化の契機と捉える尹氏の前掲論文では、「民衆の合理性」のあり様を「固有の両面性」として次のように説明している（六八頁）。そして、これを「植民地的な特殊性」として捉えている。

> 三・一運動前後に登場した大衆は、近代的大衆であると同時に、今まさに前近代の胎内から脱した未成熟な大衆でもあった。固有の両面性を持った近代的大衆は、このような点で植民地的な特殊性をより強く表わしていると言える。

4　中堅人物の「葛藤」

本章第三節で考察する中堅人物を評価する前提として、植民地近代性論では「朝鮮人エリート」である中堅人物が「植民地権力の代理人」として措定されていることを指摘しておかなければならない。すなわち、「欧米由来の文化のヘゲモニーという磁場」においては、「非エリートのエリートに対する地域リーダーとしての役割期待」が、「すでに啓蒙された者」の「いまだ啓蒙されていない者」に対する「権力関係」に反転する。この局面では、地域社会の内部において「朝鮮人エリート」は「非エリート」に対して「規律権力それ自体としての機能を果たすこととなる」という(9)。

だが、筆者は一括りに「植民地権力の代理人」と評価することに異を唱える。なぜなら、中堅人物はそれほど単純に「代理人」の立場を務めたとは思えないからである。

同様に本節でとりあげてきた趙氏の著書でも、中堅人物についてその「葛藤」を見出している（第六章、一五二頁）。これに関して、「総督府的公共論理と伝統的農村論理の狭間で揺れ動くその葛藤」と説明されている。この「葛藤」にもとづき、「中堅人物もまた、総督府的公共論理を内面化することなど、容易にできなかったと言える」と評価された。

中堅人物の「葛藤」については、筆者もかつて論じたことがあるので（後述）、その点では同感である。だが趙氏は、「近代」と「民衆文化の自律性」を「区別」する枠組みによるためか、中堅人物が「総督府的公共論理」を「内面化」することは、「容易にできなかった」との推測をしている。これに対して筆者は、「総督府的公共論理」の「内面化」が進む場合もあり、その時には「葛藤」がさらに深刻になったと考えている。つまり、「総督府的公共論理を内面化する」ゆえに、「伝統的農村論理」との間で深刻化していく「葛藤」となるわけである（後述）。

二　農村社会の変動と宗教運動

(1)　農民を取り巻く信仰現象と宗教概念

1　宗教概念の見直しのために

宗教運動の研究史では植民地朝鮮での宗教概念を見直して、既定の理解から脱する作業が重要な課題だと考える。本節では天道教（新派）の農民運動を対象としているため、ここでは朝鮮農民社の農民運動において、村落の人々に生じていたと考えられる信仰現象を考察したい。その前提となる「類似宗教」概念については別稿[10]で論じたのであるが、その要約は紙幅の関係で一部のみを記す（後述）。

なお、植民地朝鮮における宗教的な存在を知るために、朝鮮総督府がこれらに対しておこなった行政上の分類を説明しておく（カッコ内は宗教政策に関わる心田開発運動が実質的に始動した一九三六年現在の所管部署、および補足説明）。わかる範囲で簡単に羅列すると、神社・神祠・無願神祠（内務局地方課、一九二一年に学務局宗教課から移管）、公認宗教（学務局社会課）、「類似宗教」・秘密結社（警務局保安課）、「迷信」（警務局衛生課）、「儒道」（学務局社会課、教化団体として）である。

では、一九二〇年代以降の「村落共同体」の状況に関して、ここでは前掲拙著の第一章「農村における民族宗教の基盤」を参考にしながら簡単に説明しておこう。

一九二〇年代以降の「村落共同体」の解体状況にともない、村落における契の組合化が進行していく。北部畑作地帯は「村落共同体」の共同性が比較的弱いため、商品経済化が進んでいる地域の中で新興勢力（おそらく新興地主）が地方行政を利用しながら新たに「自治」組織を作ろうとする事例が見られる。このような北部地方に基盤を築いたのはプロテスタントや、三・一運動後に再建に乗りだした天道教（新派）であった。北部地方の農村における天道教（新派）の基盤は朝鮮農民社の農民運動によるもので、その内容は後述する。

2 「宗教類似団体」に関わる宗教概念

大韓帝国期に制定された保安法（法律第二号、一九〇七年七月）は、「朝鮮ニ於ケル法令ノ効力ニ関スル件」（制令第一号、一九一〇年八月二九日）により併合後も効力を有した。第一条は次の通りである（併合前は、「朝鮮総督」ではなく「内部大臣」）。

第一条　朝鮮総督ハ安寧秩序ヲ保持ノ為メ必要ノ場合ニ結社ノ解散ヲ命スルコトヲ得

保安法は朝鮮人を対象とした法令で、「内地」の治安警察法（法律第三六号、一九〇〇年。集会・結社、さらには労働争議・小作争議などを取締まる治安法として運用された）の必要な条項だけを借用した「縮約」版であったといえる。治安警察法第一条は、政治的結社の届出制に関する規定である。「内地」においては、新宗教団体も届出を出して許可されていた。しかし、無届けの場合は秘密結社として取締りの対象とされた（第一四条「秘密ノ結社ハ之ヲ禁ス」）。

朝鮮の保安法第一条規定は届出制ではないが、朝鮮人による政治的結社は存在を許されなかった。秘密結社に対しても保安法による取締り・弾圧が加えられた。なお、三・一独立運動以後は、「政治ニ関スル犯罪処罰ノ件」（制令第七号、一九一九年四月）や治安維持法（法律第四六号、一九二五年）が治安法として追加されている(11)。

保安法施行後において宗教団体は、治安当局が組織（宗教的結社）を許可していない場合は地下に潜伏し、発覚したときに保安法第一条により「解散」を命じられた可能性がある（今のところ未確認）。また、「安寧秩序」を乱すと判断された宗教的結社（組織を許可されていた団体）も、同様に「解散」させられることになる。したがって、「安寧秩序」を乱すと判断されない宗教的結社のみが存続を許された。ただし、宗教的結社は警察当局の取締り対象であったため、違法と見なされる行為に対しては個別に法令が適用されたと考えられる。

三・一運動以前においては、結社に対する「制限的取締方針」の下で、天道教、侍天教、その他数種の団体のみが結社の組織を許可され「宗教類似団体」(「類似宗教」)と認められていた。その他の非公認宗教団体は「宗教類似団体」と認められなかったので、地下に潜伏して活動をしていたことになる。

三・一運動以降の文化統治期には結社への取締り方針が「緩和」され、結社が許可されて「宗教類似団体」として認められる団体も増加していた。とはいえ、それらの団体も「宗教類似団体」として厳重な取締り下に置かれていたことには変わりない[12]。

この時期、つまり一九二〇年代は社会変動にともない多くの宗教団体が組織化される状況が推定された[13]。そうならば、人々は宗教団体の誕生と厳しい取締りの切迫した均衡の中に置かれていたことになる。このような状況にあるなら、団体やその教義にもとづく既定の宗教理解により民衆の心性を把握することは、なおさら限界があるといえよう。

三・一運動での弾圧の後、自治論を主張して親日的傾向に傾いていく天道教(新派)にしても、その自治運動の末端部分に関しては、団体から判断するような既定の宗教理解に捕らわれないで、信仰現象を捉えていく必要があるのではないか。つまり、農村社会において農民たちの心性を探るためには、当時の農民を取り巻く信仰現象に即して宗教概念を整理しておく必要があると考えるわけだ。次はそのための一つの試みである。

3　信仰現象における二つの要素

周知のように朝鮮の伝統文化の基層部分には民間信仰の巫俗的要素が濃厚である。二重構造モデルではないが、このような伝統文化の特質を知るには外来文化との間における二重性を見据え、両者の接点を見る視点が必要となる。つまり、外部からの異文化の流入に対しては、その地に特有の〈抗体〉が作られるので、その〈抗体〉を調べることでその地の伝統文化の特質を明らかにすることが可能となると考えるのである。

キリスト教神学において、プロテスタント信仰と、民間信仰の巫俗的要素および終末思想の要素との合致点を指摘し、それによりプロテスタントの土着化を説く研究が多い。たとえば後者の終末思想に関してなら、キリスト教プロテスタントの土着化を促進させ、イスラエルをみずからの状況に類比させる信仰を生みだし、三・一運動の原動力の一端にもなった要素として認められている[14]。

また、プロテスタントは天道教とともに三・一運動を組織的に担ったが、その際の弾圧によりプロテスタントと天道教はともに組織的な打撃を被っている。その後、この時期に多く叢生される東学系の傍系団体は、『鄭鑑録[15]』的な色彩が強まり千年王国主義的性格を多分にもつことになったという。すなわち、傍系の各団体は教義に『鄭鑑録』の影響が強まっていったのである。

一方のプロテスタントは民衆を引き付ける魅力を失い、多くの青年たちは新たに登場した共産主義運動に参加していったといわれている。プロテスタント土着化における巫俗的要素および終末思想の要素は、その神秘主義的信仰の中にその変容した姿を見いだせる。

ここで神秘主義的信仰を簡単に説明しよう。プロテスタントは、挫折感を深める信徒大衆が来世信仰へと急傾斜して一時的に教勢が後退する。それでも、「三十年代初頭から教勢は三度急角度に上昇」することになるが、それは「日清戦争から日韓併合に至る若々しい力動感に満ちた飛躍とは全く違ったもの」であった。すなわち、絶望しきった民衆がカタルシスを求めて教会に入って来たため、「教会の中には、いつしかシャーマニズム的現世御利益主義が広汎に蘇りだし、悪魔祓いや血分けといった戦後叢生する「キリスト教的」新興宗教の下地が形成されていく」のであった[16]。

ここからわかるように、「「キリスト教的」新興宗教」は、神秘的な巫俗的要素とともにカリスマ的性格の濃厚な終末思想が特徴的である。それは教祖が「再臨のメシア」＝新王で、「地上天国」＝王朝の建設を目指すという某団体に代表される。ここからも、やはり『鄭鑑録』の大きな影響を見ることができるだろう。

以上からわかるように、この時期の朝鮮におけるプロテスタントに対する〈抗体〉として、巫俗的要素および終末思想の要素をあげることができる。そして、一九二〇年代は両要素が極端に強まり、本体のプロテスタント教義を覆っていく時期であったこともわかる。

(2) 農村社会における天道教の「地上天国」

次は、一九三〇年前後の時期に北部畑作地帯で基盤を固めていった天道教(新派)の農民運動に関して、「村落自治」掌握に注目しながら解説する。そのために、ここでは前掲拙著の第三章「天道教の「地上天国」建設」を参考にして説明しよう。

1 「郷村自営論」の視点

天道教が文化運動を展開する中で、新派の前衛隊としてその実践活動に当たったのは天道教青年党(一九二三年設置)であった。天道教青年党の主義は、「地上天国建設」(「天道教青年党憲」より)である。『天道教青年党小史[17]』には「党運動の大綱」という項目の中で、「後天開闢――すなわち地上天国建設運動を直接の目標とする天道教青年党は、目的を現実的に到達させるために……」と述べられている(一六五頁~)。以下、『天道教青年党小史』『農民』などの朝鮮語資料・文献の日本語訳は筆者による。

天道教青年党による農民運動は朝鮮農民社が担った。朝鮮農民社は一九二五年に創立され、一九三〇年以降は天道教青年党の直接指導下に置かれて運営された。

前掲『天道教青年党小史』には、「後天開闢」の経済運動が説明され、まさに農民たちの伝統的な相互扶助組織である契の発想が述べられている。それが具体的な運動論となって提示されたのが、朝鮮農民社の機関誌『農民』に掲載された「郷村自営論」[18]（一九三一年）である。

「郷村自営論」にあげられた五つの項目の中で、とくに第三の「協同生活」は注目される。その補足説明には、「共同耕作、共同生産、共同販売、共同購入等の経済行為、並びに教養機関、公会堂、新聞雑誌購入等の文化的施設についても、共同協作することだ」と述べられている。これは在来の契を基盤に組合を組織することとして解釈できる。そして、とくに「共同耕作」は新興勢力が提供する田畑を組合員が共同で耕作するものと理解され、組合財産を創出しかつ組合の核となる組織として注目される。

なお、「共同耕作」は一九二〇年代に急増して他の地域でも多く実施されていたので[19]、「郷村自営論」はそれを参考にしたものとも考えられるが、朝鮮農民社の独自性としては「集団農場」化を目指す点をあげることができよう。

2　「集団農場」化の主張

このような「共同耕作」に関して、「郷村自営論」の筆者は別の論説（「集団農場」と「小作料合理化」についての論説）において、それを村落規模に拡大して「集団農場」にすることを主張している。たとえば、次のように述べられている。

三、四戸や四、五戸や六、七戸が一組織となれば、それが細胞単位となり、ひいては一洞をひとつの農場区域とするだろう。そして、一洞内の農民生活は一洞民の自治生活になるはずだ。そうすれば、小作権移動を防止することができる。〔中略〕

従来の地主たちは小作人生活に対して少しの理解もなく、単独処分をしてきた。今や農業経済を樹立するにおいて、小作料を合理化しなければならない。合理化とは何であろうか。具体的な解説は避けて簡単にいえば、耕作者生活を標準にしろということである。[20]

つまり、「朝鮮農民社の指導原理」(「郷村自営論」の第二項目)に則り「共同耕作」の「集団農場」化を通じて「村落自治」を掌握すれば、村内の小作料を「耕作者生活を標準にし」て「合理化」できるということである。別の見方をすれば、「共同耕作」の土地を提供できる新興勢力(おそらく新興地主)の存在を前提にして、「村落自治」の掌握が主張されているといえる。そして、「村落自治」掌握にともない彼らによる地主経営的な「集団農場」経営が想定されていると読みとれる。

以上のような「郷村自営論」に関して、その運動の事例分析(「農民社自主村」の誕生など)をおこなったが(一七三〜一八四頁)、一部を編集して(加筆・修正も)、次の3以降で「村落自治」掌握の事例として紹介する。なお、筆者はこの運動を「郷村自営」運動と名付けている。

3　「共同耕作」の「集団農場」化

まず、平安南道の徳川郡農民社が発表した「農民社共同耕作契定款[21]」(一九三三年度から施行)を見ながら、「共同耕作」について検討してみる。「農民社共同耕作契定款」の抜粋は以下の通りである。

第一章　総則

第一条　本契は××里洞農民社共同耕作契と称すること。

第二条　本契は××里洞農民社の経済事業として社と社員の経済的利益を図ること。

第三条　本契は××里洞農民社区域内に居住する社員をもって組織すること。

第四条　本里洞農民社員をもって経営する共同作業は、すべて原則として本定款を基準とすること。

第五条　本契は郡農民共生組合に加入すること。

第二章　出資および配当

第六条　本契の出資は種子、肥料、耕地、人夫等によること。

ただし、境遇により金銭で代償するを得ること。

第七条　本契の純利益は毎年度末に次のように配当すること。

カ、純利益の半分は里洞農民社の基本金として提供すること。

ナ、純利益の半分は第六条の出資額に応じて配当すること。

第三章　機関

第八条　本契の役員は次の通りである。

契長一人　常務若干人　評議員若干人　監査若干人

ただし、契長と常務は里洞農民社理事中から選挙すること。

第九条　本契の決議事項は里洞農民社理事会の同意を得たのち進行すること。

〔以下省略〕

第三条からは、里（洞）農民社の社員全員が加入する義務を負っていることがわかる。これにより耕作人員の確保が保証され、「共同耕作」における「自治」掌握の推進力としての役割が高められる。

次の第二章の「出資および配当」は、まさに新興地主による合理的経営を示すものであり、「種子、肥料、耕地」を「出資」する地主（あるいは自作農）と、「人夫」を「出資」する小作農との間の調整が「配当」制度により合理化されている。また、この「出資および配当」のやり方は契に基づいているので、村内の天道教徒以外の地主・自作農も簡単に参加でき、彼らが里（洞）農民社に加入する道が開かれるのである。

小作農にしても、この配当制度により小作料が前述のように「耕作者生活に標準を合わせ」て合理化されるわけだから、以前よりも大幅の利益となる。この制度は、抑圧下にある彼らが新たに構築される「自治」を受け入れるための下準備となるだろう。

そして、第三章「機関」で、里洞農民社理事会が「共同耕作契」を統括することが定められている。里洞農民社理事会は、当然その洞里における天道教信徒かシンパとなった新興勢力で構成されているだろう。そして、「共同耕作契」の村落規模への拡大によって彼らが「村落自治」を掌握し、「集団農場」経営へと展開していくことが想定されているのである。

なお、『農民』誌には徳川郡と同じ平安南道の孟山郡における里(洞)農民社の中で、八社の「共同耕作」地が紹介されている。[22] そこからは、「郷村自営論」が出されてから二年後の孟山郡で、かなりの面積の「共同耕作」地と多数の耕作人員を生み出した里(洞)農民社が出現していたことが確認できる。

4 「共同耕作」に見る農民の心性

次は、「共同耕作」に加わっていく農民たちの心性を検討してみよう。

前述の平安南道徳川郡内において、徳川面山陽里《サニヤンニ》(一九一〇年代の洞里の統廃合で山陽里と松陰里が合併して山陽里となったが、戸数が三〇戸余りとあるからここでは旧山陽里を指していよう)からの報告(標題は「共同耕作実施で山陽社復興」)を見ることにする。[23]

山陽里農民社は、設置されてから「四、五年の間は社員が一〇名余りで、そのうち三分の二は入社金を出したままで実行ができないので、社勢はうやむやに帰す」という状態に追い込まれていた。

一九三三年の春に「社員大会を開いて理事を改選」した後、理事長以下一〇名余りが「決意をして共同耕作を始めた」という。「共同耕作」地は「三日耕」のトウモロコシ畑であった。前述の徳川郡農民社における「農民社共同耕作契定款」の施行にともなってのことである。

「共同耕作」地の側を行き来する村人たちが話す言葉は、「農民社のトウモロコシは上出来だ」である。そこで、社員と社員でない村民との間に次のような問答が交わされた。

——社員たちに何か言うことがあるか。今や農民社が大通運［大きく開けた運——筆者］なのに、共同耕作がうまくいかないはずがあろうか。あんたたちも、みな入社なされ。

——今さら入ることができようか。

——さてさて……。今からでも入りなされ。

——人が財産を出資し、種を出資してそれを植え、今は草取りまで終わっているのに、どうやって入るのか。

——ほう。わが農民社はそんなことをなじったりはせんよ。ただ、今からでも入社していっしょに働きさえすれば、定款のとおりみなに配当するのだから、入りなされ。みなでいっしょに生きてみようじゃないか。

「このように三、四回、洞里の人々と問答があった」が、「洞里の人々は目前の農民社の本精神は知らなくても、目の前にある三日耕のトウモロコシ畑が実証しているようで」あった。また、「農民社役員たちの説明ももっともらしいので、入社して共同耕作」をともに始めたくなったという。こうして山陽里では三〇戸余りのすべての農家が入社し、一九三三年の一夏の間に「農民社自主村になった」という。朝鮮農民社が山陽里の「村落自治」を掌握したわけである。(24)

ここで、前述の問答からその場の信仰現象を読み取ってみよう。社員の農民は、「今や農民社が大通運なのに、共同耕作がうまくいかないはずがあろうか」と話している。これは終末思想の要素であり、朝鮮農民社の「大通運」を確信して「共同耕作」に参加していることがわかる。それと同時に、遅れて入社することに対しても定款にもとづいて合理性を貫き、「いっしょに働きさえすれば」とか、「みなでいっしょに生きてみようじゃないか」と、禁欲的労働も勧めている。

既定の宗教理解に固執するなら、天道教の教義による信仰にもとづき朝鮮農民社の活動に加わると考えてしまうが、実態はそうではなかったようだ。この事例でも、農村での経済生活の合理化を貫くことで（この場合は「共同耕作」の「集団農場」化）、「村落自治」掌握を目指していた。そこで注目されるのが、合理性と非合理性の両側面である。

非合理性の側面をみると、農民たちにとっては天道教すなわち朝鮮農民社が「大通運」である、つまり従来の「村落自治」に代わり朝鮮農民社の時代が到来すると受けとめられていたと考えられる。言い換えるなら、天道教という宗教団体が「村落自治」の掌握を目指し、その場を「地上天国」と見なすなら、それは農民たちにも共鳴する終末思想の要素として、新しい時代の到来と映ったのではないかということである。

また一方で、朝鮮農民社は近代合理主義を主張して、巫俗的要素を「迷信」として否定していた。『農民』誌に掲載された「迷信はなぜ生じるのか」[25]は、朝鮮に「迷信」が盛んである原因を述べることによって、天道教の「科学」性、「知識」性、「実際事業」の視点という立場を表明している。次は、巫俗的要素が「迷信」として否定された事例を見てみよう。

平安南道徳川郡蚕上面棲鶴里《ソハンニ》（統廃合はなかった）では、棲鶴里農民社が設置される（正確には、一九二六年に組織された棲鶴里社友会が一九二八年春に棲鶴里農民社に組織変更している）前の一九二二年に、洞里の中心人物である李寛郷（後に、棲鶴里農民社の理事長となる）の手により「城隍堂」（洞里の守護神を祀る祠）が「斫伐」された。その後、棲鶴里農民社が設置されてからも、農民社は既存の共同作業組織である「農務契」（契員一九名）と「不断に抗争してついに勝利を目目論むにいたった」という[26]。

農民運動における合理主義からみると、「城隍堂」の信仰は「迷信」となるから、「城隍堂」が「斫伐」される場面は、里（洞）農民社が設立されるどの洞里でも、あるいは他の農民運動が展開される洞里でも、よく見られた光景であろう。

このように巫俗的要素を否定することは、合理的な精神を育てることに結び付くと考えられる。しかしながらその際に生じる摩擦、つまり心意世界の問題を解決することが、朝鮮農民社の新たな課題となったであろう。この問題は天道教の教義で解消していったものと推測しているが、今のところ検証するための資料がない。

また、この事例では、従来の「村落自治」の精神的支柱を否定するのと同時に、「農務契」という旧勢力を否定している点にも注目される。「村落自治」の旧勢力は、『農民』誌上では「頑固」「頑迷」と形容される村の長老たちの場合が多い[27]。彼らに対抗して「城隍堂」の「斫伐」までできるということは、村内で新興勢力の支持基盤が拡大していることの傍証となるだろう。

三　中堅人物の葛藤

一九二〇年代の農村社会では契を基盤に組合が組織化されていた。この状況を総督府は農村振興運動に取り込み利用する方針を取ったため、契にもとづく組合は統制され、さらに《官製》自治団体（農村振興会など）の一部門への編成替えも強いられた。また、咸鏡北道では「郷約」復興策が試みられて総督府当局により評価され、この咸鏡北道モデルが全朝鮮に実施されていった。こうした施策のもとで、前述した「郷村自営」運動は農村振興運動に取って代わられるのであった[28]。

次は農村振興運動の中で養成が図られた中堅人物について、京畿道驪州郡での中堅人物を分析した拙稿[29]（一九九一年）を手がかりに、その評価の問題を論じてみよう。

なお、尹海東氏による中堅人物の養成政策の分析も参考になる[30]。そこでは、村落運営の二元構造（従来の自治、および面制にともなう行政力）を解消して行政の浸透を円滑にするという目的を、一九二〇年代からの長いスパンで中堅人物の養成政策から見出している。そして、この政策の背景には、「既存の長老—有志を中心とした村落政治を弱化させようとする総督府の意図が敷かれていたが、不在地主の増加により既存有志の役割が減っていた事情も要因として作用していた」という。

それから、中堅人物養成施設での精神主義については拙稿[31]（二〇〇八年）を参照されたい。そこでは、一九三五年以降に中堅人物養成施設が拡充される背景を述べるとともに、養成施設での精神主義として山崎延吉の影響を分析し、その「敬神崇祖」観が反映された教育を見出した。

（1） 京畿道驪州郡の中堅人物養成

まずは前掲の拙稿（一九九一年）から、驪州郡の郡行政と中堅人物養成との関係、および驪州郡の中堅人物養成の特徴を要約する。

一九三五年一月の臨時道知事会議決定にもとづき、「中堅人物」養成施設の拡充が図られた。この設置・経営等に関しては三月に各道知事宛の政務総監通牒が出されて指示されている。この指示とともに、心田開発運動[32]での地方文廟の再建・利用策にも対応して、驪州郡でも中堅人物養成施設の設置が計画され、驪州郡農道講習所が一九三五年四月に驪州郷校の地に設立された。

この設立に際して、財政の乏しい驪州郡庁は畿東保隣社（在地の団体、契組織の規模を拡大した事業体）と癒着し、畿東保隣社に農道講習所設立のための財政支出を肩代わりさせ（寄付）、さらに驪州郷校の経費も負担させた。そして、農道講習所は驪州郷校に設置される（ただしのちに移転）。ここから、驪州郡庁・畿東保隣社・驪州郡農道講習所・驪州郷校の四者体制は、儒林勢力を懐柔するメカニズムにもなっていたことがわかる。

それでは、驪州郡の中堅人物養成の特徴は何であろうか。驪州郡では、洞契に代わる自治組織として農村振興会を位置づけ、その農村振興会のリーダーとなるべき中堅人物が生まれることが期待された。そのために、中堅人物に儒林のイメージが付与されようとした。

農道講習所での実態は、更生指導部落在住の候補者を入学させることができなかったため（募集自体も容易でなかった）、政策側（郡庁当局）は上記の役割を断念した。そして、農道講習所の卒業生たちの多くは農業経営に関わる行政指導を代行する、いわば〈仲介人物〉となり、その指導の際にも暴力をともなうような強硬手段を選んだようだ。

聞き取り調査によると、中堅人物が強制的な行政指導をおこなった論理は次の通りだ。すなわち、不従順な村民たちには暴力を行使してでも農業経営を学ばせ、疲弊の農村生活から村民たちを抜け出させる必要があったという。

ここからは、いわゆる支配と自治という二項対立構造の間で動揺する中堅人物の姿が見られるが、それに加えてさらに重要な要素を見出すことができる。それは、農村が極度に疲弊したが故に、生き延びるために、「近代」に対応していこうとする意味での「合理性」である。この「合理性」という要素の存在が、中堅人物をして総督府的公共論理を内面化させていったと考えられる。

この内面化については、同じく聞き取り調査で補完することができる。農道講習所の補導員P氏[33]（農道講習所の卒業生）は、日本支配下での村落「再建」を信奉した少数派の一人であった。彼は講習生に農業経営の合理化を教育するとともに、「迷信打破」（当時は巫俗の撲滅などが叫ばれていた）などの「生活改善」や神祠参拝（農道講習所内に設置）もみずから率先して範を示しながら指導したという。P氏は次のように語った（平易な日本語に意訳）。

元来、自分だけでなくて、ひとつのマウル［むら］でも暮らしがよくなるようにしたいというのが夢でした。だから、講習所に入所した時は一所懸命に勉強しました。一年学んでみて、自分が農民として生活していける自信をもつようになりました。こうして、朝鮮の土壌に合った農事方法の普及に使命感を抱くようになったのです。［中略］「迷信打破」は、農村の暮らしがよくなるためには仕方がないことでした。耕す土地は小作地で借金だけ増えていくという農村の厳しい現実の中に生きたP氏は、それだけ村落再建の急務を強く感じていたようだ。だが、追い詰められて農道講習所に入所した結果、日本の支配下の「再建」を信奉することになり、その信奉の結果は、「再建」の進行と反比例して農民たちの固有性・伝統的農村論理を切り裂いていくものとなった。

聞き取り調査ゆえ補助的な資料として提示したが、言外からは総督府的公共論理の内面化が進行したために深刻化した葛藤が読み取れる。次は文献資料を通じてこの内面化を検証してみよう。

⑵　中堅人物評価の重点をどこに置くか

1　中堅人物候補者に求められる「自力更生」

農村振興運動の主管部署である農林局農政課（一九三六年に主管部署として農林局農村振興課が新設されてからはここに移管）が編集した月刊誌『自力更生彙報』[34]（全八八号）に、「我が家の更生」について書かれた懸賞綴方の入選原稿（日本語）が一三名分掲載されている。

そこで総督府当局が懸賞綴方についておこなった説明は次の通りである。すなわち、「農家更生指導部落十箇年拡充計画が決定し、農村振興運動は愈々本格的実行期に入るとき、将来朝鮮更生の第一線に立つべき普通学校児童に対し、農業更生計画に関する認識を授け、自力更生の熱意を醞釀することは、本運動達成上、重要なることである」（第一九号、一九三五年三月二〇日、一二頁）とある。ここからは、中堅人物養成施設拡充方針に沿って、その候補者（普通学校上級生、更生指導部落に在住で指導を受けている）に対して上記綴方を募集したことがわかる。

この懸賞綴方では、各道において各郡一名ずつの入賞者が選ばれ、彼らに総督府から褒状と商品が授与された。同誌に入選原稿が掲載された入賞者は各道一名ずつであり（第一九号・第二〇号・第二二号）、書かれている情報をまとめると次の通りである。

・第一九号（一九三五年三月二〇日、一二〜一四頁）
全羅南道珍島郡古城公立普通学校第五学年　郭允桓（一六歳）
慶尚南道梁山郡院洞公立普通学校第六学年　河成泰（不詳）
江原道春川郡新西公立普通学校　第四学年　朴鐘千（一五歳）
平安北道昌城郡昌州公立普通学校第六学年　姜玉柱（一五歳）

・第二〇号（一九三五年四月二〇日、一九頁）
京畿道水原郡台章公立普通学校　第四学年　黄鍾徳（一五歳）
忠清南道扶余郡恩山公立普通学校第六学年　鄭用淳（不詳）
全羅北道長水郡天川公立普通学校第六学年　金萬徳（一六歳）
＊入選者二一六名の一覧表も掲載されている（一七〜一八頁）。

・第二二号（一九三五年六月二〇日、一六〜一八頁）
忠清北道堤川郡清風公立普通学校第六学年　郭雲竝（不詳）
慶尚北道慶州郡安康公立普通学校第六学年　張志俊（一八歳）
黄海道平山郡平山公立普通学校　第四学年　陳瑞賢（一三歳）
平安南道成川郡霊泉公立普通学校第六学年　鄭泰運（一六歳）
咸鏡南道咸州郡下朝陽公立普通学校第四学年　韓得煥（一五歳）

咸鏡北道鏡城郡朱北公立普通学校第六学年　崔二鉉（一六歳）

2　中堅人物候補者が求める「一家更生」

次は中堅人物候補者にとって「更生」とは何だったのかを、比較的に心情が書かれていると思われる二つの入選原稿を手がかりに考えてみよう。

最初は忠清南道の鄭用淳の事例である。小作農で、家族は父・母・本人・弟（「幼い弟」）、耕作地は水田が五町二反（二毛作は四反だけ）、畑が三町ほど（うち桑畑が三反）であった。収穫高は籾が六五石、陸稲が一〇石、大麦八石、豆類二石、一家の働き手は父・母・雇い人である。

小作料は籾で四五石（二〇石が残る）、年支出は三〇〇円以上（負債は六〇〇円）であった。そのため、鄭用淳は、「此の有様で何年か続けば、私の家は亡びるより外にない。負債は一銭でも返す力はない」「父は将来のことを心配のあまり自殺しようとまでした」と、一家の苦境を述懐する。

このような中で、鄭用淳は、「苦しい中から七年間学校に出して下さつた両親の有難さを思ひ［師範学校に行くつもりだったから一年多く通ったが、「家の更生」のために諦めた――筆者］、自分の為にも負債が多くなつたことを考へると、長男の私はどんなことがあつても家を更生させね《［ママ］》でならぬ責任があるのだ」と、一家を思いその「更生」を決意した。そして、「貧乏人の息子の私も、小さい時は割合に家の暮しむきも良かつたことを思ひ悲しくなつて来た。然し然し一家更生はこれからだ、［後略］」と、その決意を繰り返し述べている。

そこで鄭用淳は、更生指導部落に指定されたのを機に自力更生五カ年計画を受け入れ、父親を説得した。「あの心配なお父さんの笑顔になる時の来るのを思ふと、心が勇み立つて来る」と、計画を受け入れた心境を語っている。

次は慶尚北道の張志俊の事例を見てみよう。やはり小作農で、家族は父・母・兄・本人、耕作地・収穫高は水田があるが不明、小作料等を払ったら「残る籾は僅かで、秋やつと喰べて行ける位、毎年春は米が不足で仕方なく借金せねばなりません。毎年かうした春窮の苦痛を繰返す事は、小さい私の心にもほんとうに情無く思はれてなりません」と、「春窮」の苦境が述べられている。畑は「二十斗落余」だが、「川辺に沿つてゐるので洪水に見舞はれ、収穫出来ない事がしばしばあります」という。働き手は父・兄・雇い人である。

水田の小作料は「半分以上」で、年支出は不明だが、「父は借金迄して金肥を使用すると言ふ風でした」と、支出状況を説明している。

このような苦境の中で、張志俊はいわゆる近代農業に接することになる。しかし、「五年生の頃でした。先生から改良農法や、金肥使用は地力が減退する事等を習ひ、父に改良農法を奨めると父は「お前が何を知るか其んな事をしなくても今迄生活して来た。」と言つて仲々きいて下さらず、〔後略〕」とあり、父との間に確執が生じている。それでも、更生指導部落に指定されてからは、「父親も目醒めて来られ、私達一家は力強い活動を続けて行く事が出来る様になりました」と、一家で自力更生五カ年計画を受け入れたことがわかる。

張志俊は一家と部落の「更生」を決心し、「此の五ヶ年計画の下に、一生懸命努力してもつと我が家を立派に更生せしめ、父母を安心させ、やがては部落のため大いに働きたいと決心してゐます」と記している。貧困という現実の厳しさの中に置かれながら、「一家更生」のため、「部落のため」という使命感を抱いたのである。

ここで前述した鄭用淳の思いを振り返ろう。「小さい時は割合に家の暮しむきも良かつたことを思ひ悲しくなつて来た」というやるせない思いは、一九二〇年代からの連続性の中で考えないといけないのではないか。このような問題意識により、副題に掲げた「農村社会の変動を軸に」を、中堅人物の評価にも関わらせた。

すなわち、農村では自作農は小作農に没落する中で、農村啓蒙運動が挫折している。中堅人物やその候補者たちは、日本支配による農村振興運動以外の道は閉ざされた状況に置かれたわけだ。その前提のもとで、小作農で普通学校卒業という経歴の中堅人物の中には、生存のために、農村振興運動の「近代」に縋り付いて「合理性」を身にまとい、強い使命感を抱いて総督府的公共論理の内面化を進行させた者もいたと理解すべきだろう。

二事例の候補者は悲痛なほどの使命感を抱いていた。それゆえ、彼らと同じ境遇の中堅人物たちの葛藤は、総督府的公共論理と伝統的農村論理の狭間で揺れ動く以上に、深刻化していったものと考えられる。

おわりに

筆者の問題意識は、農村における「近代」の影響として農村社会の変動を軸とすることで、植民地朝鮮の宗教運動における再評価・捉え直しの可能性を探ることにある。本章の課題は、このような宗教運動の再評価と、それに関連して中堅人物の再評価を、近年の植民地近代性論と民衆運動史における議論の中で位置づけることであった。

まず、第一節「植民地近代性論と民衆運動史の論点整理」の中から、宗教運動と中堅人物の論点を要約する。前者に関しては、民衆運動史が「近代」と「民衆文化の自律性」を「区別」することに対して、筆者はむしろ両者の接点を見出そうとする。後者に関しては、民衆運動史が中堅人物の中から「総督府的公共論理」の「内面化」を見出さないことに対して異論を唱える立場である。

これらを踏まえて、第二節「農村社会の変動と宗教運動」で、農民の心性を見る視点から考察した朝鮮農民社の「郷村自営」運動の評価をまとめよう。朝鮮農民社における「郷村自営」運動では、村内の信徒となった新興勢力が中心となり、契にもとづいた「共同耕作」を村落規模に拡大していた。「共同耕作」の「集団農場」化を通じて「村落自治」を掌握することで村落再建をなし、それをもって自治運動の基盤にしようとしたといえる。ここで朝鮮農民社（「地上天国建設運動」を目標とする天道教青年党に属す）が、「村落自治」を掌握した事実とその結集力に注目すべきだと考える。

天道教（新派）の中央の論理・動向とは別に、農民と接点をもつ末端レベルにおいて、「村落自治」の場では、社員となった農民の目標である「地上天国」の実体化が試みられていた。その実体化を農民の心性から見るなら、巫俗的要素が「迷信」として否定され、禁欲的労働が奨励されて、経済生活の合理化が図られていく。

ここで注目されるのが、合理性と非合理性の両側面であった。経済生活の合理化の波に乗っていくには、非合理的な終末思想の要素というパイプが有効であったと判断する。農民たちは従来の「村落自治」に代わり、朝鮮農民社の時代が到来すると受けとめていたと考えられる。つまり、天道教という宗教団体が「村落自治」の掌握を目指し、その場を「地上天国」と見なすなら、それは農民たちも共鳴する終末思想の要素として、新しい時代の到来と映ったのではないかということである。

以上のような農民の心性は、プロテスタントに対する〈抗体〉としての一要素（巫俗的要素および終末思想の要素）における天道教版と理解することができる。村落では外来文化となる天道教において、巫俗的要素との間では摩擦を生じながら解消を目指していき、終末思想の要素はうまく包摂していったということができる。

それから、第三節「中堅人物の葛藤」では、農村社会の変動を視野に入れ、農村啓蒙運動が挫折した中で、一家が小作農へと没落した中堅人物やその候補者たちが、日本支配による農村振興運動以外の道が閉ざされた状況にあることを前提にして考えた。それを前提にするなら、中堅人物たちの中には（小作農で普通学校卒業という経歴）、生存のために、農村振興運動の「近代」に縋り付いて「合理性」を身にまとい、強い使命感を抱いて総督府的公共論理の内面化を進行させた者もいたことに気づく。そこには、植民地権力のヘゲモニーや、「植民地権力の代理人」としての「朝鮮人エリート」による説明（以上は植民地近代性論）では汲み取れない、中堅人物の深刻な葛藤があったと考えられる。

以上から考えられるのは、民衆の「合理性」の中味は多様で、植民地的な特性として朝鮮農民社や中堅人物のような「合理性」も提示できるのではないかということである。

ここで、かつて「内鮮一体」の構造を分析した研究が出されたことを想起しよう。[35] そこでは、「内鮮一体」の構造を同化と差別の矛盾の側面から見て、日本人側が提唱した同化の論理としての「内鮮一体」論と、朝鮮人側が提唱した「差別からの脱出」の論理としての「内鮮一体」論というように、二律背反する論理が提起された。「合理性」の問題も同様に二律背反する論理が内在していると考えられる。ここで朝鮮人側の論理として、村落や一家の生存をかけた「合理性」の存在を提起したい。

また、朝鮮の植民地近代性を論じるうえで、「大衆の合理化」の進行（尹海東氏）に付随する問題点として、中堅人物養成に見られるような日本的な精神主義をともなう近代性の問題、換言すれば、いわば〈日本的な近代化〉の様相を呈する植民地的近代の内面的な特性の位置づけとその究明も課題となるのではないだろうか。

（1）　農村振興運動は農山魚村の「自力更生」をスローガンに掲げた政策で、一九三二年九月に朝鮮総督府に委員会が設置され翌年から本格的に開始された。一九三七年に日中戦争が勃発してからは翌年七月の国民精神総動員朝鮮聯盟発足後に再編され、一九四〇年一〇月には国民総力運動に統合されてしまう。

農村振興運動の中心施策は、「更生指導部落」を選定し、その「部落」の各農家ごとに「営農改善」と「生活改善」の農家更生五カ年計画を立て、それを実施させるというものである。営農の近代主義と同時に、計画の実施を通じて村落に行政力が浸透したり、「皇国農民」や「敬神崇祖」等の精神主義にも重点が置かれた点が特徴といえよう。

（2）　農村振興運動において「中堅人物」は、村落における従来の「地方有志」に代わる存在となり、同時に村落に行政力を浸透させる役割を担うことも期待された。特に一九三五年一月に宇垣一成総督により、更生指導部落を全「部落」へ拡充させる方針が出されてからは、その拡大方針にともない「中堅人物」の養成が急務となっていた。

（3）　拙著『朝鮮農村の民族宗教――植民地期の天道教・金剛大道を中心に――』（社会評論社、二〇〇一年）。

（4）趙景達『異端の民衆反乱――東学と甲午農民戦争――』（岩波書店、一九九八年）、および趙景達『朝鮮民衆運動の展開――士の論理と救済思想――』（岩波書店、二〇〇二年）。

（5）趙景達、前掲書（二〇〇二年）、二四一頁。

（6）趙景達、前掲書（二〇〇二年）、二五二頁。

（7）趙景達『植民地期朝鮮の知識人と民衆――植民地近代性論批判――』（有志舎、二〇〇八年）。

（8）尹海東「植民地近代と大衆社会の登場」（宮嶋博史・李成市・尹海東・林志弦編『植民地近代の視座――朝鮮と日本――』岩波書店、二〇〇四年）。

（9）松本武祝「［研究動向］「植民地的近代」をめぐる近年の朝鮮史研究――論点の整理と再構成の試み――」（宮嶋・李・尹・林編、前掲書）、二六二頁。

（10）拙稿「植民地期朝鮮における「類似宗教」概念」（『国際文化論集』〔桃山学院大学〕第四三号、二〇一〇年一二月）。

（11）保安法と治安警察法との対照は、水野直樹「治安維持法の制定と植民地朝鮮」（『人文学報』〔京都大学人文科学研究所〕第八三号、二〇〇〇年三月）を参考にしながら整理した。なお、同論文は治安維持法制定以前の時期における朝鮮の治安法令の問題、治安法令制定の試みを検討し、治安維持法制定にあたって植民地の問題がどのように意識されていたのかについても考察している。

（12）以上の説明は、前掲拙稿「植民地期朝鮮における「類似宗教」概念」の第三節および第五節による。

（13）関連して、三・一運動後には結社・集会の「制限的取締方針」が「緩和」されたため、「宗教類似団体」も増加していた。三・一運動以前の「宗教類似団体」は、本文で書いたように天道教、侍天教、その他「数種」の団体のみであった。ところが、三・一運動後の一九二七年には、「天道教、侍天教、［中略］大宗教アリ其ノ他大小三十余ノ団体アリテ其ノ数実ニ五十余個ニ及ヘルモ……」というように、天道教以下五十余りの団体が「宗教類似団体」として結社が認められていた。朝鮮総督府警務局保安課『昭和二年十二月　治安状況』（一九二七年）の「ハ、宗教類似団体」による。

（14）韓国のキリスト教神学界では、かつて固有の土着信仰を「迷信」視する傾向にあった。ところが、一九六〇年代に土着信仰との関係をめぐって神学的な土着化論争が起こり、その結果、「土着化神学」において巫俗や檀君神話が注目されるようになる。一方、七〇年代のキリスト教者を中心とする民主化闘争から生まれた「民衆神学」は、キリスト教受容を終末思想を背景とした「民衆のメシア運動」としてとらえる試みをしている。金容福「民衆のメシア運動としての韓国キリスト教」（李仁夏、木田献一監修『民衆の神学』教文館、一九八四年）を参照。

(15) 朝鮮時代の予言書。『鄭鑑録』の予言は、李氏の王朝が亡んだのちに真人の鄭氏（新王）が出現して鶏龍山に新王朝を建設するというものであり、その予言の地はシンドアン（신도안＝新都内）と呼ばれた。

(16) 倉塚平「朝鮮キリスト教とナショナリズム――三・一運動に至るその結合過程について――」（秋永肇教授古稀記念論集『現代民主主義の諸問題』御茶の水書房、一九八二年）を参照。

また、一九二〇年以後のプロテスタントの状況を、澤正彦『南北朝鮮キリスト教史論』（日本基督教団出版局、一九八二年）では次のように説明している（八五～八六頁）。

韓国の有名な復興師（リヴァイヴァリスト）、吉善宙、金益斗、李竜道、崔鳳奭などは、「イエスを信じ、天国へ！」を合言葉に全国を巡廻したのである。復興師の訪れる所はどこでも、奇蹟をみ、病はいやされ信者たちは競い集まり、復興師の過ぎ去った所には、教会員間の分裂と猜疑が残されるのが常であった。それは、すでに復興会が、以前のような査経会を中心にし、聖霊を待つという態度よりも、復興師の奇蹟、弁舌に左右されるに至ったからである。復興師は、ややもすると、自らシャーマンとしての務めを果し、イエスと同一視する傾向もあった。復興師を慕う教会は、必然的に、彼岸主義的、没我的であり、又同時に個人主義、完全主義、律法主義、即ち、セクト的な教会タイプを形づくってゆくのである。

(17) 『天道教青年党小史』（天道教青年党本部、一九三五年）で、韓国学文献研究所編『東学思想資料集三』（亜細亜文化社、一九七九年）に収録されている。

(18) 金活山「郷村自営論」（『農民』第二巻第七号、一九三一年七月）。金活山については不明。

(19) 尹海東『지배와 자치――식민지기 촌락의 삼국면구조――』（『支配と自治――植民地期村落の三局面構造――』）歴史批評社、二〇〇六年）、第四部を参照。同書は「植民地近代」について根本的な問題提起をする意図のもとで、面制を通じた近代的な支配形式の定着過程、植民地中間層の媒介的役割、村落の「洞契類組織」に代表される既存組織の変化・分化、という三局面を分析した研究である。

(20) 金活山「集団農場과 小作料合理化」（『農民』第二巻第八号、一九三一年八月）。

(21)「農民新聞」欄（『農民』第四巻第八号、一九三三年八月）に掲載。

(22)「農民新聞」欄（『農民』第四巻第七号、一九三三年七月）。

(23)「農民新聞」欄（『農民』第四巻第一〇号、一九三三年一〇月）。

(24) 朝鮮農民社による「村落自治」掌握の他の事例として、『農民』誌には平安北道亀城郡天摩面安倉洞《アンチャンドン》の安倉社の報告（標題は「全洞社化と文化村建設」）が載せられている。「農民新聞」欄（『農民』第四巻第一〇号、一九三三年一〇月）。

(25) 한빛「迷信은 웨생기는가」（『農民』第四巻第四号、一九三三年四月）。

(26)「農民新聞」欄（『農民』第四巻第一一号、一九三三年一一月）。

(27) 金一大「経済的組合運動의実際」（『農民』第一巻第一号、一九三〇年五月）では、平安南道安州郡内の「各洞里農民社で実行している事実をそのまま紹介する」として、「農村の頑固な老人たち」が農民社を「妨害」する問題があげられている。これに対する方策として、洞里農民社が「酒色道楽など乱雑な行動を厳禁する宣言を」して、「その洞里内に飲み屋をなくすることが第一策」とした。そうすることで、農民社に「頑固老人たちが賛成をするようになり、各家が農民社員になる」という。

(28) 前掲拙著、第三章を参照されたい。

(29) 拙稿「朝鮮農村の「中堅人物」――京畿道驪州郡の場合――」（『朝鮮学報』第一四一輯、一九九一年一〇月）。韓国留学中の一九八七年八月と一九八八年一一月に現地調査をおこない、元中堅人物にも面談した。この拙稿の成果を近年の研究動向の中で位置づけ直す必要があると考えた。

(30) 尹海東、前掲書、第三部、二四三～二六五頁。

(31) 拙稿「植民地朝鮮における農村振興運動期の「敬神崇祖」――朝鮮総督府の神社政策に関連して――」（『桃山学院大学総合研究所紀要』第三三巻第三号、二〇〇八年三月）。

(32) 一九三五年一月に公表され立案・政策化されていった心田開発運動を、筆者なりに統治政策の中で位置づけると次のように説明できる。すなわち、農村振興運動の展開の過程で国体明徴を受けて、朝鮮総督府は国民統合のために朝鮮民衆の心意世界の編成替えを構想した。その構想は二重性からなり、「敬神崇祖」にもとづき神社への大衆動員を図る一方で（「神社制度の確立」）、公認宗教や利用可能な諸「信仰」・教化団体の協力を引き出そうとした（「宗教復興」）。さらに、この二重性の裏では、支配の障害となる「類似宗教」や「迷信」等を排除しようとした政策であったといえる。

(33) P氏は一九二二年に驪州郡興川面の小作農の家に生まれた。興川普通学校を卒業後、一九三九年三月に驪州郡農道講習所に入所し、そこを卒業後は翌年度からその補導員に任じられた。参考までに、同氏からうかがったことを次にまとめてみる。

農道講習所の入所資格は普通学校六年卒だが、驪州の邑内以外は特別に四年卒も認められた。補導員の資格は五年制の農業学校卒で社会経験が三年以上であったが、自分は特例で補導員になった。農道講習所は一九四一年に郡庁から農会に移管された。

農道講習所は設立当初は不振だったが、一九三六年に施設が移転した後再スタートが切られ、卒業生の進路が保証されるようになった。毎年大体三〇名の卒業生は、成績順に約一〇名ずつ上中下に分けられそれぞれ三つのコースに進んだ。成績が上の者たちは、試験を受けて郡庁や面事務所の書記・技手（面事務所の方が多数）になった。中の者たちは、面事務所の常時指導員、つまり一年期限の臨時職員となった。成績が下の者たちは、季節指導員として田植えなど特別の農作業時に指導に赴いた。また、中と下のコースの者たちは、郡庁の紹介で金融組合から低利の自作農創定資金の融資を受けることができた。彼らは、ほとんどの場合数年で返済を完了し自作農になった。

講習生たちは講習所の指導内容（「生活改善」や講習所内の神祠参拝も含む）に対して、約九割はいやでも強制だから従い、残り一割くらいは日本の下での村落再建を信奉して柔順に従った。トゥレ（水田地帯での共同労働の組織）や婚礼・葬礼（「儀礼準則」による）の簡素化も指導した。陽暦の指導では特に新正月に力を入れ、民間での年中行事（陰暦）はおこなえたが末期にはできなくなった。

なお、前掲拙稿（一九九一年）には、他の元中堅人物から聞いた事柄も少し載せているので参照されたい。

(34) 板垣竜太〔監修・解説〕『自力更生彙報――朝鮮総督府農業政策史料――』第一～六巻（ゆまに書房、二〇〇六年）は、『自力更生彙報』を復刻出版したものである。

(35) 宮田節子『朝鮮民衆と「皇民化」政策』（未來社、一九八五年）の「『内鮮一体』の構造」（第四章、初出は一九八二年の同名論文）は、同化と差別の矛盾に焦点を絞って「内鮮一体」の構造を論じた先駆的研究であり、同化の論理の一面を明確に提示した。

咸鏡北道における思想浄化工作と郷約・自衛団

水野直樹

はじめに

本稿は、一九三〇年代と四〇年代前半の時期、咸鏡北道（特に南三郡と呼ばれる明川、吉州、城津）で実施された「思想浄化工作」の中で組織された郷約と自衛団が地域社会でどのような意味を持っていたかを分析・検討しようとするものである。

咸鏡北道（咸北）の南三郡では、一九三〇年代初めから農民組合運動が盛んに展開されたが、取り締まり当局はこれを共産主義運動であるとして弾圧した。農民組合運動は弾圧にもかかわらず、粘り強く展開された。城津郡では一九三二年（検察受理人員一四六名）、三三年（七七名）、三六年（二六九名）、明川郡で三五年（二一三名）、三六年（五七八名）、三七年（二二九名）、吉州郡で三六年（一一一名）、三七年（二七名）にそれぞれ大規模な検挙事件が起きている。

咸鏡北道は、中国（当時「満洲国」）・ソ連と国境を接するだけでなく、「北鮮ルート」を開いて日本—朝鮮—「満洲」（以下、カッコを省略する）を経済的に結びつけようとしていた日本にとって重要な地域でもあったため、治安の確保が緊急性を帯びた課題として意識されていた。また、国境の満洲側では抗日武装闘争が展開されていたため、それが朝鮮内の農民運動と連携をもつことに対する危機意識も強かった。そのため、当局は農民運動を弾圧するだけではなく、地域社会全体を統制する根本的な対策を講じることが必要と考えたのである。

筆者は、咸鏡北道において農民運動を抑えるために実施された「思想浄化工作」に関して、すでにいくつかの論文を発表した[1]。これらの論文では警察当局による「思想浄化工作」立案とその実施の過程を考察したが、工作の対象となった地域社会で組織された郷約や自衛団については深く分析・検討できなかった。本稿は、郷約と自衛団に焦点を合わせて、農民運動を抑えようとした「思想浄化工作」が地域社会にとってどのようなものであったかを検討することにしたい。

郷約は、もとは中国の宋代に始まったものだが、朝鮮では一六世紀に儒学者の退渓李滉が作成した「礼安郷約」や栗谷李珥の「西原郷約」などによって広まった。両班儒生が村落秩序を維持するために、約束事を決める形式をとったが、違反者を処罰する権限をも定め、平民や奴婢を統制する機能ももっていた。郷約は、一九世紀には統制力を弱め形骸化してしまったといわれるが、植民地支配秩序を維持するために、新たな装いで郷約を復活させようとしたのが、一九三〇年代の咸鏡北道当局であった。なお、郷約という言葉は、実践すべき項目を定めた規約とそのための組織の両方を表わすものである。

ところで、咸鏡北道が作成した『関北郷約』に関しては、すでに李俊植氏の論文がある[2]。『関北郷約』の内容、それを作成した道知事富永文一について詳しく記述されているが、郷約の実態、思想浄化工作との関連についてはあまり触れられていない。

一方、思想浄化工作で重要な役割を果たした自衛団に関しては、筆者の既発表論文のほか、池秀傑氏が明川農民組合運動に関する研究[3]の中で触れている程度で、研究がまったくなされていないといってよい。

本稿は、咸鏡北道における郷約と自衛団がいかなるものであったかを分析・検討することを通じて、思想浄化工作の実態を多面的に解明することも目的としている。

ただし、資料的に大きな制約があることも認めておかねばならない。郷約に関しては総督府側の文献や雑誌記事があるが、自衛団に関しては取り締まり当局の作成した資料のほかにはまとまった資料がないため、新聞記事に頼らざるを得ないことを断っておきたい。なお、郷約は一九三〇年代の朝鮮総督府の重要施策である農村振興運動とも深い関連があるものだが、その点に関して本稿では深く分析・検討できないことも断っておかねばならない。(4)

一 咸鏡北道南三郡の思想浄化工作と郷約

(1) 『関北郷約』の特徴

咸鏡北道では、農村振興運動の展開の中で郷約を活用することが強調され、実際に村落単位で協約が組織された。それを推進したのは、一九三一年一〇月に道知事に任命された富永文一であった。富永は翌年春、道内各府郡に「郷約の精神による施設」の状況を調査するよう指示し(『毎日申報』一九三二年四月一四日)、それを踏まえて六月二九日に『関北郷約』を発表した(5)(『毎日申報』一九三二年七月四日)。『関北郷約』(咸鏡北道発行)は、一九三二年六月、活版四二頁(日本文二二頁、朝鮮文一八頁)の小冊子として発行された。序文に当たる「郷約立議」で富永は、次のように書いている。

　晩近社会ノ風潮ハ日ト共ニ軽佻浮薄ニ趨キ奇矯ナル思想ノ浸汎ハ実ニ恐ルベキモノアリ。今ニシテ之ヲ匡正スルニ非ザレバ遂ニ救フベカラザルニ至ラム。而シテ之ヲ救フノ道ハ先ツ地方郷党ノ覚醒ニ依リ協力一致民風ノ改善ト地方ノ教化ヲ行フヲ以テ急務トス。[中略] 道徳ヲ基礎トシ正義ニ則リ中正穏健ナル思想ノ確立ト協同一致勤倹力行以テ地方ノ開発民風ノ改良ヲ期セザルベカラズ。茲ニ郷約綱領及郷約節目ヲ示シテ郷党ノ父老ニ謀ラムトス。

郷約を広めようとした富永の意図は、この「郷約立議」に明確に示されている。「軽佻浮薄」「奇矯ナル思想」の蔓延を防ぐために、「郷党ノ父老」が先頭に立って「中正穏健」な思想を確立し、「地方ノ開発」「民風ノ改良」に努力せよ、というものである。富永は、「敢テ各郡邑面ニ強制セムトスルニ非ズ」とも書いているが、地域社会の「父老」の自発性を引き出しつつ当局の指導下に郷約を組織しようと図ったのである。

『関北郷約』の「郷約綱領」では、目的を「地方ノ美風良俗ヲ維持助長シ産業経済ノ向上発達ヲ勧奨スルト共ニ公民トシテ奉仕的精神ノ涵養ニ務ム」とし、郷約の区域を必ずしも洞里に限定せず「地方ニ於ケル集団的部落」を中心として定めるとしている。また郷約員は「独立ノ生計ヲ営ム成年以上ノ者」とするとしている。社会学者鈴木栄太郎によれば、旧来の郷約は「郷校書院を中心とする郡内の両班儒林を主とした組織」であったのに対し、「関北郷約は部落の世帯主によつて構成され、全道内の郷約団体が統一される組織になつて居る」と論じている(6)。できるだけ多くの世帯主を郷約に組織することによって、地域社会の秩序維持を図ろうとしたと考えてよかろう。

郷約の職員は約長一人、掌務五〜一〇人、幹事二人とし、約長には「徳望最モ尊キ者」を選挙して郡守の認可を受けることとしている。さらに郡レベルでは各郷約の職員が参加する都郷約を組織するとしているが、互選で選ばれた都約長ら幹部は郡守を経て道知事の指名を受けることとされた。このような綱領を見るならば、郷約の活動が当局の認める範囲のものに限られることとなるのは当然といえよう。

また、『関北郷約』の「郷約節目」は、徳行相勧、風俗改善、産業奨励、公共奉仕、患難相恤、過失相規の六項目に分けられ、さらにそれぞれの項目で郷約員の実践すべき事項を詳細に定めている。朝鮮王朝時代に組織された郷約の節目は、基本的に徳業相勧、過失相規、礼俗相交、患難相恤の四項目に分けられていたが、『関北郷約』はこれに産業奨励、公共奉仕を加えているのである。「旧来の郷約精神を酌んだものではあるが、現時の情勢に適応すべく改定せられ、其の組織内容に於て著しく時代的新味を加へられてある[7]」と評されているように、植民地支配の目的に合わせて旧来の郷約を換骨奪胎したものであった。

「郷約節目」で特に注目される点をあげてみよう。第一に、国家や官公署への服従が強調されていることである。国家や「君」への忠誠は旧来の郷約でも定められていたが、『関北郷約』では「官公衙ノ命令勧奨スル所ニ服従シ克ク之ヲ遵奉ス」とされている。また「父母ニ孝ナルコト」「夫婦相和スルコト」と並んで「国法ニ遵フコト」があげられている。第二に、公共奉仕活動の一つとして青少年の指導をあげていることである。模範部落の完成に努力すること、道路などの安全を確保すること、邑面協議会選挙では私利私欲を挟まないことなどとともに、学校と家庭との連絡を密にすること、「地方青年団少年団等ノ善良ナル修養団体ニ協力シ其ノ着実ナル発達ヲ助ク」ことが定められている。第三に、外来の不審者や郷約の決まりに従わない者を当局に告発せよとしていることである。「外来不良ノ徒又ハ怪疑アル者郷内ニ潜入シタルトキハ速ニ之ヲ官ニ内報ス」「過失者ニ対シテハ〔中略〕戒飭〔戒めること〕三回ニ及ブトキハ之ヲ官ニ告グ。過失重大ナルトキハ之ヲ官ニ告ゲ其ノ処置ヲ請フ」と定め、また過失の一つとして「犯罪アル者ヲ庇護隠匿シ官ニ告ゲザル者ハ之ヲ戒ム」と規定しており、郷約が警察など当局の補助的役割を果たすことが期待されているのである。

ところで、『関北郷約』の特徴は、他の郷約と比較することによって、より明瞭に把握することができる。関北郷約以外に、植民地期に組織された郷約として文献資料が残っているものとしては、咸鏡南道咸興の郷約がある。韓基邦著『郷約』(咸興郷校儒林会発行、一九三三年五月、活版三三頁、朝鮮文、ルビ形式で日本語)の序文によれば、咸興の郷約は一九一七年に韓基邦らによって組織されたものとされるが、当時の『毎日申報』の記事によれば、郷約契の組織は郡守申載永が提案をし[8]「有志紳士」が幹部を務めたという（『毎日申報』一九一七年一二月二〇日）。咸興の郷約は、一九二〇年に「咸興維新会」に名称を変更して郷約としての内実を失っていたが、一九三〇年に「郷約維新会」に改めて郷約の復活を図った。そのために編集・刊行されたのが韓基邦著『郷約』であった。

『郷約』は、咸鏡南道参与官姜弼成の序文をはじめ、郷約沿革、郷約（本文）、綱領・条目などを収録している。条目は、徳業相勧、過失相規、礼俗相交、患難相恤の四項目で構成されており、朝鮮王朝時代のものと変わりがない。「徳業相勧」では、旧来の郷約の「父母に孝をなす事、夫婦相和する事、長幼の序を有する事、朋友信を有する事」などに加えて、「国家に忠をなす事」「職業に勤むる事」「衛生に注意する事」などを新たに定めている。「国家に忠をなす事」の説明では、「国家は人民と領土と主権を以て成立するものにして、我は国民の一分子なり。国家に対する責任は亦重大にして、責任を尽くすを忠と謂う。主権を有せらるる吾君を尊び敬ひ、美を順ひ悪を匡し、以て君を神聖ならしめ国を隆盛ならしむべく、官に勤め兵に勇し、農者、商者、其他、百工が各々其職業を尽せば忠ならざるもの無し」とした上で、「（実行事例）君に事ふるに忠を以てし欺罔せず〔中略〕〇法律命令を遵守し非合法的行動を排斥し〇共存共栄の精神を培養し挙国一致の意義を闡明にし〇国旗掲揚と年号使用を恪勤ならしむる類なり」があげられている。実行事例において、植民地支配に従順な人民の勤めが強調されているといってよい。

しかし、全般的に見ると、咸興の郷約は併合以前のそれを大きく変えるものではなかった。過ちを犯した者について「過失を互いに戒める」とし、三回戒めても改めない場合は「除名」、さらに「一切社交を絶つ」としているだけで、官への告発は規定していないからである。『関北郷約』とは違い咸興の郷約では、植民地権力が郷約の構成員を統制することは想定されていないといえる。

これに対して、富永文一が作成・奨励した『関北郷約』では、植民地権力が郷約内部にまで統制力を及ぼそう

表1　咸鏡北道の郷約

府郡	町洞里数(1929年)	郷約		約員数		世帯数(1935年)(b)	(a)／(b)×100
		1933年1月	1939年	1933年1月	1939年(a)		
清津府	27	—	1	—	120	11,788	1.0
羅津府		—	5	—	547	—	—
鏡城郡	132	8	110	584	8,787	23,197	37.9
明川郡	126	41	144	3,699	15,334	21,337	71.9
吉州郡	54	6	57	923	10,410	15,336	67.9
城津郡	58	6	72	997	7,735	16,049	48.2
富寧郡	58	4	79	389	4,917	8,081	60.8
茂山郡	40	14	127	1,139	7,364	12,022	61.3
会寧郡	43	7	57	389	4,413	10,859	40.6
鍾城郡	31	2	63	83	4,416	6,387	69.1
穏城郡	23	1	41	29	2,978	5,722	52.0
慶源郡	61	6	69	299	3,800	6,012	63.2
慶興郡	57	5	56	101	3,161	18,707	16.9
合計	701	100	881	8,632	72,982	155,507	46.9

出典：郷約・約員数の1933年は『毎日申報』1933年1月19日、1939年は咸鏡北道『咸鏡北道勢一斑』昭和14年版、148頁。町洞里数は、朝鮮総督府内務局編『地方行政区域名称一覧』(帝国地方行政学会朝鮮本部、1929年)。世帯数は、朝鮮総督府『昭和十年朝鮮国勢調査報告　道編第十三巻　咸鏡北道』(1938年)、52−53頁。

註：羅津邑は慶興郡の一部だったが、1936年9月に羅津府に昇格した。その結果、羅津府は80町洞、慶興郡は49洞となった。

としている点が大きな特徴となっている。

(2)　郷約の組織とその実態

咸鏡北道当局は、『関北郷約』発表後、直ちに郷約を各郡に広めることに力を注いだ。七月二八日、鏡城郡内の邑面長の会議で郷約を組織することが決められている（『毎日申報』一九三二年八月三日）。

九月六日に開かれた府尹・郡守会議で富永は、道内一部地方で共産主義運動が深刻化していると前置きして、次のように述べている。「共産主義のごとき変態的思想が取締官憲の厳重な警防の網を潜ってかくのごとく瀰漫したことを考える時、一般青年少年の監督的地位にある父兄らが社会事象に対する正当な判断力に欠けていることが主因だが、しかし一面で人心指導啓発の任に当たる地方官吏・教職員らに青年子女の指導教化に対する関心が不足していることもある」。

そして富永は、その対策として学校の校長・職員が教化に力を注ぐ必要があるとした上で、対策の第二は「郷約の復興」であるとして、郡守らに「郷党父老を指導してその実をあげるよう」指示した（『毎日申報』一九三二年九月九日）。この段階では、共産主義運動の拡大を防ぐために郷約を利用すること、その際には学校教職員のほか「郷党父老」が青少年を指導することが重要と考えられたのである。

府尹・郡守会議の後、咸北の各郡で郷約が組織されていくことになるが、郡レベルの都郷約所が創立される場合には、郡守だけでなく知事の富永、参与官の李聖根も参席することが多かった。一一月二〇日に開かれた鏡城郡都郷約所の創立総会では、李参与官が儒教の道徳にもとづいて自力更生、精神統一を図らねばならないと述べたが、「民心を浮動させる共産主義という伝染病」に注意すべきことを強調した。総会では、郡守の申泰鎮が「民心作興・自力更生の実行要項」を指示した（『毎日申報』一九三二年一一月二四日、二七日）。

表1のように、一九三三年一月一〇日までに、咸鏡北道内では都会地である清津府を除いてすべての郡で郷約組織の動きがみられた。全道で一〇〇か所に郷約所が設けられ、加入者は八六〇〇名余りとなっている。郡別に見ると、明川郡の四一か所、三六九九人がもっとも多く、次いで茂山郡の一四か所、一一三九人となっているが、吉州郡（六か所九二三人）、城津郡（六か所九九七人）も加入者が多いことで注目される（『毎日申報』一九三三年一月一九日）。当初から南部三郡で郷約の組織化が重視されていたと見られる。

表1からわかることは、一九三九年までにほぼすべての洞里（行政洞里）に郷約が設けられたことであるが、行政単位としての洞ではなく自然村落である洞を単位に郷約が設けられたところもある。たとえば、明川郡下雩面石隅洞

男子人口（1935年）(d)	15–29歳男子推定人口（1935年）(e)
4,966	1,291
3,786	984
9,175	2,385
4,589	1,192
3,657	950
7,960	2,069
4,413	1,147
11,348	2,950
5,787	1,504
5,486	1,426
61,167	16,060

表2　明川郡の郷約・自衛団

	基本統計(1936年？)(a)			郷約(1933年)(b)		思想浄化工作(1937年)(c)			赤色農組検挙
	世帯数	人口	洞数	郷約数	約員数(人)	委員会	自衛団数	自衛団員数(人)	
上雩北面	1,576	9,763	11	1	80				
上雩南面	1,122	7,255	10	1	110	○	14	1,004	
阿間面	3,035	18,161	17	15	1,596	○	6	734	1次、2次
上加面	1,609	10,011	14	16 (淵徳洞に3)	1,262	○	41	4,976	1次、2次
下加面	1,299	7,339	12	11	870	○	16	911	1次、2次
下古面	2,601	45,118	15	1	61	○	18	1,954	1次、2次
下雩面	1,463	8,631	10	9 (石隅洞に6)	884				
西面	4,065	20,845	16	6	733				
東面	2,055	12,144	12	2	265				
上古面	1,541	9,501	9	9	938	○			3次
合計	20,366	118,768	126	71	6,803		95	9,579	
	1洞当たり 平均世帯数162			1郷約当たり 平均96人(註1)			1自衛団当たり 平均101人		

出典(a)梁村奇智城『新興之北鮮史』(朝鮮研究社、1937年)。
(b)吉田猶蔵「咸北の郷約発展」(『朝鮮』第222号、1933年10月)。
(c)「南三郡思想浄化工作概況」(『思想彙報』第11号、1937年6月)。
(d)朝鮮総督府『昭和十年朝鮮国勢調査報告　道編第十三巻　咸鏡北道』(1938年)、2頁。
(e)同上、22頁により計算した明川郡男子人口に占める15-29歳男子の比率(26%)を各面男子人口に掛けた数字。

註1：上加面淵徳洞に3、下雩面石隅洞に6の郷約がある。これらの洞の郷約数を1とすると、郷約数は合計64、平均106人となる。
2：上加面の自衛団員数は、同面の男子人口(1935年4,589人)および15-29歳男子推定人口より大きいので、誤りと見られるが、そのまま掲げておく。
3：男子推定人口の合計は、15,898人になるが、原表の数字を掲げておく。

には、石隅洞郷約のほか明澗郷約、芹洞郷約、咸鎮郷約、明東郷約、明西郷約の合計六つの郷約が設けられた[9]。

ただし、注意すべきは、『関北郷約』で「独立ノ生計ヲ営ム成年以上ノ者」を約員にするとしていたにもかかわらず、実際に郷約に加入したのは全世帯数の半分に満たないことである。明川、吉州、鍾城など加入率七〇%前後の郡もあるが、一方で鏡城や慶興など加入率の低い郡もあり、同じ咸鏡北道でもかなりの地域差が見られる。このような地域差がなぜ生じたかは今のところ明らかでない。

さらに郷約数が最も多い明川郡の状況を、表2によって見ておこう。これによれば、一九三三年の時点（何月か不明）で明川郡では七一の郷約が組織され、六八〇三人が加入している。世帯数と比べると、この時点では三分の一の世帯が郷約に加入していることになる。阿間面・上加面・下加面・上古面ではほぼすべての洞里に郷約が組織されており、世帯の半分以上が加入していたと考えられる。明川郡では、一九三六年八月までに一三五の郷約が組織され、約員数は一五、八二一人となった。(10) ただしその後、郷約数・約員数ともに大きく増えることはなかった。一九三三年から三六年までが郷約組織化の時期であったといえよう。

では、郷約活動の中心となる幹部らがどのような人物であったかを、二つの実例を通じて見てみよう。

鏡城郡朱北面雲谷洞（総戸数九三戸）では、雲坪部落の七三戸が加わって一九三二年八月に郷約を組織したが、約長の金炳奎は、鏡城郡の都郷約部長をも兼ねる人物であり、郡参事・道評議員・中枢院参議なども務める「道内屈指の有力者」と評されている。(11)

城津郡鶴中面春洞上村（総戸数六五戸）では、一九三三年に郷約が組織され、一九三六年に更正指導部落に指定された。同部落に生まれた朴毒欄《ママ》（一九三七年現在三〇歳）は、公立普通学校附設農業補習学校を卒業した後、家業の農業に従事していたが、一時「共産主義或は社会主義」の「浅薄な思想に捉はれ」たこともある。しかし、一九三三年に春洞下村の農事指導員となってからは自家の更正計画をたてて農業に励み、一九三六年には部落更正指導員と郷約幹事・成年部長を務め、さらには区長にも選ばれ、「部落の振興を双肩に担い率先示範を指導の信条とし国民的自覚喚起に、農道精神の鼓吹に、或は文盲退治等［中略］あらゆる方面に献身的努力を払」っているとされる。(12)

少ない事例からではあるが、郷約の幹部は、比較的年齢の高く、「徳望家」と見られた者か、部落の「中堅人物」としてその活動が期待される者が務めたと考えられる。

（3）郷約と思想浄化工作

咸北で組織された郷約が『関北郷約』に定められた節目にもとづいて活動したことは、いうまでもない。その中でも農民運動・共産主義運動を抑えるために郷約が行なった活動は詳しくは明らかでないが、それをうかがわせる二つの事例を紹介する。

城津郡鶴城面達利洞の郷約は、「色服着用」「国旗準備」「賭博常習者注意」などと合わせて「政治犯青年注意の件」を決議している（『毎日申報』一九三三年二月二四日）。ただし、これをどのように実行したかは明らかでない。

城津郡鶴中面春洞は農村振興運動の「模範部落」に指定されていたところだが、そこでは郷約を中心とする振興運動が展開されていた。春洞郷約は一九三二年八月に組織され、一三二戸が参加していた（全戸数は三一〇戸）。郷約の下に戸主部（一二〇名）、少年部（一四〇名）、青年部（八三名）、婦人部（一七三名）が設けられていた。月一回の集会には、郡守または郡職員・面長・普通学校長・金融組合長・駐在所職員・農業補習学校駐在員なども参席した。

春洞における郷約の実行は『関北郷約』によっていたが、紹介されている活動状況のうち、農民運動との関連で注目されるのは次のようなものである。「国法に遵ふこと」に関しては、「従来は不法行為ありと雖、洞内住民に対し廉恥の念なかりしも、［郷約］実施後の今日に於ては僅かの事件にて駐在所に呼出されたりと雖、家族は約長を始め学校長面長宅に行き謝罪するの風習出来、尚本人は当分間恥を知り外出をなさず謹慎するに至れり」とされている。さらに「思想の善導」に関しては、「従来は思想善導に対し何等見るべきものなく、左傾団体加入者七名ありたりしが、実施後警察官に迫はれたる左傾青年洞内に入りたることありたるに、洞民道に之を官に内報したり。又七名の左傾団体員は農民組合より退脱〔ママ〕せり」と記されている。[13] この紹介記事は、「模範部落」を称賛するために書かれているので、相当割り引いて考える必要があるが、郷約が農民運動の抑制に一定の役割を果たしたことを伝えている。

咸鏡北道警察部長を務めていた高尾甚造は、着任以来一年半の感想を問われて、「思想善導においても郷約青年団等の教化機関の施設とともに不穏思想が漸次退治されている現状は甚だ喜ばしいところである」と語っている（『毎日申報』一九三四年五月五日）。しかし、高尾の認識は楽観的に過ぎるものであったことは、すぐに明らかになる。郷約の組織化にもかかわらず農民運動が継続し、それに対する弾圧が咸北南三郡で相次ぐことになるのである。実際、表2に見るように、明川郡の中でも郷約の多い阿間面、上加面、下加面では農民組合運動が引き続き展開されていた。

そのため、当局は郷約が運動の鎮圧に果たす役割をそれほど高く評価しなくなる。後述するように、一九三六年に思想浄化工作を正式に決定、実施するにあたって、当局は郷約をそれほど重視しなかったが、それは郷約に対する低い評価によるものであった。咸鏡北道を管轄する清津地方法院検事局が作成したと思われる南三郡の思想浄化工作に関する報告では、次のような評価が下されている。


従来本道には教化団体として各洞毎に郷約の組織ありたりと雖其の約員は原則として戸主に限られ、而して南三郡地方には父兄中頑迷固陋の者多く中には子弟に共鳴して其の妄動を援助するものすらありて、郷約として統制的活動をなすことは困難の事情にあり、亦青少年の大部分が左傾化し父兄中子弟の監督を厳にし或は官に協力する者等あらば多数襲撃して暴行脅迫を加ふる等の暴虐を敢行したる為、却て父兄が子弟に威怖し子弟の鼻息を窺ふ等長幼の序は全く地を払ひて父兄の正当なる子弟監督の如き到底望むべからざる実情に在りたるを以て、本道に於ては左傾者の徹底的検挙を断行すると共に、此の機会に於て南三郡に穏健青年を以て自衛団を組織し、〔以下略〕(14)

この報告に記されているように、当局が青年層の統制・監督役として期待した「父兄」の中にも農民運動に加わる者がいたり、当局に協力する「父兄」が襲撃されたりしたため、郷約は、農民運動の鎮圧・防止の方策としてそれほど効果をあげることができなかった。これに代わって新たに自衛団の組織化が進められることになるのである。

二　思想浄化工作と自衛団

(1)　自衛団の組織化

咸鏡北道の南三郡では、農民運動・共産主義運動を抑えるために、一九三〇年代前半青年団などが組織されていた[15]。しかし、それら青年団は任意加盟であること、郷約の下部組織として位置づけられていたことなどから、警察当局の直接的統制が及ぶものではなかったと見られる。農民運動が継続する状況を変えるために、警察当局が活用しようとしたのが自衛団であった。

一九三六年一一月、咸鏡北道道庁は、南三郡思想浄化委員会を設置して、委員会規程・実行要綱を決定した。道―郡―面の各行政単位に思想浄化委員会を設けて、思想浄化工作を組織的・系統的に推進するためであった。道委員会は、委員長に知事、委員に参与官・内務部長・警察部長・警務課長・特高警察課長などが就き、郡委員会では、郡守が委員長、警察署長が副委員長となり、委員は郡内務係主任・社会事業担当郡属・警察署高等係主任などが務めることとした。さらに、面委員会は面長・駐在所首席・公立普通学校長・金融組合理事（または副理事）などが委員となることとし、事務は駐在所が主管するとした。

思想浄化委員会の「実行要綱」には、不良分子の弾圧、転向者等の保護、自衛的活動の助成などが掲げられたが、「現在ノ郷約ヲ強化シ積極的権威アル活動ヲ奨励ス」とし、さらに啓蒙及善導施設の「1　父兄ニ対スル指導」では「イ　郷約ニ依ル指導」、「2　青少年ニ対スル指導」では「ロ　自衛団ニ依ル指導」「ハ　郷約ニ依ル

指導　郷約内ニ於ケル青少年部、婦女部ノ積極的活動ヲ促ス」などが示されていた。[16]

「実行要綱」に「郷約ニ依ル指導」も掲げられたが、実際に重視されたのは自衛団の組織化であった。農民運動に関与する可能性の高い青年層を直接警察当局の直接的な監視・統制の下に置かなければ、運動を防止することができないと考えられたからである。

自衛団の組織化という警察当局のアイデアは、朝鮮と満洲との国境地帯で組織されていた自衛団に由来するものと考えられる。満洲では、一九三〇年代半ば抗日パルチザンを抑えるために中国人や在満朝鮮人を自衛団に組織して、討伐作戦の補助などをさせていた。[17]特に朝鮮総督府が設けた間島の集団部落では、一〇〇戸当たり二〇名ほどの自衛団員が選抜され、「部落の防衛」のほか「軍警の討伐には常に之に随伴して或は道案内に或は匪情偵察に或は通訳に或は討匪軍警の部隊と警備機関との連絡の重任に服し」た。[18]

また、国境地帯の朝鮮側でも、パルチザンの越境攻撃に備えるために国境警察を補助する組織として自衛団がつくられていた。咸鏡北道の豆満江沿いの各郡では、一九三〇年代初めから自衛団が組織されていたが、当初は冬の結氷期の間だけ中国側から襲来する「匪賊」を監視するために設けられたものだったようである。たとえば、一九三三年一二月に咸北道庁で開かれた咸北国境警備会議では、結氷期に備えて国境の警察署・駐在所の活動を補助する自衛団を組織し、そのために防寒服を支給することを決めている。この時点で咸北の自衛団は六八か所九五〇名余りであった（『毎日申報』一九三三年一二月五日）。一団当たり一四名程度で、規模としてはあまり大きくない。

平安北道昌城警察署長の佐藤重市は、国境警備強化のために検討すべき事項として「青年団の組織及訓練」をあげて、具体的な方法も提案している。佐藤によれば、「青年団」を国境第一線の駐在所・出張所の部落に設け、二〇歳から三五歳の「身体強健、思想堅固、素行善良」な青年を選抜して組織し、警察操典にもとづいて操練を施し、「規律的観念を涵養し、学科として国体観念・国防観念・常識、特に徳義心の涵養に重きを置き、地方中堅指導団体」とすること、「青年団」の利用策としては、「対岸状況の内偵察知」「一朝有事に当たりては部落民の統制或は避難の誘導、警察官の連絡、賊状偵察」「犯罪捜査の援助」「伝染病の予防援助」「火災に当りては簡易消防組合を兼ねる」としている。[19] 佐藤は「青年団」の組織を今後の課題としているが、それは咸鏡北道ですでに数年前から実際に組織されていた自衛団とほぼ同じものであった。

このように満洲および朝鮮側国境地帯で警察の指導の下につくられた警備支援組織である自衛団方式が咸北の南三郡にも適用されることになった。それを発案したのは、吉州警察署長木村只一であった。それについて、一九三六年六月六日付『毎日申報』は次のように報じている。

自衛団を組織／不穏思想防止／木村新任吉州署長の試案／一般では多くの期待

過般、国境第一線の慶源署長から破格に選抜され一躍吉州警察署長に栄転した木村只一警部は、健全な民衆警察の前衛に立脚して思想善導、農村振興工作に着眼し、管内住民の安分楽業のため、赴任劈頭から一気に邁進している。吉州は明川と城津の中間に介在して海岸線一帯には不穏思想が浸襲するに伴って意外の不祥事が頻発する状況に鑑みて、木村署長はこの弊害を根本的に除去しようと部落を中心として一五〔ママ〕歳までの男子[20]で自衛団を組織した後、郷約と連絡をとって三〇以上の者は顧問として共同責任を負わせ、別に団則を制定して関係駐在所の指導に応従させ、不穏思想の共同防衛と同時に善良な生活に転向するよう万全の方策を樹立し、組織着手方法を各駐在所に示達した。要するに、自衛団は該部落の平和と自身の健在を文字どおり互相戒慎するという意味から見ても、相当な功効があることは火を観るより明らかであって、またその指導を直接かつ間接に警察当局が励行するようになれば、自然に民衆と警察との距離が短縮され、接触が頻々となるにしたがい民衆警察の使命を円満に遂行するようになり、思想善導および農村振興に拍車を加えるもので、一般住民は木村署長の手腕に多くの期待をもっている。

この記事にとりあげられた木村只一は、一九二六年以降、漁大津警察署など咸北道内の警察署および道警察部に勤務し、慶興警察署長を経て、一九三六年に吉州警察署署長となった。咸北で長い警察勤務の経験をもつ人物である。その後も、一九三八年清津保護観察所嘱託保護司（兼任）、一九四〇年咸北警察部保安課長などを務め、一九四一年には江原道警察部に転任した[21]。国境の慶興での経験から、「思想悪化地帯」である吉州でも自衛団を利用することが有効だと考えたのであろう[22]。

木村が署長を勤める吉州郡では、思想浄化委員会の下に面委員会が設けられたが、必ずしもすべての面で委員会が組織されたわけではない。面委員会が設けられたのは、雄坪面、東海面、徳山面、長白面など農民運動が盛んだった地域である。面委員会には面長、駐在所（出張所を含む）首席、普通学校長、金融組合理事、および「其ノ他郡守、警察署長ニ於テ特ニ必要ト認メタルモノ」が委員として加わった[23]。

これと合わせて、思想浄化委員会を設けるべき面には、必ず警察官出張所が設置されるように措置されたようである。同年一二月に、咸北警察部は出張所五か所の増設を決めたが、そのうち二か所は吉州郡長白面の洲南出張所、雄坪面の南一出張所であった（他の三か所は国境地帯の茂山、慶興の二郡）（『毎日申報』一九三六年一二月二一日）。

こうして、警察側の体制整備がなされるのと平行して、吉州郡の各面では洞ごとに自衛団が組織されていった。一五〜三〇歳男子を団員として組織することによって、農民運動に参加する可能性のある男子青年を警察の統制・監視下に置くと同時に、農民運動情報の収集を図ろうとしたのである。

表3に見られるように、吉州郡では洞数に等しい自衛団が組織されている。表4は面別の自衛団の状況を示したものだが、これによれば、雄坪面、東海面、徳山面では洞ごとに一つの自衛団が組織されたこと、長白面と喝社面では複数の自衛団が組織された洞もあること、そして後に吉州邑（郡の中心町）となる英北面と吉城面では

表3　南三郡の郷約・自衛団・婦女会(1938年)

郡	組織種類	組織数	人員	積立基金	勤労奉仕延人員	面数	洞数	世帯・人口（1935年）
明川	郷約	126	12,519	49,078	85,498	10	126	世帯数　21,337
	自衛団	89	5,443	1,938	38,330			青年男子人口　16,060
	婦女会	64	2,002	1,335	7,208			
吉州	郷約	57	11,654	26,939	28,048	7	54	世帯数　15,336
	自衛団	54	6,773	2,833	46,837			青年男子人口　11,381
	婦女会	39	3,349	91	10,467			
城津	郷約	68	18,991	4,641	77,171	7	58	世帯数　16,049
	自衛団	46	4,396	4,109	19,269			青年男子人口　11,910
	婦女会	24	1,396	689	2,657			

出典：朝鮮総督府警務局『最近に於ける朝鮮治安状況』(昭和13年)、341−342頁。面数、洞数は、1929年の数字(朝鮮総督府内務局編『地方行政区域名称一覧』帝国地方行政学会朝鮮本部、1929年)。

世帯数、青年(15−29歳)男子人口は、朝鮮総督府『昭和十年朝鮮国勢調査報告　道編第十三巻　咸鏡北道』(1938年)による。

註：原表には「集団(勤行)延人員」「同収益」の数字もあげられているが、省略した。「積立基金」に関しては、円未満は切り捨てた。

表4　吉州警察署管内の自衛団組織状況(1937年)

	洞数	戸数	人口	自衛団数	自衛団員数	男子人口	15−29歳男子推定人口
雄坪面	6	1,344	7,887	6	863	3,926	1,060
東海面	10	1,878	10,743	10	1,011	5,312	1,434
徳山面	13	3,257	18,693	13	1,698	9,106	2,458
長白面	12	2,650	16,398	14	1,815	8,422	2,273
暍社面	5	1,902	10,796	6	962	7,556	2,040
英北面(→吉州邑)	8	3,394	17,660	4	902	4,870	1,314
吉城面(→吉州邑)				1	118	3,390	915
計	54	14,425	82,177	54	7,369	42,582	11,494

出典：洞数・戸数・人口は、梁村奇智城『新興之北鮮史』(朝鮮研究社、1937年)。自衛団数・団員数は、「南三郡思想浄化工作概況」(『思想彙報』第11号、1937年6月)。男子人口は、朝鮮総督府『昭和十年朝鮮国勢調査報告　道編第十三巻　咸鏡北道』(1938年)、2頁。15−29歳男子推定人口は、表2の出典(e)と同じ計算方法により推定した(吉州郡では男子人口の27%)。

註：英北面と吉城面は、1937年7月1日合併して吉州邑となった(『東亜日報』1937年6月7日、6月29日)。

必ずしもすべての洞に自衛団が設けられたわけではないことがわかる。また多くの面では、七〇～八〇％の青年を自衛団に加入させたことも読み取れる。一九三九年四月までには、吉州邑も含めてすべての洞に自衛団が設けられたという（『毎日申報』一九三九年四月三〇日）。

一方、表2によって明川郡の自衛団の状況を見ておくと、自衛団はすべての面で組織されたのではなく、思想浄化面委員会が置かれた六つの面のうち五つの面で組織されている。これらの面では洞に一つないし二つの自衛団があったと考えられる。これらの面は農民運動が展開されていた地域であって、そこに集中的に自衛団が設けられたのである。自衛団が組織された五つの面のうち、下加面と下古面ではほぼすべての青年を加入させていたと見られる。上加面では、自衛団員数が青年男子推定人口の四倍になっているが、その理由は明らかでない。

もう一つの城津郡の詳しい状況は不明だが、表3のように洞数の八割程度の自衛団しかないので、すべての洞で自衛団が組織されたわけではない。また、加入の対象となる青年のうち四割程度が加入していたに過ぎない。

以上のように南三郡の中でも自衛団の組織化に最も多くの力を注いだのが吉州郡であった。注目すべき点は、吉州郡では、釈放された「思想前科者」は「特別訓練生」として警察の下で訓練を受けることとし、「当分の間は官公吏、郷約長、区長、自衛団長、同副団長以外の者と交遊せしめず当分の間自衛団に編入せざること」としていたことである。[24]「思想前科者」が自衛団の組織を利用して農民組合運動を再建し拡大することを恐れての措置であろう。

（2）南三郡思想浄化工作と自衛団

ところで、一九三六年五月末、総督府警務局保安課長から咸北警察部長に転任した筒井竹雄は、直ちに南三郡を視察して、「該地方海岸附近は従前より思想が穏健でなく、全鮮中でもっとも憂慮されるところだ。それゆえ在任中には徹底的にこれを整理すると同時に善導して、他道と同じような平穏地帯になるよう誠意努力しようと思う。そのような意味で所管駐在所も訪問し、各項協議を重ねた」と語っている（『毎日申報』一九三六年六月一二日）。道警察部として南三郡で農民運動を抑えることが最重要課題であることを表明したものである。[25]

このような認識にもとづいて、前述のとおり、一九三六年一一月、咸鏡北道は南三郡思想浄化委員会を設置した。同委員会が定めた「啓蒙及善導施設」で注目すべき点は、「青少年ニ対スル指導」に関して「自衛団ニ依ル指導」があげられていることである。

自衛団の任務とされたのは、夜警活動、「不良外来者」の防止、青少年の動静監視、警察の捜査補助などであった。「容疑者を発見したるが如き場合は逸早く之を警察官に密告し、其の遑なき時は警鐘を乱打して団員の非常招集を行ひ、之が逮捕を期する」ことが自衛団に求められるとともに、警察当局は「密に彼等逃避者［農民組合関係者］に之［自衛団員］を接近せしめて自首を勧告せしめ」るなど、活動家の検挙に利用した。[26]

このような自衛団の活動を強化するため、洞・面・郡の各レベルで警察による自衛団訓練が実施され、講習会も開かれた。吉州警察署が一九三六年九月に開いた自衛団幹部の講習会は、四日間にわたって行なわれ、五七名が参加している（『毎日申報』一九三六年九月一九日）。

自衛団の警察捜査援助は、一九三七年六月からの一年間で、明川署管内五一回（従事団員五四四〇名）、吉州署管内八六回（五〇六〇名）、城津署管内二一六回（一三、九九三名）に及んだという。[27]自衛団の「捜査援助」あるいは「警戒出動」は、表5に見られるように、明川郡と吉州郡で多く行なわれた。出動人員では、一九三六年から翌三七年にかけてが多くなっており、この時期が自衛団の活動がもっとも活発であったことを示している。城津郡では、三六年と三八年が多く、三七年は幾分少なくなっている。表6のように、自衛団の活動によって農民組合関係者が検挙されたとされるのは、三六、三七年の両年であり、検挙者がいなかった三八年にも警戒出動が続

表5　南三郡における自衛団の「警戒出動状況」

	1936年		1937年		1938年	
	出動延日数	出動延人員	出動延日数	出動延人員	出動延日数	出動延人員
明川郡	533	13,748	454	14,934	3,287	12,955
吉州郡	145	62,613	266	89,756	1,718	23,862
城津郡	590	10,900	120	3,093	463	6,300
合計	1,268	87,261	840	10,7,783	5,468	43,117

出典：朝鮮総督府警務局『最近に於ける朝鮮治安状況』昭和13年版、351−352頁。

表6　南三郡の自衛団による農組関係検挙者数

	1936年	1937年	1938年
明川郡	63	5	—
吉州郡	10	12	—
城津郡	32	26	—
合計	105	43	—

出典：朝鮮総督府警務局『最近に於ける朝鮮治安状況』昭和13年版、352−353頁。

いているのは、「容疑者」の検挙のためというより、自衛団員に警戒意識を持たせ緊張感を維持するためだったといえるかもしれない。

自衛団に求められた任務に熱心に取り組んだ団員は、表彰されるなどの形で称賛された。一九四二年四月七日付『毎日新報』は、国民総力咸北連盟が表彰した優良産業戦士・優良自衛団員九名のうち、二人の自衛団員の活動ぶりを、「思想浄化の尖兵として／不屈の苦闘継続／咸北優良自衛団員功績燦然」「咸北道の特殊存在として防護指導に隠れた力を尽くしている自衛団員」の功績として詳しく紹介している。全文を紹介してみよう。

明川郡下加連合自衛団副会長　忠本光哲（三二）

光哲君は昭和二年明川郡下加面花台公立普通学校を卒業し、京城高等予備学校に入学したが、事情により昭和五年七月中途退学し、家に戻って農業に従事していたところ、京城在学中、当時青少年の思想をむしばんでいた時代の思潮というべき共産主義を農村青年に広めていたが、意見の確執によって同志と対立するようになり、下加面花台洞に移住して雑貨商を経営した。昭和一一年末、当時花台首席だった梅津警部（当時警部補）から共産主義運動の非を懇切に聞き、翻然としてみずからの非を悟り、転向を誓った後、警察署ほか官公署に協力しながら、強烈な思想運動者崔貞龍、哲龍を指導して転向させ、崔在龍ほか二一名を自首転向させたのをはじめ、累次の大検挙後の思想浄化工作には率先躬行、家業を顧みず講演会・座談会などによって今日の明朗明川を築くため献身的に尽力した。それのみならず、昭和一二年の支那事変勃発以来、警察といっそう協力しながら民衆の時局認識に当たると同時に、昭和一三年一一月以後、下加自衛団連合会副会長として団長を補佐して団員を統率し、多くの功績を築いた。以上のような功績によって、昭和一二年には農村中堅青年として選抜され内地を視察し、翌一三年三《[ママ]》月二九日の天長佳節には警察援助功労者として警察協会総裁から表彰され、また昭和一五年紀元二六〇〇年祝賀式典の時には明川郡自衛団代表として参列した。

吉州郡東海面不老洞四五二　北村忠義（三〇）

北村君は、昭和一二年五月、いわゆる第一次吉州右翼《[ママ]》農民組合事件直後の思想錯乱時代に自衛団長の重職を担い、警察官の指導に順従しつつ自衛団員の指導啓蒙に、あるいは地方思想浄化に、あるいは農村振興に、生産拡充の指導開発に、家庭を顧みる暇なく献身的に努力したもので、その重要な功績は次のとおりである。

(1)思想浄化　昭和一二年五月以来自衛団長として時局下の自衛団の重大使命をよく自覚し、洞内の中堅青年と手を携えて善良な団員獲得に努めながら、当時洞内の思想運動首魁者だった許禹甲、韓三鳳、崔水善などと対立の態勢をとりつつ、ある時には肉迫、あるいは理論抗争を継続して正面から、あるいは裏面から猛烈な思想的抗争をした。一面、自首あるいは転向を慫慂するなど、その努力は大きかったが、そのために同君は思想関係者から『お前は警察の犬だ』とまで卑劣な俗名を受けることとなり、一時は逆境に陥りもしたが、確固たる初志の信念を曲げることなく、徹頭徹尾反思想運動に苦心努力を積んだ結果、暗雲低迷の状態にあった洞内を明朗な洞内に変えた。そうして昭和一四年四月二九日、朝鮮警察協会総裁からその功績を認定され感謝状を受けた。

（2）農村振興　昭和一二年五月以来、自衛団長として思想浄化と農村振興は不可分の関係にあることを痛感し、常に農村振興に力を注ぎ、当時原始的な営農で満足していた固陋頑迷な洞民に対して、（ア）肥培観念の普及昂揚と堆肥の増産運動を手がけ、一般農家では次第に堆肥の必要性を覚醒している。（イ）堆肥舎、灰小屋、豚舎、鶏舎などの営農施設の改善を図り、同一三年秋季清潔検査日までに各農家では一斉に完備した。（ウ）農村の繁栄を助ける道路の敷設改善に気を配り、昭和一三年秋から翌一四年秋まで洞民と相談して不老洞域内に農事専用道路として新設したのが、延長約一〇里半に達した。（エ）副業品の奨励　農閑期を利用して編み笠、わらじ、農服などの副業品製作を奨励して、不老洞が優勝することとなり、その功績によって昭和一三年四月二九日東海面長から表彰された。

（3）生産拡充（冷害克服）　昨年農作物の植え付け時期前から全道内で霖雨［長雨］と低温のため当地の農作物も多大の冷害を被ったが、同君は増産への希望に燃え、早播きが冷害克服の一要素たることをよく認識し、不老洞の会員を総動員して自衛団員佐井常義、梧川用七、公山権、南川正周と手をとって、ここの婦女会員を指導督励して洞内水稲植え付けに援助活躍し、そのために上記四名の農作物の手入れが遅れたことを知った本名は、これに同情し全団員を招集して四名の耕作地二六七〇坪の除草をした[28]。

この二人の優良自衛団員の紹介が事実にもとづくものであるとするなら、明川郡の忠本光哲の場合は、もともとは共産主義運動に参加していたが、運動から脱落、転向したうえで、警察や官公署と協力して他の活動家を転向させる工作をしたというケースである。一方、吉州郡の北村忠義の場合は、運動に関わったことはなかったようだが、自衛団長に任じられたことをきっかけに「思想運動者」の転向工作、検挙の支援を行なったケースである[29]。二人に共通するのは、三二歳、三〇歳（自衛団の組織化が始まった一九三七年時点では二七歳、二五歳）という年齢からわかるように農村の「中堅青年」であるという点である。

北村の活動の紹介からもわかるように、自衛団は思想浄化工作に加えて農村振興運動にも力を注ぐことが求められていたが、日中戦争の勃発によって戦時体制の強化が図られる中で、自衛団にも戦争への協力が強く求められるようになっていく。日中戦争勃発後、「思想悪化地帯」である南部三郡でも戦争遂行に協力する動きが広まったと当局はとらえていた。郷約や自衛団が進んで戦争遂行に協力したとされる事例が警察文書にも記録されている。吉州郡東海面東湖洞の郷約・自衛団は、警察官の補助として、あるいは独自の立場で部落を巡回して時局講演、座談会を実施したため、「左翼思想抱持者ヲ全ク一掃シ老若男女ヲ問ハズ何レモ時局ヲ正シク認識シ皇国臣民トシテ更生ノ意気ニ燃ヘ」ており、洞民一二〇名から冗費を節約して貯めた五八円を国防献金として提出したとされる[30]。

一九四〇年一月、咸北警察部長倉島至は、南三郡の自衛団を視察して羅南に戻った際の談話で次のように語っている。

国境の自衛団が純然たる郷土保安の警察官の一翼であるのに反し南三郡下では各洞毎に実に緻密な組織が完成されてをり、中堅青年をもつて固め不断の活動をしてゐるのであるが、これが産業的に指導する方も指導される方も渾然たる融和のあることをはつきり見ることが出来た（『大阪毎日朝鮮版』（北鮮版）一九四〇年二月二日）。

このように取り締まり当局は自衛団を核とする思想浄化工作の成果を誇るとともに、戦時体制への協力をも求めるにいたったが、この時期にも農民運動は粘り強く続けられていた。農民組合の側は当初自衛団を打倒対象としてその幹部らを襲撃したこともあるが[31]、のちにはむしろ自衛団を利用する戦術をとったようである。一九四〇年から四一年にかけて、城津・吉州・明川・羅南・清津の各警察署は農民組合などを再建しようとしたとして、六七六名を検挙した。当局が注目したのは検挙者の中に自衛団員が多かったことである。当局の資料は、それまでの農民組合再建運動と異なる点として、「強窃盗、暴力行為、傷害、奪取等の行動なく、運動方法著しく地下的潜行的なること、〔中略〕上層部の組織より下層部グループの組織に力を注ぎたること、特に時局を利用したること、資金の要求を為さざりしこと」などとともに、「被検挙者中自衛団員、婦女会員、郷約員多数（自衛団員九三名、婦女会員六三名、郷約員一五名、計一七一名）の加はりたること」をあげている。[32]

また、咸鏡北道で警察官を勤めた小川初二も、戦後に書いた手記で、「思想問題はこうした表面的な官庁の施策〔自衛団を核とする思想浄化工作を指す〕などでは、如何んともすることが出来ず、時には逆に、彼等の潜行工作のお手伝い的効果となることも多かったのである」[33]と記している。

自衛団は郷約に比べるなら農民運動の弾圧・防止に効果をあげたと考えられるが、しかしその自衛団によっても農民運動を完全に抑えることはできず、逆に自衛団が農民組合再建の手がかりとして利用されることもあったのである。

三　自衛団の拡大とその変容

先に見たように、吉州郡内では農村部にだけ組織されていた自衛団を邑内の三か洞でも組織するようになったが、それは自衛団が「思想浄化、産業開発、弊風改善その他各方面」に効果があると評価されたからである（『毎日申報』一九三九年四月三〇日）。

日中戦争勃発後、咸鏡北道では南三郡や国境地帯だけでなく、他の地域にも自衛団を設ける動きが急速に広まった。

羅南署管内に／自衛団を組織

従来国境第一線と南部三郡にのみ組織されていた自衛団を時勢に鑑みて羅南署管内各部落にも設置すること

となり、目下各郷約の中堅青年を中心に着々実施中だが、まず輸城駐在所管内は結成を終了した。（『毎日申報』一九三八年一〇月一七日）

こうして南三郡以外でも自衛団が組織されていったが、その主な目的は治安維持と合わせて戦争遂行に必要な物資の生産・供出、さらには労働力の供出を地域青年に担わせることにあった。特に一九四〇年代に入ると、農民運動・共産主義運動が下火になったこともあって、自衛団には思想浄化工作の補助的役割とは異なる任務が与えられることになった。一九四一年一月七日の『毎日新報』は、「貯蓄報国へ！　ちりも積もれば山となる／名前も凛々しい〝自衛団〟／みずから動員・貯蓄奉公運動」と題する大きな記事を掲載した。

自衛団という名前は本報紙上で何度も報道されているとおり全鮮で咸北以外にはない独特な組織団体だ。自衛団は一般がよく知るように治安維持に大きな礎石となっているだけでなく、防共防諜、あるいは文盲退治運動など広い範囲にわたって兵士にも等しい訓練を受けているところだが、自衛団によっては団の基金が不足して、思う存分しようとする活動をなし得ないところがある。そうしてこのような自衛団では、みずから労働者となって道路工事に従事するとか、あるいは副業としてござを編んで売ったお金で基金を築くために貯金をするとか、あるいは海産物、農産物を売る時に天引き貯金をして貯蓄奨励に努力するなど、自衛団本務のほかにこのような貯蓄をして洞里の人びとの模範となっている。

このように前置きした後、この記事では、自衛団の貯蓄奨励活動として明川郡下古面黄岩里自衛団、慶興郡豊海面の九つの自衛団、城津邑鶴中面松下自衛団の事例を紹介している。

しかし、一般住民には、自衛団が当局と一体となって戦争遂行体制を強化していると見られた。一九三八年のことだが、吉州署管内で、「城津地方ニ於テハ自衛団員ガ各戸ヲ訪レ真鍮製食器ヲ無償徴発シツツアルヲ以テ此ノ際速ニ売却スルヲ得策ト認ム」云々という「造言」を流布して住民から食器を安価に買い集めたとして李剣公なる人物が検挙され、禁錮四か月の刑を受けるという事件が発生している。(34) この事件は、住民らが自衛団を当局の補助団体と見なし、その活動を必ずしも受け入れていないことを示しているといえよう。

自衛団は、その後、勤労報国隊としても動員されるようになった。一九四三年七月、羅南では、「羅南署が指揮する第二次自衛団勤労報国隊」が結成されている。結成式は、警察署構内の広場で署長や高等係主任が臨席して開かれ、「勤労報国隊旗のもと〇〇名《ママ》の隊員が軽快な服装で整列、国民儀礼があり国家奉唱があった後、四個班に分かれて役員の任命があった」とされる。結成式の後に隊長に率いられた自衛団員は三宅組の工事場に向かって出発した。二か月間にわたって勤労報国隊として奉仕作業をする予定であったという(『毎日申報』一九四三年七月一九日)。

戦時期の労働力動員の一形態である勤労報国隊は、学校・職場・部落などを単位として組織されたが、咸鏡北道では青年男子を組織している自衛団がそのまま勤労報国隊として動員されるケースがあったのである。警察の直接的な統制下に置かれていた自衛団は、こうして戦時義務労働を担う組織に変貌していくことになった。とはいえ、自衛団の任務がそのように変化していく中でも、南三郡は他の郡とは違った扱いがなされたと思われる。

一九四一年六月に開かれた咸鏡北道の府尹郡守警察署長会議で訓示した道知事大野謙一は、国民総力運動の具体的実践として、第一に「鏡城、明川、吉州に於ける指導者の部落住込制度開始」をあげている。(35) 大野は、他の実践例として農業学校卒業学年生徒の部落生産拡充事業実地演習の開始、農村における全家勤労習慣の涵養による農耕の改善、勤労報国隊による軍供出乾草用青草の採取などにも触れているが、第一にあげられたのが明川、吉州などでの「指導者の部落住込制度」の実施であったことは注目される。南三郡のうち城津郡が含まれていないので、必ずしも南三郡と一致するわけではないが、これらの郡では他の郡とは異なる「指導者の部落住込制度」が実施されていたこと、それが国民総力運動の実践例の第一にあげられるものとして評価されていたことがわかる。「指導者の部落住込制度」とは、一九四一年三月、道警察部が新たに策定した「思想浄化工作実践要綱」において警察官を各部落に分散配置して自衛団を指導するとした方策を指していると思われる。(36) その具体的様相は明らかでないが、南三郡などでは、思想浄化工作だけでなく国民総力運動を推進するためにも、警察官が直接部落に住み込んで住民を指導・監督せねばならないと考えられていたのである。

おわりに

本稿では、一九三〇年代から一九四〇年代にかけて咸鏡北道、特にその南三郡で実施された思想浄化工作において、当局の指導と統制の下に組織された郷約と自衛団に関して分析・検討した。

郷約は、世帯主（一定の年齢以上の男性が中心）を構成員とするものであったが、全世帯主が加入したわけではない。併合以前の郷約が両班儒生を中心としていたため、そのような意識から郷約に加わらない者、あるいは加入を拒否される者もいたのではないかと思われる。また、農民運動が展開されていた地域だけでなく咸鏡北道全域で郷約が組織されたことも特徴の一つである。

これに対して、自衛団は「思想悪化地帯」に集中して設けられ、一五歳から三〇歳までの青年男子をすべて組織することが原則であった。南三郡のうち最も組織化が進んでいた吉州郡の自衛団の場合は、ほぼこの原則が実行されている。明川郡の場合も、自衛団が組織されたところでは、大半の青年がこれに加入することになったと見られる。その点で、「思想悪化地帯」の自衛団は、そのモデルとなった国境地帯の自衛団とは性格を異にするものであった。

このような自衛団のあり方からすると、当局による統制は郷約より自衛団の方により強く及んだと考えることができる。思想浄化工作において大きな役割を果たしたのは、郷約ではなく自衛団だったのである。自衛団においては、農民運動や共産主義運動を敵視し、それを撲滅するため、支配当局に協力する人物が現われた。これは、それまでの地域社会ではほとんど見られなかった現象である。植民地支配の深まり、地域社会の変質を示すものととらえることができるかもしれない。

しかし、その自衛団によっても、農民組合運動を完全に抑えることはできなかった。農民組合再建運動に関与したとして検挙された者の中に自衛団員が相当数いたことは、当局による地域社会の統制の限界を示している。すべての青年男子を構成員とした自衛団は、農民組合運動に利用される側面を有していたと考えることもできよう。

戦時体制が深まると、自衛団は動員体制の一翼を担わされることとなった。朝鮮における総動員体制の末端では、全世帯を網羅した愛国班が組織されたが、咸鏡北道の場合は愛国班と郷約とはほぼ重なるものであったため、郷約の存在意義はなくなったと思われる。一方で、青年男子を組織した自衛団は、総動員体制下でもそれなりの役割を担うことができるとみなされ、存続したようである。総動員体制末端における愛国班・郷約・自衛団などの諸組織の相互関係については、今後の課題としておきたい。

最後に触れておきたいことは、戦時期と解放後の連続性に関わる問題である。一九四五年、日本の敗戦によって朝鮮が解放された後、自衛団を基盤として朝鮮人の自主的な組織がつくられていくケースがあったからである。解放直後、朝鮮各地に「治安隊」「保安隊」などの名称をもつ治安維持組織が生まれたが、解放前に自衛団がかなりの密度で組織されていた咸鏡北道では、自衛団を基盤にした治安隊が結成されたと思われる。実例として知り得るケースは、次のようなものである。

咸鏡北道の鍾城警察署に勤務したことのある苅部勇武は、敗戦時、ソ連との国境地帯の警備にあたっていたところ、ソ連軍の進攻により敗走し、いったん間島の延吉収容所に入れられたが、一九四五年年末に釈放された。朝鮮に戻ると、鍾城で保安隊に拘束され、鍾城警察署の留置場に収容された。苅部は次のように書いている。

その頃北朝鮮の治安はソ連と保安隊で維持されていたが、幹部の大半が日本の治安維持法違反等で検挙投獄された前歴者で占められ、大罪人ほど上位に就き、天地が引繰返ったとは正にこのことで、隊員中には以前自衛団だった者が多く、私の顔見知りも居て裏に廻って何くれとなく便宜を計って呉れ、拘留中の私をコッソリ朝鮮の古い慣習のお祭りに招いて連れて行ってくれたこともあった[37]。

今のところ確認できるのは、この記述だけであるので、これを一般化することは控えねばならないが、解放前に自衛団に加わっていた青年らが、解放とともに自分たちの地域の治安維持に当たるというのは、きわめて自然なことと思われる。もちろん、日本の警察などに積極的に協力した自衛団幹部らは「親日派」として追及されたであろうが、義務的に自衛団に加入させられていた青年らが新しい社会を築いていく動きに積極的に加わるのは当然であった。その際に、農民運動の経験だけでなく、自衛団での経験や人的関係などがどのように生かされたのか、それを明らかにすることもまた今後の課題としておきたい。

（1）「戦時期朝鮮における治安政策――「思想浄化工作」と大和塾を中心に――」(『歴史学研究』第七七七号、二〇〇三年七月)、「一九三〇년대 후반 조선에서의 사상 통제 정책――함경남북도의 ‘사상 정화 공작’과 그 이데올로기――」(방기중編『일제 파시즘 지배정책과 민중생활』혜안、二〇〇四年)、「戦時期朝鮮の治安維持体制」(岩波講座『アジア・太平洋戦争』第七巻（支配と暴力）、二〇〇五年五月)。なお、本稿は、これらと重複する部分もあることを断っておきたい。すでに発表した論文では、「思想浄化工作」を一九三六年に思想浄化委員会が設けられた後の時期に限定したが、本稿ではそれ以前の時期に郷約を通じて農民運動の盛んな村落を統制しようとした政策も含めて「思想浄化工作」と呼ぶことにする。

(2) 이준식「혁명적 농민조합 운동과 일제의 농촌통제정책：함경북도의 관북향약을 중심으로」(김동노編『일제 식민지 시기의 통치체제 형성』혜안、二〇〇六年）。青野正明「植民地期朝鮮における農村再編成運動の位置付け――農村振興運動を中心に――」(『朝鮮学報』第一三六号、一九九〇年七月）は、農村振興運動を実践する団体として洞契（郷約の一種）を扱い、関北郷約にも触れている。また、김영희『일제시대 농촌통제정책 연구』(경인문화사、二〇〇三年）、が総督府による農村統制団体の一つとして郷約をとりあげているが、思想浄化工作との関連については論及していない。

(3) 치수걸『일제하 농민조합운동 연구――一九三〇년대 혁명적 농민조합운동――』(역사비평사、一九九三年、特に三〇〇～三〇四頁）。

(4) 農村振興運動に関する研究で、郷約に触れたものとしては、青野正明、前掲論文、김민철「一九三〇～四〇년대 조선총독부의 촌락 지배기구 연구」(『역사문제연구』제二〇호、二〇〇八년一〇월）、などがある。

(5) 「関北」とは摩天嶺（城津郡内の山）以北の地方を指す言葉で、咸鏡北道の異称である。

(6) 鈴木栄太郎「朝鮮の村落」(東亜社会研究会編『東亜社会研究』第一輯、生活社、一九四三年）三一五頁。

(7) 吉田猶蔵「咸北の郷約発展」(『朝鮮』第二二二号、一九三三年一〇月）六八頁。

(8) 申載永は、一八八三年に日本に留学し海関事務を学び、釜山海関に勤務した後、軍司法官の道を歩み、併合の頃は京城控訴院判事を務め、一九一二年から咸興郡守となった人物である（韓国歴史情報統合システムhttp://www.koreanhistory.or.kr/による）。近代的な知識をもった人物であったと考えられるが、そのような郡守のもとで郷約が組織されたこと自体、興味深いものがある。

(9) 吉田猶蔵「咸北の郷約発展」七七頁。

(10) 咸鏡北道編『咸鏡北道勢一斑』昭和一一年度版、一八一頁。

(11) 梁村奇智城『朝鮮の更正』(朝鮮研究社、一九三五年）七二三頁。金炳奎（一八七四～一九三九）は、一八七四年生まれ。一九一〇年代から鏡城郡で学校設立の活動をし、一九二三年には民立大学期成会鏡城郡地方部執行委員にもなっている。その後、咸北農会通常委員、明倫学院評議員などを務め、一九三三年から三六年まで中枢院参議、三九年には朝鮮儒道連合会評議員になった（貴田忠衛編『朝鮮人事興信録』朝鮮人事興信録編纂部、一九三五年、一五〇頁、親日人

名事典編纂委員会編『親日派人名事典』民族問題研究所、二〇一〇年、第一巻、三六二～三六三頁）。
(12) 朝鮮総督府『農山漁村振興功績者名鑑』（一九三七年三月）一七八～一八二頁。
(13) 烏山豊吉「模範部落春洞視察記（上）」（『朝鮮地方行政』第一四巻第五号、一九三五年五月）七九・八〇頁、同「模範部落春洞視察記（下）」（『朝鮮地方行政』第一四巻第六号、一九三五年六月）七八頁。
(14) 「南三郡思想浄化工作概況」（『思想彙報』第一一号、一九三七年六月）一六一～一六二頁。
(15) たとえば、城津郡鶴東面では一九三三年一二月に鶴東青年団発会式が開かれ、不穏思想が濃厚だったのが「方向転換」を果たしたと報じられている（『毎日申報』一九三四年一月九日）。
(16) 「南三郡思想浄化工作概況」（『思想彙報』第一一号、一九三七年六月）一五四～一五八頁。
(17) 満洲国における自衛団については、尹輝鐸『日帝下〝満洲国〟研究――抗日武装闘争과 治安粛清工作――』（一潮閣、一九九五年）特に第三章を参照のこと。
(18) 朝鮮総督府『間島集団部落』（一九三六年）一五～二〇頁。
(19) 佐藤重市「此の数年間の本道警備」（平北警鐘編輯部『平北警鐘』第八巻第二号（国境警備特輯）、一九三六年三月）四一頁。
(20) 「一五歳から三〇歳までの男子」の誤りであろう。
(21) 韓国歴史情報統合システム（朝鮮総督府及所属官署職員録各年版）による。
(22) 総督府警察官として咸鏡北道各郡で勤務した小川初二は、戦後書いた手記で南三郡の「思想悪化地帯」に触れて次のように記している。「私が昭和一四年、警部補に任官して、吉州署の高等主任に赴任した頃は、打ち続く思想事件の検挙に手を焼いた警察が、検挙よりも浄化、ということに方向転換をして、署を挙げて、思想浄化運動に乗り出していた。そして或程度の成果も収めていたことは事実である。なかでも吉州署長の木村警部は、思想浄化工作に懸命の努力を傾注し、駐在所単位に自衛団を組織して、これを通じて思想の浄化と、皇民運動の推進を図って、表面的にはすばらしい成果を挙げたのである。[中略] 私が、高等主任を一年して、木村署長は、警察部の保安課長に栄転した。勿論在任中の思想浄化活動の功績を、買われてである」（小川初二『忘れな草』私家版、出版地不明、一九九六年、四〇頁）。
(23) 「南三郡思想浄化工作概況」（『思想彙報』第一一号、一九三七年六月）一五五頁。

(24) 高等法院検事局編『朝鮮刑事政策資料』昭和一六年版、九六頁。

(25) 筒井は一九五八年に開かれた研究会でも、次のように述べている。「朝鮮の治安、取締りで特色のあるものは、国境警備であり、また共産主義運動の特殊性ということがある。内地と違うことは、今申したように、国民大衆全体に反日思想、つまり民族意識をもっているわけで、その民族意識の上に共産主義運動が立っているわけだから、非常に大衆性、普遍性があるのである。［中略］朝鮮に於ける共産主義運動の特徴というのは、一地方全部赤化するわけである。部分的な少数の共産主義者を検挙するというのではなくて、一部落、一郡を対象にして取締って行くというような風である。これは私は咸鏡北道に居たけれども、御承知の様にあそこの南の方に明川、吉州、城津という三郡がある。これは朝鮮でも赤化の激しい地帯であって、南三郡の赤化地帯というふうにして、私としても心血を注いで、思想浄化というか、赤化の取締りに当った。その場合に日本と違う事は何百人という人を一辺［一遍］に検挙する。そういう風な下地があることが違った点だと思う」（「日本統治下における民族運動とその対策」友邦協会『朝鮮近代史料研究集成』第一号、一九五八年、三六頁）。

(26) 「南三郡思想浄化工作概況」（『思想彙報』第一一号、一九三七年六月）一五九・一六二頁。

(27) 「南三郡思想浄化工作概況」（『思想彙報』第一一号、一九三七年六月）一六二頁。

(28) 北村忠義の活動については、朝鮮総督府情報課が発行する『通報』（第一二六号、一九四二年一〇月一五日、二八～二九頁）にも、「皇民感激実話」の一つとして紹介されている。内容はほぼ同じだが、「自衛団長の重任を背負つた同君は自力更生明朗農村建設に挺身乗り出した。即ち先づ洞内の思想浄化を図るべく優良自衛団員の育成に努め、精鋭団員を提げて当地不老洞を根城として蠢動を続けつゝ、あつた思想運動者の巨頭許禹甲、韓三鳳等と猛烈な思想的抗争を交へ、一方所轄警察官駐在所員と緊密な連絡を保持し、つひに改悛の見込みなき首魁全部を一網打尽に検挙せしめ、その他の者に対しては自首或は転向を慫慂したのであります」として、北村による思想浄化の活動が「所轄警察官駐在所員と緊密な連絡」をとりながらなされたものであることを明記している。

(29) 北村は普通学校卒業後、農業に従事し、「温厚にして熱心な奮闘振り」によって自衛団長に推されたという（『通報』第一二六号、二八頁）。

(30) 朝鮮総督府警務局保安課「治安状況（第四五報）」（昭和一三年一月一四日。（韓国）国史編纂委員会所蔵旧京城地方法院検事局文書、大検一七一）頁数なし。

(31) たとえば、明川郡阿間面では、一九三六年に農民組合員らが黄徳洞自衛団長を、「オ前ハ自衛団長ト為リ頻リニ活動スルガ其レニヨリ吾々無産大衆ニ如何ナル満足ヲ与ヘルカ」と追及して殴打する事件が発生している。崔京鳳らの治安維持法違反・傷害・傷害致死事件に対する一九三九年七月二八日京城覆審法院判決（韓国・国家記録院ホームページ「独立運動関連判決文」による）。최수걸、前掲書、三〇三頁、も参照。

(32) 高等法院検事局編『朝鮮刑事政策資料』昭和一六年版、八六～八七頁。

(33) 前掲、小川初二『忘れな草』四〇頁。

(34) 朝鮮総督府警務局保安課「治安状況」（昭和一三年一〇月一五日。（韓国）国史編纂委員会所蔵旧京城地方法院検事局文書、大検文書一七〇）二六頁。

(35) 大野謙一『半歳聾唖日記結語』（清津日報社、一九四二年）付録八頁。

(36) 高等法院検事局編『朝鮮刑事政策資料』昭和一六年版、九六頁。

(37) 苅部勇武「終戦の前後」（『咸北警友誌』編者・発行者・発行地の記載なし、一九七二年）五一〇頁。なお、片山智恵編著『一七キロの国境――北鮮咸北警友誌――』（総和社、一九八九年）三四九頁、に八月一六日城津でつくられた保安隊のこととして次のような記述が見られる。「みれば、その幹部の大半が日本の治安維持法違反で検挙や投獄された前歴者で占められ、大罪人といわれた者程上位におり、天地がひっくり返ったという言葉そのものであった。／又その隊員の中には以前自衛団員であった者も多く、お互いにその生活も人物も知り尽くして、つい旧情にほだされるように自然に言葉も出た。しかし人間の心の奥は、切り開いて覗き見たいばかりに怨念の塊のような行動に出るものも日一日とふえた」。これが苅部の文章を書き直したものであることは、明らかである。『一七キロの国境』の編著者は、『咸北警友誌』を「整理して、既に歴史の遠い彼方に去ってしまった事柄を、咸北風土記風にして、当時使っていた言葉通りに、記しておかなければならない」という想いから編集した、と記している（三頁）。しかし、『咸北警友誌』にもとづきながら、場所や時期を書き換えているのは、記録としての信憑性を損なう編集のやり方といわねばならない。なお、『咸北警友誌』は樋口雄一氏に提供していただいた。謝意を表したい。

第Ⅳ部

慣習と法の「近代化」

植民地台湾社会における法の植民地近代性
——民事担保権使用の分析を中心に——

陳　宛妤

はじめに

日本領台が始まる一八九五年から一九二二年まで、台湾における民事法は属人主義と属地主義とが併用され、日本人と台湾人にはそれぞれ日本民法と台湾旧慣が適用されるが、土地に関する事項は一律台湾の旧慣によるとした。一九二三年になると、日本民法が勅令によって台湾に施行され、属人・属地的な民事法制は廃止される。日常生活に深い関連がある民事法制度のこのような変容は、当時台湾に住んでいた人々にとって、どのような意味を持ったのか。また、植民地社会ではどのような存在であったのか。

植民地台湾における民事法の継受については、すでに優れた研究成果が蓄積されている(1)。しかしながら、これら近代西洋に由来する民事法、またはその概念がどれほど台湾社会に浸透したのか、また民衆にとってそれはどのような経験だったのかという問題は、十分に検討されているとは言いがたい。このような問題を考える手がかりとして、本稿が注目するのは、担保権の利用である。日本領台とともに台湾の資本主義化が進むにつれ、不動産担保制度の重要度が増しただけではなく、とりわけ商取引や土地権利関係の再構成など、社会・経済や民衆の日常生活とのかかわりも深くなった。担保制度が社会の要求や変化に対して敏感な法領域であるため、担保権の利用を検討することは、近代民事法の展開と民衆社会の対応との相互関係を考察する格好の手がかりと考えられる。

本稿は、まず植民地台湾における担保法制度の生成と展開を論じ、次に担保契約の公正証書および日記を主な史料として分析する。公正証書とは、公証人が当事者の申請にしたがって作成した民事契約文書である[2]。ドイツの法社会学者のエールリッヒ（Eugen Ehrlich）は、「生ける法（living law）」——すなわち、慣習法など実生活を支配している法の実態を認識するために、最も重要な素材が法律証書に他ならないと指摘している[3]。したがって、公正証書の解析を通じて、植民地台湾における担保利用の実態や「生ける法」をうかがうことができると考えられる。

ここでは、日本統治前期の実業界に活躍していたある買弁商人[4]が、一九〇五年から一九二一年までの約一六年間に関わった、担保契約の公正証書を分析する。だが、公正証書のみから法の利用実態や「生ける法」の全体を引き出せると考えるならば、それは証書を過大評価することになろう[5]。そのためこれに加え、私文書である『水竹居主人日記』[6]の分析を通じて植民地台湾社会の法利用の経験を見る。両史料の中に現われる担保権利用の状況を手がかりに、彼らが民事上の権利あるいは民事法をどのように認識し利用したのか、またそれが体現する「植民地近代性」とはどのようなものだったのかを考えることで、植民地台湾における法の植民地近代性の一面を解明する。

一　植民地台湾における近代担保法の生成と発展

1　民事法制の確立

（1）近代担保法概念の導入

前述したように、日本統治前期（一八九五～一九二二年）において、植民地台湾における民事法制は属人主義と属地主義とが併用されており、担保法もその一環であった。一八九五年の「台湾住民民事訴訟令」によって、日本人には日本の民事法を適用し、台湾人と清国人には地方の慣例および条理による裁判を行うことになる。一八九六年四月に民政に移行すると、日本内地の条約改正・法典施行にともない、植民地台湾にも新条約を実施し民刑法典を施行するべきかどうかという問題が浮上してくる。これに対して、一八九八年に台湾総督府は、律令第八号「民事商事及刑事ニ関スル律令」を発布し、内地の民法を「依用」するという形で、植民地台湾における民事基本法を定めた。ただし、同令は「本島人及清国人ノ外ニ関係者ナキ民事及商事ニ関スル事項」については「現行ノ例」によると定めたほか、律令第九号の同令施行規則で「土地ニ関スル権利ニ付テハ当分ノ内民法第二編物権ノ規定ニ依ラズ旧慣ニ依ル」と規定する。(7)

このようにして、日本人の民事に関する事項は、原則的に内地の日本民法を依用するが、台湾人だけが関わるものは、旧慣によるとしつつ、土地に関する場合には、日本人・台湾人を問わず、一律「旧慣」によるべきであると定めたのである。つまり、担保法を含む民事法制においては属人主義と属地主義が併用されることとなり、この方針は一九〇八年の律令第一一号「台湾民事令」においても引き続き確認されている。

2　民事旧慣の「構築」

ここでいう「現行の例」あるいは「旧慣」とは、当時の台湾社会の民事慣習そのものを指しているわけではないことに注意を払う必要がある。台湾の民事慣習は、行政事務の処理または紛争解決の際に、行政機関あるいは法院（日本内地の裁判所に相当）により承認されて、はじめて律令上の「旧慣」に成り得た。(8)したがって日本近代の法学教育を受けた台湾の植民地行政官僚および判官（日本の裁判官に相当）たちが近代的な権利概念によって台湾社会の慣習を再解釈していることはしばしばであった。

では、植民地台湾における行政機関は、土地担保旧慣をどのように認識していたのか。一九〇三～一〇年に臨時台湾旧慣調査会が刊行した一連の報告書では[9]、台湾の土地にかかわる担保方法として、典と胎をあげて、次のように述べられている[10]。

典ハ本邦内地ニ於ケル質ニ類似シ物又ハ権利ノ占有ヲ債権者ニ移転シ以テ債権担保ト為シ。〔中略〕胎ハ不動産権ノ証明方法ト為ルヘキ字拠（即契字）ノ占有ヲ債権者ニ移転シ以テ債権ノ担保ト為シ。〔中略〕台湾ニ於ケル典、胎ヲ以テ直ニ之ヲ質、抵当ナリト解スルハ、共ニ誤謬タルヲ免レス。略質、抵当ニ類似スルニ過キスシテ、其性質、効力共ニ我法律ノ認ムル質、抵当ト同一ニ非ス。

まず、典および胎という慣習のアウトラインが描かれて、日本民法における質権および抵当権に類似するが、同一のものではないと理解されている。そして、これらを「典権」「胎権」としたうえで、その「権利の性質」が分析されている。第一回報告書によれば、典権は、債務の弁済がすむまで、土地の占有、利用、収益を債権者に許容するある種の「用益物権」であり、胎権は、契約文書の占有を許容する法律関係に過ぎず、いずれも近代法上の担保の性質が欠如しているとされている[11]。

ところが、第二回・第三回報告書にあたる『台湾私法』では典権、胎権をめぐる法的認識に変化があらわれる。まず、典権については、次第に担保権の性質を帯びて、物上的負担がある物権となったとしている[12]。胎権については、金銭貸借関係に付加する契約に過ぎないと説明されている[13]。つまり、典権は用益物権から物上的負担の物権へ、胎権はある種の物権から単なる債権関係へ新たに位置づけ直されたのである[14]。このような植民地の行政機関または法院による「旧慣の構築」は、慣習を近代法典上に位置づけようとする一種の試行錯誤の過程といっても過言ではない。

行政機関または法院は、近代西洋法に由来する権利概念を通じて、担保旧慣を「再発見」し、また「構築」していたが、従来の台湾社会における土地担保秩序を大きく変えるまでにはいたらなかった。植民地台湾における土地担保秩序を改編する直接的なきっかけとなったのは、日本勧業銀行の資金の導入である。

3　日本勧業銀行の台湾進出と「胎権」の抵当権化

一九〇二年に台湾総督府は日本勧業銀行（以下「勧銀」と略す）に拓殖資金供給を要請する。その後、大蔵省・勧銀および台湾銀行（以下「台銀」と略す）の三者協議を経て、台銀を勧銀の代理店とする形で、勧銀が台湾に貸付を行うことになった。[15] しかしながら、日本勧業銀行法（以下「勧銀法」と略す）の規定では、勧銀の貸付は原則的に、不動産を抵当とし（第一四条）、またこれを「第一抵当」として設定する必要があるとする（第一六条）。このため、台湾旧来の土地関係、とくに担保に関する旧慣が、勧銀法の規定する条件を満たすかどうかという問題が浮上したのである。

同問題に対して、勧銀はみずから人員を台湾に派遣し調査を行った。その結果、旧慣の胎を民法上の抵当権と同様に捉え、勧銀の台湾貸付に最も適合する債権担保であると見なした。[16] 一九〇三年五月に勧銀法は改正され、台湾旧慣の「業主権」を担保に徴する場合、民法の抵当権に関する規定を準用する旨が追加される。[17] 続いて同年八月に、台湾総督府は律令第二号「日本勧業銀行ノ貸付ヲ為ス土地ニ関スル件」を発布した。

当時の台湾には土地権利の公示方法は存在していなかったため、この律令に「権利催告」制度が採用された。「権利催告」制度によれば、勧銀が貸付をするにあたって胎権を設定する場合、借主とともに連署をして、当該土地に関する権利の催告を台湾総督に申請できるようになる。催告は三日以上府報に掲載し、かつ一〇日以上土地所在の地方庁の掲示場に掲示され、土地権利者が期間内に届出をなさない場合、勧銀に対して自己の権利を主張することができないと定められた。また、債務者が債務の履行をしない場合、勧銀はその胎権を設定した土地に対して、他の債権者に優先して弁済を受けることができるとされる。[18]

ところが、勧銀資金の導入のために、わざわざ制定したこの律令は所期の成果をあげられなかった。権利催告制度は台湾人に浸透しないまま[19]、一九〇五年七月の「台湾土地登記規則」の施行により、効力を失ったのである。ただし、旧慣の胎権を民法上の抵当権と同様に捉えるという方針だけはそれ以降も定着することになった。

(2) 不動産登記制度の整備

1 ドイツの強制登記主義の採用

一九〇五年に土地調査が終了したのにともない、律令第三号「台湾土地登記規則」が制定され、私法上の土地権利に対する登記制度が確立された。同規則は土地旧慣の名称を用いつつ、実質的にはドイツ法に由来する登記制度を移植していた。その第一条では、土地台帳に登録された業主権・典権・胎権・贌耕《ぼくこう》権の設定、移転、変更、処分の制限または消滅は、登記なしでは効力が発しないと規定されている。

『岡松参太郎文書』中の「土地登記規則逐条案説明書」(以下「説明書」と略す)によれば、総督府側は地籍の正確さを期すと同時に収税上の便宜を図るべく、日本内地に用いられていたフランス法由来の任意登記主義ではなく、ドイツの強制登記主義を採用したことがわかる[20]。この規則により、土地を担保に入れる場合、台湾人・日本人を問わず、地方法院の出張所または登記所で登記の手続きを行ってはじめて法的効力を持ち始めることとなる。

2 胎権・典権の担保物権化

一方、前述の勧銀貸付の抵当権設定の問題も、「台湾土地登記規則」によって解決を見た。同規則第二条は、登記した典権または胎権を有する者が担保に提供された土地に対して他の債権者より優先的に債権の弁済を受けられるとし、同条第二項で競売法中質権に関する規定は典権に、抵当権に関する規定は胎権に準用すると規定したのである。つまり、勧銀が設定する胎権だけではなく、登記を済ませた典権・胎権者なら誰でも、優先的な弁済権を享受できることになる。「説明書」によれば、旧慣の「胎権」は民法上の抵当権に、「典権」は民法上の質権に相当するが、旧慣では優先弁済権が認められなかったために、「日本勧業銀行ノ貸付ヲ為ス土地ニ関スル件」という律令で胎権に優先権を付与せざるをえなかったという経緯が述べられている。(21) ここから典権や胎権が同様に「担保物権」として取り扱われていたことがわかる。

「台湾土地登記規則」施行前に成立した「典権」および「胎権」について、施行日(一九〇五年七月一日)から一年以内に登記しなければ、その第三者対抗力は付与されないという規定(第一三条)に対して、「説明書」は、第三者を保護するためであると説明する。(22) つまり、期間中に登記を行えば、施行の日にさかのぼって第三者に自分の権利を主張することができる反面、(23) 期間を過ぎてしまうと、登記申請こそは受理されるが、第三者対抗力は登記の日から起算されることになる。(24)

3　二重胎権および根抵当胎権の登記

すでに典・胎を目的として登記された土地に対して、さらなる胎権を設定し、これを登記することができるのかどうか――すなわち二番、三番(第二順位・第三順位)の胎権を認めるかどうか――という問題について、本来、「台湾土地登記規則」は明文化しているわけではなかった。しかし、同規則の施行直前の一九〇五年六月二八日に、台北地方法院判官協議会は、債権者に実害がないという理由からその登記を認める決議を出した。(25) 実際に二番、三番の胎権設定登記は、一般によく利用されていたようで、当時の土地登記に関する概説書や書式はもちろん、(26) 後述する公証実務においてもその例が頻繁に見られる。

もう一つ注目に値するのは、日本の取引慣行に由来する根抵当の設定登記である。(27) 根抵当も二重胎権と同様に明文上の規定はなかったものの、実際の登記にはよく使われていた。土地への根抵当設定の登記は、胎権設定登記に属するものの、「債権額」の条項に「契約ノ日ヨリ明治何年何月何日迄ノ間漸次必要ニ応シ債権額ニ達スル迄貸越ヲナシタルトキハ設定当時ニ遡リテ胎権ノ効力ヲ生スルノ約」という「条件」が付加され[28]、一般的な胎権の登記とは区別される。さらに一九一六年二月に台南地方法院で開かれた登記公証主任書記協議会では、「根抵当胎権」登記の際には、「登記原因」の項に「根抵当契約胎権設定」という記載を加えるという決議がなされた[29]。

当時台湾の土地登記規則は、登記される典と胎の関係においては、物権の効力のみならず、質権・抵当権に相当する優先弁済権の発生も認めていた。ただそれが、台湾の土地旧慣そのものを変更させたのか、あるいは単に新たな効力を与えただけなのか、という問題について、当時の植民地法律家の見解が一致していたわけではない[30]。他方、台湾総督府には旧慣に基づく立法（いわゆる「旧慣立法」）によって台湾独自の民事法体系を制定するという試みもあったが、植民地統治政策そのものが内地延長主義へと転換されたため、実現には至らず[31]、一九二三年に日本民法の台湾施行を迎えることとなる。

（3） 日本民法典担保制度への統合

一九二二年、勅令第四〇六号「民事ニ関スル法律ヲ台湾ニ施行スルノ件」の公布により、一九二三年一月一日から日本民法が植民地台湾に施行されることになる。いままで、台湾の担保旧慣、日本民法と台湾土地登記規則の併用により形成されていた担保法秩序は、これにより日本民法典の担保制度に統合されることになった。土地登記制度の整備および担保旧慣の物権化がすでに進んできた上でのことであったから、土地担保法の転換にはさほど問題は生じなかったようである。大きな変動は次の二点である。

まず、旧慣に基づく権利については、同年の勅令第四〇七号「台湾ニ施行スル法律ノ特例ニ関スル件」第六条に基づき、本令施行前に発生した「典権」には日本民法の「質権」の規定を、「胎権」には日本民法の「抵当権」の規定をそれぞれ適用することとなった。しかしながら、もともと胎権者は、満期となる利息のすべてに対する請求権をもつのに対して、日本民法による抵当権は、満期前の最終二年間の被担保利息債権の請求権に限られる[32]。また、日本民法における不動産質権の存続期間には制限があるため、一〇年を超える期間の設定および期間の設定がない典権は、民法の施行日より一〇年の存続期間で設定されるものになる[33]。

次に、物権の得喪変更については、民法第一七六条により物権の設定および移転は当事者の意思表示のみによってその効力を生ずること、および民法第一七七条の不動産に関する物権の得喪および変更は登記法に従うことが適用されるため、台湾における不動産登記は、強制登記主義から任意登記主義へと変更されることになった。すなわち、たとえば、担保物権を設定しようとする場合、登記しなくても当事者の合意があれば、担保設定の効力があるということになる。「台湾不動産登記規則」や「台湾土地登記規則」に従った登記は民法施行の日から不動産登記法による登記とみなす（勅令第四〇七号第七条）。また、旧来の「台湾土地登記規則」は強制登記主義がとられているため、未登記の業主権、典権と胎権等は物権の効力が発生しなかったが、日本民法施行に際して、一年以内に民法の権利に関する登記をすれば、登記の時からその効力を認めることとした（勅令第四〇七号第八条）。

以上、植民地台湾における担保法制度の変遷を概観した。当初、台湾人の民事事項および土地法律関係は基本的に旧慣によるとしていたが、近代西洋法および日本民法由来の法概念や特別法が次第に台湾本来の典・胎の旧慣を担保権として再編していったのである。それでは次に、担保契約の公正証書と日記の分析を通じて、台湾社会で担保権がどのように認識、利用されたかを考察しよう。

二　ある買弁商人の担保権利用状況

一八七六年に台北庁淡水に生まれ、サミュエル商会（台北三美路商会）の買弁[34]、茶商、煉瓦製造販売、石油販売、淡水軽鉄会社社長をつとめていた黄東茂は、日本統治前期の実業界で活躍していた人物であった。[35] 彼は一九〇五年から一九二一年までの約一六年間に、頻繁に公正証書の作成を申請した。現在、彼が関与した公正証書は約五五件が確認されており、その中の四五件が担保契約に関するものである。担保の類型はさまざまだが、商取引から個人間の消費貸借に対するものまで含まれる。当事者としては、イギリス人・日本人・台湾人・外国会社・銀行等がかかわっている。したがって、黄が関与した担保文書は、日本統治前期において、担保制度の利用実態の多様さを考察する絶好の素材と考えられる。[36]

（1） 継続性の商取引

一九〇五年から一九一二年の間に、黄は、英国サミュエル商会（契約者は組合員・会員・会社・台北支店等が含まれる。以下「商会」と略す）と頻繁に石油および貨物委託販売契約を締結していた。委託販売から生ずる代金債務に対して、一定の限度まで、自己または他人が提供する不動産に胎権を設定し、担保を入れていた。公正証書の件名については、ほとんど「代金支払担保ノタメ胎権設定契約」あるいは「代金支払担保トシテ胎権設定契約」であった。契約内容については、たとえば、一九〇五年の「代金支払担保ノタメ胎権設定証書」は、次のようであった。[37]

第壱条　黄東茂ハ明治参拾捌年陸月弐拾伍日付石油一手委託販売私署証書ヲ以テサミユル・サミユル商会組合英国人マーカス、サミユル［以下人名省略］トノ間ニ締結シタル石油委託販売契約ニ関スル売掛代金支払ノ担保トシテ提供スヘキ担保物件参万円ノ内金半額即壱万伍阡円分トシテ林某［人名省略］所有ニ係ル左記土地ニ付キ胎権ヲ設定シタリ。［以下地名省略］

このような継続的な取引関係から生ずる不特定な債務を一定の限度額まで、担保として設定する「胎権」は、実は当時内地日本の判例で認められていた「根抵当」に等しい。「根抵当ノ胎権設定物品委託販売契約」と称する公正証書も確認されることはその傍証となる。[38]

黄はさらに他の小売商人にこれら物品・石油の販売を委託しており、「物品委託販売並胎権設定契約」「石油受売代金担保ノ胎権設定契約」「商品貸売根抵当胎権設定」等の公正証書が作成されている。[39] 契約の名称は、前述の商会と締結した根抵当契約とやや異なっているが、内容から見ると、ほぼ同様のものである。したがって、継続的な商取引において、根抵当の設定を通じて債務の弁済を確保するという法的手段は、台湾人商人が一九〇〇年代からすでに熟知していたことがわかる。

では、なぜ台湾人商人が早い時期にこの日本の商慣行に由来する根抵当を熟知していたのか。実は、これら根抵当契約には多くの場合、代書人[40]、特に松久正作という日本人代書人が代理人として関与している。日本内地法を知る法律専門家である代書人が、便利な担保方法としてこれを薦めたのではないか、と筆者は推測している。

（2） 事業資金の貸付

黄と商会との間には物品委託販売の取引以外にも、生産事業のための金銭貸借関係が存在し、それらについての担保設定の契約も残されている。一九一六年二月に、黄は三美路機械煉瓦製造工場に設置される機械を商会に売渡し金銭を受取るとともに、同機械を商会から賃貸し、一年後に買戻すことができるとの約束を交わした。[41] 契約の名は「物件売買並賃貸借契約」とされており、一見債権担保とは無関係なようだが、実は売買の形式によって信用の授受を行う担保方法である。当事者間に債権・債務関係を残さず、ただ債務者のみが買戻すことができ、民法学説においては「売渡担保」と呼ばれるものに相当する。[42] 売渡担保は明治民法の条文上では規定されていないが、不動産ではなく、機械等の高価な動産に対して、ある程度の担保価値を評価する担保方法として、動産抵当制度が未だ整備されていない時期において、中小企業の融資にとっては重要な意義を持つものだった。また、この件では、弁護士の矢野猪之八[43]が商会の代理人となり、翌年賃貸借契約が解約された際は、代書人の下山武が黄の代理人であった。

一九一七年に、黄は商会からまた金銭を借りたが、債務の弁済を担保するために、台北庁基隆堡にある石炭鉱区における事務所・工場・機械室等の地上建物に抵当権を設定した[44]。当時は本来台湾人が所有する建物に抵当権を設定することはできないが、本件では契約の相手が外国商社であるため、日本民法を適用したというわけである。契約には、借金の用途が定められないが、工場の建物を担保目的物とする点から見ると、煉瓦工場および石炭鉱区の生産に使っていた可能性が高いと考えられる。弁護士の矢野猪之八が黄の代理人として参与していた。

黄は他の人に対して石炭開発資金を提供したこともある。たとえば、一九一二年一〇月に林某が鉱区権を担保として、黄と「炭鉱資本金貸借」契約を締結していた[45]。翌年九月に、林某が黄からさらに金銭を借り受けて、債務弁済の担保として、台湾総督府許可の三つの鉱区権および敷設される一切の機械に胎権を設定するとともに、もう一つの鉱区権を黄の名義に書き換えていた[46]。ここでは、鉱区の出炭価格金により、債務を返済すると定められている（契約第五条）。また、各鉱区の採掘、事業の経営・発展に対して、債務者の林某が黄の指揮監督を受けながら、石炭を黄の紹介により販売する場合、黄に報酬を支払わねばならないとしている（契約第六〜八条）。債務者の林某が弁済しない場合については、次のように定められている。

第拾壱条　林某ハ借用金ヲ本契約通リ弁済セス或ハ本契約趣旨ヲ実行セス又ハ弁済不足等場合ニハ一切ノ鉱区抵当権及抵当トナス鉱区ノ内外ニアル諸機械類軽便鉄道軽便台車並ニ其他一切ノ付帯物件ヲ借款ニ充ル為メ黄東茂ニ於テ取得スルトモ亦如何ニ所分［ママ］スルトモ凡テ黄東茂ノ任意ニ従ウ。［後略／傍線は筆者、以下同じ］

すなわち、競売ではなく、債権者の黄が担保物件を「丸取り」する（清算を経ずに権利を取得する）ことができるようになっており、債権者にとってかなり有利な条件を取り決めていた。林某が借金の全部を弁済した場合、鉱区権名義が林某に戻されるとしている。この契約は、単なる生産資金の貸借担保関係だけではなく、黄自身の鉱区開発・経営に対する出資・投資であったといえるであろう。

この事例を通じて見えてくるのは、実際の契約では胎権と抵当権とをあまり区別せず、むしろ両者を同一なものとして混用していたという点である。また、鉱区名義の書き換えという権利移転型の担保方法も使用されていた。多重の担保設定および優先弁済の効力を通じて、投資資金の回収を確保しようとしていたことがわかる。

（3） 銀行の手形資金

銀行との胎権設定契約は二件が確認されるが、そのいずれも当時台湾銀行がよく使用していた印刷書式の「手形資金根抵当ノ胎権設定契約」であった。一九一三年一月九日「手形資金根抵当ノ胎権設定契約」の内容をとりあげると、次のようである。[47]

第壱条　株式会社台湾銀行代表者池田常吉ハ黄東茂ニ対シ同人及其ノ代理人ノ署名シタル手形類ニ対シ期限及ビ回数ヲ定メス結局残高金二万五千円迄ヲ限度トシテ貸出スヘク黄東茂ハ之ニ対スル担保トシテ左ニ添付セル土地目録ニ記載ノ土地ニ付胎権ヲ設定シタリ。

ここの「根抵当の胎権」は前述の継続性商取引で用いられていた担保方法と同様のものである。台銀手形資金の貸付は、根抵当の胎権設定に依存していた。ここでの「胎権」も「根抵当」の意味である。一九〇七年、『台湾日日新報』では台湾人も小切手流通の利便を理解したことにより、台湾銀行に土地を担保として根抵当を設定する者が次第に増加しつつあると報道されている。[48]また、一九〇八年および一九一〇年の記事によると、手形に対する根抵当契約を結び、一定の範囲において随時貸出すことは、米仲買商等の流通資金としてかなり便利であるため、公正証書の作成および台北地方法院へ根抵当設定を申請する者は、月七八〇件に上ったという[49]。こうした記事から、買弁商人である黄は、手形に対する根抵当の設定により流通資金を調達していたことが推測できるだろう。

(4) 個人間の金銭貸借

黄の個人間の金銭貸借関係では、印刷書式の「胎権設定金銭貸借契約」がよく使用されていたが、なかには「胎借字」を差入れると定めた契約もあれば[50]、「胎借字要旨」が添付されたものもあった。たとえば、一九一〇年六月に、貸地業者の黄某が黄東茂から金銭を借りて、債務の弁済を担保するために、土地および建物に胎権を設定した[51]。この公正証書には、日本語の契約条款に続いて、漢文の「胎借字要旨」が添付されている。公正証書の全文を次にあげる。

胎権設定金銭貸借証書原本

公証官吏代理台湾総督府法院書記小林里平ハ明治肆拾参年六月拾壱日台北地方法院ニ於テ下記関係当事者ノ任意ニ為シタル左ノ意思表示ヲ証スル為メ本証書ヲ作成ス

第壱条　黄東茂は黄某ニ対シ金千五百円ヲ貸渡シ黄某ハ之ヲ借受ケ且債務弁済ノ担保トシテ土地及建物ニ付胎権ヲ設定シタリ

第弐条　胎ノ目的物弁済期利息及其支払期其他一切ノ条件ハ左ニ添付セル胎借字要旨ニ明瞭ナルニ因リ之ニ依ルモノトス

第参条　借主ハ期日ニ於テ元利金ノ弁済ヲ怠リタルトキハ何レモ直チニ強制執行ヲ受クルモ異議ナキ旨約諾

シタリ

胎借字要旨

第壱条　胎借金額壱千五百円也　但胎借金額即日拙者領收完済

第弐条　胎借担保之目的物　末尾記載之通

第参条　期限満壱個年　但自本日起至明治四拾四年六月八日

第四条　利息額壱個年金弐百七拾円也

第五条　利息支払之時期每年拾弐月八日金百参拾五円及六月八日金百参拾五円支払

第六条　特約事項

一　利息金怠納者雖期限中亦能将元金取回

一　該土地及家屋倘遇有天災地変及其他意外不測之事並無論因為何事折毀抑或土地及家屋利権損失者拙者自応負担元金及利子足数清還不干貴殿之事

一　元金逾限及利子怠納者以致申請強制執行抑或訴訟者該訴訟及執行費並弁護士之前後謝金曁代告料其他壱切之費悉係拙者負担足数賠償

右之金額拙者依照前記条約逕向貴殿胎借其係確実不敢有違特立胎借字壱紙並繳落札契約連登記済證壱通付執為炤

明治四拾参年六月拾壱日

［住所省略］立胎借字人　黄某（印）

［住所省略］立会並経手人　陳某（印）

［住所省略］在場知見人　黄某（印）

［住所省略］為中人　　　　呉某（印）
［住所省略］同　　　　　　陳某（印）

黄東茂殿

土地表示［内容省略］

右関係人ニ読聞カセタル処相違ナキ旨承認シ左ニ署名捺印ス

［住所省略］買弁業　貸主　黄東茂［生年月日省略］
［住所省略］代書業　右代理人　謝石其（印）［生年月日省略］
［住所省略］貸地業　借主　黄某［生年月日省略］
［住所省略］呉服商　右代理人　黄某（印）［生年月日省略］

本証書ヲ適法ニ作成シタルコトヲ証シ本職茲ニ署名捺印ス

台北地方法院

公証官吏代理台湾総督府法院書記小林里平（印）

黄某ハ印鑑証明書ヲ以テ人違ナキコトヲ証シ謝石其ハ本職ニ於テ氏名ヲ知リ面識アリ且両名ハ委任状ヲ以テ代理権ヲ証シタリ

同日黄東茂ニ正本及執行文ヲ付与ス

胎借字とは、清代台湾社会において、胎借関係が締結される際、作成される契約文書であり、一般的には債務者の立場で、不動産の由来から保証まで、「誓約書」のように書かれるものである。しかし、この「胎借字要旨」からは、近代的民事契約の要素がいくつか看取できる。まず、第一条に胎借金額、第二条に胎借担保の目的物等の条項が列挙されている部分があげられる。また、第六条「特約事項」に元金の支払い期限の超過や利子の支払い滞納により、強制執行の申請にいたる場合あるいは訴訟になる場合、訴訟執行費用、弁護士の前後謝金と代告料その他一切の費用は債務者が負担し賠償すると定められていることも、近代的民事契約の要素を示すものである。

ただし、最後に「右之金額拙者依照前記条約逕向貴殿胎借其係確実不敢有違特立胎借字壹紙幷繳落札契約連登記済證壱通付執為炤(52)」という文言、および「立胎借字人　黄某／立会並経手人　陳某／在場知見人　黄某／為中人　呉某／同　陳某」という署名は、伝統的契約文書によく現れるものである。台北で代書業をつとめる謝石其という人が同契約の作成者と推測できることも含めて考えると、この時期において、台湾人同士の間で胎借字という伝統的契約が作成されているとともに、近代法知識をある程度持っている台湾人代書人の関与によって、近代的契約の要素が浸透しつつあったことも見て取れる。

以上、商人かつ実業家である黄東茂が関与していた担保契約文書から、貸借の目的によって、担保方法および担保物が異なっていることが明らかになった。第一に、国外の商人との継続的な商取引関係および銀行との手形資金については、「根抵当」の役割を果した胎権設定という担保方法がよく利用されていた。第二に、事業の生産資金の融資については、工場の設備を担保に入れて胎権または抵当権を設定したり、売渡担保としたりしていたケースがよく見受けられる。根抵当と売渡担保はいずれも明治民法に規定されておらず、内地で判例により承認されていた担保権であるが、台湾の中小商工業社会もこれらに馴染んでいたことを上記の契約の検討によって明らかにした。第三に、台湾人同士の金銭消費貸借においては、伝統的契約文書——胎借字の作成が依然として存在していたが、近代的担保契約の表現や用語も混合的に使用されて、興味深い契約の内容が誕生していた。最後に、見落とすことができないのは、この近代法の浸透および旧慣の変容の過程において、法律専門家が関与していたことである。彼らはまさに民衆と近代法との架け橋・媒介者という役割を演じており、近代担保法の社会受容に寄与したともいえるだろう。

三　地方有力者の担保権利用の経験

張麗俊は一八六八年に台中豊原に生まれ、幼時から地方の秀才に師事して漢文の勉強を始めた。植民地時代において、張麗俊は一九年間、保正に任じられていたほか[53]、葫蘆墩興産信用組合の常任理事、富春信託株式会社の常務理事、および富春製氷会社の監事をも務めていた[54]。彼自身は地方有力者でありながら、産業活動にも熱心であったため、日記には、金銭貸借や担保に関する記述が頻繁に現れている[55]。したがって、地方の有力者の旧慣あるいは民法上の担保方法に対する認識、およびその利用の実態を瞥見できると考えられる。

（1）　土地担保およびその手続に関する記述

張麗俊は漢文の知識を持っていたため、しばしば地方の人々に「契字」の作成を依頼された[56]。たとえば、一九〇七年一二月二八日に、張麗俊の家をたずねた友人が、借金するために、彼に代わって「胎生字」を立てることを依頼した。また、彼は地方のエリートであるため、保証人になるように求められることも多かった。一九二二年一月に、友人が所有する住宅を典借に入れる際、張麗俊は保証人になったり、「典字」の作成にも協力したりした[57]。このことから、当時、台湾人の間で、胎借・典借関係を締結する際、債務者から「胎生字」または「典字」という契約文書を作成、提出するという慣習が、清代から引き続き存在していたことがわかる。この点は、前述した黄東茂の担保公正証書での分析結果とも一致する。

その一方、張麗俊は早い時期から土地の担保登記およびその効力に対して、一定の認識を持っていた。それは、日記の次の記述からうかがうことができる。

　一九一四年六月一六日

晴天。墩へ行き、謝春池と会った。彼が張文常に二〇〇〇円を借金しようとして、私に保証人になるように求めたが、私は難色を示し、彼に土地を抵当に入れて登記をするようにすすめた。両方とも承諾した。［後略／原漢文、以下同じ］

興味深いのは、ここで張麗俊が「胎」または「胎権」という用語の使用ではなく、「抵当」という日本語の用語を使用していたことである。これは、彼自身が代書人や弁護士と接触することが多く[58]、多少なりとも民法の用語、たとえば「抵当」等を知っていたために日記に書き込んでいたのではないかと考えられる。一九一七年に彼は日本人代書人の岩永に胎権登記書類を委任したことがある[59]。また、一九二六年に、台湾人代書人にも胎権登記抹消の手続きを依頼している[60]。このように、張麗俊は土地を担保に入れる場合、登記という手続きが必要であると認識しており、またこの手続きをつねに法律専門家に任せる傾向があった。

登記と公証との関連については、一九〇九年の日記からもうかがえる。

　一九〇九年三月二日

［前略］午後自分が役場へ行くと、各庄保正と要人が共に集まっていた。三時に法院書記の叶啓賢氏が臨場し、本区内の各庄の田を平議《ママ》した。［中略］調査が済んでから、また以下のようなことを説諭した。すなわち、胎借や田厝売買については、両者を法院で公証するほうがよいであろう。公証書記官がこれを登記官へ移転する際には、公証費のみを加算することになっており、一頁ごと六〇銭なので、あわせて二頁で一円一二銭となるが、頁数の多少によって、六〇銭に基づき計算する。以後は借主・売主が不正をして勝手に改竄をする弊害があっても、訴訟になることも恐れずにすむようになる。誠に民に対し有益なことである。［後略］

前述したように、勧銀の台湾進出は、植民地台湾に近代的担保制度を導入するきっかけとなった。一九〇三年律令第一二号「公証規則」の発布も、勧銀の台湾における投資のためとみられた。[61] 一九〇五年には「台湾土地登記規則」第一〇条により、胎権設定の公正証書を申請した者は、その登記を申請したものとみなされた。そこで、公証・登記と担保の三者関係は、さらに強化されることになった。法院書記の叶啓賢はまさにこのことを述べているのである。公正証書原本からみると、台湾には公証人が十分ではなかったため、法院書記が公証官吏を代理したり、土地登記事務を取扱ったりする場合が少なくなかった。[62] 張麗俊の記述によると、公証と登記制度の利用の解説から、勧誘と宣伝にいたるまで、法院書記が受けもっていた。しかしそれを台湾民衆はどこまで理解していたのか。張麗俊の日記から見るかぎり、書記の「説諭」が記述こそされていても、自分の意見や感想が書かれることもなければ、「有益な」公証を利用したようなことも見当たらない。よって、今回の「説諭」はあまり成功しなかったように思われる。

(2) 民法施行に対する理解

一九二三年一月から民法が台湾に施行されることになった。これに対して、張麗俊の日記には、次のように書かれている。

　一九二三年二月一九日

陰晴天、保甲聯合会議所へ行くと、豊原郡管内豊原街、北庄、大雅、潭子、墩子脚の五街庄長、助役、書記、保正、土地整理委員等約百人余が集まった。郡守、庶務課長、警察課長および台中州属は、大正一二年元月元日から民法・商法および各法が台湾に施行され、土地業主権は所有権へ変更、典耕胎権は質権へ変更、共業者は共有権と改め、屋号・店号も所有権へ、祭祀公業も所有権へと改められるが、ただし寺院廟宗教者については、この限りでない、ということを説明した。ただ、話の筋道が立っていないためか、聞いていても理解できず、質問してもやはり理解できない。正午になると閉会し、帰宅した。呂添盛が遊びにきた。

地方行政機関も民商法の台湾施行を非常に重視していたことは見て取れよう。郡守から保正までの地方要人がそろって集まる集会は当時から見るとかなり盛大な催しだったであろう。ただし、役人が一生懸命に民法の施行を宣伝・説明しても、張麗俊のような地方エリートでさえ、民事権利変更の意味をすぐには理解できなかっただけではなく、それ以降も、彼は胎権などの旧慣用語を日記に使用し続けている[63]。一九二三年以降、法律上すでに存在しなくなった胎権という権利を、台湾人は民法のいう抵当権と同義で用いつづけていたように思われる。一九三二年から台南で司法代書人をつとめていた孫江淮によると、一般に抵当権がよく理解されていなかったため、「胎権」の設定を要求する依頼に対して、「抵当権」設定の手続をしていた[64]。ここでは、代書人という法律専門家が旧慣と民法権利との間で、「通訳」のような役割を演じている。

(3) 信用組合と会社の担保貸付について

一九一三年勅令第五号「産業組合法ノ一部ヲ台湾ニ施行スルノ件」および律令第二号「台湾産業組合規則」の公布により、地方金融機関としての信用組合が急速に台湾で発展してきた[65]。銀行、とりわけ台湾銀行は信用組合との連携が強かったといわれ、組合の余裕金の保管場所となったり、融資機関となったりしていた[66]。のちに紹介する張麗俊の日記にもこのような状況が見られる。植民地台湾における信用組合の貸付は、主に地方の農業と小商工資金に投入される。農村信用組合は、耕地を有する地主または自作農家、自小作農を主な貸付対象として金融活動を行っていた[67]。市街地信用組合については、台北州が一九三八年に行った金融調査によると、台北州での中小商工業者は、主に信用組合から融資を受けていることが明らかにされている[68]。また、一九四三年の調査によると、信用組合における担保貸付の比率は上昇する傾向が見られる。[69]

一九一四年七月に、地方産業の発展のために、葫蘆墩区長の廖乾三や張麗俊などが発起人となって葫蘆墩興産信用組合（のち「豊原信用組合」と改名した。以下「組合」と略称する）を設立した。[70] それと同時に、張麗俊は理事に選ばれ、組合事務の決定権を握ったが、当時の組合と銀行の取引については日記にも言及されている。一九一五年に、組合が銀行から融資を受けた際、張麗俊は他の理事と連帯責任を負って、各自の土地に胎権を設定していた。[71] 他方、組合は地方における重要な金融機関であり、全体として、胎権登記済証、土地、店舗、建物を担保として貸付する場合が、無担保の信用貸付より多かった。[72]

では、債務者が弁済できなかった際、組合はどのように対応したのか。強制執行等の法的手続きを進めていたのだろうか、それとも法以外の解決方法をとったのだろうか。一九三四年に、債務者の陳某が破産して組合に対する債務を弁済できなかった時のことをみると、この貸付には「担保登記」がされていたが、「二回胎」のため、担保が不足した。組合はまず陳某の土地を差し押さえてから、地方有力者を介入させ、一部の借金の返済を待って差押を取り消し、この土地を他人に売却し債務に充当した。[73] つまり、いち早く債権を回収するために、法の手続きを進めながら、強制執行以外の交渉方法も取り入れていた。

一方、張麗俊は富春製氷会社（以下「会社」と略称す）の監事をもつとめていたが、一九二九年、会社が生産資金を調達する際、会社資産を担保に入れて融資するか、それとも増資するかという二つの選択肢に直面していた。[74]

一九二九年三月二四日

晴天、富春製氷事務所の役員会に参加した。社長の廖西東、取締役である私と紀登、王灶、羅安、林春木、林祚溪の七人が行った。一〇噸の製氷機械を購入するため、二万一一〇〇円を費やし、また建物の増築をするため、約八〇〇〇円を費やしたが、なお金一万二〇〇〇円が不足している。社長の西東は本会社の六〇〇〇株に対して、株当たり二円を増資しようとした。我々は、増資には株主臨時総会を開かなければならず、株主たちが反対する恐れもあると述べ、やむを得ず、会社の財産を担保として貸借するということではどうか、と提案した。役員たちは同意した。社長の西東を彰化銀行へ、春木を大東会社へ、私を豊原組合へ赴かせ、それぞれ融資のことを交渉させることになった。昼食後、自動車を借り上げ、工場視察をしに行った。［後略］

黄東茂の公正証書について論じた部分でもふれたように、工場にある機械、商売道具を債権者へ売渡すとともに同物件を賃貸するという売渡担保方法は、中小工商業にはよく見られる融資手段であった。これは土地抵当と異なる担保方法である。日記の記述によると、おそらく富春製氷会社もこの手段を用いようとしたようである。しかしながら、その後、株主が反対し、「組合と貽借することは筋が通らないのではないか」という疑義を提出した。[75] この融資案は、結局失敗した模様である。

『水竹居主人日記』から、植民地台湾社会において伝統的担保契約文書を依然として使用している一方、不動産登記制度あるいは不動産登記の用語も確かに次第に浸透してきていることがわかった。とくに強制登記主義がとられた時期において、土地担保＝法院への登記というイメージは、当時台湾人の間にかなり強かったようである。また、その手続をよく代書人等の法律専門家に依頼した傾向が見られる。弁護士、代書人等法曹の媒介を通じて、これら近代西洋法・概念は確実に台湾社会に浸透していった。なお、信用組合および会社の経営では、台湾人が胎権、抵当権ないし売渡担保を運用し融資を受けることをすでに一定の程度に熟知し、取り入れていたといえよう。

おわりに

一八九五年から一九二二年にかけて、属人主義を採ることにより、台湾人の民事事項は基本的に旧慣に従うことになった。しかしながら、実際には、たとえば銀行との取引や貿易の際、台湾人の民事関係に日本民法を適用する場面も少なくなかった。さらに、商業取引上の需要に応じるため、日本民法に明文がなく判例により承認されていた担保方法——根抵当、売渡担保——は名称が多少変わったにせよ、台湾社会で頻繁に使用され、一九二三年以降も使用され続けていた。経済や取引形態の改編にともなって、民事の法的手段も変わらなければならなかったのであろう。

他方、台湾の伝統的民事慣習は近代西洋法の権利概念を「注入」されている。胎は胎権に、典は典権になるという名称の変更だけではなく、一九〇五年の土地強制登記政策により、土地権利の所有・変動は公示化され、新たな不動産金融が創出されることになった。土地登記制度は台湾人の土地取引に浸透すると同時に、契約の作り方、内容にも影響を及ぼしていた。近代法概念をすぐに理解できずとも、法律専門家に依頼し、法院へ登記と公証の手続をして民事権利を保全する台湾人は少なくなかったのである。

一九二三年以降、日本民法が直接台湾に施行されたため、民事旧慣は原則的に法律上から姿を消した。しかしながら、胎権・典権等の旧慣用語は台湾人の生活上に依然として存在し、法律専門家の「翻訳」「媒介」を通じて、民法典の権利に転化していた。

本稿の検討に即してみると、植民地における人々は近代的権利やその規律化の作用を一定程度受けながらも、ある時には利益の考慮からそれを利用し、ある時には依然として旧来の慣行を選択したりし、またある時には適度に変形させながら取入れていった。その際、代書人・弁護士等の法律専門家が介入したことは、上記の選択を左右する重要な要因だと思われる。台湾における法の植民地近代性は、まさにこれら法律専門家たちと民衆が一緒に構築したものといってよいだろう。

（1）王泰升著、後藤武秀・宮畑加奈子訳『日本統治時期台湾の法改革』（東洋大学アジア文化研究所・アジア地域研究センター、二〇一〇年）。英語版：Tay-sheng Wang, *Legal Reform in Taiwan under Japanese Colonial Rule, 1895-1945 : The Reception of Western Law* (Seattle, Wash.: University of Washington Press, 2000)。中国語版：王泰升『台湾日治時期的法律改革』（聯経、一九九九年）。以下、主に日本語版を引用する。

（2）現在台湾には、植民地時代の公正証書が数多く残されており、その七割以上は「金銭貸借」に関する契約文書であるといわれている。これら公正証書の原本は、それを作成した地方法院に保存されていたが、戦後「行方不明」のまま五〇年余り経った。二〇〇〇年から台北地方法院をはじめ、新竹・台中・嘉義の四つの地方法院で、日本統治時代の判決原本とともに、公正証書も所蔵されていることが確認され、国立台湾大学法律学院の王泰升教授の研究チームの整理を経て、二〇〇八年よりデータベース（http://tccra.lib.ntu.edu.tw/tccra_develop/）として公開されている。データベースおよび史料の解説について、王泰升「日治法院檔案的整編與研究」（同主編『跨界的日治法院檔案研究』国立台湾大学人文社会高等研究院、二〇〇九年）、また王泰升著、松平徳仁訳「旧台湾総督府法院司法文書の保存と利用」林屋禮二・石井紫郎・青山善充編『明治前期の法と裁判』（信山社、二〇〇三年）を参照。

（3）E・エールリッヒ著、河上倫逸・M・フーブリヒト共訳『法社会学の基礎理論』（みすず書房、一九八四年）四八七〜四九一頁。

（4）買弁とは、外国会社との契約に基づき、外国会社の使用人として外国会社と本国商人の間に介在し、商取引に従事した人である。『買弁制度（支那経済研究第一編）』（出版者不明、一九二四年、京都大学所蔵）六〜七頁を参照。

（5）エールリッヒ、前掲書、四九一頁。

（6）『水竹居主人日記』は台中豊原の有力者であった張麗俊が、一九〇六年一月から一九三七年二月までの約三〇年間書き続けていたもので、二〇〇〇年に台湾中央研究院近代史研究所の整理により出版された。この解題については、許雪

姫「張麗俊先生〈水竹居主人日記〉的史料価値」張麗俊著、許雪姫・洪秋芬編『水竹居主人日記（一）』（中央研究院近代史研究所、二〇〇〇年）。

（7）外務省条約局編『外地法制誌　第五巻　日本統治下五〇年の台湾』（文生書院、一九九〇年）七三頁。

（8）王泰升『日本統治時期台湾の法改革』二七三頁以下。

（9）植民地台湾における法制の確立と経済制度の改編のため、台湾総督府は、一九〇一年に京都帝国大学教授の岡松参太郎を起用し、臨時台湾旧慣調査会を設立した。同会は大規模な旧慣調査を開始し、一九〇三年に北部台湾の調査結果として第一回報告書を、一九〇六～一九〇七年には引き続き南部台湾の第二回報告書を刊行した。さらに、中部台湾の調査が終了した後、一九〇九年から一九一一年にかけて、第三回報告書を刊行し、前二回報告書の不備と誤りを訂正したが、それがいわゆる『台湾私法』である。臨時台湾旧慣調査会『台湾旧慣調査事業報告』（臨時台湾旧慣調査会、一九一七年）八～三〇・九三頁以下。

（10）以下は岡松参太郎・臨時台湾旧慣調査会『臨時台湾旧慣調査会第一部調査第一回報告書』（臨時台湾旧慣調査会、一九〇三年）三三七～三三九頁を参照。

（11）同前、三五五・三七五～三七六・三九七頁。

（12）臨時台湾旧慣調査会『臨時台湾旧慣調査会第一部調査第三回報告書　台湾私法第一巻上』（臨時台湾旧慣調査会、一九一一年）六九〇～六九一頁。

（13）同前、七一〇～七一一・七三四頁以下。

（14）西英昭氏によると、典に対する評価の変化は、『第一回報告書』と『第二回報告書』との間に登場した「新資料」に起因するという。典をめぐる認識については、台湾総督府職員である山本留蔵の論文およびそれに対する諸論者の反論という構造で、議論が形成されている。山本の議論は、典の「質権説に拠りながらも徐々にそこから離れる傾向」があり、「典」＝「質権」という最終的な処理方法について「典という語が日本の同時期の法典内に存在したという事実」が影響要素の一つであると論じている。一方、胎をめぐる認識について、『第一回報告書』の「担保」という解釈から、『第二回報告書』での「単なる金銭貸借」へ変化する原因として、「台湾土地登記規則」が創出した新たな不動産金融体系への「侵入」を防ぐため、胎の物権性を否定し、土地に関する「旧慣」をなるべく排除する傾向にあったと指摘してい

る。西英昭『『台湾私法』の成立過程』（九州大学出版会、二〇〇九年）一五四〜一五八・一七五〜一九九頁を参照。

(15) 日本勧業銀行調査部編『日本勧業銀行史：特殊銀行時代』（ゆまに書房、一九九八年）二二〇頁。

(16) 日本勧業銀行『台湾視察要録』（日本勧業銀行、一九〇三年）二八〜三六頁。

(17) 日本勧業銀行調査部編、前掲書、二二一〜二二二頁。

(18) 一九〇三年律令第二号「日本勧業銀行の貸付を為す土地に関する件」第一、二、六、九条を参照。外務省条約局法規課編『外地法制誌　第四巻　律令総覧』（文生書院、一九九〇年）四二二〜四二三頁。

(19) 「借入に際し其の土地に対する権利の催告として府報及び地方庁掲示場に公示さるるは自家の体面下忍ふへからすとして之を嫌忌し且借入の手続複雑にして通し難きを厭ふ風あり」台湾銀行編『台湾銀行二十年誌』（台湾銀行、一九一九年）三〇四〜三〇五頁。

(20) 「土地登記ヲ強制登記ト為シ登記ヲ為スニアラサレハ権利得喪変更ノ効力ヲ生セスト規定セシハ若シ之ヲ任意登記ト為シ第三者ノ対抗力ノミニ限ルトキハ土人ノ登記観念ニ乏シキ荏苒徒過シテ登記ヲ怠ルニ至ルヘク従テ私権ノ確保ニ支障ヲ生シ其結果諸般行政ノ基礎タルヘキ地籍ノ精確ヲ缺キ引テ収税上ニ障害ヲ及ホスコト尠カラス。仍テ独乙登記主義ニ倣ヒ登記ヲ土地ニ関スル権利ノ移転変更設定消滅等ノ必要条件ト明定シ登記ナキモノハ当事者ノ間ニ於テモ効力ナキモノトセリ［後略］」と述べている。『岡松参太郎文書』番号C三三、二〇—二（雄松堂アーカイブズ、二〇〇八年）。

(21) 第二条理由：「［前略］本島旧慣ノ権利中胎権ハ民法上ノ抵当権ニ典権ハ民法上ノ質権ニ相当スヘキ権利ナルニモ拘ラス其ノ効力ハ最モ薄弱ニシテ其ノ土地ニ付何レモ優先権アラサルニ依リ明治三十六年勧業銀行貸付ニ関スル律令ニ於テモ特ニ胎権ノ効力ヲ新ニ明定シ其土地ノ担保ニ関スル登記規則ノ施行迄効力アル旨ヲ制定セシヲ以テ本則ニ於テモ同令トノ関係ヨリ胎権ニ付特ニ明文ヲ以テ民法上ノ抵当権ト略同一ノ効力ヲ認メ同時ニ典権ニ付テモ質権ト略同一ノ効力ヲ認ムルヲ可ナリトセリ［後略］」、同前。

(22) 「土地登記規則案　附　逐条説明書　登記収支概算」『岡松参太郎文書』番号C三三、二〇—一（雄松堂アーカイブズ、二〇〇八年）。

(23) 渡辺竹次郎『台湾土地登記質疑類集』（台北地方法院、一九〇八年）二頁。

(24) 「問答　登記公証事務に関する台北地方法院判官協議会決議要領明治三八年六月二八日決議」（『台湾慣習記事』第五巻

第七号、一九〇五年）五八七〜五九一頁。

（25）同前。

（26）たとえば、「胎権変更登記申請書」の書式で「登記目的」欄には、「〇〇年〇月〇日受附第〇〇号順位〇番登記胎権変更の附記登記」という記入例があげられている。また、債務者と一番胎権者との間に、債権の利息を変更したときに、胎権変更の登記を認める「弐番胎主登記承諾書」という書式も存在する。渡辺竹次郎編、林呈禄漢訳『和文漢文台湾土地登記申請手続心得』（台湾出版社、一九一二年）九八・一〇一頁。早川弥三郎講述『台湾土地登記規則講義』（士林浴徳室公会、一九〇五年）附三三頁。

（27）江戸時代以来の取引慣行である根抵当とは、継続的取引関係において変動する債権に対して一つの担保を設定することを指す。このような取引上の必要から生まれる根抵当は、明治民法では抵当権として明文化こそされなかったものの、事実上慣行として広く行われており、銀行とその取引先の間にもよく用いられていた。一方、根抵当に対して一九〇一年東京地裁より言い渡された無効判決が、同年直ちに大審院によって破棄されると、その有効性が正式に確認され、判決を重ねた判例法として根抵当制度が構成されるにいたった。戦後の一九七一年に民法改正により、根抵当権は明文化された。瀧本誠一校閲、司法省編纂『日本商事慣例類集』（白東社、一九三二年）三五八頁。小林資郎「根抵当」（星野英一等編『民法講座三』有斐閣、一九八四年）二一七頁。

（28）「根抵当登記の記載方」（『法院月報』第一巻第二号、一九〇七年）四七〜四八頁。

（29）「彙報　登記公証主任書記協議会」（『台法月報』第一〇巻第三号、一九一六年）七〇頁。

（30）たとえば、当時台湾唯一の法学雑誌であった『法院月報』誌上でも、典権の性質に関する論争が起こされていた。『法院月報』第二巻第六号、一九〇八年、第三巻第九号、一九〇九年、および第一一号、一九〇九年を参照。

（31）一九〇九年に臨時台湾旧慣調査会は旧慣立法を中心とする第三部を設置し、一九〇九年から一九一四年までの間に、台湾民事令・台湾親族相続令（施行令を含む）・台湾不動産登記令・台湾競売令・台湾非訟事件手続令などの律令案を完成した。春山明哲『近代日本と台湾』（藤原書店、二〇〇八年）二五二頁以下。王泰升『具有歴史思維的法学：結合台湾法律社会史与法律論証』（元照出版、二〇一〇年）第五章を参照。

（32）民法三七五条。伊藤正介「民法施行問題に就て（四）」『台湾日日新報』一九二一年八月九日。

(33) 谷野格『台湾新民事法』(台湾時報、一九二三年)一二九〜一三一頁。

(34) 英国サミュエル商会(M. Samuel & Co.)は、ロンドンで一八三四年に創業された古美術商である。一八六〇年代に、海外貿易に積極的に乗り出し、事業を急速に拡大すると、一八七六年には横浜に支店であるSamuel Samuel & Co.を設立し、対日ビジネスを展開していた。当初、陶器・雑貨の輸出入を中心に行い、次第に取扱商品を拡大した。石炭は主要な輸出商品であり、下関支店よりアジア各地域に輸出されていた。一九世紀末から、石油販売にも着手し、シェル石油会社を設立した。一九〇七年に、オランダのロイヤル・ダッチ石油会社と合併し、ロイヤル・ダッチ・シェル(Royal Dutch Shell)が誕生した。山内昌斗「英国サミュエル商会のグローバル展開と日本」(『広島経済大学経済研究論集』第二九巻第四号、二〇〇七年)を参照。史料によって、「サミユエル商会」または「三美路商会」という書き方もあるが、本稿では、「サミュエル商会」とする。

(35) 『台湾人物誌』データベース(http://news8080.ncl.edu.tw/whos2app/start.htm)。

(36) 以下、契約当事者の個人情報を考慮したうえで、黄東茂以外の当事者は、姓氏以下を某として伏せておく。

(37) 日治法院檔案、台北地院、公正證書原本第一〇冊明治三八年第四五一〜五〇〇号、第二三二頁、第四九九号。

(38) 日治法院檔案、台北地院、公正證書原本第一四三冊大正一年第七一〇一〜七一五〇号、第一〇二頁、第七一一一号。契約内容については、「第壱条 サミエル・サミエル・エンド・カムパニー・リミツデット台北支店支配人[以下人名省略]ハ黄東茂ニ対シ代金七万円迄ヲ極度トシ期限ヲ定メス無利息ニテ什貨物委託販売ヲナササシムヘク、黄東茂ハ之レニ対スル担保トシテ、左ニ添付セル目録記載ノ土地家屋ニ付胎権ヲ設定シタリ」としている。

(39) 日治法院檔案、台北地院、公正證書原本第一一冊明治三八年第五〇一〜五五〇号、第二二五頁、第五三七号。日治法院檔案、台北地院、公正證書原本第七二冊明治四二年第三五五一〜三六〇〇号、第四二七頁、第三五八二号。日治法院檔案、台北地院、公正證書原本第一三五冊明治四五年第六七〇一〜六七五〇号、第二六二頁、第六七三七号。

(40) 代書人とは、他人の委託を受けて文書を作成することを業とする者である。清代台湾において、官代書と代筆人が存在していた。彼らは、日本統治時代に入っても、代書業に従事していた人が多かった。一九〇三年に、「代書人取締規則」の発布により、代書人となるのは管轄地方庁の許可を受けることになる。一九一〇年代の台湾における代書人は、約七〇%が台湾人、約三〇%が日本人であった。一九二三年に司法代書人法が台湾に施行され、司法代書となるためには、地方裁判所長の認可を受けなければならないことになった。一九三五年に、司法代書人の名称は「司法書士」へと改められた。呉俊瑩『台湾代書的歴史考察』(国立政治大学歴史学系、二〇一〇年)を参照。

(41) 日治法院檔案、台北地院、公正證書原本第二一八冊大正五年第一〇八五一～一〇九〇〇号、第一一六頁、第一〇八六三号。

(42) 我妻栄『担保物権法』(岩波書店、一九五五年)二二四～二二五頁。

(43) 矢野猪之八は一八六五年徳島に生まれ、一八八七年司法省法学校を卒業し、代言人免許を取得し、大垣区裁判所岐阜地方裁判所検事を歴任した。一八九七年渡台、台湾総督府台中地方法院判官、台北地方法院判官に任じられ、一九〇七年覆審法院部長となった。一九〇八年退官、台北で弁護士を開業した。前掲『台湾人物誌』データベース。

(44) 「物件売買並抵当権設定金銭貸借契約」。日治法院檔案、台北地院、公正證書原本第二四五冊大正六年第一二二〇一～一二二五〇号、第二九頁、第一二二〇二号。

(45) 日治法院檔案、台北地院、公正證書原本第一四三冊大正一年第七一〇一～七一五〇号、第一三七頁、第七一一五号。

(46) 「月賦弁済胎権設定金銭貸借証書」。日治法院檔案、台北地院、公正證書原本第一六六冊大正二年第八二五一～八三〇〇号、第六五頁、第八二六一号。なお、一九〇六年に発布される律令第一〇号「台湾鉱業規則」の第二〇条によると、鉱業出願人は、名義の変更を出願することができ、そして、鉱業権を債権の担保に供する際、台湾総督の許可を受けなければならないとされる。台湾日日新報社編『台湾六法(編集復刻版)』(緑蔭書房、一九九九年)六〇八頁。

(47) 日治法院檔案、台北地院、公正證書原本第一五〇冊大正一年第七四五一～七五〇〇号、第四五二頁、第七四九六号。

(48) 「本島人の根抵当」『台湾日日新報』一九〇七年六月一三日。

(49) 「根抵当と公証増加」『台湾日日新報』一九〇八年六月二六日。「米取引と放資」『台湾日日新報』一九一一年一一月一〇日。

(50) 一九〇八年二月一二日の「胎権設定金銭貸借承認並追加契約」。日治法院檔案、台北地院、公正證書原本第五〇冊明治四一年第二四五一～二五〇〇号、第二三三～二三八頁、第二四九二号。

(51) 「胎権設定金銭貸借証書」。日治法院檔案、台北地院、公正證書原本第九五冊明治四三年第四七〇一～四七五〇号、第三三九頁、第四七三七号。

(52) その意味は次のようである。「右の金額は拙者が前記定款に基づき貴殿から借りたものです。それは確実で、間違いありません。ここで証明のために、胎借字という契約一紙を立て、落札契約登記済証一通を渡します。」

(53) 一八九八年に律令第二一号「保甲条例」が制定され、一〇戸で一「甲」、一〇甲で一「保」が編成される。甲には甲長が、保には保正が置かれ、いずれも名誉職で、それぞれ郡守・警察署長、あるいは知事の認可を必要とする。保正・甲長の任務は、犯罪人の捜査、逮捕について警察への協力、戸籍届出の報告、伝染病の予防、一般行政の補助機関として命令の周知伝達、産業上の調査資料の収集、国税等費用の収入に関する書類の伝達および納入の督促等である。外務省条約局編『外地法制誌　第五巻　日本統治下五〇年の台湾』二三三～二三八頁。

(54) 許雪姫総策画『台湾歴史辞典』(台湾行政院文化建設委員会、二〇〇四年)七五〇頁。

(55) 以下では『水竹居主人日記』の西暦日付で引用する。

(56) 一九〇六年五月一五日、一九〇六年六月一五日、一九〇七年一二月二八日。

(57) 一九二一年一二月三一日、一九二二年一月一日、一九二二年一月五日、一九二二年一月一四日。

(58) 呉俊瑩『台湾代書的歴史考察』二二一～二二五頁。

(59) 一九一七年一月二二日。

(60) 一九二六年一月一四日。当時「胎権」登記が「抵当権」へと転換されていたので、本来は「抵当権」登記の抹消をすべきである。

(61) 「彙報・公証規則の発布」(『台湾慣習記事』第四巻第一号、一九〇四年)八四頁。

(62) 一九〇五年律令第四号「地方法院及其ノ出張所ノ管内ニ登記所設置ニ関スル件」。

(63) たとえば、一九二六年九月四日、一九三一年六月四日、一九三二年二月一六日、一九三五年一一月一三日、一九三六年四月三〇日。

(64) 林玉茹・王泰升・曾品滄訪問、呉美慧・呉俊瑩記録『代書筆、商人風――百歳人瑞孫江淮先生訪問記録――』(遠流、二〇〇八年)五九頁。

(65) 台湾総督府財務局金融課『台湾の金融』(台湾総督府財務局金融課、一九三〇年)二三七頁。

(66) 渋谷平四郎『台湾産業組合史』(産業組合時報社、一九三四年)四九五頁。波形昭一『日本植民地金融政策史の研究』

（早稲田大学出版部、一九八五年）二七〇〜二七二頁。

(67) 涂照彦「植民地経済における民族土着資本の動向と地位――戦前台湾の農村高利貸資本の動きに焦点をあわせて――」（同『台湾の経済』福村出版、二〇一〇年）一〇〇〜一〇二頁。

(68) 台北州勧業課『台北州中小商工業金融調査』（台北州内務部勧業課、一九三九年）二三〜二六頁。

(69) 台湾経済年報刊行会編『台湾経済年報　昭和一八年版』（東京国際日本協会、一九四三年）二四三〜二四四頁。

(70) 洪秋芬「日治時期植民政権与地方民間組織之関係探討――葫蘆墩与産信用組合的個案研究――」（『水竹居主人日記学術研討会論文集』台中県文化局、二〇〇五年）一三三頁以下。

(71) 一九一五年八月八日、一九一五年八月一六日。

(72) 一九二六年九月四日、一九二八年八月二二日、一九三二年一一月四日、一九三三年一一月一六日、一九三四年一一月九日、一九三五年七月二八日。

(73) 一九三四年七月四日。

(74) 一九二九年三月二四日。

(75) 一九二九年四月一七日。

〔付記〕　本稿は、平成二二年度学術振興会特別研究員奨励費（二二・六八一一）の助成による研究成果の一部である。本稿に対して、貴重なご意見とご助言をくださった京都大学大学院法学研究科伊藤孝夫先生、国際日本文化研究センター松田利彦先生および台湾中央研究院台湾史研究所陳延湲先生にこの場を借りてお礼申し上げます。

日本の植民地支配と笞刑——朝鮮の事例を中心に——

李　鐘旼

はじめに

植民地期朝鮮の笞刑《ちけい》は、これまで韓国の研究において「武断統治」期の暴力性と植民地民衆に対する差別的処罰観を象徴的に示す制度の一つとしてとりあげられてきた。(1) しかし、比較的最近の研究では、笞刑のもつ暴力性のみならず、日本の植民地支配下、笞刑がどのように活用されたのか、また、日本が当初台湾などで取り入れた笞刑がどこに淵源をもつものなのか——換言すれば中国由来の伝統的意味での笞刑をそのまま維持していたのかどうか——といった問題や、笞刑施行当時の論理がどのようなものだったのかを明らかにしようとしている。(2) 本研究も、また、このような研究の延長線上で、朝鮮に先立って笞刑制度が取り入れられた台湾等の事例を参照しつつ、朝鮮の笞刑を日本の植民地体制全体のなかで運用された笞刑制度の一部として、再考しようとするものである。

ところで、朝鮮の笞刑が日本の植民地のなかでは、もっとも遅く制度化されもっとも早期に廃止されたという事実、およびその経緯は、これまで必ずしも注目されてこなかった。朝鮮においては、笞刑は一九一二年に制度化されたが、これは単に大韓帝国下で行われていた笞刑制度をそのまま踏襲したわけではなく、一九〇四年に台湾で始まった「植民地笞刑」制度を受け継いだものである。台湾、関東州、朝鮮の順に作られた笞刑制度は、一九二〇年四月に朝鮮で初めて廃止された。既存研究では、この過程を、内地延長主義者が政権を取ったことにともない自動的かつきわめて容易になされたかのように論ずることが多いが、必ずしもそうとはいえない。一九一〇年代、朝鮮では、笞刑は警察の即決処分の約五〇％、裁判による判決でも四〇％前後を占めるほど、処罰の領域で主流的地位にあった。しかし、朝鮮総督府はこのように処罰の中心になった笞刑に代わる制度的かつ財政的代案をもたない状況にあり、廃止反対論も根強く存在していた。

本稿では、当時の状況や笞刑処分の実例を通じ、その処罰の効果、刑罰手続きの簡素化、財政的負担の緩和といった点から、笞刑のもっていた効果を総合的に検討する。あわせて笞刑の存廃に関わる関係当局の利害関係を見ながら、笞刑廃止の決定的な契機となった三・一運動時の政治状況や国内外諸勢力の力学関係について考察したい。

一　植民地における笞刑制度

(1)　台湾の事例

台湾では一九〇四年一月一二日、律令第一号により「罰金及笞刑処分例」(以下「笞刑例」と表記する) が公布され、三月一二日に律令第四号により「犯罪即決例」が公布された。これが、日本植民地における笞刑の最初の導入事例となった。もっとも、周知のように、笞刑は東アジアでは決してなじみの薄い刑罰ではない。犯した罪の対価を身体に対する直接的な加撃により償わせるこの伝統的な応報刑は、洋の東西を問わず、前近代の諸地域の社会においてさまざまな形で広く行われてきたものであり、中国の影響下にあった東アジア諸国では、中国の大明律に基づく五刑（笞／杖／徒／流／死刑）を中心とする刑罰の一環として、長い間用いられてきた。

ただし、日本では西欧列強との不平等条約改正をにらみ、既存の笞刑制度を一八八二年に全廃していた。西欧から「蛮刑」と見なされた笞刑制度は「文明国」の仲間入りをするのにふさわしくなかったのである。このような状況のもと日本が台湾に笞刑制度を導入しようとした際、ただちに議論が生じたのは当然のことだった。当時の議論からは、そもそも帝国日本の植民地における笞刑がどのような考えに基づき作られたものだったかがわかるので、ここで多少詳しく紹介しておこう。

導入を進める側の論理は、当時、台湾覆審法院長だった鈴木宗言によって示されている。鈴木は、後藤新平の指示により各国の植民地を視察し書いた『台湾罰金及笞刑理論』で、笞刑を施行すべき理由をいくつかあげている。「短期自由刑の弊害」（短期自由刑では監獄内において受刑者間の影響で「善良な初犯」も本格的な犯罪の世界に染まるという論理）を防ぎ、廉恥と自由の観念に乏しい台湾人に適した刑罰制度だという点をあげている。加えて、西欧の植民地でも――すなわちイギリスは香港の漢族に対し、ドイツは山東省膠州湾の漢族に対し――笞刑を行っている点にも注目している。

しかし、瞬間的苦痛に過ぎない笞刑を適用するのは、つまるところ文明的刑罰の名目を汚すもので、西欧植民地で用いられている植民地的蛮刑をそのまま模倣しようとするものだとの小河滋次郎の批判論にも、かなりの支持があった。覆審法院検察官長・尾立維孝は、英領植民地における実際の笞刑執行件数はきわめて少数であるのに比し、台湾では重禁固三か月、罰金一〇〇円以下の犯罪人が刑事犯人の四分の三以上にあたり笞刑が多数に及ぶ可能性が高い点をあげ、笞刑の導入に当初より憂慮を示した。

結局これらの議論は、西欧での近代的刑罰改革の論理に原則的に従おうとする立場と、西欧植民地で行われている植民地的刑罰の運用を積極的に参照しつつ現地の特殊性という論理を楯にしようとする立場の間に生じた対立だったことがわかる。この植民地現地の特殊性という論理は、植民地民衆の民度の未熟や特定の「民族性」を指摘しつつ、そういった問題がある故に当該植民地に自由刑を全面導入するのは不適切だという語りを生み出すことになった。鈴木の場合、行刑費の節約のためにも、こうしたケースは罰金や笞刑で処分せねばならない、としていた。そして、これとあわせ、台湾人の「強烈な拝金主義」を一つの民族的特性と見なし、台湾においては金刑すなわち罰金が有効だと主張したのである。同時に笞刑は、厳罰に処すべき賭博犯や一定の住所や職業のない者、罰金を支払う能力のない者に対し、身体的苦痛を与え羞恥と反省を引き出すことができるとも目されていた。

このように鈴木が台湾で罰金刑や笞刑を執行せよと主張した根拠の一つが、台湾人と清国人の特定の「民族性」だったが、これが台湾での実際の調査の結果得られた結論かどうかははっきりしない。他の英米植民地で笞刑執行の口実に用いられていた論理をそのまま拝借してきた可能性もある。また、鈴木が例にあげる西欧の東アジア植民地の事例ならびに西欧の識者が笞刑に示していた見解は誤った理解に基づくものとして、鈴木の議論における歪曲を具体的に論駁する文章も残っている。こうした資料を見ると、植民地における処罰をどのようにすべきかという問題をめぐって、当時の人々の事実認識と見方には少なからぬ不一致があったと考えられる。(7)

以上のようなさまざまな議論を経て実施された「笞刑例」を見ると、処罰対象については次のような規定がなされていた。

第一条　主刑三月以下の重禁錮刑(8)に処すべき本島人及清国人の犯罪に付ては其の情状に依り罰金又は笞刑に処する。

第二条　主刑又は附加刑の罰金百円以下の刑に処すべき本島人及清国人に付ては被告人左の一に該るときは其の情状に依り笞刑に処する。

①本島内に一定の住所を有せざるとき
②無資産なりと認めたるとき

情状により三か月以下の重禁固刑者を罰金や笞刑に処することができるという条項から考えると、禁固を罰金に代えることができたということがわかる。また、刑具の材質や大きさが統一され、執行対象もあらためて整備された。一六歳以上六〇歳以下の男子に限ることとし、一日の執行回数を二四度までに制限するとともに、執行者の標準的な姿勢を定め、力の配分が適切になされるよう詳細な規定を付した（「罰金及笞刑処分例施行細則」「笞刑執行心得」「笞刑執行ニ関スル注意事項」）。これが、既存の前近代的笞刑とは異なる、執行者の恣意性を抑えるよう「改造」された笞刑であった。

当局は、笞刑執行後の受刑者の経過について細かく観察し記録を残している。人体が耐えうる笞刑の度数は果たしてどこまでか検証し、受刑者の感想を記録した[9]。ただし、この記録に載せられているのは一九名であり、彼らが台湾の笞刑の実態を示してくれる何らかの代表性をもつものとはいえない。いくつかの事例をまとめると、以下のようになる。

大抵の受刑者は、家に帰った後、患部が変色し非常な苦痛を感じた。彼らの罪名は、窃盗・賭博・阿片令違反等である。受刑者たちは笞刑に対する感想を述懐しているので、その内容を簡単に見ておこう。二二歳で笞刑を初めて受けた受刑者（三〇度執行）は、「近来ノ笞刑ハ大変苦痛ヲ感ルト云フコトテアツタカ自分カ実際之ヲ受ケ初メテ判リマシタ」と述べ、実際処分をうけた時の感想を伝えている。笞数が増えれば増えるほど苦痛も増すため服役や罰金の方がましだとか、再度笞刑を受けたら死ぬかも知れないなどといった表現も見える。六〇度打たれた受刑者（三二歳、服役経験二度あり）は、服役経験と比べものにならないほど苦痛だったと述べ、七五度受けたケース（三四歳）でもやはり六か月の服役の方がましだとしている。一九名中二名は、笞刑を受けたことを恥辱と感じ、感想を口にすること自体を拒んだ。また、中には、ひどい苦痛であるにもかかわらず、長期間厳格な規律の下で服役するよりはましだという事例（四六歳）もあった。もちろん、ある刑罰の方がましだと思ったところで、受刑者が処罰の種類を選択できるわけではなかった。

以上のように、台湾の先例を簡単に整理してみた。台湾で紆余曲折の末に作られたこの笞刑制度は、短期間で執行が終わる笞刑がましだとか、（三八歳）とか、四年後に関東州で[10]、八年後に朝鮮でその姿を現すことになる。台湾の「特殊事情」を根拠として統治上の効果と費用の節減のために改造されたこの制度は、他の植民地にも応用可能な一種のスタンダードとなった。

（２）朝鮮の笞刑

１「朝鮮笞刑令」以前の笞刑と「存置」の論理

朝鮮では一九一二年三月、「朝鮮笞刑令」（制令第一三号、以下、「笞刑令」と表記する）が公布された。「朝鮮刑事令」（制令第一一号）と同じ日の公布である。これ以前は日本人に対しては日本の法律を適用し、韓国人には大韓帝国の「刑法大全」を適用するなど、法適用に差別を設けていたが、「朝鮮刑事令」以後は同一法規を適用するとの趣旨のもと刑法大全は名目上廃止された[11]。これにより「笞刑」執行の根拠となっていた「刑法大全」がなくとも、朝鮮人限定で笞刑を執行できるようになった。ただし、笞刑令の条文上に笞刑に処すべき犯罪が明示されているわけではなく、三か月以下の懲役または拘留、一〇〇円以下の罰金または科料にあたる処分を笞刑令によって笞刑に換刑する形で展開されたのである。

朝鮮人に笞刑を適用すべきだとされた理由は、かつて鈴木が台湾に笞刑を導入する理由としてあげたものと大同小異である。「無教育なる罪囚の大部分は、栄誉心なく羞恥の観念なき劣等者」であるので、彼らを対象に短期自由刑を執行しても「迅速に痛苦を実感」させられない、というのである。さらに朝鮮は台湾等とは異なり民度が低いので、罰金刑に代えることで苦痛を与える方法も効果が期待できないとして、笞刑制度の実施を一層強く求めた[12]。

ところで、このような植民地当局の認識は、本来の朝鮮における刑罰制度や笞刑に対する処罰観とは多少距離がある。前近代の朝鮮王朝においては、刑罰は基本的に身分にしたがって差等を設けて賦課され、一定の贖銭に代替できる選択肢もあった。特に笞刑のように軽い処罰は、ほとんど贖銭により免除され釈放されるのが通例だった。身分が高い者や熟練技術者、婦女、老弱者、服喪中の者、父母を扶養している者の場合も贖銭で処罰を減免してもらうことができた。また、処罰の時期についても、一般に極寒・猛暑の場合や農繁期には贖銭に代えたり処罰自体を延期したりすることもできた[13]。

日本の刑事司法関係者は、中国から受け継いだ笞刑が朝鮮で長期間にわたり広く用いられてきた点を強調し、慣れ親しんだ処罰文化であると力説したが、かつては身分により、あるいは贖銭への振り替え等により、笞刑免除のために開かれていた多様な方途が、植民地笞刑においては許されなくなった。すなわち、婦女子と一六歳以下および老人を除くすべての朝鮮人が笞刑処分の対象として確定され、罰金代納の余地も狭まった。

一方、朝鮮王朝末期の刑罰制度およびその運用がきわめて乱れていたことは周知の事実である[14]。ただ、笞刑の運用プロセスが一概に恣意的で過酷だったとは思われない。笞刑執行者の側との関係、買収の如何によって、笞刑は賑やかな「公演」ともなり、悲惨な処刑場ともなったのではないだろうか。

たとえば一八七七年頃、朝鮮で活動中に投獄されたフランス宣教師リデルは、ソウルの捕盗庁で五か月間服役し、その間の目撃談を書き残している。その記録からは、当時の体刑には、悲鳴のみ声高に叫ぶ芝居に過ぎぬような寛大な棍杖[15]刑執行もあれば、わずか一〇度でも打ちすえられれば意識を失い回復まで一か月かかるような棍杖もあったことが知られる[16]。

当時の日本人官吏は、朝鮮の笞刑をどのように見ていたのだろうか。一九〇八年に法部主事として招聘されて以来、総督府司法部職員を皮切りに、各地の監獄の典獄を歴任するなど要職を経た中橋政吉は、植民地期初期における朝鮮の笞刑について以下のように回顧している。

私が最初笞刑執行の状況を見たときの直感に於ては、それは木の折れた枝を持って無茶叩きをして折檻を加えている位にしか見えなかったのであって、国家が刑罰権を行事しているのであることを思わしむる程の厳粛感は起きなかったのである。尚其の上に執行を受ける一人一人の受刑に因る苦痛の感受度も頗る不同であるように見受けられ〔中略〕今少しく其の合理化を図る為再検討の必要があることを痛感したのである。私が見たときに使用の笞は〔中略〕皮付の細枝であって中にはポプラや柳の枝の如きもあれば〔中略〕種々雑多であった。また寸法の如きも雑木の枝を寄せ集めたたけに甚だ不揃であった。〔中略〕一回の執行に数本の折損を生じるので、必ず若干の予備笞を用意〔せねばならず〕〔中略〕その為随分沢山に笞を置かねばならぬといふ厄介のあったことで〔中略〕曾て受刑者に対し自分の打たれる笞を自分で作り執行の日には之を携帯して出頭すべく命じたことがあるといふ話も頷かれたのである。[17]

以上からも確認できるように、大韓帝国期の笞刑は刑具が統一されておらず、極端な場合、自分の受ける笞を自分で準備してくるという情景さえ見られた。笞刑執行においても、強/穏の差が大きかったと見られる。このような状況を目にした後、中橋をはじめとする日本人官吏の意見は賛否両論に分かれた。「速かに廃せらるべきであるといふ意見もあれば、又反対論として本刑は自由刑に比し効果が大なること、長期間獄内に拘禁する必要がないから収容設備不足の折柄在監者の増加を抑止するを得ること、執行が簡単にして小時間を以て終了せしむるを得るを以て経費を節約するを得ること、拘禁の為に受刑者の業務を廃せしむるの虞なきこと、特に朝鮮の民度に適して居ること等の便益のある点を挙げて笞刑制度を礼讃する者も尠くなかつた[18]」という。また、当時、受刑者の側も、笞刑執行後すぐに家に帰れるため、特に農繁期のような時期には笞刑を歓迎する者も多かったのである。そのため、少なくとも植民地期初期には、旧制度に見られたような緩やかな運用の仕方や笞刑執行者と交渉できる可能性などを朝鮮人が想起し、むしろ笞刑を望むケースもあっただろうと思われる。

「笞刑令」「朝鮮笞刑令施行規則」「笞刑執行心得」には、台湾とほぼ同じように笞刑執行上の注意点が細かに記されている。たとえば、笞の規格を標準化したこと、体調不良の際には医師の診断を受けられるようにしたこと、非公開で一日三〇度以下とし一六歳から六〇歳以下の男子にのみ執行できるとしたこと、また執行者は定められた姿勢で速力と力を配分すること、といった規定である。これはまさに旧来の笞刑とは異なる「合理化」された執行方式だった。

しかし、このように表面上は合理化されたにもかかわらず、笞刑は次第に恐怖と忌避の対象となっていった。肉体に直接加えられる暴力としての笞刑は、外面的には冷静で正確な「労働」であったとしても、結局権力的に優位に立っている施行者の感情の昂ぶりは抑えがたいものになっていく。当時朝鮮総督府司法部嘱託であった森徳次郎は当時の状況をつぎのように語っている。「時に自由刑を厭忌し笞刑を希望する者はなきにあらずとも雖、是未だ會て笞刑に処されたることなき者にして」、「笞刑の前科ある者にありては其の痛苦に畏れて自由刑を希望する者の頗る多きに観るときは其の効果の顕著なる推して知るべし」とのことだった[19]。むち打ちによって苦痛を与え、処罰効果を目に見える形にしようという、笞刑令制定当初の意図が貫徹していたといえよう。

2 笞刑制度の運用実態

① 「笞刑令」と適用事例

まず「笞刑令」の条文から処罰可能な範囲を確認しておこう。

朝鮮笞刑令

第一条　三月以下ノ懲役又ハ拘留ニ処スヘキ者ハ其ノ情状ニ依リ笞刑ニ処スルコトヲ得

第二条　百円以下ノ罰金又ハ科料ニ処スヘキ者左ノ各号ノ一ニ該ルトキハ其ノ情状ニ依リ笞刑ニ処スルコトヲ得

一　朝鮮内ニ一定ノ住居ヲ有セサルトキ

二　無資産ナリト認メタルトキ

第三条　百円以下ノ罰金又ハ科料ノ言渡ヲ受ケタル者其ノ言渡確定後五日内ニ之ヲ完納セサルトキハ検事又ハ即決官署ノ長ハ其ノ情状ニ依リ笞刑ニ換フルコトヲ得但シ笞刑執行中未タ執行セサル笞数ニ相当スル罰金又ハ科料ヲ納メタルトキハ笞刑ヲ免ス

第四条　本令ニ依リ笞刑ニ処シ又ハ罰金若ハ科料ヲ笞刑ニ換フル場合ニ於テハ一日又ハ一円ヲ笞一ニ折算ス其ノ一円ニ満タサルモノハ之ヲ笞一ニ計算ス但シ笞ハ五ヲ下ルコトヲ得ス

ところで、当時の処罰事例を見ると、軽い犯罪でも拘留や科料で処分するケースと笞刑をもって処罰しているケースに分かれている。つまり、処罰を決める際には一定の政策的判断が作用していたのである。一九一五～一六年の『警察統計』の中で笞刑執行事例を見ると、裁判事件では窃盗・賭博・傷害といった順であり、即決事件では、賭博・森林令・警察犯処罰規則等となっている。これらの犯罪が、特に笞刑によって処すべき対象となったといえよう。このうち首位を占めたのは賭博であり、台湾の場合と同様、大部分が笞刑処分を受けている。たとえば、一九一五年の刑法犯中、賭博で処罰された者は二三、五四七名にのぼるが、このうち二〇、二二五名（八五・九％）が笞刑を執行された。また、森林令違反一四九四名中、一一五一名（七七・〇％）が笞刑を受けている。[20]

執行の実例を見ると、京城市内で花札・雑技などをしていた朝鮮人らが賭博の罪で笞刑三〇～七〇度[21]、火田耕作をしていた者・松葉を集めた者・国有林を討伐した者が森林令違反により笞二〇～三〇度[22]の処分を受けている[23]。この他に、警察犯処罰規則（一九一二年三月）により笞刑に処されたケースも多いが、この規則により罰せられた事例は、大きく二つのカテゴリーに分けることができる。一つ目のカテゴリーは、日常生活の交通、衛生、その他公衆道徳というべき「新しい」ルールを強制するための項目である。これらの項目は大抵それまでの国家権力にとっては関心外にあったものであり、住民自身も自分の行動が笞刑につながる罪であることを認識せず行ってきた可能性が高い。たとえば、人力車を一時道ばたに放置した（笞一〇度）とか、路上で放尿した（笞三度）とか自殺をはかろうとして電車の進行を妨害した（回数不明）といった理由で処分を受けている[24]。また、うらなりの柿を売ったかどで笞一五度[25]、居住地の周辺が清潔でないことで笞二〇度[26]、建築工事現場で上着を脱いだまま働いたことで笞一〇度[27]、巫女の力をかりてお祈りをした罪で笞二五度の処分を受けた事例[28]などがある。

もうひとつのカテゴリーは、植民地の政策展開や治安維持のため指示に従わない者、治安上問題になりうる者を取り締まる項目である。まず、「官憲の指示もしくは命令した事項に違反した者」（警察犯処罰規則三二項）、「官憲の督促を受けて道路の掃除若しくは撒水を為さず」（警察犯処罰規則六三項）にいた者に対する処罰の事例として、道路工事での夫役動員や綿花栽培の強制に反したケースがあげられる。植民地初期、問題になっていた道路工事による朝鮮人の夫役動員は、やがて「夫役者が遅れて到着したり疲労で能力が上がらない」時には「警察署の刑具にのせ」る事態にまで及び朝鮮人に大きな負担になった[29]。また、指示された綿花の栽培を拒否した者に対しても笞刑を執行した[30]。

一方、治安と関わる「問題人物」の取締は、「警察犯処罰規則」第二項にもとづき「一定ノ住居又ハ生業ナクシテ諸方ニ徘徊スル者」を処罰対象とした。こうした者は「浮浪者」とも呼ばれたが、彼らを危険視する理由は次のように説明されていた[31]。

一定ノ住居又ハ職業ナクシテ浮浪徘徊スル者ノ如キハ世ニ所謂無頼漢ニテシ〔ママ〕必ス共同生活ノ秩序ニ危害ヲ与ヘ又ハ危害ヲ与フル虞レアル危険人物ナリ、蓋シ人ハ一定ノ住居ナクシテハ身ノ安静ヲ得ス又家ニ恒産ナキ限リハ一定ノ職業ナクシテ生活ノ資料ヲ得ル能ハス必ス何事カ悪事ヲ企画シテ生活資料ヲ求メサルヘカラス然ラサレハ乞丐ヲ為スニアラサレハ生命ヲ繋ク能ハサルヘシ之レ本罰則ヲ設ケ善良ナル人民ノ為無頼漢ヲ排除シ且ツ浮浪者ヲシテ正業ニ就クヲ強ユル所以ナリトス。

警察犯処罰規則第二項による検挙や処分は「治安維持」を名目とするもので、一定の住居や生業がなく「徘徊スル者」を警戒対象とし、特定の時期に「一斉検挙」を行い笞刑か拘留処分を下した。たとえば一九一七年一月二四日京城の鐘路警察署では、乞食者二五〇人を引致しその中で体が丈夫な五八名に笞一〇度ずつ執行して帰らせた(32)。また拘留によりいったん身辺を確保したうえで危険性の有無を徹底的に調査することも第二項を利用した警察の取締であり、この条項にもとづく処罰は、三・一運動以後頻繁になされた。同条項による処分は基本的に拘留処分（平均二〇〜二八日）になるが、三・一運動にただ加担した場合あるいは加担しそうな場合には、この条項を適用して笞刑に代えて処分するケースもしばしば見られた(33)。

② 当時の監獄の状況と笞刑の実態

総督府検察側は、三・一運動以後、拘留処分をできる限り笞刑に代替し、示威に加担した者に「保安法」を適用し九〇度までも笞刑を科すことが多かった(34)。その理由は何か。まず、当時の監獄における拘禁状態について語っている資料を引用しておこう。

在監者は漸次増加し隆熙二年〔一九〇八〕末に於ては既に二千人を越えて居つた為〔中略〕一坪平均収容人数は十幾人といふ多数に上つたのである。其の頃は在房者は各枕を並べて安眠するなとは思いもよらぬことで、在房者の二分の一或は三分の一宛、交代にて寝臥せしめたのである(35)。

〔三・一運動時〕検挙せられた人員は夥しき数に上り、各監獄共に一時に入監者を激増して、いづれも其の措置に悩むだものであります。就中西大門監獄は該事件の幹部である孫秉凞外三十余名を始めとして、多数の連累者を収容し、其の前より収容し居りたる既未決囚と合して在監者三千の数を突破するに至りまして、遂に教誨室にも、工場にも、鉄条網を張り廻して監房に代用する窮策をとりましたが、興奮せる在監者の中には房内に於て大声にて独立運動の演説を為すものがあり、拍手して之れに共鳴するものがあり、其の混雑は到底譬ふるにものなき状態であり㊱〔下略〕。

監獄は、統監府期における再編当時からすでに飽和状態で収容余力がなく、植民地期初期にはまともに収監者が管理できない状況だった。加えて三・一運動により検挙者が急増したために、行刑当局としてはどこから手をつけてよいかわからない事態が続いた。この頃総督府司法部にいた森徳次郎は、当局の緊迫した事情について以下のように回顧している。

各地で昨日何百人、今日も何百人と逮捕されて未決囚が拘置監に激増する。各地本分監忽ち拘禁不能の報告が殺到する。十年前迄の憲兵隊の如く手械足枷で牛馬の如く繋ぐ訳には参らぬ、万策尽くとの報告だ。〔中略〕長距離電話は終日掛り通し。〔中略〕昼食も立食中ドアが開いて交渉にくる向もあり、その相談中、又復長距離電話だ㊲。

統治の不安定が高まるにつれ、「科学的」「人道的」に改造されたはずの植民地笞刑の執行原則は、形骸化していった。とりわけ三・一運動下、監獄の収監状況が飽和状態にあったことと収監者管理がままならぬ点を踏まえ、懲役／拘留刑が笞刑に代替されるなか、笞刑は、受刑者に最大の苦痛や恐怖を与える脅しの機能を担うものとされていった。

何より笞刑の執行者が笞刑の強度を上げることに意を注いだため、執行はきわめて恣意的な様相を示した。そもそも笞刑執行の「科学性」を強調した平壌覆審法院検事長は、「執行者ハ先ツ直立ノ姿勢ヲ以テ左手ヲ腰部ニ当テ右手ヲ以テ鞭ヲ持チ」「同一ノ速力ト同一ノ力ヲ以テ」「直角ニ」打てば「皮膚の破ルル事ナク打擲後直ニ歩行シテ帰宅スルヲ得ル」[38]と説明している。しかし、さまざまな報告書と証言から現実はこれとはほど遠かったことが示されている。いくつかの事例を検証しよう。

ⓐ高陽郡の朴雲楽（二五歳）は三月、万歳示威に参加したかどで一二時に笞三〇、二時に三〇というように一日に六〇度の笞を受けた。[39]

ⓑ江界の少年一一名は五月一六〜一八日の三日間、一日三〇度ずつ規則通りの笞刑を受けた後、一八日に放免され、二二〜二四日にかけ病院に行った。このうち一名は二三日に、もう一名は二五日に死亡した。病院側は、他の何名かの生死も危ういと憂慮している。[40]

事例ⓐは、一日三〇度の執行原則を破り、二時間後に再度三〇度の笞刑を加えたケースになる。事例ⓑの場合、少年たちは壊疽によって命を落とした。彼らに対する笞刑執行についてはある宣教師の書簡に証言が残されているが、[41]それによれば、一日三〇度の笞刑を、三人の日本人が一〇度ずつに分け執行したのだという。「禁じられた方法で」笞を「できる限り高く大きく持ちあげ」「力の限り」打ちすえたというこの笞打ちの例は、以降あらゆる文献で言及されるようになる。少年たちは、裁判で笞刑の宣告を受けると上告しようとしたのだが棄却されていた。

「非公開」執行という原則も、さまざまな資料を突き合わせてみると、処罰効果を高めようという意図のもとでなし崩しにされていったことがわかる。時に笞刑は「一般予防効果」のために誰かに見せたり聞かせたりする役割をはたしていたのである。一九一〇年代初期、慶尚南道統営に住んでいたある日本人の記憶によれば、笞刑執行の状況は次のようなものだった。[42]

〔統営〕警察は町の中にあった。軽い罪の者は笞を打って放していた。笞は、竹の割り、結び合わせたもので、五十叩きが普通のようであった。警察は見せしめのため、ワザと裏庭の道路に近い所で執行した。犯人を台の上に腹這いにさせ、読み上げる人、それに応じて犯人を叩く人と二人いた。〝ハナ、ツー、ソイ、ノイ〟と日本式発音でやっていた。〔傍点引用者〕

このように権力の直接的な行使の瞬間を公開するというやり方は、拘置場や監獄内でも用いられた。公開執行ではないにせよ、誰にでも聞こえるよう執行したのである。以下に引くのは、三・一運動時の経験をもとに書かれた小説だが、当時の監獄内の収監状況と笞刑がもたらす心理的衝撃を生々しく描いている。多少長くなるが、引用しておこう。

> 五坪に少々足りないこの房に最初は二十人いたが、他のいくつかの房と合わせて二十八人になった。その時いったいどうなることかと思った。鎮南浦の監獄から控訴のため移されてきた人まで合わせて三十四人になった時には、ため息がもれた。ところが新義州と海州の監獄から移管された人まで合わせて四十一人になった時には、ため息さえつけなかった。〔中略〕
>
> 重い空気と暑さに苦しみさいなまれ、頭蓋骨のなかに小さくちぢこまった彼らの疲労困憊した脳に、たったひとつの願いがあるとすれば、それは一口の冷水だった。国を売り、故郷を売り、親戚を売り、あるいは将来かなえられるかもしれないあらゆる幸福を犠牲にしてまでも引き換えに値するものは、一口の水以外になかった。〔中略〕
>
> われわれは恐ろしい声に息を呑んだ。それは断末魔の叫びだった。〔中略〕
>
> 「あああ、あああ……」
>
> 悲鳴がわれわれの暑さに麻痺した耳を突ん裂く。われわれはみな暑さを忘れて頭をあげた。身体が震え

た。それは鞭打たれる人の悲鳴だった。[43]

二　笞刑廃止に向けて——効用と廃止の間——

（1）存廃をめぐる内部の議論

笞刑の存廃ないし拡張の議論は、おおよそ一九一七年から一八年頃にかけてなされたものと見られる。同時期に台湾でも笞刑の存廃について議論があったことが知られているが、[44]朝鮮の行刑係は存続を強く支持する議論を一九一七年一〇月に発表している。森徳次郎の「笞刑に就て」という長文である。[45]

森は、この文章において、第一節であげた鈴木宗言の論旨をひとつひとつ再確認しつつ、意外に多くの西欧列強が笞刑を活用している点、西欧の東アジア植民地でも笞刑制度が用いられてきた点を指摘している。森は、この当時提起されていた笞刑反対論に対抗して笞刑制度の長所を整理しながら、もし朝鮮で笞刑を廃止しようとするならば、教育が普及し朝鮮人の知徳が向上し、産業開発で民度が向上し顕著な変化が生ずるなり、さもなければ可能な限り最善の刑罰を見つけるなりしない限り、撤廃は前途遼遠だと主張した。

ところで、こうした森の主張が当時特に耳目を引いたのは、平素より統計に関心を寄せていた森が、笞刑の経済的効果の根拠を具体的数値で示したためだと思われる。森の計算にしたがえば、笞刑制度は行刑費の節約と拘禁密度の緩和に多大な貢献をしており、一例として一九一四～一六年の間において、平均五三、六七七円という巨額の行刑費を節約し、拘禁を笞刑に代えることで、一日平均四四一五名の緩和効果をもたらしているという数字があげられている。これは、同時期の受刑者・労役場留置者の平均人数九二三八名の四七・七％にあたる人数である。森によるこうした推計は、この後実際に朝鮮で笞刑廃止が決まった際、上層部にあげる新規計画書や予算要求書に用いられた。[46]

植民地における笞刑制度を最大限活用していこうという方向は、本国でも目指されていた。寺内正毅内閣は関東州の「笞刑処分令」を改正しようとし、一九一八年六月、改正案を枢密院に付議した。改正内容は、第一条の「三月以下」の懲役を「六月以下」の懲役に変えようというものだったが、その場合、笞刑に簡単に振りかえうる対象がかなり増加することは明らかだった。ただし、同年九月に成立した原内閣にはこの改正を進める意向はなく、笞刑処分令改正は実現しなかった（改正案は一九二〇年二月に枢密院から内閣に返上された）[47]。

朝鮮総督・長谷川好道も、三・一運動以降笞刑に対して厳しい批判が噴出しているにもかかわらず、次のように笞刑廃止に反対する意見を表明した。

朝鮮人ニ対シテハ特ニ笞刑ノ刑罰アリ。外国人及鮮人知識階級者中ニハ之ヲ以テ非文明的トシテ其ノ廃止ヲ高唱スルモノアルモ民度ニ適応シ最効果アル処刑ノ方法ニシテ軽々之ヲ廃止スルコトヲ得サルヘシ[48]。

このような議論に新聞世論も加わり、『毎日申報』は一九一九年一一月一九日付社説で「民度から判断すれば廃止は絶対に早すぎる」との意見を載せ、廃止の代わりに適用範囲の調節程度の改善措置を取るよう提案した。『大阪毎日新聞』も一〇月二六日付で、朝鮮笞刑廃止はまったく不可との記事を出して、「現今笞刑を用いるのは文明国の体面上は不可だが」、実際に笞刑を廃止すれば、「騒擾事件等で收監人員が倍にも増えている今日、これを収容する建物その他の必要上、監獄費が倍増するだろうし、自由刑を用いれば、犯罪者の増加を見るであろうから当局の再考」を要すると述べた[49]。

三・一運動下、笞刑をめぐる世論が高まり、「文明国としての対面」「民度」「費用」など廃止に関わるさまざまな問題が提起されたが、植民地統治開始以来の笞刑に依存する構造は容易に変えることができなかったのである。事実上、一九一〇年代全体における処罰の約五〇％（論者によれば三分の二以上）が即決による笞刑処分だったとされるが、司法・警察系の一線官吏・官僚・新聞関係者側では、原則廃止論に対抗する議論が強く、笞刑の存続あるいは廃止は時期尚早という意見が支配的であった。

（2）　西欧列強の批判と圧迫

第一次世界大戦以後、イギリスとアメリカは東アジア秩序の再編過程において日本の膨張主義を警戒し日本との軋轢を深めつつあったが、日本社会のなかでも反米・反英の雰囲気が高まっていった。このような状況のもと、三・一運動と運動に対する鎮圧の実態について知らされた英米は、「非暴力的運動」対「残虐な鎮圧」という用語を対比させ、第一次世界大戦の際ドイツがベルギーにおいて行った「野蛮的行為」にたとえながら日本政府当局の神経を逆なでした。当時日本に批判的な見解を示していた人々にとって、日本の朝鮮支配自体は関心の対象ではなかったものの、彼らは三・一運動や朝鮮の独立運動の例を通じて少なくとも日本の植民地支配が道徳的側面では失敗したことを明らかにしようとした。米国はフィリピンに対する自国の政策をあげながら朝鮮において日本の理解力が欠けていると指摘する一方、英国はエジプトに対する統治の例をあげ日本の同化主義を批判した(50)。

この時期の米英との関係や三・一運動をめぐるアメリカとカナダ出身の宣教師たちの動きに関しては、かなりの研究成果がある(51)。当時朝鮮にいた四〇〇名あまりの宣教師と総督府側は、笞刑廃止をめぐり相互の利害関係に立って事態の円満解決をはかるべく数次にわたり会談を持った。総督府側は当初宣教師が朝鮮人の背後で糸を引いているのではないかと考え、他方、宣教師側ではセブランス病院の捜索、宣教師の拘束、教会の焼き打ち、信徒に対する攻撃などの事態に直面し、総督府が彼らの朝鮮における宣教基盤自体を破壊しようとしているのではないかという疑念を抱くにいたったのである。

ただ、宣教師たちは朝鮮人に同情を寄せてはいたものの、日本の植民地支配自体を否認したり政治的「中立」

原則をいかなるかたちであれ崩したりしようという意図はなかった。しかし、一部の宣教師は、警察や軍隊、消防組員などによる暴力的鎮圧を目の当たりにし、「残酷に中立なし」との立場に立ちさまざまな活動を開始した。まず、朝鮮総督府や東京の日本政府を訪問し、高位当局者に面談を求め朝鮮人たちの惨状を知らせて弾圧をやめるよう要請した。彼らが面談した要人は、宇佐美勝夫（朝鮮総督府内務部長官）・長谷川好道（朝鮮総督）・原敬（首相）・国分三亥（司法部長官）・関屋貞三郎（内務部学務局長）・山県五十雄（Seoul Press社長）・斎藤実（長谷川の後任朝鮮総督）等の多数にのぼる。

また、宣教師たちは本国に自分たちの目撃したことを直接伝達する役割も果たした。代表的な例としては、カナダ長老教所属のアームストロング（A. E. Armstrong）が、三・一運動初期の示威と日本軍警による鎮圧の実態に反対する生々しい記録を集め、公開を働きかけた。その結果出されたのが、米キリスト教会連邦会議東洋関係委員会（Commission on Relation with the Orient of the federal Council of the Churches of Christ in America）刊『朝鮮の情勢（*The Korean Situation*）』という冊子である。

この冊子は、*New York Times* 紙一九一九年七月一三日付に掲載され、米議会でも取り上げられ全文が議事録（Congressional Record, 1917.7.17）に収録された。それをきっかけに触発された反日の雰囲気は上院の外交委員会において日本を批判する決意案を通す事態にまで及んだ[52]。この時期、米国内の反日感情は最高潮に達していた。批判輿論は、日本の朝鮮支配はそれ自体が関心の対象というわけではなかったが、ベルサイユ条約や国際連盟に反対する自分たちの議論の正当性を示す材料とされると同時に原内閣を動かすための手段とされた。

他方、『朝鮮の情勢』をアメリカで発刊した東洋関係委員会の関係者は、同書を刊行するに先立ち日本政府と事前接触を試み、公式声明を出すよう要請した。同書の刊行予定の報道が新聞に出た二日後、原首相は朝鮮に必要な行政的改善を進めているとし、このための福祉増進計画に誤解なきよう求める電報メッセージを送り、これが同書の序文に載せられた[53]。このようにして同書の衝撃的な告発内容のもたらす反響を抑え、日本政府と交渉しうるチャンネルを確保しておこうとしたのだった。

またセブランス病院関係の宣教師は、笞刑施行や鎮圧過程で重傷を負った患者たちの写真を添えて詳細に記録し、これを帝国日本の「法治」を攻撃する材料として本国の政治家に伝え世論にも訴えた[54]。日本側官憲の報告には、「暴民」―「暴行」―「やむを得ず発砲」というパターンが再三にわたり見られるが[55]、これに対し、同じ事件を記録した宣教師の記録では、一連の万歳示威で朝鮮人が「何の武装もしていない状態だった」と強調している。日本に住む英米弁護士や記者は、朝鮮の司法制度が「最新の法と訴訟手続きから完全に逸脱したもの」と見なして根強く批判を投げかけ、朝鮮人に対してのみ「些少な不法行為」を肉体的刑罰で処罰していることに目を向けねばならないとの立場を表明している。ここにおいて笞刑は、日本の暴政を代表する「野蛮」のシンボルとして議論の中心の座を占めることになった。

当時の国際社会において、「文明」「非文明」をはかる重要な尺度のうち、「法治」や「衛生」は大きな比重を占めていた。つまり、まともな法律により適切に裁判をうけられるか、西洋式「衛生」の概念にのっとって人体に対する十分な情報と管理能力を持っているかという点であり、これは植民地統治能力を推し量る上でも重要な指標とされていた。この問題をめぐって、三・一運動下、総督府当局と宣教師陣営の間には激しい神経戦が繰り広げられた。

当時朝鮮人病院では、銃創などを治療する能力自体ないという理由でセブランス病院に移送するケースが多かった。他方、総督府警察側は、こうした患者がセブランス等の宣教師系病院に向かうのを阻み、日本人病院に誘導しようと必死だった[56]。負傷した患部を見られることはもちろん、負傷した経緯や病院に来る途中でのさまざまな訊問内容が宣教師系病院に筒抜けになることを防ごうとしたのである。

実際、特に北部地方の学生と住民は朝鮮人病院や周りの知人から「セブランスに行け」と勧められ、警察による途中制止や「誰がセブランスに行けといったか」という訊問をうけていた。セブランスを代表とする当時の宣教師系病院は、患部に対する診断と詳細な写真を含む記録を残しているが、その記録は患部と患者の個人情報にとどまるものではなかった。これらの医療機関は、患者とその知人の証言を通じ、運動と鎮圧のあった場所と鎮圧の度合いを明らかにし、日本の警察と病院が適切な措置をとったのかを告発する「対策本部」の様相さえ帯びた。「大日本平和教会」の調査報告書（注(38)参照）にもうかがわれたように、当時日本人司法官僚と両陣営の医師たちは、深刻な重傷や死亡の原因が笞刑や拷問によるものなのか、「適切」な処置がなされたのかを争点として、互いの専門的知識を動員しながら対立する様相を示した。

一方、この時期英国政府も日本政府に向けて一連の圧力をかけていた。駐日代理大使アルストン（Beilby F. Alston）は、提岩里事件の直後に事件の真相を自国に報告し、幣原喜重郎外務次官に対し残酷行為の中止を求めながら、国際連盟で人種問題を取り上げようとしている日本の威信が大きく傷つくだろうと警告した。[57]英国は、三・一運動がある程度鎮静化し総督をはじめとする首脳陣がいっせいに交代すると、日本が朝鮮総督府の改革に真摯に取り組むことを全世界に示す明確な行動をとるべきだと思っていた。英国からみて、笞刑廃止はその代表的措置の一つであった。

このように英国の外交官たちは笞刑の続行に対する懸念を示していた。在京城総領事レイ（Arthur H. Lay）は、セブランス病院の宣教師出身の医師から入院患者の写真を入手して総督府の高級官僚に渡したし、外相カーゾン（George N. Curzon）は駐英日本大使・珍田捨巳と一〇月にもった会談[58]で、「野蛮な刑罰の笞刑が続いている」との報告が入ってきていることに注意を促した。珍田は、一一月末本国から訓令を受け、笞刑は日本が朝鮮に導入した刑罰ではなく朝鮮の伝統的刑罰であるが、現代的感覚と合わないため廃止を考慮しているとの返答を伝えていた。一方同じ時期に駐日代理大使アルストンは、笞刑のような「野蛮的」制度が「筆先だけでなくせる」はずであるにもかかわらず、今なお続けられていることに不満を表明している。(59)

以上のように、英米の宗教・政治勢力は、三・一運動をきっかけとし、日本政府にさまざまなチャンネルを通じて笞刑廃止を要請し圧力を加えた。当時英米側は、笞刑の廃止を、帝国日本がこれ以上「時代遅れ」の制度に依存しないというゼスチャーを示すためにも必要な措置と見なし、はなはだしくは「明朝東京に発つから餞別として一つおみやげ」として決定してくれるよう総督に頼んだというエピソードが物語るように、日本が直ちに手がけることのできる改革の代表格と考えていた。(60)

しかし、日本政府がこのような多様な要請をいかに受け止め、判断していたのかは明らかではない。ただ、第一次世界大戦以後国際的な勢力改編をめぐりパリ講和会議が開かれていた当時の国際情勢から判断するかぎり、当時の日本政府が西欧の非難を無視するのは容易ではなかったであろう。日本政府は、西欧の圧迫に対して一方で否定的な見解を示しながらも、もう一方では米英政府の立場を確かめたり、(61)原首相のメッセージ電報の例で見たように積極的な制度改善のための意見を出していた。

(3)「廃止」以後の課題

ただ、総督府側の見方からすれば、笞刑の廃止は決して容易ではなかった。朝鮮総督の交代後、九月頃から、原首相・斎藤実総督・水野錬太郎政務総監等が笞刑廃止の方針を何度も確認していたことは一連の資料からうかがえる。原首相は、「世界大国ノ列ニ加ハリタル我日本ノ版図内ニ此ノ如キ刑ノ尚存在スルハ実ニ慙愧ニ堪ヘサル次第ナリ速ニ之ヲ改メテ文明的刑法ヲ布ク」(62)との方針を明らかにしており、水野政務総監も、一九一九年一〇月一一日に開かれた道知事会議で笞刑を廃止する意向を表明している。(63)しかし、先述のように、笞刑はこの年の末になっても依然として施行され続けており、廃止の意志があるのか疑念も高まっていた。現実的問題として背景にあったのは次のような点だったと考えられる。

何より監獄の増築という困難な課題が立ちはだかっていた。日本は朝鮮を植民地化した後も、監獄を増築し自由刑を増やすことには及び腰だった。財政上の負担が大きく、朝鮮人には自由刑はふさわしくないとの考えを持っていたためである。寺内総督は、一九一三年各地の典獄に与えた訓示で次のように述べている。

徒に獄舎の完備を求め或は囚人の給養にして下層の民度に比し良好に失するか如きことあらば監獄をむしろ饑餓に対する避難所にして［中略］誤解するものなきを保すべからす。(64)

実際、一九一〇年代の監獄の増減状況を確認してみると、植民地期初期の一九一〇年一〇月一日では本監八か所、分監一四か所で合計二二か所、一九一八年でも本監は九か所、分監は一三か所で合計二二か所となっており、総数に変わりはなかった。もともと日本が一九〇八年に朝鮮全土の監獄の位置と名称を定めたときから、監獄のなかでまともなのは、漢城府にある警務庁の監獄署だった京城監獄と、新築の西大門監獄のみだった。これ以外は、統監府理事庁傘下の監獄や朝鮮の地方官衙に所属していたオンドル二〜三個ほどの小規模の拘置監程度だった。(65)

このように総督府は新監増築には消極的だったが、収監者数は急増していた。過去二〇〇〜三〇〇名あまりに過ぎなかった在来監獄の収監者数は、一九〇八年に一〇倍以上増加し、翌年には三倍増の六千余名に達したが、これは義兵運動に対する大々的討伐の結果と推測される。以後徐々に増加し一九一八年には一一、六〇九名となり、一九一九年には一五、一六一名と再度急増した。(66) 憲兵側にはこの時点で笞刑を廃止したら示威に参加する人がよりふえるかも知れないとの憂慮もあった。(67)

このため、監獄の増設とその予算確保、そして治安の安定化は至上課題となった。しかし、すべての条件が整

表1　即決処分の趨勢（1912～1924年）

年度	処罰	自由刑A			財産刑B		体刑C	各処分の比率		
	総人員	懲役	禁錮	拘留	罰金	科料	笞刑	A	B	C
1912	35,959	343	34	1,787	5,646	9,705	18,434	6.02%	42.69%	51.26%
1913	46,175	234	25	2,310	7,211	16,109	19,959	5.56%	50.50%	43.22%
1914	50,099	278	38	2,964	6,528	15,936	23,019	6.55%	44.84%	45.95%
1915	60,371	199	21	4,232	6,794	21,393	26,797	7.37%	46.69%	44.39%
1916	82,121	261	466	4,226	7,965	28,995	39,226	6.03%	45.01%	47.77%
1917	92,842	203	33	4,058	9,230	34,421	44,868	4.63%	47.02%	48.33%
1918	94,640	147	11	4,370	10,585	40,750	38,683	4.78%	54.24%	40.87%
1919	71,939	139	12	4,652	8,747	23,495	34,933	6.68%	44.82%	48.56%
1920	59,441	132	10	7,913	13,626	28,775	8,162	13.55%	71.33%	13.73%
1921	73,505	163	19	8,856	19,664	43,100		12.30%	85.39%	0.00%
1922	81,409	117	18	6,617	23,560	48,627		8.29%	88.67%	0.00%
1923	80,734	28	21	7,565	21,871	48,150		9.43%	86.73%	0.00%
1924	93,046	75	74	9,789	25,606	53,787		10.68%	85.33%	0.00%

出典：司法部監獄課「笞刑に就て」（『朝鮮彙報』1917年10月）、朝鮮総督府『朝鮮総督府統計年報』（各年度版）、「大正九年度新規計画事項ノ詳細及予算要求額」（朝鮮総督府『第四二回帝国議会説明資料』1919年、復刻『朝鮮総督府帝国議会説明資料』不二出版、1998年）から作成。

うまで笞刑廃止を先延ばしにすることはこれ以上できなかった。一九二〇年四月一日を期し、朝鮮で笞刑が廃止された。理由としては三つがあげられている。第一に、民度が向上した。第二に、笞刑は現代文明にもとづく刑罰の性格にもとる蛮刑に過ぎない。第三に、日本と朝鮮の間の「唯一の」差別をこれにより撤廃する、ということだった。

朝鮮の言論は、いっせいにこれを歓迎した。『東亜日報』（一九二〇年九月一九日）は、「本当に朝鮮人のための廃止なのか外国人の攻撃を避けるための広告政策としての廃止なのかという批判はさておき、斎藤総督治下一年でもっとも評価できることとして賞賛すべき」と論評している。

笞刑廃止以降、朝鮮の処罰構造はたしかに変わっていった。即決処分の趨勢を追った表1を見るとその変化がよくわかる。笞刑に依存した既存の簡易処罰構造がこれ以上存立しがたくなったのである。朝鮮の処罰権力にとって一九二〇年は以前とは異なる新たなパラダイムを模索せざるを得ない変化の起点になったといえる。

なお、朝鮮での廃止から一年後、台湾でも笞刑が廃止された。そもそも台湾は、朝鮮よりも民度が高く罰金刑でも処罰効果があらわれるという評価を受けており、監獄内の拘禁密度も朝鮮に比べれば比較的低かった。実例として一九一三年から一五年までの三年間における即決事件処罰の平均をとると、台湾は財産刑が七〇%、笞刑が二四%だったのに対し、朝鮮の場合は前者が一八%、後者の笞刑が四五・三%を占めていた[68]。

しかし、朝鮮に比し笞刑の比重が低かったにもかかわらず、台湾総督府関係者の書いた文書には、笞刑廃止に対する抵抗感が表れている。台湾の笞刑廃止についての理由書は、「笞刑の効果を否定して廃止されたわけではなく……笞刑と云うものの圏内から眺めたものでなく圏外から見たものであって換言すれば刑事政策という一方面の観察でなく大局の上から瞰視した結果である」「現に英仏の東洋植民地においては支那人に対して実施している、しかも其の惨酷の程度は台湾以上である[69]」。すなわち、英仏の植民地ではより残酷な笞刑が行われており、台湾の笞刑は効果が認められないから廃止したのではなく、大局的見地から廃止を決定したというのである。朝鮮で一年前に笞刑が廃止されたことを受け、つじつま合わせの苦肉の策として笞刑が撤廃されたのである。

なお、関東州では日本が敗戦を迎えるまで笞刑処罰がそのまま維持され、驚くべきことに「満洲国」では一九三七年施行を目指し新たに導入準備が進められた。「暫行易笞刑案」という文書が見つかっているが、「朝鮮笞刑令」をモデルにして作られたものだったという[70]。

以上のように、同じ日本帝国圏内にあっても、早期廃止から維持・導入準備にいたるまでさまざまなパターンに分かれた。支配当局の立場から見て極めて簡便で有用と期待される制度、あるいはすでに効果が十分に検証済みの制度に関して、その導入や廃止を左右する条件とは何なのか。朝鮮では、笞刑制度創設当初の理由づけから官吏たちの廃止反対論にいたるまで、笞刑の導入・存続の主たる論拠は「低い民度」であった。であればこそ、笞刑の廃止を宣言する際も、総督府は、その「民度」をとりあげその向上をまずあげねばならなかったのである。しかしながら、制度を取り巻くさまざまな勢力間の力学関係を抜きにして、上述のようなレトリックのみから一つの制度の制定・廃止を理解してはなるまい。そのような視角から、笞刑制度の存廃をめぐる植民地ごとの偏差を整合的に説明するのはおそらく不可能だろう。

おわりに

前近代社会の刑罰制度は、特定の身分より下の者たちを、むち打ちによってしか治められぬ集団という範疇に押しこめ処罰対象としてきた。植民地下、このような前近代の処罰構造は、「笞を打つ者（植民地を支配する本国）」と「笞を受ける者（植民地）」の間の境界だけが変わったのみで、ほぼそのまま再現されることになる。すなわち、日本統治下の台湾／朝鮮／関東州などでは、女性や老若者を除いたすべての朝鮮人・「本島人」・「支那人」あるいは清国人が、むち打ちによって治めるしかない対象とされた。

植民地の笞刑制度は、内地人（日本人）を除いた他の民族の「後進性」を根拠として、帝国日本が植民地に導入した近代的刑事処罰制度の外に設ける例外的領域、すなわち「換刑」という形をとった。これらの植民地社会が「文明化」するまでは、このような一時的・例外的な形で処罰できるとしたのである。「後進的」支配対象には「後進的」刑罰がふさわしいという考え方は日本の司法官僚を中心に広くみられたが、そのような中、植民地朝鮮における笞刑は、一九一〇年代についていえば処罰件数全体のおおよそ半分を担っていた。植民地民衆に対する厳罰主義に立つ差別意識と行刑維持費を節約する必要性とが結びつき、比較的軽い犯罪を裁判抜きで笞刑はもちろん懲役／罰金までもできる即決構造が成立したのである。

しかるに、この笞刑制度が、帝国日本の植民地のなかでは朝鮮で最も早期に撤廃されたのは、決してこの時点で朝鮮民衆が「文明化」したためだとか、近代的監獄設備の整備が完了したためではない。むしろ一九一九年八月末現在、朝鮮の監房一坪あたりの収容人数は六・〇四人となっており、同時期の日本の一・二六人、台湾の〇・九〇人と比べてみても惨憺たる成績だった。(71) 収容スペースがもっとも少なく、財産刑より笞刑で治めなければならない当局の手に負えぬ者たちが最も多かったのが一九一〇年代の朝鮮だったのである。植民地朝鮮の笞刑制度は、他の植民地と比較した場合、最も短い期間に最も多くの受刑者に体罰を加えた制度だったといえよう。また、まさにそのことが朝鮮でもっとも早期に笞刑を廃止せざるを得なかった遠因ともなった。本稿は、いかなる刑罰よりも簡便で経済的かつ効果的に権力を行使しえたこの植民地笞刑制度が、朝鮮で始まり廃止されるまでの過程を、より多面的に検討しようとした。

まず、一九一〇年代朝鮮の刑事処罰全般、すなわち監獄の収容能力と植民地の刑事処罰をめぐる政策的立場(日本の内閣や総督府高位官僚から行刑関係の実務者にいたるさまざまな見方)と処罰をめぐる議論を明らかにしようとした。それとともに武断統治に反対する民衆たちと総督府側が激しく衝突しあう三・一運動期の政治情勢や西欧からの批判や介入など、朝鮮半島内外の各勢力の力学関係の再編のなかで、笞刑制度の問題がどのように表出し絡み合ったのかを示そうと試みた。もちろんそれぞれの変数のもった影響力を確定するにはいまだ分析が及ばなかった点も多い。笞刑制度に対する朝鮮民衆の認識についても十分に扱えなかった感が拭えない。

朝鮮における植民地処罰権力の構造と属性を全体的に理解するためには、笞刑制度のみならず、軽犯罪を処罰する手続法たる犯罪即決例と軽犯罪処罰法の代表たる警察犯処罰規則を一つのセットとしてあわせて検討する必要があるが、本稿では、論旨を簡潔にするためいったん笞刑制度のみに対象を限定した。今後、犯罪即決の問題に考察を進めつつ、より豊かな分析をめざしたいと考えている。

(1) 金龍徳「三・一運動 以前의 笞刑」(『三・一運動五〇周年記念論文集』東亜日報社、一九六九年)、文定昌『軍国日本朝鮮強占三六年史』(柏文堂、一九六五年)。

(2) 李鍾旼「植民地下 近代監獄을 통한 統制 메카니즘 研究——日本의 형사처벌 체계와의 비교——」(延世大学校社会学科博士学位論文、一九九九年)、도면회「一九一〇年代 植民地 朝鮮의 刑事法과 朝鮮人의 法的 地位」(『韓国近代社会와 文化』Ⅱ、서울대출판부、二〇〇五年)、文竣暎「帝国日本의 植民地刑事司法制度의 形成——一八九五～一九一二年 臺灣과 朝鮮의 法院組織과 刑事法規를 중심으로——」(『法史学研究』第二三号、二〇〇四年)。염복규「一九一〇年代 日帝의 笞刑制度 施行과 運用」(『歴史와 現実』第五三号、二〇〇四年)、台湾の事例に関しては、梅森直之「変奏する統治——二〇世紀初頭における台湾と韓国の刑罰・治安機構——」(『「帝国」日本の学知』岩波書店、二〇〇六年)、ダニエル・V・ボツマン『血塗られた慈悲、笞打つ帝国』(インターシフト、二〇〇九年)。

(3) ボツマンは、後藤がそもそも台湾に笞刑を導入しようと考えたのは、駐エジプト英国総領事・クローマーから直接的影響を受けたためだとしている。クローマーは、後藤の知人と対談中に、民度の低い地域を支配する際には即決裁判と笞刑の活用が必要不可欠であることを述べ、この話が後に後藤にも伝えられたという(鶴見祐輔『後藤新平』第二巻、後藤新平伯伝記編纂会、一九三七年) 一六〇頁、台湾総督府警務局編刊『台湾総督府警察沿革誌』第四巻(一九三三年)九〇一頁。ダニエル・V・ボツマン、前掲書、三〇三頁から重引)。

(4) 鈴木宗言「台湾罰金及笞刑理論」(鈴木宗言ほか著『笞刑論』、出版年不明)二九頁。

(5) 小河は、ドイツの近代監獄学を日本に伝えたゼーバッハ(Kurt von Seebach)にならって、明治期日本の監獄近代化を進める先頭に立った人物と評価されており、論争当時は内務省監獄局長だった。朝倉京一「日本監獄学の展開」(『矯正論集』矯正協会、一九六八年)三三二頁、小河滋次郎「笞刑例に就ての所見」(鈴木、前掲書)。

(6) 「事拘留笞刑復興及軽罪ノ即決裁判ヲ警察官ニ附與セントスル律令案ニ対スル意見書」(『後藤新平文書』七—八一。文竣暎、前掲論文、一一四～一一五頁より重引)。

(7) この点については、弁護士で政治家でもあった花井卓蔵が具体的な批判を展開した文章がある。花井卓蔵「台湾に於ける笞刑処分例を評す」(『人生と犯罪』広文堂書店、一九一四年)二七〇～二七一頁。一九〇四年九月一二日、日本弁護士協会評議員会は九州倶楽部で台湾の笞刑処分例を議題として討議しているが、花井はこの議題を持ち出した張本人として演説を行った。この演説の速記録が右の文章である。

(8) 重禁固(重禁錮)とは、旧刑法に規定された軽罪の主刑の一つである。刑期は一一日以上五年以下。一定の場所に留置し、定役に服させる点で軽禁錮と異なる。現行刑法の有期懲役に相当する。

(9) 『後藤新平文書』七―六九―四(国会図書館憲政資料室所蔵、マイクロフィルム)。文竣暎先生のご協力により本資料のコピーと韓国語翻訳版を見ることができた。記して謝意を表します。

(10) 関東州では、一九〇八年九月二八日、勅令第二三六号により「関東州罰金及笞刑処分令」が公布され、同年一〇月一日より施行された(一九三四年に改正)。これもやはり台湾の「笞刑例」とほぼ同一の法令であり、三か月以下の「懲役」に処すべき「支那人」の犯罪に対し、その情状に応じ罰金または笞刑に処することができるようになっており、懲役を罰金刑に代えることができた。ただし、既存の台湾「笞刑例」では一日に執行できる回数は二四度だったのが、関東州では三〇度に増やされた。

(11) 朝鮮人に限って謀殺・強盗・窃盗傷害などの罪には「刑法大全」の効力を存続させる規定があり、一九一七年一二月制令第三号で廃止された。文竣暎『大韓帝国期《刑法大全》制定에 관한 研究』(서울대학교 법학과 석사학위논문、一九九七年、一二九頁)。

(12) 司法部監獄課「笞刑に就て(承前完)」(『朝鮮彙報』一九一七年一一月号)、八二～八三頁。この文の筆者は、監獄課で働いていた森徳次郎である。一九一三年から総督府司法部に所属し、西大門監獄の典獄として敗戦を迎えた人物である。朝鮮の笞刑をはじめ行刑全般に関する多くの記録を残している。これまでに判明している森の経歴を以下に記しておく。

一八八三年　静岡県に生まれる。東京外国語学校卒
一九〇五年　静岡区裁判所書記
一九〇六年　万歳生命保険会社員
一九〇九年　来韓。統監府京城区裁判所書記
一九一三年　総督府司法部監理課属
一九一五年　総督府司法部監獄課属
一九二四年　西大門刑務所典獄補
一九二七年　全州刑務所郡山支所典獄補
一九二八年　木浦刑務所典獄補
一九三〇年　木浦刑務所典獄
一九三四年　大邱刑務所典獄
一九三七年　保護観察審査会大邱委員
一九四一年　京城刑務所典獄

(13) 박병호「조선시대의 재판제도」『근세의 법과 법사상』(진원、一九九六年)三四六頁、서일교『조선왕조형사제도의 연구』(박영사、一九六八年)一八七頁。
(14) 심재우「一八세기 獄訟의 성격과 刑政運營의 변화」(『韓国史論』第三四号、一九九五年)。
(15) ここでいう「棍杖」とは原則としては軍法の執行や盗賊の統率に用いる朝鮮特有の道具であり、笞や杖より威力があるため、朝鮮後期になるほど執行権限のない者にも乱用されるようになった体罰である。심재우「곤장에 대한 오해와 진실」(『네 죄를 고하여라』산처럼、二〇一一年)二七~三六頁。
(16) 펠릭스 클레르 리델『나의 서울 감옥생활一八七八――프랑스 선교사 리델의 一九세기조선체험기』(살림、二〇〇八年)八九頁。
(17) 中橋政吉「舊韓国時代の監獄に関する思出(三)」(『治刑』第一九巻第三号、一九四一年三月)三六~三九頁。
(18) 同前、三九頁。
(19) 司法部監獄課 前掲「笞刑に就て」八七頁。もちろん受刑者の希望が処分決定に反映されたとは考えられない。
(20) 朝鮮憲兵隊司令部・朝鮮総督府警務総監部編刊『警察統計』一九一五年版(復刻、景仁文化社、一九八八年)。
(21)『毎日申報』一九一二年三月二八日、同年三月二九日、同年六月一三日、一九一六年一月一三日。
(22)『毎日申報』一九一三年三月一四日、同年八月五日、一九一四年一二月一九日。
(23)『毎日申報』一九一四年一二月一六日。
(24)『京城新報』一九一二年二月一一日、『毎日申報』一九一七年二月二六日。
(25)『毎日申報』一九一二年一〇月八日。
(26)『毎日申報』一九一三年四月三〇日。
(27)『毎日新報』一九一三年七月二六日。
(28)『毎日申報』一九一七年七月一七日。
(29) 広瀬貞三「一九一〇年代の道路建設と朝鮮社会」(『朝鮮学報』第一六四輯、一九九七年)二三~三六頁。
(30) 山辺健太郎『日本統治下の朝鮮』(岩波書店、一九七一年)二二頁。
(31) 田口春二郎『朝鮮警察犯要論』(文星社、一九一二年)一三一頁。

(32)『毎日申報』一九一七年一月二四日。

(33) 韓国国史編纂会「即決言渡書」(『韓民族独立運動史資料集』第三六号、二〇〇七年)。

(34)『独立新聞』一九一九年九月二三日。

(35) 中橋政吉『朝鮮舊時の刑政』(朝鮮治刑協会、一九三六年)一七二頁。

(36)「朝鮮司法界の往事を語る座談会」(『司法協会雑誌』第一九巻第一〇・一一号、一九四〇年一一月)三九八頁、柿原琢郎の発言。柿原は三・一運動時の西大門監獄の典獄である。また、「朝鮮司法界の往事を語る座談会」は一九四〇年八月、東京の法曹会館にて二回にわたって開かれた座談会の速記録で、朝鮮施政三〇周年を記念し、朝鮮司法界のさまざまな事件を資料として残すために、当時要職にあった一〇余名が参席した。韓国語訳として、남기정 역『일제의 한국사법부침략실화』(育法社、一九七八年)も刊行されている。

(37) 森徳次郎『槿域矯正界蹣跚の三十七年』(富士、一九七一年)二一頁。

(38)「大日本平和協会による調査報告」(姜徳相編『現代史資料』第二六巻(朝鮮Ⅱ)、みすず書房、一九七三年)四五九頁。この報告書は、三・一運動下、英米宣教師の抗議の動きに刺激された日本のキリスト教団体が調査団を結成し、朝鮮で調査した内容を記録したものである。

(39) 米国基督教教会総聯合会東洋関係委員会『朝鮮の情勢』(*The Korean Situation*)証拠文書Ⅷ、三七六頁(獨立運動史編纂委編『獨立運動史資料集』第四巻、교육도서출사、一九七一年)。

(40) 同前、証拠文書、XXXVI、四六三頁。

(41) "Copy of a Letter Written by a Young American Missionary"(一九一九年三月二六日。『在韓宣教師報告文件』韓国独立記念館、韓国独立運動情報システムによる)。

(42) 松尾四郎『底辺から見た明治・大正期朝鮮の風物と民情』(国書刊行会、一九八八年)六六〜六七頁。

(43) 金東仁「태형——옥중기의 일절」より。「태형(笞刑)」は一九二二年一二月から一九二三年四月にかけ『東明』に掲載された短編小説である(訳者註「笞刑」の訳文は、大村益夫・長璋吉・三枝壽勝編訳『朝鮮短編小説選』上巻、岩波文庫、一九八四年、一六〜一七・三八頁の長璋吉訳による)。著者金東仁は、三・一運動に関わったことで三か月間監獄にいた経験をもとに、この小説を書き上げた。釈放された後の金の行跡(親日)を理由に、この小説の引用を好ま

しくないとする見方もあるようだが、三・一運動後の監獄（留置場）の状況を生々しくあらわしている資料の一つとしての価値は変わらないと判断する。

（44）염복규、前掲論文、二一五頁。

（45）『朝鮮彙報』一九一七年一〇月号・一一月号。掲載当時、この文章には司法部監獄課という部課の名前のみ記されていたが、後に森の名で『笞刑論』という書に収められた。『笞刑論』は、鈴木宗言の「台湾罰金及笞刑論」、小河滋次郎の「笞刑例に就ての所見」およびこれに対する鈴木の反論「小河氏著笞刑論ヲ読ム」にいたる笞刑論争が載せられており、これに続き森の文章や関東州の「笞刑処分例」が収められている。末尾には、「満洲国人ニ笞刑ヲ科スルコト得ルヤ」（筆者は岡本繁四郎、弁護士）が載せられているが、これは「満洲国」民に笞刑処分を下すことは不可であると手短に主張するものである。岡本の文が出たのが一九三六年なので、『笞刑論』は約三〇年間にわたる笞刑論争をまとめたものということになるが、当時の植民地の各監獄内で内部用に印刷されていた点から見て、「笞刑」の効果と存廃の見通しについて行刑当局の関心がいかに高かったかを知ることができる。したがって、『笞刑論』は、笞刑に対する問題提起と重要論点を集めたガイドブックのなかで最も遅い時期のものだと見ることができよう。

（46）当時、予想より早く笞刑廃止が決まったため、司法部は対応策の準備に迫られたが、森のこの推計を根拠として計画書を出すことができたという。このときの司法部長官だった国分三亥は、当時の森の活躍ぶりに感謝を忘れず、森の七七歳の誕生日に次のように語ったという。「あの時は何月何日のことよな、笞刑廃止に伴う大予算の編成で四苦八苦中、君の笞刑論に救われて、［監獄］部内が急に明るくなった感じだった、忘れん忘れん」。その時国分は九七歳であった（森、前掲書、二七頁）。

（47）「関東州罰金及笞刑処分令中改正ノ件」（『枢密院文書』枢密院御下附案・明治四一年・巻下、国立公文書館所蔵）。

（48）「長谷川総督の事務引続意見書」（一九一九年六月。姜徳相編『現代史資料』第二五巻（朝鮮Ⅰ）、みすず書房、一九六六年、四九九頁）。

（49）『独立新聞』一九一九年一一月付記事から重引。

（50）구대열（具泳列）『한국국제관계사연구』（역사비평사、一九九五년）、二四二～二四四・二六九頁。

（51）この点についての先行研究としては、孫寶基「三・一운동에 대한 미국의 반향」（『三・一운동 五〇주년 기념논집』동

아일보사、一九六九年)、F・볼드윈「윌슨、민족자결주의、三・一운동」(同上書)、고정휴「三・一운동과 미국」(『三・一민족해방운동』청년사、一九八九年)、민경배「三・一運動과 外國宣教師들의 關與問題」(『동방학지』第五九輯、一九八八年九月)、구대열、前掲書、長田彰文『日本の朝鮮統治と国際関係』(平凡社、二〇〇五年)、李省展『アメリカ宣教師と朝鮮の近代』(社会評論社、二〇〇六年)参照。

(52) Congressional Record, Senate, 1919.7.18, vol.58-3, p.2816. 구대열、前掲書、二七六頁。

(53) 長田、前掲書、二一〇~二一四頁。

(54) 김승태・유진・이항 편『스코필드박사자료집 강한 자에는 호랑이처럼 약한 자에는 비둘기처럼』(서울대학교출판문화원、二〇一二年)、Chung Henry, *The case of Korea : A Collective of Evidence on the Japanese Domination of Korea, and on the Development of the Korean Independence Movement*, New York: Fleming H.Revell Co., 1921(復刻、景仁文化社、二〇〇一年)。

(55) 原口由夫「三・一運動弾圧事例の研究――警務局日次報告の批判的検討を中心にして――」(『朝鮮史研究会論文集』第二三集、一九八六年三月)二二四~二二六頁.

(56) 米国基督教教会総聯合会 東洋関係委員会、前掲書、증거문서 Ⅵ、Ⅸ、三七一~三七四・三七八頁。

(57) 英国外務省の文書に基づいた具の研究参照。前掲書、二三九頁。

(58) この会談は、第一次大戦中、中国から獲得した権益について日本側が英国の立場を打診し、カーゾンがほぼこれに答えるというかたちで進んでいった。구대열、前掲書、二四九頁。

(59) Alston to Curzon, 1919. 11. 27. 3818(166709/7293). 구대열、前掲書、二四七頁から重引。

(60) 斎藤子爵記念会編刊『子爵　斎藤実伝』第二巻(一九四二年)五二四頁。これは「親日的」宣教師として知られるスミス(Frank H. Smith)の懐古談であるが、笞刑撤廃の約束を総督府側が守らず存続させていることに対し、スミスが斎藤総督をたびたび訪問し、朗報を東京に持ち帰って知人に知らせるために笞刑の廃止を頼んだというものである。その日の晩、スミスは総督秘書官・守屋栄夫の訪問を受け、総督が関係者を召集し長時間の論戦の末、来年(一九二〇年)春に廃止するよう説得し決定が下ったと記されている。スミスと守屋のやりとりがあった正確な日付は不明だが、一九一九年晩秋頃と推測される。

(61) Memorandum of conservation with the Japanese Chargé d'affaires 1919.7.3, M426, R2, 89500/pp.406-407. たとえば、出渕勝次駐米代理大使は一九一九年六月末、米国上院議員の朝鮮に対する決意案の通過をおそれ、極東局を訪ねたことがある。구대열、前掲書、二七二頁から重引。

(62) 原敬「朝鮮統治私見」(一九一九年八月)。春山明哲「近代日本の植民地統治と原敬」(『日本植民地主義の政治的展開』アジア政経学会、一九八〇年)六二頁から重引。

(63) 近藤釼一編『万歳騒擾事件』第三巻（朝鮮史料編纂会、一九六四年）一九一～一九二頁。

(64) 「典獄に対する訓示」(一九一三年五月一七日。水野直樹編『朝鮮総督諭告・訓示集成』第一巻、緑蔭書房、二〇〇一年、一八四頁)。

(65) 中橋政吉、前掲書、一二五～一二六頁。

(66) 朝鮮総督府法務局行刑課『朝鮮の行刑制度』(朝鮮治刑協会、一九三八年)。

(67) 김승태・유진・이항편、前掲書、一三一～一三二頁。

(68) 司法部監獄課、前掲「笞刑に就て」五六頁。

(69) 台湾総督府法務局・武田嘉太郎「台湾の笞刑廃止に就て」(『監獄協会雑誌』第三四巻第一〇号、一九二一年一〇月)一二頁。

(70) 利光三津夫「最後の笞刑法案」(『法学研究』第七五巻第四号、二〇〇二年四月)。

(71) 「獄舎設備ノ状況附内地台湾トノ比較」(朝鮮総督府『第四二回帝国議会説明資料』一九一九年。復刻『朝鮮総督府帝国議会説明資料』不二出版、一九九八年)一五一頁。

〔付記〕本稿の翻訳は松田利彦先生にお願いした。深甚の謝意を表します。

植民地朝鮮の民間鉱業の地域動向と「鉱業警察」の設置
――鉱業近代化における社会法規の形成をめぐって――

長沢一恵

はじめに

植民地支配下の朝鮮において朝鮮総督府が一九一五（大正四）年一二月に制定した「朝鮮鉱業令」（制令第八号）は、大韓帝国期の鉱業法（一九〇六年七月「朝鮮鉱業法及砂鉱採取法」、統監府により制定）を改廃し、海軍燃料廠の石炭鉱や朝鮮総督府の保留鉱山を設定して石炭鉱・鉄鉱を官営事業とする一方で、「特許鉱山」を除く外国人鉱業を禁止するなど、植民地鉱業を行うものであった。それと同時に、近代鉱業法として日本「鉱業法」に準拠して作成され、試掘・採掘権を許可して一般個人による民間鉱業が開始される。しかし、鉱業に関する社会法規については、日本の鉱業法では鉱山の保全や災害予防、および鉱山労働者の労働条件や保護についての法規の他、地方鉱山の監督のための鉱山監督署や「鉱業警察」といった鉱業制度が整備されていたのに比して、「朝鮮鉱業令」では鉱山保安・鉱山労働者保護については条項中に簡略に規定されながらも、具体的な施行規則も、それにともなう鉱業制度も設けられなかった。

その後、鉱業近代化にともない民間鉱業を含む各地域鉱山で社会問題が発生すると、朝鮮総督府はその一対策として「鉱業警察」の設置を試みる。「鉱業警察」はおもに鉱山設備の保全、鉱山労働者の生命・衛生の保護、危害の予防などを取り扱う行政警察であり、鉱山保安や災害防止といった社会政策の意味を有するものである。[1]一九二〇～三〇年代にかけての文化政治期の工業化推進を背景として、朝鮮鉱業でも鉱山災害や鉱山労働者に関する社会問題が増加する中で、朝鮮総督府・鉱務課や民間団体「朝鮮鉱業会」では鉱業技術官派遣制度など独自の政策を行うとともに、「鉱業警察」の設置を数度にわたり検討している。

これらの準備を経て、日中戦争期の朝鮮産金令体制下において「人的資源」の動員計画が進められる中で、一九三八(昭和一三)年一月に「朝鮮鉱業警察規則」(朝鮮総督府令第一号)が、同年五月に「朝鮮鉱夫労務扶助規則」(朝鮮総督府令第九七号)が朝鮮最初の労働者保護の社会法規として制定される。しかし、朝鮮では「鉱業警察」と「鉱夫労務扶助」の両規則のみが制定されるに止まり、日本や世界各国の鉱業で採用されていた鉱山監督署のような地域社会での自治的運営を担う鉱業制度は、その必要が充分に認識されながらも設立されなかった。

このように朝鮮鉱業では、近代化・産業化の進展にともなう鉱山災害や鉱山労働者の保護といった社会問題への対応として「鉱業警察」設置による対応が計画される。近代社会と警察について、近代国家形成期の中央集権化においては民衆社会に対して政府権力の強い行使として顕れるが、植民地統治においても警察が重要な役割を担うことが指摘されている。とくに日本の朝鮮植民地支配においては、統治初期には日本型の警察理念が導入されて独自に「憲兵警察制度」が創設され、これが三・一独立運動後の「文化政治」において解体されて「普通警察制度」に移行する過程で、民衆生活のより細部にまで規律権力の介入が進んだことが解明されている。[2]一方、植民地社会の近代化をめぐっては、産業やインフラの発達とそれにともなう内地資本進出や経済的収奪といった植民地主義的性格が明らかにされるとともに、生産効率の高さなど帝国経営の高度さを評価しようとする議論も出されており、研究評価は一定しない。こうした朝鮮における産業化・近代化にともなう社会諸法規の制定について、一九二〇～三〇年代に資源開発や近代的な鉱業機械の導入によって地域鉱山が直面していた社会問題に視点を据えて考察することにより、その対処のために準備された「鉱業警察」の形成経緯とその機能を明らかにし、さらに戦時下の産業動員体制との関連においてこれらの社会政策を考察することが本稿の課題である。

そのため、第一節では「鉱業警察」を含む鉱業に関する社会法規の意義について、準拠法となる日本「鉱業法」と朝鮮、および他の外地で制定された鉱業法令とを比較しながら考察を行う。第二節では、一九二〇～三〇年代の文化政治期の朝鮮において近代鉱業が進められる中で、鉱山災害や鉱山労働者の増加を背景に生じた社会問題の実態や、各地域の民間鉱山での鉱業経営状況の変化や課題を明らかにし、その対策として「鉱業警察」や鉱山監督署などの鉱業制度を創設する計画が、朝鮮総督府の鉱務課（のちに鉱山課）を中心に準備されていたことを検討する。そして第三節では、日中戦争開始後の一九三七（昭和一二）年九月に「朝鮮産金令」（制令第一六号）が制定されるに先立って、一九三六年一〇月に開催された「朝鮮産業経済調査会」での答申により「朝鮮鉱業警察規則」および「朝鮮鉱夫労務扶助規則」の制定が決定され、戦時の産金増産政策にあたって災害予防・労資協調など社会的側面において各地域鉱山での国家鉱業の遂行を補完したことについて検討を行う。

以上のような植民地社会の産業化・近代化において朝鮮鉱業が直面していた鉱山災害や労働問題など様々な課題への社会的対応として「鉱業警察」を中心とする準備がなされたことを踏まえて検討することによって、植民地社会における社会法の構想のあり方の一端を明らかにし、これを基準として植民地における近代化の意味について考察を試みたい。そして、文化政治期の「鉱業警察」を中心とする社会法規の準備にみられるような朝鮮での独自な社会政策の形成が、日中戦争下の植民地における鉱業統制体制へと転換する展開について展望することが出来ればと考える。

一　植民地朝鮮の鉱業法規と「鉱業警察」

一八九〇（明治二三）年に明治政府が日本で制定した「鉱業条例」（法律第八七号）では、従来の「日本坑法」（一八七三・明治六年、太政官第二五九号）を大きく改正し、初めて私人の鉱業権を設定して、許認可手続きや鉱税、土地収用などの諸規定を定めるとともに、新たに第五章「鉱業警察」として鉱山保安を、第六章「鉱夫」として鉱山労働者の扶助を規定する二章が加えられ、鉱業にかかわる社会問題への対策が講じられた。とくに「鉱業警察」行政の実施にあたっては、翌々年の一八九二（明治二五）年に農商務省令「鉱業警察規則」を制定し、鉱業権者は坑内安全、鉱山係員による巡視、火薬管理、鉱山災害発生時の届出などにつき管理を行うことを定めた。また、実際の鉱業行政の運営には、同じく一八九二年に農商務省が主管する鉱山監督署（のち鉱山監督局）を東京・大阪・福岡など八カ所に、支所を二カ所に設置し、各地域の鉱山によって結成される民間鉱業会とも連絡を取りながら、鉱業権の許認可、登録、納鉱税など行政処分の他、鉱山保安を行う鉱業警察業務も監督させる地方鉱業制度が整えられた。

さらに一九〇五（明治三八）年には、「鉱業条例」を改正して新たに「鉱業法」（法律第四五号、旧法）を制定し、これが戦前期を通して日本の鉱業法令となるが、[3]ここでも「鉱業条例」で確立された諸鉱業制度および鉱山保安と鉱山労働者扶助に関する規定は基本的に受け継がれる。

「鉱業法」では、まず鉱山保安について、「第四章　鉱業警察」として第七一条から第七四条にて、

第七一条　鉱業ニ関スル左ノ警察事務ハ命令ノ定ムル所ニ依リ農商務大臣及（鉱山監督署長）之ヲ行フ

一、建築物及工作物ノ保安　二、生命及衛生ノ保護　三、危害ノ予防其ノ他公益ノ保護

第七二条　鉱業上危険ノ虞アリ又ハ公益ヲ害スルノ虞アリト認メタルトキハ、農商務大臣ハ鉱業権者ニ其ノ

予防又ハ鉱業ノ停止ヲ命スヘシ
急迫ノ危険ヲ防ク為必要アルトキハ鉱山監督署長ハ前項ノ処分ヲナスコトヲ得
第七三条　農商務大臣ハ採掘権者ニ技術ニ関スル管理者ノ選任又ハ改任ヲ命スルコトヲ得
管理者ノ資格及職務ニ関スル規程ハ命令ヲ以テ之ヲ定ム
第七四条　鉱業権消滅シタル後ト雖一箇年間ハ農商務大臣及鉱山監督署長ハ第七十二条ノ規定ニ準シ、其ノ鉱業権ヲ有セシ者ニ対シテ危害予防ニ関スル設備ヲ為スヘキコトヲ命スルコトヲ得
前項ノ命令ヲ受ケタル者ハ危害予防ノ目的ノ範囲内ニ於テ鉱業権者ト看做ス

と、鉱山での建造物の保安、作業員の生命・衛生の保護、鉱山災害の防止のため鉱山監督署での管理や「技術管理者」の選任、および公害予防のために鉱業権の停止を命令し得ること、鉱業権消滅後も一年間は鉱業権者に危害予防につき命令し得ること、などが規定された。

また、鉱山労働者の扶助については、「第五章　鉱夫」として第七五条から第八〇条に、

第七五条　採掘権者ハ鉱夫ノ雇傭及労役ニ関スル規則ヲ定メ、鉱山監督署長ノ許可ヲ受クヘシ
第七六条　鉱業権者ハ命令ノ定ムル所ニ従ヒ鉱夫名簿ヲ鉱業事務所ニ備置クヘシ
第七七条　鉱業権者鉱夫ヲ解雇シタル場合ニ於テハ、其ノ請求ニ因リ雇傭ノ期間、業務ノ種類、技能、賃金及解雇ノ事由ヲ記載シタル証明書ヲ与フヘシ
第七八条　鉱業権者ハ毎月一回以上期日ヲ定メ、通貨ヲ以テ鉱夫ニ其ノ賃金ヲ支払フヘシ
第七九条　農商務大臣ハ命令ヲ以テ鉱夫ノ年齢及就業時間並婦女、幼者ノ労役ノ種類ヲ制限スルコトヲ得
第八〇条　鉱夫自己ノ重大ナル過失ニ因ラスシテ業務上負傷シ疾病ニ罹リ又ハ死亡シタルトキハ、鉱業権者ハ命令ノ定ムル所ニ従ヒ鉱夫又ハ其ノ遺族ヲ扶助スヘシ

と、鉱業権者は鉱山ごとに「鉱夫雇傭労役規則」や「鉱夫名簿」を作成すること、賃金の月給制、鉱山労働者および女性・幼年者の労働時間などの制限、死亡・負傷・疾病の際の鉱山労働者とその遺族への扶助についての責任が義務付けられた。

以上に概観するように、近代日本鉱業制度においては、鉱山保安・鉱山労働者の保護といった社会政策に対し、「鉱業法」の諸規定に加えて、「鉱業警察規則」および鉱山監督署による地域社会での運営制度の保障が設けられた。ただし、これら社会問題への対応は、鉱山保安を目的とする監督・取締を重視するものであり、鉱山労働者の実際的な社会的保障が確立するのは、一九二八（昭和三）年の「鉱夫労役扶助規則」改正によって、坑内作業の上限一〇時間制、および女性・幼年者の「保護鉱夫」の深夜作業・坑内作業の禁止についての規定が、「工場法」での一般工場労働者の保護規定に遅れて成立するまで待たねばならないことは周知のとおりである。

一方、韓国併合後に朝鮮総督府によって一九一五（大正四）年一二月に制定された「朝鮮鉱業令」（制令第八号）は、日本「鉱業法」に準拠して作成され、鉱業権の登録や鉱税、土地所有権との関係など諸権利事項の他、鉱山の災害防止や鉱山労働者の保護についての規定も、日本「鉱業法」のように特に章は設けなかったものの、各条項においてそれぞれ以下のように定められた（表1）。

鉱山保安については、日本「鉱業法」で「第四章　鉱業警察」にて定められたのと同様の規定が、

第二五条　鉱業上危険ノ虞アリ又ハ公益ヲ害スルノ虞アリト認ムルトキハ、朝鮮総督ハ鉱業権者ニ其ノ予防又ハ鉱業ノ停止ヲ命スヘシ

第二六条　朝鮮総督ハ鉱業権者ニ技術ニ関スル管理者ノ選任又ハ解任ヲ命スルコトヲ得
（管理者ノ資格及職務ニ関スル規定ハ朝鮮総督之ヲ定ム）

第三〇条　鉱業権消滅シタル後ト雖一年内ハ朝鮮総督ハ其ノ鉱業権ヲ有シタル者ニ対シ危害予防ニ関スル施

設ヲ為スコトヲ命スルコトヲ得
危害予防ノ目的ノ範囲内ニ於テハ、前項ノ規定ニ依ル命令ヲ受ケタル者ハ之ヲ鉱業権者、其ノ施設ヲ為スハ之ヲ鉱業ヲ為スモノト看做ス

とあり、朝鮮総督は公害防止のために業務の停止を命令できること、鉱業権者の管理義務として「技術管理者」を置くこと、および廃業後一年以内は危害予防について命令できること、が定められた。

しかし、これら保安監督の実際運営を担う「鉱業警察」については、

第五〇条　本令ニ定ムルモノノ外、鉱業警察ニ関スル事項ハ朝鮮総督之ヲ定ム

として「鉱業警察」を設置することが出来るとされたが、朝鮮では直ぐには「鉱業警察規則」は制定されず、実際に制定されるのは日中戦争期の一九三八（昭和一三）年になってからである。

また、日本「鉱業法」では「第五章　鉱夫」にて規定されている鉱山労働者の保護取締については、

第二四条　朝鮮総督ハ鉱業権者ヲシテ施業案又ハ鉱夫ノ保護取締ニ関スル規程ノ認可ヲ受ケシムルコトヲ得
朝鮮総督必要ト認ムルトキハ、前項ノ規定ニ依ル施業案又ハ規程ノ変更ヲ命スルコトヲ得
鉱業権者第一項ノ規定ニ依ル施業案ハ、規程ヲ変更セムトスルトキハ朝鮮総督ノ認可ヲ受クヘシ

と、鉱業権者は施業計画書および鉱山労働者の保護取締規程を作成することが定められ、また翌一九一六（大正五）年に制定された「朝鮮鉱業令施行規則」中では「鉱業簿」「鉱夫名簿」を作成することが義務付けられた。

しかし、日本「鉱業法」では記載されていた鉱山労働者の就労条件（「鉱夫雇傭労役規則」）や、死亡・負傷・疾病における鉱山労働者およびその遺族への扶助（「扶助規則」）についての規定が「朝鮮鉱業令」では設けられていないことが、日本「鉱業法」との大きな相違として指摘される。

さらに、朝鮮での鉱業実施にあたっては、地域社会での鉱業行政や鉱山保安、鉱山労働者保護について監督す

「樺太鉱業令」 明治40年6月18日、勅令第234号、全19条	「関東州鉱業取締規則」 大正2年11月9日、関東都督府令第34号、全38条	「朝鮮鉱業令」 大正4年12月24日、制令第8号、全64条	「南洋群島鉱業令」 昭和12年5月22日、勅令第214号、全24条
	「関東州石材採掘規則」 明治40年10月12日、府令第56号、全17条　※関東都督府 〔許認可権者・監督官庁〕 ・民政署長(1) 〔鉱山保安〕 ・公益に害につき取消処分、民政署長が決定(13)	「鉱業法」 光武10年、法律第3号 「砂鉱採取法」 同年、法律第4号 ※大韓帝国	「南洋群島鉱業規則」 大正5年8月1日、民政令第13号、全15条　※臨時南洋群島防備隊司令官 〔許認可権者・監督官庁〕 ・司令官(1)、土地調査などは軍政庁長(4-7) 〔鉱山保安〕 ・鉱業権消滅後も鉱業権者の責任あり(8) 〔鉱夫扶助〕 ・鉱夫の重傷・疾病死亡による鉱夫・家族扶助(9)
	政府(2)	国(2)	
		①帝国臣民および法人(6・附則59) ②物権、不動産に関する規定を準用(17) ③「鉱業原簿」に登録、朝鮮総督が登録規定を制定(19) ④《改正》先願主義	
・内務大臣が指定した範囲(1) ・出願は樺太庁長官(2・3)	・関東都督に出願(3) ・民政署長または支署長が調査判断(7)	・朝鮮総督(7) ・職権の一部を地方長官に委任しうる(51)	・南洋庁長官(2) ・職権の一部を支庁長に委任しうる(19)
①違反につき取消処分、樺太長官が決定(16)	①公益に害につき取消、関東都督が決定(22・23) ④鉱業権取消後1年間は鉱業権者として責任あり(24)	①公益に害につき取消処分(25・29) ②「施業案」「鉱夫の保護取締に関する規程」を朝鮮総督に提出、認可(24) ③技術管理者の選任・解任は朝鮮総督が命令(26) ④鉱業権取消後1年間は鉱業権者として責任あり(30)	①公益に害につき取消処分(7) ②「事業計画署」(2)
樺太ニ於ケル鉱業ノ登録ニ関スル件」 明治45年6月、勅令第138号　※「鉱業登録令」を準用 「樺太ニ於ケル砂鉱業ノ登録ニ関スル件」 明治45年6月、勅令第139号		※鉱業警察について 「本令ニ定ムルモノノ外鉱業警察ニ関スル事項ハ朝鮮総督之ヲ定ム」(50)	

表1　日本帝国内の鉱業法の比較

法令	「鉱業条例」 明治23年9月25日、法律第87号、全9章・全92条	「鉱業法」 明治38年3月8日、法律第45号、全7章・附則、全120条	「台湾鉱業規則」 明治39年7月、律令第10号、全44条
先行法令	「鉱山心得」 明治5年3月27日、太政官布告第100号 「日本坑法」 明治6年7月20日、太政官布告第259号		「台湾鉱業規則」 明治29年9月7日、律令第6号 「台湾鉱業規則施行細則」 明治29年9月7日、府令第33号
地中鉱物の所有	国(2)	国(3)	国(3)
鉱業権 ①鉱業権の取得 ②鉱業権の性質 ③「鉱業原簿」登録 ④出願方法	①帝国臣民(3) ④先願主義(16)	①帝国臣民および法人(5) ②物権、不動産に関する規定を準用(15) ③「鉱業原簿」に登録(19)	①帝国臣民および法人(4)
許認可権者 (監督官庁)	・農商務省・鉱山局、鉱山監督署(4)　※試掘は鉱山監督署長、採掘「特許」認可は農商務大臣	・農商務大臣。鉱山監督署長に職権の一部を委任(14)	・台湾総督(6)
鉱山保安 ①公益に害につき取消処分 ②「鉱業施業案」 ③技術に関する管理者 ④鉱業権取消後1年間は鉱業権者として責任あり	①公益に害につき取消処分(19) ②「鉱業施業案」を鉱産監督署に提出、認可(26・27・28)	①公益に害につき取消処分(39) ②「施業案」を鉱山監督署長に提出、認可(44・45) ③技術管理者の選任・解任は農商務大臣が命令(73) ④鉱業権取消後1年間は鉱業権者として責任あり(74)	①公益に害につき取消処分(21・30) ④鉱業権取消後1年間は鉱業権者として責任あり(32)
鉱業警察	第5章　鉱業警察(58-63) ・農商務大臣が監督、鉱山監督署長が施行。鉱業停止にあたっては農商務大臣の許可を経て鉱山監督署長が指令(59)	第4章　鉱業警察(71-74) ・農商務大臣および鉱山監督署長が施行(71) ・鉱業停止にあたっては農商務大臣が命令、急迫の場合は鉱山監督署長が命令(72)	

※樺太庁にて「砂鉱原簿」作成　(鉱務署＝樺太庁、鉱務署長＝樺太庁長官、農商務大臣＝樺太庁長官、農商務大臣＝内閣総理大臣) 「鉱業法ノ一部ヲ樺太ニ施行スルノ件」 明治45年6月、勅令第141号 「鉱業法中未タ樺太ニ施行セサル部分ハ鉱業税ニ関スル規定ヲ除キ之ヲ樺太ニ施行ス。但シ同法中農商務大臣及鉱務署長ノ職務ハ当分ノ内樺太長官之ヲ行フ」 附則「樺太鉱業令ハ之ヲ廃止ス」 「鉱務署官制」 明治38年3月、勅令第9号 大正2年6月、勅令第203号(改正)　※農商務大臣が管轄。東京鉱務署、仙台鉱務署、大阪鉱務署、福岡鉱務署、札幌鉱務署 ★樺太は、内閣・農商務省－樺太庁との連繋あり。			
		①「施業案」「鉱夫の保護取締に関する規程」を朝鮮総督に提出、認可(24)	
	②土地使用・収用(15-18) ・［附］ロシア鉱業法との接続につき(34～)	①競売。行政裁判所なし(31) ②土地収用(32)、「土地収用令」準用(36)	②土地使用・収用(10-16)
		「朝鮮鉱業令施行規則」 大正5年2月29日、府令第49号、全48条 ・施業案(28) ・「鉱夫の保護取締に関する規定」(28) ・「鉱夫名簿」(28・32) ・土地の使用・収用につき補償協議、地方長官が裁決(35-38・40-41)、停定不能の場合は朝鮮総督が指揮(42)	「南洋群島鉱業令施行規則」 昭和12年7月2日、南洋庁令第8号 ・「事業計画書」(5・12)、「事業計画書」「鉱業簿」(24) ・鉱業代理人の選任(51) ・「鉱夫の雇傭労役に関する規定」(24・34) ・「鉱夫名簿」(24) ・「鉱夫・遺族の扶助」(35) ・変災の届出(36) ・公害につき予防・鉱業の停止を命令(31) ・技術管理者の選任(33)
		「朝鮮鉱業警察規則」 昭和13年1月、府令第1号、全70条 「朝鮮鉱夫労務扶助規則」 昭和13年5月、府令第97号、全36条	

	・「農商務大臣ハ此ノ条例ノ範囲内ニ於テ省令ヲ以テ鉱業警察規則ヲ定ムルコトヲ得」(63)		
鉱夫扶助 ①「鉱夫の使役規則」 ②「鉱夫名簿」 ③国の「鉱夫使用規則」 ※労働基準法＝就業時間、年齢、女性・幼年者 ④「鉱夫の救恤規則」 ⑤鉱夫の家族扶助	第6章　鉱夫(64-72) ①鉱業人は「鉱夫の使役規則」を作成し、鉱山監督署長の許可を得る(64) ②鉱業人は「鉱夫名簿」を作成(70) ③農商務大臣は「鉱夫工役規則」を制定可(71) ※未制定。大正5年に「鉱夫使用扶助規則」を制定 ④鉱業人は「鉱夫の救恤規則」を作成し、鉱山監督署長の許可を得る(72)	第5章　鉱夫(75-80) ①鉱業人は「鉱夫の使役規則」を作成し、鉱山監督署長の許可を得る(75) ②鉱業人は「鉱夫名簿」を作成(76) ③農商務大臣は、鉱夫の就業時間、年齢、婦女・幼少者の制限を命令しうる(79) ⑤鉱夫死亡による家族扶助(80)	④⑤鉱夫の重傷・疾病死亡による鉱夫・家族扶助(30)
その他 ①訴願・訴訟 ②土地収用など		第7章　訴願、訴訟及判決(89-93) ①行政訴訟。民事訴訟もあり(107)	②土地使用・収用(24-29)
「施行規則」の制定	「鉱業条例施行細則」 明治25年3月16日、農商務省令第6号、全36条 ・鉱業施業案(21) ・代理人の義務権限として「鉱業施業案」「鉱夫使役規則」「鉱夫救恤規則」の認可、「鉱業警察規則」による届出(22) ・行政裁判所(24)	「鉱業法施行細則」 明治38年6月、農商務省令第17号、全36条 ・施業案(42・44・45) ・鉱業代理人の選任(54)、罰則(73) ・「鉱夫の雇傭及労役に関する規則」の届出、許可。基準項目あり(64) ・「鉱夫名簿」(65) ・「扶助規則」(66) ・「鉱夫に関する規定」「鉱夫の雇傭労役に関する規則」「扶助規則」(67) ・行政訴訟(70)	「台湾鉱業規則施行細則」 明治39年8月1日施行、全46条 ・鉱業代理人の選任(23) ・「鉱業簿」「鉱夫名簿」(31) ・近代設備の新設を報告(37) ・死傷者・遺族の扶助(38・39)
「鉱業警察規則」の制定	「鉱業警察規則」 明治25年3月16日、農商務省令第7号、全24条	「鉱業警察規則」Ⅱ 明治38年6月、農商務省令第19号、全42条	

註：(　)内の数字は、条文番号を示す。

る鉱山監督署に相当する鉱業制度は創設されず、鉱山災害防止や鉱山労働者雇用については個々の鉱業権者を責任の主体に置き、これを朝鮮総督府や殖産局・鉱務課および道行政が監督するという体制がとられ、鉱害が及べば朝鮮総督が鉱業権を取り消すことが出来た。このように朝鮮では、①日本と同様に鉱山保安は重視するが、鉱山労働者の労働条件・扶助についての保障は殆ど配慮されなかったこと、②地域社会では日本と異なり「鉱業警察」や鉱山監督署といった鉱業制度は設けられなかったこと、が社会的側面における制度的な特徴となる。

これを補うために「朝鮮鉱業令」制定後には朝鮮総督府の鉱務官僚によって、朝鮮鉱業の発展にともなう様々な社会問題への対策として「鉱業警察」の設置が幾度か試みられている。一九一八（大正七）年には民間鉱業団体である「朝鮮鉱業会」を設立するなど鉱業制度の整備が進められるなかで、同会の機関誌である『朝鮮鉱業会誌』一九一八年五月号に掲載された「鉱務機関の拡張並に地質調査の開始」と題する記事には、「総督府にては近時鉱業界殷盛の趨勢に鑑み、其行政機関を拡張して処理の迅速を図ると共に、公益の保護並に斯業の監督に遺憾なからしめむが為め新に鉱業警察を設け、又将来の鉱床調査に一歩を進めて鮮内の地質を精査す可く地質調査所を設置するに決し、之が経費を大正七年度予算に計上して這次議会に提出せしが、過般其協賛を経たるを以て愈本年度より著手実行の事となれり[4]」と、新たに基礎研究のための「地質調査所」を設置するとともに、鉱山の保護・監督を担う機関として「鉱業警察」の設置が計画されていることが示されている。

また、第一次世界大戦後には朝鮮でも深刻な鉱業不況がもたらされるが、この復興対策として一九二〇年代半頃に鉱山経営の改善や近代鉱業が推し進められるにおいても、「鉱業警察」の設置が再度検討されている。ここでは鉱業警察が取り扱う事項について「鉱業は其の性質上危険多き業務なるを以て特殊の監督を為し、依つて之に従事する者に対し特別の保護を加ふると共に公益を保持せざるべからず」として、「朝鮮鉱業令」では（1）「鉱業施業案及鉱夫の保護取締に関する事項」、（2）「技術管理者に関する事項」、（3）「危険予防及公益保護に関する事項」、（4）「鉱業に関する書類、物件の検査又は坑内其の他の場所の臨検」、が規定されており、これらの設置・運用にはさらに法令を定めることになっているため、「適当の時期に於て之を定むる必要あり、目下相当要員を置き鉱業警察に関する事務に従事せしむると共に、鉱業警察規則制定実施の準備に当らしめつゝあり」[5]と社会諸問題への実際的な対処のために「鉱業警察規則」の制定を準備しつつあることが説明されている。

このように一九一〇～二〇年代の朝鮮では、鉱業の発展にともなう多様な社会問題が起こっていたこと、それらへの対応の一策として保護取締行政を行う「鉱業警察」の設置が試みられていたことが分かる。しかし、どちらの時期においても朝鮮では「鉱業警察」は実際には設置されず、各地域での様々な鉱山問題に対して殖産局・鉱務課および民間の「朝鮮鉱業会」では、鉱業技術官派遣制度の採用や、鉱業技術員養成講座の開催など、独自の政策を設けて鉱山経営や災害防止への対応を行うのみであった。

以上のように、近代鉱業制度においては、鉱山災害の予防、鉱山労働者の保護取締といった地域鉱山での社会問題に対応するために「鉱業警察」が設置されるが、この「鉱業警察」の定義について当時には次のように説明されている。塩田環『鉱業法通論』（一九一四年刊行）では「第四章　鉱業警察」において、（1）「予防停止処分」、（2）「技術者管理」、（3）「鉱業権消滅後ニ於ル処分」、を職務事項として挙げたうえで、これらの鉱業警察事項の権限は司法か行政かどちらに属するのかについて「鉱業ニ関スル警察ハ行政警察ナルコト明カナリ」、「法カ鉱業警察ヲ特ニ認ムル所以ハ、鉱業ノコトタル特殊ノ事業ニシテ之ニ伴フ危険害毒発生ノ虞尠カラサルヲ以テ之カ保安取締並ニ行政上ノ監督ヲ目的トシテ之ヲ認メタルニ外ナラサレハ、鉱業警察ハ単純ナル行政警察ニ非スシテ保安警察ノ目的ヲモ有スルモノト謂フヘシ」[6]と、公害問題など公共社会の安全確保を担う行政警察の性質によるものであることが説明されている。

なお同書では、地域社会における鉱業訴訟について、「第四章　鉱業警察」の「第一節　概論」中で最後に付記として「土地ノ陥落鉱毒ノ放流等ニ因リ鉱業権者ニ対シテ生スル損害賠償其ノ他、民事上ノ訴訟ハ本書ノ目的トスル所ニ非ルモ、鉱業警察上ノ予防其ノ他ノ必要処分ト関連シテ之ヲ研究スルコトヲ要ス。権利ト権利トノ衝突ナルヲ以テ鉱業権者ノ正当ナル行為ノ結果、土地所有者ニ損害ヲ与フルモ何等ノ責任ナシト一概ニ之ヲ論定スルコトヲ得ス。鉱業法ノ問題ニハ関係ナキ故本書ニハ説述セサルモ、此ノ問題ハ私法上研究ノ値少カラサルモノト云フヘシ」と、鉱害についての損害補償問題も鉱業警察の意義と関連して考慮すべきことを示唆している。

一方、日本帝国内の外地ではいずれも日本鉱業法に準拠しつつも、各政府機関によりそれぞれ別個に鉱業法規が制定施行された。「台湾鉱業規則」(一九〇六年、律令第一〇号)、「樺太鉱業令」(一九〇七年、勅令第二三四号)、「朝鮮鉱業令」(一九一五年、制令第八号)は、日露戦争後から韓国併合が行われた一九〇〇～一〇年代にかけて、いずれも日本「鉱業法」に準拠して制定され、社会的保障についても鉱山災害防止や鉱山労働者扶助に関する条項が設けられたが、いずれも鉱山監督署や「鉱業警察」などの地方監督制度は創設されず、中央の総督や官僚がこれらの権限を把持した。なお、樺太では最初は「樺太鉱業令」が敷かれていたが、一九一二(明治四五)年に「鉱業法ノ一部ヲ樺太ニ施行スルノ件」(勅令第一四一号)が公布されたことにより、内閣を最高権限とし、「鉱業法中未タ樺太ニ施行セサル部分ハ鉱業税ニ関スル規定ヲ除キ之ヲ樺太ニ施行ス」と、砂鉱業や石炭採掘、鉱業税についての規定を除いて、日本「鉱業法」により日本国内と同じ鉱業制度にて運用されることになった。

このうち、ほぼ同時期に制定された「台湾鉱業規則」と「朝鮮鉱業令」を比較すると、鉱山保安については日本「鉱業法」に準拠してほぼ同様の規定内容となっているが、鉱山労働者の保護については、台湾では「台湾鉱業規則」および同「施行細則」にて「鉱夫自己ノ重大ナル過失ニ因ラスシテ業務上負傷シ疾病ニ罹リ又ハ死亡シタルトキハ、鉱業人ハ鉱夫又ハ其ノ遺族ヲ扶助スヘシ」(第三三条)と、鉱山労働者および遺族への扶助が具体的に定められているのに対し、「朝鮮鉱業令」にはこれらの規定は無く、労働者扶助の規定において台湾との相違がみられる。

なお、中国での租借地である関東州にて一九一三（大正二）年に制定された「関東州鉱業取締規則」（関東都督府令第三四号）では、鉱業権の登録・行使についての規定の他、公益を害する場合における関東都督の鉱業権の取消命令について規定されている。また、第一次世界大戦後には日本の委任統治となる南洋諸島で一九一六（大正五）年に制定された「南洋群島鉱業規則」（民政令第一三号）では、それに加えて鉱山労働者および遺族に対する扶助について規定されている。

このように一九一〇年代の制定段階では、日本本国で制定された鉱業法の保障規定と比較して、外地における鉱業法令では鉱山監督署や「鉱業警察」といった鉱業制度の欠如も含めて社会法規が不十分であったこと、そのなかでもさらに植民地支配下の朝鮮鉱業においては鉱山労働者扶助についての観点が欠如していたことを指摘することが出来、これらが鉱業の進展にともなう朝鮮での鉱業制度面での課題の一つとして持たれていたことが考えられる。

朝鮮において実際に鉱山災害の防止や鉱山労働者の保護についての社会法規が制定されるのは、日中戦争期の産金令体制にともなう鉱山労働者の「人的動員」とその労務管理の必要といった戦時統制のもとで「朝鮮鉱業警察規則」と「朝鮮鉱夫労務扶助規則」が同時に成立することになる。これらの成立にあたっては、朝鮮総督府の殖産局・鉱務課（一九三四年より鉱山課）や民間団体「朝鮮鉱業会」などを中心とする朝鮮鉱業関係者が長年にわたって取り組みつつあった社会諸問題の課題や要求も反映された。次節では、一九二〇〜三〇年代の「朝鮮鉱業令」下での民間鉱業の進展と、そのなかで生じた社会問題およびその対策について検討を行う。

二　一九二〇～三〇年代の鉱山災害の増加と「鉱業警察」の準備

（1）宇垣総督期の産金奨励と鉱山機械の導入

一九一五（大正四）年に朝鮮総督府が初の近代法令として制定した「朝鮮鉱業令」のもとでは、海軍燃料廠の石炭鉱や、朝鮮総督府が官営とした保留鉱山での石炭鉱・鉄鉱事業、および外国人「特許鉱山」とともに、私個人による民間鉱業も小規模な金鉱業や砂金業を中心として事業を展開する。朝鮮での鉱業は朝鮮半島のほぼ全域に分布するが、地域別での鉱区数は、平安北道、咸鏡北道、平安南道、咸鏡南道、黄海道、江原道の順に多く、北西部地域を中心に開発が進められていることが分かる（図1-1）。鉱産額では、黄海道（鎮南浦・三菱兼二浦、遂安・コリアン＝シンジケート、久原、朝鮮総督府・保留鉱山ほか）、平安北道（雲山・オリエンタル、昌城・サルタレル、古河、藤田ほか）、平安南道（价川・三井、大同・久原、明治、朝鮮総督府・保留鉱山）が高く、これは外国資本による「特許鉱山」、日本の大資本鉱業および朝鮮総督府の保留鉱山が多いことに関連すると推測される。一方、朝鮮半島中南部の黄海道、江原道、京畿道、忠清南道では、金鉱業・砂金業を中心とする小規模経営の民間鉱業が多い。

朝鮮人鉱業の地域分布についても、全体の傾向と同様に鉱区許可数では平安北道が最も多く、次いで初期には平安南道、黄海道、咸鏡北道の順で多くなっており、日本人鉱業よりかなり少数であるが、地域的にはやはり北西部を中心に行われた。なお、第一次世界大戦後の一九二二（大正一一）年頃からは江原道、咸鏡南道で小規模経営が可能な金山・砂金鉱床が増加していることが注目される。

これら朝鮮鉱業の全体的な推移について、統計データが得られた一九〇八～一九三六年間の鉱区数・鉱産額を見ると、概して初期の増加期（～一九一八年）、第一次世界大戦後の不況による停滞期（一九一九～一九三一年）、準戦時体制下の激増期（一九三二年～）の三時期に分けられる（図1-2）。このように朝鮮での民間鉱業は、「朝鮮

図1-1　地域別の鉱区数（1915～1941）

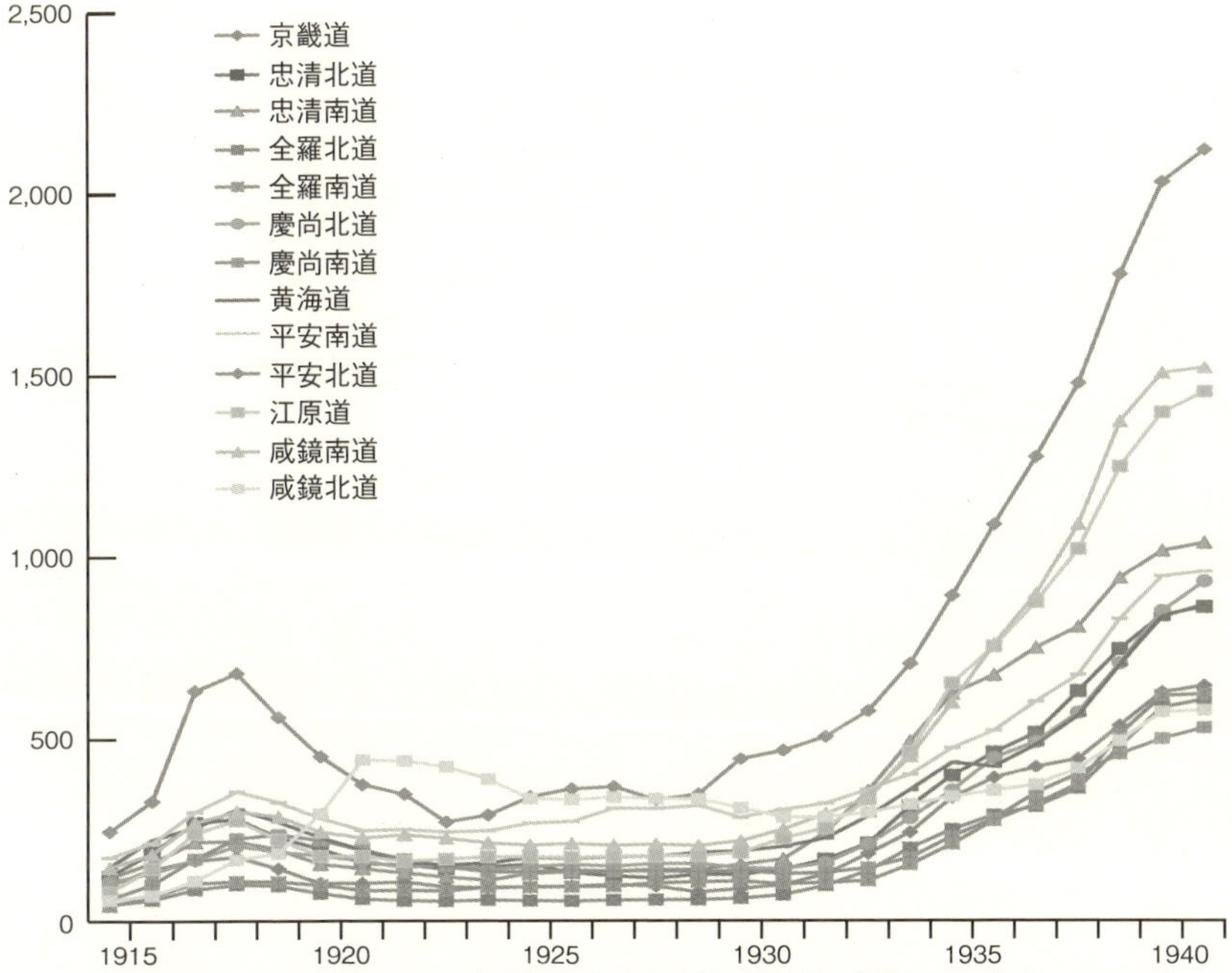

出典：『朝鮮総督府統計年報』及び、朝鮮総督府殖産局『朝鮮鉱業の趨勢』（1928年版、1936年版）より作成。

鉱業令」公布以降の一九一〇年代には順調に漸増するものの、第一次世界大戦後の大不況により日本鉱業資本の撤退や民間金山の休廃業が相次ぎ、様々な鉱業保護奨励策が行われるが伸びずに金鉱業を中心に低迷が続く(7)。転じて一九三一（昭和六）年の金輸出解禁による金価高騰をうけて再び急上昇し、翌一九三二年からは朝鮮での工業化推進および戦時下の産金政策のもとで鉱区数・鉱産額ともに飛躍的に激増することが特徴的である。

この一九三二年以降に朝鮮鉱業が飛躍的に増加する背景には、宇垣一成総督が産金奨励として行った製錬所の開設や燃料選鉱研究所への援助、および「低品位金鉱石売鉱奨励補助」など一連の積極策とともに、一九三二年八月に「金探鉱奨励金交付規則」を設けて「将来有望を認むる金山に於て、探鉱坑道の掘鑿、又は

図1-2　鉱区数・鉱産額の推移(1908 ～ 1936)

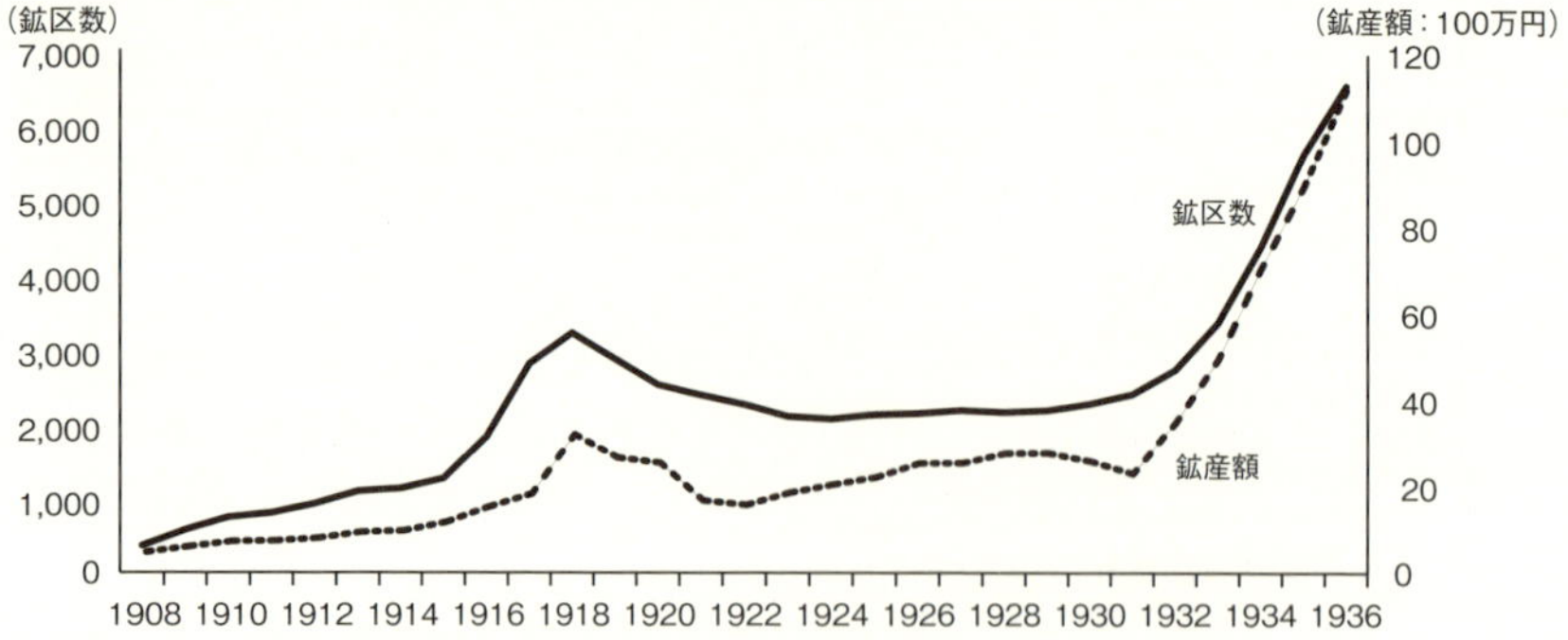

出典：『朝鮮総督府統計年報』、及び朝鮮総督府殖産局『朝鮮の鉱業』(1924年版)より作成。

砂金鉱床の試錐を行ふ者に対し、奨励金を交付することとした」[8]ことにより、朝鮮半島全域での金鉱業が一層活発化したことがあげられる。これによって金銀鉱業の出願件数は一九三〇（昭和五）年の一〇九八件から一九三五（昭和一〇）年には九四七三件に激増した。

この「金探鉱奨励金交付規則」では、金鉱脈の地下深層部を探鉱するために鑿岩機を使用する鉱山に対して朝鮮総督府から奨励金を交付するとして、次のように規定された。

「金探鉱奨励金交付規則」（抜粋）　一九三二年八月、朝鮮総督府令第七八号

第一条　金ノ採掘ヲ目的トスル鉱業権者ニシテ、探鉱ノ為坑道ヲ掘鑿シ又ハ試錐ヲ為サントスル者ニ対シテハ、本令ノ定ムル所ニ依リ毎年度予算ノ範囲内ニ於テ奨励金ヲ交付ス

第二条　奨励金ノ額ハ左ノ割合ニ依ル

一　金鉱床ノ探鉱ヲ為スモノ

イ　水平坑道　　延長一メートルニ付　十六円五十銭以内

ロ　竪坑　　深度一メートルニ付　三十三円以内

二　砂金鉱床ノ探鉱ヲ為スモノ

試錐一箇所ニ付　五円以内

第五条　前条第一項ノ指令書ノ交付ヲ受ケタル者ハ、其ノ指令ノ日

ヨリ三十日内ニ探鉱作業ニ着手スベシ

第六条　朝鮮総督ハ必要アリト認ムルトキハ、奨励金ノ交付ヲ受クル者ニ対シ探鉱計画ノ変更ヲ命ズルコトアルベシ（下略）

この規則では、鑿岩機の導入の他、掘削坑道の長さ（＝深さ）に比例して補助額を定めており、成果があがらない民間鉱山に対しては探鉱計画を変更するよう朝鮮総督が命令できることを定めていることからも、朝鮮総督府側の産金増加を目的とした鉱山経営への補助制度という性質であったことが分かる。第一次世界大戦後の鉱業不況において民間鉱山の復興策につき調査・研究をすすめる中では、朝鮮では金鉱脈は半島全域にわたって存在するものの従来の鉱法では露頭掘による地表での採掘のみで止められること、また朝鮮で伝統的に行われている「徳大制」（後述参照）では請負歩合の悪い地下深層部への掘削が忌避されること、などにより充分に探鉱が行われずに廃山となっている金山が多いため、深層部での金鉱床の探鉱と継続的な採鉱を行う必要が提唱されており、この鉱山機械の導入による探鉱奨励という対策は、一九三一年以降の鉱業投資の再興をうけて民間鉱業の復興を抜本的に行おうとした、朝鮮独自の鉱業政策の文脈にもとづく画期的な意義を持つものであった。

この「金探鉱奨励金交付規則」によって補助金を交付された「指令金山」は、一九三二年には八鉱山に鑿岩機二四台であったが、その後も奨励制度は継続され、一九三六年には一一四鉱山に一二二〇台にも増加する。こうした朝鮮鉱業での近代設備の導入について、朝鮮総督府の鉱山課の説明によれば、朝鮮での鑿岩機の使用は一九一四（大正三）年頃に外国人経営鉱山で始められ、一九一七年頃に秀佁鉱山で使用していた他は全く普及しなかったが、一九二三（大正一二）年頃から増加し始め、「昭和七年九月〔ママ〕の産金奨励策の実施に当り探鉱奨励金を補助する事となり、其の補助金山の資格の一つとして坑道掘進に鑿岩機を使用する事を条件としたるため鑿岩機を設備するもの急増し[9]」たものであった。これによって各鉱山では空気鑿岩機・電気鑿岩機を使用した採掘が行われるようになった他、動力、運搬、排水及揚水、通風機、選鉱・製錬などの近代設備が導入され、「坑内では鑿岩機を使用し坑外ではオールスライミングの施設をするといふやうに、何れも組織立ちたる計画の下に夫れぞれ事業の発達を期するといふ状態に進化[10]」するといったように朝鮮に近代鉱業が採り入れられていった。また動力源を利用した採掘、運搬、排水、選鉱精錬も行われ、とくに平安北道の亀城郡・朔州郡には新義州の電力が供給され、黄海道の甕津にも送電線が架設されつつあり、その他の鉱山でも自家発電機を装備しディーゼル機関などを使用した採掘が増加する。

なお、これら「指令金山」として総督府の補助金をうけて伸長した民間鉱山の中には、朝鮮内資本の経営であったものが、さらに大資本に鉱業権を転売および信託した結果、日本資本の鉱業会社の経営に移っている例が目立つ（表2／章末折込）。例えば、江原道原州郡の東興金山はもともと金熙善が経営していたが、一九三六（昭和一一）年一一月に鉱業権を移譲して東洋拓殖株式会社の経営となっている。また同年四月には、住友合資会社が鉱業権を買収して咸鏡南道の金鉱山へ進出している[11]。このように一九三二年の「金探鉱奨励金交付規則」制定後の一九三〇年代後半には、朝鮮への日本鉱業株式会社、三井鉱業株式会社、三菱鉱業株式会社、住友鉱業株式会社など日本資本の再進出がみられる。

また「指令金山」には朝鮮人が経営する鉱山も多く存在した。朝鮮人鉱業は、「朝鮮鉱業令」公布により民間鉱業が可能となった当初からすでに活発に出願が増加し、一九二〇年代には資産家や弁護士などが鉱山経営を行って成功していることが知られている。彼らは一九一七（大正六）年に在朝日本人を中心に設立された民間鉱業団体である「朝鮮鉱業会」には入会せずに経営を行っていたが、一九三〇年代後半になると「朝鮮鉱業会」に所属する者がみられるよう変化がある。このうち「指令金山」にも指定されている三成金山ほかの鉱山を経営する崔昌学は、一九二七（昭和二）年頃には朝鮮鉱業会の特別会員として加入し、同会の機関誌『朝鮮鉱業会誌』

の記事にも「第一金鉱業について申しますと、例の三成金山は、本日此処に御出席になつて居る崔昌学氏の御経営に係るものでありますが、益々鉱況がよろしく昨年度は約三百三十万円の産額を見ましたが、本鉱山では昨年百万力のガスエンヂンを備へ、三百五十封土のスタンプ四十本を設備いたしました。恐らくこれが朝鮮人鉱山で機械設備をした最初の山であろうと存じます。斯くの如く鮮人経営の鉱山に現代的機械設備を為すものが出来て参りましたことは、慥かに鉱業界の一進展であると存じます。」と近代設備が整っていることが高く評価されており、彼自身も朝鮮鉱業会の評議員に選ばれている[12]。

このように一九三〇年代後半からは、朝鮮総督府の補助金を受けて各地域の中小鉱山にも近代設備が導入された結果、従来は地域鉱山で主流的であった地表面での露頭掘から、鑿岩機やダイナマイト火薬を使用する地下深層部での大規模かつ長期的な採掘へと、より危険な鉱業形態に変化した。朝鮮鉱山での機械導入をめぐっては、鑿岩機夫は殆どが朝鮮人であり、慶尚北道の金井鉱山では鑿岩中の穴尻に発破作業用の火薬が残存しているのを知らずに鑿岩機を入れたため、火薬爆破により朝鮮人鉱山労働者が死亡した事故が報じられている。この点について、鉱山課においても「作業時間の長短及交代数は作業能率に大に関係あるもので、特に考究すべき事であるが、鮮内では大体鑿岩機夫が鮮人であると云ふ点からして、之等の民情を考慮し尚充分の研究を要するものと信ずる[13]」と、労働条件に関連して対策を行う必要が指摘されている。

(2) 鉱業近代化による鉱山災害・労働問題と実態調査

以上のような宇垣総督期の工業化政策における産金奨励を背景とした朝鮮半島全域での民間鉱業の活発化と近代機械の導入にともなう鉱山災害の増加に対して、朝鮮総督府の鉱山課では実態調査を行っている。鉱山課が刊行した『朝鮮鉱業の趨勢』(一九二七〜一九三六各年度)には、朝鮮各地域での鉱山災害事故や鉱山労働者数についての調査統計が掲載されている（表3－1）。

大規模な鉱山事故としては、ガス爆発、坑内落盤が最も多く、このうちガス爆発はおもに坑内の奥深部まで掘り進める際に発生する可燃性ガスに引火することを原因として、また坑内落盤はダイナマイト爆発を原因として未曽有の大事故を引き起こす。一九〇〇年代には、フランスのクーリエ炭鉱事故（一九〇六年）、満鉄の撫順炭鉱事故（一九一七年）、北海道の夕張炭鉱事故（一九一二、一九一四、一九二〇年他）など国内外で数百人から千人規模の被害を出す炭鉱爆発が発生している。このような炭鉱での惨害予防を目的として、日本では一九一五（大正四）年五月に福岡県の直《なお》方《かた》に「安全灯試験場」（一九一八年一月に農商務省「石炭坑爆発予防調査所」と改称）を設立して安全灯や扇風機などの鉱業用具やダイナマイト安全発破の開発が進められ、一九一六年八月には「鉱夫労役扶助規則」（農商務省令第二一号）を公布して鉱山労働者の生命保護がはかられた。また一九二七（昭和二）年には民間鉱山と合同して「日本鉱山協会」を設立して災害の防止、衛生状態の改善、能率の増進に努めた結果、最近では鉱山事故数が減ってきていること、警察による原因調査では既

（単位：人）

軽傷				合計			
内地人	朝鮮人	外国人	計	内地人	朝鮮人	外国人	計
86	1,232	77	1,395	98	1,458	100	1,656
74	1,480	97	1,651	84	1,713	114	1,911
139	1,230	52	1,421	140	1,369	89	1,598
103	1,045	27	1,175	132	1,180	33	1,345
41	1,526	21	1,588	44	1,675	27	1,746
21	2,078	77	2,176	29	2,221	92	2,342
18	1,039	17	1,074	23	1,215	29	1,267
36	1,328	85	1,449	45	1,486	94	1,625
31	1,604	148	1,783	38	1,942	183	2,163
48	2,097	90	2,235	54	2,803	131	2,988
29	2,592	221	2,842	33	3,085	284	3,402
27	2,488	179	2,694	30	2,999	228	3,257
37	2,229	131	2,397	41	2,838	173	3,052
18	2,106	80	2,204	22	2,729	100	2,851
13	2,426	20	2,459	19	3,059	36	3,114
22	3,577	66	3,665	36	4,465	77	4,578
73	4,366	94	4,533	96	5,359	133	5,588

表3−1　鉱山災害の事故回数・人数

	回数	鉱夫総数	死亡				重傷			
			内地人	朝鮮人	外国人	計	内地人	朝鮮人	外国人	計
1918	1,523		3	62	8	73	9	164	15	188
1919	1,754		3	67	7	77	7	166	10	183
1920	1,317		−	32	17	49	1	107	20	128
1921	1,294		4	31	2	37	25	104	4	133
1922	1,637		−	29	2	31	3	120	4	127
1923	2,254	16,618	−	25	7	42	8	108	8	124
1924	1,210	16,168	−	44	3	47	5	132	9	146
1925	1,428	17,334	1	41	2	44	8	117	7	132
1926	1,969	22,416	2	76	8	86	5	262	27	294
1927	2,904	24,609	1	93	4	98	5	613	37	655
1928	3,267	27,203	−	73	1	74	4	420	62	486
1929	3,069	29,949	−	84	2	86	3	427	47	477
1930	2,812	35,814	−	72	4	76	4	437	38	479
1931	2,461	39,688	1	58	1	60	3	565	19	587
1932	2,217	45,111	2	107	1	110	4	526	15	545
1933	4,390		4	154	1	159	10	734	10	754
1934	4,614		6	180	2	188	17	813	37	867

出典：『朝鮮鉱業の趨勢』1928年度版（朝鮮総督府、1929年9月）、及び1936年度版（朝鮮総督府、1937年12月）より作成。

に発生した事故を調べるのみでなく「主として保安監視の仕事をしていくといふことが主眼[14]」とされていることが、朝鮮でも紹介されている。

朝鮮では一九三〇年代半頃には鉱山事故が多発するようになり、平安南道の三神炭鉱でのガス爆発（一九三六年）や、朝鮮無煙炭株式会社が経営する大寶炭坑での爆破（一九三七年）が発生している。朝鮮での鉱山事故による被害の原因としては、坑内では落盤および坑車、巻揚機などによる事故、坑外でも機械や坑車、架空索道など、鉱業機械の使用に起因する怪我が多く（表3−2）、また負傷者の大多数が朝鮮人鉱山労働者であった。こうした鉱山災害に対し、例えば忠清南道の満里金山では竪坑巻揚機のドラムと鋼索との間に腕を巻き込まれた鉱山労働者への事故保障として「鉱山事務所に於ては会社の規則に依る公傷と認め、治療費及之に要する諸雑費は全部

表3-2　鉱山災害の事故原因

〔坑内〕		落盤	瓦斯又は炭塵の爆発	捲揚竪坑に於ける事故	自動車道又は捲揚車道に於ける事故	鉱車（坑車）の為	発破又は爆薬の為	瓦斯中毒又は窒息	出水の為	機械の為	電気の為	其の他	計
1927	回数	851	4	31	174	183	13	10	4	77	5	479	1,831
	人数	838	26	32	162	224	13	15	4	70	5	532	1,921
1928	回数	854	5	38	79	481	15	4	3	147	3	696	2,325
	人数	896	9	42	83	488	20	5	3	147	3	756	2,452
1929	回数	953	6	29	76	383	14	3	0	127	5	699	2,295
	人数	990	25	29	78	388	15	6	0	127	5	800	2,463
1930	回数	785	22	22	130	373	6	18	1	143	4	532	2,036
	人数	867	25	27	142	401	10	23	2	143	6	620	2,266
1931	回数	784	5	15	79	263	12	15	2	134	2	589	1,900
	人数	828	8	24	85	274	14	24	3	135	3	885	2,283
1932	回数	634	27	27	132	225	23	5	2	55	3	588	1,721
	人数	881	39	33	156	341	33	16	16	89	3	891	2,498
1933	回数	1,334	42	51	151	449	62	5	0	135	3	899	3,131
	人数	1,354	68	54	154	452	65	5	0	136	3	1,019	3,310
1934	回数	1,092	29	50	213	474	68	4	5	186	1	834	2,956
	人数	1,203	47	56	232	510	82	6	5	188	1	1,539	3,869

〔坑外〕		機械の為	汽罐の破裂	爆発薬の為	鉱車又は架空索道の為	灼熱溶物（融溶物）の為	劇物の為	電気の為	其の他	計	総計
1927	回数	282	0	8	176	9	6	40	552	1,073	2,904
	人数	282	0	8	162	9	6	36	564	1,067	2,988
1928	回数	224	0	4	288	11	63	10	342	942	3,267
	人数	225	0	4	287	11	63	10	350	950	3,402
1929	回数	181	0	2	199	14	9	7	362	774	3,069
	人数	181	0	2	199	16	9	13	374	794	3,257
1930	回数	172	0	13	254	6	4	9	318	776	2,812
	人数	172	0	13	257	11	4	9	320	786	3,052
1931	回数	112	0	4	157	8	8	13	259	561	2,461
	人数	115	0	4	152	8	8	13	268	568	2,851
1932	回数	62	0	1	121	5	0	2	305	496	2,217
	人数	73	0	1	172	7	0	3	360	616	3,114
1933	回数	257	0	8	308	13	1	12	660	1,259	4,390
	人数	256	0	8	312	13	1	12	666	1,268	4,578
1934	回数	462	2	5	285	54	14	12	824	1,658	4,614
	人数	473	2	5	300	55	15	16	853	1,719	5,588

出典：『朝鮮鉱業の趨勢』1928年度版（朝鮮総督府、1929年9月）、及び1936年度版（朝鮮総督府、1937年12月）より作成。

註：事故原因は、原資料のまま表記した。

当事務所にて支払ひ、尚ほ治療期間中は同人の給料の半額を支給[15]」するなどの対処がなされていることが報じられている。また各地域の鉱山でも救助隊を組織して対応しており、一九三七（昭和一二）年一月には平安南道の平壌無煙炭鉱を中心に「炭鉱聯合救護隊」を編成して「炭鉱坑内に発生する瓦斯爆発、坑内火災、其の他の坑内変災に際し、敏速なる活動に依り、現場の探検、罹災者の救助、消火、通風等の応急作業の遂行に万遺憾なからしむるべく[16]」訓練を開始している。

官側の朝鮮総督府においても、鉱山課では海外や日本の文献を参考にして鉱山災害への対策を検討し、安全灯やダイナマイトなどの鉱業用具を開発するとともに、行政が定めた鉱山保安規則の遵守による事故防止が重要であり「鉱山に於ける保安取締程重要なるものはなく、各種変災の防止は鉱山従業員にとつて常に留意すべき緊要事になつてゐる。」、「技術方面と平行して否寧ろ一歩進んで災害防止の方面に力を注ぐべきであらうと考へるのであります。[17]」と、日本で設けられているような「爆破規則」や「鉱業警察規則」などの法規、さらに鉱山監督署や鉱山協会などの社会的制度を、朝鮮でも創設する必要性を認識している。なお、この時期には産金奨励と鉱山保安の一環として地域鉱山の経営・技術指導を助成する方向での対処が行われており、一九三四（昭和九）年四月には京城高等工業学校に「鉱山科」を新設したり、一九三五年以降には官費で「鉱業技術官派遣制度」を設けて地域各鉱山に実地指導員を派遣するなどして、鉱山経営や災害防止について技術指導を図っている。

鉱山労働者の実態については、朝鮮総督府の殖産局・鉱山課が作成した『朝鮮鉱業の趨勢』の調査データの他に、内務局・社会課（一九三四年以降には学務局・社会課に改編される）が一九二五（大正一四）年、一九三三（昭和八）年の二回にわたって実施した工場および鉱山の労働状況についての調査報告「会社及工場に於ける労働者の調査」および「工場及鉱山に於ける労働状況調査」によって知ることができる。[18]この調査によると朝鮮の鉱山数と鉱山労働者数は、一九二五年では一四七鉱山に総数一八、八〇三人、一九三三年では二一三鉱山に総

表4-1　民族別の朝鮮鉱山労働者数（1933年）

（単位：人）

	内地人			朝鮮人			中国人	合計		
	男性	女性	計	男性	女性	計	男性	男性	女性	総計
京畿道	－	－	－	1,024	－	1,024	－	1,024	－	1,024
忠清北道	1	－	1	311	－	311	－	312	－	312
忠清南道	17	－	17	778	6	784	3	798	6	804
全羅北道	17	－	17	319	－	319	－	336	－	336
全羅南道	1	－	1	1,067	63	1,130	－	1,068	63	1,131
慶尚北道	7	－	7	307	16	323	－	314	16	330
慶尚南道	2	－	2	180	40	220	－	182	40	222
黄海道	18	2	20	5,102	283	5,385	65	5,185	285	5,470
平安南道	77	6	83	5,995	58	6,053	300	6,372	64	6,436
平安北道	10	－	10	6,101	2	6,013	338	6,449	2	6,451
江原道	4	－	4	2,093	3	2,096	－	2,097	3	2,100
咸鏡南道	38	1	39	2,405	426	2,831	19	2,462	427	2,889
咸鏡北道	30	－	30	2,259	48	2,307	251	2,540	48	2,588
合計	222	9	231 （0.8%）	27,941	945	28,796 （96.0%）	976 （3.2%）	29,139	954	30,093 （100%）

出典：朝鮮総督府・学務局社会課「工場及鉱山に於ける労働状況調査」1933年3月31日（『戦前・戦中期アジア研究資料1　植民地社会事業関係資料集　朝鮮編20』近現代資料刊行会、1999年6月所収）より作成。

数三〇、〇九三人であり、九年間で約倍増している。鉱山の地域分布は、一九三三年では平安北道に三六鉱山（一六・九％）、咸鏡南道に三三鉱山（一五・五％）、江原道に二九鉱山（一三・六％）の順に多く、最少は全羅南道の四鉱山（一・九％）であり、朝鮮では一般工業は半島の中部および南部に多いのに対して、鉱業は西北部に多く、工業と鉱業とでは分布状況が異なることが特徴として指摘できる。

鉱山労働者の民族別では（以下、一九三三年の調査による。表4-1）、朝鮮人が九六％と大多数を占め、日本人は〇・八％、中国人が三・二％である。このうち日本人は平安北道に多く、中国人は平安南道、平安北道および咸鏡北道の石炭鉱・金銀鉱に従事している。鉱山あたりの労働者数は、一〇人以上の鉱山が最も多く六二カ所で二九・一％を、次いで一〇〇人以上の鉱山が四二カ所で二三・三％を占める。五〇〇人以上の鉱山は一〇カ所あり、平安南道に四カ所、黄海道に二カ所、全羅南道・平安北道・咸鏡南道・咸鏡北道に各一カ所が分布し、一〇〇〇

表4−2　年齢別の朝鮮鉱山労働者数（1933年）

（単位：人）

	男性		女性		合計	
成年工	28,870	(99.1%)	896	(93.9%)	29,766	(98.9%)
15歳	193	(0.9%)	34	(6.1%)	227	(1.1%)
14歳	65		13		78	
13歳	6		6		12	
12歳以下	5		5		10	
合計	29,139	(100%)	945	(100%)	30,093	(100%)

出典：表4-1と同。

表4−3　朝鮮鉱山労働者の労働時間（1933年）

（単位：人）

	鉱山数		労働者数	
8時間以内	4	(1.9%)	623	(2.1%)
8時間	21	(9.9%)	5,050	(16.8%)
9時間	14	(6.6%)	1,112	(3.7%)
10時間	45	(21.3%)	7,325	(24.3%)
11時間	56	(26.2%)	5,643	(18.8%)
12時間以上	73	(34.3%)	10,340	(34.3%)
合計	213	(100%)	30,093	(100%)

出典：表4-1と同。

人以上の大規模な鉱山は五カ所であり、黄海道（三菱製鉄株式会社・載寧鉄山）と平安北道（オリエンタル・雲山金山）に各二カ所、平安南道（海軍燃料廠・平壌鉱業部）に一カ所がある。

男女別では、男性が圧倒的に多く鉱山労働者全体の九六・七%を占め、日本人と朝鮮人には女性の鉱山労働者が存在するが「鉱山は仕事の性質上、女子には適せざるを以て女子の就業者は甚だ少く、男子の約三分の三厘にして、選鉱（選炭）に従事す[19]」と説明されている。

また、この調査では一六歳以上の労働者を「成年工」とし、それ以下の「幼年工」人数についても年齢ごとの調査を行っている（表4-2）。同じく一九三三年段階では、「幼年工」は二二七人で鉱山労働者総数三〇、〇九三人の一・一%を占め、「幼年工は工場に於ては男子より女子の方多きも、鉱山に於ては男子の方多くして、女子の四倍半以上に及ぶ[20]」とあるように、朝鮮での幼年工は一般工業では女子が多いのに対し、鉱業では男子が多くなっている。

労働時間については（表4-3）、「鉱山数、労働者数とも一二時間以上のもの最も多く、鉱山数は七三、労働者数は一〇、三四〇人にして共に総数の三四%三を占む。次ぎは鉱山数は一一時間以上一一時間半以内にして総数の二五%三、労働者数は一〇時間以上一〇時間半以内にして総数の二三%七を占む。就業時間の最長は一三時間三〇分にして最短は六時間なり」[21]と、殆どの鉱山労働者の作業が一〇～一三時間以上もの長時間に及んでいる。また鉱山では夜間作業が常態化しており、「徹夜業をなす工場は七〇ケ所、鉱山は一一七ケ所あり、前者は総数の一割以下なるも後者は半数以上に及べり」という労働状況であった。これら夜間作業を行う鉱山では二交替制（一二時間）、三交替制（八時間）、四交替制（六時間）を採用するが「二交替制のもの最も多くして、四交替制のものは鉱山に於て僅か二ケ所あるに過ぎず」[22]と、半数以上の鉱山で夜間労働にあたっていたことが分かる。

鉱山労働者の賃金については、日本人が平均一円六四銭（最高五円、最低三一銭）、次いで中国人が平均一円一〇銭（最高四円一七銭、最低二〇銭）、そして朝鮮人が平均五四銭（最高三円、最低一五銭）の順に高く、作業種類や男女別、年齢によって賃金相場の相違はあるが、概ね朝鮮人の平均賃金は日本人平均の三分の一と大きな賃金差があった。この朝鮮人鉱山労働者の低賃金が朝鮮鉱業の大きな特徴であることは、当時の産業界でもよく認識されていたものであるが、一九一七～一九二三年頃を中心に朝鮮で発生した鉱山ストライキの原因の多くは「経済界好況時代に於て専ら賃金に原因する同盟罷業増加の傾向」[23]と賃金要求にあった。

一方、鉱山労働者の災害などに対する扶助救済については、一九二五年の調査報告にて「朝鮮鉱業令に於て朝鮮総督府は鉱業権者をして鉱夫の保護取締に関する規定の認可を受けしめ、或は其の変更を命することを得へき旨規定し、必要の場合鉱夫の保護取締を励行すること、為せるも、未た内地の如く鉱夫労役扶助に関する規則の制定を見さるを以て、本項施設に付ては自然区々たるを免かれさるも、近時一般に亘り鉱夫の扶助救済に関する規定を設け或は一定の規律を設けさるも、事故発生の都度適当の措置を為すものあり。」と、「朝鮮鉱業令」に規定はあるものの朝鮮では未だ「鉱夫労役扶助規則」は制定されていないが、最近では各鉱山にて療養扶助料、障害扶助料、葬祭料および遺族扶助料、共済組合などが施されている事例が紹介されている。鉱山事故発生の都度に各鉱山で独自に扶助保障が行われることが多く、各鉱山間でとくに統一の基準は無かったが、一九三三年の調査では日本の「傭人扶助令」(一九一八年、勅令第三八二号)の規定を参照して対応している様子がうかがえる[24]。

また朝鮮人鉱山労働者の生活に関しても、鉱山には「鉱夫長家」や飯場、社宅および寄宿舎(合宿所)の住居施設が設けられていること、日用品供給所にて米、粟、小豆などが実費供給され、購買には伝票制度を採用して給与支払いの際に代金を控除する方法が各鉱山でほぼ共通であること、その他にも医療・診療機関などの施設等について報告が挙げられている。なお、こうした鉱山労働に際しての賃金支払いや住居、食料、日用品の提供などを含む作業全般については、朝鮮鉱業では伝統的に「徳大制」において担われてきたものであった。

徳大制は朝鮮特有の在来の鉱業形態で、徳太、徳隊とも呼ばれ、朝鮮総督府によれば「一種の利潤分配賃金制度」である。おもに金鉱山で行われ、鉱山主(鉱業権者)は数名の徳大と契約して鉱区を分割して採掘にあたらせる。徳大は自ら鉱夫を募り、鉱夫から人頭税や採取税などを納入させ、収益から賃金を支払う。一人の徳大が率いる鉱夫人数は少なくても数名、多いものは数十名に及び、採掘作業の期間は徳大は鉱夫の住居や食糧、日用品を支給してその費用は賃金より控除した。また鉱山主と徳大との契約関係には特徴があり、「徳大制とは鉱夫頭領の名称にして普通自己所属の鉱夫を有し、其の数、数人若くは数十人に及ふものあり。鉱主と契約して一定の場所を限定し、鉱物採掘の権利を得、経済上作業上鉱主と何等関係する事なく一種の企業を行ふもの」とあるように徳大は作業に対する全責任を負い、鉱山事故などについても一切の責任を持った[25]。

ただ、徳大制では地表面の露頭のみを採掘して、採算の合わない深層の金鉱床までは進掘せずに他鉱山に移動するため、残存の鉱山が荒廃する原因になっているとして、第一次世界大戦後の鉱業不況の復興策として地下深層部での「探鉱」が奨励されるなかで問題となっていた(朝鮮鉱業における「探鉱」の必要性は一九二〇年代半頃より大きく提唱されていたが、とくに一九三二年八月「金探鉱奨励金交付規則」公布によって鑿岩機など機械導入による探鉱奨励が行われたことが顕著である。また、鉱山主は徳大と契約を結ぶ一方で、直営で鉱山を経営することもあったが、徳大制では「鉱山主（鉱業権者）―徳大―鉱山労働者」という朝鮮特殊な雇用関係となり、鉱山労働者の監督責任が明確でない点は、朝鮮での鉱業近代化にともなう産業合理化において鉱山災害の防止や労働者管理の重要性についての認識が醸成されるなかでは不都合になると考えられる。

徳大制については朝鮮総督府側も注目しており、この鉱山調査では、朝鮮の金銀鉄山四七カ所のうち、徳大法を採用している鉱山は一二カ所で二五％、鉱主直営と徳大を併用している鉱山は三カ所で六％、合計で三一％を占め、おもに平安南道、平安北道、江原道を中心に「即ち金鉱の約三分の一は此在来法を応用せるものなり」と多くの金鉱山で徳大制が行われている現状が挙げられている。また、近年では徳大制といっても従来のような形態ではなく、数人が班を作りその代表者を徳大と呼んでいるものも多いことや、アメリカ人経営の東洋一の大金鉱といわれるオリエンタル（東洋合同鉱業会社）の雲山金山でも「各坑道及各作業場には外国人監督者を置き、其部下に徳大を配置し作業直接の監督者とせり」と徳大制が活用されていることが報告されている。[26]これらの視察を踏まえて、鉱山課でも、徳大制は廃止せず「単に徳大に新らしく開坑させて採掘させ、山が分鉄を徴収して儲けると言ふ丈に止めず、其の坑道に係員を派遣して坑内のスケッチをする、そして其の脈の変化を見守ることは全く彼等に依つて探鉱して貰うことになるのであります、徳大制度は強ち排すべきで無く、大いに利用方を考ふべきものと思つて居ります。[27]」と、地下深層部での探鉱・採掘において徳大と「坑内保安係員」を併せて配置することによって近代鉱業技術に適応させて活用することが可能であること、および朝鮮人統括の利便の観点からも存続して活用すべきであるとの意見が数多く出されている。

この徳大制の存続・活用の意向を表したものであるか知れないが、一九三三年の調査報告では、鉱山主（鉱業権者）と徳大との間で「徳大規則」（＝契約書）を交わして、鉱業権・採掘権、火薬類使用監督、鉱夫名簿、治療費・慰謝料、伝染病防止、技師の指示に従うこと、および「稼行中生じたる事故は事の如何を問はず徳大の責任にして、因て発生する総ての事件は徳大に於て解決し、会社は何等其の責に任ぜざるものとす」ることについて契約し、さらに「誓約書」により「鉱業所諸規則」を遵守すべきことを指導していること[28]は、鉱業権上の責任明確化のための対応が図られたものと考え得る。なお、後の戦時中においても徳大制の活用について議論がなされており、鉱山労働者の不足を補うために縁故募集とともに、徳大制の活用による鉱山への定着化が求められることになる。[29]このように朝鮮鉱業の近代化の過程においては、朝鮮総督府の鉱業政策によって、伝統的な鉱業方法である「徳大制」を存続活用すると同時に、「朝鮮特殊の事情」に即して時代の合理化の要求に対応させようとしていたことが確認される。

（3）朝鮮総督府の「鉱業警察」構想

一九二〇～三〇年代の朝鮮鉱業が抱えていたこのような鉱山災害や鉱山労働者問題をめぐっては、「朝鮮鉱業会」や朝鮮総督府の関係部局が主催する地方鉱業講演会でも議題として取り上げられ、例えば一九三六（昭和一一）年一二月に平安北道に次ぐ金産地である忠清南道・青陽郡で開催された「青陽鉱業家懇談会」では、三菱鉱業株式会社、中外鉱業株式会社および中川湊ら鉱業家と地方警察官らが参加し、鉱山事故の未然防止や、事故発生の場合における届出励行について地方警察官から鉱業家への希望要項が出されている。同講演会ではこの他にも、近年では鉱山労働者が約二〇万人［ママ］、家族を併せれば一〇〇万人［ママ］になり社会問題として重要視されていること、また鉱業による地域公害として「先年に外城氏が九峰金山経営中、附近の沓所有者は不法なる損害金を搾取せんとして、鉱毒の為め収穫皆無となれりと呼び出し、道庁は直に外城氏に製錬中止を命じ、其間幾多の紛争を重ね、鉱務課より技術家出張せられ、土壌を分析されたるも何等鉱毒を認む可きものなく、其間二箇年を要して漸やく精錬を復活されたるが如き」紛擾があったこと、および火薬販売価格問題や「銃砲火薬類取締令施行規則」による火薬庫・運搬の取締、土地使用問題、鉱山労働者の需給問題（中国人の使用を含む）などが議題となっている。[30] 他にも「慶北鉱山協会」や「慶南中部鉱山協和会」などの鉱山会が民間金鉱業関係者によって各地域に結成され、各鉱山で起こっていた諸問題について地域ごとでの取り組みを進めている。

朝鮮総督府の鉱山課でも鉱山状況の変化をふまえて、鉱業権出願の増加にともなう事務・紛争処理や、鉱山災害や労働者保護に対処するため、一九三四〜一九三五年頃から法令の制定について具体的に検討を行う。朝鮮総督府・鉱山課技師の三澤正美は『朝鮮鉱業会誌』掲載の「朝鮮鉱業の近況」記事中にて「官庁に於て是れが取締の為め鉱業監督法を整備し、公益の保護鉱利の保全に努めて居る、早晩、鉱業警察規則及鉱夫労役扶助規則等の施行をも見るに至るべく」と説明し、その実施にあたっては「鮮内鉱山監督局又は監督署を数箇所新設する事は、内地及満洲の事情と比較して急務なるに非るやと考へらる。[31]」と、日本や「満洲国」での鉱業体制と同様に「鉱業警察」および鉱山監督署を共に設置する必要を主張している。

この構想を立てた三澤技師はかつて島根県の大森鉱山（旧・石見銀山）で冶金係長として勤務し、その際に鉱山災害予防として坑内換気のために大扇風機を据えるなどの対策を行った経験を持つ。朝鮮における鉱山保安と鉱山労働者保護の社会法規の制定準備にあたっては自身の経験や日本鉱業界との人脈を活かして、一九三四（昭和九）年九月には「朝鮮鉱業会」にて鉱山変災の予防に関する特別講演会を福岡鉱山監督局・前鉱山課長の西牟田豊民を招聘して開催したり、同年一〇月には「日本鉱業会」と連合で講演会を開催するなどを通じて、人命救助・保安設備の確立のため日本の鉱業制度と同様に「鉱業警察」や鉱山監督署の設置について検討を進めていく。

こうした社会法規や制度の整備が構想された背景として、宇垣総督期に進められた社会政策への取り組みを指摘することが出来る。朝鮮では日本で制定されているような工場法などの労働法規が無いことから、産業部門を取り扱う殖産局においては「朝鮮にも工場法を適用すべしとするの論が相当強いのである。又一方には…時期尚早論…まず実情を調査[32]」と産業・労働立法の基礎として工場・鉱山調査を行い、また内務局・社会課および学務局・社会課でも前述のような鉱山災害や鉱山労働者の生活状況についての実態調査と研究を進めていたものであった。

さらに一九三六（昭和一一）年段階になると、朝鮮でも国家鉱業が推進されるなかで「鉱業警察規則」および「鉱夫労役扶助規則」の制定について本格的な検討が行われる。鉱山課では、石田千太郎課長が一九三六年一月に海外視察から帰国すると、「鉱業警察」制度を創始するための調査準備費として予算三万円を要求し、それに並行して「鉱夫労役扶助規則」（災害における扶助）および「鉱夫雇用労務規則」（労働時間など雇用関係）の法制化を進める。しかしその主旨については、石田鉱山課長が「業態が特に危険を伴ふ鉱業に付ては公安の保持、従業者保護の為特別の取締を行ふは当然の措置なるが、朝鮮に於ては斯業発達の実情に鑑み未だ規則の制定を見るに至らなかつたのである、然るに数年来鉱業発展に伴ひ鉱山及従業者激増し災害漸く頻発の傾向あり、此の際鉱業施設又は従業者の保護に関し一定の基準を定め、以て拠るべき指針を示し、斯業の合理的発達を期するの要あるを認め、本年度予算に事務官、属、技師及技手等必要なる職員増加する経費を計上し、九月官制の発布と共に詮衡任用を了し、成案に着手した、今後関係方面と協議を進め朝鮮の実情に適したる規則を制定発布の見込である[33]」と述べるように、産業合理化をすすめるうえでの保護・取締を目的として「鉱業警察規則」および「鉱夫労役扶助規則」制定の具体化が準備されることになった。

この制定準備では、前述の三澤技師の構想にみられるような社会政策的な方向とはやや異なり、「鉱業警察制度による設備の完成と併行して、坑夫労役扶助規則及坑夫雇用労役〔ママ〕規則制定の必要があるとされてゐる[34]。」と、監督・取締を主眼とする「鉱業警察」制定に随伴しての「労働法規」の制定へと意味付けが変わっている点が重要である。また、鉱山監督局や鉱山協会のような地方における自治的機関の設立は計画されておらず、「鉱業警察」に求められた機能も総督府権力を背景とした行政警察権による取締を行使するものとなっている。このように一九三六年頃には朝鮮社会で産業経済統制が進められる段階にて、朝鮮総督府の鉱山行政は「助長奨励」から「取締監督」へと政策方針が転換された(35)。

なお、鉱業行政を担当する朝鮮総督府・殖産局の鉱務課は一九三四（昭和九）年に「鉱山課」へ改編され、前年には新たな殖産局長として穂積眞六郎が就任する。新設の鉱山課長には、前任の上瀧基から新たに石田千太郎へと交代している。この石田課長が海外視察から帰鮮後に「鉱業警察規則」や「鉱夫労役扶助規則」が具体的に取り纏められることになるが、この起草には、京畿道の学務課長から鉱山課に転任した行政官僚の木野藤雄(36)（事務官）があたっている。また、前記のような制定主旨の変化の背景には、一九三〇年代後半より朝鮮社会において「朝鮮工業協会」や「工政会朝鮮支部」といった日本の産業統制団体と直接に結びついた産業界の組織化が進んでおり、こうした朝鮮鉱業の産業統制（戦時経済統制体制）との結び付きと、それにともなう経営合理化への課題および視点の移行が一因にあったことが推測される。

社会法規の制定準備と並行して、石田課長の前述の説明にもみられる如く、さらに警察や地方行政と連携しての鉱山保安体制作りも進められる。「鉱業警察規則」施行後には鉱山経営の実際上の取締を担うことになる警察との連携については、鉱山課に警務局と兼務する職員として、一九三六（昭和一一）年に木野藤雄（事務官）、安藤源次（技師）の二名が配置されている。とくに警務局より鉱山課へ兼務となった安藤技師(37)は、地域鉱山で長年の問題となっていた火薬取扱について、警務局と合同で火薬予防の講習会を開催したり、朝鮮総督府の警察官講習所の裏庭に火薬試験室と発破研究所を新設したりと、合同訓練を通じて実際的な連携を行う。また警務局が開催した各道保安課長会議では、安藤技師が爆発物の取締不徹底による災害数をあげて注意を喚起するなど、中央・地方の警察組織の連携による取締の徹底が図られている。

さらに同時期の一九三六年末から一九三七年初にかけて、殖産局の鉱山課職員を各道の内務部・産業課に転任させる事例が相次いで行われ、地方行政との連携体制についての準備も進められる。鉱山課から各道の産業課へは、佐瀬英次（→忠清南道へ）、在津勝治（→平安南道へ）、山田信雄（→平安北道へ）、小林勝材（→咸鏡南道へ）がそれぞれ異動となっており[38]、日中戦争の開始によって一九三七（昭和一二）年九月に「朝鮮産金令」が公布される以前において、すでに朝鮮内では以上のような「鉱業警察」制度を中心とした鉱業統制体制が先行して準備されていたことが分かる。

三　戦時下の朝鮮産金令体制と「朝鮮鉱業警察規則」「朝鮮鉱夫労務扶助規則」制定

一九三七（昭和一二）年七月の日中戦争開始後には、資源・産業を総動員する科学戦の様相を呈し、急速に産業統制が進められる。朝鮮は、「北支」「満洲」への前衛・兵站基地として「物的経済的には凡ゆる資源を起して国防産業を伸展せしむると共に、人的精神的には半島同胞の心境をして、更に深く皇国臣民たるの自覚に透徹せしむるの二方面こそ半島最大の時務である[39]」ことが提唱され、国家総動員法が日本国内と共に外地にも適応されて「物的資源」「人的資源」の動員体制の導入がはかられる。

さらに同一九三七年八月には第七一帝国議会（特別会）において「産金法」（法律第五九号）が成立し、一九三八年以降五カ年で産金額を三倍以上に増産する「産金五カ年計画」が朝鮮、台湾、樺太にも適応され、朝鮮は帝国内の五五％を担う計画が立てられる。「産金法」の朝鮮での施行にあたっては、種々の特殊事情があることを考慮してそのままでは施行されず、翌月の一九三七年九月に「朝鮮産金令」（制令第一六号）および「朝鮮産金令施行細則」（朝鮮総督府令第一三八号）が制定された。この法令では産金増加と政府集中策として、主として朝鮮で産出された金の買上げは朝鮮銀行に集中することが定められた（当初は直接に日本政府が買上げるよう設定されたが、朝鮮銀行が取り扱うことに修正された）。また、朝鮮の金鉱業の多数を占める群小金山（民間鉱山）の開発を促進するため、金鉱業者に対して製錬設備や探鉱・採掘・選鉱設備の新設・拡張・改良・共用を強制命令し得ること、休眠鉱山に対して鉱業権の譲渡命令を発し得ること、さらに共用または譲渡命令があった場合において当事者間の協議不能の時は朝鮮総督が裁定することが法規化される一方、日本の産金令体制では設置された「金委員会」は朝鮮には設けないなど、国家権力が直接に介入できることが規定され、戦時鉱業増産体制作りが着手された。

「朝鮮産金令」制定にともない朝鮮総督府の組織も大きく改編され、一九三七年九月には総督官房に「資源課」が新設されて、従来は文書課の事務であった資源調査・総動員計画および防空に関する事項を分掌した。また翌一九三八年五月には鉱業行政を担当する殖産局「鉱山課」から「産金課」を分離独立して産金奨励事務を専担させ、さらに「燃料課」「臨時物資調整課」が増設された。新たに増設した産金課長には、鉱山課で「朝鮮産金令」および「朝鮮鉱業警察規則」や「朝鮮鉱夫労務扶助規則」など鉱業関連法規の起草にあたった木野藤雄（事務官）が就任した。また一九四一年には労働行政を司る内務局「社会課」から「労務課」が新設されたほか、警務局「経済警察課」など各種の統制機関が新設された。

一九三八年九月には、産金政策遂行のための国策会社として商工省、大蔵省、拓務省、朝鮮総督府の合同による特殊金融会社である「日本産金振興株式会社」が東京市に本社を置いて創立され、同年一〇月には京城に朝鮮支社が設立されて、産金国策を歩調をあわせて推進する実行体制も整えられた。朝鮮での「日本産金振興株式会社」に関する事務は新設された産金課が管轄し、同課の指導の下に産金資金の融通や鉱業用物資の供給のほか、金増産上必要な事業への投資を進めた。さらに一九三九年六月には「日本産金振興株式会社」の子会社として「朝鮮金山開発株式会社」が民間団体「朝鮮鉱業会」の要望を受けて朝鮮総督府により設立され、その業務も探鉱資金の貸付や探鉱用の器具・機械類・火薬購入の斡旋に加えて、金山の探鉱やその期間の鉱業権の受託、調査・設計・工事監督の請負、また鉱山売却の希望があれば鉱業権の譲渡を得ることや、金山の売買仲介までを行い、戦時下の産金増産政策の推進において国家権力を強力に行使するものであった。

金鉱業以外の鉱業についても、一九三八年五月の「朝鮮重要鉱物増産令」制定にもとづき一九四〇年九月に「朝鮮鉱業振興株式会社」が設立され、タングステン鉱、水鉛鉱、銅鉱、鉛鉱など重要鉱物資源を対象として、金鉱業と同様に国権行使を背景とした開発・増産が促進された（「朝鮮重要鉱物増産令」については後述）。

このような戦時下の国家鉱業体制の形成に先立って、一九三六（昭和一一）年一〇月に開催された「朝鮮産業経済調査会」における答申により、朝鮮総督府の鉱山課を中心にすでに準備を進めてきた「朝鮮鉱業警察規則」および「朝鮮鉱夫労務扶助規則」を制定することが決定される。朝鮮産業経済調査会は、朝鮮総督府の主催により一九三六年一〇月二〇日〜二四日の五日間にかけて、会長に政務総監を、委員として日本・「満洲」・朝鮮の関係各庁官僚、学識者、財界民間人および軍部から約一〇〇名を招聘して開催された。ここでは満洲事変後の朝鮮での産業・工業の伸展をうけて農工併進政策をさらに進めるにあたり、将来の総力戦に備えて「〔前略〕進ンデ之ガ覇権ヲ掌握維持センガ為ニハ更ニ帝国経済圏ニ於ケル人的及物的資源ヲ総動員シテ其ノ経済力ノ充実強化及帰一調整ヲ図リ以テ世界経済戦ニ臨ムノ雄略ナカルベカラズ。〔中略〕日満圏内ノ地理的中心ニ位シ且開発利用ヲ俟ツ資源、動力、労力ノ豊富ニシテ而モ各種産業ノ全面的展開期ニ在ル朝鮮ノ産業経済ニ付一定ノ基準ト針路トヲ与ヘ大局的見地ヨリ之ガ施設ノ緩急ヲ律シ置クコトハ現下喫緊ノ要務タル[40]」と、予め日本・「満洲」と産業経済方針を調整することを目的として、農林水産業、資源、工業、商業・貿易、交通、金融および産業教育の各分野にわたり、朝鮮総督の「諮問」に応じて「答申」を提出するという形で実施され、ここで審議された答申案は朝鮮総督府の政策として建議することが出来るとするものであった。

鉱業に関しては、「第二　鉱物資源及動力資源ニ関スル件」についての諮問「朝鮮ニ於ケル豊富ナル鉱物資源及動力資源ノ開発利用方策ニ付意見ヲ求ム」に対して、答申として「一　鉱物資源ノ調査探鉱ニ関スル施設ヲ充実シ之ガ開発ヲ促進スルコト」、「二　鉱業企営ノ合理的発展ノ方策ヲ講ズルコト」、「三　茂山鉄山ノ開発ヲ急速ニ実施スルコト」、「四　発電水力ノ開発ヲ促進スルト共ニ電力統制計画ノ円滑ナル遂行ヲ期スルコト」の四点が審議された。このうち「二　鉱業企営ノ合理的発展ノ方策ヲ講ズルコト」では、鉱山労働者の保護および「鉱業警察」の設置について、以下のように答申が出された。(41)

（ハ）鉱夫ノ保護ニ関スル制度ヲ整備スルコト

鉱夫ハ他ノ工場労働者ニ比シ一層不衛生且危険ニ曝サルルコト多ク、殊ニ最近鉱業上ノ変災頻発シ罹災者ノ扶助救恤ヲ要スル者漸ク多キヲ加フルノ傾向ニ在リ。之ガ保護ニ関スル基準ヲ示シテ統一ヲ図ルコトハ労資ノ協調融和ヲ招来スル所以ナルヲ以テ、速ニ朝鮮ノ実情ニ適応スル鉱夫労役扶助ニ関スル規則ヲ制定スルノ要アリ

（ニ）鉱業警察ニ関スル制度ヲ整備スルコト

鉱業施設ノ完璧ヲ期シ公害ヲ予防シ従業ノ安全ヲ期スルコトハ鉱業ノ合理的発展ヲ助長スル所以ナルヲ以テ、速ニ朝鮮現下ノ鉱業事情ニ適応スル鉱業警察ニ関スル規則ヲ制定スルノ要アリ

この答申が朝鮮産業経済調査会で採択されたことを受けて、日中戦争後の一九三八年一月に「朝鮮鉱業警察規則」(朝鮮総督府令第一号)が、同年五月に「朝鮮鉱夫労務扶助規則」(朝鮮総督府令第九七号)がようやく朝鮮最初の鉱業に関する社会法規として制定される。これはまた、植民地朝鮮で制定された最初の労働者保護の法規であった。

「鉱業警察」の設置については「朝鮮鉱業令」中にも第五〇条において規定されていたが、朝鮮では今回初め

て実現したもので、既に述べてきたように一九一〇年代より幾度も制定が検討され、一九三四年頃よりは朝鮮総督府の鉱山課を中心として具体的に準備を進めてきたものである。「朝鮮鉱業警察規則」では、日本「鉱業警察規則」に準拠してほぼ同様の内容が規定され、(一)技術管理者および係員を置くことを義務付けて安全作業の管理を行うこと、(二)鉱山災害の原因となる可燃性ガス、機械設備、坑内道路車輌の保安および安全灯の使用などについて安全基準を定めること、(三)違反罰則を設けることにより鉱業権者の責任・義務を明確にすること、が定められ、安全基準の明確化と作業管理の徹底による災害防止が図られた。なお、鉱業権者に課せられた責任義務については、鉱業代理人もしくは技術管理者にも違反罰則を適用できることが規定されており、朝鮮では多くの中小鉱山の鉱業主が資本投資や経営のみを行い、鉱業技術を有する代理人に実際の採掘作業を任せることが多いこと、また朝鮮では「徳大制」による請負採掘や鉱山労働者の統率を仲介的に行う慣習があること、等を踏まえればこの規則では鉱業権者である鉱山実業家の事故責任が曖昧に規定された点を指摘できる。

また、爆破採掘の際に使用するダイナマイトなど火薬使用について、従来は「銃砲火薬類取締令施行規則」により一般警察で許認可と監督を行ってきたが、今回の「朝鮮鉱業警察規則」では発破係員を置いて火薬管理にあたらせることになった。一方、「朝鮮鉱業会」など民間鉱業家から緩和要求が強く出されるなど積年の課題となっていた火薬使用許可については、「朝鮮鉱業警察規則」によって鉱山での火薬使用の基準が緩和されたこと、一般警察の管理を離れて産業行政部門である鉱山課の管轄に移されたことは注意すべきである。

「朝鮮鉱夫労務扶助規則」は、やはり日本法令に準拠して作成され、鉱山管理の徹底による安全確保が図られた他、鉱山労働者の保護についての規定が初めて具体的に定められた。規定内容は、(一)鉱業権者は鉱山ごとに「鉱山規則」「鉱夫名簿」「経営計画書」等を作成して提出する義務を負うこと、(二)労働条件については、労働時間は一日に一〇時間を限度とすること、女性および一四歳以下の幼年者のいわゆる「保護鉱夫」の坑内作業を禁止すること、賃金は月二回支払制としたが、これは日本では月一回であるのを朝鮮での事情を考慮して二回としたものである。(三)鉱山災害にともなう罹災労働者に対する扶助については、医療費、障害・休業・遺族など諸扶助費について補償が詳細に定められた。(四)また、雇用条件や扶助費に関する紛擾が生じた場合は、道知事が調停を促すとされ、「本令は扶助なる法定賠償の制度を設けて、迅速に鉱山労務者の救済を企図せるものなるを以て、本条は扶助に関する紛争を成るべく訴訟手続に依らず[42]」と裁判による解決は忌避されている。(五)その他に附則として、本規則の施行後三週間以内に鉱業主は「鉱山規則」を作成して提出すること、また鉱山労働者の労働時間を一〇時間に制限することについては一年間の施行猶予を与えること、などが規定された。

こうした社会法規が鉱業において必要とされた背景について、朝鮮総督府側の認識では「罹災者に対する扶助救恤の方法区々なるが為却つて紛議を醸したる事例尠からず、労資の協調融和を阻碍するの風あるのみならず、労働条件等亦区々なるを以て自然鉱夫の移動性を増長し為に技術に習熟すること難く熟練鉱夫欠乏し、延て災害の因を為すもの尠からざるが如く感ぜらる、のである。[中略]以て両規則相俟ち鉱夫の保護、労資の協調、労働力の涵養、従業の安全を図り延て朝鮮鉱業の健実なる発展を期せんとする[43]」と、労働条件の未整備が鉱山労働者の鉱山間での移動を大きくしており、定着化が進まないために生じる未熟練作業や過労が鉱山災害をもたらす原因となっていること、および労資協調による生産効率の向上について懸念されており、戦時の鉱業増産体制において朝鮮鉱業での最大問題であった鉱山労働者の不足と、その背景にあった鉱山間移動の防止と定着化についての問題解決を目的として労働条件を保障する法規の制定が急がれた状況が見えてくる。

なお、この社会法規の制定により、一九三八(昭和一三)年五月に基本法令である「朝鮮鉱業令」の改正が行われ、第四五条に公益規定および警察規定の違反に対する罰則が、同条二項に労働保護規定の違反に対する罰則が追加された。また、この改正では道知事の鉱業に関する監督権を規定し、公益上の必要により臨検、鉱業権の予防・停止を命令し得ることが定められ、これらの規則施行の権限を地方行政において行使するための制度が整えられた。それのみならず、鉱業権者に対する鉱業設備の拡張・新設命令や、鉱業権の譲渡命令および取消命令までが新たに盛り込まれることになり、戦時法令である「朝鮮産金令」と並行して国家鉱業の性格が強化された。これは「朝鮮鉱業令」が内包していた国家鉱業の法的本質を実際運用として施行することを可能にするものであったが、このことは一九二〇年代に朝鮮で少なからず目指されてきた自由主義鉱業の流れを戦時下に再び国家優先の鉱業へと方向転換することを意味し、この後には一九四一年六月の「朝鮮鉱業令」改正によって、鉱業権申請の機会平等を保障すべく朝鮮でとくに採用されていた「先願主義」（第九条）も廃止されるに至る。

　これら一連の戦時鉱業関係法令として一九三八年五月に「朝鮮重要鉱物増産令」（制令第二〇号）が制定され、金・砂金以外の鉱業についても「産金令」と同様に、国策目的による鉱業権への強制命令が規定される。同令では日本では採掘できない朝鮮の重要鉱物としてタングステン鉱、銅鉱、鉛鉱、水鉛鉱、ニッケル鉱等が対象とされ、国家強制の原則を朝鮮鉱業において一般化するものとなった。この権力行使にあたっては、日本では有識者委員会が組織されて運営されたが、朝鮮では「鉱業権の譲渡又は隣接鉱区との間の鉱区の増減に関する裁定又は決定中対価についての不服は内地法に於ては通常裁判所に出訴することを得る旨明示してゐる（八条）が、本令に於てはこれを欠」[44]くものの、総督の権限による対処で足るとされ、より強い権力発動となっている。この法令にもとづき一九四〇年九月には国策会社「朝鮮鉱業振興株式会社」が設立され、産金政策の強制執行機関である「日本産金開発株式会社」朝鮮支社（および子会社「朝鮮金山開発株式会社」）と共に戦時下の鉱物増産政策において国家権力による鉱業権の運用体制が進められる。

　以上のように、朝鮮鉱業における鉱山災害の防止・労働者保護についての社会法規は、一九二〇～三〇年代以来の課題として殖産局・鉱山課での相当な準備・検討を経て、戦時下の国家鉱業に沿った規定内容として初めて制定された。さらに地域社会での運営を担う鉱山監督署が設立されなかったことからも、その目的が労働条件や地域環境に対する保護についての権利を確立しようとする側面よりも、増産実績をあげるための監督・取締により重点が置かれていたことが分かる。また、「朝鮮産金令」をはじめ一連の戦時鉱業法令においては強力な国家権力の発動が可能となったことが重要であるが、ここでも日本のように審議機関が形式的にしても設置されることは無く、朝鮮総督府や地方道行政・警察といった統治組織の中央政策がより直接に地域社会（鉱山）に及ぼし得たことも、朝鮮での植民地主義的特性として指摘できる。

諸法令が制定されると、各地の鉱山をまとめる動きが起こり、一九三八（昭和一三）年六月には朝鮮全土の鉱業者を対象として各地に三三カ所の「地方鉱業協議会」が結成され（地方鉱業協議会二九、業種別協議会四）、その中央機関として京城に「朝鮮中央鉱業協議会」が設置された。さらに翌一九三九年一〇月には「地方鉱業協議会」は廃止して新たに各道を単位とした「鉱業協会」を結成し、地方行政・民間鉱業者を一体とする機構に民間鉱山の統制化が進められた。この「鉱業協会」の役割はおもに鉱業用物資の配給機能を担うものであり、物資確保は殖産局の資源課と鉱山課で調整し、これを各道の「鉱業協会」を通じて地域鉱山に配給した。また、地域鉱山が抱えていた鉱山労働力の不足、火薬取締の緩和、技術者の養成、土地使用などの諸問題についても、朝鮮総督府および道行政・警察、民間団体である「朝鮮鉱業会」と連絡を取りながら、懇談会の開催などを通して意見交換が行われたが、これら民間鉱業団体には基本的に自治機能（協議・決議権）は無かった。[45]

一方、一九三九（昭和一四）年四月には朝鮮総督府に「産金協議会」が設置され、総督府官僚、地方行政官（道・警察）、学識経験者六〇名の委員が八部門に分かれて産金増産に際して現場の鉱山が抱える諸問題について専門的に審議を行い、その答申は総督に政策提言された。[46]「産金協議会」で審議された課題のうち、第三専門委員会では「労務調整に関する事項」として鉱山労働者の勤労報国精神の育成、賃金適正化や待遇改善、家族持ち労働者の雇傭主義を採ることなどについて協議されている。他の委員会では「産金に関する事項」の中で、鉱山労働者の移動を防止し、鉱山への定着を促す対策としても予てより要望が大きかった「徳大制度を法文化し操業の合理化を図ること」が協議されている。この他、労働力需給と並んで大きな問題であった土地使用、土地収用についても「鉱業用土地の使用買収を促進する為特殊の方法を講ずること」が調整されており、したがって裁判での法的判決や地域での自治協議を経ての決定という手続きは行われず、「朝鮮産金令」を始めとして制定された一連の鉱業法令に則して総督および道知事の権限での行政による処分が行われた。さらにこの実行機関として国策会社である「朝鮮金山開発株式会社」が関与した。

この「産金協議会」の労務調整に関する委員会で開催された有力鉱業家を招いた懇談会では、鉱山労働者の需給問題、とくに労働者の不足が問題となっており、朝鮮南部地域から西北部地域への移住の斡旋や、中国人労働者の使用について要望する意見書が民間鉱業者側から提出されている。労務動員については朝鮮総督府の内務局・社会課（一九四一年以降は労務課）、および各道の内務部・社会課が担当したが、以前よりも「朝鮮鉱業会」を通じて民間鉱業者から要望が大きかった中国人労働者の使用について殖産局、内務局、警務局で協議を行った結果、許可には消極的な方針が採られていた。しかし労働力不足はなかなか解消せず、一九三八年末頃には従来の不許可の方針から転じて、外国人である中国人労働者を「満洲国」「北支」地域から鉱山労働者全体の一割迄を雇用することがなし崩し的に許可されている。(47)

一九四〇年代になると、国民総力運動にもとづいて「国民総力朝鮮聯盟」が創設され、鉱山においても産業別聯盟として今までの「鉱業協会」を発展的に解消して、一九四一（昭和一六）年三月に「国民総力朝鮮聯盟殖産部・朝鮮鉱山聯盟」が結成される。この「朝鮮鉱山聯盟」は「鉱業協会」と同様に各道の鉱山聯盟を母体とし、その上に連絡中央組織として「朝鮮鉱山聯盟」を置くかたちで構成され、「朝鮮総力聯盟事務局殖産部長―朝鮮鉱山聯盟─道鉱山聯盟─鉱山聯盟郡支部─鉱山聯盟」と組織化して朝鮮半島全域の鉱山事業を殖産局のもとに一元化する体制に造り改えられる。ここでは「鉱業協会」が担っていた物資配給機能の他、国民総力運動の方針に沿って鉱山愛国班、鉱山奉仕隊の活動や、労働力や住宅の確保、講演会、映画上映の開催、など鉱山労働者の生活・労働環境の取り纏めまで扱い、さらに内律的な鉱山の地域統合を進めていく。(48) また「朝鮮鉱山聯盟」結成により、一九一七（大正六）年の創立以来長年にわたって朝鮮総督府への民間鉱業者の要望機関として機能してきた社団法人「朝鮮鉱業会」は官側との協議機能の中心から外れることになったが、各道の「朝鮮鉱山聯盟」の役員には「朝鮮鉱業会」の会員が兼任するなど、戦時産業統制下も解散されずに存続し、連携して運営することになった。

なお、総動員体制のもとでは「朝鮮鉱夫労務扶助規則」の第九条にて禁止されている女性の坑内労働も許容されるようになり、一九四一（昭和一六）年四月には特例により同規則が改正されて、一六歳以上の女性鉱山労働者の坑内労働が許可制により条件付きで容認される。朝鮮聯盟を主催として一九四一年七月から九月にかけて実施された「全鮮鉱山増産強調運動」では、地域鉱山を視察した国民総力聯盟事務総長の川岸文三郎が「今回視察した鉱山では皆婦人労働者を採用してをつたが、その人数は男子の一割未満五分程度に過ぎないが将来二、三割に増加せしめることは手段方法を講ずれば可能であると信ずる〔中略〕婦人には特有の厚生施設や就業職場、時間の制限があるが作業の種類に依つては好成績をあげ得るのであり黄海道聯盟及び郡聯盟に於ては本期間部落聯盟愛国班、学校生徒等をもつて鉱山勤労奉仕隊を組織して労務補助及び鉱山思想の普及に資すべく計画中であるが有効適切な施設と考へられるので一日も早く実現を望むのである。」と述べるように、女性の坑内労働が国際労働法に違反して奨励され、一九四二年六月の時点で四〇〇〇人が許可されて、そのうち四分の一が就労していることが報告されている。(49)

こうした戦時体制下では、鉱業にかかわる係争は殆ど行政側で調停処理されたため、朝鮮での鉱業裁判はあまり行われなかったと推測できるが、その中にあって「朝鮮鉱業令」に違反する事例は戦時の鉱物増産による地下資源の開発にともない増加し、一九三六（昭和一一）年での第一審刑事裁判では一七一名（内地人四、朝鮮人一六七）が違反判決を下されており、以降も一九三九年にかけて増加している（表5）。係争事由はそれぞれ不明であるが、その殆どを朝鮮人が占めていることは戦時下に民間の朝鮮人鉱業者の多くが取締の対象とされていることを示唆するものとして興味深い[50]。なお、一九四一年六月には朝鮮総督府の殖産局・鉱山課にて分掌改編が行われ、先述の「朝鮮鉱業警察規則」の制定をうけて、「総務係」「登録係」など事務職掌に加えて「鉄鋼係」「非鉄金属係」「非金属係」そして「鉱業警察係」が新設される。この「鉱業警察係」では、（1）「鉱業警察規則の施行」、（2）「鉱業用土地の使用及収用」を職務とし、戦時期には実際に鉱業警察によって鉱山事故の予防や火薬使用の許可など行政処分がなされていること、そして土地収用に係わる業務を行っていることが確認できる[51]。

表5　「朝鮮鉱業令」違反判決数

（単位：人）

	違反件数	日本人	朝鮮人
1936	171	4	167
1937	201	5	196
1938	367	4	363
1939	543	5	538
1940	397	7	390

出典：「第一審刑事裁判人員罪名国籍別表」（『昭和一六年一二月　第七九回帝国議会説明資料』朝鮮総督府法務局）より作成。

最後に、朝鮮での鉱業裁判について、日中戦争開始前の事例となるが、一九二九（昭和四）年および一九三七（昭和一二）年に朝鮮鉱業において問題となっていた鉱業権の第三者への貸借の有効性をめぐる裁判について、朝鮮高等法院の判例では「鉱業権者ハ自身又ハ鉱業代理人ヲ以テ鉱業ヲ管理シ鉱物ノ採掘ヲ為スコトヲ要スルモノニシテ、其ノ鉱業権ヲ目的トシ鉱業権者ニ非サル他人ニ採掘ノ権利ヲ授与シ之ニ鉱業ノ管理経営ヲ一任シ鉱物ノ採掘収益ヲ為サシムルカ如キ契約ハ、鉱業令違反ノ行為トシテ無効ナルモノトス」として、両件ともに無効すなわち他人への貸借は認められないとの判決事例が示されている[52]。

また、地域開発をめぐって行われた水力発電事業と鉱業権をめぐる損害賠償請求裁判（一九三〇年二月一二日、咸鏡地方法院判決[53]）、および水利組合の農業灌漑工事と鉱業権を争う同裁判（一九三七年六月八日、朝鮮高等法院民事部判決[54]）では、いずれも鉱業権（私権）よりも公益を優先する立場から公益事業に対する私的利益の損害賠償は保証されないとの判決が下されている。ただし戦時下での鉱業裁判においては、こうした鉱業権の責任・運用や地域公害についての事例は取り扱われなかったと推測され、これらの問題については前述の「産金協議会」といった特殊行政機関や「朝鮮鉱業警察規則」での対処が図られた点が特徴である。

右のような鉱業権と水利工事をめぐって朝鮮高等法院が下した判決について、『朝鮮行政』誌上で紹介・解説を行った京城帝国大学・法文学部の助教授であった鵜飼信成は、「しかし公法人の目的遂行行為はすべて行政行為となる、といふ考へ方は現在学説は勿論、内地の判例も亦認めないところである」として、美濃部達吉の解釈を引用しながら「例へば、美濃部博士は云ふ、『国家の行為に公法的行為と私法行為とを区別するのは、唯法律的行為言ひ換ふれば意思表示又は之に準ずべき精神作用の発現を主たる構成要素となし之に依りて或る法律的効果を発生するものに付いてのみ適用あるもので、之に依つて行政処分又は私法判決と、民法上の法律行為との区別を生ずるのである。事業の全体に関しては公法的と私法的との区別は全く存在しないもので、況や公益事業に関して全然民法適用の無いものと解するが如きは甚だしき誤謬である』（判例体系、下、三一三頁）。而して判例も亦後にこの見解に追随して、公法人の非権力的行政にあつては、私経済的でない公行政の作用についても、これに対して民法不法行為責任の規定の適用があるとするに至つたのである。」と、公益事業の遂行を理由とする適法な行為に対しても私権への賠償責任は生じ得るとの見解を支持し（末広厳太郎も「適法行為による不法行為」理論として主張）、「果して然らば、本件に対して損害賠償の請求を否認した裁判所の見解は甚だ疑問であるといはねばなるまい[55]。」と疑問を呈していることを付記したい。

おわりに

近代鉱業制度として戦前期の日本や朝鮮でも模索された、鉱山災害の予防や鉱山労働者の労働条件などに関する社会法規は、戦後日本で新たに現行の「鉱業法」（一九五〇年）が制定される過程で、鉱山労働者保護については「労働基準法」（一九四七年）、鉱山保安については「鉱山保安法」（一九四九年、鉱務監督官を設置）の三法律として立法化され、それぞれ独立して社会保障が確立する。本稿で検討したように、植民地期の朝鮮鉱業に関する社会法規は、一九二〇～三〇年代の鉱業近代化にともなう鉱山問題の増加を背景に「鉱業警察」制度の設置を中心とする法規化が検討されたことを経て、日中戦争開始直後に「朝鮮警察規則」と「朝鮮鉱夫労務扶助規則」がともに成立する。しかし、鉱業制度の発達において当時すでに標準とされていた鉱山監督署のような地方鉱業制度は設立されず、地域での権利保護面において格差があったことが第一に指摘される。また、戦時下での産金令にみられるような強制命令を行使し得る一連の戦時鉱業法令と同時にこれらの社会法規が制定されたことは考慮を要する。以下には、植民地支配期の朝鮮において鉱山保安や労働者保護についての社会法規が模索された文化政治期の民間鉱業のようす、また日中戦争期への展開について、社会保障の形成という立場からまとめてみたい。

第一次世界大戦後には金鉱業を中心に低迷していた朝鮮鉱業では、宇垣総督期の産金奨励として一九三二年八月に「金探鉱奨励金交付規則」を公布して鑿岩機などの近代的機械を導入した結果、朝鮮半島全域に分布する中小金山を主体とする民間鉱業においても稼動鉱山数や鉱山労働者数が増加し、ガス爆発や落盤など大規模な鉱山事故が発生する。このような鉱山状況の変化に対して朝鮮総督府の殖産局や社会局が行った実態調査では、惨害を引き起こすガス爆発、落盤や坑車事故等の原因はおもに近代機械の導入に起因し、その被害者の大部分は朝鮮人鉱山労働者であることが明らかとなった。また、鉱山労働者の就労状況についても低賃金、長時間労働が行われていること、女性・幼年者のいわゆる「保護鉱夫」や中国人が鉱山労働に従事している実態が確認された。こうした朝鮮での鉱山問題の増加への対策として、朝鮮総督府では「鉱業警察」制度の設置を中心とした法規の立案を検討する。とくに鉱山保安については、鉱山課の技術官僚(技師)によって日本や世界各国の鉱業制度も参照しながら、朝鮮にも坑内作業の安全基準や技術管理者などを義務化する「鉱業警察」法規を制定するとともに、地域鉱山での社会管理にあたる鉱山監督署を含めた地方鉱業制度を設置すべきことが主張され、宇垣総督期の社会事業政策を背景に、当時に国際的に取り組まれていた安全標準の普及や罹災者救済の社会思想をベースとした近代鉱業制度の確立が構想される。

一方、先述の社会調査を踏まえて、鉱山災害予防のためには鉱山設備の管理・取締のみではなく労働者管理も必要であると分析され、「鉱業警察規則」と同時に「鉱夫労役扶助規則」や「鉱夫雇傭労役規則」(=労働者保護の社会法規)の法規化も並行して進められる。しかし、その制定にあたっては「警察の取締機能に随伴しての労働者保護」として立案・起草されたことを指摘でき、産業合理化を目的に「鉱業警察」を中心とする鉱業社会制度が樹立されたことにより、朝鮮総督府の鉱山行政は従来の「助成奨励」主義から「取締監督」主義へと政策の方針転換がなされた。さらに当時の産業界でも朝鮮鉱業の特徴として知られていた朝鮮人労働者の低賃金への対策は講じられず、また地域鉱山での自治的運営を担う鉱山監督署の設置について準備・検討がされなかったことは、開発と社会保障が同時に形成されるべき近代社会のあり方から見れば、社会の近代的発展に対して社会保障が伴わないというアンバランスな近代化であったと評価せざるを得ない。なお、一九三四~一九三六年段階でこうした朝鮮総督府の政策転換がなされた背景には、一九三〇年代において朝鮮社会への日本産業界の工業化議論の延長があったことを指摘でき、その具体的な経緯については今後さらに解明を要する。

このような準備を経て一九三六年一〇月に開催された「朝鮮産業経済調査会」での決定をうけて、日中戦争開始後の一九三八年に「朝鮮鉱業警察規則」と「朝鮮鉱夫労務扶助規則」が制定される。その法規内容には、労働条件について、鉱山労働時間を一〇時間に制限すること、女性・幼年者の「保護鉱夫」の坑内作業の禁止などが採用されており、「朝鮮の特殊事情」との理由から保障内容に日本と比べて相違点はあるものの、朝鮮で最初の社会法規が成立した意義は大きい。しかし、同時に「朝鮮産金令」など一連の戦時鉱業法令による強制命令や「産金協議会」といった政府側の運営による国家鉱業が行われ、また戦時下の地方鉱山の統制により「鉱山聯盟」など全国的な鉱業体制が組織化されるといった戦時鉱業体制へと変質がなされたもとで「人的資源」の動員や労働者の統括を目的として「鉱業警察」の取締機能が執行されたことは、近代開発に対して人権や環境を保護するという社会思想としての意味を持つはずの「鉱業警察」の本来的意義に違反して、戦時鉱業の遂行を社会的側面から補完する役割を担うことになる。さらに戦時動員体制のもとでは、従来は消極的であった中国人鉱山労働者の雇用や、先述の「朝鮮鉱夫労務扶助規則」によって禁止された女性の坑内作業が許可されるなど、ようやく成立した社会保護も社会的弱者を対象として早々に崩壊するというジェンダー的様相も呈する。以上の植民地社会の近代化における社会法規の形成との観点より考察することからは、近代開発にともなう社会問題への解決を土台として文化政治期に形成された「鉱業警察」の取締機能が、戦時期の国家鉱業の遂行のもとで朝鮮鉱山労働者の権利を疎外していくという点で植民地主義的性格が深化したことについて考えなければならないだろう。

一方、近代開発の過程では、鉱業権に係る裁判や公害訴訟も多かったと推測されるが、以上のような社会法規や地方行政の調停によって処理されたためか、殆ど裁判にかけられていないようである。しかし「朝鮮鉱業令」違反を事由とする取締件数が多いという事例は、本来は国家に保護された鉱業権（私権）に対して、公益・行政事業の優先による制限が進められていたことを示唆する。今回は準備できなかったこれら行政処分や鉱業裁判の検討については、今後の課題としたい。

（1） 鉱業に係わるこれらの社会関係法規は、戦後日本に新たに現行の「鉱業法」（一九五〇年）が制定される過程で、鉱夫扶助については「労働基準法」（一九四七年）、鉱山保安については「鉱山保安法」（一九四九年）としてそれぞれ独立して立法化され、社会保障制度がより顕著に確立される。

（2） 朝鮮植民地支配における警察制度については、松田利彦『日本の朝鮮植民地支配と警察――一九〇五～一九四五年――』（校倉書房、二〇〇九年三月）が詳細である。なお、本稿にて植民地朝鮮社会における警察支配について考察するにあたっては、松田氏より御教示ならびに資料を賜ったところが非常に多い。記して深謝を申し上げます。

（3） 近代日本の鉱業法の沿革については、一八六九（明治二）年の「行政官布告第一七七号」によりそれまでの幕府の独占鉱業から私個人の鉱業経営が認められ、一八七二（明治五）年の「鉱山心得」、翌一八七三年の「日本坑法」にて鉱業国家占有主義を採り、私個人の鉱業請負制度が行われる。一八九〇（明治二三）年に改正制定された「鉱業条例」では、これまで地方長官に委任していた鉱山行政権をすべて回収して中央に集中し、新たに国家的見地から鉱業を行うとともに、初めて私個人に平等に鉱業経営の機会を与える鉱業自由主義が確立された。またこの改正にともない翌々年の一八九二（明治二五）年六月一日には「鉱山監督署」が設置され、「新しく中央集権化した鉱業行政機関の触手として東京、秋田、大阪、広島、福岡、札幌の六地に鉱山監督署を新設し、金沢と鹿児島にその支所を置いて地方鉱業の保護監督にあたらしめ、農商務大臣、鉱山監督署長その事務を分掌すること、なつた」。この「鉱山監督署」は後に「鉱務署」→「鉱山監督局」と改称されて戦時期にも鉱山監督にあたる。さらに一九〇五（明治三八）年に制定された「鉱業法」（旧鉱業法）は鉱業自由主義を基礎として制定され、鉱業権の概念が初めて取り入れられた。なお、後に一九三九（昭和一四）年の改正で「鉱害の賠償」の一章が加えられ、翌一九四〇年の改正で「鉱区税法」制定にともない「鉱業税」の章が削除された（藤沼六郎・倉田雅広・松尾成美『鉱山読本』第七巻・第四一集（二）鉱業法、技術書院、一九六六年一二月、七頁、および『大阪鉱山監督局五十年史』大阪鉱山監督局、一九四二年一月、一頁）。

（4） 「鉱務機関の拡張並に地質調査の開始」（『朝鮮鉱業会誌』一九一八年五月号、五八頁）。

（5） 『朝鮮の鉱業』（朝鮮総督府殖産局、一九二四年一二月）三四頁。

（6） 塩田環『鉱業法通論』（厳松堂書店、一九一四年二月）二二一～二二四頁。

（7） 朝鮮植民地支配における「朝鮮鉱業令」制定と民間鉱業の様子については、拙稿「朝鮮総督府・鉱務官僚と朝鮮鉱業会――両大戦間期における鉱業保護奨励策を中心に――」（松田利彦・やまだあつし編『日本の朝鮮・台湾支配と植民地官僚』思文閣出版、二〇〇九年三月所収）を参照のこと。

（8）『施政二十五年史』、「第六期・宇垣総督時代」中の「第八・産業」、「七・鉱業」、「産金奨励」、「（二）金探鉱奨励補助」（朝鮮総督府、一九三五年一〇月、七八三頁。『増補朝鮮総督府三十年史』（二）、クレス出版、一九九九年一月所収）。

（9）朝鮮総督府殖産局鉱山課・多田吉郷「朝鮮の鉱山に於ける鑿岩機の使用状況に就て」（『朝鮮鉱業会誌』一九三七年五月号〈創立二〇周年記念号〉、三六七頁）。

（10）工学博士・横堀治三郎「朝鮮の金山を一巡して感あり」（『朝鮮鉱業会誌』一九三五年六月号、三七～三八頁）。

（11）「〔鉱業ニュース〕住友合資会社の咸鏡南道金鉱への進出」（『朝鮮鉱業会誌』一九三六年四月号、七二頁）および「〔鉱業ニュース〕金溝金山を日本鉱業買収す」（同誌、一九三六年八月号、四四頁）、「〔鉱業ニュース〕小林鉱業黄海道百年鉱山を買収す」（同誌、一九三七年四月号、三一頁）ほか。

（12）「〈鉱山漫話〉」（『朝鮮鉱業会誌』一九二七年四月号、九頁）、「朝鮮鉱業界の現況」（同誌、一九二七年七月号、九頁）。後者は朝鮮鉱業会・第一〇次通常総会の席上における黒木吉郎理事長（鉱務課長）の演述。

（13）前掲、朝鮮総督府殖産局鉱山課・多田吉郷「朝鮮の鉱山に於ける鑿岩機の使用状況に就て」（『朝鮮鉱業会誌』一九三七年五月号〈創立二〇周年記念号〉、三七〇頁）。

（14）元鉱山監督局技師・西牟田豊民「探鉱の瓦斯爆発と予防施設に就て」（『朝鮮鉱業会誌』一九三四年一二月号、四〇五～四〇六頁）。

（15）「〔鉱業ニュース〕災害満里金山」（『朝鮮鉱業会誌』一九三七年二月号、四九頁）。この記事を執筆した佐瀬英次は元・鉱山課員で、一九三六年一二月の異動により忠清南道・内務部産業課に転任して地方鉱業行政にあたっている。

（16）「〈雑録及統計〉炭鉱聯合救護隊積極的訓練開始」（『朝鮮鉱業会誌』一九三七年六月号、四九頁）。また、年産額の増加に比例してガス爆発、落盤、その他の事故が多発しており「人命の損傷は産額の増加に比例して其数も増大し、之が災害防止並に災害救護処置に対しては、各会社とも常に苦心研究に悩されつゝある。」ことが、やはり鉱山課から平安南道・内務部産業課に異動した在津勝治より報告されており、鉱山課が中心となって対策に取り組んでいることが報じられている（「〈雑録及統計〉炭鉱聯合救護隊本部落成式に列して」同誌、一九三七年一月号、三四頁）ほか。

(17)「〔本会記事〕永積博士の『鉱山変災』」(『朝鮮鉱業会誌』一九三六年二月号、九七頁)、および朝鮮総督府鉱山課技師・高濱保「統計に現はれたる朝鮮の鉱山災害」(同誌、一九三四年一二月号、一四二頁)。前者は九州帝国大学教授・工学博士・永積純次郎の鉱山災害防止に関する著書(一九二七年初版)について紹介したものである。後者は一九三四年九月一日に平壌で開催された「朝鮮鉱業会」と「朝鮮無煙炭組合」との合同主催の講演会の講演速記で、鉱山災害をめぐっては「加ふるに最近当地方ではかなり頻繁に法廷上の問題まで持ち出されるやうでありますので」と指摘する他、災害防止策を講じるにおいては「苟も尊い人命に関することでありますので」と述べ、更なる注意の必要を訴えている。

(18) 一九二五年一一月一日(再版)の朝鮮総督府・内務局社会課「会社及工場に於ける労働者の調査」は、一九二二年七月末現在の調査によるものであり、一九二〇年末に東京、大阪で行われた工場労働者の調査と朝鮮との比較が可能である。また一九三三年三月三一日の朝鮮総督府・学務局社会課「工場及鉱山に於ける労働状況調査」は、一九三一年六月末日現在の調査であり、前回の一九二二年七月より九年ぶりに実施された。なお、両調査とも朝鮮において常時一〇人以上の労働者を使用する工場および鉱山を対象に実施され、労働者には職工・鉱夫の他にその業務を助成する従事者を含む。また以下には「一九二五年　朝鮮総督府・内務局社会課　労働調査報告」、「一九三三年　朝鮮総督府・学務局社会課　労働調査報告」と略記する(両史料とも『戦前・戦中期アジア研究資料一　植民地社会事業関係資料集　朝鮮編二〇』(近現代資料刊行会、一九九九年六月所収)。なお本史料は、松田利彦氏より御教示を賜った。

(19) 前掲「一九三三年　朝鮮総督府・学務局社会課　労働調査報告」二九頁。

(20) 前掲「一九三三年　朝鮮総督府・学務局社会課　労働調査報告」三四頁。

(21) 前掲「一九三三年　朝鮮総督府・学務局社会課　労働調査報告」四〇～四二頁。

(22) 前掲「一九三三年　朝鮮総督府・学務局社会課　労働調査報告」八七～八九頁。

(23)「鉱山労働争議一覧」。前掲「一九二五年　朝鮮総督府・内務局社会課　労働調査報告」五七～六〇頁。

(24) 前掲「一九二五年　朝鮮総督府・内務局社会課　労働調査報告」四九～五三頁、および前掲「一九三三年　朝鮮総督府・学務局社会課　労働調査報告」一一六～一四八頁。

(25) 前掲「一九二五年　朝鮮総督府・内務局社会課　労働調査報告」五五～五七頁、および前掲「一九三三年　朝鮮総督府・学務局社会課　労働調査報告」七六～七七頁。

(26) 朝鮮総督府鉱務課技師・三澤正美「朝鮮に於ける徳大式稼行法」(『朝鮮鉱業会誌』一九三三年三月号、五〇頁)。

(27) 尚州金山・高原丈夫「朝鮮金山素人観」(『朝鮮鉱業会誌』一九三五年一二月号、二〇〜二一頁)。高原のこの意見は、大邱鉱業会と朝鮮鉱業会が開催した地域での鉱山懇談会において、大邱地域の民間鉱山の代表として発言されたものである。

(28) 前掲「一九三三年　朝鮮総督府・学務局社会課　労働調査報告」七八〜八二頁。

(29) 「国民総力朝鮮鉱山聯盟記事」(『朝鮮鉱業会誌』一九四一年五月号、八五〜八八頁)。また、同誌の記事には一九三六年、一九三九年にも徳大制の公認や法文化につき協議されていることが掲載されている。

(30) 「〈雑録及統計〉青陽鉱業家懇談会」(『朝鮮鉱業会誌』一九三六年一二月号、五三〜五四頁)。

(31) 朝鮮総督府技師・三澤正美「〈雑録及統計〉朝鮮鉱業の近況」(『朝鮮鉱業会誌』一九三六年二月号、六五頁)。この記事は京都帝国大学・工学部・採鉱冶金学教室の発行誌『水曜会誌』第八巻第一号(一九三三年四月刊行)に掲載された文章を転載したものである。三澤正美は、広島県出身、一八八六(明治一九)年生。一九一二(明治四五)年七月に京都帝国大学・理工科大学・採鉱冶金学科を卒業し、三菱合資会社の宮崎県・槇峰鉱山、大阪藤田組の島根県・大森鉱山などの鉱山技師を経て、一九一二(大正一一)年に朝鮮総督府・殖産局鉱務課に着任する。この後には一九三八(昭和一三)年五月に勅任技師に昇叙され、退官して朝鮮製錬株式会社に入社し常務取締役兼技師長に就任、また朝鮮金山開発株式会社・常務、日本産金振興株式会社・顧問となる(『昭和六年度版・朝鮮紳士録』『日本人物情報大系七三』朝鮮編三、皓星社、二〇〇一年七月所収、六二八頁、および「〈本会記事〉三澤技師退官製錬入社」『朝鮮鉱業会誌』一九三八年五月号、六六〜六五頁)ほか。

(32) 『施政二十五年史』、「第六期・宇垣総督時代」中の「第二十・社会施設」、「四・労働保護施設」(朝鮮総督府、一九三五年一〇月、九五一頁。前掲『増補朝鮮総督府三十年史』(二)所収)。

(33) 朝鮮総督府殖産局鉱山課長・石田千太郎「〈論説及報文〉昭和一一年朝鮮鉱業界の回顧」(『朝鮮鉱業会誌』一九三七年一月号、五頁)。

(34) 「〈鉱業ニュース〉鉱業警察規則制定を急ぐ」(『朝鮮鉱業会誌』一九三六年三月号、六〇頁)。

(35) 鉱山課長・石田千太郎「〈論説及報文〉鉱業報国に邁進せむ」(『朝鮮鉱業会誌』一九三八年一月号、三頁)。

(36) 木野藤雄は、大分県出身、一九〇六(明治三九)年生。一九三〇(昭和五)年に東京帝国大学・政治科を卒業後に朝鮮総督府に就職し、内務局勤務、平安北道・京畿道で各学務課長を経て、一九三六(昭和一一)年に三四歳で鉱山課・事務官に転入し「来ると同時に朝鮮の鉱業界は画期的で躍進の軌道に上り、産金令の制定から鉱業警察規則等各種の法令が矢つぎ早に出たが、木野氏は殆どその全部を起案した」。一九三八(昭和一三)年五月に殖産局に新設された産金課長に栄進し、鑿岩工養成所長を兼任する。その後には企画部・物価調整第三課長、兼殖産局燃料課長などを歴任した(「〔本会記事〕新役員御紹介」『朝鮮鉱業会誌』一九三八年六月号、七一頁)。

(37) 安藤源次は、山形県出身、一八九二(明治二五)年生。一九一七(大正六)年七月に東北帝国大学・理学部・化学科を卒業後、朝日化学工業株式会社の技師となる。一九一九(大正八)年六月に朝鮮総督府・技師となり、同年八月に警務局衛生課に勤務、その後一九二六(大正一五)年四月に警務局警務課、一九三〇(昭和五)年に京城薬学専門学校・講師を兼任する。警務局では二〇数年間にわたり火薬行政に従事し、一九三六(昭和一一)年より警務局の一分科として発破研究会を開催する。発破作業について「現在行はれてをる発破といふものは保安方面から申しますれば、全く警察方面はこれを禁止すべき筋合の危険な施行方法であるといふ一言に尽きるのであります。」との認識を持ち、増産政策下の地域鉱山の災害の予防に尽力する。京城帝国大学に一九四一年三月に新設される理工学部長に就任する山家信次教授(熱工学。海軍造兵中将、海軍火薬廠・研究部長)とも親交があった(『昭和六年度版・朝鮮紳士録』『日本人物情報大系七三』朝鮮編三、皓星社、二〇〇一年七月所収、五三一頁、および「第二回鉱山聯盟座談会速記録(後編)」『朝鮮鉱業会誌』一九四二年三月号、二〇頁)。

(38) 彼等はいずれも鉱山課の官吏であると同時に「朝鮮鉱業会」が発行する『朝鮮鉱業会誌』の編輯委員も務め、各道政庁に移った後には地方編輯委員として同会に地域鉱山の災害状況などを報告する(「〔本会記事〕地方編輯委員より」『朝鮮鉱業会誌』一九三六年一二月号、七二頁、および「〔本会記事〕小林編輯委員赴任」同誌、一九三七年一月号、五六頁)。また同年には朝鮮総督府・燃料選鉱研究所・技師で朝鮮鉱業会・監事であった石川留吉が「満洲採金株式会社」に入社しており、朝鮮総督府の鉱業技術人材が各地に拡散している(「〔本会記事〕石川留吉氏出発赴任」同誌、一九三六年一月号、六三頁)。

(39) 『施政三十年史』、「第七期・南総督時代」中の「総叙」、「時局と本府施設」(朝鮮総督府、一九四〇年一〇月、二頁。『増

補朝鮮総督府三十年史』（三）、クレス出版、一九九九年一月所収）。

(40)「朝鮮産業経済調査会設置趣意書」（「昭和十一年十月　朝鮮産業経済調査会諮問答申書　朝鮮総督府」所収、国立公文書館・内閣文庫所蔵）。朝鮮産業経済調査会の会長は政務総監である大野緑一郎が務めた。「朝鮮産業経済調査会」の全容と議論経緯については、川北昭夫「一九三〇年代朝鮮の工業化論議」（『論集　朝鮮近現代史――姜在彦先生古稀記念論文集――』明石書店、一九九六年一二月所収）を参照のこと。

(41)「朝鮮産業経済調査会諮問答申書」（同前、国立公文書館・内閣文庫所蔵）。

(42)朝鮮総督府産金課長・木野藤雄「朝鮮鉱業令（改正）及朝鮮鉱夫労務扶助規則解説」（『朝鮮行政』第二巻第九号、一九三八年九月、六二頁）。

(43)総督府鉱山課事務官・木野藤雄「朝鮮鉱業令（改正）及朝鮮鉱夫労務扶助規則解説」（『朝鮮鉱業会誌』一九三八年五月号、二頁）。

(44)「《朝鮮新法令解説》五〇　鉱業関係法令の制定及び改正」（『朝鮮行政』第二巻第八号、一九三八年八月、一〇四～一〇六頁）。なお、総督府産金課長・木野藤雄「〈寄書〉半島金鉱業の重要性に就て」（『朝鮮鉱業会誌』一九三九年六月号、二六頁）にも「更に昨年六月に至りましては、金其の他重要鉱物の増産を目的とする朝鮮重要鉱物増産令の公布施行を見まして、増産上不適当なる状態に在る鉱山の強制移転と云ふ強い国家権力を発動させる規定さへ設けられるに至つたのでありまして」と解説されている。

(45)『施政三十年史』、「第七期・南総督時代」中の「八・産業」、「五・鉱業」、「（三）一般鉱業に関する施設」、「鉱業用資材配給機構の整備」（朝鮮総督府、一九四〇年一〇月、六三二頁。前掲『増補朝鮮総督府三十年史』（三）所収）ほか。

(46)『施政三十年史』、「第七期・南総督時代」中の「八・産業」、「五・鉱業」、「（二）産金奨励に関する施設」、「朝鮮総督府産金協議会の設置」（朝鮮総督府、一九四〇年一〇月、六二九頁。前掲『増補朝鮮総督府三十年史』（三）所収）、および「〔本会記事〕産金協議会の成案」（『朝鮮鉱業会誌』一九三九年六月号、七七～七八頁）ほか。

(47)中国人鉱山労働者の雇用については、日中開戦以前の一九三七（昭和一二）年一月頃には鉱山労働者不足の対策として、朝鮮全体数で一割の使用許可を要望する陳情書「満支人鉱業労働者使用許可ニ関スル件」が「朝鮮鉱業会」および各道から朝鮮総督・南次郎宛に提出されている。また殖産局・鉱山課からも労働需給調節を担当する内務局・社会課に鉱山労働者の供給を依頼した際には、中国人労働者の使用について殖産局と内務局では好意的に考えているが、警務局は消極的であり「満洲北支人及在留支那人は使用して差支へなきも徐州が陥落せぬ今日山東方面の人夫のみは暫時待つて欲しいとの意向」が示されるものの、一九三八年末頃には朝鮮無煙炭株式会社では「労働者も最近に至りまして満人を全従業員の一割迄入れてゐ、といふお許しを得まして、来月迄に六百人位の支那人を入れることになるかと考へております。」との状況が伝えられており、「満洲国」および「北支」から中国人鉱山労働者の雇用が行われている（「〈本会記事〉支那人労働者輸入陳情」『朝鮮鉱業会誌』一九三八年二月号、一〇二頁、「〈雑録及統計〉鉱業座談会記事」同誌、一九三八年七月号、五三～五六頁、および京城商工会議所会頭・賀田直治「非常時に対する燃料問題（2）」『朝鮮鉱業』一九三八年一二月号、三三頁、ほか）。

(48) 「一、新体制運動（官庁機構及事務ノ改廃ヲ除ク）ノ朝鮮ニ及ボシタル影響ト其ノ対策　殖産局」（『昭和一五年一二月　第七六回帝国議会説明資料』（共通事項）所収。『朝鮮総督府　帝国議会説明資料』第二巻、不二出版、一九九四年五月、一四九頁）、および「朝鮮鉱山聯盟会長挨拶」（『朝鮮鉱業会誌』一九四一年三月号、六七頁）。なお、「国民総力朝鮮聯盟」の総裁には朝鮮総督・南次郎が、「国民総力朝鮮鉱山聯盟」会長には殖産局長・穂積眞六郎がそれぞれ就任した。

(49) 一九四一（昭和一六）年四月一九日「朝鮮鉱夫労務扶助規則第九條特例」（朝鮮総督府令第一二〇号）により、作業場所の温度は摂氏三六度を超えないこと、就業時間は午後一〇時から午前五時までの深夜には行わないこと、就業時間中に生児哺育のための時間を与えること、などの条件の下で女性の坑内作業が許可された（『朝鮮鉱業』一九四一年九月号、五九頁）。女性鉱山労働者については、殆どは坑外で選鉱作業に従事するが、一九四二年以降には坑内労働についても「あれは許可制でして、最近願出がありまして、許可になつたのです。」と一部の鉱業会社で行われている（「第二回鉱山聯盟座談会速記録（後編）」『朝鮮鉱業会誌』一九四二年三月号、一五頁、ほか）。

(50) 「第一審刑事裁判人員罪名国籍別表」（『昭和一六年一二月　第七九回帝国議会説明資料』（朝鮮総督府法務局）中の「四、犯罪ノ趨勢及罪質ノ変遷、内鮮外人ノ犯罪及鮮人特殊ノ犯罪」所収。『朝鮮総督府　帝国議会説明資料』第五巻、不二出版、一九九四年五月、二一一～二一二頁）。

(51) 「〔鉱業雑報〕鉱業開発に備ふ／鉱山課分掌規定改正」（『朝鮮鉱業』一九四一年六月号、六五頁）。

(52) 一九一六（大正五）年四月二八日「朝鮮鉱業令」第一七条に係る「他人ノ管理ノ下ニ採鉱セシムルコトヲ内容トスル

採鉱契約ハ無効」、および一九三七（昭和一二）年七月九日「朝鮮鉱業令」第一七条および「朝鮮鉱業令施行規則」第二七条に係る「第三者ヲシテ鉱業ノ管理経営ヲ為サシムル契約ト其ノ効力」（『朝鮮高等法院判例要旨類集』財団法人司法協会、一九四三年一二月、六九三〜七九七頁）。

（53）「鉱業権と土地所有権との関係に就て」（『朝鮮鉱業会報』一九三〇年五月号、一一〜一四頁）。

（54）鵜飼信成「水利組合の貯水行為による鉱業権の侵害」（『朝鮮行政』第二巻第一二号、一九三八年一二月、五二〜六〇頁）。

（55）同前。

〔筆者註〕本稿で引用したすべての法令、史料には、句読点を適宜補った。

表2「指令金山」における日本資本進出

	京畿道			忠清北道			忠清南道			全羅北道			全羅南道			慶尚北道			慶尚南道		
	新規	拡張	移籍鉱山	新規	拡張	移籍鉱山	新規	拡張	移籍鉱山	新規	拡張	移籍鉱山	新規	拡張	移籍鉱山	新規	拡張	移籍鉱山	新規	拡張	移籍鉱山
1927	3	–		3	–		6	2		1	–		2	3		4	–		4	–	
1928	4	3		5	–		6	3		–	–		2	2		4	–		6		
1929	4	4		2	1		4	2		3	–	[新]三菱鉱業	4	1	[拡]朝鮮鉱業開発	9	2		2	1	[重]日本鉱業
1930	5	3		6	2		13	5		–	1		–	1		5	–		3	3	
1931	3	2		14	2		18	7		5	1		4	2		4	4		7	1	[新]朝鮮鉱業開発、[新拡]住友別子鉱山
1932	19	4		16	2		37	10	[新]藤田鉱業、[拡]東洋拓殖	12	3		1	1		17	6	[拡]内外鉱業	8	–	
1933	33	3	[新] 明治鉱業、東洋拓殖	36	3		84	17	[新]藤田鉱業、三菱鉱業	27	2	[新]三菱鉱業、[拡]住友合資会社	13	5		31	4		13	2	
1934	37	9		48	14	[新]日本鉱業、[拡]明治鉱業	91	24	[拡]三菱鉱業	49	13	[拡]東洋拓殖、住友合資会社	23	3	[新]日本窒素肥料、[新拡]朝鮮鉱業開発	30	13	[拡]日本鉱業、朝鮮鉱業開発	18	5	
1935	72	6		84	4	[新]朝鮮産金、[拡]住友合資会社	139	10	[新]朝鮮産金	55	1	[新]住友合資会社	33	6	[新]明治鉱業、朝鮮鉱業開発	87	4		38	1	
1936	74	6		72	9		102	12		46	4		44	4		62	6		53	2	[新]日本鉱業

	黄海道			平安南道			平安北道			江原道			咸鏡南道			咸鏡北道			合計	
	新規	拡張	移籍鉱山	新規	拡張	移籍鉱山	新規	拡張	移籍鉱山	新規	拡張	移籍鉱山	新規	拡張	移籍鉱山	新規	拡張	移籍鉱山	新規	拡張
1927	3	3	[拡]ゼ・セウル・マイニングコンパニー、商工省	4	5	[新]久原鉱業、朝鮮無煙炭、[拡]明治鉱業、三菱鉱業	16	2	[拡]オリエンタル・コンソリデーテット・マイニングコムパニー(東洋合同鉱業会社)、シンジカ・フランセーデー・チョウセン	4	–		2	1	[新]朝鮮無煙炭、[拡]利原鉄山	4	2	[新]内外鉱業	56	18
1928	3	3		2	6	[拡]朝鮮無煙炭、明治鉱業	8	6		5	–		5	4	[新拡]内外鉱業	8	4	[新]朝鮮窒素肥料	58	31
1929	2	1		4	2		13	6	[拡]朝鮮鉱業開発、三井鉱山	7	4		10	1	[新]朝鮮鉱業開発	3	6		67	31
1930	7	6	[新]明治鉱業、[拡]麻生鉱業合資会社	3	7	[拡]東洋拓殖	28	8	[新拡]義州鉱山	9	2	[拡]三菱鉱業	21	3		7	10		107	51
1931	4	6	[新]日本鉱業、[重]三菱鉱業	9	3	[新拡]朝鮮鉱業開発	23	11	[新]明治鉱業、三井鉱山	13	2		15	9		3	11		122	61
1932	16	4	[新]明治鉱業	18	11	[拡]朝鮮鉱業開発、三成鉱業	25	12	[新]藤田鉱業、[新拡]古河鉱業、三成鉱業	36	5	[新]三菱鉱業	23	7	[新]東洋拓殖	8	13	[新拡]三菱鉱業、[拡]東洋拓殖	236	78
1933	36	9	[新]三菱鉱業、東洋拓殖	33	13	[新]朝鮮無煙炭、[拡]日本鉱業、朝鮮鉱業開発、東洋拓殖	48	19	[新]義州鉱山 三成鉱業	53	9	[新]藤田鉱業、三菱鉱業、三成鉱業、[拡]朝鮮窒素肥料	43	14	[新]藤田鉱業、朝鮮鉱業開発、[新拡]三菱鉱業	9	10	[拡]朝鮮窒素肥料	456	110
1934	49	21	[新]三成鉱業、[新拡]日本鉱業	33	23	[新]朝鮮無煙炭、[拡]三菱製鉄、東洋拓殖	86	38	[新]明治鉱業、三菱鉱業、[新拡]日本鉱業、義州鉱山、三成鉱業、ほか	66	23	[新]朝鮮鉱業開発、住友別子鉱山、[拡]三菱鉱業、東洋拓殖	52	15	[新]藤田鉱業、[拡]内外鉱業	18	10	[新拡]朝鮮窒素肥料、[拡]三菱鉱業	600	211
1935	61	3	[新]日本鉱業、三菱鉱業	62	8	[新]三菱鉱業、朝鮮無煙炭、[新拡]朝鮮鉱業開発、[拡]日本鉱業、三成鉱業	188	7	[新]朝鮮中央鉱業、東洋産金、ほか	154	7	[新]東洋拓殖、朝鮮無煙炭、朝鮮鉱業開発、[新拡]朝鮮窒素肥料、三菱鉱業	148	4	[新拡]朝鮮鉱業開発、日本鉱業	32	4	[新]東洋拓殖、[新拡]三菱鉱業	1153	65
1936	57	8	[新]日本鉱業、三菱鉱業、三成鉱業	52	10	[拡]朝鮮無煙炭、朝鮮鉱業開発、日本鉱業、三成鉱業	149	13	[新]三成鉱業、三菱鉱業、住友合資会社	103	7	[新拡]朝鮮窒素肥料、[拡]日本鉱業	113	4	[新]藤田鉱業、三菱鉱業、[拡]日本鉱業、住友本社	12	8	[拡]三菱鉱業	939	93

出典：『朝鮮鉱業の趨勢』1927年度～1936年度版(朝鮮総督府、1928年10月～1937年12月)より作成。
註1：[新]=「新に事業に着手したる鉱山」、[拡]=「事業を拡張し、又は拡張に着手したる鉱山」。
2：表中の各鉱業会社名は、正式名称より「株式会社」を省略して記した(例：「明治鉱業株式会社」→「明治鉱業」)。

第V部

知識人・有力者・エリート

黄欣：台南の「固園主人」――植民地近代を生きたある台湾人の肖像――

春山明哲

はじめに

黄欣は、清朝時代の一八八五（光緒一一、明治一八）年に台湾の台南で生まれ、日本が第二次大戦の敗戦により植民地台湾を放棄してまもない一九四七（民国三六、昭和二二）年に六一歳で亡くなった。日本が台湾を領有した一八九五（明治二八）年に満九歳だった黄欣の生涯は、日本による台湾統治五〇年の全期間と重なっている。

台南の資産家に生まれ育った黄欣は向学心が旺盛で、台湾人としては比較的早く、明治末期の日本に留学して法律学を学び、「新式教育」を受けた。故郷の台南に帰った黄欣は「新知識」と「新思想」を生かして数多くの近代的な企業への投資・経営・創業に関わり、次第に資産家・名望家としての地位を得ていった。その一方で、彼は台南地域社会における文化と教育にも強い関心を持ち、「台南共励会」という社会教育・文化事業団体を創立するほか、私立中学校の設立運動も起こしている。

また、黄欣は弟の黄渓泉とともに、台南で「固園」と称する広大な邸宅と庭園を営み、漢詩人や文人を集めたが、その訪問客には台湾総督や中国大陸の文人も含まれていた。「固園」は台南という地域社会における黄欣の活動の拠点であり、彼の地域社会との関係を象徴する場所でもあった。彼はその多方面の活動を通じて台湾の社会指導層との交流を拡大し、また、婚姻や姻戚関係を通じて幅広い人的ネットワークを形成していった。

一九二一（大正一〇）年、黄欣は田健治郎台湾総督が設置した台湾総督府評議会の会員に選ばれ、「植民地政治」にも関与することになった。植民地統治権力と黄欣の関係は微妙である。彼は基本的に総督府に「協力」的であり、民族運動の側から「御用紳士」といわれることもあったが、たとえば台湾総督府評議会における「民法」の施行をめぐる黄欣の議論などを見ると、植民地における近代の問題が広く論じられており、植民地権力との協力関係という軸からのみ見るのでは、彼の思想と行動の重要な側面を見落とすことになる。

このように、黄欣は台南という地域社会への視角から植民地統治下の台湾を考察する上で実に興味深い人物であるが、これまであまり注目されてこなかった。資料がきわめて少ないこともその理由であろう。以下で、基本的な文献と研究状況に触れておく。

黄欣に関するまとまった文献は、固園文存編輯會編『固園文存　其二』（紀念先父黄南鳴翁百歳冥誕特刊之二、一九八四年）である。黄天驥の「後記」によれば、この冊子は一八八五年陰暦一〇月二五日に生まれた黄欣が、今年［一九八四（民国七三）年］には「百歳冥誕」になるので、これを記念して詩文集四巻の刊行を企画したもの、とある。黄天驥は黄欣の末（六番目）の息子で、黄霊芝というペンネームで日本語による著作活動を続けている著名な台湾の作家である。『固園文存　其二』には、黄欣の著作として、戯曲『破滅的危機』、小説『妖夢』、調査計画書『満鮮視察予定計画書』、調査報告『満洲ニ於ケル紀州蜜柑事情概況』、講演原稿『森林ノ海へ』が収録されているほか、附録として、盧嘉興「記台南固園二雅之黄茂笙、黄谿荃昆仲」、黄天育「父の思い出」、そして、黄天驥の「父のことども」が収められている。なかで盧嘉興氏の文章は「固園の二人の兄弟」、すなわち黄欣とその弟黄溪泉の小伝で、茂笙は黄欣の字、谿荃は黄溪泉の字である。黄天育は黄欣の五番目の息子である。

なお、巻二以外は結局刊行されなかった。

黄欣に関する研究は、管見では黄美月『台南士紳黄欣之研究(一八八五~一九四七)』が唯一のものである。これは黄美月氏による国立台湾師範大学歴史系碩士(修士)論文で、指導教授は呉文星教授、二〇〇六年にまとめられた。なお、呉毓琪『台湾南社之研究』(国立成功大学中国文学研究所碩士論文、一九九八年)は黄欣が第三代社長を務めた漢詩社である「南社」の研究であり、黄欣についても南社社員として若干の記述がある。

これらの研究は黄天横氏の資料と情報がそのより所となっている。黄天横氏は黄渓泉の息子であり、黄欣は氏の伯父にあたる。氏は台南市文献委員会の委員を長く勤めている台湾史と台湾文物の研究者で、史料の収集家・蔵書家としても著名である。その黄天横氏のオーラル・ヒストリーとして、二〇〇八年五月に国史館から『固園黄家——黄天横先生訪談録——』(口述歴史叢書五〇)が刊行された。私はこの黄天横氏に対するインタビュー記録により、黄欣の人物と事績に大きな興味を抱いたのである。

さて、ここで本書の問題意識の中心をなす「植民地支配と地域社会」という視点に関連して留意しておきたいことがある。黄欣にとって「地域社会」は重層的であったのではないか、という点である。第一に、黄欣の出身地であり活動の拠点であった台南は、いうまでもなく台湾全体の中での地域であった。第二に、植民地台湾は帝国日本の南方周縁に位置する一地域でもあった。若き日に東京に留学し、その後も毎年のように「帝都」を訪れた黄欣には台湾の地域性がはっきりと分かっていたはずである。そして、第三に「中国」の周辺としての台湾の地域性である。黄欣は漢民族の伝統文化を愛し、また、日中戦争以後は、台湾総督府との距離を徐々に広げ、大陸での事業に軸足を移していった。

黄欣の生涯にわたる活動領域全体を構成する「植民地空間」というものを想像すると、このような地域社会の多層構造を仮定することができる。本稿では、この「近代の植民地空間」を生きた台湾人の「肖像」を描くことによって、この空間の特性を把握することを試みたい。言い換えれば「植民地近代」とはなにか、という問いかけである。

一　黄家と台湾の近代

(1)　祖先と家系

台湾は中国大陸の漢族にとって、とくに対岸の福建、広東の困窮した人民にとって、開拓と移民の新天地であった。黄欣の祖先の黄家の人々もこの移民の流れの中にいた。台湾に渡った漢族には、祖先と家系に関する伝承と記録を持つ家族・一族が多い。

黄天横の『訪談録』によれば、黄家の「祖籍」は福建省泉州府晋江縣鋪錦で、初めて台湾に渡ってきた「渡台祖」は黄家第一七代（世）で黄清蚊という人物である。以下、黄欣につながる系統を示せば、左のようになる。

黄清蚊（第一七代）――黄植麟（第一八代）（哲鳳）――黄熼琳（第一九代）（維霖）――黄江（第二〇代）┬黄欣（第二一代）――黄天育（第二二代）、黄天驥（霊芝）
　　　　　　　　　　　　　　　　　　　　　　　　　　　　　　　　　　　　　└黄渓泉（第二一代）――黄天横（第二二代）

「渡台祖」黄清蚊（第一七代）の一家が台湾に移住したのは、一九世紀の初めだろうと黄天横は推定している。黄家の現存する最古の墓である黄植麟（第一八代）の建墓が「道光戊蒲月」すなわち一八三八年のことだからである。渡台した黄家の人々は当初台南の仏頭港に居を定めた。仏頭港は清代の台南で商業が最も栄えた五条港商区のひとつで、黄清蚊も商業・貿易に従事したらしいが詳しいことは分からない。ともかく、黄家の台湾における出発点は農業ではなく、商業・貿易であったという点は留意する必要があるかも知れない。

涂照彦氏によれば、「一七二五年には、台南にはやくも島内島外を舞台に商業活動をおこなういわゆる台湾府三郊の組織ができた。この三郊は、台湾の米・砂糖・黄羗〔ママ〕、樟脳・硫黄などを中国大陸に移出し、その見返りとして中国大陸から綿布・磁器・漢方薬・雑貨など日用品を移入し、郷党的な組織をもって台湾の商権を把握していた」[1]。この三郊による対岸貿易は、一八〇七（嘉慶一二）年にはその全盛期を迎え、「一府、二鹿［鹿港］、三盤［八里坌＝淡水］」といわれる商業都市が発展していった。台南は黄家が移住した当時、すでに台湾随一の商業・貿易都市だったのである。

黄家の発展の基礎は、第一九代維霖が台南縣学甲の広大な田畑を購入したことに始まる、と黄家では伝承されている。この土地は学甲庄学甲寮の急水渓南北両岸の約三〇〇～四〇〇甲の田園であるという。概算すると約一二～一六ヘクタールとなる[2]。しかし、台湾南部は降雨量が少なく土質も悪く、清代にあってはこれらの土地は「看天田」といわれ、必ずしも農耕には適さなかったから、面積は広くても大資産とは言い難いのではなかろうか。ともあれ、この土地を基盤にして黄家はその発展の基礎を固めていったらしい。

黄欣の父、黄江は別名を希漢、殷洲と言い一八五九年に生まれた。黄江は二一歳の時に台南の富商陳家の四女、陳恭を娶っているが、この婚姻は黄家が当時中の上程度の家柄になっていたことを示す、と黄美月氏は推定している[3]。その後、黄江とその兄の黄殷経は黄家から分家独立し、一緒に仏頭港から柱仔行街に住居を移転した。柱仔行街の周囲には、孔子廟・海東書院・開山王廟など、重要な文教・宗教施設が所在しており、詩文の雰囲気に満ちた空間だったという。黄江兄弟は学甲の田園を継承するとともに、兄の黄殷経は柱仔行街で「糖行」（砂糖の輸出を取扱う商社）を経営し、弟の黄江は祝三多街に土地を購入し、「糖間」を経営した。糖間とは粗糖を精製して白糖を製造する伝統的な工場である。この糖間の商号を「錦祥記」といった[4]。黄天横は「錦祥記」を旧式「糖廍」としているものの、「私の出生前のことで、詳しいことが不明、父と伯父にも聞いていない、惜しいことをした」[5]といっているので、この区別は厳密ではないかも知れない。

台湾における砂糖業は、涂照彦氏によれば、一八四二年のアヘン戦争などの結果、一八六〇年に淡水と安平

（台南）が開港され、一八六三年には基隆と打狗（高雄）が開港されたが、これを契機に、北部では茶業、南部では砂糖業の勃興をみるにいたった、という。そして、台湾における旧来の砂糖生産工程は、蔗作、粗糖（赤糖および白下糖）製造、精製糖（白糖）製造の三段階に大別できるとし、それぞれ蔗作農、「糖廍」、糖間で分業するのが普通であったとしている。また涂氏は、「糖間」は純然たるマニュファクチュアであり、「工場」といわれ、そこでは賃労働にもとづく分業と協業がおこなわれ、「工場」は都城に居住する「資産家」によって経営されていた[6]、としているから、「錦祥記」は「糖間」であった可能性が高い。外国商社である「行」は日本等への砂糖の輸出も行っていたから、黄家で精製した砂糖が日本に輸出されていた可能性もあるだろう。

黄江は弓矢、騎馬など武芸に優れ、道場を開き弟子を取っていた。そして、この弟子たちを清仏戦争の際の民間防衛組織「団練」に加入させた。

一八九五年、日清戦争の結果、下関条約により台湾が日本に「割譲」された。台湾民主国の「独立」以降、抗日軍とゲリラの抵抗は激しく、台湾は戦乱状態になった。台南も混乱し、黄江は妻子を連れて一時中国大陸に避難した。台湾の家業は黄欣の乳母の蔡氏が守ったという。日本の台湾領有以後の黄江については伝えられるところが少ない。黄江は一九〇〇（明治三三）年、四二歳という若さで亡くなった。この年、縦貫鉄道の台南・高雄間の線路敷設のため、祝三多の黄家の土地は東西に分割され、東側の土地に黄家は居宅を構えることとなった[7]。

（2） 修学時代

1 書房から国語伝習所、公学校へ

日本の植民地台湾統治が始まった一八九五年に黄欣は満九歳であった。一九二三（大正一二）年の「履歴書」[8]（以下、特に断らない限り単に「履歴書」とする）によると、「明治二十三年一月十二日、貢生呉志忠氏に就き漢文を専攻す

／私立書房」とあるから、一定の資産と教育への関心がある台湾家庭の長男として、黄欣はごく普通の教育を受け始めたといってよい。ここで、「貢生」とは、科挙の予備試験の最終段階（院試）に合格した「生員」のうち、試験の結果、国子監で学ぶことを許された者をいう。呉文星氏の『台湾の社会的リーダー階層と日本統治』によれば(9)、日本の領台後、台湾の上層士紳階層は大陸渡航と隠退によって激減したが、それでも一九〇一年の「揚文会会員概況表」に掲載された貢生は台湾全島で四一人、台南には一一人いた。ちなみに呉志忠という名は呉文星氏の同書には見当たらない(10)。

ところが、これも「履歴書」に記載されていることであるが、「明治二十八年八月一日、閉校に付廃学す」という事態になり、さらに黄一家は戦禍を避けるため一時中国大陸に避難したのである(11)。

黄欣の修学は日本による植民地教育の揺籃期にあたり、教育課程も内容も安定していなかった。このような状況下で、黄欣が志を立て、教育を受ける機会を見出していったプロセスには、極めて「独自」あるいは「個性的」なものがある。これを「履歴書」を紹介し、解説する形で少し詳しく見てみたい。

大陸へ一時避難していた黄江一家がいつ台南に戻ってきたのかは不明だが、「明治三十年四月一日　入学を許す／台南国語伝習所」とあり、一八九七年に黄欣は台南国語伝習所に入学したことが分かる。国語伝習所は台湾総督府が国語伝習所規則（府令第一五号）に基づき全島各地に設置した日本語教授を中心とした初等教育機関で(12)、台南国語伝習所は一八九六（明治二九）年一一月四日に開所式を行っているから、黄欣は台湾総督府の教育機関に（恐らく）一期生として入ったことになる。満一一歳であった。

次には、「明治三十五年一月二十八日　第五学年の課程を修業す／台南第一公学校」とある。台湾総督府は一八九八年七月二八日、台湾公学校令（勅令第一七八号）を公布し、九月三〇日に国語伝習所を廃止、一〇月一日に公学校令を実施した。

この制度改正により台南第一公学校が孔子廟の施設の一部を使用して開設された。黄欣は自宅のある柱仔行街からすぐ近くの公学校に通うことになったわけである。国語伝習所に入学してから通算五年後に台南第一公学校の第五学年の課程を修業したのだが、ここで疑問がある。それは黄欣が成績優秀のため二年「飛び級」して卒業した、と盧嘉興氏が書いていることである。(13) 黄欣が一八九八（明治三一）年に一年生で六年制の公学校に入り、明治三五年に卒業したとすれば二年「飛び級」という可能性はあるが、国語伝習所から通算五年ならば普通に「第五学年の課程」を修業したわけである。これは卒業を意味するのであろうか。また、なぜ「一月二十八日」という中途半端な時期なのか。いろいろと検討の余地がある。

黄欣が公学校在学中の一九〇〇（明治三三）年一一月七日、父黄江が亡くなった。公学校を修業した一九〇二年「八月二十日　雇を命ず　但日給参拾銭を給す／台南医院」とあり、黄欣は台南医院に一般職員として就職した。台南医院は一九〇〇年に開設された病院である。盧嘉興氏によれば、黄欣はこの頃昼間は病院で働き、夜は胡南溟に師事して漢学、とくに漢詩を学んだ。やがて弟の黄渓泉も兄と一緒に勉強したという。(14) 胡南溟（胡殿鵬の号、字は子程。一八六三～一九三三）は漢詩人で、一八九〇年に許南英、蔡国琳らと浪吟詩社を起こし、一八九八年『台湾日日新報』漢文部通信記者、一九〇二年『台南新報』記者となる。(15) 黄欣の師また友として生涯深い交友関係にあった。

さて、「履歴書」の続きである。「明治三十八年二月一日　入学を許す／日新夜学会」につづき、「同年十一月二十三日　本会所定の科程［ママ］を卒業す／日新夜学会」とあるが、この日新夜学会がどんな組織なのかは不明である。同年四月一〇日、黄欣は南勢街「宝源号」店主の郭炭来の長女郭命治と結婚した。黄欣は満一九歳であった。また、この年「九月二十日　臨時台湾戸口調査調査委員附通訳を嘱託す／台南臨時台湾戸口調査委員長山形修人」とある。この年一〇月一日を期して台湾全島の臨時戸口調査が行われた。後藤新平民政長官主導による日本帝国最初の「国勢調査」に黄欣も通訳として参加したのである。

黄欣の学業は結婚後も続く。むしろ家庭という基盤を得て向学心がより膨らんだというべきであろう。盧嘉興氏は「伯氏〔黄欣のこと〕得獲賢内助、内顧無憂、就力求上進」と書いている。[16]

次に「明治四十年一月十日　陸軍二等薬剤官山田徳次郎台南医院薬局長川上澄氏に就き物理、化学、植物学を研究す／同志夜学会」という記載がある。そして翌「明治四十一年一月十五日　都合により退会す」とある。この同志夜学会というのは想像するに、台南医院関係者が講師となり希望者に物理・化学・植物学を教授したものではなかろうか。そして、おそらく内地留学の準備であろう。

2　「東京留学」・大日本国民中学会

盧嘉興氏の記すところでは、一九〇八（明治四一、光緒三四）年三月、「東渡赴日本東京、入国民中学会就読、時年二十四歳」であった。当時胡南溟より贈られた七律の漢詩、「祝茂笙君上京」の冒頭は、「吟鞭一指入京東／桃李欣欣向日紅／共喜菁莪方造士」となっている。[17]ところが、東京に行ってまもなくの四月五日、伯父の黄殷経が亡くなったため、その子の黄壽山が戸長を継ぎ、黄欣・黄渓泉の兄弟は分戸して自立することになった。この年、台湾総督府による台南州の州庁舎建設と道路整備が行われ、黄欣・黄渓泉の兄弟とその母は柱仔行から祝三多に移転した。新式製糖業の導入により「錦祥記」はすでに廃業していたので、その跡地に住むことになったわけである。[18]

このように、伯父の死、黄欣兄弟の分戸、自宅の移転などで忙殺されたためであろう、履歴書に「明治四十一年十一月五日　正則国民中学会に入会す／大日本国民中学会」とあることから、実際の入会は秋になったようである。大日本国民中学会は、一九〇二（明治三五）年に中学講義録の頒布を始めた民間の通信教育団体（尾崎行雄が会長、会主は河野正義）である。[19]大日本国民中学会規則第一条によれば「本会は各種の事情により尋常中学校に入ること能わざる者の為めに通信授業法を以て正則に中学校全課程を修了せしむるを以て目的とす」る通信教育機関で、毎月二回正則中学講義録を発刊し、尋常中学各学年を六か月で、中学全科を二か年半で修了させ、志望者は誰でもいつでも入会できることになっていた。同会は「独学で立派に中学卒業」がセールス・ポイントであった。[20]

呉文星氏によれば、一九一九年以前、総督府国語学校および医学校は台湾人の最高学府であり、同時に、また卒業後の進路が最も良い教育機関であったから、台湾人で学業成績が優秀で立身出世の志あるものは、国語学校か医学校を目指すのが普通であった。[21] 教師にも医者にもならないという黄欣の選択は興味深い。

そして「明治四十二年一月十八日　依願解雇／台南医院　在職中職務格別勉励に付き金弐拾五円を賞与す／同」とあるから、黄欣は約六年半台南医院に勤務したことになる。この退職時期からすると、黄欣は東京に滞在しながら通信教育を受けたのかも知れない。次に「明治四十四年二月□日　本会所定の課程を卒業す／大日本国民中学会」とあるから、二年三か月で「中学全科」を修了したわけである。黄欣は満二五歳になっていた。彼はこのころようやく法科を目指すことにしたようである。きっかけは黄家の学甲の土地をめぐって管理人に取られた土地を訴訟を起こして取り返したことで、これにより法律の価値と効果を知ったのだという。[22]

3　再び東京へ、明治大学法科で学ぶ

この年「四月一日　通訳事務を嘱託す／台南監獄」、「月手当金弐拾参円を給す／同」、「同年七月三十日　依願解嘱託／同」とあるように、黄欣は短期間台南監獄で嘱託を勤めている。また、五月二七日、弟の黄渓泉が蘇添愿と結婚したので、兄としての責任も果たしたことになり、留守も安心であった。こうして、黄欣はいよいよ本格的な修業のため、再度内地東京に渡るのである。一九一一年の秋であった。履歴書には「明治四十四年九月一日　修業の為め上京、明治大学法科専門部正科に入学す」と書かれている。

黄欣が明治大学に入学できた制度面の理由について、少し説明しておこう。明治大学百年史編纂委員会『明治大学百年史　第一巻　史料編Ⅰ』（明治大学、一九八六年）によれば、一八八一（明治一四）年に開校した明治法律学校は、一九〇三年（明治三六）年に専門学校令により「明治大学」と改称されると、一九〇四年には学則改正により法学部・政学部・文学部・商学部が設置され、その各学部に本科と専門科が設置された。黄欣が法科専門部正科に入学した翌月、一九一一（明治四四）年一〇月に創立三〇周年記念式典が挙行されている。なお、翌一九一二年三月五日に記念館焼失、四月四日には創立者の一人岸本辰雄校長が死去するという悲運に明治大学は遭っている。

この年の台湾人留学生はどれくらいいたのだろうか。「本島人内地留学者調」（台湾総督府内務局、一九二一年九月）によれば、[23]一九一一年度に専門学校に留学した台湾人は一五名である。なお、一九〇七年度七名、〇八年度八名、〇九年度六名、一〇年度一〇名となっている。また呉文星氏によれば、[24]一九一一年度は一八名となっている。

さて、黄欣が学んだ法科専門部正科とはなにか。明治大学学則[25]の第二条によれば、「本大学は大学、専門部及び高等研究科を以て構成す」とあり、「大学では邦語のほか外国語を以って教授」するとなっている。つづく第三八条には、「専門部に於ては専ら邦語を以つて教授」するとあるから、黄欣はもっぱら日本語による授業を受けたわけである。第三七条には、専門部に法科専門部など四部を置くとある。また、第四〇条に、「専門部の学生を分て正科生、特科生の二種とす。正科生は左の資格を有し入学したる者を謂う」とあり、「一　中学校を卒業したる者、二　師範学校を卒業したる者」など五項目が列挙されており、その五番目に「五　文部大臣に於て専門学校の入学に関し中学校卒業者と同等以上の学力を有するものと指定したる者」とある。黄欣が卒業した大日本国民中学会は、これに該当する資格を与えた機関であろう。なお、保証人として東京市内に一家計を立てている成年者が必要であり（同則第一八条）、入学金は三円（同則第三二条）、授業料は一学年三三円（同則第三三条）

であった。
黄欣はどのような科目を学んだのであろうか。同則第三九条には、「専門部に於て教授する学科課程左の如し」とあり、「一　法科専門部」は次のようになっている。

第一学年　法学通論　憲法　刑法総論　民法総則・物権（自一章至七章）・親族　国際公法（平時）　経済学　法学実習（三学年共通）　独語・英語・清語（三学年共通）

第二学年　刑法各論　刑事訴訟法　民法物権（八章以下）・債権（自一章至二章一節）　民事訴訟法第一編　商法総則・商行為・会社　行政法　国際公法（戦時）　法理学

第三学年　民法債権（二章二節以下）・相続　民事訴訟法（第二編以下）　商法（保険・手形・海商）　破産法　国際私法　財政学　擬律擬判　法医学

民訴、刑訴、破産、法医、財政、国際公法は本人の志望に依り試験を免除することある可し。清語、独語、英語は随意科目

これらをもって黄欣が学んだ「新知識」と「新思想」のイメージが分かるだろう。筆者は、台北の陽明山の黄天驥宅を訪問した時に、本棚に当時の専門書が保存され並べてあるのを見て一驚したことがある。奥付を見ると大正二年刊行などとあった。黄欣がいかに明治大学時代の教科書や参考書を貴重なものと考えたかが了解できる。なお、随意科目の「清語」を黄欣が取った可能性はあるかも知れない。のちに、中国大陸からの客人の通訳をしているからである。

後年、台湾総督府評議会において、黄欣は次のように、学生時代の出来事を語っている。

私は曾て学校の講義を聴いて居ります、時の講師は山田博士[26]で国際私法を教えて下さいましたが、台湾の人に講義を致しました所で、こう云う事を先生がお話されました。どうも台湾人は事実上の人間にして法律

上の人間にあらずと言われました。そう云う言葉を承わりました私は涙を落として法治国として同じく日本臣民たる者は日本の法律の支配を享けて、事実上にも法律上にも完全なる人間として是非ある機会に願わなければならぬ、と云うことを深く感じております。(27)

明治大学学友会の雑誌『明治学報』第二八号（一九一二年六月）の文苑欄には「留学東都懐諸友」と題する長い漢詩が掲載されている。作者は「法、専一　台湾　黄欣」である。

さて、履歴書のつづきは「大正三年七月二日　本大学法科専門部正科全課程を履修し、各講師の考試を経て、方に其業を卒へたり。依つて此証書を授与す／明治大学　同　本大学学則第八条に依り明治学士の称号を認許す／明治大学」とある。この称号のところは間違いがある。明治大学の学則第八条には「専門部の卒業証書を得たる者は法科に在ては明法学士〔中略〕の称号を用ゆることを得」となっているのである。一九一四年七月、黄欣は明法学士となって、明治大学を卒業した。

（3）「固園主人」の誕生

日本留学から帰った黄欣には新時代の知識と思想と、壮大な志気が充満していたことであろう。彼にはふたつの計画があった。ひとつは、家業を発展させ、それを基礎に実業の世界に乗り出すことであった。もうひとつは、祝三多の広い土地を活用して日本式の家屋を建築し、庭園を造成することであった。

1　実業の世界へ

祖先から継承した学甲の田園の管理は李大再に委託されていた。彼は「大再伯」といわれるほど雄大な志気と経営の才があり、稲と甘蔗を大きく増産させたばかりでなく、銀行関係、土地売買でも黄家を助けた。

黄欣は、嘉義庁下の竹囲庄荷包嶼一帯の新開墾地を購入し、農場と養魚場を経営した。この土地は日本統治以後の水利灌漑施設の建設により、淡水魚の養殖と稲作が可能になった土地であった。

第一次大戦中、日本企業は戦争景気を謳歌し、台湾においても新興企業が続々出現した。当時台湾人の企業活動は制限されていたので、黄欣は日本企業への投資に重点を置いた。一九一七年から一九年の間に彼は、東京電機器具株式会社、台湾製紙株式会社（専務取締役）、台南自動車株式会社（監査役）、台湾製塩株式会社（監査役）、台南製帽株式会社に投資し、その役員になった。

また黄欣は書道・漢詩文・読書の趣味があり、一九二〇年には、台南市内に浩然堂書店を開設した。黄天育によると[28]、当時彼は自ら浩然堂書店を通じて一〇種近い雑誌を購読していたというから、趣味と実益を兼ねていたともいえる。

さらに、黄欣は台南の金融界、地場産業、地方経済へと活躍の場を広げていった。一九二〇年には嘉義銀行取締役に就任、同行が台湾商工銀行に吸収されてからは商工銀行監査役になった。少し後年になるが、一九二六年には台湾南部無尽会社の監査役、一九二四年に有限責任台南市庶民信用組合の監事、一九二七年台南市第一建築信用購買利用組合の監事、という具合に黄欣の肩書きは増えていった。

２　「固園」の造営

黄欣はこのように実業の世界に積極的に乗り出すと同時に、祝三多の約四〇〇〇坪の土地で大規模な造園と建築を開始した。旧式糖廍の「錦祥記」の周辺跡地を和風の庭園に作り変え、日本式の家屋を購入して移築した。和風家屋は一〇畳と一二畳の和室がつながり、周囲には縁側がめぐらせてあり、洋風の書斎に隣接していた。広い池には噴水や石橋、石灯籠があり、周囲には石山と梅の木が植えられたので、和風の家屋は四梅堂と名づけられた。昭和の時代に入ってから洋館が増築されている。黄天横の手書きの配置図[29]を見ると、伝統的な台湾の家屋も残されており、和・洋・中の様式が混在していたようである。黄天驥は「西の洋館に住む父［黄欣］は、用事があると持ち前の割れ鐘のような声で東の洋館に住む叔父〔黄渓泉〕をよび立てたが、よばれると叔父もベランダにその巨軀を覗かせ、二人は日本座敷を中間において大声で話し合ったり何かの打ち合わせをしたりする」[30]光景をよく見ていた。「固園」の造営は一見資産家の成金趣味を想像させるが、黄欣の性格はそのような趣味とは無縁であったらしいことは、ここでも生き生きと描写されている。

「固園」はさまざまな社交の場として機能し、また、多くの賓客を迎えた。台湾の「植民地近代」を象徴している空間のひとつといってよいかも知れない。「固園」では漢詩社の「南社」の総会が何度か開かれた。胡南溟ら常連の詩人たちのたまり場でもあり、ここで多くの漢詩文が作られた。中国から帰った南社の社友である連雅堂（『台湾通史』の作者、台湾を代表する文人）を歓迎する「仮装会」が開かれたこともある。灯籠会や園遊会がなんども開かれる「祝祭空間」でもあった。

一九一六年にはかつて抗日闘争に参加した詩人の許南英が、また一九二一年九月九日には、民族運動の大立者の林献堂、林幼春、鄭汝南が来園した。台湾文化協会の立ち上げ直前という微妙な時期に、黄欣と林献堂はいったい何を話したのだろう。一九二四年には辜鴻銘が来た。英領マレーで父辜紫雲とポルトガル人の母の間に生まれ、張之洞の秘書もしたことがある辜鴻銘は、「論語」や「中庸」を英語に翻訳した学者で、北京大学教授としてイギリス文学を講じたこともある人物である。一九二七年には中国四川の書道の大家、楊草仙が訪れた。

黄欣（右）、黄渓泉兄弟（1915年頃か）
（黄天横氏提供）

歴代の台湾総督、民政長官も南方巡視の際、「固園」を訪問した。田健治郎総督、下村宏総務長官の揮毫もあったという。黄天驥はこう書いている。

父は大紳士であったと多くの人がいう。そうかも知れないと私も思う。大紳士とは普通の紳士より一廻り大きな紳士のことであろう。父は植民地という当時の台湾にあって、為政者を向こうに廻して少なくとも対等に付き合うことのできた数少ない台湾人の一人だった。(31)

一方、黄欣の新しいものへの好奇心は並みではなかった。黄天驥によると、彼が「台南で台湾人の中で最初に(または早期に)やったこと」には、自転車(フランス製)に乗る、栗毛の馬を飼って乗る、飛行機に乗る、写真の引伸機を使う、暗室を持つ、鹿を飼う、ゴルフ、競馬、海水浴、観劇、自家用人力車、海外遊学、海外視察などが並ぶ。東京に行ったときは、帝国ホテルに泊まり、三越・高島屋で買い物をするのが好きだったが、普段は詰襟を着たりして、服装は構わない人であったという。趣味は広く多才で、演説を好み、漢詩・漢学の素養があり実作もよくした。日本語による新学問の吸収をこころがけ、法律・農業・水産・医薬・商業・貿易など広い分野に及んだ。小説や戯曲も書き、絵画、書道、印章篆刻も好んだ、という。陽明山の黄天驥の家で筆者はステッキのコレクションを見せてもらったことがある。

二　台湾総督府評議会における黄欣

(1)　内地延長主義と総督府評議会の設置

一九二一(大正一〇)年、田健治郎台湾総督は総督の諮問機関として、台湾総督府評議会を設置した。(32) 台湾総督府評議会官制(大正一〇年六月勅令第二四一号)によれば、総督府評議会は、台湾総督の監督に属し、その諮問に応じ開申する機関である。また、評議会は台湾施政の重要事項に関し台湾総督に建議することができる、とされた(第一条)。評議会は会長一人、副会長一人、会員二五人以内で組織され(第二条)、会長には台湾総督、副会長には総務長官を充てることとされた。会員は総督府の部内の高等官および「台湾に居住する学識経験ある者」

の中から台湾総督が命ずるとされた（第三条）。「台湾に居住する」という条件には「内地人」（日本人）、「本島人」（台湾人）の区別はなく、ここにはじめて台湾人が総督の諮問機関として施政に関与する場が設けられたのである。

実際の構成は、会長に田総督、副会長に下村宏総務長官、評議会員に総督府官吏七名、民間人からは日本人九名、台湾人九名が任命された。この時点での台湾人評議会員は呉文星氏によれば次のとおりである。(33)

林熊徵（台北、三四歳、漢学、実業家・大資本家、庁参事、区長、州協議会員）
顔雲年（基隆、四八歳、漢学、実業家・大資本家、区長、参事、州協議会員）
李延禧（台北、明治学院・米国留学、大資本家・実業家）
簡阿牛（新竹、四一歳、漢学、資本家・実業家、州協議会員）
辜顕栄（台中・鹿港、五七歳、漢学、大資本家・実業家、庁参事、州協議会員）
林献堂（台中・霧峰、四一歳、漢学、大資本家、庁参事、区長、州協議会員）
許廷光（台南、六二歳、庁参事、区長、州協議会員）
黄　欣（台南、三六歳、明治大学、実業家・資本家、区長、州協議会員）
藍高川（高雄屏東、五一歳、漢学、資本家、実業家、庁参事、州協議会員）

黄欣は許廷光とともに台南地域から選ばれ、林熊徵と並ぶ「若手グループ」であり（李延禧の年齢は不明）、日本の「新式教育」を受けたのは黄欣と李延禧のみである。李延禧を除き、彼らはすべて一九二〇（大正九）年地方制度改正(34)の際に設置された州知事の諮問機関である州協議会の会員から選ばれている。全体の顔ぶれから見ると、黄欣は新世代からの抜擢という感が強い。

一九二一年六月一四日付の『台湾日日新報』には「民意の上達に努めたいと国語を縦横に操り乍ら、明法学士の黄欣氏は語る」と題された記事がある。記者が黄欣を旅館吾妻に訪問して評議会に対する意見を聞いたところ

「自分の如きが評議会員に任命さるることは夢にも思いませんでした。と云うのは台南には自分の如き若輩が評議会員を拝命せずとも外に未だ多数の先輩諸氏がありますので〔中略〕到底自分等にはお鉢は廻つて来ぬことと思つて居りました」と語ったとある。型どおりの謙遜のようではあるが、しかし「自分が台南州協議会などで見ましたところでは自分等の先輩は口を噤んで余り意見を発表せられなかつたように記憶して居ります」という。また「今度評議会を設置せられました趣旨や昨年地方制度の改正に由つて州市、街庄に協議会を設けられました点から考えましても、総督閣下や総務長官閣下が如何に民意を尊重せらるるかと云うことは吾々本島人にもよく判つて居りますので、この機会を利用いたしまして所謂民意の上達に努め度いと考えるのであります」と述べて、初会議における道路問題の審議における台南から旗山に行く道路ルートについての自分の発言を披露するあたり、なかなか抜け目がない。

評議会の実際の審議内容については、以下のように記録作成されている。

第一回　大正一〇年六月
道路、民法施行、商法施行、教育、訴願制度施行
第二回　大正一〇年一〇月
道路、民法施行、物権編、債権編、親族編、相続編、商法施行
第三回　大正一一年六月
義務教育、民法施行、商法施行
第四回　大正一二年一一月（総督は内田嘉吉）
現在の公業

はじめての会議は一九二一（大正一〇）年六月一一日、この日の出席者は、田会長、下村副会長、谷野格（高等

法院長）、新元鹿之助（鉄道部長）、高田元治郎（殖産局長）、末松偕一郎（内務局長）、川崎卓吉（警務局長）、山形要助（土木局長）、阿部滂（財務局長）、中川小十郎（台湾銀行頭取）、高木友枝（元台湾総督府医学校長、台湾電力社長）、赤石定蔵（台湾日日新報社長）、林熊徴、顔雲年、李延禧、簡阿牛、坂本素魯哉（彰化銀行取締役、元衆議院議員）、辜顕栄、林献堂、津田毅一（弁護士、元衆議院議員）、許廷光、黄欣、古賀三千人（実業家、元衆議院議員）、藍高川、（以下欠席）松岡富雄（実業家、台湾新聞社長）、富地近思（台南新報社長）、平山午介と続く。

開会冒頭、田総督の告辞があり、この評議会は「総督の政治上に於ける最高諮詢機関」であり、「重要なる民政上の施設で、総督が民意を徴する必要があると信じた案件」は随時諮問するが、「本島民政の現状は今後の企画改善に俟つべきものが甚だ多く、帝国国運の発展と本島人文の進歩に対照しこれに順応する所以の道を講じなければならない」として、以下の項目を列挙した。すなわち、「教育の普及改善」、「道路交通政策の確立」、「民生に関する法律実施範囲の量定」等である。そして、田総督は「本官は諸君と共に真摯の態度を持し、互いに其の胸蘊を悉し、慎重研究、以て確実なる成果を挙げ、和衷協同、一に国家の進運と民人の幸福とに貢献するを以て本会の目的と為し、奮励努力あらんことを惟れ臨む」と結んだ(35)。

三四歳の黄欣はどんな気持ちでこの総督の挨拶を聞いたのであろうか。会議のテーブルを見渡せば、総督府の最高幹部がずらりと並び、また、錚々たる「内地人」有力者と「本島人」の「大先輩」が席を同じくしている。最初の諮問事項「道路に関する方針を決定せんとす意見如何」について、山形土木局長が長々と趣旨を説明したあと、最初に質問の口火を切ったのは、黄欣であった。田会長が「黄欣君」と指名し、黄欣は「今日の道路は自動車をもって標準としなければならない」と、堂々と開陳する。

総督府評議会は「御用機関」であるとか、官選の評議会員は民意を代表していない、といった批判は当時からある。そうだとして、評議会における議論が無価値ということにはならない。台湾人が「台湾の政治」や「重要なる民生事項」について、総督と同じテーブルにつき、みずからの見識や信念に基いて政策提言を論理的に展開する、という場は、日本の台湾統治史上最初のことであった。そして、その後の経過を辿ってみれば、この田総督のときの評議会が、台湾人がもっとも「植民地統治政策」の立案の場に接近した機会であった。総督府評議会の歴史的意義は、そこにおける言論を通じて台湾人の「法意識」と台湾についての「社会認識」の一端を知ることができる点にある。

概括的にいえば、黄欣は「内地延長主義」を「文明の法」、「法の下での平等」、「差別撤廃」の立場から捉え、民法、商法の例外なき試行、義務教育の早期実施を主張した少数派の台湾人である。このため、「漢民族の美風を破壊する」としてしばしば批判されることになった。

(2) 民法施行問題

一九二一(大正一〇)年六月一三日、「民法を台湾に施行するに付除外例を設くべき事項如何」についての審議が開始された。長尾景徳法務部長による趣旨説明の概要は、次のとおりであった。

台湾における民事法規の運用は、明治四一年律令第一一号民事令に基づいている。この民事令によると、本島人間の民事事項については、物の売買、婚姻、贈与等、総て旧慣によってこれを律する。本島人と内地人の間における民事事項、および内地人同士の民事事項については、内地の民法、商法、民事訴訟法、その他の附属法律によって之を律することになっている。ただし、土地に関しては本島人、内地人を問わず、民法の適用はなく、すべて慣習によって処理することになっている。本島の文化は日新月歩、内地の民法を適用しても良い、しかし、台湾には何百年来の慣習があり比較的根拠を有している。例として、台湾は兄弟が親の財産を平均に分割して相続する「分頭相続」である。内地では特別の遺言がない限り「長子相続」である。内地の民法を台湾に施行するとして、除外例を設けるべき事項があるか、どんな除外例を設けるべきか、十分調査研究願いたい[36]。

会長の田総督の趣旨説明によれば[37]、民法の問題は台湾にとっては頗る重要な問題なので、「特に本島出身の方は余程能く御研究になつて、本島の永遠の幸福の為に適当なる解決を告げるように致したい」、「一番六か〔ママ〕敷いのは人事に関する点、此の辺に付いては吾々は極めて虚心平気に此の問題を提出して居るので、どうか諸君は此の点に付いては台湾の所謂民生上の永久の幸福利益を目的として、目前の利害を眼中に措かず永久の利益を目的としてご意見を」聞きたいという。とりわけ興味深いのは田が「内地に現に行われて居る民法は日本の固有の法律かと云うに決してそうでない〔中略〕法律家が非常に長い間研究して、そうして欧羅巴の文明諸国に行われて居る粋を抜いたと云う訳で〔中略〕日本固有のものはないので、実は西洋で行われて居る文明的法律を日本に適用し得るだけのものを適用した」のだと述べ、「近頃お隣の支那でも民法が出来て居る」、「世界の文明に伴うて行くと云うのが矢張永久の利益であろう」と説明していることである。

それに対して林熊徴は、中華民国においても日本の民法と同様な民法を施行している、文明的な法律を施行して困るというならば、それは進歩を欲しない、または進歩しない民族であることの象徴であるという観点から、除外例なしの施行を是とした。相続編、親族編は問題があるが、「世界の大勢、文明的の施設としては止むを得ざるとすれば、其の位の苦痛は忍ばなければならぬ」という意見であった[38]。

一方弁護士の津田毅一は、日本民法の長子相続は従来の慣習で、根源となったフランス民法にはないことを例にあげ、親族編、相続編の台湾施行に疑問を呈した[39]。

黄欣は「台湾は日本の延長主義なることは朝野共に認めて居ることで、法律の延長であると云うことも考えなければならぬ」として、台湾統治の方針が「内地延長主義」である以上、法律も延長すべきである、と主張した。そして、除外例を設けるとすれば、分頭相続、養媳縁組、又は招夫などの習慣が問題となるが、実際これらは打破すべき性質のものではないか、と主張した。そして「査嫺の如きは一種人身売買の習慣でありますからこれは絶対に廃して貰いたい。〔中略〕台湾の恥辱許りでなく日本帝国の一大恥辱である。〔中略〕日本の法律のようにすることは既に討論するの必要はない。否私許りでなく三百六十万同胞は歓迎して居るので決して除外例を設くべき性質ではあるまい」と強く主張した[40]。

ここで、養媳縁組とあるのは「媳婦仔《シンプア》」すなわち息子の嫁にするために幼いときからもらったり買ったりして育てた女子のことであり、査嫺とあるのは「査某嫺《ツァボガン》」のことで下女のこととりあえずしておくが、洪郁如氏の研究[41]によれば、当時の台湾の慣習では「養女」「媳婦仔」「査某嫺」の境界線は曖昧で、「女児をもらって（または買って）育てる」という行為が共通点であるという。いま、この問題に立ち入る余裕はないが、総督府評議会における民法の延長施行と除外例に関する論議を精確に理解するためには、台湾の「旧慣」そのもの、および臨時台湾旧慣調査会の立法作業の検討が必要である。

たとえば、「養媳」を慣習として認め、それを旧慣を基礎にした「台湾親族相続令」に規定するかどうかは、臨時台湾旧慣調査会法案審査会における岡松参太郎（京都帝大教授、民法）や石坂音四郎（京都帝大教授、民法）らにとっても困難な問題であった。婚姻の自由を侵害するという理由で一度削除された「養媳」の規定について、岡松は復活するよう主張した。その理由は法によって古来からの慣習を否定しても、「養女」の規定の悪用によって却って混乱を来たすことを懸念したからであった[42]。

さて、この問題については、台湾総督府高等法院長の谷野格を主査として民法施行に関する委員会が設置され、黄欣は末松偕一郎、赤石定蔵、林熊徴、辜顕栄、津田毅一とともに委員に指名された。この委員会における調査を経て、第二回目の台湾総督府評議会が一〇月一八〜二二、二四日の六日間行われた。台湾人評議会員のうち、林献堂のみはすべてに欠席している。その理由と関連して、一九二一年一〇月一八日付の田の日記には「林献堂喪中」とあり、[43]実際この年八月林の祖母が九〇歳で亡くなっている。同時に、評議会開会前日の一〇月一七日、台湾文化協会が創立された。

第二回台湾総督府評議会では、道路の件に引続いて谷野格・民法に関する諮問事項調査委員会主査による報告がなされたが、民法の規定する社団法人・財団法人との関連で、台湾の「旧慣」である「祭祀公業」について白熱した議論が展開された。

親族編に関する議事の際、高木友枝（元台湾総督府医学校長）は「親族編全体に除外例を設けて頂きたい」として、「一体親族の範囲、親族の別と謂うものは民心の確信を基礎として定むべきもの」で、「同宗娶らず同姓娶らず」という習慣は「台湾に於ては此支那より持ち来たつた所の数千年来の習慣——私は習慣と云うより尚重く考えて居ります、之は宗教上の信条と少しも変わらぬものと存じます」として、中国における儒教の役割、中華民国民律草案、イギリスとフランスの植民地政策等について熱弁を振るい、結論として「私は第四編親族に就ては除外例を設け、そうして旧慣を参酌して別に成文法をお作りくださることを希望致します。〔中略〕台湾総督府は永い間旧慣調査の事業をおやりになりましたので、それには法案も出来て居る事に承ります。其時は専ら台湾特有の立法をしようと云う考えで御調査の者［ママ］と思います[44]」と主張した。

この発言を聞いた辜顕栄は感激の面持ちで、「私は本日、高木委員のお説を拝聴しまして非常に喜ぶ者であります」、「大満足大歓喜に堪えない次第で御座います」と述べ、「兎に角文明の程度が至つて低い、又学者も少ない現在の台湾に文明国に施行すべき内地の民法を其の儘施行することは大なる危険が伴う事であると云うので頻りに心配して居りました。〔中略〕吾々台湾人が言わんとしても言う事の出来ない程詳細に高木委員のお説を拝聴して〔中略〕自分は大満足大喜悦に堪えない次第であります」と繰り返した[45]。

これに対して林熊徴は、親族編につき何等除外例を設ける必要がない、との立場から、詳細な議論を展開した[46]。林は、台湾の旧慣の弊害を列挙し、男女一律、自由の拡張、世界の潮流、植民政策における差別撤廃の観点から、民法の例外なき施行を主張した。黄欣と林熊徴はしばしば共同戦線を張ったようである。黄欣は一〇月二二日、「同姓結婚禁止問題」に関しての議論の中で、旧慣調査会の報告、中華民国民律草案、平塚雷鳥女史の発言、日本民法と羅馬法、支那法との関係、ナポレオン法典、道徳と法律との関係、英国の例、李鴻章・張作霖など大陸中国における例など、彼の知識を駆使して民法の除外例なき施行を主張し、憲法上、台湾が事実上日本の延長としてなった以上は、法律も延長しないと差別待遇になるという批評もありうる、という政策的発言さえしている[47]。

（3）義務教育および祭祀公業の問題

1　義務教育の問題

義務教育の問題は総督の諮問事項のひとつであったが、特別委員会に審議が附託され、その結果がまとまって評議会に付されたのは、一九二二（大正一一）年六月一六日から二二日まで開会された第三回評議会においてであった。

六月一六日、教育に関する特別委員会の主査を務めた高木友枝がまず報告した。その要点は第一に、台湾教育令が新たに施行された今日、義務教育制度の実施は一日も早いことが望ましいが、地方団体の財政状況を察すると、一定の時期を画し一斉に実施することは困難なので、地方団体の負担能力の実況に順応して漸次これを実施することが適当である。ただし、主査を除いて、五名の出席委員のうち、本案すなわち期限を定めないことに賛成の委員が三名、時期を画するほうがよいとする委員が二名という僅差である。第二に、地方によって児童の就学率等の状況が大きく異なっており、義務教育を実施する準備をすることが先決であること。第三に、義務教育を実施する場合には、まず就学義務年限を四年とし、時期をみて六年に延長すること。そして、教員の養成充実と、校舎等の設備費等教育費の節約に留意する、という内容であった[48]。

林献堂は、質問という形をとりながら、実質的にこの特別委員会の結論に異議を述べた。それによれば、義務教育は国民教育であるとして、義務教育実施の期限を定めないことは都合が悪いことが多い、早期実施するほうが台湾にとって幸せである。各地方の申請によってばらばらに実施すると、富力を持っている人の子弟は義務教育を受けられる可能性があるが、富力のない人子弟は受けられないし、教員養成も期限を定めなければ準備の基本が不明となる、という主張であった[49]。

六月一九日の会議の冒頭、黄欣は修正案を提出した。彼は自分も特別委員のひとりであったものの、自分の意見は少数意見として否決されたので、本会議において修正案を出す、という趣旨を述べた上で、義務教育を大正一七年すなわち六年後から実施すると提案した。黄欣はこれを提案するにあたって、内地の初等教育費の実態、内地と台湾との制度の比較、もし台湾で実施する場合の地方団体の負担の増加予想などを、一々数字をあげて実証的に議論している。さらに、第二として、義務教育は国民教育であるから甲乙に差別をつけるのはよろしくない、原則として一律に実施する、ただし、どうしても負担能力がない場合は地方団体の希望により実施を延期することができる、と主張した[50]。この修正案はおそらく林献堂と相談した上のものであろう。

これに対して、津田毅一評議会員は、大正二五年をもって本島に義務教育を実施する、というもうひとつの修正案を提案した。台湾人評議会員の意見は、簡阿牛、林熊徴、顔雲年が年限を定めない原案に賛成、藍高川が津田提案に賛成、許廷光と林献堂が黄欣の提案に賛成した。採決の結果、津田提案は本人のほか賛成者なく消滅、黄欣の修正案は四名の賛成を得るにとどまり、否決された[51]。

2　祭祀公業の問題

民法施行をめぐる議論の中で、大きな問題となったことのひとつが「祭祀公業」[52]の問題であった。祭祀公業は簡単に定義できるものではなく、それ自体が論争的概念ともいえるものであるが、ここではさしあたり、祖先の祭祀等を目的として設けられた土地を中心とする独立の財産であるとしておく。この台湾特有の民事慣習については、後藤新平民政長官が枠組みを作り、岡松参太郎京都帝大教授が主導した臨時台湾旧慣調査会の調査報告『台湾私法』がもっとも参照される学問的成果である。

一九二一年一〇月一九日、民法に関する諮問事項調査委員会の谷野主査の報告に対して、口火を切ったのが辜顕栄であった。とはいっても、辜顕栄は日本語を話さなかったので、通訳を介した発言であろう。評議会は必要があれば、通訳を使ってもよいことになっていた。辜顕栄は、今後新設する公業は民法の規定する社団法人・財団法人の規定に従うとしても、従来からある公業、特に祖先を祭るための祭祀公業については保護救済すべきだ、とした[53]。これに対して、林熊徴は「育才公業」（学祖）は良い制度だが、祭祀公業はいろいろ争いが多く、民法の規定によるもののほかは徐々に廃止すべきだ、と主張した。辜顕栄はさらに、一歩を進めて「旧公業は無論、新公業に付きましても此等公業を一括して特別法を設けて公業の処理をして頂きたい」と切り返した[54]。

黄欣は、法律には遡及力がないので、現に存在している公業が解散されることはない。祭祀・育才・慈善という三種の公業についての経過措置については、総督府内の専門家による法令調査委員会で研究して欲しい。ただし、変形した法人を日本民法に除外例を設けておくことは極めて不可である、と発言した[55]。

結局、川崎評議会員（内務局長）の動議が採決され、現在の公業について議論されることとなり、白熱した議論が展開されていった[56]。既往および将来の公業をすべて特別立法で取扱う、民法の除外例とする案は否決された。しかし、既存の公業の取り扱いについては結論が持ち越され、一〇月二〇日に会議が再開された。

この日、公業に関する特別立法案は否決されたが、主査の谷野格は「従前台湾で旧慣を保持する為に旧慣を認めて旧慣に依つて作つて居りました所の台湾祭祀公業令はどう云う風になつて居つたかと云う事を尚昨晩精しく調べて見ると別に財団法人とちつとも違つている所はない」と述べている。(57)

一九〇九(明治四二)年四月、台湾総督府臨時台湾旧慣調査会に第三部が設けられ、「台湾総督の指定したる法案を起草審議」することとなった。法案起草委員には第三部長を兼任した岡松参太郎(京都帝大教授)、手島兵次郎(覆審法院検察官長)石坂音四郎(京都帝大教授、民法)、雉本朗造(京都帝大教授、民事訴訟法)等が任命され、法案審査会が設けられた。一九一四(大正三)年八月、法案審査が終了し、次の一連の法案が作成された。(58)

台湾民事令、台湾親族相続令、台湾親族相続施行令、台湾不動産登記令、台湾競売令、台湾非訴訟事件手続令、台湾人事訴訟手続令、台湾祭祀公業令案、台湾合股令改正案

顔雲年は「民法其の儘を持つて来て台湾に除外例を施行しないことは果たして台湾人の満足する所なりや否やを心配して居ります。〔中略〕内台人の議員を全部合わせて民法施行に就て多数決を採るに就ては本島人が充分満足することが出来ないと思います(59)」と発言し、結局、公業に関しては期限を定めずにこれを整理すると決議され、これ以外については民法に除外例を設けないことと決定した。(60)

三　台南における黄欣の「模索」と「蹉跌」

(1)　台南共励会――大正から昭和へ――

「明治時代」とか「大正時代」という言い方は、歴史学的な時代区分としてはあまり使われなくなったように思う。元号や天皇の在位期間との関係性が問題とされるのだろうか。しかし、黄欣の生涯を年譜で追っていくと、台湾という地域社会の「植民地空間」においても、「大正時代」があったように見えるから不思議である。

「大正三年」に東京留学から帰った黄欣は、家業の継承においても実業界への発展においても「順風万帆」だったと形容してよいだろう。その資産と名望とは少なくとも台南では確立していた。彼の号のひとつ「固園主人」はその資産・名望ばかりでなく、漢詩文を中心とした人文的趣味と風格とを表現しているようでもある。これに対する台湾総督府の「評価」と「先行投資」が台湾総督府評議会員への「抜擢」であろう。そして、黄欣は同時に総督府から学識・地位・名望の備わった台湾人として、「紳章」を授与された。また、一九四〇年度の履歴書(黄天横氏蔵)によれば、一九二一(大正一〇)年八月には、嘉南大圳組合会議員になり、後年有名となるダムと水利灌漑施設の建設にも関与する。翌年には、南洋を遊歴した。香港まで弟・黄渓泉と同行し、その後渓泉は広東へ、黄欣はシャム(タイ)、シンガポール、ジャワを廻った。

一九二三年四月、東宮行啓がおこなわれた。履歴書には「皇太子殿下台湾御行啓ノ際単独拝謁及賜餐、賜茶ニ召サレル」とある。皇太子が台南を訪れたのは四月一九日であった。その前日の台中州庁訪問では、総督府評議会員辜顕栄、有力者林献堂など一〇名に「単独拝謁」を賜いとの記事があるから、[61]台南でも総督府評議会員の黄欣らは単独拝謁を許されたのであろう。

同年九月には、上海、北京、満洲、朝鮮を遊歴した。[62]この年に黄欣は台南市教育委員会委員に任命され、同好の有志を集めて文化劇団を結成した。関東大震災の際、この文化劇団は台北・台中・高雄等で劇を上演し、震災からの復興のための義捐金を集めて東京に送っている。[63]翌一九二四年一二月には、台湾総督府の委託により出張し、仏領インドシナ、蘭領インドネシア、英領香港・シンガポール、タイ、広東・雲南等を廻っている。このように「大正時代」は黄欣にとって、台南の明るい陽光に満ちた時期であった。

そして、時代は「昭和」に入る。

一九二七(昭和二)年、黄欣は「台南共励会」を設立した。[64]これは社会教育と文化事業を実施する学校の一種で四年制であった。生徒は全部で一〇〇人を越え、公学校の教師が講師となった。台南共励会は「演講部」「体育部」「教育部」「演芸部」の四つの部からなっていた。黄欣はみずからが取締役を務める台南大舞台で社会教化劇を上演したり、学費免除の夜学会を開くなど、共励会の活動を拡大していった。菊池寛の名作「父帰る」が上演されたこともあるという。一九二九（昭和四）年には共励会の設立二周年を記念して、固園で慶祝の園遊会を開催している。

一九三三年には台南共励会の夜学会を拡充して「台南共励義塾」が設立された。この義塾は主として台南地域の「失学民衆」（貧乏などにより学校に行く機会を失った人々）と「華僑」のための修業一年の夜学であった。一八九七年の国籍選択期間を過ぎた後、日本籍を選ばずに台湾に残った清国籍の児童は公学校に入れなかった。この夜学はこれらの「華僑」に学ぶ機会を提供するためのものでもあった。[65] 台南共励義塾は黄欣が塾長となり、一時は二〇〇人を越える華僑の子弟が学んでいたという。その後、総督府はこの塾の名称を共励国語講習所に変えさせた。一九三七年日中戦争が始まるとこれも閉鎖させられ、戦時中、米軍の台南爆撃で廃墟となっている。

（2） 台南市墓地移転問題

一九二八（昭和三）年一一月一〇日から一七日にかけて、昭和天皇の即位を祝う昭和大礼の諸儀礼が行われた。台湾においてもこれに合わせて多くの記念の行事と事業が計画され実施されたが、このうち台南の大きな社会問題になったのが墓地移転問題である。この問題については許世楷氏、都通憲三朗氏による研究[66]があり、その概略を知ることができる。

一九二七年五月一日付の『台湾日日新報』（漢文版）は、台南州が天皇即位の記念として総合運動公園の建設を計画し、その約五万坪の用地確保のため、台南市大南門外の桶盤浅および塩埕の墳墓約一万基を六月末までに改装移転する通達を出したことを報じた。五月中旬になると南門外の墓地は遷葬のため墓地を探す市民や帰郷者であふれた。この混乱に対処するため、黄欣は台南州の地方課に交渉に行ったらしい。ところが五月下旬ころになると、墳墓に関係する一族や縁故者、そして台湾文化協会などが墓地移転に対する反対運動を組織しはじめた。当時、『台湾民報』の台南支部記者だった謝春木も同誌に反対意見を掲載した。五月二六日、文化協会主催の講演会では黄欣らに対する厳しい批判がなされ、文化協会の機関誌『台湾大衆時報』（一九二六年七月二日付）は、「御用紳士黄欣の失態、民衆の激怒全台南市に拡がる」と報じたという。

六月二日には関帝廟で墓地縁故者大会が開かれ、移転反対の陳情を決議した。これに基づき、代表者九名が台南州庁に陳情したが、このほか宗親会一七団体、商工業協会も陳情を行った。宗親会とは同姓によって組織された祖先崇拝を目的とする団体である。四日には台湾民衆党、文化協会の台南支部を含む三二団体が共同委員会を組織し、九日には第二次縁故者大会が二〇〇〇人を動員して開催された。

結局、六月一二日、片山台南州知事は墓地移転打ち切りを表明した。ところがこの席で市協議会員の劉揚名らが打ち切り反対の意見を述べ、これを知った文化協会台南支部は翌一三日、劉らへの糾弾集会を開催したが解散を命じられた。これに激高した群集約三〇〇〇名が劉宅を包囲するなどの事態となり、文化協会左派の王敏川ら一〇数名が逮捕された。

このように墓地移転を中止したことは文化協会左派にとっては勝利であった。左派の論客であった謝春木は、この事件を「××［民衆カ］は組織を通じた時の自己の力の偉大なる事に自覚し［中略］御用紳士の信用を徹底的に叩き落とし［中略］市協議会の無意義なる事の暴露にも成功した」と評価した(67)。

一九二七年の台湾文化協会の分裂（左派の協会指導権掌握、右派および蔣渭水らの台湾民衆党の結成）という台湾人の政治・社会運動の激変が、黄欣を「御用紳士」にしたといえなくもない。日本人作家、庄司総一の『陳夫人』(68)

はこの台南市墓地移転問題を題材にした小説である。

（3） 台陽中学校設立運動

一九二八年、黄欣は台湾人の子弟の中学校への進学難を緩和するため、私立台陽中学校を設立する運動を開始した。『台南新報』の同年一〇月一〇日付の記事によれば、黄欣、黄渓泉の兄弟は私立台陽中学校設立のため、率先して五万円の寄付をすることになったが、その目的は試験地獄の解消にあると報じた。台湾人の子弟の向学心は日々旺盛になり、中学校を目指す子供たちが年々増えていった。台南には日本人生徒が九割を占める台南一中と、台湾人が多い台南二中があるが、二中でも台湾人にとっては大変な狭き門であった。黄欣、黄渓泉兄弟は私立台陽中学校の設立に向けて、各界に賛同を働きかけ募金を呼びかけた。高雄の大資産家、陳中和が中学校設立後援会の会長になった。

これより一五年前の一九一二年、台湾中部の有力者であった林烈堂、林熊徵、林献堂、辜顕栄、蔡蓮舫らも、私立中学校設立運動を行ったことがある。その結果、一九一五年公立台中中学校（のちの台中一中）が設立されることとなった。この間の経緯は若林正丈氏の研究[69]に詳しいが、黄欣の運動は台湾人の教育要求としてはこれに次ぐものであった。

台陽中学校設立運動の経過についての黄美月氏の研究[70]によれば、まず片山三郎台南州知事に会って賛意を得、ついで総督府の文教当局と総督の了解も得た黄欣は、一九二八年一一月上旬東京に行き、文部省の高級幹部に面会して陳情するとともに、全国各地の有名な中学校を視察して教育方法等の調査をおこなったという。さらに、黄欣は元民政・総務長官の下村宏や元総務長官の賀来佐賀太郎にも会って、台陽中学校顧問就任を要請し承諾を得たというから、この運動の実現可能性は、少なくとも黄欣の判断では、かなり高かったのであろう。運動が開始された時点での台湾総督は川村竹治、総務長官は河原田稼吉、文教局長は石黒英彦であった。しかし、一九二九年七月、民政党の浜口雄幸内閣が成立すると、政権交替は植民地台湾にもおよび、政友会系の川村台湾総督やその腹心の河原田稼吉が更迭され、石塚英蔵が総督に、人見次郎が総務長官に就任した。[71] これにともない、文教局長も石黒から杉本良に交代した。この「政変」で風向きが変わった。一九三〇年四月、結局、黄欣は設立申請許可書の提出を撤回せざるをえなかった。杉本文教局長の説明によれば、私立学校の経営に関して黄欣は素人であること、また台南では中学校を新設する必要がないことがその理由であったという。[72]

黄美月氏は、この台陽中学校設立の失敗は長年植民地政府当局と良好な関係にあった黄欣にとって少なからず打撃であったと評している。[73] この頃から、黄欣と台湾総督府の関係は「転調」していったようである。

（4）中国大陸へ——晩年——

晩年、黄欣は中国大陸に事業の場を移して行くのだが、それについて黄天驥は次のように書いている。

父は植民地下の大部分の台湾人、殊に知識人たちがそうであったように、台湾の前途や政治に関心を持ち、また野心をすら持っていたのではないかと思われるが、為政者に楯突いたところで相手がびくともしないことを知ると、政治に関心を失ってしまい、代わりに大陸へ出て実業を興すことを計画するようになった。[74]

実際、履歴書（一九四〇年度）によれば、一九三〇（昭和五）年五月、黄欣は中国大陸の「汕頭市に於て製氷公司を創立、同公司の総董事として選挙せらる」との記述がある。「台湾総督府南進策に順応し」と頭書きしてあるのが興味深い。一九四〇（昭和一五）年八月には、汕頭市に大東製氷公司第二工場復興の記述があるから、この製氷事業は拡大したものと見える。大陸での黄欣について資料はきわめて乏しい。黄天驥はこう書いている。

大陸へ渡った父は上海を根城に天津、廈門、汕頭、広東に分店を置き、その間を往来した。多くのものを扱ったが、晩年は生薬を主にし、それも内蒙古とか新疆とかいった辺境との取り引きに重点を置いた。弱年にして大志を抱き、また大才を擁しながらも時に恵まれず、故郷を後にして大陸へ出た父は、改めて（父は三十九歳の時に大陸に遊んでいる）洋々たる大陸の広さに気づき、台湾という狭い故郷で人々が奸智を闘わせ、政権を争っている舞台の小ささというか人物の小ささというか、それに気づき、愚かしく思ったことであろう。内蒙古や新疆との取り引きは、何分にも寒い地方であり、砂漠を控えてもいることとて、春になるのを待ち、駱駝の隊商を組んで出発するのである。この漠々たる高原に立って、父は疾駆するジンギスカンの大軍の馬蹄や馬の嘶きに耳を傾けたことだろう。(75)

黄天驥によれば、大陸に渡った黄欣は時々台湾に戻ったが、戦争末期には大陸に行ったきり帰ってこなくなった。日本政府が父黄欣にスパイの嫌疑をかけ、逮捕の危険があったので、母が大陸に逃げるよう勧めたのだという。終戦後の一九四五（民国三四、昭和二〇）年一二月にその母が亡くなったが、それでも黄欣は帰って来ることができなかった。民国政府の憲兵が三日に一度家に来て、「いつ帰るのか」と尋ねたので、黄天驥の長兄が「帰って来るな」という電報を打ったという。

ところが、ある日、父が突然帰ってきた。私たちは皆びっくりしたが、父は事もなげに答えたものである。「憲兵が家へ来るのは俺を捕えるためではあるまい。きっと俺に政府の高官になって欲しいんだよ。」父の解釈によると、自分を捕えるなら大陸にいても捕えられるはずで、何も台湾に戻るのを待つ必要はない。それに自分は日本の帝国主義者に楯つきこそすれ、加担した覚えはない。加えて台湾を眺めてみると、いわゆる学問のある人間は漢学の素養もなければ中国の事情にも疎い。たまに両者揃った者がいたと思ったら今度は経世の才がない、などといってからからと笑っているのである。［中略］父は帰台した翌年のはじめ、すなわち民国三六年一月二一日（陰暦一二月三〇日除夕）腎盂炎の再発により他界した。(76)

おわりに

黄欣の生涯をスケッチしていると、時代の大きな転換点に登場する人間のひとつのタイプである「万能性」を感じることがある。万能というと誇張したことになるが、その志向と活動領域の多種多様性、多彩さである。誤解を恐れずにいえば、黄欣は日本帝国の一地域台湾という「植民地空間」を自由に飛びまわったような印象を受ける。「自由に」というのが植民地の本質との形容矛盾だとするなら、彼の行動範囲を測定することによって、台湾という「鳥籠《ケージ》」のだいたいの容積を知ることができるように感じられる、ということである。

では、黄欣はどのようにして彼なりの「行動能力」を手に入れたのであろうか。黄家は台湾に渡ってきてから、商業と貿易、農漁業経営、糖業というように展開して、一応の財をなしたようである。のちの彼の内地留学を考えると、その学資の原資を調達できることは最低の条件であろう。

しかし、そのこともさることながら、黄欣の修学過程にその独自性を見ることができるのではないか。日本統治初期の教育制度の制約条件からすると、呉文星氏の周到な分析にあるように、優秀な台湾人の子弟は小学校から直接内地に送り込まれるか、あるいは総督府医学校と国語学校が、植民地的「上昇」へのルートであった。黄欣はできたばかりの国語伝習所・公学校で学び、卒業すると病院の職員として働いている。早くも、彼は「学校」と「病院」という「近代の装置」を体験したわけである。その一方で、彼は漢詩文を学ぶことによって、一生の「人文的基礎」を築いた（ついでながら、本稿では、筆者の能力の限界もあって、彼の漢詩、漢文、そして、漢詩社「南社」の活動に触れることができなかったのが残念である）。

そして、ユニークと思えるのが、通信教育の大日本国民中学会への入会である。近代日本では、いろいろな事情で「正規の」教育課程を受けられない青少年がたくさんいた。この会は雑誌『中学世界』に毎号広告を出していたから、黄欣も「独学で立派に中学を卒業」する道があるのを知ったのではないか。

彼の修学過程、さらには実業家への道程を見ていると、「近代」という空間で必要な「情報」を活用する能力が備わっていたように見える。これは黄家の家業の商業・貿易と無関係ではないだろう。黄欣の場合、彼が資産家になったということよりも、「起業家」として情報を活用したという点が重要である。本稿では触れなかったが、黄欣が株式情報を辜顕栄に提供して、お互いに利得を手に入れたというエピソードは印象深い。

黄欣は内地留学で明治大学の法科を選んだ。法科から弁護士へ、というコースは特に珍しいというわけではない。問題は、法律学の何を学んだか、である。その点で彼が山田三良の国際私法の講義の中で「台湾人は事実上の人間にして法律上の人間にあらず」と聞いて、涙をながしたというエピソードは印象的である。「法の支配」、「法のもとでの平等」こそ、黄欣にとってもっとも重要な「新思想」だったのではなかろうか。「近代」の普遍性を特徴づける「法」は、黄欣という存在を検討する際の本質的な視角である。その点からしても、台湾総督府評議会における黄欣の発言が多く残されていることは、台湾の植民地近代を考える上で貴重な素材を提供している、といえる。

そして、「固園主人」としての黄欣、すなわち「人のネットワーク」の結節点をみずから作ったことである。これも本稿では触れられなかったが、黄家の人脈、その系図を見ると台湾の近代史そのものといってよいほど多くの人物と係わりがある。

固園を訪れる人は、貴顕紳士に限らない。黄天驥が覚えているところでは、零落した人々も固園というところは受け入れていたとのことである。このことは、黄欣が「失学民衆」や「華僑」の子弟に対する社会教育にも力を注いだことと関係があるだろう。本稿ではあまり触れなかったが、彼の社会事業への視線は、「近代」の生み出した「暗部」への彼の感受性を示すものといえよう。

「植民地空間」の近代を生きた黄欣は、「戦後」の中国大陸を少し目撃してから「光復」後の台湾に帰り、「二二八事件」の直前に亡くなった。黄天横の語るところでは、「二二八事件」の時、黄家の人々は皆喪に服していたために、命が助かったのだそうである。黄欣がもう少し長生きして台湾の「脱植民地の現代」を体験することがあったら、どうなったのであろうか。中国の「周辺」としての台湾の地域性という問題を、彼もまた考えたことであろう。

(1) 涂照彦『日本帝国主義下の台湾』(東京大学出版会、一九七五年)二一頁。同書三七三頁には同様の記述があり「黄姜」となっている。典拠資料の臨時台湾旧慣調査会『台湾私法』により「黄羗」は「黄姜」の誤植と思われる。

(2) 江丙坤『台湾地租改正の研究』(東京大学出版会、一九七四年)一九頁。注(五)に、甲は台湾の地籍の単位で、日本統治時代は一丈三尺を一戈とし、二五戈平方を一甲とした、とある。一丈三尺は約四メートル、五戈は約二〇メートルであるから、二五戈平方は約四〇〇平方メートルとなる。三〇〇甲は三〇〇×四〇〇÷一万=一二ヘクタール、となる。

(3) 黄美月「台南士紳黄欣之研究(一八八五―一九四七)」(国立台湾師範大学歴史系碩士論文、二〇〇六年)一三頁。

(4) 黄美月、前掲論文、一五頁。

(5) 黄天横『固園黄家:黄天横先生訪談録』(国史館、二〇〇八年)四一頁。

(6) 涂照彦、前掲書、二三~二六頁。

(7) 黄天横、前掲書、四一頁。

(8) 『台湾總督府公文類纂』三七五四冊の文書番号四二、一九二三年一一月一日付。文書名は「黄欣(南支那及南洋ニ於ケル経済並制度調査事務ヲ)嘱託ス」である。引用にあたり、片仮名を平仮名に直し、適宜句読点を付した。

(9) 呉文星著、所澤潤監訳『台湾の社会的リーダー階層と日本統治』(財団法人交流協会、二〇一〇年)八二~八三頁。同書は呉文星『日治時期台灣的社會領導階層』(五南図書出版社、二〇〇八年)の和訳である。

(10) 呉文星、前掲書、三七~四七頁、索引。

(11) 黄美月、前掲論文、一七頁。元の資料は黄天横編『黄氏族譜』(未刊)一〇六頁。

(12) 鍾清漢「台湾教育史の沿革と国際社会環境年表」（鍾清漢『日本植民地下における台湾教育史』（多賀出版、一九九三年）。以下の教育制度の記述も同年表による。
(13) 盧嘉興「記台南固園二雅之黄茂笙、黄谿荃昆仲」（固園文存編輯会編『固園文存　其二』固園文存編輯会、一九八四年）八一頁。
(14) 盧嘉興、前掲文、八一頁。
(15) 呉毓琪「台湾南社之研究」（国立成功大学中国文学研究所碩士論文、一九九八年）九二頁。
(16) 盧嘉興、前掲文、八一頁。
(17) 盧嘉興、前掲文、八二頁。
(18) 黄天横、前掲書、四二頁。
(19) 菅原亮芳「近代日本人のキャリアデザイン形成と教育ジャーナリズム（一）：研究計画・「大日本国民中学会」・『新国民』（その二）」（『高崎商科大学紀要』第二二号、二〇〇七年）。なお、この論文には勝田穂策編『財団法人公民教育会（通信教育部）大日本国民中学会創業四十年史』（大日本国民中学会、一九四〇年）の全文が復刻されて掲載されている。
(20) 「［広告］大日本国民中学会」（『国民新聞』一九二七年五月二四日）。東京大学総合研究博物館画像アーカイヴス「日本の新聞広告三〇〇〇（明治二四年～昭和二〇年）」による。http://www.um.u-tokyo.ac.jp/cgi-bin/umdb/newspaper1000（二〇一二年一〇月三日確認）
(21) 呉文星、前掲書、一六〇～一六九頁。
(22) 黄美月、前掲論文、二二頁。
(23) 阿部洋編『日本植民地教育政策史料集成（台湾編）』（龍渓書舎、二〇一〇年）四六頁。
(24) 呉文星、前掲書、一八四頁。
(25) 「明治大学学則」（『学叢』第一八号、一九一一年、創立三〇年記念号）七〇頁。
(26) 山田三良東京帝国大学法科大学教授（国際法）。「明治大学職員調（大正二年一〇月一日調）」明治大学百年史編纂委員会『明治大学百年史第一巻史料編Ⅰ』（明治大学、一九八六年）七一五～七二四頁。
(27) 台湾総督府評議会編『第二回台湾総督府評議会会議録』（台湾総督府評議会、一九二二年）一七八頁。

(28) 黄天育「父の思い出」(固園文存編輯会編、前掲書)一二二頁。
(29) 黄天横、前掲書、四五頁。
(30) 黄天驥「父のことども」(固園文存編輯会編、前掲書)一二七〜一二八頁。
(31) 同右、一二六頁。
(32) 原敬内閣の成立、田健治郎台湾総督の任命、法律第三号の成立、台湾総督府評議会の設置にいたる経緯とその台湾統治史上の意義等については、春山明哲「近代日本の植民地統治と原敬」(春山明哲『近代日本と台湾――霧社事件・植民地統治政策の研究――』藤原書店、二〇〇八年)一九四〜二一四頁および劉夏如「日本植民地主義と台湾総督府評議会――法社会史の視点から見た支配・抵抗・協力――」(東京大学総合文化研究科修士論文、一九九五年)を参照されたい。
(33) 呉文星、前掲書、二八六頁。
(34) 謝政徳「大正九年台湾地方制度の成立過程(一)――台湾総督府における地方制度改革事業を中心に――」(『阪大法学』第六〇巻第六号、二〇一一年三月)、謝政徳「大正九年台湾地方制度の成立過程(二・完)――台湾総督府における地方制度改革事業を中心に――」(『阪大法学』第六一巻第一号、二〇一一年五月)。
(35) 台湾総督府評議会編『第一回台湾総督府評議会会議録』(台湾総督府評議会、一九二一年)二〜四頁。
(36) 同右、五三〜五五頁。
(37) 同右、五五〜五七頁。なお、呉文星・広瀬順晧等主編『台湾総督田健治郎日記(中)』(中央研究院台湾史研究所、二〇〇六年)にも評議会関係の記述があるが、極めて簡単な内容である。
(38) 台湾総督府評議会編『第一回台湾総督府評議会会議録』、五九頁。
(39) 同右、六三〜六四頁。
(40) 同右、六七頁。
(41) 洪郁如「植民地の法と慣習――台湾社会の女児取引をめぐる諸問題――」(浅野豊美・松田利彦編『植民地帝国日本の法的構造』信山社、二〇〇四年)。
(42) 早稲田大学図書館蔵「岡松参太郎文書」R―一四、二 法案審査会第五回会議議事録中の「台湾親族相続令第三読会」、一〇七頁。

(43) 呉文星・広瀬順晧等主編、前掲書、三五一頁。
(44) 台湾総督府評議会『第二回台湾総督府評議会会議録』一二九～一四五頁。
(45) 同右、一四五～一四六頁。
(46) 同右、一五七～一六五頁。
(47) 同右、二〇六～二一〇頁。
(48) 台湾総督府評議会編『第三回台湾総督府評議会会議録』（台湾総督府評議会、一九二二年六月）三～七頁。
(49) 同右、二四～二五頁。
(50) 同右、四九～五四頁。
(51) 同右、五四～七三頁。
(52) 祭祀公業については、呉豪人「植民地台湾における祭祀公業制度の改廃問題」（『日本台湾学会報』第一号、一九九九年）、劉夏如「台湾祭祀公業研究をめぐる「伝統中国」と「近代法継受」の相克」（『日本台湾学会報』第二号、二〇〇〇年）を参照されたい。
(53) 台湾総督府評議会編『第二回台湾総督府評議会会議録』四七～四九頁。
(54) 同右、五〇、五三頁。
(55) 同右、六四～六六頁。
(56) 同右、六一～八八頁。
(57) 同右、九〇頁。
(58) 「台湾旧慣調査」に基く法案作成の経緯については、春山明哲「台湾旧慣調査と立法構想」（春山、前掲書）を参照されたい。
(59) 台湾総督府評議会編『第二回台湾総督府評議会会議録』一〇一～一〇二頁。
(60) 同右、一一五頁。
(61) 若林正丈『台湾抗日運動史研究　増補版』（研文出版、二〇〇一年）三九四頁。
(62) 盧嘉興、前掲文、八四頁。

(63) 黄天横、前掲書、七六頁。
(64) 同右、七九頁。
(65) 黄美月、前掲論文、七六～七七頁。
(66) 許世楷『日本統治下の台湾――抵抗と弾圧――』(東京大学出版会、一九七二年)三二〇～三二二頁、都通憲三朗「昭和大礼と台南市墓地移転問題――背景としての宗族組織と宗親会――」(『日本植民地研究』第八号、一九九六年)。
(67) 謝春木『台湾人の要求』(台湾新民報社、一九三一年)一三一頁。許世楷、前掲書、三二二頁から再引用。
(68) 庄司総一(一九〇六～一九六一年)の小説『陳夫人』の第一部は一九四〇年、通文閣から出版され、新潮賞候補となった。翌年、文学座で上演、一九四三年大東亜文学賞を受賞した。
(69) 若林正丈「総督政治と台湾土着地主資産階級――公立台中中学校設立問題、一九一二～一九一五年――」(若林正丈『台湾抗日運動史研究　増補版』研文出版、二〇〇一年)。
(70) 黄美月、前掲論文、六四～七一頁。
(71) 黄昭堂『台湾総督府』(教育社、一九八一年)一二六頁。
(72) 黄美月、前掲論文、七〇頁。
(73) 同右、七一頁。
(74) 黄天驥、前掲文、一三九頁。
(75) 同右、一四六頁。
(76) 同右、一四九～一五〇頁。

一九一〇年代台湾社会支配像の再検討
――地方有力者と庶民の伝統的関係の変化を事例として――

野口真広

はじめに

台湾史において、一九一〇年代の歴史像といえば、武力抵抗の終期か、林献堂らの台湾議会設置請願運動の胎動期あるいはそれへ向けての過渡期という印象が強いのではなかろうか。先行研究(1)にも見られる上記の視点に対し、本稿は、台湾島内の産業化が進展したことを受け、従来の街庄長(区長)や保甲役員たちによる在地支配力を利用するだけでは十分に地方社会を支配しきれなくなった時代として捉えなおそうと試みるものである。

合法的抵抗運動への転換期という時代像は、林献堂の事績(2)による影響が大きいだろう。彼の年譜や遺稿集から見る限り(3)、同氏を取り巻く台湾人運動家には抗日の意思が一貫しているように記されている。先行研究においては(4)、当時の台中中学校設立問題や西来庵事件などを検討しながら、武力抵抗の終焉と合法的抵抗への転換期という位置づけを与えているが、これは林献堂を抵抗運動の核とする抵抗運動史観がいかに根強いかを表している。

しかし、対立の構図を強調し過ぎると、多くの地方有力者が林献堂らと同様な考えの持ち主だったという誤解を生み出しかねない。若林正丈氏は「土着地主資産階級」と定義する地方有力大地主層が、高率小作料の収奪を保証されることと引き換えに、彼らが持っている地方支配力を使って総督府の支配に貢献したという仮説を提示している。[5]「土着地主資産階級」は「基本的に無害化させられてはいたものの、彼らの有する地方社会への影響力は、地方社会の利害・感情の規定を受けるのであって、異民族支配の状況の下では、いつ何時日本の支配に反対する方向に向けられるかわからなかった」[6]として、潜在的な抵抗勢力層であると理解している。

若林氏のいう「土着地主資産階級」は、保甲役員や街庄長、区長に就く階層の人々を指している。これらの人々を本稿では地方有力者と呼びたい。本稿で地方有力者という、より一般的な名称を使用するのは、地方の行政機能を末端で支えていた街庄長や区長、そしてその下で事務補助を担った保甲役員たちが、警察事務を含む行政一般の事務を果たすことで、地方一般の人々に対して指導的な力を発揮していた面にも配慮したいからである。彼らを地方有力者と呼び、その中には林献堂のような資産家も含まれていたと考えた方が、多様な政治的立場の人々を含めて議論できると思われる。「土着地主資産階級」という言葉からは、林献堂を代表例とする合法的抗日運動を担った台湾人だけが想起されやすいため、ここでは使用を控えたい。

地方有力者は地方社会の名望家であり、清朝時代から地域をまとめてきた社会層である。彼らが伝統的に持っていた地域支配力を取り込むことで、総督府は徴税や治安維持などの行政機能を安価に確保することができた。ところが、島内の開発が進むにつれて、地方有力者では束ねられないような新しい人々が現れてきたのではないだろうか。これまでは林献堂およびその周辺の人々が担った台湾同化会や在日台湾青年の言動ばかりが注目されてきた。しかし、ここで論じるのは、そのような明確な政治運動を担った人々ではない。本稿では、台湾総督府の統治下で自分たちの人生を充足しようと考えた庶民をとりあげ、明確な政治スローガンとは無縁ではあるものの植民地政治への不満を表明し始めた新しい人々として注目すべき存在であることを提起する。

まず、従来型の地方有力者の支配力の源泉とその機能の実例を考察したのち、その力の低下を見る中で、新しい社会層として批判精神を持った庶民の姿を浮かび上がらせてみたい。

一　地方社会の伝統と近代的地方行政の接合

（1）　地方名望家層の体制化

総督府は、清朝時代から続く伝統社会の関係性を利用し、名望家層を通じて地方社会を支配した。台湾では、日本内地における町村にあたるのが街庄である。街庄には街庄長がいた。時代によっては街庄長の役割は区長が担った。無給の街庄長（のちに区長）は事務費用のみを与えられ、その他に必要な経費があれば、「交付金」と呼ばれる徴税手数料から捻出しなくてはならなかった。「交付金」とは、地方税および水租の徴収代行手数料であり、区によっては年に三〇〇〇円を越える額ともなった。街庄長は、事務費が足りない場合には、交付金の中から持ち出した。その使途は事務経費にとどまらず、無給職である保甲長の行政事務補助に対するねぎらいのため、宴席を設けることや、一円、二円程度の手当にも使われた。総督府は、経費をかけずに地方支配をすすめる手段として地方名望家に注目し、彼らに「交付金」という恩恵と引き換えに地方支配力を提供させていたのである。

以下において、名望家である地方有力者層が総督府側にどのように組み込まれたのかを、上記の制度の実態を通して検討する。総督府の官報である『府報』と『台湾日日新報』に主としてよりながら、街庄長や区長、保甲役員らといった地方支配の中核的存在が制度に組み込まれていく過程をたどる。

そもそも台湾における土地支配は、大規模な開発者である大租戸が、小租戸という小規模な地主に農作を任せ、さらに小租戸は佃戸という実際の農業従事者に小作させるという重層的な構造を持っていた。(7) このため、地域社会は有力な農業開発者の勢力によって支配されていた。官からすれば、大租戸さえ押さえておけば、徴税が確保できたのである。(8) もちろん、大租戸が官に従順であることが納税の前提となる。ここに官と民との協力関係が課題となる。

中国本土と同様に、台湾の地方社会には実態としての自治があり、それに官が依存しながら支配するという構造になっていた。地方の土地支配に関する官民の関係については、戴炎輝氏が清代の地方行政史料を用いて明らかにしている。戴氏によれば、地方社会の要には「総理」がいた。総理は「官が最も重視する郷村の役職で、まさに堡の中心である。紳士・耆老などが総理を官衙へ推挙するように、街庄の指導者」[9]である。職名の由来どおり、「その職務はあらゆる面に及び、総理」[10]した。一方、官は郷村に地保とよばれる下級官吏を置き、「官の耳目や手足」として「地方の事務全般を報告、処理」させていた。[11]

総理と地保とでは、権威において前者の方が優越していたとされる。しかし、実際には総理と地保との役割は重なっていた。戴氏は総理も地保も地方支配を担っていることを指摘している。両者は結局のところ協力し合っていたというのが実情だったらしい。[12]

大租戸や小租戸は、その経済力から地域の有力者となり、在地社会の指導者ともなる。一方、官は徴税を下級の官吏に任せている。当然のことながら、在地有力者は下級官吏よりも現地の事情に通じているため、徴税についても協力を依頼される立場にあり、強制されるような立場にはない。戴炎輝氏が指摘するように、地方自治は名望家によって維持されており、行政機構はそれらの支配力を利用する形で機能していた。

台湾が日本に領有されてからも、地方における徴税業務は地方有力者との協力に支えられた。清朝時代の総理は、日本時代においては一八九七（明治三〇）年五月三日の勅令第一五七号により、街庄社の長として設置された。[13]

街庄社長の職務については、同年六月二七日府令第三〇号により次のように定められた。

府令第三十号

明治三十年勅令第百五十七号第三条ニ依リ街庄社長設置規定左ノ通相定ム

明治三十年六月二十七日　　台湾総督　男爵乃木希典

街庄社長設置規定

第一条　街庄社長管轄区域ハ県知事庁長之ヲ定ム

第二条　街庄社長ハ弁務署長ノ具状ニ依リ県知事庁長之ヲ命免ス

第三条　街庄社長ノ事務費支給額ハ一箇月十五円以内ニ於テ県知事庁長之ヲ定ム

第四条　街庄社長職務ハ知事庁長之ヲ定ム

街庄社長には「一箇月十五円以内」の事務費が与えられただけであることがわかる。当時の『台湾日日新報』の記事で、「全島各街庄社長等に任命せられたる土人は名誉職にして俸給手当等は之れ無き(14)」と報じられているように、街庄社長には給与が支払われていなかった。しかし、街庄社長が果たすべき職務は少なくなく、一九〇二（明治三五）年五月三〇日の府令第四〇号によれば次の通りであった。

府令第四十号

街庄社長ノ職務左ノ通相定ム

本令ハ明治三十五年六月一日ヨリ施行ス

街庄社長ノ職務ニ関スル従来ノ規定ハ本令施行ノ日ヨリ総テ廃止ス

明治三十五年五月三十日　　台湾総督　男爵児玉源太郎

一　法令ノ周知ニ関スルコト

二　人民ヨリ行政官庁ニ提出スル願届等ノ進達ニ関スルコト但シ特別ノ規定アルモノハ此ノ限リニアラス

三　行政官庁ヨリ発スル命令ノ伝達ニ関スルコト但シ特別ノ規定アルモノハ此ノ限リニアラス

四　戸籍上ノ異動報告ニ関スルコト

五　租税及諸収入徴収事務ノ補助ニ関スルコト
六　公費ノ収支ニ関スルコト但シ特別ノ規定アルモノハ此ノ限リニアラス
七　以上ノ外特ニ庁長ヨリ命令スル事項

街庄社長の職務を分類してみると、法令・命令の伝達業務（一、三、七）、願届・戸籍異動報告の事務処理業務（二、四）そして徴税・公費の徴収業務（五、六）の三種類に分けられる。街庄社長は上意下達の機能だけでなく、戸籍管理や徴税事務補助について責任を負っていることが注目される。地域の有力者であるからこそ、そこに住む人々の各個人の家族的身分関係を実態に即して確定し、その戸籍に基づいて課税対象から適切に徴収することが可能となる。清朝時代においても同様に徴税業務を実際に取りまとめていたのは街庄社長層の地方有力者であったことを考えれば、台湾総督府が彼らに同じ業務を担わせたことは自然なことであった。

彼らは職務の見返りとして、徴税・公費の収入に対して一定の割合で「交付金」と呼ばれる手数料を得ることができた。「交付金」は、街庄社長に徴税業務を行わせるために必要な代価であった。一九〇三（明治三六）年の台湾地方税規則取扱規定には、街庄社長が適切に徴税業務を行うように監督するための規定が定められている。第九条には、「庁長ハ街庄社長ノ分賦額ヲ不適当ト認ムルトキハ之ヲ更正セシムヘシ」として、街庄社長が管轄する街、庄、社に賦課する金額が本来の徴収すべき額と異なると判断すれば、賦課のやり直しを命じることができるとしている。もちろん、適正であるか否かを判断するためには帳簿が必要であるため、第一一条では「街庄社長ヲシテ税金ノ分賦又ハ取纏ヲ為サシムルトキハ相当ノ帳簿ヲ備ヘ其ノ時時記載セシムヘシ」として、根拠となる文書の作成を義務づけている。徴税業務が適切に行われたときの見返りについての扱いは、第一一条には「街庄社長ヲシテ税金ノ取纏ヲ為サシメタルトキハ地租付加税ヲ除クノ外其徴収額ニ応シ交付金ヲ支給スルコトヲ得」と規定されている。

街庄社長の担う業務は、地域の住民に対する行政事務と徴税である。それらの業務を行う際に補助が必要になった場合、保正や甲長といった保甲役員が活用されていた。一九〇四（明治三七）年八月一一日の台湾総督府訓令第二二二号では、「庁長ハ保甲役員ヲシテ街庄社長ノ事務ヲ補助セシムルコトヲ得但シ其ノ事務ノ種類ハ予メ台湾総督ノ認可ヲ得テ之ヲ定ムヘシ」とされており、街庄長同様に無給であった保甲役員は、通常の保甲事務のほかにも街庄社長の事務補助という新たな負担が課されることになった。街庄社長が「交付金」を手にすることができる一方で、保甲役員は無給のままであったため、保甲役員たちは不満を募らせていたらしい。この点を含め、次に街庄社長の実態について検討する。

（2）街庄社長（区長）の地方における役割

街庄社長は、一九〇九（明治四二）年九月二四日に公布された勅令第二一七号に基づき、その職務が区長へ引き継がれた。同勅令第一条には「台湾総督府管内街、庄、社又ハ数街庄社ニ区長一人区書記若干人ヲ置ク区長及区書記ハ判任官ノ待遇トス」とあるように、新たに区書記という事務補助の専従者が置かれることになった。区書記には、第六条で「区書記ニハ手当ヲ給ス」とされた一方で、同条は「区長ニハ事務費ヲ給スルコトヲ得」と定めた。なお、区長は街庄社長と同様に無給であった。区長の職務は、同勅令の付則にあるように「従前街庄社長ノ職務ニ属シタル事項ハ区長ノ職務ニ属ス」と、事務の負担は減らされなかった。ただし、区書記が置かれたことから、区長の負担はいくらかは軽減されたのではなかろうか。

一九〇九年一〇月五日には新たな区長職務が府例第六八号に規定された。街庄社長時代の職務規定と比べるといくつか変わっている部分がある。

府令第六十八号

区長職務規定左ノ通相定ム

明治四十二年十月五日　　台湾総督　伯爵佐久間左馬太

区長職務規定

区長ノ職務左ノ如シ

一　法令ノ周知ニ関スルコト

二　人民ヨリ行政官庁ニ提出スル願届等ノ進達ニ関スルコト

三　行政官庁ヨリ発シタル命令ノ伝達ニ関スルコト

四　部内ノ状況其ノ他諸報告ニ関スルコト

五　台湾歳入、地方税其ノ他諸収入ニ関スルコト

六　公共費ノ保管及出納ニ関スルコト

七　前各号ノ外特ニ庁長ヨリ命スル事項

前項ニ関シ特ニ規定アルモノ又ハ庁長ニ於テ特ニ定メタルモノハ各其ノ規定ニ依ル

付則

本令ハ明治四十二年九月勅令第二百十七号施行ノ日ヨリ之ヲ施行ス

明治三十五年五月府令第四十号ハ之ヲ廃ス

まず戸籍管理に関する事務が規定からなくなっている。代わりに「四　部内ノ状況其ノ他諸報告ニ関スルコト」のように、地方の状況を概括的に報告する義務が新たに課されている。もともと区長は戸籍を管理する過程で地方社会のさまざまな問題を知りうる機会に触れていたため、総督府としては彼らの持つ情報を収集することで地域の実情を把握しようとしたのだろう。

次に公金の扱いに関する事務を見てみると、第七の規定に「保管及出納」に関する事務が明示されており、区長に税金や公金の管理が任されていたことがわかる。区長が預かる金額は相当な額に及んだであろう。実際、勅令第二一七号第五条では、「台湾総督府ハ必要ト認ムルトキハ区長ヲシテ身元保証ノ為金円又ハ物件ヲ提供セシムルコトヲ得」となっていた。

保甲役員と区長との関係については、従前どおりの事務補助が期待されており、同年一〇月五日の府令第六六号には「明治三一年八月府令第八七号保甲条例施行規則中左ノ通改正ス」として、「保正及甲長ハ区長ノ指揮ヲ受ケ保内又ハ甲内ニ於テ区長ノ職務ヲ補助執行ス」と規定された。

街庄社長から区長へと名称が変更されても、総督府にとっては地方有力者が地方支配において重要な協力者であることは変わらなかった。地方有力者にしても、交付金という経済的な恩恵を得ることができることに加え、保甲役員への指揮を通じ、地方社会を主導する機会が保障されるため、地域の名望家という地位を保持する上で有益だったはずである。

しかし、彼らの伝統的な地域指導力に頼った地域支配の実像は、はたして総督府の思い描くそれと一致していたのだろうか。そして地方有力者の指導に対して地域の人々は満足していたのだろうか。この点について、次に総督府の調査から検討したい。一九一三（大正二）年『台湾総督府公文類纂』の五六〇四冊には、嘱託の神西由太郎による「地方行政事務視察復命書」と題する視察復命書が綴じられている。作成日は一九一三年四月二二日となっているが、復命書の冒頭では台湾総督伯爵佐久間左馬太に宛てて「命ヲ奉シ地方行政事務ノ視察ヲ遂ケタル結果左ノ通リ及復命候也　明治四五年三月　日　嘱託　神西由太郎　印」と記載されていることから、視察自体は前年三月までに終わっていたことが確認できる。神西が「命ヲ奉シ地方行政事務ノ視察ヲ遂ケ」たのは、「台北、宜蘭両庁管内ノ下級行政機関」の二二区長役場であった。(15)

復命書の中から区長の地方社会における役割がわかる部分に注目して見てみたい。まず、区長の任期についてであるが、「区長ノ就職期間ハ四囲区長ノ十七カ年及木柵区長ノ十六カ年ヲ最モ長キモノトシ……尚大概三、四年ノ期間ヲ有セリ[16]」とある。彼らは経済的には豊かな人々であり、「其資産ハ小基隆区長ノ十万円ヲ最タルモノトシ……最モ少キモノト雖尚三四千円ノ資産ヲ有[17]」していた。区長の下で事務を行う区書記については、「区書記ノ就職期間ハ宜蘭、楨仔寮各区書記ノ九カ年、艋舺、頭囲各区書記ノ八カ年ハ其最モ長キモノニ属シ其他ハ多ク近年ノ就職者ニシテ比較的更迭頻繁ナルモノノ如シ[18]」とされ、区長に比べると交代が多かったことがわかる。区書記の手当てについては、「其高キモノヲ大稲埕ノ二十三円及基隆ノ二十円トシ以下十円及至十五、六円ヲ普通トシ最モ少キモ七円ヲ降ラス[19]」とされている。

区事務所の施設は、「区長事務ヲ処理スヘキ場所ニ付テハ宜蘭管内ノ四囲区長役場ノ新築ヲ除ク外何レモ民家若ハ廟ノ一部ヲ以テ之ニ充テ[20]」とあるように、総督府の末端行政機関として体裁が問題視されていた。視察書では、その問題を「(一)威信ヲ保ツ点ニ於テ(二)公私混同ノ虞レアル点ニ於テ聊カ憂慮ニ堪ヘサルモノアリ[21]」と論じている。しかしながら、事務経費もわずかでなおかつ無給であったため、施設にまで経費は回らなかったのだろう。いきおい、普通の民家や廟などが使用されたとしても仕方なかった。そもそも、区長の持つ伝統的な地域社会での指導力を借りようしていた時点で、地方行政一般において「公私混同」は生じ得る。

区長による地方行政は、上意下達や願届などの事務手続があるが、やはり重要な職務は徴税や公費徴収であろう。この業務に携わることで区長はみずからの収入として「交付金」を得ることができた。それは、さまざまな区経費にも廻されていたので、実質的には「交付金」こそが区経費の源泉であった。視察書によるところの「交付金」とは、「地方税及水租等ノ徴収ニ関シ其実費並ニ手数料トシテ徴税金額ニ応シ一定ノ率ヲ以テ官庁ヨリ交付ヲ受ク可キ区長ノ収入ヲ指スモノ[22]」とされている。台湾においては、徴税額に応じて区長は徴税事務の手数料を受け取っており、「地方税（家税、営業税、雑種税）徴収金額ノ百分ノ三」と「水租（官設若ハ公共埤圳ニ因ル用水ノ引用料）徴収金額ノ百分ノ二若ハ三」が、「区長ノ私的収入」となった。[23]「交付金」は管轄する地域によって大きく異なっており、視察された地域内に限っても一九一〇（明治四三）年の交付金額に基づけば、最大の大稲埕区の三二〇〇円三八〇銭に対し、最小の小格頭区では一三円二四〇銭であり、その差は三〇〇倍であった。[24]区によって人口も商業の発展の程度、農地の規模などが異なるため、同じ区長といっても「交付金」の恩恵を受ける程度は大きく異なっていた。もちろん、大稲埕区のような大きな収入のある区であっても、区長が区行政経費のために大きな支出を出していれば、実質の収入は減るので、一概に「交付金」の額のみでは判断できない。しかし、視察書は交付金の半額程度が実際の収入ではないかと推定している。[25]

区行政事務に必要な経費としては、事務費があげられており、その中には無給で事務にあたる保甲役員への慰労費が含まれているという点は注目すべきである。なぜなら、区長自身も無給職であり、その区長を行政事務で補助する保甲役員も無給でありながら、実際には「交付金」の中で後者にかかる経費が処理されているということを示しているからである。なお、視察書では、保正が無給で区長の事務補助をしていることについて「何等ノ手当ナキヲ以テ此点ニ関シ保正ハ内心不平ナキ能ハス」という実態を指摘しており、これに対して「近来区長ハ保正ニ対シ自己ノ収益ニ属スル事務費若ハ交付金ノ中ヨリ其費用一人ニ付約一円五〇銭乃至二円ノ程度ニ於テ一箇年ニ一回若ハ二回ノ慰労宴会ヲ開キ又ハ手当トシテ少許ノ現金ヲ支給シ」ているとも述べている。[26]この額が妥当であるのか否かは即断できないが、「区長ノ収入ニ比スルトキハ余リ其程度ノ低キニ失スルノ感アリ」[27]として視察書は批判的に見ている。

「交付金」の収入および支出が区長の裁量に大きく左右されたことは、区行政において区長が実質的な区財政に大きな役割を果たしていることを示している。視察書によれば、このような地方行政における区長の広汎な役割は清国時代の伝統によるものであるとされる。視察書では、次のように清国時代と日本時代の地方有力者を対比している。

由来本島ハ清国政府時代各街庄ニ郷長、大御総、若ハ総理等ノ職吏ヲ置キ以テ地方行政事務ヲ掌ラシメ又地保及御保等ノ職吏ヲ以テ警察事務執行ノ任ニ当ラシムル等何レモ一種ノ自治行政ノ存在ヲ認メ居リシコトハ明カナル事実ニシテ今日ノ所謂区長及保甲制ナルモノハ即チ之カ変体ニ外ナラス而カモ何等ノ弊害アリシヲ認メス。[28]

清国時代の各街庄における総理等の在地の有力者層は、末端地方役人である地保等を使って警察事務を行っていたが、これと同様に日本時代では街庄長や区長などが保甲役員を使っていた。つまりは「今日ノ所謂区長及保甲制ナルモノハ即チ之カ変体ニ外ナラ」なかったのである。

このことをふまえ、視察書は地方社会の持つ伝統的機能を活かしつつ、区行政を改善するように提言もしている。たとえば、将来において「区ニ人格ヲ認メ予算制度ヲ執行スル場合[29]」には、「区長及区ノ役員ニ対シ事務練習ノ道ヲ講スルハ勿論庁員ヲ派遣シテ親シク街庄ノ実況ヲ調査シ施設ヲ要スル事業ノ緩急ヲ計ル[30]」とあるように、総督府の指導の下で地方有力者に行政能力を身につけさせようと目論んでいる。予算編成が妥当であるか否かについては、「区ノ財力ヲ精査シテ茲ニ予算ノ基礎ヲ決定シ一定ノ時期ニ於テ区長ニ命シ予算ノ編成ヲ為サシムル手段ヲ採ラ[31]」せることを提案する。視察書は、最終的には、編制された予算を庁が「認可[32]」するという形式がよいとしている。あくまでも総督府が監督し、遺漏なきように予算編成を進める手立てを講じているのがわかる。

ただし、地方の予算について区内の意見もあるため、保の長である保正による会議を通じて、予算編成の諮問機関としてはどうかとも提案している。

尚一言ス可キハ区ニ於テ予算ヲ編成スルニ当テハ予メ保正会議ヲ開キ之ニ諮問スルハ一ノ便法ナリト信ス

蓋シ保正ハ区税ノ徴収ニ関シテハ区長ノ補助機関トシテ之ニ関与スルハ勿論区民ニ対シ予メ予算編成ノ主旨ヲ知ラシムル点ニ於テ保正ヲ介シ置クノ必要アルヲ以テナリ(33)。

保甲が徴税に関しては区長の下で働いていることをふまえ、区民からの要望や不満などを聞き得る立場にあることを念頭においた提案である。よりよい予算編成を行う上でも、また徴税の意義について説明するためにも、諮問機関とはいえ地方の民意を問い、それに答える機関が必要であることを指摘している。ここからは、区民の納得する形で予算を編成すれば、納税の意義もおのずと区民に理解されるはずだという期待を読み取ることができる。従来、納税意識が低かったことや徴税事務を現地の人々に依存していたことから、区長等の地元有力者に交付金のような手数料を支払わなければならなかったのであり、もしも納税意識が高まれば、区長にせかされずとも税金が納められ、「交付金」は不要になるはずである。視察書は、次のように納税意識と区財政の関係が変化することを期待していた。

若シ該交付金ヲ区長ノ手ヨリ離シ官ノ収入トナス場合ハ自カラ之ヲ別トスルモ這ハ決シテ然ラス即チ一方区長個人トノ私的関係ヲ断ツト同時ニ全部之ヲ区ノ収入ニ帰セシムルヲ以テ事実上区民全体ノ利益ニ移ルカ故ニ区民ハ却テ之ニ感奮シ徴税上従来ニ比シ一層良好ナル効果ヲ収メ得可キハ理ノ当ニ然ラシムル所ナレハナリ(34)。

視察書がさまざまに提起した課題は、一九二〇年に田健治郎総督のもとで地方自治制度の改正として実現することになった。同年の地方自治制度改正では、街庄は法人格を持ち、財産権も持つことになった。これにともない、街庄長は有給の官吏となり、区長は名誉職のまま据え置かれた。当然ながら街庄長も区長も「交付金」を手にすることができなくなったのである。しかし、一九二〇年に「交付金」がなくなるまでは、一九一六年に府令第三六号で減額されることはあったものの、この制度は存在していた。なぜ、これほどまでに長らくの間、「交付金」を介して台湾総督府は地方有力者に配慮していたのだろうか。この問題を、総督府が地方有力者を利用して地域の安定を図っていた事例から検討したい。

二　地方有力者の持つ治安維持機能の利用

(1)　浮浪者対策に見られる地方有力者の利用

漢人武力蜂起の鎮圧と理蕃五カ年計画による先住民への支配強化が進み、台湾全土の治安は次第に確保されていった。この過程であらためて台湾人を同化させる必要が総督府に自覚されていった。それは、総督府の視点からすると台湾人社会をいかに日本の統治体制に包摂できるかという問題である。

一九一〇年の『台湾時報』では、「社会的改善と産業政策」と題する論説が掲載され、そこでは台湾社会の安定のためには社会改善が必要であることが論じられた[35]。

植民事業の成否は係つて、其の自然と人とを治配する能力の如何に存し、植民地に於ける富源を開拓して、産業を興隆ならしむると同時に、下級土着民族を薫化して吾人の文化的生活に誘導するにあらずんば、到底成功を収めて千歳に確保するを得ざるなり。……換言すれば、植民地の富源を自在に開発して産業の興隆を計り、以て彼等を治下に安泰ならしめんとす、何等かの社会的改善の途を画策して、自他の和親を企図するの甚だ緊要なるを言はんと欲するのみ[36]。

産業振興によって台湾人の社会を改善し、内地人との「和親」を進める必要を訴えていることがわかる。同論文では、「産業政策上の成功は単に経済的幸福と其の進歩を実現するものに止まらず、延いては土着下級民族の社会的改善に、密接緊要なるの関係を有する[37]」とも述べられており、経済と統治が密接に結びついているという発想を指摘することが出来る。これは、台湾人による武力抵抗も終末期となり、威圧一方の政策からの脱皮が模索されていたことを示している。治安の安定を受け、台湾支配の目的に台湾人の「社会的改善」が掲げられようになったのである。

とはいえ、一九一〇年代は「土匪」による抵抗運動が次第に減り、大規模な武力集団による抵抗は予想されなくなってきたものの、総督府の治安対策が新しい時代にあわせたものに変わっていたとは思われない。たとえば、この時期においても児玉総督時期の頃に作られた「台湾浮浪者取締規則」によって、全島の状況を調査しつづけていたのである。「台湾浮浪者取締規則」とは、一九〇六（明治三九）年に律令第二号として制定された治安対策の規則[38]である。本規則の制定趣旨は、理由書として次のように述べられている。

土匪ノ鎮定以来本島ノ静穏ハ古来未曾有ト称ス然レトモ本島ノ治安ハ未タ之ヲ以テ永久ニ憂慮ノ外ニ在リト速了スルコトヲ得ス明治三十五年以来彼ノ党類ヲ結合シ白昼公然武装シテ掠奪ヲ恣ニスルカ如キ匪徒ハ今ヤ其ノ影ヲサルニ至リシモ狗鼠的小賊其ノ他ノ犯者ハ累年其ノ数ヲ増加シテ獄舎ノ狭隘ヲ告クルニ至レリ。[39]

土匪討伐が進んだ結果、入獄者が累増し獄舎が狭隘となってきた。そこで、「進ンテ犯罪ノ予防上適当ナル方法ヲ講スルノ急務」[40]となったので、浮浪者対策があげられたのである。なぜなら、「今日ノ無為徒食ノ輩ハ他日強賊ノ萌芽」[41]であるからである。「現行法ノ規定」では、「一定ノ住居及生業ヲ有セスシテ徘徊スル者即チ浮浪者ヲ違警罪トナシ拘留又ハ科料ニ処スルニ止マリ住居ヲ有スルモ労働ヲ嫌忌シ当サニ浮浪ノ状態ニ瀕セル一般ノ無為徒食者ニ及ハ[42]」ないため、浮浪者取締に関する律令を制定する必要があると説かれている。

同律令第一条には「庁長ハ一定ノ住居又ハ生業ヲ有セスシテ公安ヲ害シ又ハ風俗ヲ紊スノ虞アリト認ムル本島人ニ対シ其ノ定住又ハ就業ヲ戒告スルコトヲ得[43]」とあり、その趣旨として地域の秩序対策があげられている。戒告の効果がなかった場合には、「強制就業執行地」へ送ることが出来、その処分を受けたものを一年間「監視」することも明記されている。児玉総督時期は再び反政府武力集団に糾合される危険性のあるものについては、警察が目を光らせており、総督府では治安対策の一環として、浮浪者を取締り、警察は各地で社会から浮遊する人々を把握していた。

一九一二（明治四五）年調べの「浮浪者取締状況照復[44]」を見ると、総督府は浮浪者が就業や定住により、安定した生活を送っているのか否かに注意しており、その際、警察官は保甲役員の協力を得ながら監視に当たっていたことがわかる。この報告書が作成されたのは、警視庁からの依頼を受けて拓殖局第一部長宮尾瞬治が台湾総督府民政長官の内田嘉吉に作成を依頼したことによる。内田は「今回警視庁ニ於テ浮浪者取締ニ関スル規定制定ニ付参考ニ供シ度趣ヲ以テ照会有之次第ニ付[45]」と述べているように、依頼趣旨としては、内地における浮浪者取締規則の参考とすることにあった。しかし、作成された報告書を読むと、総督府がこの機会を利用し、規則の実施状況を知ろうとしていたことがうかがえる。この照会に応じて、各地から送られた報告書の中の一例として、以下に台南庁からのものをあげる[46]。

本年六月二十七日付本保第一〇一二号ヲ以テ浮浪者取締ノ状況取調方御照会ニ依リ調査候処左記ノ通リニ有之候条此段及回答候也

明治四十五年七月十七日

台南庁長　松木茂俊　印

民政部

警察本署長　亀山理平太殿

左記

年別	種類	戒告	解除	送致	死亡	逃走其他転出	転入	現在
明治39	就業 定住							
同　40	就業 定住							
同　41	就業 定住	22		7				15
同　42	就業 定住	16	2		1	1		27
同　43	就業 定住	16	7	2	3	1		30
同　44	就業 定住	13	6	1	1	3	1	31
同　45	就業 定住				1	2	1	31
計	就業 定住	67	15	10	6	7	2	31

㈠　就業又ハ定住ノ戒告ヲ受ケタルモノ
［表上掲］
備考一、四十二年戒告者中一名ハ就業、定住戒告者

監視数の報告の他にも、実際に収容所から解放されたものが、その後どのような生活をしているかにいたるまで細かく報告されている。

㈡　浮浪者収容所ヨリ解放セラレタルモノ、行状
収容所ヨリ解放セラレタル者
台南庁楠梓仙渓西里竹囲庄四十一番地
江添枝
同　台南市戊三三四番地
許聯甲
同　同市丙一、四四六番地
董　餅
同　長治二図里後郷庄五五一番地
余清俊
同　半屛里右冲庄三六八番地
林先進
右五名ニシテ共ニ帰郷後品行方正能ク保甲役員ノ命ヲ守リ専心職業ニ従事シ近隣ノ風評モ宜敷ク尤モ江添

枝ニ就テハ聊カ不法行為ヲ認メタルニ付本年五月厳重将来ヲ訓戒シタレバ深ク後悔シ謹慎ノ意ヲ表シ居レリ

以上ノ如ク行状良好ニシテ改悛ノ情頗著ナルヲ認ム

㈢　浮浪者取締規則施行後ノ効果

従来一定ノ職業ヲ有セス表面ノミ何々業ト称シ諸所ヲ徘徊シ公安ヲ害シ風俗ヲ紊シ巧ニ法網ヲ潜リ世渡リヲナス徒多カリシモ浮浪者取締規則施行セラル、ヤ其内容ヲ聞キ自ラ幾分非行ヲ改メタル輩モアリタル模様ナリシカ其後浮浪者収容所ヲ設置セラレ改悛ノ状ナキ不良ノ徒ハ同所ニ於テ強制就業ヲ命セラル、ヲ知ルヤ痛ク恐怖心ヲ起シ一層非行ヲ改メ生業ニ就キ又全然改悛スルニ至ラザルモノト雖モ同規則施行前ノ比ニ非ス且ツ同所ヨリ解放セラレタルモノヨリ同所ノ模様ヲ聞クヤ尚一段畏縮自警シ頓ニ浮浪者ヲ滅スルニ至レル感アリ是レ即チ同規則施行ニ基因スルモノニテ大ニ効果ヲ奏シツ、アルモノト思量セラル

元浮浪者は帰郷後、「能ク保甲役員ノ命ヲ守リ専心職業ニ従事シ」ているとあるように、警察と保甲役員との連携によって地域にとけ込めるように配慮されている。土匪対策としての浮浪者取締規則は、「無為徒食」の浮浪層が土匪の予備軍であるという認識によって作られ、地方有力者の協力を得つつ、保甲制によって取り締まられていたのである。

（2）　武力蜂起と開発の関係

総督府法務部は台湾における武力蜂起史を『台湾匪乱小史』という一書にまとめた。これは一九二〇年に出版されたもので、すでに武力蜂起が過去のものとなった時点から、「匪徒なる者の概略を知悉する」ために編纂された。[47]同書は、一八九五年から一九〇三年にいたる間の土匪暴動事件は頻繁に起こっていて煩雑であるため概略を記すにとどめ、それ以後から西来庵事件までの事件について詳述されている。特に羅福星が起こした苗栗事件

は、未然に発覚して直接的な被害がなかったにもかかわらず大きくとりあげられている。羅は辛亥革命に参加し、それを台湾へ波及させる意図があったと述べたため、革命未遂事件として重視されたのである。羅は大陸と呼応して台湾に革命を起こそうとしたことを述べているが、実際には呼応する政治勢力は大陸になかったという。(48)

羅福星の事件について、台湾総督府臨時法院は一九一三年一二月五日付の判決報告書(49)を佐久間左馬太総督へ送っている。報告書では、参加者の年齢・経済状況についても詳細に検討されている。総督府の記述からは、総督府が事件参加者の動機づけを分析しようとしていたことをうかがうことができる。では、具体的に報告書について検討してみよう。

被告羅福星ハ別名ヲ羅東亜又ハ羅国権ト称シ新竹庁苗栗一堡牛欄湖庄ニ生レ長シテ苗栗公学校ヲ卒業シ今尚同庄ニ在籍ノモノナルモ明治四十年中祖父ト共ニ家ヲ挙ケテ支那広東省ニ移住シ同所ニ於ケル今次革命ノ結果ヲ観テ深ク感スル所アリ大正元年十二月十八日本島ニ渡来シ一定ノ住所ヲ定メス台北庁大加蚋堡大稲程北門外街旅人宿台南館、同所得勝街三合興茶桟及同所太平横街廣成茶桟等ニ宿泊シ又屢々苗栗地方ニ往来シ其間被告黄光枢、江亮能、謝徳香、伝清鳳、及黄員敬等ト相識リ語ルニ本島ニ於ケル施政ハ本島民ヲ蔑視虐待シ重税ヲ課シ産業ヲ奪シ生計ノ途ヲ失ハシメ益々悲境ニ沈淪セシメントス今ニシテ醒覚セズンバ前途洵ニ測リ知ルベカラス殊ニ本島民ハ由来支那ノ民ナリ永ク日本人ニ屈服スルノ理アルベカラス。(50)

ここでは、辛亥革命に影響を受けた羅福星が、総督府の島民に対して「蔑視虐待シ重税ヲ課シ産業ヲ奪シ生計ノ途ヲ失」わせたことに憤りを覚え、蜂起にいたったことが述べられている。また、「本島民ハ由来支那ノ民」であるから日本人への「屈服」は出来ないとして、異民族支配であることも批判している。

しかし、蜂起に誘われたものたちの陳述を見ると、参加の動機は革命思想だけではなかったことがわかる。たとえば、蜂起参加者である黄光枢は、参加者の勧誘に際して「募集員数若クハ才幹ニ応シテ相当ノ栄職及給料ヲ授ケンコトヲ定メ」(51)てあるように、栄職や給料を餌にして参加者を募っていた。他にも役職や給料を勧誘の材料にしていた例は散見される。江亮能が蜂起成功後に押収された辞令書には、彼が「司令長」に任命され、「二千人ヲ統御スルノ役」を与えられたことなどが書かれており、(52)葉紹安は土地測量員として「月六十円ヲ給セラル、」(53)ことになっていたと供述している。また陳鼎財は、事件参加の理由について「革命党ヲ企ツルニ至リシハ租税多ク出役頻頻ニシテ一般ニ困難スルノミナラズ入党スレバ破格ノ俸給ヲ得ルトノコトナリシ故」(54)と答えている。以上のように参加者たちの中には、革命そのものを望んだのではなく、成功の後に得ることができる栄職や高い給料に惹かれていたものもいたのである。

羅福星の述べるところによれば、総督府の苛政によって経済的にも「悲境」に陥ったとされているが、実際の参加者たちはどのような人々だったのだろうか。判決報告書には、「起訴被告人ノ資産別其他調査表」(55)という資料が含まれている。これは一六九名の被告人のさまざまな属性を表にしたものである。ここではそのうち資産と年齢を検討したい。

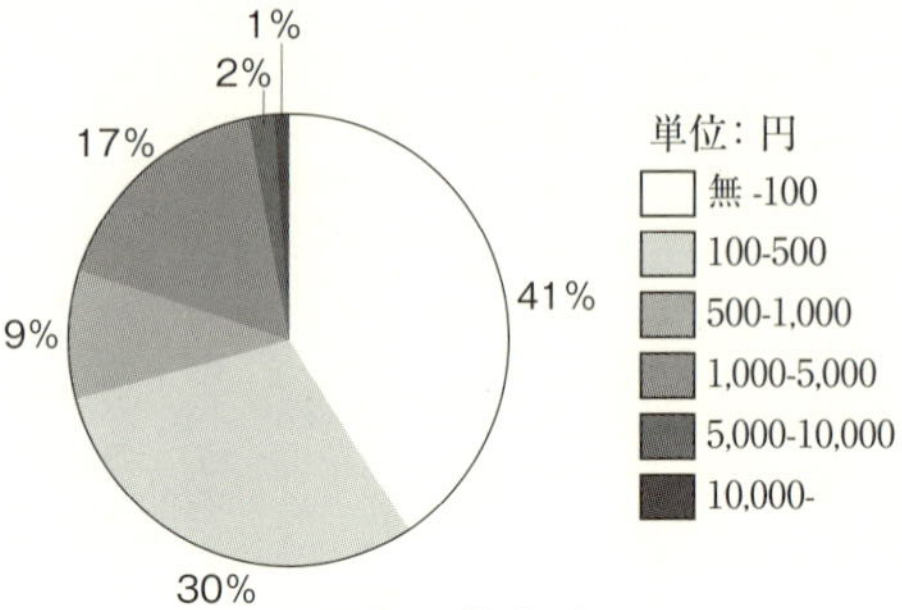

図1　資産別

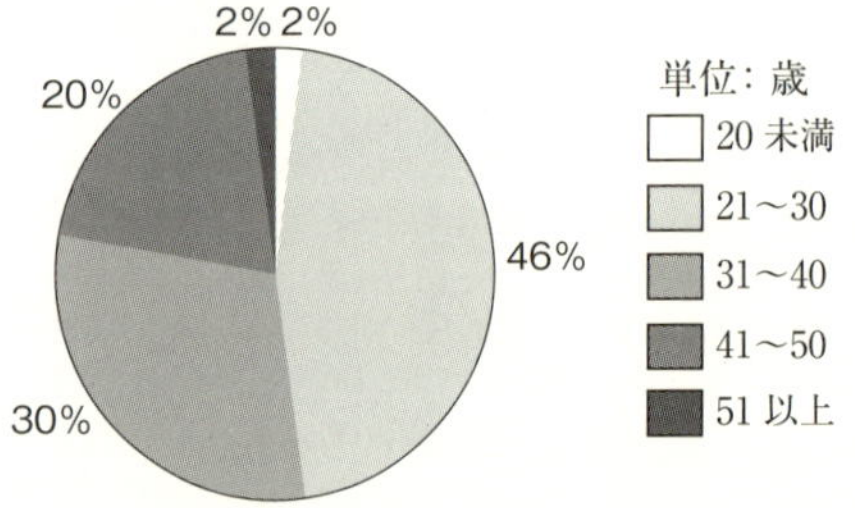

図2　年齢別

まず、図1を見ると一〇〇円未満の層が最も多く、四一%を占める。当時の生活水準を推測する材料として、以下に著名な政治運動家だった蔣渭水の弟の蔣渭川が一九六七年に回想した口述記録を参照したい。当時の物価を振り返り、日露戦争後から辛亥革命までの物価については、「米一五二台斤を一袋として、価格は三円五〇銭から六〇銭[56]」であったと蔣渭川は語っている。蔣は、インタビュアーの質問に答えて当時の物価を次のようにも語っている。

林衡道：辛亥革命の頃は、一般人の毎月の生活費はどのくらいでしたか？

蔣渭川：中華民国初年において、師範学校を卒業した教員の月給は一二円でした。それで一家を養うことが出来ました。私は公学校を卒業した後、郵便局で働きました。月給は七円五〇銭でした。[57]

林衡道：その頃、農民の生活程度は低かったのではないですか？

蔣渭川：みんなが思っているほどは酷くはなかったですよ。昔の農村は自給率が高かったので、ほとんどの日用品は自家製に頼っていましたから、買う必要がありませんでした。農民はものを欲しがりませんから、生活もとても簡素でした。[58]

郵便局員の給料が七円五〇銭であり、前掲の総督府調査書に出ていた区書記の給料は一五円から二〇円程度だった。参加者の四割は資産額一〇〇円未満ではあるが、一方で過半数は一〇〇円以上の有資産者であった。全体からすれば、必ずしも貧しい人々の集団であったとは言い切れないだろう。また、農民の場合を見ても、日用品を自給していたため、賃金が低かったとしても、村内で生活できたのだろう。報告書から個々の職業が判明する被告人は一二九名だけだが、その内訳は図3のように農民が最も多かった。

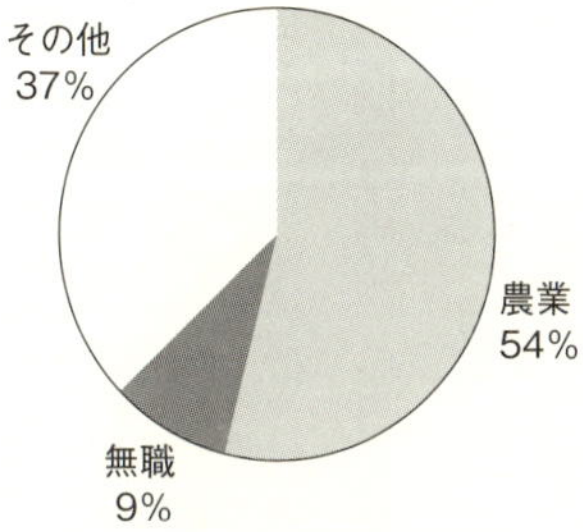

図3　職種

註：「その他」は行商人、日雇、大工、雑貨商、薬売などの職業。

一方、図2の年齢構成を見ると二〇代から三〇代までが全体のほぼ八割を占めている。羅福星自身も一九一三年時点で二七歳であり、事件の主な担い手は青年であることがわかる。

これらから見る限り、参加者が貧困ゆえに蜂起に加わったとは言いがたい。では、若い台湾人たちは、なぜ蜂起に参加しようと思ったのだろうか。これについて、総督府法務部長だった長尾景徳は、蜂起に参加する動機を「支那民族伝来の慣習」に求め、「権位争奪者が人民の生命財産を犠牲と為し爵位官階を香餌と為して帝業を企図せる歴史」に原因があると述べている。[59] 羅福星の事件以外でも、一九〇七年の北埔事件では首謀者の蔡清琳がみずからを「聯合復中興総裁」と称し、「日本人撃退の後は夫々栄職を授け一時賞与金二〇〇円及月額二〇円を支給[60]」すると唱えている。また、西来庵事件では首謀者の余清芳が「大明慈悲国を創建[61]」すると唱え、「自ら台湾に皇帝たらん[62]」とした。余は「日本人撃退後は一種の理想郷を現出し人民に貧富の懸隔なく租税を徴せず法律規則の拘束なく絶対無限の自由安楽を享有せしむ[63]」ことを唱えている。

蜂起の参加者が一概に貧困者ではないにせよ、やはり糾合を呼びかける際には、首謀者は経済的な恩恵を掲げ、同時にみずからが権力を握ろうとした。羅福星事件の参加者構成に見られるように、参加者の経済的境遇は多様である。陳鼎財が「革命党ヲ企ツルニ至リシハ租税多ク出役頻頻ニシテ一般ニ困難スル」と述べていたように、生活は出来るものの、よりよい生活への渇望が、参加者を蜂起へ参加させたとも見られる。そこには、現状の境遇への不満が昂じて、総督府治世そのものに怒りを向けるものが現れても不思議ではない。

同様な怒りは、他の事件にも見いだすことができる。羅福星事件の起こる前、一九〇七年には北埔事件という事件が起こっていた。この事件は蔡清淋という二七歳の台湾人が、樟脳製造業者を先住民から守るために雇われた隘勇という労働者たちを巻き込んで起こした事件である。[64] 蔡は事件を起こす直前に、隘勇を扇動して樟脳生産事業を妨害していた。一九一〇年三月に、蔡は賀田組による樟脳製造労働者の募集業務に従事しながら、同時に隘勇に対して辞職を促したのである。彼はその後、職を転々としながら、生活が上手く行かないことの恨みを総督府に向けたとされている。そして同様に総督府に対する反感を持っていた隘勇に呼号して、事件を起こしたのである。

隘勇たちが求めに応じた理由はさまざまであっただろう。しかし、彼らに共通していたのは、隘勇が日本人事業家の盾として先住民からの襲撃を防ぐ役割を持たされていることであり、それから生じる不満である。北埔事件については、総督府警務局自身が次のように原因を分析している。

……彼［蔡清淋］は自己の境遇今日の窮迫に陥りしは是全く官憲の干渉掣肘に因るもなり思推し益々反抗の気勢を昂め茲に窮余の一策を講じ一大暴動を起し騒乱に乗じて多額の金銭を掠奪し支那に脱走せんの非望を懐くに至り先づ其手段を考察したるに曾て脳丁［樟脳生産の労働者のこと］募集の事より北埔支庁下番地勤務の隘勇中面識ある者多きに心付き先づ之を扇動するに如かずとなし時恰も桃園庁下大嵙崁支庁管内蕃地討伐の挙あり北埔支庁よりも隘勇を派遣せらるることとなり居りしが隘勇等は蕃人に対する恐怖心に駆られて出向を忌避せんとするの傾向あるのみならず、平素勤務上に就ても警察官吏に対し慊焉たるものあるを聞知し奇貨置くべしとなし蔡清琳は屢々前期北埔蕃界地方に出入して流言を放ち隘勇及付近の庄民を惑はしめ(65)［た］。

ここで注目すべきは、扇動に呼応するような人々が台湾社会に存在したという点である。命がけで樟脳業を守っていた脳丁や隘勇らにしてみれば、みずからの境遇に対する不満は溜まりやすく、その怒りの矛先は支配者である総督府へ向かったのである。樟脳生産に限らず、山地での開発には先住民対策のために隘勇は不可欠であった。隘勇は望んでなるものばかりではなく、各地の農村で警察官の指導の下に仕方なく徴発されていたものも少なくなかった。台湾山地での産業開発が進むにつれ、山地と平地の社会との接触も増えていった。

山地で静かに住んでいた人々も、平地からやってくるものからの影響を受けやすくなる。これは総督府から見れば、外部の扇動者が山地に入りやすいことを意味する。たとえば、一九一五年に起きた西来庵事件の場合、その参加者の出身地は「山地方面の僻陬の部落最も多数を占め(66)」たといわれている。首謀者の余清芳は、「本島人の迷信を利用し殊に最も頑冥の称ある食菜人［一種の宗教信徒―補］を先づ煽動し、彼等の牢乎として抜くべからざる迷信を基礎として漸次多数の党員を募」[67]った。参加者に対しては、「支那よりも多数の軍隊渡来すべき」[68]ことを言い含めて蜂起成功を信じ込ませた。一部の台湾人ではあれ、迷信と祖国への幻想を容易に信じる土壌があったのである。

しかし、そのような迷信それ自体は必ずしも総督府と対立する性質のものではない。山地方面の住人たちは日本の統治開始から二〇年近くの間はおとなしくしていたのである。総督府の山地開発という方針によって脳丁や隘勇として駆り出されるなか、次第に募った不満と山地の人々の迷信とが、扇動者の言動によって混じり合い、抵抗運動に利用されていったのである。

この西来庵事件においても、首謀者の余清芳[69]は総督府施政の生み出した人物である。余は一八七九年生まれで、公学校を卒業し、一八九九年に台南県で巡査補となっている。翌年巡査となるも、詐欺の疑いを受けて解職となり、一九〇二年に鳳山県で再び巡査補となったあとも二年後には再度解職されてしまった。その後、各地の食菜堂に出入りし、秘密結社に加わり、党勢拡大に腐心しているところを官憲に発見され、一九〇九年に台東加路蘭浮浪者収容所に送致された。そこでは改悛したように振る舞ったので、二年後に出所したが、西来庵事件を起こしたのである。

いくつかの武力蜂起について要因を検討すると、総督府施政と台湾社会の変化の組み合わせに問題があることがわかる。台湾島内における産業開発一般が社会に与える影響は正負ともにある。樟脳製造労働者や隘勇などの例を見てもわかるように、産業開発が総督府施政に対する不満を作り出すこともある。開発に関連した職に就いた人々は、地域社会の網の目から離れて生活する人々である。総督府の産業開発政策は、台湾社会において流動化する層を新たに作り出したともいえるだろう。

三　多様化する台湾社会への対応

（1）下村宏民政長官の台湾社会認識

変化する一九一〇年代の台湾社会に対して、佐久間総督流の武断的な統治は限界を迎えていた。このとき、台湾統治とは縁のなかった下村宏が民政長官として赴任することとなった。下村は一八七五年に生まれ、一八九八年に東京帝国大学法科大学政治学科を卒業して逓信省嘱託となり、翌年には高等文官試験を合格して逓信省に入省した。下村はその後、郵便行政に携わり、台湾総督府に入る直前には為替貯金局長となっていた。ちなみに台湾総督府を離れてからは、朝日新聞社に入社し、一九三〇年には副社長となっている(70)。

下村は一生のほとんどを逓信・通信関係に奉げている。このような下村が台湾総督府に赴任することとなった背景には、安東貞美総督や一木喜徳郎内務大臣の度重なる依頼があった。この頃の就任経緯が記されている下村の日記によれば、彼は任官の年の一九一五年一〇月一二日に一木内務大臣邸へ呼ばれ、「内相自身安東総督共ニ台湾民政長官として殊に余の就任を切望(71)」している旨を伝えられた。これに対し、就任の条件として下村は「只総督と余と成案打合するや否やにあるのみ」と答え、「処見を陳述」したという(72)。

そのほかに、逓信大臣を勤めたことのある後藤新平の勧めもあった。内相邸を訪れた後、下村は後藤新平に台湾統治について教えを乞うている。一〇月一九日には、後藤から「一、長官ノ権限ヲ縮小スベカラズ。二、律令ハ断シテ譲歩スベカラズ(73)」という助言を受けている。また同月二七日の日記には、人事案について相談すべき相手を数名あげたり、警察の改良、「三千年ノ大和民族ト本島民（辜顕栄ニ対スル言）同化ノ困難」、「対総督ノ心得方　同対外問題、斎藤参吉問題　杉山茂丸干係」などについても後藤は述べていたことが記されている。後藤の助言について下村はキーワードのみを書き記しているに過ぎないので、具体的な話はうかがい知る事が出来ない。しかし、総督府民政長官就任を前提として、後藤からさまざまな意見を聞こうとしていることから、下村が台湾総督の統治改革に前向きであったことはうかがえる。

以上のように、威圧による支配だけでは台湾社会を支配することが難しくなっていた時期だけに、能吏である下村に総督府は期待していたと思われる。そこで、下村が台湾社会と総督府との関係をどのようにして安定したものへ変えようとしたのか検討してみたい。就任直後の一九一五年一一月二三日付で下村がまとめ、安東貞美総督へ献上した『台湾統治ニ関スル所見』という意見書がある。ここから下村の統治方針を探ってみたい。下村は統治の根本問題として、台湾人対策が定まっていないことにあると見ていた。彼は渡台前後において台湾人対策について、各人各様の相反する意見を何度も聞いたという。

……台湾統治ノ根本問題ハ、結局主トシテ三百万人ノ対本島人策ニ帰着スルコト又言明ヲ俟タサル所ナリ、而シテ本島人ニ対シテハ之ヲ愚ニシテ威圧スヘキカ、将又之ヲ教化訓育シテ同化セシムヘキカ、小官就任以来内地ニ、台地ニ、朝ニ野ニ、此ノ二点ニ於テ常ニ相反セル意見ヲ耳ニセルコト既ニ数十百回ニ上レリ。然カモ究極之ヲ世界ノ大勢ニ鑑ミルモ、政策ノ是非ハ姑ク之ヲ別トシテ、将来ノ事実トシテ時ト共ニ其文化ノ自ラ進歩ヲ見ルヘキ以上ハ、民衆ノ智識ハ進ムモ退クコトナキハ疑ヲ容レサル處ナリ、然カモ本島人ノ人種ノ異ナル限リ、地勢ノ変セサル限リ、仮令領台後幾百年ノ星霜ヲ経過スルモ、開闢以来万世一系ノ　皇室ヲ奉戴セル我大和民族ト同一ノ民族ニ同化センコトハ、全ク不可能ナリト断セサルヲ得ス(74)。

下村は、「台湾統治ノ根本問題ハ、結局主トシテ三百万人ノ対本島人策ニ帰着スル」と述べ、台湾人をいかに統治するかを政策の根本に据える必要を説いた。彼の考えは同化主義に基本が置かれてはいるものの、台湾人を完全に「大和民族」化させることは無理だと見ているため、無理な押しつけをしようとはしなかった。そもそも、台湾人を威圧のみで治めるのは無理であり、「時ト共ニ其文化ノ自ラ進歩ヲ見ルヘキ以上ハ、民衆ノ智識ハ進ムモ退クコト」がないとも述べているように、台湾人の進歩を前提にした施策が必要であると考えていた。下村にしてみれば、台湾人は日本人とは文化を異にしたままに進歩することはあっても、進歩したからといって、それは日本人と同化することはなく、そのようなことは「全ク不可能」と見ていたのである。

では、同化に限界がある以上、どこまでの同化を求め、何のために同化を進めるべきだと考えていたのだろうか。同書の結論部分の中で、下村は次のように述べている。

……則チ統治ノ大方針ハ之ヲ如何ニスヘキカ。一般社会民衆進歩ノ大勢ハ到底人力ノ之ヲ抑圧スヘキニアラス敢テ進ンテ之カ開発ニ重キヲ置クニ過クルコトヲ避クヘキト共ニ実情ニ適応シテ之カ教化訓育ノ途ヲ進メサルヘカラス、我邦家ノ為メ台湾ノ島民ノ為メ同化訓育ノ途ニ向ツテ進ムコトヲ要シ、又進マサルヲ得サルモノアリ。(75)

下村の目指す同化とは、「我邦家ノ為メ台湾ノ島民ノ為メ」の「同化」であることがわかる。つまり、国家の安定に資する上での同化であり、「純然タル日本人化シ能ハサルモ、我民族ノ外廓トシテ出来得ヘキ丈ケ之ヲ日本人化セシメ(76)」られれば、目的は達せられたことになる。羅福星事件に見られるように、台湾人は中国からの影響を受けやすいと総督府は危惧していた。だからこそ、台湾人の同化を進めることが統治の安定につながるのである。

下村は翌年五月二四日付の外務省宛の報告でも、中国と台湾との関係について次のように述べている。

常ニ彼等ノ祖国タル支那ヲ追慕シ、対岸一波一動ハ直チニ本島ニ共鳴シ来タルニヨリ、之ヲ統一シ、之ヲ包和シ、以テ渾然タル帝国臣民ニ同化センハ、一朝一夕ノ簡易事業ニアラサルヘシ、彼ノ頻年其ノ影ヲ没セサル陰謀事件ノ如キハ、明カニ彼等土民ノ同化尚ホ浅キヲ証スルモノ。(77)

下村は台湾統治の根元的な問題として台湾人が未だに日本人に同化できていない、つまり中国人からの感化を受けやすいことを指摘している。下村にとっての「同化」は、中国からの分離・非中国人化という国家本位の視点に立っていることがわかる。台湾統治という観点から見れば、台湾人がいまだに「祖国タル対岸ノ旧慣ヲ慕」[78]っていることは、好ましくない。台湾人が「日常ノ言語風俗悉ク彼ニ習ヒ盛ンニ彼地ト往来シ、通信シ、結婚シ或ハ対岸ニ土地ヲ買ヒ、家屋ヲ建テ」るため、なかなか日本人との同化が進まないのみならず、「不逞ノ輩又其ノ間ヲ往来シテ、諸種ノ陰謀ヲ企」てるものさえ往来することを憂えている。そこで下村は中国の対岸へも警察権を延長させるべきとまで考えていたのである。

実際に、下村は総督府対岸に領事館警察官の増員を実施している。翌年には、対岸における警察官の取締まりが行われていた。しかし、下村の危惧したような台湾人と対岸との精神的なつながりについては、警察権の行使では管理することが出来ない。統治の安定のためには、対岸からの感化を抑えるだけでなく、同化の在り方そのものの再考が迫られていたのである。

（2）　台湾社会からの異議申し立て

下村のように国家の安定という枠の中で進められた同化は、完全な同化を必要としないという意味では、同化の内容に幅がある。下村は統治の安定が成り立つ範囲内ではあるが、台湾人の独自性に寛容であったとも見なせる。しかし、そこには積極的に独自性を認めようという意図は見られない。

そこで、下村の統治に対して台湾人側はどのような反応を見せたのだろうか。同化の内容について、台湾人側が見せた反発の一例を検討したい。

下村は赴任後、台湾人との協調について公言した。たとえば、一九一五年一一月一九日の『台湾日日新報』によれば、国語学校における訓示のなかで台湾人と日本人の間の「意志の疎通」が重要であると論じた。

私は今回就任して初めて当校に臨みし機会に一言諸氏に対する希望を述べたいと思ふ……内地人と本島人の間の如く相互に国語を異にする場合に於ては、殊に此の意志の疎通といふ事に就て一層の注意を払はねばならぬ、その為めには双方の国語を能く習得しお互に充分意志を了解し発表し得る様になる事が最も必要である……現に今回私が民政長官の職に就きても差当つて福建語とか広東語を学ぶのを急務なりと思ふ、然かも之れは中々時間が許さないかも知れぬが、さういふ心懸だけは持つて居る(79)。

下村はみずからも時間があれば「福建語とか広東語」を学びたいと述べるなど、内地人と本島人との間の意思疎通に取り組む姿勢を見せた。本島人との意思疎通の必要は、それまでの統治の反省によるものであった。民政長官となってから、彼は統治の問題点について、総督府官僚に限らず広く意見を集めた。その一部が日記の中に収められている。たとえば、一九一六年の日記には津田嘉義庁長から総督へ当てられた意見のメモがあった。

理蕃ノ五年ノ計画ハ名ヲ収ムルニ急也全島ノ警察力ト軍隊ノ力ヲ集メ莫大ノ費ヲ抛チ得ル処少ニ失シ苦力人夫ノ徴発ハ島民ノ生情ヲ変シタリ人夫ノ徴発ハ保甲ノ負担ナリシ故（若干ノ官給アリシモ旅費被服家族ノ給養等ハ保甲ノ負担ナリ故ニ手代ヲ□〔雇カ〕フテ免シタルモノ多シ）開発二百四十年騒乱相次ギシ土民ニハ新ニ不要ノ種ヲ蒔キタリ。

ここから、佐久間総督の先住民政策が本島人のなかに不満の種を蒔き、総督府への反感につながっていたことがわかる。理蕃五カ年計画は、総督府官僚内にも批判があったらしく、下村の一九一五年のメモには「台地内地ニ声ナシ閑却セラレタリ偶来ルモノアルモ言論ノ自由ヲ許サス記事ノ検閲ハ厳重ナリ吏員内地ニ入レハ無効ヲ謳フ理蕃ハ滑稽ナリ(80)」と書き込まれている。下村の赴任当時、台湾統治については台湾人だけでなく総督府内にも不満があったことがわかる。このことを踏まえて、下村は赴任直後の長官歓迎会において、「本島の過去は活気に満ちたる観ありしも近来稍沈滞の傾を生じ来れるが如し(81)」と挨拶した。

台湾の治安が向上し社会に変化が起きているにもかかわらず、総督府は旧態然とした認識の下で施政を行っているると下村は考えていた。この問題に対し、彼は台湾人の意向を施政に活かす手段として諮詢機関の設置に取り組む。彼が一九一六年一二月にまとめた「台湾総督府律令諮詢機関ニ関スル意見書」[82]から、その構想をうかがってみたい。同意見書は、同年七月に内務省の大臣、次官らに対して下村が語った諮詢機関案を整理したものである。意見書内では、諮詢機関の構成案や設置意図について論じられており、特に本島人との関係について触れられている部分からは彼の台湾社会についての認識を見ることができる。

台地ノ人文日ニ月ニ進ミ教育ノ制度益普及セラレ殖産興業愈発達スルニ伴ヒ有形ニ無形ニ島民ノ心理状態ハ年ヲ逐フテ変化シ来リ。今ヤ擾乱セル対岸支那ノ実況ニ鑑ミ又昨年ノ陰謀事件ノ反動トシテ本年共進会観光ノ結果トシテ島民ハ内地人ト同一視セラレントスルノ風潮ハ其言語風俗習慣等各般ニ通シ近似著シク其勢ヲ助長セリ[83]。

統治もすでに二〇年余経ち、本島人の心理状態は変化し、内地人と本島人が「其言語風俗習慣等各般ニ通シ近似」してきていることを下村は指摘している。そのような一般的な変化について触れたのち、彼は諮詢機関を設けるべき根本的な理由を論じる。それによれば、島内の施設を改善してゆく上で「島民ノ負担亦年ヲ追フテ重」くなることは避けられない。そこで、内地人だけでなく本島人を含めて「相互提供ノ理」を明確にしておく必要があるとしている[84]。したがって諮詢機関の議員には本島人が含まれて当然である。なぜならば、「本島三三〇万ノ台湾人ヲ除外シ唯一四万ノ内地人中ヨリ選任スルハ以テ民情ノ帰趨ヲ知ル所以ニアラス[85]」というように、台湾社会の意向を知るためには本島人の参加が不可欠なためである。

どの程度の台湾人を採用するかは「本島人ニ就キ適任者ヲ定ムルコトハ又頗ル難事ニ属ス」と言いつつも、官僚から採用する議員を除いた民間議員のうち「其員数ハ内地人ノ議員ノ約半数ヲ標準トナスヘシ」としている[86]。

具体的な候補者としては、「辜顕栄、黄玉階、李春生、林家各房ノ主人」[87]などがあげられている。

諮詢機関は田健治郎総督の着任後、評議会の新設という形で実現されることになる。一方、評議会設置について、劉夏如は、与党政友会が一九二一年一月末に「台湾ニ施行スヘキ法令ニ関スル法律案」を通過させるため、憲政会との妥協の産物として台湾評議会案を約束したことを指摘し[88]、評議会の設置目的は、時の与野党の政略という点とともに林献堂らの「台湾議会」の要求を抑制することにあったとする[89]。しかし、上述したように、下村は就任早々から諮詢機関設置の必要を考えており、その意図も台湾議会阻止にあったのではなく、台湾社会の意向を知ることにあった。

下村のいうように、台湾の将来を考えれば台湾人からの理解なくして施政の発展はない。もしも、台湾人の意向を汲むことが出来なければ彼らは対岸への憧れを持ち続け、総督府の施政に対しても協力を惜しむこともあり得る。この点について、下村は一九一九年の地方長官会議において次のような苦言を呈していた。

只今総督閣下の話された教育と云ふこと及び同化と云ふことに就て此の機会に一言申添へて置きたい夫れには引例として過日台中の高等普通学校の騒擾事件を挙げたのであります……内地人の番人が洗濯屋の雇人と本島人の高等普通学校の生徒と云ふ此の内地人本島人と云ふ差別が結局アー云ふ騒ぎを起した主因であらうと思ひます……

昨年の庁長会議の席上であつたか東京で高砂寮の生徒と私と応答したことを御披露したドー云ふことを言つたかと云ふと台湾の学生で内地に行つて居るもの丶言ふには吾々は台湾人なるが故に士官学校に入れて呉れぬ又た一年志願兵にして呉れぬ然るに神田歯科医学校の生徒は数百名も徴兵を忌避して居る吾々は大和民族として忠良なる臣民である自分等は自己は真に日本臣民として何等劣る処なしと自任して居るドーカ此間の事情を説明して呉れとのことである……［これに対して下村いわく］諸君のやうな人が台湾人の多数を占め

るやうになつた時が所謂同化して渾然として一体を為すべき時であると説明したことがある。[90]

ここでいう台中高等普通学校の騒擾事件とは、本島人の学生が内地人少年と口論になった際、「チャンコロ」と呼ばれたことに抗議したことを発端として起こった事件[91]である。少年の叔父の営む洗濯屋へ抗議に向かったところ、本人を出そうとしなかったことに学生らが腹を立てて同店の硝子窓を壊すなどの乱暴をふるった。このような台湾人と内地人との摩擦からは、台湾社会の変化を指摘することが出来るだろう。台湾人のなかには、すでに内地人並みの教育と臣民意識を身につけたものもいた。日本の臣民であるという意識を持ちながらも、それを正当に認められないことへの不満があったことがわかる。下村は訓示として右の例を持ち出し、同化によって台湾人に変化が起これば、内地人も本島人に対して接し方を変える必要があると指摘したのである。

おわりに

台湾支配も二〇年余となり、開発は島内にさまざまな影響を与えていた。その一つの変化としては、日本の統治を事実として受け容れた上で総督府を批判する台湾人が数多く育ちつつあったことをあげられる。彼らの多くは一生活者として、総督府の施政に向き合っていた。すでに文官総督を迎える前から、台湾ではかつての地方有力者だけを懐柔すればよい時代が終わり、いわば庶民を対象とした統治方法を模索する時代に入っていたのである。

庶民は政治意識を持って台湾総督府に抵抗するようなことは少なかったもしれないが、生活者として自分の生活の範囲内でさまざまな抵抗をするだろう。それは統治者の定めた諸規則に従わないなど、一見するところ些細な手段に過ぎず、当事者にとってほとんど政治的な意図はない。しかし、地方有力者の地方支配力が低下する中で、かりに多くの庶民が生活に不満を持てば、それは台湾社会全体を統治する上で深刻な問題になり得る。少なくとも下村宏民政長官のように台湾社会の変化を認識していたものにとっては、庶民の不満は無視できない問題であった。一九一〇年代は、抗日運動の形式が変わる過渡期としてのイメージで捉えるだけでなく、新たな政治主体として庶民が現れた時代としても検討すべきであろう。

（1）若林正丈『台湾抗日運動史研究　増補版』（研文出版、二〇〇一年）の付篇「総督政治と台湾土着地主階級――公立台中中学校設立問題一九一二―一九一五年――」では、台中の地主を懐柔するために現地人向け公立中学校設立を容認して抵抗を和らげたことを論じている。伊藤潔『台湾』（中央公論社、一九九三年）では「武力抵抗の徹底鎮圧」の結果、治安が安定したとしている。翁佳音『台湾漢人武装抗日史研究（一八九五―一九〇二）』（國立臺灣大學出版委員會、一九八六年）も、若林、前掲書の時代区分にならって、一九一〇年代を過渡期と見ている。浮浪者を題材として台湾社会の変化を扱ったものとしては、沈德汶「日治時期台灣浮浪者取締制度研究」（國立政治大學修士論文、二〇〇八年）がある。沈氏は清朝時代の浮浪者層と日本時代の連続性に注目し、日本時代の浮浪者取締が浮浪者教化による社会の安定を意図していたことを論じている。右の研究は、誰が抵抗者であるかはさまざまであるが、被支配者と支配者という構図で台湾人と総督府側とを対立させる点では共通している。

（2）羅萬俥『林獻堂先生遺著』（海峡学術出版社、二〇〇五年）、同『林獻堂先生年譜・追思録』（海峡学術出版社、二〇〇五年）。

（3）同右。

（4）若林、前掲論文。

（5）若林、前掲書、三四四頁。

（6）同右。

（7）江丙坤『台湾地租改正の研究』（東京大学出版会、一九七四年）二〇頁。

（8）同右書、二五頁。

（9）戴炎輝『清代臺灣之鄉治』（聯経出版、一九七九年）二一頁。

(10) 同右。
(11) 同右。
(12) 同右。
(13) 以下勅令、府令については、国立政治大学図書館と国史館台湾文献館による《臺灣總督府府(官)報》資料庫のデータベースに基づく(http://db2.lib.nccu.edu.tw/view/)。
(14) 「事務費支給」『台湾日日新報』一八九七年八月一二日。
(15) 『台湾総督府公文類纂』五六〇四冊、文書番号一、一九一三年四月二二日付、一一頁。なお、頁数は台湾の国史館台湾文献館によって振られているものを使用する(以下同じ)。
(16) 同右書、一三~一四頁。
(17) 同右書、一四頁。
(18) 同右書、一六頁。
(19) 同右書、一六~一七頁。
(20) 同右書、一七~一八頁。
(21) 同右書、一八頁。
(22) 同右書、六五~六六頁。
(23) 同右書、六七~六八頁。
(24) 同右書、六八~七四頁。
(25) 同右書、七八頁。
(26) 同右書、六〇頁。
(27) 同右。
(28) 同右書、一一八~一一九頁。
(29) 同右書、一二八頁。
(30) 同右書、一二九頁。

(31) 同右。
(32) 同右書、一三〇頁。
(33) 同右書、一三一頁。
(34) 同右書、一四〇頁。
(35) 同誌は東洋協会台湾支部より一九〇九年一月から一九一九年五月まで発行された総督府官僚向けの雑誌。統治に資する意見を広く共有することが意図されていた。同誌については、松永正義「『台湾時報』について――そのⅠ」(『アジア経済資料月報』、一九七六年五月)を参照のこと。
(36) 津谷政介「社会的改善と産業政策」(『台湾時報』第一〇号、一九一〇年四月)五頁。
(37) 同右書、八頁。
(38) 「浮浪者取締状況照復(拓殖局第一部長其外)」『台湾総督府公文類纂』五四四八冊、文書番号二二、一九一二年八月一日付。
(39) 「律令第二号浮浪者取締規則」『台湾総督府公文類纂』一一六四冊、文書番号一三、一九〇六年三月一二日付、一三～七四頁。
(40) 同右。
(41) 同右。
(42) 同右書、三一～七五頁。
(43) 同右書、一三～二〇四頁。
(44) 前掲「浮浪者取締状況照復(拓殖局第一部長其外)」。
(45) 同右書、二八〇頁。
(46) 同右書、三〇三～三〇八頁。
(47) 台湾総督府法務部編『台湾匪乱小史』(台湾総督府法務部、一九二〇年)例言参照。
(48) 何義麟「戦後台湾抗日運動史の構築――羅福星の革命事績を中心に――」(『戦後台湾における〈日本〉』風響社、二〇〇六年)。

(49) 「羅福星外百六八名匪徒事件判決結果報告（臨時法院右席判官検察官）」『台湾総督府公文類纂』二一二八冊、文書番号一六、一九一三年一二月一二日付。
(50) 同右書、一六四頁。
(51) 同右書、一六五頁。
(52) 同右書、一七九～一八〇頁。
(53) 同右書、一八三頁。
(54) 同右書、一八八頁。
(55) 同右書、二六五頁。
(56) 「蔣渭川先生訪問記（民國五六年一二月訪問）」（『臺灣口述歷史（黄旺成・蔣渭川・楊仲佐・陳逢源先生訪問記）』台湾大学総合図書館所蔵）六頁。
(57) 同右書、九頁。
(58) 同右書、九～一〇頁。
(59) 台湾総督府法務部編、前掲書、序。
(60) 同右書、三二頁。
(61) 同右書、九四頁。
(62) 同右書、九四頁。
(63) 同右書、一〇四頁。
(64) 同右書、三一～三三頁。以下の記述は同頁による。
(65) 同右書、三二頁。
(66) 同右書、九五頁。
(67) 同右書、一〇三頁。
(68) 同右書、一〇四頁。
(69) 同右書、九六～九七頁。以下、余に関する経歴は同頁による。

(70) 秦郁彦『日本近現代人物履歴事典』(東京大学出版会、二〇〇二年)二六九頁。
(71) 「下村宏日記」一九一五年一〇月一二日『下村宏文書』(国会図書館憲政資料室所蔵)。日記印字の年度は一九一六年だが、前後の内容から考えて、実際は一九一五年一〇月一二日のものと推定した。
(72) 同右。
(73) 同右。
(74) 下村宏『台湾統治ニ関スル所見』(台湾総督府民政部、一九一五年)一〇~一二頁。
(75) 同右書、七四頁。
(76) 同右書、八〇頁。
(77) 「台湾警察処対策利用ノ件/別紙」(アジア歴史資料センター、Ref:B03041647000)。
(78) 同右、なお同段落の引用も同じ。
(79) 「下村長官訓示　国語学校に於る訓示」『台湾日日新報』(一九一五年一一月一九日)。
(80) 前掲「下村宏日記」一九一六年一月五日。
(81) 「長官歓迎会」『台湾日日新報』(一九一五年一一月九日)。
(82) 「台湾総督府律令諮詢機関ニ関スル意見書」三一九—三四一—五『下村海南文書』(天理大学図書館所蔵)。
(83) 同右、前言。
(84) 同右。
(85) 同右、「第一、民間人士ヲ参加セシムルトセハ之ヲ内地人ノミニ限ルノ可否」。
(86) 同右、「第四、四、本島人民間議員」。
(87) 同右。
(88) 劉夏如「植民地の法制化過程と台湾総督府評議会(一八九六—一九二一)」(『東アジア近代史』創刊号、一九九八年三月)七八~八〇頁。
(89) 同右論文、七九頁。
(90) 「下村民政長官訓示　大正八年一一月一二日」(台湾総督府編『詔勅・令旨・諭告・訓達類纂(一)』成文出版社、

一九九九年）、三〇二〜三〇三頁。なお本資料は台湾総督府警務局より一九四一年に刊行されたものの復刻版である。

（91）「台中学生騒擾詳報▽慎重の調査を遂ぐる考」『台湾日日新報』一九一九年一一月五日。

植民地で帝国を生きぬく——台湾人医師の朝鮮留学[1]——

陳　姃湲

はじめに

二〇世紀前半、帝国主義に覆われていた東アジアでは、ヒトやモノはもちろん、さらには知識や情報にいたるまで、あらゆる交流ネットワークは日本を中心に放射線状に形成されていた。その末端に位置づけられていた台湾や朝鮮は、ともに日本帝国の一部でありながら、両者間を往来する人々はほとんど日本人で占められ、もう一つの植民地をみずから経験できた台湾人や朝鮮人はごく少数であった。同じ帝国臣民とはいえ、植民地出身の台湾人や朝鮮人と内地出身の日本人とでは、経験することができた帝国の版図がそれぞれ異なっていたのである[2]。

一方、朝鮮の各種医学校には、一九三〇年代後半より一斉に台湾人学生が現れる。当時朝鮮で教育を受けていた学生のほとんどは、朝鮮人と日本人で占められており、台湾人はもちろんごく少数に過ぎなかった。ただ日本帝国における植民地人の一般的な境遇を考えると、それは単なる異例である以上に、植民地出身のものにして異なる植民地をみずから体験できた貴重な経験でもあるといえよう。

本稿は以上のような問題意識のもとで、各公報・新聞記事・統計資料・各学校の公刊資料・同窓会資料・受験情報誌・人名録に加え、インタビューをも用いて、台湾人の朝鮮留学を可能にした両植民地それぞれの社会的文脈を検討し、日本統治のもとで植民地人として生きることを強いられた台湾人たちが、どのような世界認識のもとでみずからの将来を描きだし、また夢を勝ち取っていたかを考えたい。

一　植民地台湾の医学ブーム

現代社会において、安定的な高収入とともに社会的地位をも保証してくれる専門職として、医師が一目置かれているのは日本だけではない。台湾でも医師となるためには、いくつもの難関を突破し、エリートコースの頂点にある医学部に入学しなければならない。ただ時間軸を一〇〇年ばかり遡ってしまえば、話は違ってくる。清代の台湾社会で、医師は社会最下層の「下九流」ではなかったものの、師爺・画師・地理師・卜卦・相命・僧侶・道士・琴師とともにいわゆる「上九流」の一つとして数えられる下層の職業であり、[3]エリート集団からは程遠い存在であった。では、台湾社会における医師のイメージと地位が今日のように上昇したのは、いつのことなのだろうか。

結論からいえば、それは日本植民地時期のことである。植民地統治が安定するや、台湾人たちは官僚や実業家より、弁護士や医師など統治者側の干渉を避けうる自由職を好むようになり、[4]早くも一九〇〇年代には、医学校が若い台湾少年たちの最も憧れる進学先となった。このような状況は植民地統治期を通して一向に変わらず、一九二〇年代にもなれば、同じエリートコースとはいえ、師範学校を退学して医学校に入学しなおすものまで現われる。[5]ここにいたって、植民地統治者が台湾に提供した医学教育の機会が常に不足していた点が問題となる。

台湾初の近代的医学教育機関は、総督府が一八九九年に台湾人を対象として開校した「台湾総督府医学校」である。植民地統治によって効率よく台湾にもたらされた衛生政策や医学知識の影響力は、そのまま医学校の入学状況にも反映された。開校当初の学生募集に苦労の多かった状況とは打って変わって、早くも一九〇六年には定員の一〇倍前後まで志願者が詰めかけてきた。[6] 当時台湾の医学教育の機会と需要のあいだには、すでに大きいギャップが生じていたのである。

しかし、一九一九年「台湾教育令」によって専門学校と改められた同校は、入学定員を増やさないまま、日本人学生まで受け入れるようになり、結果的に台湾人の就学機会をさらに狭めてしまう。たとえば、一九三一年の六五名の卒業生のなかで、台湾人はわずか二一名に過ぎず、翌年の六七名の卒業生のなかにも台湾人は二七名しかいなかった。[7] このように医学専門学校に進学して医師となることは、台湾人なら誰もが抱く夢でありながら、それを実際に成し遂げられたのは、ごく一部のエリートに限られていたのである。

一九三六年には台北帝国大学にも医学部が設けられ、専門学校のほかに大学でも医学が学べるようになったものの、[8] それがそのまま台湾人の医学教育機会の拡大を意味したわけではない。両校のどちらの学生にも卒業と同時に医師免許が与えられ、医師となることができたが、中学卒業の学歴で志願できる専門学校とは違い、大学に入学するためには、その後さらに高等学校を卒業しなければならなかった。台湾最高学府である後者で医学を学ぶために乗り越えなければならないハードルは一段と高かった。実際、一九四三年までに台北帝国大学医学部を卒業した一七六名のなかに、台湾人は七九名しかいない。[9] このような状況を踏まえれば、ほとんどの台湾少年たちは念願の医学生となるために、留学をも考慮にいれなければならなかったのである。

実際に、日本内地に留学する台湾人学生たちがもっとも好んで選択していた専門は、植民地統治直後から医学であったが、[10] その傾向は日増しに顕著になり、一九三〇年代にはほぼ半数に近い留学生が医学生で占められてしまう。[11] 注目に値するのは、このように台湾を離れてまで医学を学ぼうとした台湾人学生たちが向かった留学先には、日本内地のみに限らず、はるばる満洲までが含まれていたことである。「満洲国」が日本帝国の一員として加わるや、満洲には満洲医科大学、新京医科大学、ハルビン医科大学、旅順医学専門学校などの医学校が次々と設立され、卒業生に対して日本内地はもちろん、帝国のいずこでも通用できる医師免許を与えていた。[12]このような状況のもとで、一九三〇年代に満洲で医学を学んだ台湾人は延べ一〇〇名を超えるとされる。[13]ただ、それだけではなかった。医学教育の機会をもとめる台湾人の想定範囲は、日本内地と満洲だけではなく、実際には日本帝国版図全体をすっかり覆っていたのである。

台湾省医師公会の一九六六年度会員名簿によれば、[14]一九二〇年前後に生まれた――つまり、戦前に医学教育を受けて医師となった会員のなかで、台湾の医学校を卒業したものはむしろ少数である（表1）。なかでも、一九一一年から一九二〇年のあいだに生まれた医師たちの就学先としては、日本内地が台湾の二倍近くに達しているのみならず、満洲と朝鮮に留学したものまで出現している。言いかえれば、一九三〇年代の台湾人たちは、内地や満洲だけではなく、朝鮮に就学する機会をも見逃さなかったのである。

一方、許雪姫氏によれば、少なからぬ台湾人が満洲を留学先と選んだのは、台湾人にとって「五族協和、王道楽土」を掲げる同地が、植民地人である身分を隠す必要のない新天地と考えられたためであるとする。[15]では、同じ時期に同じく医学を学ぶために、朝鮮を選んだ人々の動機はどのように説明すればいいのだろうか。満洲と違って、朝鮮は植民地人に対する差別が構造化されていた点で台湾社会となんら変わりがないばかりか、長い歴史と伝統を有するために外来の人々が定着しやすいともいえない。にもかかわらず、台湾人があえて朝鮮を留学先に選んだ背景には、どのような歴史的文脈が潜んでいるのだろうか。また、彼らはどのようにして、朝鮮の進学情報を手にできたのだろうか。

表1　1966年台湾開業医の出身校の所在地

生年	台湾	中国	日本	満洲	朝鮮	欧米	その他	合計
1881～1890	35	3	3			1	4	46
1891～1900	129	23	53	1	1	6	52	265
1901～1910	190	105	321	17	1	12	216	862
1911～1920	349	222	679	37	25	25	414	1751
1921～1930	741	86	269	27	1	14	195	1333
1931～1940	223			1		2	11	237
不詳	6	3	12				9	30
合計	1673	442	1337	83	28	60	901	4524

出典：作者不詳『中華民國五五年台灣省醫師公會所屬各縣市局醫師公會會員名冊』（台灣省醫師公會、1966年）から作成。

註：出身校所在地を「その他」としている会員のほとんどは、学歴欄に「日拠時期医師考試及格」あるいは「甄訓及格」などと記載しており、正規の医学校を卒業せず、戦前あるいは戦後に、試験を通して医師資格を取得したものと考えられる。註14呉基福書、10～11頁。また中国の医学校出資者の多くは本籍を中国においており、おそらく戦後台湾に移住した外省人と思われる。

表2　戦前朝鮮に留学した台湾省医師公会の会員

出身校	会員姓名
平壌医学専門学校	解定邦、李飛鵬、藍日昌、呉鴻沢、林崑智、黄銀璽、周文進、黄鼎鍾、廖名淵、黄振芳（10名）
京城医学専門学校	徐玉田、謝家詳、楊成堃、楊献登、蔡江山、蔡文彬、陳恬淳、廖述演、許良琴、楊子津、謝英三、彭天増（12名）
大邱医学専門学校	林胡鎔、曾万坤、江文湧、鄭坤樟（4名）
京城帝国大学	簡裁、鍾兆炳（2名）

出典：前掲『中華民國五五年台灣省醫師公會所屬各縣市局醫師公會會員名冊』から作成。

二　台湾人医師が朝鮮史に残した足跡

一九四〇年三月、朝鮮の『毎日申報』には次のような記事が掲載された。

今春京城帝国大学医学部のほかに、京城府内の各医学専門学校が輩出する卒業生のなかには、椰子の木が生い茂る遠き南の故郷を離れて、三年、あるいは四年ものあいだ、慣れぬ他郷で習慣も風俗も違う内地や朝鮮の学生たちと一緒に蛍雪の功を積み、いよいよ錦衣を着て故郷に帰るようになった台湾人学生が一三名も含まれており、異彩を放っている。［中略］今年城大医学部を卒業する三一名のなかには、台湾高雄州美濃四〇九番地の米穀商人、鍾漢喜さんの三男、鍾兆炳（二九）君のほか、李開榜、林徳郷など三名の台湾人がいる。また、京城医学専門学校の六六名の卒業生のなかにも、廖述虎君のほか二名、歯科医専の一〇八名の卒業者のなかには五名、薬学専門学校の八二名の卒業者中の三名が、みな台湾人である。[16]

以上に照らすかぎり、たとえ上記の表1と表2の情報のなかには信憑性の疑わしいものも含まれていたとしても、台湾人の朝鮮留学の規模そのものは大きく間違ってはないことがわかる。さらには、彼らの存在が、当時の朝鮮人からみて新聞紙面をかざるほどめずらしかったこともうかがえる。

日本統治のもとで朝鮮と台湾は同じく植民地であるため、理論上両者間の行き来は帝国内における「国内移動」になり、国際移動ほどの障害はないはずである。しかし、このような「国内移動」を実際に経験した台湾人や朝鮮人は多くなく、なかでも朝鮮を訪れた台湾人は極めて少なかった。朝鮮総督府が五年ごとに実施した国勢調査によれば、朝鮮に居住する台湾人が現われるのは一九二五年のことだが、その人数は九名に過ぎず、それ以降も一九三〇年に一九名、一九三五年に四八名と、ほとんど取るに足りない規模だった。[17] このような状況を踏まえると、台湾からの留学生がいるなど、当時の朝鮮人にとって思いもよらなかったのである。では、それより六〇年の年月を過ぎた現在、韓国の歴史研究のなかで、彼らの存在が想起される余地はあるのだろうか。

前近代社会で医師の地位が高くなかったのは、台湾だけではない。かつて朝鮮王朝でも医薬をつかさどる医官は、訳官・算官・律官・陰陽官・写字官・画員・歴官などと一緒に「中人」階級に属せられ、その身分は文官や武官などの「両班」より劣るとみなされた[18]。ただ朝鮮社会も植民地時期に入ると、科学知識と衛生概念が一般に普及したほか、植民地統治者によって医療行為が厳重に規制されたため、医師は朝鮮人社会のなかで収入水準のもっとも高い職種として、安定的な社会的地位を勝ち取る[19]。言いかえれば、台湾だけではなく、韓国の歴史学界も植民地支配という特殊な歴史経験によって、近代社会における医師の地位上昇がさらに助長されたと見なすのである。ただ、そのような医師の社会的役割に対する評価は、両学界で必ずしも一致しないようである。

植民地台湾社会の近代化過程において医師たちがリーダーシップを取っていたことに、概ね同意する台湾学界とは違って[20]、韓国では「朝鮮人医師は民族的差別に積極的に抵抗するよりは、衛生状況の構造や医学知識の普及などに、みずからの義務を限定させ」、結果的に「植民地権力に同意した」と批判する[21]。朝鮮人医師が果たして植民地権力に協力的であったかどうかはひとまずさておき[22]、個々の朝鮮人がどのように自分の社会的身分を高めていったかより、植民地統治のもとで朝鮮社会全体が抱えていた不平等構造そのものにより注目してきた韓国の歴史研究の傾向を、ここからも確認することができよう。

韓国学界において、医学史――特に植民地時代のそれは、最も新しい研究テーマでありながら、だからといってナショナリズムという歴史研究の大前提から自由なわけではなかったようである。より具体的にいえば、日本人統治者による西洋医学の普及状況よりは、朝鮮伝統医学がどのように淘汰されていったかにより注目したり、また総督府の官公立医学校より、朝鮮人や宣教師によって設立された私立医学校の歴史を重んじたりしてきた[23]。さらに、一九九〇年代にようやく始まった総督府の医学教育活動をめぐる研究においても[24]、入学定員上の不平等や、少数の朝鮮人学生の進路などの問題にのみ主眼が置かれていた。このように植民地人と統治者の二者対立構造を出発点とする研究潮流のもとで、日本人でもなく、朝鮮人でもない第三者の台湾人に光が当てられる余地はほとんどなかったのである。

もちろん研究方向における偏りは、韓国学界だけのものではなく、朝鮮に留学した台湾人は、台湾でも同様に忘れ去られてきた。たとえば、上記の『毎日申報』上に登場する鍾兆炳、李開榜および林徳郷は、みな台湾きってのエリート養成所であった台北高等学校の卒業生である。一九三六年に三人が京城帝国大学に入学して以来、同校の一覧や同窓会名簿では、毎年彼らの進学先として京城帝大を記録しつづけてきた。にもかかわらず、台湾人エリートを議論する先行研究からは京城帝大のみならず、満洲医科大学などもすべて削り落とされ、歴史は台北帝大と日本内地の帝大に進学したものだけで代弁されてきた。このようにして、あえてマイナーな選択をした少数者の経験は、歴史の舞台から削り落とされ、忘れ去られてしまったのである。では、このような少数者の経験に注目したとき、いったいどのような歴史文脈が明らかになるのだろうか。

三　朝鮮で医師になる――林元象のケース――

前述した台湾省医師公会の名簿など、戦後台湾の医薬関連団体の各種名簿を調べると、約四〇名の「朝鮮医学士」が見つかる（表3）。ただ、これらの個人情報は基本的に自己申告に基づいているだけでなく、戦後台湾を離れた台湾人医師も大勢いるなど、この類の資料だけをうのみにして、台湾人の朝鮮留学の全体像を把握することはできない。たとえば、京城帝国大学卒業となっている三名のなかで、同校の一覧から確認できるのは鍾兆炳一人だけである。

興味深いことに、その三名のなかで林元象は京城帝大こそ卒業しなかったものの、たしかに医療活動と関連

表3　朝鮮留学経験を持つ台湾の医師

出身校	姓名	生年	本籍	勤務先
平壌医学専門学校	解定邦	1911	新竹	回生医院；回生診所
	李飛鵬	1911	高雄	同仁医院
	藍日昌	1914	高雄	塩埕区衛生所；昌人診所
	呉鴻沢	1916	宜蘭	台湾省衛生処蘇澳港検疫所；鴻沢医院；呉小児科
	林崑智	1916	宜蘭	利生医院
	鄧正雄	1916	高雄	鄧内科医院
	黄銀璽	1916	高雄	三民区衛生所；高雄市立医院
	周文進	1917	台北	陽明山結核病防治所兼衛生院
	黄鼎鍾	1918	屏東	建安診所
	廖名淵	1918	南投	南投県衛生院；名淵小児科医院
	黄振芳	1919	彰化	永村医院；永春小児科
	蔡美佐	1921	高雄	明華児科医院；明華小児科診所
京城医学専門学校	彭天増	1895	高雄	延寿医院
	徐玉田	1914	台北	東海医院
	謝家詳	1914	台南	復生診所
	楊成堃	1915	屏東	楊診所；高樹郷衛生所
	楊献登	1915	彰化	台北市衛生院；八徳救済院；重生医院
	蔡江山	1916	嘉義	台湾省立嘉義医院；蔡江山外科診所
	蔡文彬	1916	台北	蔡小児科医院
	陳恬淳	1917	台南	台湾糖業公司湾裡糖廠医務室；和信医院
	廖述演	1918	台中	嘉豊紡織廠医務室；信愛医院
	許良琴	1918	雲林	健生診所
	楊子津	1919	台北	済元医院
	楊槐津	1909	台中	回生医院；安祥医院
	謝英三	1920	屏東	十仁診所
大邱医学専門学校	林胡鎔	1914	新竹	宏生医院；劉医院；台湾省立新竹医院
	曾万坤	1914	雲林	万安医院；万安診所
	江文湧	1916	彰化	江小児科医院；江小児科
	鄭坤樟	1922	基隆	仁寿診所
	呉夫卿	1911	嘉義	呉医院
京城歯科医学専門学校	洪万春	1913	台北	美歯歯科医院
	張上達	1919	台湾	省立台中医院
	黄茂卿	1922	台南	黄茂卿歯科医院
京城帝国大学医学部	林元象	1894	高雄	回生医院
	簡裁	1909	屏東	簡婦産科医院；簡婦産科診所
	鍾兆炳	1911	高雄	厚生医院；厚生診所

出典：本田六介『日本医籍録』(医事時論社、1940年)、野々田半平『(昭和一九年版)台湾医師会会員名簿』(台北医師会、1944年)、呉銅編『台灣醫師名鑑』(上)(下)(台湾医薬新聞社、1954年)、台北市醫師公會編『台北市醫師公會會員名冊』(台北市醫師公會、1958年)、台灣省醫學會編『台灣醫學會員名冊』(台灣省醫學會、刊行年不詳)、作者不詳『中華民國五五年台灣省醫師公會所屬各縣市局醫師公會會員名冊』(台灣省醫師公會、1966年)、作者不詳『台灣省醫師公會所屬各縣市及台北市醫師公會會員名冊(64年度)』(台灣省醫師公會、1975年)から作成。

註：名簿によっては、生年の代わりに年齢を記したり、また呉銅編の『台灣醫師名鑑』のように、生年をすべて10年ずつ早く記載するなど、信憑性に問題がある場合もあるため、ここでは生年を適宜修正した。

して戦前朝鮮に滞在していた経歴の持ち主である。一九三三年二月の『台湾日日新報』によれば[25]、師範学校を卒業してから公学校で教鞭をとっていた林元象は、かねてより医学に興味をもっていたため、一九二六年についに教職まであきらめて地元の医師について医学の勉強に没頭しだす。蛍雪の功あって、辞職してから五年目の一九三一年には「台湾総督府医師学説試験」に合格するが、翌年三月にはさらに夢を叶えるべく朝鮮行きを決行、翌年二月晴れて「朝鮮医師免許」を取得したとする。ただ説明がつかないことは、台湾ですでに医師試験に合格した彼が、どうして念願の医師となるために、再度はるばる朝鮮に渡る必要があったかという点であろう。

台湾における医療行為の取り締まりは、「台湾医業規則」が発布された一八九六年五月に始まり、一九〇六年日本内地で「医師法」が公布されるや、一九一六年「台湾医師令」として改められた。その第二条によれば、台湾で医師の資格を有するものは、以下のように定められていた。

一、医師法第一条第一項第一号ニ該当スル者
二、台湾総督ノ指定スル官立、公立医学校ヲ卒業シタル者
三、台湾総督府医学校ヲ卒業シタル者
四、台湾総督ノ規定スル医師試験ニ合格シタル者
五、外国医学校ヲ卒業シ又ハ外国ニ於テ医師免許ヲ得タル帝国臣民ニシテ台湾総督ノ定ムル所ニ該当スル者
内務大臣ノ医師免許ヲ受ケタル者ハ前項ノ規定ニ拘ラス医師タルコトヲ得[26]

以上によれば、林元象のように医学校を卒業しなかったものでも、「台湾総督ノ規定スル医師試験ニ合格」さえすれば、たしかに医師となることができた。ところが、彼の受けた「台湾総督府医師学説試験」は当の試験ではなかっただけではなく、台湾ではそもそも「台湾医師令」第二条による医師試験が行なわれたこともなかった[27]。ならば、『台湾日日新報』のいう「台湾総督府医師学説試験」とは、いったいどういうものだろうか。

「台湾医師令」は、附則で「台湾総督ハ土地ノ状況ニ依リ第二条ノ資格ヲ有セサル者ニ対シ当分ノ内開業ノ地域及期間ヲ限リ医師ヲ免許スルコトヲアルヘシ」という特別措置を設けていた。「僻地に医療機関の未だ整備せざる事情に鑑み当分の間地域と期間とを限って免許せられたる」[28]、いわゆる「限地医」がそれである。植民地台湾で行なわれた関連する試験は、実際には通常の医師とは区別される限地医の資格試験のみであった。[29]言いかえれば、台湾で正規の医師試験が行われていなかったとしても、また正規の医学校を出ていなかったとしても、限地医なら林元象もなりえたのである。ただ、林元象の合格した「台湾総督府医師学説試験」はその第一段階の筆記試験で、引き続き行なわれた「実地試験」の合格者名簿から、彼の名前は見つからなかった。[30]一九三一年の時点で、林元象は台湾で医師となることに失敗したのである。

一方、日本帝国の医師免許システム全体からいえば、「限地医」は台湾だけの制度ではなかった。当制度は「極メテ僻陬辺境ニシテ到底本免許医師移住ノ目途無之ノ地」にかぎっての臨時措置であり、日本内地では一九〇六年以降すでに実質的に廃止されたものの[31]、植民地では台湾だけではなく、朝鮮でも維持されていた。[32]つまり、林元象のように正規の医学教育を受けていないものが、限地医の資格を利用して医師となりうる可能性は、日本帝国のなかで限地医制度が残っている台湾か朝鮮にしかなかったのである。

それだけではない。台湾と違い、朝鮮では「朝鮮医師試験」がほぼ毎年実施されており[33]、その告示は『台湾日日新報』をもにぎわせていた。朝鮮に渡れば、限地医検定だけではなく、通常の医師になるための試験まで受けられてしまうのである。なるほど、林元象は台湾で次の試験が告示されることを待たず、翌年朝鮮にわたり、続く朝鮮総督府の試験で見事合格し[34]、清州に配属された。[35]その後、植民地支配の終わる一九四五年まで彼は定期的に免許を更新しつつ、清州で医師として活動しつづけたのである。[36]

林元象は日本が帝国の隅々まで敷いていた制度的ルールを味方につけて、遠く朝鮮までを視野を広げることで、医師という夢を勝ち取ったのである。もちろんより多くの台湾人少年たちを惹きつけたのは、朝鮮の田舎でしか開業できない限地医ではなかった。前掲の「台湾医師令」第二条の最後の一行によれば、朝鮮にある医学校だとしても、それが内務大臣によって認可されている医学校でさえあれば、朝鮮と台湾はもちろん日本内地など、帝国のいずこでも医師として働けるのではないか！

四　朝鮮で医専に入る——二六名の進学経験——

前掲の表3には戦前台湾人の留学先として、京城帝国大学医学部をはじめ、京城医学専門学校、平壌医学専門学校、大邱医学専門学校など四か所の学校が並ぶ。しかし、一九三〇年代朝鮮にはほかにも、セブランス聯合医学専門学校と京城女子医学専門学校があった[37]。女子学校の後者はさておいても[38]、セブランス聯合医学専門学校は当時すでに三〇年以上の歴史を持つ名門校であった。にもかかわらず、台湾人がひとりも同校を選ばなかったのはなぜだろうか。また、台湾人の朝鮮留学が一九三五年を起点としているのは、どうしてだろうか[39]。以下、当時の日本帝国の学制にしたがい、上記四か所の医学校を専門学校と大学とに分けて議論を進めていきたい。

（1）　台湾の少年たち、医専を求めて台湾を飛び出す

朝鮮にせよ台湾にせよ、植民地統治が長期化するにつれ、多くのエリート植民地少年たちが医学校を志望したのは、前述のとおりである。有史以来の医学ブームのもとで、台湾唯一の医学校——台北医専の入学競争率も天井知らずに暴騰し、一九三〇年代前半には一〇倍近くに達する[40]。さらに日本人学生の比率も昭和年間に大幅に上昇したため[41]、台湾人の入学できる可能性は、実際にはさらに落ち込んでいた。一九三〇年代、台湾の少年たちが難関の台北医専の門をくぐり、台湾にいながらそのまま医学を学ぶことは、実に至難のわざだったのであ

る。他方、日本内地に目を向ければ、日本大学専門部医学科、東京医学専門学校、九州医学専門学校、岩手医学専門学校、昭和医学専門学校および帝国女子医学専門学校など、六か所も医専がある。[42] 台湾の中学生からすれば、毎年せいぜい四〇名足らずの台湾人しか入学できない台北医専にだけ望みを託すよりは、日本内地の医専も一緒に考慮した方が現実的だった。実際に一九三〇年代以降、台湾人医学生のなかでは、台湾を離れて日本の医専に通うもののほうが台湾で学ぶ学生より多い。たとえば、一九三三年の台北医専の在学生二九七名のうち台湾人は一四九名いたが、[43] 同じ年日本内地の医専で学ぶ台湾人はそれより多い一九一名であった[44]（表4）。

他方、上記の日本内地の医専はすべて私立であり、[45] 学費は当然官立の台北医専よりはるかに高かった。たとえば、東京医専の場合、「授業料一五〇円、校友会会費一〇円、軍教育費五円、前期卒業試験料二〇円、後期卒業試験料三〇円、その他参考書代六〇円」など、一年間学校に納める費用だけで三〇〇円近くに達する。もし台北医専であれば、東京医専の半分にも満たない授業料六〇円のほかに、校友会会費一三円、校友会入会費六円、実習費二三円など、諸費用を合わせても一年間の学費は一〇〇円くらいで済んでしまう。[46] しかも、台湾人学生が故郷を離れて東京医専で勉強するためには、寄宿費まで負担しなければならない。日本内地へ留学するためには、まず経済的問題がクリアされていなければならなかったのである。ただ台湾の受験生たちは、日本内地だけが唯一の選択肢ではないことを熟知していた。

インタビューや回顧録などによれば、当時中学校に通う台湾の学生たちが最も愛読した参考書としては、進学案内書や受験情報誌など欧文社の出版物があげられる。[47] なかでも各校の入試傾向を整理した進学案内書をめく

表4　日本の医専に通う台湾人学生の数（名）

年度	公立医専	私立医専	合計
1930	1	23	24
1931		171	171
1932	2	205	207
1933	3	188	191
1934	5	263	268
1935	7	314	321
1936	7	385	392

出典：台湾総督府文教局編『台湾総督府学事年報』（台湾総督府文教局、各年）から作成。

れば、台北医専よりも学費のさらに安い学校があることにすぐに気づいてしまう。「朝鮮総督府京城医学専門学校」の授業料はなんと年額五〇円なのである。それだけではない。朝鮮には、ほかに二か所も公立医専があり、その授業料は京城医専や台北医専よりは高いものの、昭和医専に比べたら半分にも満たない年額一二〇円である。[48]

もちろん学費だけで進学先が決められるわけではない。学校の知名度、ランキング、偏差値、所在地、就職率なども受験先を決めるうえで無視できない要因である。ただ当時、台湾の少年たちを医学校に惹きつけた背景を考えると、卒業後医師免許を保証してくれる学校であるかどうか、さらにはどのような医師免許を保証してくれる学校なのか、という問題がなにより考慮されたのであろう。そのような受験生たちの疑問について欧文社の進学案内書の出した答えは、たとえば、大邱医学専門学校は「特典あり、無試験開業し得（日本全国）」とあり、京城医専は「内鮮共に開業の資格有り」のほか、「卒業生は京城医専医学士の称号を得、内地医学専門学校卒と同じ」と強調されている。[49] では、台湾人にとってそれは具体的になにを意味したのだろうか。

（2）京城医学専門学校と私立セブランス聯合医学専門学校

前述のように、京城には京城医専のほかに、私立セブランス聯合医学専門学校もあった。京城医専の前身は一八九九年大韓帝国政府によって設立された「医学校」であるが、植民地統治が始められると、一九一〇年四月「朝鮮総督府医学講習所」と改められ、朝鮮人に対する医学教育を行っていた。他方、大韓帝国時期に宣教師の設立したセブランス病院で行なわれていた医学教育も、一九一三年「私立世富蘭偲医学校」と制度化され、やはり朝鮮人のみを対象に医学教育を行なっていた。一九一六年「朝鮮総督府専門学校官制」発布を機に、両者がそれぞれ「官立朝鮮総督府京城医学専門学校」と「私立セブランス聯合医学専門学校」へと昇格してから、両者の違いは徐々に拡大していく。専門学校昇格を機に一方の京城医専が日「鮮」共学に転じただけではなく、両者の卒業生が保証される医師免許にも違いが出てきたのである。[50]

一九〇六年、日本内地で公布された「医師法」に合わせて、一九一六年台湾でも「台湾医師令」が発布されたのは前述のとおりである。朝鮮の場合はそれより三年早く、一九一三年に「医師規則」が発布され[51]、その第一条で「台湾医師令」のそれとほぼ同様の内容で医師資格が規定された。

一、医師法第一条第一項第一号、第二号ニ該当スル者又ハ医術開業試験ニ合格シタル者

二、朝鮮総督ノ指定シタル医学校ヲ卒業シタル者

三、朝鮮総督ノ定ムル医師試験ニ合格シタル者

四、外国ノ医学校ヲ卒業シ又ハ外国ニ於テ医師ノ免許ヲ得タル帝国臣民ニシテ医業ヲ為スニ適当ト認メタル者

五、朝鮮総督ノ指定シタル外国ノ国籍ヲ有シ其ノ国ニ於テ医師ノ免許ヲ得タル者ニシテ医業ヲ為スニ適当ト認メル者

内務大臣ノ下付シタル医師免許証又ハ医術開業免状ヲ有スル者ハ本令ニ依リ免許ヲ受ケタル者ト看做ス

以上からみるように、日本統治者は台湾と朝鮮にほぼ同じ内容の医師資格を適用しただけではなく、内地で給付された医師免許をそのまま両植民地にも通用させる条項を設け、内地の免許を植民地のそれより優位に位置させていた。問題は、当時「医師規則」第一条第二項に該当する医学校として認定を受けたのは、京城医専の前身である朝鮮総督府医学講習所のみで、私立世富蘭偲医学校は含まれなかった点である。[52]つまり、同じ医学生とはいえ、卒業と同時に医師免許を取得できる朝鮮総督府医学講習所の学生たちとは違い、世富蘭偲医学校の卒業生はさらに第三項で定める検定試験を受けなければならなかった。[53]このような両者の格差は、一九一六年「朝鮮総督府専門学校官制」によって両校が医専へと昇格された後も引き継がれただけでなく、一九二三年にセブランス

表5　京城医学専門学校の12名の台湾留学生

名前	生年	入学	卒業	備考
楊献登	1915	1935	1939	1976年長崎県在住；1990年沖縄県在住
徐玉田（東海光輝）	1914	1936	1940	千葉県在住
廖術演（吉田正一）	1918	1936	1940	1976年吉田正一の日本名で千葉県にて東部診療所開業；1990年中国に移住
楊成堃	1915	1937	1941	1976年屏東にて開楊医院開業；1990年宮崎県の小林保養院に勤務
許良琴	1918	1937	1941	雲林県で健生医院を開業
蔡文彬（神岡彬夫）	1916	1938	1942	1976年台北にて蔡文彬小児科医院開業；1981年他界
陳恬淳	1917	1938	1942	1976年台南で相信医院を開業；アメリカで他界
謝家祥	1914	1939	1942	台南で復生医院開業
蔡江山（浦田信雄）	1916	1939	1942	嘉義で蔡江山外科医院を開業
楊子津	1919	1939	1942	1976年岩手県県立藤沢診療所に勤務；1980年他界
陳定国		1940	1943	
謝英三	1920		1945	1976年屏東にて十仁医院開業；1990年アメリカに移住

出典：『朝鮮総督府官報』、『京城医学専門学校一覧（各年度）』（出版者不詳、1935～1941年）、有鄰会編『有鄰会名簿（昭和五一年九月）』（京城医学専門学校同窓会、1976年）、高尾茂編『有鄰会名簿（一九九二年改訂永久保存版）』（京城医学専門学校同窓会、1992年）、昭十二会編『馬頭丘──京城医学専門学校昭和一二年卒業五〇周年記念誌──』（昭十二会、1990年）、서울대학교의과대학동창회『二〇一〇년회원명부』（서울대학교의과대학동창회、2009年）から作成。

医専が総督府の指定校となったあとも狭まらなかった。[54] 同年京城医専の卒業生にはさらに「医師法第一条ノ資格ヲ有スルモノト認定」され[55]、セブランス医専の卒業生のそれより一段と優位にある内地の免許が保障されたのである。

言いかえれば、欧文社の進学案内書が京城医専を紹介する「内鮮共に開業の資格有り」ということばは、単なる煽り文句だったわけではない。日本人であれ朝鮮人であれ──さらには台湾人をもふくめて──、一九二三年以降に同校を卒業さえしていれば、朝鮮はもちろん日本のどこでも実際に医師資格が保証された。さらに、彼らは「内務大臣ノ医師免許ヲ受ケタル者ハ前項ノ規定ニ拘ラス医師タルコトヲ得」るという「台湾医師令」の規定によって、自動的に台湾でも医師資格が認められる。表5から明らかなように、実際に京城医専を卒業した一二名の台湾人は、以降日本であれ、台湾であれ、医師として活動を続けられたのである。

その後、一九三四年四月にセブランス医専も内務大臣の認定が得られると、医師免許をめぐる同校と京城医専との格差は、ここでようやく消滅した[56]。しかし、それがそのまま同校に日本人学生を迎えさせるきっかけとなったわけではない。前述のように、セブランス医専には朝鮮人学生しか在学していなかったものの[57]、学生の出身地を制限するような学則が設けられていたわけではなかった[58]。ただし、受験情報誌の見解によれば、教師のほとんどが宣教師か朝鮮人からなる同校で学ぶためには、堪能な英語や朝鮮語能力が必須であるものの、朝鮮人以外でこの条件をクリアするのは至難だったため、日本人に敬遠されてきたとされる[59]。言語上のハードルは、日本語ですら母語でない台湾人にはなおさらのことである。

また、セブランス医専が新たに内務大臣の指定を得たという――つまり、同校の卒業生も台湾や日本で医師資格が持てるというニュースは、日本内地や台湾の受験生までは広がらなかった。ターゲットを朝鮮人に絞っている同校の入試情報は、省略こそされなかったとはいえ、進学案内書によってとりわけ注視されるはずはなかった。このニュースが紹介されることはなく、一九三四年以降も同校は単に「医師開業の資格有り」と紹介されるだけだった[60]。進学案内書に頼るかぎり、日本人であれ、台湾人であれ、受験生たちは同校を卒業したあと、朝鮮を離れても医師資格が維持できることを確認できなかったのである。

では、一九三〇年代に後発走者としてようやく医専に加わった平壌医学専門学校と大邱医学専門学校は、いったいどのような学校であったのだろうか。

(3)　平壌医学専門学校および大邱医学専門学校

一九二〇年代になると、医専の入試を勝ち抜くために、受験生たちがしのぎを削る状況が繰り広げられるのは、台湾も朝鮮も大差なかった。ただ、医学校の入学難が台湾で多くの学生を留学という道へ向かわせたとすれば、朝鮮では民間の医専設置運動を引き起こした[61]。

それぞれ朝鮮半島の南と北を代表する中心地、大邱と平壌では、植民地統治が始まる前から、すでに「同仁会」という日本人団体によって医療活動と教育が行なわれており、医学教育をめぐって善意の競争を重ねていた[62]。三・一独立運動以降、医師養成問題が表面化されると、一九二三年四月総督府は両地の道立慈恵医院に開設されていた私立医学講習会を医学講習所に昇格させ、朝鮮人と日本人をともに受け入れる[63]。ただ修学年限が二年だけである医学講習所では朝鮮社会の要求を満たすことはできず、一九二六年より大邱と平壌ではそれぞれ「医専昇格運動」が再燃した。両者の地方有志たちは組織的に総督府に対する請願運動を行なっただけではなく、病院と校舎を新築するための募金運動も主導したのである[64]。このような努力が実を結ぶまでには、六年の歳月を経なければならず、一九三三年三月両校は晴れて朝鮮総督府より公立医学専門学校としての新たな認可を勝ち取った[65]。

一方、医専昇格運動は地域発展だけが目的だったわけではない。とりわけ学生たちの立場からすれば、卒業後どのような免許が給付されるかという点とも密接に関係する。医専昇格に先立つ一九三〇年三月、両校は総督府より「医師規則第一条第一項第二号の規定に依」る医学校として指定され、すでに朝鮮内では無試験で医師免許を取得できるようになっていた[66]。しかし、総督府傘下の地方官庁が管轄する公立学校の両校には、朝鮮人のみならず、日本人も在学しており、内地の免許が求められるのは必至でありながら、講習所のままでは内務大臣の認可が得られるはずがなかった。そして、両校が公立医専に昇格してまもなく、一九三五年度からその卒業生たちに内地の免許が無試験で給付されることが決まったのである[67]。

問題は一九三三年と一九三四年卒業予定の学生たちである。一九三三年三月に卒業予定の学生たちは名義上、大邱医専と平壌医専の初回卒業生となるが、実質的に医専の課程による教育はまったく受けていないため、内務省は内地の免許を給付しないと決めた。この決定は日本人学生を筆頭に在学生たちの抗議運動を引き起こし、内務省は最終的に卒業者に補充講習を受けさせることを前提に、内地免許の給付を決めたのである[68]。

幸いにも、このように長い陣痛を経てようやく世に出た初回卒業生の就職状況は極めて良好で、満洲から招聘依頼が届くほどであった[69]。当時、年々落ち込むばかりだった内地医専の就職率を考えれば[70]、このような消息が多くの受験生の心を虜にしたのは無理もなく、翌年両校の入試競争率は八倍にまで膨らむ[71]。そのように集まってきた受験生のなかには台湾人も混ざっており、一九三四年三月の大邱医専の学生募集には八名の台湾人学生が応募していた。同年度に合格者を出せなかったことが影響したのだろうか、台湾からの受験生は翌年には六名に減少

表6　平壌医学専門学校の11名の台湾留学生

姓名	生年	入学	卒業
解定邦	1911	1933	1939
鄧正雄	1916	1936	
藍日昌	1913	1936	
林崑智	1916	1936	
呉鴻沢	1916	1937	
李飛鵬	1911	1937	
黄銀璽	1916	1938	
廖名淵	1918	1939	
蔡美佐(蔡美佐一)	1921	1939	
黄鼎鍾	1918	1939	
黄振芳	1919	1940	

出典：『朝鮮総督府官報』作者不詳『平壌医学専門学校一覧(昭和八年～昭和九年)』(出版者不詳、刊行年不詳)、「깃거운入格通知」(『毎日申報』1938年3月30日)、「各校入試合格者」(『毎日申報』1939年3月30日)、「各校合格発表――平壌医学専門」(『東亜日報』1939年3月30日)、「入試合格発表――平壌医学専門」(『東亜日報』1940年3月30日)から作成。

註：一覧と同窓会資料から卒業生の全貌がほぼ完全に確認できる京城医専とは違い、平壌医専の一覧は1933年度と1934年度の2年分しか伝わっていない。さらには、戦前の「杏林会」を引き継いで、戦後韓国で組織された同校の同窓会「平医会」も、韓国にいる朝鮮人卒業生だけを対象にしているため、その名簿からも当時の学生名簿は復元できない。平医同窓会「平醫医同窓會會則」(『平医同窓会誌(平醫)』第10号、1979年10月)352頁。したがって、ほかに台湾人卒業生がさらにいる可能性がある。

表7　大邱医学専門学校の3名の台湾留学生

姓名	生年	入学	卒業
林胡鎔	1914		1940
江文湧	1916	1936	1940
鄭坤樟	1922	1941	

出典：『朝鮮総督府官報』から作成。

註：京城医専や平壌医専と違い、大邱医専の刊行した資料は学生や卒業生名簿を掲載していない。ただ、1935年から1939年まで毎年ひとりずつ台湾人が入学した統計資料があり、戦前同校には少なくとも5名の台湾人が在籍していたはずである。作者不詳『大邱医学専門学校概要(昭和一四年六月)』22頁、作者不詳『大邱医学専門学校概要(昭和一二年六月)』(出版者不詳、刊行年不詳)12頁。本表は表3の大邱医専卒業者から、『朝鮮総督府官報』や『東亜日報』の同校入学者名簿に名前の見つかるものをリストしたものである。

したものの、初めて合格者が出ると、続く一九三六年には二二名に増える。この勢いは翌年も続き、一九三七年大邱医専に応募した六八三名のなかには、二六名の台湾人のほかにも、台湾で中学を卒業した日本人も三名いたのである。[72]表6・7は、両校に在籍したことが確認できる台湾人留学生の一覧である。

一方、このような単なる地域ニュースの域を超えない情報は、いったいどのようにしてはるばる海を越え、台湾の受験生たちの手もとに届いたのだろうか。また、彼らはどのように受験傾向を把握し、訪れたこともない試験地に向かったのだろうか。

（4）受験情報誌から進学情報を集める

現在も大学受験情報を専門とする月刊雑誌『蛍雪時代』の前身――『受験旬報』は一九三二年の創刊以来、中卒学歴の受験生を対象に高等学校、大学予科および専門学校など、各種上級学校への進学情報を提供する旬刊雑誌であった。本誌は各学校の最新ニュース、入試問題解説、卒業生たちの就職率などの進路、学費や奨学金の詳細・入試場所の交通・宿の状況・面接の要領・身体検査の項目・年齢制限の有無にいたるまで、多岐にわたる情報を盛り込んでおり、当時中学生や浪人生のあいだで絶対的な支持を誇っていた。[73]日本内地だけに限らず、台湾・朝鮮・樺太や満洲など、外地にある学校の情報まで網羅していた本誌は、その読者層も北は満洲から南は台湾まで広がっており、誌面からは台湾より寄せられた投稿も少なからず見つかる。[74]

一方、本誌は各校を高校類・工商専類・師範類・大学予科類・医薬専類などに大別したうえで、まずそこから志望するグループを決めるよう受験生たちを指導しており、[75]誌面もそれにあわせて編集されていた。そして、読者が各グループから最も適切な志望先を選べるよう、たとえば、購読者出身の現役学生たちを通信員に招きいれたりして、各校の最新動向をリアルタイムでグループごとに届けた。言いかえれば、本誌をたよって受験準備に励んでいた学生たちは、上記のグループにそって、各類別に属する学校を比較検討し、最終的な受験先を決定したのである。

なかで医薬専類としては医専のほかにも、歯科医学専門学校、薬学専門学校が含まれるが、議論の中心はやはり医学専門学校であった。そのなかで最も長い歴史を有し、「医専のなかの雄者」と称されていた東京医専の地位が揺さぶられることはなかったにせよ、[76]台北医専と京城医専も植民地の学校でありながら、常に注目のまとであった。それもそのはず、当時両校は日本帝国に残るたった二か所の「官立」医専であり、それだけで難関に列されただけではなく、他の追随を許さぬ学費の安さも一助となり、押しも押されもせぬ名門校と見なされたのである。[77]

一方、各医専の入学競争率がいずれも五倍を超えていた当時、[78]後発走者として医専の列に加わった大邱医専と平壌医専も、それゆえにかえって注目を浴びた。また新設校として両校は、[79]校長から校務担当者までが記事を執筆するなど、受験生誘致のために『受験旬報』を積極的に利用していた。そうした努力の甲斐あって、一九三六年以降毎年の入試競争率ランキングで一、二を争うほどになり、[80]平壌医専と大邱医専はすぐさま医専界の新星となったのである。

大邱医専と平壌医専に注目する受験生のなかには、むろん台湾人読者も含まれていた。たとえば、一九三六年九月、「台湾の大邱医あこがれ」という筆名で手紙を寄せてきた読者が、大邱医専に対する熱意を明かすと、翌月すぐに「大邱医専狂」が「共に来春邱医を破らう」と応じてきた。もうひとりの受験生は、朝鮮にはすでに数か所の医専があるから、滑り止めのためにもついでに数か所受験したほうがいいという意見も披瀝する。[81]実際に、一九三七年に京城医専に入学した許良琴医師も、京城医専の入試のついでに足を伸ばして、平壌医専の入試にも参加したのである。[82]

このようにして、朝鮮に留学する台湾人学生が多いわけでもなく、さらには台湾人にとって朝鮮が身近な場所でもなかったにもかかわらず、学生本人にせよ、まわりの家族にせよ、「朝鮮医学士」という学歴は怪しまれるどころか、しばしば「国立」医学校卒の秀才と称えられたのである。[83]

五　台北高等学校から京城帝国大学へ——鍾兆炳、李開榜および林徳郷の場合——

前述のように、朝鮮で台湾人学生を抱えていたのは医専だけではなく、京城帝国大学医学部にも三人の台湾人が在学していた。興味深いことに、この三人は京城帝大の同期であるのみならず、みな台北高等学校出身でもある。一九二九年から一九三三年にかけてそれぞれ台北高校に入学した三人は、一九三六年にそろって京城帝国大学医学部の学生となり、四年間の大学生活を共にした。しかし、「京城帝大医学士」となった一九四〇年以降、彼らが歩みだした道のりはそれぞれ大きく異なる。以下、この台湾きってのエリート三名のケースを通して（表8）、彼らの人生において朝鮮留学の持つ意味を吟味することとしたい。

一九一四年に屛東県で生まれた李開榜は幼くして父を亡くし、当時屛東有数の資産家として名を知られていた祖父の李才烈のもとで育った。[84] 彼が高雄中学校を卒業し、一九三二年台北高校の理科乙類に入学すると、将来大学同期となる林徳郷と鍾兆炳は翌年同校から卒業している。なかでも林徳郷は当時台中農業組合長を務めていた勢力家の林祖藩の五男であるが、幼くして亡くなった長兄を除いて他の三人の兄弟はみな内地の帝国大学に進学しており、なかには高等文官試験の合格者までいる。[85] 兄弟の影響があったのだろうか、高校入学当時の林徳郷は必ずしも医学部を志願していたわけではなかったようで、[86] 卒業後もひとまず九州帝国大学の法文学部に進んでから、一九三六年京城帝国大学医学部に入学しなおした。もうひとりの鍾兆炳は一九一一年に高雄の薬種商の三男として生まれ、高雄中学校を卒業したのち、林徳郷より一年遅れて一九三〇年台北高校理科乙類に入学する。

表8　京城帝国大学医学部の台湾同窓生の学歴

姓名	生年	本籍	中学	高校	大学
林徳郷（林原平）		台中	台北第一中学校	台北高等学校理科甲類 1929年入学、1933年卒業	1934年九州帝国大学法文学部入学 1936年京城帝国大学医学部入学、1940年卒業
鍾兆炳	1911	高雄	高雄中学校	台北高等学校理科甲類 1930年入学、1933年卒業	1936年京城帝国大学医学部入学、1940年卒業
李開榜	1914	高雄	高雄中学校	台北高等学校理科甲類 1932年入学、1935年卒業	1936年京城帝国大学医学部入学、1940年卒業

出典：作者不詳『台湾総督府台北高等学校一覧（各年度）』（台湾総督府台北高等学校、1929年～1936年）、台北高等學校同學會編『畢業生名簿（民國四十六年十一月）』（出版者不詳、刊行年不詳）、京城帝国大学編『京城帝国大学一覧（各年度）』（京城帝国大学、1936年～1940年）、九州帝国大学編『九州帝国大学一覧（昭和九年）』（九州帝国大学、1934年）から作成。

不可解なことは、年齢も学年もそれぞれ異なるこの三名が、偶然にも一九三六年同時に京城帝国大学に進学し、同校史上たった三名の台湾人学生となったことであろう。結論からいうと、それは一九三六年当時、大学進学をめぐって台湾と朝鮮でそれぞれ繰り広げられていた異例の事態が、この三人をつなぎ合わせたのである。

京城帝国大学は予科を設置している数少ない帝国大学であり、予科修了生だけで定員が満たされない場合にかぎって、ほかに高卒学歴の志願者を募集していた(87)。同学の予科の教育は基本的に日本内地の高等学校に準じて行なうとされていながら、すでに進路が確定されている大学予科としての特殊性が考慮され(88)、修業年限は一般高等学校のそれより一年少ない二年と定められた(89)。しかし、このような措置は内外から批判を呼び(90)、一九三四年度入学生より修業年限は三年間に調整される(91)。

一方、このような措置は一時的ではあったが、京城帝大本科の入学状況に影響を及ぼした。一九三四年に予科に入学した学生たちは、本来なら二年後の一九三六年に本科に進学するはずだったが、修業年限が一年長くなったために、一年遅れて一九三七年に進学するはめになり、京城帝大の本科は一九三六年度の入学生をほかから工面しなければならなかったのである。そこで、同学は医学部にかぎって本

表9　台北帝国大学医学部志願者と入学者の詳細

	全体志願者数	全体入学者数	志願者中台北高等学校卒業者	入学者中台北高等学校卒業者	志願者中台北帝大予科卒業者	入学者中台北帝大予科卒業者
1936年	67	40	52	34		
1937年	48	40	38	33		
1938年	47	40	34	34		
1939年	47	40	34	34		
1940年 9 月	29	29	25	25		
1941年 9 月	21	19	18	18		
1942年 4 月	42	41	30	30		
1942年10月	41	40	38	38		
1943年10月	61	59	31	31	28	28

出典：作者不詳『台北帝国大学一覧（各年度）』（台北帝国大学、1936年～1944年）から作成。

科学生を募集することと決定[92]、東京と京城で入学試験を行なうと告示する[93]。六〇名を定員として行なった学生募集に対して、各地の高校からは二四〇通の応募が殺到したが、実際に試験に参加したものは六一名に過ぎず、最終的に合格したものは三二名だけだった[94]。植民地朝鮮に高等学校が設置されていなかったことを考慮すれば、この募集に応募できる朝鮮人はほとんどいなかったことは当然で、この三二名の合格者のなかに朝鮮人は二名しかいない[95]。そして、鍾兆炳・李開榜と林徳郷の三名も、二七名の日本人にまぎれて京城帝大に入学する機会をつかんだのである。

とはいえ、この三人が前例のない京城帝大応募を決めるまでには、台湾のもう一つの事情の後押しがあったことを看過すべきではなかろう。一九三六年は台北帝国大学に初めて医学部が設置された年であるため、同年度の入試では予想できなかった状況がおきていた。京城帝国大学予科の理科卒業生たちがそのまま同学の医学部に進学していたこととは異なり、台北高校理科で医学部を志願する台湾人学生たちは、一九三六年までそのほとんどが内地の帝国大学に進学していた[96]。

一九三六年にようやく設けられた台北帝大医学部は医学を志す台北高校の学生たちの受け皿となり、予科と本科の関係ではなかったにせよ、その学生のほとんどは台北高校出身者で占められ、台北高校から医学部に志願する学生たちは無試験でほぼ全員合格していた（表9）。ただ、一九三六年とその翌年だけは例外であった。新たな帝大医学部が学生を募集すると知らされるや、台北高校からだけではなく、内地の高校卒業生、ひいてはすでに帝国大学の他学部に在学していたものまで応募に押寄せたため、[97]初回の募集では異例の入学試験まで行なわれた。[98]このような状況のもとで、ちょうど京城帝大医学部がこの年にかぎって学生を募集するとあっては、そちらに舵を切る受験生がでてきて当然である。一九三六年は台北帝大医学部にとっても、京城帝大医学部にとっても、異例の一年であった。そしてちょうどその最中に医学部進学を夢みていた台湾人三人は、機会をもとめて朝鮮に渡ることを決めたのである。

このようにして、台湾と朝鮮でそれぞれ繰り広げられていた歴史を、みずからの人生をもって、相互に出会わせた三人の台湾人は、一九三六年に晴れて京城帝国大学医学部の学生となり、[99]四年間の大学生活を一緒に過ごした。ただ彼らが京城での留学生活を共にしたのは、同じ帝国大学の同期たちだけではない。彼らは京城で専門学校に通っているほかの台湾人たちと交流していたことはもちろん、[100]平壌と大邱の留学生たちをも交えて同郷会まで組織していた（図1）。ただ台湾にもどってからも同窓会活動を続けていた専門学校の学生たちとは異なり、[101]京城帝大の三名は戦後まもなく大学の同窓会名簿からも所在がわからなくなってしまう。それくらいこの三人がそのあと歩んだ人生は互いに大きくずれてしまったのである。

図1　全鮮南瀛同郷会の記念撮影（一九三六年一二月／鍾憲明氏蔵）

一九四〇年春、四年間の大学生活を終え、「京城帝大医学士」となると、[102]彼らはそれぞれの道を歩み出す。最初に京城を離れたのは、卒業と同時に東京帝国大学附属伝染病研究所に進んだ李開榜である。一方、母校に残りそれぞれ内科と眼科の副手となった鍾兆炳と林徳郷も、[103]日本の敗戦と同時に京城を離れなければならなかった。鍾兆炳は五年前のインタビューで明かした抱負どおり、[104]故郷にもどり厚生内科を開業し、[105]一九七八年退職するまで町のお医者さんとして高雄の美濃を見守った。遠く北海道に渡り日本人女性と結婚したのち、林原平と改名した林徳郷は、[106]空知や夕張などの炭鉱病院で勤務した。[107]一足先に日本に渡って伝染病研究所で働いていた李開榜は、一九四六年米軍第四〇六医学研究室に所属を移し、翌年の一九四七年には東京帝国大学医学部より博士学位を授与されたが、[108]一九五八年に日本籍の夫人とともにニューヨーク大学医学部の教授として渡米し、著名な生物学者として活躍した。[109]

一方、この三人の人生から四年間の大学時代を除けば、朝鮮や韓国とかかわる接点や交流はまったくといっていいほどうかがえない。日本在住を選んだ林徳郷や日本人夫人と渡米した李開榜はさておいても、鍾兆炳は大学卒業の当時、「京城はわたしを育ててくれた第二の故郷です。今後も決して忘れません」と漏らしていたはずである。[110]ここまで彼の心を占めていた京城の思い出は、あるいは、植民地統治の終結と同時に消えてしまったのだろうか。鍾兆炳もその後一度も京城を訪れなかったのはもちろん、退職後の再就職先として選んだのも、京城ではなく福岡である。[111]

このような事情はこの三人に限られた話ではない。医専に通っていた台湾人医師たちも、卒業と同時に京城から遠ざかっていく。彼らは朝鮮語を解さなかっただけではなく、公会などに申告する学歴も往々にして「日本平壌医専」や「日本国立京城医学大学」となっている。なかには戦後に韓国を旅行した医師もいたが、それはツアー観光か、日本人同級生との旅行である。[112]対照的に、彼らと日本との接点は最後まで維持され続け、日本で晩年を過ごした医師も少なくない。[113]

彼らにとって京城は「第二の故郷」だったのかも知れないが、それは京城が「京城」であることを前提としていた。朝鮮が韓国と変わり、京城がソウルと変わるや、彼らの「第二の故郷」はそのまま現実から消えてしまったか、さもなければ日本に取って代わられるほかなかったのである。彼らは確かに京城で四年間の学生時代を過ごした。ただ彼らにとってそれは、韓国という異国で台湾人として味わった経験でもなければ、植民地人がもう一つの植民地を体験したものでもなく、日本帝国のなかでその臣民たる自己を生きつづけただけだったのである。

おわりに

一九三〇年代にもなると、植民地社会の不平等構造のもとで、台湾人の少年たちは、植民地人である自身の進路がきわめて制限されていることを自覚するようになる。このような認識のもとで、多くの台湾人少年たちを惹きつけたのは、医師となることであった。医師にさえなってしまえば、日本人の干渉を心配せず、安定的な高収入が保証される。さらには、免許の問題こそクリアできれば、台湾を離れて日本帝国のいずこでも開業することができるのである。しかし、日本人統治者が台湾に提供した医学教育の機会は常に限られており、少なからぬ台湾人少年たちは医学を勉強するために、海を渡るほかなかった。

一方、彼らが留学先として考慮していたのは、日本内地だけではない。彼らは同時に満洲や朝鮮にまで視野を広げていたのである。言いかえれば、台湾人少年たちはちょうど日本帝国の版図全体を人生の舞台として、そのなかから切り開くべき道を探し求めていたのである。もちろん、台湾のエリートたちがみずからの将来を考える際に、医師となることを好んで選んだことが、植民地統治が彼らに強いた制限のひとつであることは間違いない。とはいえ、彼らは単に植民地統治の敷いたレールに乗って生きることに甘んじたわけではない。それ以上に地域と文化、そして言語の隔たりを超えるために植民地統治が用意した制度を積極的に利用することで、みずからの人生を開拓していったのである。

しかし、戦後彼らが歩んだ人生経験は、彼らが認識していた世界がどのように植民地支配に引き続き影響されていったかを垣間見させてくれる。彼らは帝国の植民地統治を味方につけて、もう一つの植民地にまで足を伸ばし、そこでみずからの夢を実現する可能性を見出した。とはいえ、彼らがそこで経験し認識しえたのは、植民地朝鮮や台湾人としての自分であるというより、日本帝国と帝国臣民たる自分だったのである。

（1）本稿では植民地時代当時の用語にしたがい、西洋医学で治療する洋医を「医師」と呼び、当時「医生」と称されていた漢方医については議論しない。また本稿中の人名について、生存するものを除いて、肩書きや学位など敬称は省略する。

（2）このような帝国の内部構造は日本帝国に限られたものではない。Alexander J. Motyl, *Revolutions, Nations, Empires: Conceptual Limits and Theoretical Possibilities* (New York: Columbia University Press, 1999), pp. 117-130.

（3）片岡巌『台湾風俗誌』（台湾日日新報社、一九二一年）一八一頁。

（4）当時台湾人は一般に裁判制度を利用できるほどの経済的社会的条件に恵まれていなかったため、台湾人弁護士が顧客を得ることは容易ではなく、その地位も医師に比較できるものではなかった。陳君愷『日治時代臺灣醫生社會地位之研究』（國立臺灣師範大學歷史研究所、一九九二年）一七五～一八四頁。

（5）呉文星『日據時期臺灣社會領導階層之研究』（五南、二〇〇八年）九五頁。

（6）作者不詳『台湾総督府医学専門学校一覧（大正十四年）』（台湾総督府医学専門学校、一九二五年）一四三～一四四頁。

（7）呉文星、前掲書、九七頁。

（8）一九三六年四月には台北医学専門学校も台北帝国大学付属医学専門部と改められたものの、実際には学生の選抜から教育課程にいたるまで、その校務は医学部からは独立していた。

（9）呉文星、前掲書、一〇二頁。

（10）上沼八郎「日本統治下における台湾留学生——同化政策と留学生問題の展望——」（『国立教育研究所紀要』第九四号、

一九七八年三月）一四八頁。

（11）呉文星、前掲書、一〇八頁。

（12）泉孝英『外地の医学校』（メディカルレビュー社、二〇〇九年）一〇四〜一四八頁。

（13）許雪姫「日治時期臺灣人的海外活動──在「滿洲」的臺灣醫生──」（『臺灣史研究』第一一巻第二号、二〇〇四年一二月）六六頁。

（14）「台湾省医師公会」とは、一九四五年一一月戦前の台湾医師会を前身にして設立された医師たちの民間団体で、一九八〇年「中華民国医師公会全国連合会」へと改組された。李騰嶽編『臺灣省通志稿政事志衛生編第一冊』（臺灣省文獻委員會、一九五二年）一四八頁、呉基福『台灣醫師公會三三年史』（中華民國醫師公會全國聯合會、一九八〇年）四五八頁。

（15）許雪姫、前掲論文、一頁。

（16）「朗春半島学園의異彩、臺灣醫藥學徒城大等에十三名──卒業압두고錦衣還鄕의깃붐」（『毎日申報』一九四〇年三月九日）。この記事からもわかるように、当時朝鮮には歯科医学専門学校、薬学専門学校にも台湾人留学生がいたが、本稿では通常の医専に限って議論を進める。

（17）一九二五年の調査結果には「台湾人」という統計値はないものの、「植民地人」と示されている項目を台湾人とみて差し支えないだろう。朝鮮総督府編『大正十四年十月一日現在簡易国勢調査結果表』（朝鮮総督府、一九二六年）、朝鮮総督府編『昭和五年朝鮮国勢調査報告全鮮篇第一巻結果表』（朝鮮総督府、一九三四年）、朝鮮総督府編『昭和十年朝鮮国勢調査報告全鮮篇結果表及記述報文』（朝鮮総督府、刊行年不詳）。

（18）金斗鍾『韓國醫學史』（探求堂、一九八一年）四三五頁。

（19）박윤재「일제하 의사계급의 성장과 정체성 형성」（『역사와 현실』第六三号、二〇〇七年三月）、여인석、박윤재、이경록、박형우「한국 의사제도의 정착 과정──한말과 일제시대를 중심으로──」（『의사학』第一一巻第二号、二〇〇二年一二月）。

（20）たとえば、Ming-Cheng M. Lo, *Doctors within Borders: Profession, Ethnicity, and Modernity in Colonial Taiwan* (Berkeley, California: University of California Press, 2002).

(21) 박윤재、前掲論文、一八六頁、김정화、이경원「일제 식민지 지배와 조선양의의 사회적 성격」『사회와 역사』第七〇号、二〇〇六年六月）。

(22) たとえば、韓偉健・白麟済・楊奉根・李儀景など、少なからぬ京城医専の学生たちが三・一独立運動で主導的役割を果たしていた。박윤형、홍태숙、신규환、임선미、김희곤「일제시기 한국의사들의 독립운동」（『의사학』第一七巻第二号、二〇〇八年一二月）。

(23) 박윤재「한국 근대의학사 연구의 성과와 전망」（『의사학』第一九巻第一号、二〇一〇年六月）四九頁。

(24) 奇昌徳『韓國近代醫學教育史』（아카데미아、一九九五年）、李忠浩『日帝統治期韓國醫師教育史』（国学資料院、一九九八年）。また日本にも石田純郎や李賢一による関連成果がある。

(25)「訓導から医師を志し――本島人最初の鮮医――立志伝中の人、林元象氏」（『台湾日日新報』一九三三年二月一八日）。

(26)「台湾医師令明治三十九年法律第三十一号第一条及第二条ニ依リ勅裁ヲ得テ茲ニ之ヲ公布ス」（『府報』第九二五号、一九一六年一月一三日）。

(27) 同試験を主管する総督府の刊行する『府報』はむろん、『台湾日日新報』にも関連する告示や報道は見当たらない。一方、一九三四年の統計によれば、台湾で開業している一一〇二名の医師のなかには、試験によって免許を取得したものが四一名いるとされるが、全員日本人である。台湾総督府警務局編『台湾の衛生』（台湾総督府警務局衛生課、一九三五年）六一頁。当時、日本内地では、文部大臣の認定を得ていない医学校を卒業した場合には、試験を経て免許を発給していたことを踏まえれば、この四一名は日本の医師試験を経たものと考えられる。厚生省医務局編『医制百年史』（ぎょうせい、一九七六年）七一～七五頁。

(28) 台湾総督府警務局編、前掲書、五九頁。

(29) 一九四一年府令第一五八号として「台湾医師試験規則」が発布されると、「限地開業医師試験」は「乙種医師試験」として改められた。台湾総督府警務局編『台湾警察法規』（台湾警察協会、一九四一年）九六ノ一四～九六ノ一五頁。

(30)「限地開業医師免許者」（『台湾日日新報』一九三一年四月三日）。

(31) 厚生省医務局編、前掲書、六九頁。

(32) 白石保成『朝鮮衛生要義』（出版者不詳、一九一八年）五一頁、朝鮮総督府編『朝鮮衛生要覧』（朝鮮総督府、一九二九年）三一～三三頁。
(33) 李興基「한국근대 醫師職의 형성과정（一八八五～一九四五）」（서울大學校國史學科博士論文、二〇一〇年）一二〇～一三六頁。
(34) 「限地医業免許」（『朝鮮総督府官報』第一八四一号、一九三三年三月一日）。
(35) 「限地医師配置（清州）」（『東亜日報』一九三三年二月一四日）。
(36) 「限地医業免許」（『朝鮮総督府官報』第一九三四号、一九三三年六月二二日）、「限地医業免許」（『朝鮮総督府官報』第一九三四号、一九三五年八月二日）、「限地医業免許」（『朝鮮総督府官報』第二九九九号、一九三七年一月一六日）、「限地医業免許」（『朝鮮総督府官報』第三八九五号、一九四〇年一月一八日）、「限地医業免許」（『朝鮮総督府官報』第四七八三号、一九四三年一月一四日）。一方、当時の京城帝大医学部は正規生のほか、選科生・聴講生・専攻生制度を設けており、林元象がそのような身分で同校の授業を傍聴した可能性はあるものの、同校の一覧には正規の学生と専攻生しか掲載しておらず、そのどちらからも彼の名前は見つからない。京城帝国大学編『京城帝国大学一覧昭和十一年』（京城帝国大学、一九三六年）五一～五三頁。
(37) 戦前の朝鮮にはほかにも、一九四四年光州医学専門学校と咸興医学専門学校が設立されたが、ほとんど学校として機能していなかった。佐藤剛蔵『朝鮮医育史』（佐藤先生喜寿祝賀会、一九五六年）二～三頁、泉孝英、前掲書、八一頁。
(38) 同校は、一九三七年宣教師のホール女史が朝鮮人女医たちと協力して設立した私立女子医学校で、戦後、高麗大学医学部となった。一方、植民地台湾に女子を受け入れる医学校はなく、台湾人女医はみな留学をして医学を学んだ。東京女子医専、帝国女子医専、大阪女子高等医専など、植民地時期に日本内地に留学した台湾人女医は延べ一〇〇名以上いるとされる。傅大為『亞細亞的新身體』（群學、二〇〇五年）三七八頁。ただ朝鮮で学んだ台湾人女医は見つからない。
(39) 唯一の例外は、一九三三年平壌医専に入学した解定邦である。
(40) 台北医専の入学競争率は、一九二六年に五・九倍、一九二七年に四・三倍、一九二八年に五・三倍、一九二九年に五・六倍、一九三〇年に七・七倍、一九三一年に六・七倍、一九三二年に八・三倍、一九三三年に八・三倍である。台湾総督府台北医学専門学校編『台湾総督府台北医学専門学校一覧（昭和八年）』（台湾総督府台北医学専門学校、一九三三年）一一〇～一二〇頁。

（41）呉文星、前掲書、九七～九八頁。

（42）聯合府市政通信社編『全国学校教育施設総覧』（聯合府市政通信社、一九三三年）二〇～四二頁。ほかにも六か所の歯科医専があった。

（43）台湾総督府台北医学専門学校編、前掲書、八三～八六頁。

（44）戦前台湾人医学生たちの日本留学については、卞鳳奎『日治時期臺灣留學日本醫師之探討』（博揚文化事業有限公司、二〇一一年）を参照されたい。

（45）岡山医専・新潟医専・金沢医専・長崎医専・千葉医専・熊本医専および京都府立医専など、日本内地の官公立医専は、一九一八年「大学令」を機にすべて大学に昇格した。天野郁夫『旧制専門学校論』（玉川大学出版部、一九九三年）二六、一六七頁。

（46）欧文社指導部編『全国高等学校専門学校大学予科昭和十年入学試験問題詳解附入学試験要項競争率一覧』（欧文社出版部、一九三五年）六五～六六頁。当時、東京医専の学費は特別高いわけでもなかった。授業料だけでいえば、九州医専や岩手医専は一年間二〇〇円、昭和医専にいたっては二五〇円を要していた。

（47）徐聖凱「日治時期台北高等學校之研究」（國立台灣師範大學台灣史研究所碩士論文、二〇〇八年）一〇九～一一〇頁、林垂凱「第二十期林垂凱校友之回憶」（www.tcfsh.tc.edu.tw/gallery/term_20.html）。欧文社の出版物については、船寄俊雄・菅原亮芳『『受験と学生』――一九一八年～三〇年の高等教育受験情報――』（菅原亮芳編『受験・進学・学校――近代日本教育雑誌にみる情報の研究――』（学文社、二〇〇八年、四七～七九頁）に詳しい。

（48）欧文社指導部編、前掲書、六六～六七頁、欧文社指導部編『昭和十一年度全国高等学校専門学校大学予科入学試験問題詳解附入学試験要項競争率一覧』（欧文社出版部、一九三六年）六七頁。

（49）欧文社指導部編、前掲『全国高等学校専門学校大学予科昭和十年入学試験問題詳解附入学試験要項競争率一覧』、六六～六七頁。

（50）佐藤剛蔵、前掲書、六五～六八頁。

（51）「朝鮮総督府令第百号医師規則佐ノ通定ム」（『朝鮮総督府官報』第三八九号、一九一三年一一月一五日）。

（52）「朝鮮総督府告示第六十三号医師規則第一條第一項第二号ニ依リ左ノ医学校ヲ指定ス」（『朝鮮総督府官報』第四七九

号、一九一四年三月七日）。
(53) 박윤재『한국 근대의학의 기원』（혜안、二〇〇五年）二八五頁。
(54)「朝鮮総督府告示第三十四号医師規則第一条第一項第二号ニ依リ左ノ医学校ヲ指定ス」（『朝鮮総督府官報』第三一六〇号、一九二三年二月二四日）。
(55) 作者不詳『京城医学専門学校一覧（昭和二年）』（出版者不詳、刊行年不詳）七〜八頁。
(56) セブランス連合医学専門学校編『セブランス連合医学専門学校一覧（昭和九年）』（セブランス聯合医学専門学校、一九三四年）一九〜二〇頁。
(57) 佐藤剛蔵によれば、同校は「朝鮮人のみを受容教育」しており、一九四三年「旭医学専門学校」と改められるまで、卒業生はすべて朝鮮人であった。佐藤剛蔵、前掲書、二〜三頁。
(58) セブランス連合医学専門学校編、前掲書、三四〜三五頁。
(59) 長谷川弘「全国医専内容及出題傾向を語る」（『受験旬報』第六巻第一二号、一九三六年七月）四三頁。
(60) 欧文社指導部編、前掲『全国高等学校専門学校予科昭和十年入学試験問題詳解附入学試験要項競争率一覧』六七頁。
(61) 戦前日本内地の医学校の留学した朝鮮人は、男子二六八名、女子一〇一名の合計三六九名で、毎年一〇名程度にとどまっていた。奇昌徳、前掲書、三三三〜三六三頁。
(62) 奇昌徳、前掲書、二六〇〜二六九・二八六〜二八九頁。
(63) 作者不詳『平壌医学専門学校一覧（昭和九年）』（出版者不詳、刊行年不詳）一〜二頁、作者不詳『大邱医学専門学校沿革摘要』（出版者不詳、刊行年不詳）頁数なし。
(64) 奇昌徳、前掲書、二六三〜二六九・二八九〜二九五頁。
(65)「朝鮮総督府告示第七十六号公立私立専門学校規程ニ依リ佐記医学専門学校ヲ設立シ昭和八年三月八日ヨリ開校ノ件昭和八年三月六日附認可セリ」（『朝鮮総督府官報』第一八四七号、一九三三年三月八日）。
(66)「朝鮮総督府告示第百十三号医師規則第一条第一項第二号ノ規定ニ依リ左ノ医学校ヲ指定ス」、「朝鮮総督府告示第百十四号医師規則第一条第一項第二号ノ規定ニ依リ左ノ医学校ヲ指定ス」（『朝鮮総督府官報』第九六一号、一九三〇年三月一九日）。

(67) 作者不詳『大邱医学専門学校沿革摘要』(出版者不詳、刊行年不詳) 頁数なし、作者不詳『大邱医学専門学校概要(昭和十四年六月)』(出版者不詳、刊行年不詳) 一頁。

(68) 奇昌徳、前掲書、二七一〜二七三・三〇〇頁。

(69)「大邱醫專卒業生滿洲國에서招聘」(『毎日申報』一九三四年一月二二日)、「날라가듯이 팔리는 大邱醫專의 卒業生」(『毎日申報』一九三六年一月一七日)。ちなみに、当時卒業生の就職斡旋も医専の業務のひとつで、病院や機関が学校を経由して卒業生を招聘する形で行なわれていた。

(70) 欧文社受験相談部「黒幕試験をするので有名——東京医専の巻」(『受験旬報』第七巻第二号、一九三七年四月) 二七〜二九頁、欧文社受験相談部・欧文社通添会友担当「昭和十二年度全国実業専門学校就職状況調査」(『受験旬報』第七巻第二〇号、一九三七年八月) 五一〜五八頁。

(71)「定員八倍志願——大邱醫專入學難——朝鮮外의開業도可能한탓」(『朝鮮中央日報』一九三四年三月二七日)。

(72) 作者不詳、前掲書、一二頁。

(73) 竹内洋『立志・苦学・出世——受験生の社会史——』(講談社、一九九一年) 八二〜九〇頁、寺崎昌男・浅沼薫奈「『蛍雪時代』——戦中戦後の高等教育志願者にもたらされた教育情報——」(菅原亮芳編、前掲書) 八〇〜一〇六頁。

(74) たとえば、各号の巻末に設けられた「読者案内欄」「受験健康誌上公開質問」「読者の声」など仮名を用いる投稿コラムはもちろん、「通信添削会返送分成績優良者」の名簿からも、少なからぬ台湾人読者の実名を毎号見つけることができる。

(75) 欧文社社主赤尾好夫「受験對策——職業を中心に志望校の決定迄(一)」(『受験旬報』第六巻第一〇号、一九三六年六月) 二二〜二三頁。

(76) 欧文社特派記者和田道「東京近県学校巡り(三)威を官学の名に借らず——東京医専、昭和医専」(『受験旬報』第六巻号名なし、一九三七年二月) 八八〜八九頁、欧文社通添国漢指導部「全国上級学校国漢出題傾向大観(二)」(『受験旬報』第七巻第一号、一九三七年六月) 五一〜六四頁、東医杏林生「上級学校点描——東京医専紹介」(『受験旬報』第六巻第四号、一九三六年五月) 五八〜六一頁。

(77) 欧文社旧会員諸君「ドタン場で敗れた涙の手記——慶医、城医受験準備法(長谷川弘)」(『受験旬報』第六巻第四号、

一九三六年五月）八〇～八三頁、欧文社受験相談部「入試を中心に学校を探る（その六四）熱帯医学の研究殿堂——台大附属医専の巻」（『受験旬報』第七巻第三〇号、一九三七年一一月）三五～三八頁、欧文社受験相談部・欧文社通添会友担当「昭和十二年度全国実業専門学校就職状況調査」（『受験旬報』第七巻第二〇号、一九三七年八月）五一～五八頁。

(78) 欧文社受験相談部「全国上級学校十一年度入学競争率一覧（其の二）」（『受験旬報』第六巻第一三号、一九三六年七月）三五～三七頁。

(79) 大邱医学専門学校長山根政治「本校入学志願者に与ふ（二）満鮮に飛躍せんとする志願者は来れ」（『受験旬報』第五巻第一二号、一九三五年七月）二六～二八頁、大邱医学専門学校長山根政治「受験対策——本校入学志願者の為に」（『受験旬報』第六巻第一二号、一九三六年七月）二四～二五頁、大邱医学専門学校教務課「大邱医専受験者の為めに」（『受験旬報』第七巻第四二号、一九三八年二月）四六～四九頁。

(80) 欧文社受験相談部「全国上級学校十一年度入学競争率一覧（其の二）」（『受験旬報』第六巻第一三号、一九三六年七月）三五～三七頁、欧文社受験相談部「昭和十二年度全国上級諸学校入試競争率一覧」（『受験旬報』第六巻第四六号、一九三七年三月）六八～七一頁、欧文社受験相談部「昭和十二年度全国上級受験者数に基く入試競争率一覧」（『受験旬報第七巻第三号、一九三七年四月）六一～六四頁、欧文社受験相談部「昭和十三年度全国上級学校入試競争率総覧」（『受験旬報』第七巻第四八号、一九三八年三月）五～八頁。

(81) 「読者の声」（『受験旬報』第六巻第二三号、一九三六年九月）九六頁、「読者の声」（『受験旬報』第六巻第二七号、一九三六年一〇月）九五頁。

(82) 許良琴の弟、許良宗氏からの筆者による聞き取り（二〇一一年四月二四日、台湾雲林県）。

(83) 許良宗氏からの筆者による聞き取り（同前）、林崑智の長男、林茂長医師からの筆者による聞き取り（二〇一一年六月九日、台湾宜蘭県）、楊成堃医師より筆者による聞き取り（二〇一一年五月五日、台湾屏東県）。

(84) 李明恭『竹田郷史誌』（李明恭、二〇〇一年）二五八～二五九頁、「履歴書」（文部省『昭和二十二年学位授与認可』第九冊、国立公文書館所蔵、文部省四九—三A—二三—一一—九〇）。

(85) 遠藤写真館編『人文薈萃』（遠藤写真館、一九二一年）二〇〇頁、興南新聞社編『台湾人士鑑』（興南新聞社、一九四三年）四五六頁、「訃聞」（『台灣民聲日報』一九五八年一一月二一日）。

(86) 当時台北高校の理科乙類は、ドイツ語を第二外国語としていたため、大半は将来医学部進学を志望する学生によって占められていたが、林徳郷は理科甲類を選択していた。所沢潤「聴取り調査——外地の進学体験——台北師範付属小から台北高校、台北帝大を経て内地の帝大に編入」（平成二年度文部省科学研究費補助金（一般研究C）（課題番号〇二五一〇一四〇）研究成果報告書『入学試験の制度及び試験問題の分析に基づく近代日本の学力の歴史的研究』、一九九三年）、所沢潤「聴取り調査——外地の進学体験（Ⅱ）台北一師附小、台北高校、台北帝大医学部を経て、台湾大学医学院卒業——」（『群馬大学教育学部紀要（人文・社会科学編）』第四四号、一九九五年）。

(87) 作者不詳『京城帝国大学一覧（昭和六年）』（京城帝国大学、一九三一年）三六頁。

(88) 鄭圭永「京城帝国大学に見る戦前日本の高等教育と国家」（東京大学大学院教育学研究科博士論文、一九九五年）一二一～一二四頁。

(89) 作者不詳『京城帝国大学予科一覧（大正十四年）』（出版者不詳、刊行年不詳）一三頁。

(90) たとえば、京城帝国大学法文学部教授安倍能成「大学予科の三年制その他に就て」（『京城日報』一九二七年三月一一日）。

(91) 「朝鮮総督府令第三十五号京城帝国大学予科規定中左ノ通改正ス」（『朝鮮総督府官報』第二一六五号、一九三四年三月三一日）。

(92) 「預科卒業生全無로 法文學部는 놀고 醫學部學生은 東京에가서 募集——京城帝大의 大失態」（『東亜日報』一九三六年一月二六日）。

(93) 「各學小入學須知（四）」（『東亜日報』一九三六年一月二三日）、「城大医学生募集」（『京城日報』一九三六年一月二八日）、「医学部学生募集」（『京城帝国大学学報』第一〇七号、一九三六年二月）。

(94) 「医学部学生入学試験」（『京城帝国大学学報』第一一〇号、一九三六年五月）。

(95) 京城帝国大学編『京城帝国大学一覧（昭和十一年）』（京城帝国大学、一九三六年）二三二～二三三頁。

(96) 呉文星、前掲書、九九～一〇〇頁。

(97) 「医学部志願者定員を遙に超過——台大創始以来の現象」（『台湾日日新報』一九三六年二月二一日）

(98) 「台大医学部の初選抜試験——四十名の募集に対し志願者は六十三名」（『台湾日日新報』一九三六年三月二四日）、李

明瑱、林靜靜『台灣的良知李鎮源教授――蛇毒大師、醫界良心、民主運動的領航員』(商周、二〇〇二年)一三頁、所沢潤「聴取り調査――外地の進学体験(Ⅲ)抵抗の地・龍潭から基隆中学校、台北高校を経て、長崎医科大学卒業」(『群馬大学教育学部紀要(人文・社会科学編)』第四五号、一九九六年)一四四頁。

(99) 「入学許可――京城帝国大学医学部ニ於テ本年四月入学ヲ許可セル者ノ氏名左ノ如シ(五十音順)」(『朝鮮総督府官報』第二七八三号、一九三六年四月二五日)。

(100) 「朗春半島学園의異彩、臺灣醫藥學徒城大等에十三名――卒業압두고錦衣還鄕의깃븜」、前掲。

(101) 林崑智医師夫人張素梅氏からの筆者による聞き取り(二〇一一年六月九日、台湾宜蘭県)、許良琴医師夫人黃湘雲氏からの筆者による聞き取り(二〇一一年四月一九日、台湾雲林県)。

(102) 「学士試験合格――京城帝国大学法文学部及医学部ニ於テ学士試験ニ合格シ昭和十五年三月三十一日證書ヲ授予シタル者ノ氏名左ノ如シ」(『朝鮮総督府官報』第二九六三号、一九四〇年四月九日)。

(103) 京城帝国大学法文学部同窓会、京城帝国大学医学部同窓会編『会員名簿(昭和十五年十月末現在)』(出版者不詳、刊行年不詳)一七二～一七四頁。

(104) 「朗春半島学園의異彩、臺灣醫藥學徒城大等에十三名――卒業압두고錦衣還鄕의깃븜」、前掲。

(105) 台北高等學校同學會『會員名簿(中華民國六十四年六月)』(出版者不詳、刊行年不詳)一一頁。

(106) 台高同學會編『會員名簿(民國卅六年十一月)』(出版者不詳、刊行年不詳)一四頁。

(107) 同前、台北高等學校同學會、前掲書、一〇頁。

(108) 博士論文は「マウス感染防禦試験における菌と血清との量的関係」。「学位授与認可」(文部省、前掲『昭和二十二年学位授与認可』第九冊)。

(109) 李明恭、前掲書、二五九頁。彼の著作としては、Koibong Li, Leslie A. Lewis, *A Novel Approach to the Evolution of Microorganisms* (Vantage Press, 1978) などがある。一方、彼は京城帝大入学を機に台湾を離れてから、一九九九年アメリカで死去するまで、一九八九年に夫人を同伴して一時帰国した以外には、一回も台湾にもどらなかった。李開榜の甥の陳逢松氏からの筆者による聞き取り(二〇一一年五月七日、台湾高雄市)。

(110) 「朗春半島学園의異彩、臺灣醫藥學徒城大等에十三名――卒業압두고錦衣還鄕의깃븜」、前掲。

(111) 京城帝国大学京城帝国大学予科同窓会編『会員名簿(昭和五十五年十一月改訂)』(京城帝国大学京城帝国大学予科同窓会、刊行年不詳)七四頁。鍾兆炳は一九七八年福岡に渡り、一九八一年死去するまで、粕屋郡中原病院で勤めた。鍾兆炳の長男、鍾憲明氏から筆者より聞き取り(二〇一一年五月二七日、台湾高雄市)。

(112) 許良琴の弟である許良宗氏から筆者による聞き取り(前掲)、林崑智の長男、林茂長医師から筆者による聞き取り(前掲)。

(113) 鍾兆炳だけではなく、京城医専を卒業した楊成堃も退職後宮城県の三股医院で働いたほかに、平壌医専出身の林崑智は癌が見つかったあと、大阪に渡って闘病生活を送った。楊衍俊・楊衍彪「父親楊成堃医師略伝」(未刊)、林崑智医師夫人張素梅氏からの筆者による聞き取り(前掲)。一方、表5にみるように、少なからぬ医師が退職後一九七〇年代に日本で再就職していた背景には、日本の無医村問題を解決するうえで、戦前旧植民地人に対して給付された内地の免許の効力が引き続き認められたことがある。今野卓美「戦後日本の外国人医師導入——医師不足と旧植民地出身医師——」(名古屋大学大学院国際開発研究科博士論文、二〇〇二年)。このような状況のもとで、台湾人だけではなく、戦前日本内地でも有効な免許を取得した朝鮮人医師も多く日本に向かっていた。李相武「在日就業韓国医師」(『平医同窓会誌(平醫)』第一〇号、一九七九年一〇月)九一~九四頁。

〔付記〕 本稿は拙稿「放眼帝國、伺機而動:在朝鮮學醫的臺灣人」(『臺灣史研究』第一九巻第一号、二〇一二年三月)を日本語読者のために書き直したものであるが、両者の内容は必ずしも一致しておらず、あわせて参照されたい。本稿は中華民國行政院國家科學委員會專題研究計畫(NSC 98-2410-H-001-015)の助成による研究成果である。なお、執筆過程において、石田純郎、遠藤豊、許正忠、許雪姫、許良宗、鍾憲明、徐聖凱、崔圭鎮、張素玢、陳瑋荻、陳鳳松、陳力航、朴潤栽、黄尚翼、松田利彦、楊衍俊、楊衍彪、藍松樹、李明恭、劉士永、林茂長、林茂筆(五〇音順)の諸先生方よりご助力いただきましたこと、ここに厚くお礼もうしあげます。

南朝鮮鉄道工事と土地収用令

広瀬貞三

はじめに

植民地期朝鮮において朝鮮総督府（以下、総督府とする）は一九一一年に土地収用令を公布し、一九四五年までこれを施行した。筆者は土地収用令についてこれまで、法令分析、『朝鮮総督府官報』掲載「土地収用公告」の分析を行い、具体的な事例研究として、水豊ダム建設工事（朝鮮側・「満洲国」側）、羅津港建設工事、万頃江改修工事等を通して、その過程と特徴を明らかにしてきた。(1)

今回は事例研究として一九二九年の全羅南道（以下、全南とする）麗水郡における南朝鮮鉄道工事をとりあげ、建設工事における土地収用令の具体的な展開過程とその特徴を明らかにする。植民地期の鉄道に関する研究としては、すでに多くの蓄積がある。(2) しかし、南朝鮮鉄道に関しては本格的な研究がなく、わずかに梁相鎮氏が簡単に触れているだけである。(3) 一方、麗水郡における南朝鮮鉄道の土地買収や土地収用令については、すでに金鶏有氏、金仁徳氏、麗水市による『麗水抗日運動史』、許英蘭氏によって多くの成果が蓄積されている。金鶏有氏は麗水郡の有力者（日本人、朝鮮人）の対応を明らかにした。(4) 金仁徳氏は南朝鮮鉄道の土地買収に対する麗水農民会の反対運動を明らかにした。[5]『麗水抗日運動史』は『東亜日報』の記事を用いて、農民の反対運動を抗日運動の一環として位置づけた。[6]許英蘭氏は都市化過程における地域社会の対応として、土地収用反対運動を克明に示している。[7]ただ、これらはいずれも土地収用令のみに焦点を当てた研究ではなく、また日本側（総督府）の史料を利用していない点が惜しまれる。

このため本稿では先行研究の基盤の上に、総督府の史料を加え、南朝鮮鉄道工事の土地収用令をめぐる展開過程を明らかにする。その際、次の三点に留意する。第一に南朝鮮鉄道はどのような経営集団で、どのような工事だったのか、第二に南朝鮮鉄道の工事（鉄道・港湾）に対し、日本側（総督府、同内務局土木課、全南道知事）はどのような対応を示したか、第三に麗水郡の有力者（地主、企業家）、農民はどのような対応を示したのかである。

一　南朝鮮鉄道工事の全体像

（1）南朝鮮鉄道の設立

朝鮮における鉄道敷設は一九一〇年以降、主に総督府鉄道局が中心になって進んだ。だが、一九一四年から総督府は国有鉄道のみによることは財政上不十分と判断した。このため、地方鉄道を私設鉄道として奨励するために、補助金交付制度を設けた。つづいて、総督府は一九二一年四月に私設鉄道補助令を公布した。総督府は「朝鮮鉄道一二カ年計画」を立て、一九二七年から着手した。これにより五線（図們、恵山、満浦、東海、慶全）計一三八四キロの建設と私設鉄道五線（慶南線、全南線、慶東線、全北鉄道会社線、図們鉄道会社線）計三三七キロの買収、ならびに既設線および買収線の改良のための経費として二億三〇〇〇万円の予算が成立した。[8]また、日本での議会決議の際、私設鉄道に対する助成を強化するよう希望が付されたこともあり、私設鉄道への関心が高まった。[9]全羅南道の海岸をめぐる鉄道建設も多くの日本人企業家の関心を集めた。一九二六年一〇月から日本人企業家が全羅南道での鉄道敷設を総督府に請願した。村田議稲による南鮮鉄道、大村百蔵による鮮南鉄道、武和三郎による南鮮鉄道電気、別府丑太郎による南朝鮮鉄道など四社が一斉に請願した。こうした鉄道敷設申請の中、一九二七年四月、総督府は南朝鮮鉄道に認可を与えた[10]。

南朝鮮鉄道（本社は東京市麴町区丸ノ内）は全南の光州と麗水港を結ぶ鉄道・港湾を敷設・運営するものである。路線は光州から南下し、和順・宝城・順天を経て、麗水にいたる全長一六〇キロである。南朝鮮鉄道は、沿線の人口、沿線の富源、地方の交通現状、既成線との連絡、海港との連絡などを考慮し、十分に採算が取れると判断した。資本金は一〇〇〇万円、株式は四〇万株である[11]。

南朝鮮鉄道の社長は根津嘉一郎（一八六〇〜一九四〇）である。根津は山梨県出身であり、甲州財閥の一人として、東京電燈・東京瓦斯・東武鉄道・日清製粉・富国徴兵保険などを経営した。衆議院議員を四期務め、勅撰貴族院議員となった[12]。根津が力を入れた東武鉄道は一八九九年八月に営業を開始し、一九〇五年一一月に根津が社長となり、その後は積極的な事業拡大を行い、私鉄経営の一人者となる[13]。根津は一九一一年に初めて朝鮮を訪れた際、寺内正毅総督に面談した。この時、根津は「植民地では先づ交通機関の発達を図られ、私鉄道をドシドシ許可して、これに本線を補給おさせになつたならば、私どもを始め資本を持つて鉄道の施設をする者が相当出てくるから御役に立てたい[14]」と提言した。かなり以前から朝鮮での鉄道事業に関心を示していた。一九一七年五月、二回目の訪朝時に、忠清北道の芙江・清州・忠州間軽鉄予定線の実地調査を行った。彼はこの時、「予は鉄道を敷いて自分等は多く儲けぬでも其の地方を利し、其の開発を図り聊か邦家の為めに尽くしたいと思つてゐる[15]」と語った。

彼が朝鮮での鉄道経営に乗り出した直接的な経緯としては、二つの点があげられる。第一に、斎藤実総督から直接鉄道敷設を薦められたからである。これには私設鉄道に関して総督府が資金補助を行い、八分の配当を補給

表1　南朝鮮鉄道の役員（1933年）

役職	氏名	生没年	学歴	職歴
社長	根津嘉一郎	1860～1940		東武鉄道社長、富国徴兵保険社長、衆議院議員
取締役	大橋新太郎	1863～1944	同人社	博文館館人、貴族院議員、東京工業倶楽部理事長
	門野重九郎	1867～1918	帝国大学	大倉組副頭取、日本商工会議所副会長
	稲畑勝太郎	1862～1949	リヨン大学	稲畑商店社長、大阪商工会議所副会頭
	原邦造	1883～?	京都大学	満鉄、東武鉄道取締役、愛国生命社長
	杉本九八郎	不明		不明
	別府丑太郎	1869～1934		鉄道省経理局、西武鉄道社長
	玄俊鎬	1889～1950	明治大学	湖南銀行会頭、朝鮮生命保険取締役
支配人	佐竹次郎	1896～1959	東京大学	日本土地証券社長、富国生命保険社長
監査役	前田青莎	不明		不明
	大村百蔵	1872～?		京城居留民会議員、京城中央物産社長
	松下栄	1876～?	東京攻玉社	京都府技師、朝鮮総督府技師

出典：片岡議編『南鉄沿線史』、「南朝鮮鉄道案内」13頁（片岡商店、1933年）、韓国歴史情報統合システム（http://kh2.koreanhistory.or.kr/）、その他から作成。

するとの条件だった[16]。

第二に、麗水郡の有力者である政吉信と金漢昇が共に東京の根津の自宅を訪れ、鉄道敷設を請願したことである[17]。政吉信（一八八一～?）は一九二〇年から日本と朝鮮を往来し、一九二三年に麗水邑に居住した。全南水産会社・興洋水産・全南製氷を創設し、麗水郡における第一の日本人実業家となる。彼は事業以外にも学校組合管理者、面協議委員となり、一九三三年に民選道会議員となる[18]。政吉は「自ら鉄道および海運業等計画を立て、これを実現せんと欲せしが漸く機運熟して根津氏等の認むる所となり、南朝鮮鉄道会社の設立を見るに至り[19]」とあるように、誘致の中心的な人物だった。金漢昇（一八六九～一九五〇）は麗光金氏であり、麗水郡で最大の朝鮮人有力者だった。六人兄弟の次男で、一八九六年に麗水郡香視倍行郷有司、一九〇六年に麗水郡主事、一九〇七年に麗水郡守署理、一九一〇年に麗水金融組合長、一九一一年に麗水郡参事、一九二〇年に全南道評議会員、一九三二年に総督府中枢院参議を勤める。兄弟の中で長男の金漢泳は東亜日報麗水支局開設時に支局長を務め、一九三〇年代中盤からは朝日織物工業社代用理事を務めた。三男の金漢星は東亜日報麗水支局開設時の総務を務めた[20]。このように麗水郡の日本人、朝鮮人の最有力者の誘致によって、根津は朝鮮への進出を決定した。

一九二七年四月、南朝鮮鉄道は総督府から営業認可を受けると、同年五月に根津ら発起人の五人は麗水郡を訪問した[21]。さらに、根津は同一〇月、貴族院満洲視察団に加わり、満洲・朝鮮・北支を巡遊した[22]。

南朝鮮鉄道の役員（一九三三年時点）は、社長は根津、取締役は大橋新太郎・門野重九郎・稲畑勝太郎・原邦造・杉本九八郎・別府丑太郎・玄俊鎬、支配人は佐竹次郎、監査役は前田清莎・大村百蔵・松下栄である[23]。彼らの経歴をまとめたのが表1である。二名の職歴が不明のため正確ではないが、主に日本の多様な実業家が中心である。根津財閥系の団体として青山会があり、これは後に清交会となった。代表的な参加者としては、岩崎清七・小林一三・伊豆凡夫・吉野伝治・小倉常吉・早川徳次・吉田議輝・河西豊太郎・別府・原・佐竹である[24]。南朝鮮鉄道の役員に清交会のメンバーである三人（原・別府・佐竹）が参加しているように、実際には根津財閥系が中心だった。

根津は日本にいたため、専務の別府が事実上南朝鮮鉄道を経営したと思われる。別府は一八七二年高知県に生まれ、一九〇〇年文官高等試験に合格し、農商務省を振り出しに特許局審査官、鉱山局監督局事務官、鉄道院参事、鉄道省経理局長を務め、一九二四年に退官した。その後は小倉石油取締役を経て、南朝鮮鉄道に参加した[25]。

（2） 南朝鮮鉄道工事の実態

全長約九七キロに及ぶ南朝鮮鉄道工事は、日本の建設会社の注目を集める。一九二九年二月、満洲土木界の重鎮である榊谷仙次郎は木下謙次郎関東庁長官の紹介で東京の根津を訪問し、工事受注を依頼する。根津は一度断るが、後に入札を認める。榊谷組は京城支店を持ち、朝鮮での事業拡大を図っていたが、同年三月の第六工区の入札において僅差で他社に敗れる[26]。

南朝鮮鉄道工事は六工区に分けられ、このうち四工区は一九二九年二月に起工した[27]。しかし、この時点ではまだ土地買収価格すら決定していなかった。同年五月、麗水郡の金寅坪・鄭然全等四〇余名は会合して対策を立て、全南道庁に抗議し、①土地等級別価格を明示すること、②土地代金を支払う前には絶対起工を拒絶すること等を決議した[28]。

第一・第四工区は加藤組、第二・第三工区は鹿島組、第五工区は榊谷組、第六工区は飛鳥組がそれぞれ受注した。第二・三工区を担当した鹿島組は延長四八キロの新線工事で、両工区ともに一九二九年五月に起工し、第二工区は一九三〇年五月に、第三工区は一九三〇年七月に竣工した[29]。第一・第四工区の加藤組はこの鉄道工事に加えて、麗水港建築工事も受注した[30]。第六工区を受注した飛鳥組の工事は二つである。一つは「麗水光州間第六工区土木其他工事」であり、工期は一九二九年三月から一九三〇年一〇月までで、請負金額一五一万三一五二円である。もう一つは「麗水宝城間停車場新設其他工事」であり、工期は一九三〇年六月から同年一〇月までで、請負金額は一二万四九九五円である[31]。一九二九年六月、第四区を担当した加藤組では賃金の支払いが遅れ、一〇〇〇名の労働者がストライキを行った。このうちの二〇〇名が中国人労働者だった[32]。また、一九三〇年一一月にも労働者一二〇〇名がストライキを行った[33]。南朝鮮鉄道工事は起工からわずか一年一〇カ月の一九三〇年一二月に竣工する[34]。

一方、鉄道工事と並ぶ工事が麗水港工事である。南朝鮮鉄道は船車連絡線設備のために新たに麗水新港を設け、この中に麗水港駅を設置した。麗水新港は旧麗水港より約一キロ隔たった東北の港に築港した。新麗水港は加藤組が受注した。第一期工事として、荷役能力一年五〇万トンを計画した。岸壁は四六五メートル、荷揚場三六〇メートル、護岸五五〇メートル、海面の埋築一二万八〇〇〇平方メートルである[35]。しかし、工事において賃金未払いがあり、一九三〇年一一月には一二〇〇名の労働者が労働争議を起こした。加藤組は南朝鮮鉄道工事第四工区と築港工事を合計七五万円で受注したが、他の在朝土木会社は当初から一四〇～一五〇万円程度とみており、当初から不安視されていた[36]。

一九三一年四月、南朝鮮鉄道開通式、定期連絡航路開通式が挙行された。児玉秀雄政務総監、大村卓一鉄道局長が参加した。斎藤実総督は祝辞（代読）の中で、「地方的運輸機関たるのみならず、内鮮の交通上一生面を開き、産業の新興、文化の伸展に資する所甚大なりとす[37]」と、その意義を述べた。

（3） 麗水・下関航路の開設

南朝鮮鉄道は終端である麗水港から、航路で日本と連絡する計画だった。南朝鮮鉄道と契約を結び、航路を運航したのは川崎財閥系の川崎汽船（松方幸次郎社長）である。川崎汽船は一九二四年四月から阪神（神戸）・南朝鮮（木浦、郡山、仁川、鎮南浦）航路を開設しており、朝鮮とは関係があった[38]。川崎汽船は南朝鮮鉄道と連帯運輸契約を結び、一九三〇年一二月から下関・麗水航路を開設した。川崎汽船は昌福丸・慶運丸の二隻を用い、双方から毎日運航した。当初鉄道が光州までであり、沿線も未開発だったために利用者は少なかった。その後、就航船の改善を図り、貨客船平壌丸を使用して慶運丸と入れ替え、さらに後に珠丸・朝博丸・昭勢丸なども就航した。開設当初は利用者が少なく、貨物も時にセメント・鮮魚・米などの特殊大口以外は三～四トンという不成績で、累年赤字を計上した。しかし、次第にその重要性が認識され、一九三四年四月から総督府命令航路に指定されたため、補助金として年額三万四〇〇〇円を受け取った。命令の条件としては、朝博丸で月一四航海以上、年一八三航海以上の就航だった。また、全南道庁からも年額六〇〇〇円の補助を受けた[39]。運航時間は片道一八時間を要し、乗船料は大人三等が三円五〇銭、二等は七円一〇銭だった。日本では下関市岬之町岸壁に埠頭と待合室を設けた[40]。

航路の開設により麗水港を通じて日本を往来する人が増えた。一九三二年の一年間に下関に行った者は一万一七二八名、麗水に来た者は八〇八七名だった。これが一九三三年にはそれぞれ二万六二八九名、一万九二一七名となった。貿易量も拡大し、一九三一年の貿易総額は一二四九万六七八九円だった。これがその後も急速に増加していった。[41]

二　南朝鮮鉄道工事をめぐる土地買収交渉

（1）麗水郡での土地買収過程

麗水地方は朝鮮時代には順天都護府に編入され、一四七九年に全羅左水営が置かれた。豊臣秀吉の朝鮮侵略時には李舜臣が指揮する海軍の拠点となった。一七二五年に麗水都護府が置かれたが、翌年に撤廃された。近代に入ると一八九六年に突山郡が、一八九七年に麗水郡が置かれた。一九一四年に突山郡が廃止され、これが麗水郡に統合された。[42]一九一〇年の「韓国併合」以降、急速に日本人の移住、定着が進み、農業・漁業・鉱業などの支配権を奪われた。[43]

一九二八年時点で麗水郡の行政区域は一〇面、九七町、洞里は九七である。戸数は、朝鮮人が一万六五二二戸、日本人が五二五戸、外国人が一八戸、合計一万六〇六五戸である。人口は、朝鮮人が八万九三五九人、日本人が二一三八人、外国人が六七人、合計は九万一五六四人である。[44]後述するように、南朝鮮鉄道工事で土地収用令の対象地域は、麗水郡東町、徳忠里である。一九三四年における二つの地域で世帯数の多い氏族を見てみると、麗水邑東町は金海金氏が一八三戸、密陽朴氏が五二戸、全州李氏は四二戸、禹州鄭氏が二五戸、慶州鄭氏が二二戸、草渓崔氏が二二戸となる。同邑徳忠里は、金海金氏が三五戸（文水里、美坪里を含む）、密陽朴氏が三一戸（鳳山里、萬聖里を含む）、昌寧曺氏が二五戸であり、金海金氏・密陽朴氏が主に居住する地域だった。[45]

一九二八年一月、南朝鮮鉄道会社が設立されると、麗水郡の一部地主は工事反対の意思を示した。[46]同年三月、南朝鮮鉄道の根津社長、別府専務は麗水郡の実地を踏査し、港湾の状態は専門家（前内務技監の原田貞介）に精査させた。[47] 南朝鮮鉄道は工事に必要な土地は約三〇万坪とみなし、土地の買収方法を考案した。これは会社が直接に土地所有者から買収するのではなく、麗水郡内の朝鮮人有力者を鉄道用地斡旋委員（以下、斡旋委員とする）として約五〇名選び、彼らが土地所有者と交渉する方法をとった。この中には、郡守・面長・地主・地方有力者が含まれた。[48] 南朝鮮鉄道は社員を派遣して、斡旋委員と地価の協議を行った。当初、南朝鮮鉄道は鉄道用地価買収の前例を参酌し、平均一坪当り約六〇銭を予定していた。斡旋委員は鉄道用地が僅少であり、鉄道駅や新港湾用地の買収は市街用地が大部分であるため、坪当たり二円、すなわち当時の実際売買価格の約三倍を主張した。しかし、この価格でも安価であると反発した朝鮮人地主の一部は地主会を組織し、反対運動を開始した。彼らは「不売又ハ無法高価買ヲ主張スル檄文ヲ撒布シ不穏ノ行動」を取った。一部地主の反対運動に直面したため、南朝鮮鉄道は計画の着手を延長することとし、測量を中止し、土地買収交渉も中止した。[49]

こうした会社の対応にあわてた麗水郡の有力者一一名が東京を訪問した。これは日本人三名（政吉信、藤谷作次郎、本田安五郎）、朝鮮人八名（金漢昇、兪国濬、兪モギョル、李ヨンジョ、鄭ジェイル、朴相来、金運澤、韓インジョ）である。[50] 藤谷は全州郡守、新義州府尹を経て、一九二九年一二月から麗水郡守だった。[51] 本田は一九二三年に朝鮮綿花会社馬山操綿工場を買収し、馬山を拠点に操綿事業を行った。その後、麗水郡にも経済活動を広げ、一九三五年に麗水郡で最大の工場である本田操綿工場（資本金五〇万円）を設立する。[52] 朝鮮人の八名のうちで、先述したように金漢昇は麗水郡の最有力者である。兪国濬は麗水面長であり、斡旋委員長を兼ねた。彼は長年麗水面長を務めた麗水郡の実力者である。[53] 朴相来は一九二九年九月に麗水青年会の幹部だった。[54] 一一名の日本訪問について南朝鮮鉄道は、一部地主が「反省」して代表委員が東京の南朝鮮鉄道本社を訪問し、「誠意ヲ披瀝シ不都合ヲ陳謝シ事業ノ継続ヲ哀訴シタ」とし、そのため協議が再開した、と述べている。

一一名の上京委員は麗水に戻り、地主と相談して新たな土地購入価格を決定した。南朝鮮鉄道は一九二八年九月、兪国濬斡旋委員長と重要な書面を交わした。第一に、彼は買収予定面積二七万三〇〇〇坪に対する土地買収金として四三万円を南朝鮮鉄道から受け取った。一坪当り平均一円五〇銭である。第二に、鉄道停車場用地二万坪は麗水面面民から会社に寄付することを約束した。兪国濬は根津社長宛の「證」の中で、「買収シ且ツ地上一切ノ物件ニ対シテ移転補償シテ御引渡ヲ為シ、鉄道停車場用地弐万坪ハ麗水面面民ヨリ貴社ニ寄付可致候」と述べている。[55]

この後は斡旋委員が中心となり土地買収交渉を引き受ける。彼らは強圧的な方法を取り、「[土地所有者の――広瀬]無智ヲ利用シテ種々脅迫ヲ与ヘタルノミナラズ、郡庁及面事務所ニハ殆ンド例外ナク毎日呼出サレルヲ見ル状態ニシテ、甚ダシキハ雇主ヲシテ売渡ニ応セラル使用人ニハ退職ヲ慫慂セシメ結局失職ノ憂目ヲ見タルモノアリ」[56]との状況だった。兪国濬らのこうした態度には斡旋委員からも反対意見があり、これを不満として離反する者も出た。[57]

斡旋委員会の活動により、一九二九年七月までに南朝鮮鉄道は用地二一万二〇八〇坪（七七・七％）を買収したが、残りの土地は購入できなかった。会社側は再び工事中止を切り出し、地域社会に揺さ振りをかけてきた。反対派地主は、「残リ僅カ五万坪ノ買収不能ノ為メ市街地計画ヲ放棄ストノ起業者側ノ放言ニ依リ社会ハ初メテ此ノ計画的ニシテ厚顔無恥ナルニハ唖然トシテ云フ処ヲ知ラス。又地方ヲ代表セサル一部策士連ノ組織ニ依ル土地買収斡旋会ノ如キモ何ノ面目ヲ保持シテ存立ヲ許サルヘキヤ」[58]と強く批判した。しかし、南朝鮮鉄道はこれに反論し、「公有地以外ノ残地ノ地主等ハ一ニ私利私欲ニ駆ラレ」たため、土地を譲渡しなかったと非難している。特に鉄道・築港工事を開始すると、土地投機熱が勃興したため「前言ヲ翻シ或ハ不売ヲ求」めたとする。未買収残地の大部分は、線路用地、停車場用地、市街用地の要部であり、対象地域は麗水郡麗水面の東町、徳忠里である。[59]

幹旋委員の強圧的な土地買収に対し、実力行動で土地買収反対運動を展開したのが麗水農民会である。関連農民は約三〇〇〇名であり、この中で小地主一五〇余名が農民地主会（農民会）を組織し、工事区域の縮小を要求した。幹旋委員は農民や小地主から土地を買収する際、もし土地の価格が上がるときにはその差額を支払うとして売買契約を結んだ。しかし、土地購入価格が上がったにもかかわらず、幹旋委員は契約時の約束を否認し、後にはずっと高額で土地を買収した。[60]

一九二九年七月、土地買収をめぐり多数の農民が麗水郡庁に殺到し、郡長にこのことを質問するが、郡長は曖昧な答えしかいえなかった。同年七月、農民会は第二回農民大会を開催した。彼らは崔錫柱・鄭奉儆・曺乃煥等六名を先頭に警察署に押し寄せ、土地収用区域内で土地の私的売買を禁止すること、土地価格が上がらないようにすること、「土地を売らない者には強制で土地収用令を適用する」等の買収時の幹旋委員の脅迫に対して抗議し、警察の厳正中立と住民保護を要請した。つづいて農民は郡庁に押し寄せ、郡守に会い、以前の差額支払いの約束を守ること、時価より安い土地買収価格に対して一坪当たり二円を補償すること等を要請した。これに郡守は「約束する」と答え、農民は南朝鮮鉄道の根津社長に坪当り二円の補償を求める電報と、馬野精一全南道知事に送る陳情書を作成し、代表を選出して解散した。[61]

同年七月に第四回農民大会を開催した。ここでは、①郡守の私売買禁止宣言、②幹旋委員長と南朝鮮鉄道の会計員が出した価格不騰証書（土地の価格が上がればその差額を支払うとの証明）の遵守等を決議し当局に陳情書を送った。[62]

(2) 土地収用令の適用

麗水郡における南朝鮮鉄道工事をめぐる土地買収反対の動き（地主、農民）が強まる中、南朝鮮鉄道、馬野全南道知事、総督府内務局土木課の間で土地収用令を適用する具体的な検討がなされた。一九三〇年一月に根津社長は斎藤実総督に「土地収用事業認定申請書」を提出した。[63]また、同年三月に馬野全南知事は斎藤総督に土地収用事業認定を申請する。これには収用すべき土地の位置、地目、面積、損失補償の見積金額、その内訳、土地関係人の住所などが記載されている。[64]同年四月、今村武志内務局長は斎藤実総督、児玉秀雄政務総監に「土地収用事業認定」を申請し、この書類に対して二人は「事業認定ノ上左案公告相成可燃哉　仰高裁」と署名した。[65]同月、土地収用事業認定のため、南朝鮮鉄道の今村技師長は京城府で榛葉孝平土木課長と面談した。[66]総督府内における土木課長・内務局長から政務総監・総督への動きがうかがえる。

日本側の意思統一が図られた後、同年四月一九日、総督府は『官報』に「土地収用公告」を掲載した。これによって土地収用令の事業認定がなされた。起業者は南朝鮮鉄道、工事名は「鉄道敷設並停車場及運転、保線従業員駐在所新設」で、道郡名は全南麗水郡、筆数は三二筆（主に同郡東町と徳忠里一帯）である。[67]

「土地収用公告」には土地所有者の氏名や個々の所有地の筆数は記載されないが、『裁定綴』にはこれに該当する表2が含まれている。ここでは『官報』の三二筆ではなく、三三筆となっている。おそらく、「土地収用広告」掲載直前に一筆の対象者が買収に応じたものと推定される。[68]

表2からいくつかのことがわかる。第一に土地所有者は一九名であり、朝鮮人は一七名、日本人は二名である。第二に筆数は朝鮮人が二八筆、日本人が五筆である。第三に土地の住所を見ると、東町が八人、徳忠里が八人、双方が三人である。第四に筆数は東町が一九筆、徳忠里が一四筆である。対象地の面積は合計一万五四七四坪である。一九名の詳細は不明だが、総督府は彼らを「地主中ノ相当ノ有力者」[69]と評している。金景澤（一八九八

〜?）は地域の有力者であり、麗水青年会員（一九二二年）、日本水産社員、全南水産の支配人、麗水物産の取締役、全南製氷の監査役、麗水邑会議員（一九三七年）、鐘山商会有限責任社員（一九三七年）等を歴任している。[70] 兪国濬斡旋委員長とは立場が異なるが、後に鐘山商会（一九三七年七月設立）で共に重役を勤めていることが注目される。

表2　土地収用令適用予定者（1930年4月）

番号	氏　名	民　族	筆数	地　　番
1	朴致日	朝鮮人	5	東町413、318、1328、1329、1330
2	兪五徳	朝鮮人	2	東町363、358-1
3	朴又宗泊	朝鮮人	1	東町37 2
4	崔英心	朝鮮人	1	東町370
5	李允敬	朝鮮人	1	東町316
6	崔三点	朝鮮人	1	東町414
7	朴根鎬	朝鮮人	1	東町420
8	森山円十郎	日本人	2	東町357、360
9	河命根	朝鮮人	2	徳忠里37、50
10	河在先	朝鮮人	2	徳忠里773-1、790
11	呂相玉	朝鮮人	2	徳忠里779、789
12	金奉九	朝鮮人	1	徳忠里43
13	金奉紘	朝鮮人	1	徳忠里38
14	金福心	朝鮮人	1	徳忠里780
15	軎甲煥	朝鮮人	1	徳忠里778
16	河又三金	朝鮮人	1	徳忠里36
17	金景澤	朝鮮人	3	東町369、1324、徳忠里791
18	曹泳煥	朝鮮人	2	東町371-1、徳忠里57
19	宮本重雄	日本人	3	東町419、366、徳忠里788
合計			33	

出典：今村武内務局長発、斎藤実総督・児玉秀雄政務総監宛、「土地収用事業認定ノ件」(1930年4月9日)、朝鮮総督府編『土地収用事業裁定書類』(韓国・国家記録院所蔵)。

総督府が土地収用令の事業認定を下した後も麗水郡では反対運動が展開される。一九三〇年四月、麗水農民会は東町で数回に及ぶ農民会を開き、南朝鮮鉄道の意図を暴露し、農民に対して安価で土地を売るなと勧めた。同年四月、麗水農民会は軎乃煥、崔ソクジュ、鄭ボンホを京城府に送り、彼らと総督府警務局・鉄道局の面談を通じて、真相を説明し、抗議した。同年四月、麗水邑の数百名の農民は児玉政務総監が宿泊する麗水郡内の旅館に押しかけ、南朝鮮鉄道の地価不公平を陳情し、秘書が面談する。[71]

同年五月、南朝鮮鉄道は全南道庁に「土地収用関係書類写」を提出する。これによれば、土地所有者・土地関係人は二四名・一機関である。朝鮮人は一八名（曺泳煥、金泰九、河命根、河在九、呂相玉、崔永心、金奉鉉、趙亨敏、金景澤、金佐坪、金福心、李允敬、朴致目、朴根鎬、曺甲煥、兪五徳、崔三点、河又三金）、日本人は六名（森三郎、宮本重雄、濱成浩、不藤篤郎、森本円十郎、山根才吉）、機関は一カ所（麗水金融組合）である。「土地収用公告」直前の表2と比べると、朝鮮人は二名（趙亨敏、金佐坪）、日本人は四名（森三郎、濱成浩、不藤篤郎、山根才吉）増加している。[72]

麗水金融組合は一九二〇年四月に設立され、初代組合長は本田熊吉である。有力者の金漢昇は一九二一年五月から一九三三年六月まで第二代組合長を勤めている。彼は土地買収の推進者でありながら、一方では土地関係人となっている。[73]金佐坪は有力者である金漢昇の弟金漢星の長男である。彼は一九四三年にソウル護謨工社の代表理事となる。[74]つまり一族が土地買収に賛成・反対の陣営にいるのである。不藤篤郎は順天郡に一九二二年設立された順天金融組合の評議員であり、一九三六年から一九四二年までは組合長を務めた。彼は順天郡の代表的な日本人実業家である。[75]

南朝鮮鉄道は土地収用令を必要とする理由を、「土地所有者ハ高価ナル補償金ヲ要求シ協議ニ応セス。遂ニ協議不調ニ帰シタルモ〔中略〕本会社カ法定地価ノ四倍又ハ五倍ヲ以テ買収価格ト定メ麗水光州百里哩ニ互リ殆ント其全部ノ買収ヲ了セルニ徴スルモ右買収地価カ如何ニ正当且ツ高率ナルカヲ証明シ得ラルヘシ[76]」と、その正当性を主張した。一方、同年五月、土地関係人の朝鮮人一五人（筆頭は朴致日）は馬野全南道知事に「意見書」を提出し、この中で斡旋委員会が土地買収を進めるにあたって「内地人地主中ニ於テハ有利ナル条件ヲ以テ売渡シタル事実ヲ聞ク[77]」と、日本人地主への優遇を批判した。

馬野全南知事は同年五月、南朝鮮鉄道の「裁決申請書」を受理し、同年六月に『道報』に「公告」を掲載し、同年七月に知事として「裁決」を下した。土地収用開始を同年八月四日とし、裁決書、謄本を各関係人に送付した[78]。同年七月、全南道庁は土地関係人を麗水郡庁に集め、その意向を聞いた。彼らの主張する売却金額は、坪七円五〇銭~一二五円であり、南朝鮮鉄道の買収価格とは大きな差があった[79]。同年七月、馬野全南道知事は土地関係人二〇名（朝鮮人一八名、日本人二名）に対し、土地収用令の「裁決書」を渡す。これには各自の土地面積と買収金額が明記される。同年八月、全南道庁による物理的な土地収用が開始する[80]。

同年八月、土地関係人の不藤篤郎などが土地を売却し、南朝鮮鉄道に領収書を提出した[81]。同年八月、土地関係人一九人（朝鮮人一七名、日本人二名）は馬野全南道知事の「裁決」を不服として、斎藤総督に対して「裁定申請書」を提出する。この中で、「全羅南道知事ノ土地収用裁定ハ左記理由ニ基キ到底承服致シ難シ」と述べた。その具体的な理由は、該当地域は一坪当たり平均二円五〇銭が売買価格であり、その上一部地主とは坪当たり四円、四円二〇銭で売買契約を結んだ実例がある。それにもかかわらず、馬野全南道知事が南朝鮮鉄道の主張する坪当り平均一円五〇銭を認めたのは不当であると批判した[82]。斎藤総督への「裁定申請」が出されたため、総督府は係員を麗水に出張させ、実地調査を行った。しかし、その一方では土地関係人は南朝鮮鉄道との妥協も考慮しており、「一応裁定ヲ申請セルモ尚協議妥協ノ見込アルヲ以テ協議成立ノ上ハ該裁定ノ申請ハ之ヲ取下グベキニ付キ当分裁定ヲ見合セラレタシ」と総督府に申し出た[83]。同年九月、馬野全南道知事は今村内務局長に、土地関係人から斎藤総督に「裁定申請書」が出されたことを告げた[84]。

三　南朝鮮鉄道開通後の土地売買交渉

（１）　農民と地主の対応

一九三〇年一二月、南朝鮮鉄道は開通し、営業が始まる。この時点で資本金二〇〇〇万円中八〇〇万円の払い込みがあり、根津財閥系の富国徴兵（根津社長）、愛国興産、根津嘉一郎、太平生命などが中心だった[85]。別府専務は「吾が南朝鮮鉄道の敷設は独り会社の利益を目的とするにあらず、実に国家の鉄道政策に順応し、国家に代つてこれを経営するの覚悟を以て着手した次第である」[86]と、「国家」の利益を強調した。

しかし、この後も農民の抗議行動は続いた。一九三一年二月、七〇〇名の農民が郡庁に殺到した。同年四月、賠償金を要求する多数の農民は徒歩で上京し、総督府に陳情した。同月、南朝鮮鉄道開通式に根津社長が参加するため麗水に来るとの知らせを聞いた農民は麗水郡東町の森の中で曺乃煥（会長）を司会として、農民代表四〇名が集まり討議した。ここでは、①我々農民を欺瞞し、一坪当たり約四円の損害が出るようにした計画的な詐欺だった。総督の「裁定」だけ待つのではなく、今回根津社長が来麗するので直接陳情すること、②根津が会合に応じなければ、我々は代表を再び選定し、内閣にまで陳情し、代議士会に問題を提起すること等を決議した。同月、多数の農民が児玉政務総監の旅館に殺到した。一九三二年一二月、根津社長が来訪するとの報道があり、さらに陳情のための行動を準備した[87]。

一方、土地を収用された地主たちは農民とは違った行動を取った。一九三〇年八月、彼らは馬野全南道知事の「裁決」に不服であるとして、総督府にその保留を申し出た。斎藤総督に「裁定」を申請した。その後、金景澤ら数名は年に少なくとも二、三度上京し、総督府にその保留を申し出た。また森三郎も別個に同様の申し出を総督府に行った。総督府は彼らが麗水郡における「地主中ノ相当ノ有力者」であることを考慮していた。総督の「裁定」をすぐに実施すれば、関係人と南朝鮮鉄道との間に「感情ヲ先鋭化」させ、土地購入に協力した郡邑当局者、用地斡旋委員会などとの間に「感情ノ疎隔ヲ生シ、為ニ一般行政ノ円満遂行ニ悪影響ヲ来タシ、引テハ邑ノ伸展ニ累ヲ及ボスノ虞アリ」[88]と判断し、これをそのままに放置していた。金景澤は一九三一年六月に邑会議員に当選し、彼は「南鉄会社用地買収事件は麗水で再びあってはいけない大失策」であると、南朝鮮鉄道と斡旋委員を厳しく批判した[89]。

南朝鮮鉄道の開通と麗水港の開港は麗水郡に急速な工業化、都市化、人口増加をもたらした。特に工業化を代表するのが、本田操綿工場と天一護謨工場の操業である。これ以外に、朝日織物工業社・麗水麴子・鐘山商会・全南製氷・麗水綿布・丸山繊維・大和食品工場・麗水造船鉄鋼所・南鮮物産加工等の会社が活動した。これを主導した代表的な企業家は、土着朝鮮人（金漢永、金漢昇兄弟）、移住朝鮮人（金英俊）、麗水居住日本人（政吉信）、外来日本人（高瀬政太郎、本田安五郎）らだった。[90]この中で、金漢昇・政吉信・本田安五郎は南朝鮮鉄道敷設を誘致し、斡旋委員として土地買収に深く関与した人物である。

(2) 宇垣一成総督の「裁定」

総督府は国有鉄道慶全北線の建設計画進展にともない、一九三六年三月、南朝鮮鉄道を買収し、国営化することに決定した。これに先立ち、同年二月、宇垣一成総督はこの土地買収に関し、「裁定」の結果を、「裁定申請人ノ申請ハ承認シ難シ」と判断した。土地関係人に「裁定申請」から約四年半後に「裁定」が下された。このように「裁定」が遅延した理由は、何よりも土地関係人から、「尚協議妥協ノ見込アルヲ以テ協議成立ノ上ハ該裁定ノ申請ヲ取下グベキニ当分裁定ヲ見合セラレタリトノコト」と申し入れがあったためである。しかし、「企業者南朝鮮鉄道株式会社ハ昭和十一年三月一日付ヲ以テ国ニ買収移管セラルルコト」になったため、宇垣総督は「係争問題ハ一切之ヲ調整スル必要」が生じたのである。

宇垣総督は土地関係人の不満を解消するため、(1)収用区域以外において収用区域に隣接する南朝鮮鉄道の所有地をかなり有利に土地関係人に譲渡すること、(2)鉄道事業計画を変更し、収用区域内の土地で収用の目的で使用されていない土地を収用価格で土地関係人に買い戻させること、(3)全南道知事の「裁決」補償額でなお不足とする損害に相当する何らかの利益を与えること、などを検討していた。総督府は麗水郡の「地主中ノ相当ノ有力者」である土地関係人に秘かに有利な特典を与えることを考慮していた。[91]宇垣総督は土地関係人への「裁定書」の中で、次のように述べている。

道知事ノ裁決ハ起業者ノ申立ツル土地ノ補償金額ハ同地方ノ実情ニ照シ相当ナラズ関係人ノ主張価格ハ投機的価格ニシテ実情ニ適合セザルモノト為シ、純収益還元価格、附近地ノ売買実例及土地買収斡旋委員ノ査定価格等ヲ考慮シ、起業者ノ申請額ヨリ高額ニ其金額ヲ決定シタルモノニシテ之ヲ相当ト認ム

このように、宇垣総督は馬野全南道知事の「裁決」を認めた。この時点における土地関係人は二〇名であり、土地収用時の一九名から森山円十郎、朴又宗泊、崔三点が外れ、新たに山根才吉、森三郎、不藤篤郎、吉森円吏が加わった。朝鮮人は二名減なのに対し、日本人の数が三名増えている（一名減、四名増）ことが特徴である。[92] 史料からは確認できないが、おそらく土地関係人には何らかの便宜が提供されたと思われる。

一九三六年一〇月、総督府は南朝鮮鉄道を一一二四万六七〇〇円で買収した。買収のために日本政府は公債を発行した。日本政府はこの必要性を、「本鉄道ハ全羅南道ノ中部ヲ斜断シ麗水港ニ至リ関麗連絡船定期航路ニ依リ下関港ニ至リ。南鮮西部ニ於ケル内鮮交通ノ捷径トシテ重要ナル一幹線ヲ為シ、日満交通上又ハ水害其他非常時ニ際シ京釜線ノ予備線トシテ重要ナル使命ヲ有スルモノナリ」と強調した。[93] 南朝鮮鉄道は買収後社名を南朝鮮興業と改めた。資本金は二五〇万円であり、営業は、自動車運転業・倉庫業・不動産売買貸業に変更した。[94]

おわりに

以上述べたことを要約すれば、次の通りである。

第一に、南朝鮮鉄道（根津嘉一郎社長）は一九二七年に総督府から全羅南道の光州・麗水間鉄道敷設権を得た。同社の役員は根津財閥系者が中心であり、別府丑太郎専務が経営に当たった。根津が朝鮮での鉄道敷設に乗り出した背景には、麗水郡の有力者（政吉信、金漢昇）による誘致活動があった。工事は鉄道工事と終端港である麗水

港工事である。同社は川崎汽船と契約を結び、麗水・下関航路を開設した。工事は一九三〇年に竣工し、全羅南道と日本を結ぶ新たな交通網を形成した。

第二に、工事予定地の買収は同社が直接実施するのではなく、麗水郡の有力者（郡守、面長、地主等）約五〇名を鉄道用地斡旋委員として、彼らが買収交渉を担当した。しかし、これが順調にいかないと、一度計画を中止した。麗水郡の有力者は、四三万円で一括して土地を買収すること、鉄道停車場用地（二万坪）は面民から同社に寄付することを約束した。鉄道斡旋委員会は強圧的な手法で土地買収を進めたため、農民・小地主は農民会を結成して反対運動を続けた。また、一部大地主もこれに反対した。総督府は一九三〇年四月に土地収用令を適用し、同年七月に馬野精一全羅南道知事は「裁決」を下した。これに対し、土地関係人は同年八月総督に「裁定」を申請した。一九三六年二月に宇垣一成総督は「裁定」を下し、馬野全羅南道知事の「裁定」を支持した。

第三に、麗水郡の有力者（官吏、大地主、企業家）は南朝鮮鉄道工事に対して、二つの対応を示した。多数は鉄道用地斡旋委員として土地買収を担当し、積極的に協力した。一方では、買収交渉が妥結せず土地収用令を適用された者は反対の立場だった。しかし、この二つの対応は固定的なものではなかった。推進派の金漢昇は後に麗水金融組合長として土地関係人の立場になり、彼の甥の金佐坪も同様な立場だった。鉄道用地斡旋委員長の兪国濬と土地関係人の金景澤は、後に鐘山商会で共に役員を務めた。南朝鮮鉄道建設に協力した有力者は鉄道開通以降、麗水郡の急速な工業化を進める企業家として、その恩恵を蒙ることになった。

（1）　広瀬貞三「水豊発電所建設による水没地問題――朝鮮側を中心に――」（『朝鮮学報』第一三九号、一九八一年四月）、同「朝鮮における土地収用令――一九一〇～二〇年代を中心に――」（『新潟国際情報大学情報文化学部紀要』第二号、一九九九年三月）、同「植民地期朝鮮における土地収用令――一九三〇～四〇年代を中心に――」（朝鮮学会第五〇回大会、一九九九年一〇月、報告レジュメ）、同「「満州国」における水豊ダム建設」（『新潟国際情報大学情報文化学部紀

要』第六号、二〇〇三年三月）、同「植民地期朝鮮における羅津港建設と土地収用令」（『環日本海研究年報』第一七号、二〇一〇年三月）、同「植民地期朝鮮における万頃江改修工事と土地収用令」（『福岡大学研究部論集Ａ・人文科学編』第一〇巻第三号、二〇一〇年一一月）。

（2）主な研究書として、以下のものがある。高橋泰隆『日本植民地鉄道史論』（日本経済評論社、一九九五年）。鄭在貞『日帝侵略과 韓国鉄道』（서울大学校出版部、一九九九年）。日本語版は、三橋広夫訳『帝国日本の植民地支配と韓国鉄道』（明石書房、二〇〇八年）。高成鳳『植民地鉄道と民衆生活――朝鮮・台湾・中国東北――』（法政大学出版会、一九九九年）。轟博志『水驪線鉄道의 性格変化에 対한 研究』（서울大学校博士学位論文、二〇〇〇年）。김민영・김양규『鉄道、地域의 近代性受容과 社会経済的変容――群山線과 長項線――』（先人、二〇〇五年）。高成鳳『植民地の鉄道』（日本経済評論社、二〇〇六年）。許宇亘・轟博志『開港期前後慶尚道의 陸上交通』（서울大学校出版部、二〇〇七年）。許宇亘『日帝強占期의 鉄道輸送』（서울大学校出版部、二〇一〇年）。趙炳魯他『朝鮮総督府의 交通政策과 道路建設』（国学資料院、二〇一一年）。

（3）梁相鎮「もう一つの略奪鉄道と奴隷航路――「南朝鮮鉄道」と「関麗連絡線」――」、兵庫朝鮮関係研究所編『近代の朝鮮と兵庫』（明石書店、二〇〇三年）四四～五三頁。

（4）金鶏有編『麗水・麗川発展史』（반도、一九八八年）五二一～五二二頁。

（5）金仁徳「植民地時代麗水地域民族解放運動에 関한 一考察」（『成大史林』第七号、一九九一年一二月）五七～五九頁。

（6）麗水抗日運動史編纂委員会編『麗水抗日運動史』（全羅南道麗水市、二〇〇六年）一七四～一七五頁。第三部の付録編は「麗水関連新聞記事目録」であり、今回参考にした。

（7）許英蘭「日帝時期麗水의 都市化過程과 地域社会의 抵抗」（『大東文化研究』第六七集、二〇〇九年九月）八七～一二五頁。

（8）高成鳳、前掲書、『植民地鉄道と民衆生活』二一四～二一六頁。

（9）鮮交会『朝鮮交通史』（同会、一九八六年）八二〇頁。

（10）「南朝鮮鉄道創立」（『朝鮮公論』第一五巻第四号、一九二七年四月）一三六頁。

（11）南朝鮮鉄道株式会社創立事務所「設立趣意並目論見書」（日付不明）、朝鮮総督府編『土地収用事業裁定書類』（大韓民

国・国家記録院所蔵。以下、『裁定綴』とする)。
(12) 根津を含む甲州財閥については、斎藤康彦『地方財閥の近代――甲州財閥の興亡――』(岩田書院、二〇〇九年)参照。
(13) 東武鉄道については、東武鉄道年史編纂事務局編『東武鉄道六十五年史』(同社、一九六四年)参照。なお、日本国内で鉄道用地取得をめぐる土地収用に関する紛争の記事は掲載されていない。
(14) 根津嘉一郎『世渡り体験談』(実業之日本社、一九三八年)一二四～一二五頁。
(15) 『京城日報』一九一七年六月一日。
(16) 根津翁伝記編纂会編『根津翁伝』(同会、一九六一年)一〇八頁。
(17) 金鶏有編、前掲書、五二一～五二二頁。
(18) 片岡議編『南鉄沿線史』(片岡商店、一九三三年)一二五頁。
(19) 『京城日報』一九三〇年一二月二五日。
(20) 崔在聖「一九三〇年代麗水地域의 工業化와 그 前後의 変化」(『大東文化研究』第六七集、二〇〇九年九月)一五九頁。以下、韓国歴史情報統合システム(http://kh2.koreanhistory.or.kr/)。
(21) 『東亜日報』一九二七年五月二七日。
(22) 『東武鉄道六十五年史』、前掲書、九二四頁。
(23) 「南朝鮮鉄道案内」(片岡編、前掲書、一三頁)。
(24) 勝田貞次『大倉・根津コンツェルン読本』(春秋社、一九三八年)二八七～二八九頁。岩崎清七には朝鮮関係の著作として、『満鮮雑録』(秋豊園出版部、一九三六年)がある。
(25) 清水啓次郎『交通今者物語』(工友社、一九三八年)六三頁。
(26) 榊谷仙次郎日記刊行委員会編『満州土木建築業・協会理事長・榊谷組社長・榊谷仙次郎日記』(以下、『榊谷仙次郎日記』と略す)(同刊行会、一九六九年)七九五～八〇〇頁。
(27) 『京城日報』一九二九年一月一三日。
(28) 許英蘭、前掲論文、一〇九頁。『東亜日報』一九二九年五月二一日。
(29) 鹿島建設社史編纂委員会編『鹿島建設百三十年史』(同社、一九七一年)二〇〇頁。

(30) 前掲『榊谷仙次郎日記』、八〇〇頁。『大阪朝日新聞付録朝鮮朝日』一九三〇年一一月三〇日。加藤組は富山県富山市に本社を置き、加藤金次郎が社長を務めた。加藤については、チューリップテレビ編『越中人譚Ⅲ』(同社、二〇〇八年)二九~三二頁参照。
(31) 飛鳥建設『飛鳥建設株式会社社史』上巻(同社、一九七二年)二六四頁。
(32)『東亜日報』一九二九年六月一二日。
(33)『東亜日報』一九三〇年一一月三〇日。
(34)「南朝鮮鉄道開通」(『朝鮮』第一九二号、一九三一年五月)一七一~一七二頁。
(35)「南朝鮮鉄道案内」(片岡編、前掲書、二~三頁)。旧麗水港については、片岡議編『麗水発展史』(片岡商店、一九二七年)一九頁参照。
(36)『大阪朝日新聞付録朝鮮朝日』一九三〇年一一月三〇日。
(37)『東亜日報』一九三一年四月二七日。「南朝鮮鉄道開通」(『朝鮮』第一九二号、一九三一年五月)一七一~一七二頁。
(38) 川崎汽船株式会社『川崎汽船五十年史』(同社、一九六九年)三六二~三八四頁。川崎正蔵が創設した川崎財閥については、勝田貞次『川崎・鴻池コンツェルン読本』(春秋社、一九三八年)一三三~二五二頁、三島康雄『阪神財閥――野村・山口・川崎――』(日本経済新聞社、一九八四年)三四七~四三六頁参照。
(39) 前掲『川崎汽船五十年史』、三八四~三八五頁。
(40) 下関市市史編集委員会編『下関市史――市制施行以後――』(下関市役所、一九五八年)四三三頁。一九三六年三月に南朝鮮鉄道が総督府鉄道局に買収された後の状況は、前掲『川崎汽船五十年史』、三八六~三八七頁。梁相鎮、前掲論文、四四~五三頁参照。
(41) 崔在聖、前掲論文、一五二~一五三頁。
(42) 韓国民族文化大百科事典編集部『韓国民族文化大百科事典』第六巻(韓国精神文化研究院、一九九一年)一五一~一五二頁。
(43) 金仁徳、前掲論文、四六~四八頁。
(44) 全羅南道『道勢一班・昭和三年』(同道、一九二八年)八~九頁。

(45) 朝鮮総督府編『朝鮮の姓』(同府、一九三四年)二二一～二二二頁。
(46)『東亜日報』一九二九年一月一日。
(47) 原田貞介(一八六五～一九三七)は一九一八年に内務技監、一九二一年に土木学会会長を務め、一九二四年に退官する。原田については、真田秀吉『内務省直轄土木工事略史・沖野博士伝』(旧交会、一九五九年)七三～七四頁、藤井肇男『土木人物事典』(アテネ書房、二〇〇四年)二五四頁参照。
(48) 根津嘉一郎「麗水収用土地価格ニ関スル上申書」(一九三〇年五月一五日)、『裁定綴』。根津は一九二八年三月、京城で池上四郎政務総監、大村卓一鉄道局長を訪問した。『東亜日報』一九二八年三月二一日。
(49) 根津嘉一郎「麗水収用土地価格ニ関スル上申書」(一九三〇年五月一五日)、『裁定綴』。
(50) 金鶏有編、前掲書、五二二頁。一〇名とする説もある。朴致日等一五名発、馬野全南知事宛、「意見書」(一九三〇年五月二〇日)、『裁定綴』。
(51) 韓国歴史情報統合システム。
(52) 崔在聖、前掲論文、一三五～一三九頁。
(53) 韓国歴史情報統合システム。兪国濬は後に鐘山商会(一九三七年七月設立)の重役となる。中村資良『朝鮮会社組合要覧・昭和一四年版』(東亜経済時報社、一九三九年)六二頁。また、一九三七年には麗水邑会議員となる。阿部薫編『朝鮮都邑大観・昭和十二年版』(民衆時論社、一九三七年)四八頁。
(54) 金仁徳、前掲論文、六一頁。
(55) 兪国濬発、根津嘉一郎宛、「証」(一九二八年九月一二日)、『裁定綴』。
(56) 朴致日等一五名発、馬野全南知事宛、「意見書」(一九三〇年五月二〇日)、『裁定綴』。
(57) 朴致日等一五名発、馬野全南知事宛、「意見書」(一九三〇年五月二〇日)、『裁定綴』。
(58) 宮本重雄等一九人発、斉藤総督宛、「裁定申請書」(一九三〇年八月二四日)、『裁定綴』。
(59) 南朝鮮鉄道「麗水収用土地価格ニ関スル上申書」(一九三〇年五月一五日)、『裁定綴』。
(60) 金仁徳、前掲論文、五八～五九頁。許英欄、前掲論文、一〇五頁。
(61) 前掲『麗水抗日運動史』、一七五頁。

(62) 許英蘭、前掲論文、一〇七頁。
(63) 根津嘉一郎発、斎藤実総督宛、「土地収用事業認定申請書」(一九三〇年一月一七日)、『裁定綴』。
(64) 馬野全南知事発、斎藤総督宛、「土地収用事業認定ニ関スル件」(一九三〇年三月一日)、『裁定綴』。
(65) 今村武志内務局長発、斎藤総督・児玉秀雄政務総監宛、「土地収用事業認定ノ件」(一九三〇年四月九日)、『裁定綴』。
(66) 馬野全南知事発、榛葉土木課長宛、「収受電報」(一九三〇年四月一五日)、『裁定綴』。
(67) 『朝鮮総督府官報』一九三〇年四月一九日。
(68) 今村武志内務局長発、斎藤総督・児玉秀雄政務総監宛、「土地収用事業認定ノ件」(一九三〇年四月九日)、『裁定綴』。
(69) 「本件裁定ヲ延期留保セル経緯」、『裁定綴』。
(70) 崔在聖「日帝強占期植民地金融機関의 活動과 麗水・順天地域의 変化」(『韓国史学報』第三九号、二〇一〇年五月)二二四〇頁(以下、崔在聖「金融機関」論文、とする)。韓国歴史情報統合システム。
(71) 金仁徳、前掲論文、五八～五九頁。『東亜日報』一九三〇年四月二三日。
(72) 南朝鮮鉄道「麗水郡麗水面徳忠里東町地内鉄道用地土地収用関係書類写」、『裁定綴』。
(73) 片岡編、前掲『南鉄沿線史』、九九頁。一九三三年時点での幹事は、下原新蔵・片岡勉・金景澤・兪国濬である。
(74) 崔在聖、前掲論文、一五九頁。
(75) 「順天郡之部」(片岡編、前掲『南鉄沿線史』、六〇頁)。崔在聖、前掲「金融機関」論文、二四八～二四九頁。
(76) 根津南朝鮮鉄道社長発、馬野全南道知事宛、「麗水収用土地価格ニ関スル上申」(一九三〇年五月一二日)、『裁定綴』。
(77) 朴致日等一五名発、馬野全南知事宛、「意見書」(一九三〇年五月二日)『裁定綴』。
(78) 馬野全南知事発、斎藤総督宛、「土地収用裁定申請ニ関スル件」(一九三〇年八月二九日)、『裁定綴』。
(79) 朴致日等一五名発、馬野全南知事宛、「意見書」(一九三〇年五月二一日)、『裁定綴』。
(80) 馬野全南知事発、斎藤総督宛、「土地収用裁定申請ニ関スル件」(一九三〇年八月二九日)『裁定綴』。
(81) 「補償金払渡及供託受領証写」(一九三〇年八月二〇日)、『裁定綴』。
(82) 宮本重雄等一九人名発、斎藤総督宛、「裁定申請書」(一九三〇年八月二四日)、『裁定綴』。
(83) 「本件裁定ヲ延期保留セル経緯」『裁定綴』。

(84) 馬野全南道知事発、今村内務局長宛、「土地収用裁定申請ニ関スル件」(一九三〇年九月一七日)、『裁定綴』。
(85) 勝田貞次、前掲書、三二八頁。経営内容については、大谷留五郎「私設鉄道より国有鉄道となった南朝鮮鉄道を語る(十一)」(『朝鮮鉄道協会会報』第一六巻第二号、一九三七年二月)四〇～五三頁参照。
(86) 『京城日報』一九三〇年一二月二五日。
(87) 許英蘭、前掲論文、一〇八頁。前掲『麗水抗日運動史』、一七六～一七七頁。
(88) 「本件裁定ヲ延期留保セル経緯」『裁定綴』。
(89) 許英蘭、前掲論文、一〇五頁。
(90) 崔在基、前掲論文、一二七～一六六頁。日本人の麗水郡における生活ぶりは、大木信夫『朝鮮海峡――麗水、そして祖国への生還――』(文芸社、二〇〇一年)参照。
(91) 「本件裁定ヲ延期留保セル経緯」、『裁定綴』。
(92) 宇垣一成総督「裁定書」、『裁定書』。
(93) 「南朝鮮鉄道買収関係参考書」(国立公文書館、アジア歴史資料センター、Ref:A09050187800)、「南朝鮮鉄道最近業績」(『鉄道協会会報』第一四輯第一二号、一九三五年一二月)六六～六九頁。
(94) 勝田、前掲書、三二八～三二九頁。

沖縄出身者の台北師範学校における台湾教育経験と
沖縄の「戦後」復興への取り組み

大浜郁子

はじめに

近代日本による戦前の台湾と沖縄における教育政策の連関について、既存の研究では縷々指摘されてきたが、両地域を架橋する実証的な研究が十分になされてきたとは言い難い。[1]筆者は、これまで教育政策を軸に、主に台湾総督府の内部文書である「台湾総督府公文類纂」を用いて、近代日本による植民地台湾とそれに先行する沖縄における統治政策の比較研究を行ってきた。その結果、「琉球処分」後に沖縄の学務官僚であった人物（相良長綱や児玉喜八）が、日清戦争後の早い時期に、植民地台湾へ転じて、台湾総督府の地方長官や学務官僚となり、沖縄での教育行政経験を台湾の植民地教育政策の立案に活かしていたことを明らかにした。つまり、人的なつながりから、教育政策における両地域の統治政策の関連性、特に沖縄でのそれが台湾の先行モデルとなったことを実証的に明らかにしたということができるであろう。[2]こうした比較研究を行う過程で、沖縄の教育経験が台湾の植民地教育へ反映されていたこととは逆に、台湾の教育経験が沖縄へ影響を与えた可能性についても検討する必要があると考えるにいたった。

よって本稿では、沖縄出身の台湾総督府台北師範学校[3]の卒業生を中心に、彼らが戦前に台湾でどのような教育を受け、終戦と引揚げを経て、沖縄の「戦後」復興にどのように携わったのかについて、その一端を明らかにするための前提作業を目的とする。いうまでもなく、「戦後」の沖縄は、沖縄戦で多くの師範学校生や女子師範学校などの将来教師となる人材を失い、教育の「戦後」復興に関して、教師の確保は急務であった。このような状況下、終戦により台湾から沖縄へ引揚げてきた台北師範学校をはじめとする師範学校を卒業した沖縄出身者たちには、沖縄での教育の「戦後」復興に、教師として携わった者が多かったことは容易に想像できるであろう。ただ、これまでその沖縄出身の台湾教育経験者たちの全体像は、資料的な制約もあり、明らかにされてこなかったのである。

台北師範学校の卒業生を中心に考察するのは、既存の研究ではほとんど活用されてこなかった新資料である日本統治期の同校の学籍簿が現存しており[4]、この資料群を用いて、同校を卒業した沖縄出身者を抽出することが可能であるからにほかならない。学籍簿を分析対象とする研究は、個人情報を多く含む資料であることから、学籍簿自体が非公開のために着手できない場合や取り扱い規定が厳格（たとえば、本人あるいは遺族や関係者の許諾を要するなど）で閲覧までの手続きに非常に時間がかかる場合など、いくつもの資料的な制約をともなう。また、沖縄のように沖縄戦によって多くの史資料を焼失した地域では、戦前に存在した学校の学籍簿が現存することは稀である。こうした資料状況から、沖縄出身者たちの学籍簿が台湾に現存し、（制約はあるといえども）活用できることは、沖縄教育史研究にとっても貴重なことである。

さらに、学籍簿を分析対象とすることで、日本統治期台湾における沖縄出身教育経験者を特定することが可能になったことも意義あることである。たとえば、「台湾総督府公文類纂」などの公文書や職員録では、人事異動や昇進などの記録に、履歴書が添付されている場合や人事記録に出身地が明記されている場合があり、沖縄出身者を部分的に特定することはできる。しかし、後述するように、沖縄出身者を特定するには非常に困難な作業をともなうため公文書では特定できないことが多い。よって本稿では、公文書の人事記録や履歴書・職員録と、台北師範学校の学籍簿を照合することで、明治期から大正期までの沖縄出身台湾教育経験者の正確な人数を抽出することを目指した。

日本統治期には、台北師範学校以外にも、（統廃合などの変遷はあるが）台中師範学校・台南師範学校も設置されており、まず、沖縄出身の台北師範学校の卒業生の総数を明らかにし、順を追って、各師範学校の沖縄出身の卒業生を抽出して、将来的には、日本統治期台湾における沖縄出身の師範学校卒業生の総数を明らかにするためのの、いわばフォーマットを作成することが本稿の最も重要な目的である。

一　明治期から大正期にかけての台北師範学校における沖縄出身者

台北師範学校は、その前身を一八九六（明治二九）年の国語学校にもち、一八九九年に台北師範学校として設置され、三度にわたる改組を経て、一九四五年の終戦によって中華民国に接収されるまでの約五〇年存在した。[5]（国語学校時代を含む）台北師範学校時代の生徒の学籍簿が、国立台北教育大学（台北師範学校の後身）に移管されて、現存する。[6]同資料は、厳密にいえば、各年度の卒業生に関する『生徒学籍簿』と『生徒明細簿』からなる資料群である。台北師範学校の各部（小学師範部、公学師範部、本科、研究科など時期によって各部は変遷）ごとに修業年数が異なるため、入学年度ではなく、卒業年度ごとに区分けされた簿冊として綴られている。

これらの膨大な資料群から、沖縄出身者を抽出することは、非常に時間を要するのみならず、ある困難な作業にも直面しなければならない。周知の通り、植民地期の台湾で生活していた沖縄出身者たちの中には、当時、「一等国民は内地人、二等国民は琉球人、三等国民は本島人」と象徴的にいわれていたように、「内地人」から（あるいは「本島人」からも）の差別を回避するために、自らの出身地を偽ったり、「改姓改名」したりした者もいた。たとえば、戦前に、弁護士資格を取得し、台湾へ渡って弁護士を務め、「戦後」の沖縄でも弁護士業に従事した後、国政へと転じた安里積千代は、次のように語っている。

……指導的立場にある人が他県に籍を移した人もあった。本籍は他県に移しても堂々と沖縄出身者として活躍している人も少なくないが、中にはそれなりの事情があったにせよ、県人であることを公に出したがらない者のあったことは、保身のための利己主義か、自らの卑屈感によるものかと思う。

しかし一般的に差別視された空気のあったことも否めない。それは県人自身にもその一端があったことは反省せねばならないことであった。(7)〔後略〕

ここで安里がいう「差別視された空気のあったことも否めない」が、「それは県人自身にもその一端があったことは反省せねばならないこと」が具体的にどのような状況を指すのかは判然としないが、安里の身近にも「本籍を他県に移」す者がいたことがわかる。また、安里とは異なる視点で、沖縄出身者の改姓改名について述べた湾生（台湾生まれ）の金城順亮は、次のように回想している。

当時、沖縄人は共通語をうまく話せない人々が多かったために何かにつけて他府県人との差別が目立った。そこで出世欲の為、本籍を他府県に移籍する県人も少なからずいた。(8)〔後略〕

安里や金城の言を引くまでもなく、これまでも日本植民地期の台湾で、本籍の変更や改姓改名を行った沖縄出身者のことは、本人や周囲の者などの回顧録や回想録、証言などで指摘されてきた。実際、沖縄出身の彼ら彼女らを特定する作業は容易ではない。しかし、非常に困難な作業ではあるが決して不可能ではないことは、順を追って述べることとする。

これまで筆者が調査した結果、一八九六（明治二九）年から一九二六（大正一五）年までに、台北師範学校の各

沖縄出身の台北師範学校卒業者数一覧表

卒業年月	小学師範部演習科	師範部	師範部甲科	公学師範部甲科	公学師範部演習科	甲種講習科	公学校乙種本科正教員	臨時講習科	研究科
1896(明29).7		—				0(45)	—		
1897(30).4		—				1(49)	—		
1898(31).7		0(23)				—	—		
1899(32).1		0(2)				0(30)	—		
1899(32).7		—				0(37)	—		
1900(33).1		—				0(25)	—		
1900(33).3		—				0(2)	—		
1900(33).5		—				2(26)	—		
1900(33).7		1(19)				—	—		
1901(34).3		—				0(30)	—		
1901(34).7		0(9)							
1902(35).7		—	2(12)						
1903(36).7		—	3(19)						
1904(37).7			0(19)						
1905(38).4			1(21)						
1906(39).3			0(20)						
1907(40).3			0(26)						
1908(41).3			0(27)						
1909(42).3			0(24)						
1910(43).3			0(25)						
1911(44).3				0(25)					
1912(45).3				0(24)					
1913(大2).1				—				0(48)	
1913(2).3				0(39)					
1914(3).3				0(60)					
1915(4).3				1(61)					
1916(5).3				0(66)					
1917(6).3				1(53)					
1917(6).5				0(1)					
1918(7).5				0(64)					
1919(8).3				0(70)					
1919(8).5				0(2)					
1920(9).3				1(75)					
1921(10).3				0(37)					
1922(11).3				1(72)					
1922(11).11				0(1)					
1923(12).3				2(60)					
1924(13).3					1(62)				0(15)
1925(14).3					1(67)				0(5)
1926(15).3	1(20)				0(52)		1(39)		1(9)
計	1(20)	1(53)	6(193)	6(710)	2(181)	3(244)	1(39)	0(48)	1(29)

出典：『生徒学籍簿』、『生徒明細簿』および『台北師範学校卒業及修了者名簿』(同校創立三十周年記念祝賀会、1926年10月)より作成。

註：他に、語学部土語科(明治33年3月、4月、7月、34年7月、35年5月、6月、7月の各卒業)、土語専修科(明治33年7月卒業)、乙種講習科(明治30年4月修了)、中学部(明治37年3月、38年3月、39年3月、40年3月の各年度卒業)の4コースが設置されていたが、各コースとも沖縄出身者は0名である。なお、表中の(　)内は、当該年度の卒業者の総数である。

部（国語学校講習科修了者三名、研究科修了者一名を含む）を卒業した沖縄出身者の総数は二一名である（表参照）。

次に、二一名の氏名と出身コースなどを詳しくみてみよう。

氏名	コース	卒業年月	大正一五年一〇月時点勤務先	生年月
翁長林芳	甲種講習科	明治三〇年四月	○	―
久場政用	甲種講習科	明治三三年五月	不明	―
嵩原安綿	甲種講習科	明治三三年五月	不明	―
東恩納盛亮	師範部	明治三三年七月	澎湖庁馬公第一公学校	明治一一年三月
長嶺牛清	師範部甲科	明治三五年七月	台南州斗六郡斗六公学校	―
比嘉良庸（松）	師範部甲科	同年同月	△	―
上原卯之助（亀）	師範部甲科	明治三六年七月	△	明治一二年八月
高嶺朝直	師範部甲科	同年同月	△	明治一〇年九月
照屋久八	師範部甲科	同年同月	△	明治一一年六月
山城正鳴	師範部甲科	明治三八年四月	高雄州東港郡佳冬公学校	明治一三年一一月
外間政善	公学師範部甲科	大正四年三月	高雄州東港郡新園公学校	明治二五年一一月
島袋完義	公学師範部甲科	大正六年三月	新竹州苗栗郡苗栗公学校	明治二八年一二月
狩俣玄宜	公学師範部甲科	大正九年三月	台南州嘉義第一公学校	―
名城政雄	公学師範部甲科	大正一一年三月	台南市台南商業補習学校	明治三二年一一月
伊是名廣良	公学師範部甲科	大正一二年三月	△	明治三三年一月
崎原當保	公学師範部甲科	大正一二年三月	台南州新営郡青寮公学校	明治三七年二月

金城宮直　公学師範部演習科　大正一三年三月　台中州員林郡社頭公学校　明治三六年一一月
山田親法　公学師範部演習科　大正一四年三月　高雄市高雄第三公学校　明治三八年一一月
當間重栄　小学師範部　大正一五年三月　花連港庁吉野小学校　明治三八年五月
平良恵勇（英男）　公学校乙種本科　大正一五年三月　台中州北斗郡渓州公学校　明治三九年一〇月
神谷盛安　研究科　大正一五年三月修了　台南州北門郡佳里公学校　明治三一年一月

このリストは、『台北師範学校卒業及修了者名簿』（台北師範学校創立三十周年記念祝賀会、一九二六年一〇月刊）、台北教育大学所蔵『生徒学籍簿』および『生徒明細簿』より作成した。一九二六（大正一五）年時点の勤務先については、『台北師範学校卒業及修了者名簿』より作成し、同書の「本文ノ上段ハ勤務先又ハ住所ニシテ〇ハ死亡、△ハ内地其ノ他ノ地（台湾福州厦門汕頭ハ含マス）ヲ示ス」との凡例に拠った。

ここで、学籍簿から沖縄出身者を特定する方法について、公学師範部演習科を卒業した「山田親法」を例にみてみよう。

山田という苗字は沖縄にも存在するが、いわゆる沖縄特有の苗字ではないため、苗字だけでは沖縄出身か否かを推測することはできない。公文書の中に、履歴書が収録されていれば、履歴書から本籍地を確認することができるが、管見の限り、「台湾総督府公文類編纂」の現在の検索システムでは山田親法の名前はヒットしない。そこで、学籍簿で確認する必要がでてくる。

山田の学籍簿が収録される簿冊の正式名称は「大正十三年度　大正十三年四月二日入学　大正十四年三月二十二日卒業　公学師範部演習科生徒学籍簿」である。「学籍簿」の本文には図1のように記されている。

この学籍簿の記録から、山田が沖縄出身者であると特定できるのは、主に二点によってである。一つは、「生徒原籍氏名」の欄に、原籍が「沖縄県那覇市」と明記されていること、もう一つは、「入学前ノ履歴」の欄に、

27

生徒原籍簿	入学	入学前ノ履歴	在学中ノ履歴	備考
沖縄県那覇市松下町□丁目□□番地 戸主 士族 山田親月 二男 山田親法 明治三八年一一月二一日生	大正拾参年 四月 弐日	大正十二年三月六日 縣立第一中学校卒業	（下表参照）	

退学		
大正 年 月 日		

保証人		
住所	職業	氏名
沖縄県那覇市久茂地□丁目□□ 高雄州岡山郡路竹庄大社□□□番地	公学校訓導	山城正鳴

在学中ノ履歴

部名	公学師範部演習科					
学年	第 学年	第 学年	第 学年	第 学年	第 学年	卒業
編入年月日	大正拾参年 四月 弐日					大正拾四年 参月 廿弐日
備考						

図1　生徒学籍簿の表記例

「県立第一中学校卒業」とあることである。(9)このほか、出身地を特定できる可能性が高いのは「保証人」の欄で、保証人の氏名に沖縄特有の苗字が記載されていたり、住所に本籍が併記されている場合がある。保証人から探る場合には、保証人の出身を公文書などで確認する作業も必要である。このような確認作業を経て、山田親法が沖縄出身者であると特定することが可能となる。山田のように苗字から判断できない場合や「改姓改名」した者の場合には、こうした二点ないし三点の確認作業によって特定する方法が有効である。しかし、山田の場合とは異なり、原籍（本籍）を変更した者については、「入学前ノ履歴」と「保証人」の確認によって、特定するという方法をとった。

このように、明治期から大正期までの学籍簿を一件ずつ閲覧して確認作業を行った結果、台北師範学校における沖縄出身者が二一名であったことを明らかにした。

各年度別、コース別の総数に対する沖縄出身者の数は、前掲の一覧表を参照されたい。この一覧表からは、「小学師範部」と「公学師範部」のコースのうち、沖縄出身者は、公学師範部に入学する者が多かったことがわかる。その原因は、現時点では判然としないが、たとえば、沖縄出身者が差別されていたために、小学師範部ではなく、公学師範部へ進学する者が多かったのではないか、というような性急な結論づけをすることには慎重さを要するであろう。原因を明らかにするためには、まず、沖縄出身者の学力の問題（小学師範部入学相当の成績を保持していたか否か）、コース志願者の問題（小学師範部入学の希望者数はどの位であったのか）などを考察することは欠かせない。特に、コースの問題に関しては、たとえば、当時、台湾に設置されていた（主に「内地人」子弟対象の）小学校と（主に「本島人」子弟対象の）公学校の設置数を比較した場合に、後者の数が圧倒的に多かったため、就職率という点からみれば、確率の高い公学校教師を希望する沖縄出身者が多かったという可能性も検討されなければならないであろう。まさに、沖縄出身の教師や学生などの教育経験者たちからみた「より良い就職先としての台湾」についての検討が必要とされるところである。

とはいえ、もちろん当時、厳然と存在した差別によって（たとえば、「琉球処分」から二〇数年しか経過しておらず、日清戦争の勝敗によって、琉球救国運動が頓挫して間もない時期であれば）、台湾における日本側当局者が、沖縄出身者への警戒をもって、「内地人」子弟の初等教育機関である小学校教師の養成を阻む可能性も検討する必要はある。

二　沖縄出身の台湾教育受容者の戦前と「戦後」復興――名城政雄の場合――

台北師範学校を卒業した沖縄出身者の中には、教育界以外でも沖縄の「戦後」復興に深く携わった人物が多く存在する。[10]米軍統治下の沖縄の人々の「日本復帰」への取り組みとも連動していた、沖縄の「戦後」復興への教育の果たした役割を考慮すれば、教育の「戦後」復興に深く携わった人物に着目せずにはいられない。ここでとりあげるのは、沖縄出身の台湾教育受容者である名城政雄と、教師である屋良朝苗である。なぜこの二人に着目するのか。両者の関連が重要なのではなく、むしろ両者の関連は「台湾教育経験」という共通点の他にないといっても過言ではない。二人をとりあげるのは、異なる「戦後」沖縄の教育への取り組みをしたから、といえる。

本節では、沖縄での代用教員を辞めて台湾へ渡り、台北師範学校に入学し、卒業後には、現地で教職に就き、終戦で引揚げ、「戦後」の沖縄で大学進学予備校を設立した名城政雄（一八九九～一九七三）[11]の場合をみてみよう。

台北師範学校の『生徒明細簿』には、「入学前の履歴、家族、其他」という項目があり、名城政雄の明細簿には、次のように記載されている。

大正七年三月沖縄県立第一中学校卒業。仝年七月東亜同文書院県費留学生拝命。
大正九年五月卅一日病気退学。仝七月十三日仲西尋常高等小学校代用教員拝命。
仝十年三月卅一日都合により退職。

家族

名城　政成　［以下、省略[12]］

右のように、名城政雄について現存する『生徒明細簿』と以下にみる『生徒学籍簿』の内容を確認するために、筆者は、政雄の次男である名城政次郎[13]へのインタビュー調査を行った。[14]政次郎によれば、政雄は東亜同文書院に県費留学生として入学したが、肋膜炎を患って中退したとのことである。

『生徒明細簿』からは、東亜同文書院を中退して沖縄へ戻った政雄が、約二カ月後、仲西尋常高等小学校の代用教員を務めていたことがわかる。代用教員は約九カ月で退職し、その後台湾へ渡っている。政雄は、台湾で、台北師範学校の公学師範部の予科に入学した。台北師範学校の『生徒学籍簿』には、図2のように記録されている。[15]

『生徒明細簿』は、台北師範学校の場合、通常二枚綴りになっている。一枚目は、生徒姓名、族別、原籍、出生地、戸主姓名、続柄、職業、資産、保証人姓名、続柄、職業、資産、操行に関し注意すべき事項（各学年別）、出欠（予科、一〜四年の各学年別。学期、授業日数、欠課日数、欠課時数、遅刻度数、早退度数の項目別）、入学前の履歴、家族、其他、の項目が記録されている。二枚目は、成績（各学年別）、編入年月日、備考の項目となっている。政雄が在籍した当時の台北師範学校の学科目は、修身、教育（心理原理、教授管理）、国語（話方、読方、作文、習字）、漢文、歴史地理、数学（算術、代数、幾何）、理科（博物、理化）、図画、手工、農業、商業（要項簿記、法規経済）、音楽、体操、台湾語、英語の一五科目である。ただし、政雄の『生徒明細簿』には、上記の科目中、国語の話方・作文・習字、漢文、数学の代数・幾何、商業の要項簿記・法規経済、英語の項目に記載がない。予科ではこれらの科目は成績評価の対象ではなかったことが追認できる。

学科目の他には、総点、平均点、教育実習、成績、操行、体格、判定、席次の項目があり、政雄の場合は、総点、操行、判定、席次の項目以外は未記載となっている。なお、政雄の成績については省略する。

49

生徒原籍簿	
本籍	沖縄県那覇市前島町□丁目□□番地
族籍	士族　戸主　名城政成　長男
氏名	名城政雄
生年月日	明治三二年一一月一三日生

保証人		
住所	職業	氏名
本籍地　同県中頭郡西原村字翁長□□番地 現住所　台北市下崁頂石路□□番地	官吏	知念政信

入学	退学
大正拾年　六月　拾六日	大正　年　月　日

入学前ノ履歴
大正七年県立第一中学校卒業 大正九年七月同県中頭郡仲西尋常高等小学校代用教員 拝命同十年三月退職

在学中ノ履歴						
部名	公学師範部演習科					
学年	第　学年	第　学年	第　学年	第　学年	第　学年	卒業
編入年月日	大正拾年　六月　拾六日					大正拾一年　参月　貮五日
備考						

備考

図2　名城政雄の『生徒学籍簿』の記載

そもそもなぜ政雄は台湾へ渡ったのか。政次郎によれば、政雄の渡台以前に、政雄の父政成（政次郎の祖父）[16]が家族とともにすでに台湾へ渡って職を得ていたため、政成の元に身を寄せることになったという。ちなみに、政成は、沖縄で那覇高等尋常小学校の教師を務めていたことがあり、その頃に、尚家が中心となって行った県内の開墾事業に関わったが、失敗して財産の多くを失ったため、教師を辞し、より収入の良い職を求めて台湾へ渡ったということである。政成は、渡台後、約一〇年にわたり、公学校教師を務めるなど教育に携わった。[17]その後、沖縄へ戻り、一九一四（大正三）年に、甲辰尋常小学校[18]の校長を三年間務めるなどした。

渡台後の政雄は、台北師範学校の公学師範部に編入し、一年後に卒業した。台北師範学校卒業後、政雄は、三年後には台南商業補習学校に勤務していたことが記録に残されている。[19]その後、嘉義の高等女学校の事務局長などを経て、虎尾高等女学校に転勤した。政次郎は、嘉義の朝日尋常小学校から、父政雄の転勤にともなって虎尾尋常小学校に転校したが、政雄が病を得たため、親類を頼って嘉義に戻り、嘉義高等尋常小学校を卒業した。嘉義中学校に進学したが、その後、台南第一中学校へ転入し、同校の二年生時に終戦を迎えたという。それから、一九四六年四月に愛知県岡崎市へ引揚げるまでは、同校に在籍していたため、終戦により、日本人教師に替わって、国民党軍の関係者が教師となって着任する事態を直接に体験したという。

政雄は、前述のように、終戦により一九四六年四月に政次郎を含む家族と、妻の出身地であった愛知県岡崎市に引揚げたが、同年末には一家で沖縄へ戻り、米軍関係の職を得た。数年の後に、中部農林高校の英語教師となる。その後、那覇区教育委員、那覇尚学塾長を務めながら、週刊『新琉球』を創刊するなどした。

政雄の台湾教育経験が、直接的にどのように「戦後」の沖縄での教育に影響を及ぼしたかということについては、彼が歴任した職歴だけでは判断できない。しかし、少なくとも「戦後」の米軍統治による混乱期に、早い段階から沖縄の教育に携わっていたこと、特に、公立学校での英語教師などの勤務を経た後に、予備校の那覇尚学塾を創立して、米軍統治期に設置された沖縄初の高等教育機関である琉球大学への地元沖縄出身者の進学率の向上にも努めたことは注目される。

「日本復帰」以前に沖縄出身者が「本土」の大学へ進学することは、主に経済格差を直接的な原因として困難な場合が多かった。そのため、琉球政府による「本土」の大学進学のための特別措置として国費学生制度[20]が設けられていたが、同制度による選抜試験の上位に入らなければ、自力で私費「留学」による「本土」の大学への進学か、(一九五〇年以降であれば)地元の琉球大学への進学を目指すことになる[21]。その際に必要であったのが、大学進学のための予備校であり、一九五一年に創立した那覇尚学塾は、「戦後」の沖縄では比較的早い時期に創立された予備校であったといえる。後に、那覇尚学塾は、那覇尚学院と改称し、さらに、一九八三年には、私立沖縄尚学高等学校を創立し、沖縄における私立学校教育にも取り組み始めた[22]。

政雄は、沖縄の「日本復帰」翌年の一九七三年に死去したが、その後を引き継いだのが、次男の政次郎である。政次郎も政雄の他の子どもたち同様に台湾生まれであり(同人を含む五人全員が湾生)、本人は一五歳で終戦を迎えるまで台湾に育った。

名城政成・政雄・政次郎の三代にわたる沖縄出身者が、戦前から戦中にかけての台湾で、教育に教師として携わったり、生徒や学生として教育を受容したりした。そして、いわば台湾教育経験者である彼らが、「戦後」の沖縄で、公立学校から私立学校の教育へと携わり、教育の面から、沖縄の「戦後」復興へ取り組んでいたことが明らかになった。彼らの沖縄における教育の内容に、どのように台湾教育経験が反映されているのか、ということに関しては、今後、慎重に検討する必要がある[23]。

三　沖縄出身の台湾教師経験者の戦前と「戦後」復興——屋良朝苗の場合——

一九七二年の沖縄の「日本復帰」の顔といえば、屋良朝苗（一九〇二〜一九九七）を措いてほかにはいないであろう。その屋良が、戦前の台湾で教師をしていたことはよく知られている[24]。

屋良は、読谷村出身で、一九三〇年に広島高等師範学校を卒業し、帰郷して、沖縄県立女子師範学校、沖縄県立第一中学校に勤務した。その後、一九三八年に渡台し、台南第二中学校へ赴任した。台南二中時代の屋良は、科学教育に熱心に取り組み、顧問を務めた理科部は、在校生の約半数が部員となるほど盛況だったという。台南州で初めて開催された科学創作作品展では、その理科部の出品作のすべてが入賞し、州知事から表彰されるという快挙を成し遂げている。屋良は、この台南二中での功績が認められて、当時としては異例の台北師範学校へ異動を命じられて一九四三年に着任し、終戦まで勤務した。

屋良が、約三年間台北師範学校でどのような教師として務めていたのかについては、本人の回想や直接に受講した学生たちの回想からより明らかにする必要がある。現時点で特筆に値することは、屋良が、台北師範学校に勤務する以前から理系の教育を重視し、その普及に尽力したことである。

台南二中での勤務を回顧した屋良は、次のような言葉を残している。

台南二中は台湾出身者の学校としての特色を非常によくあらわし、生徒の将来の希望はほとんど技術的なもので、なかでも医者志望が多かった。彼らの希望がその方面に限られていたから、そういう学校に適するような理科学教育をほどこさなければならなかった。ここに私の受けもつ科学教育の特異性を感じた。彼らの希望はほとんどが台北医専である。台北医専は、台湾出身者には、ものすごく入学難で、合否を決定するのは物理化学にあった。この目的をはたすには、科学的ふんい気のなかで指導し、生活させることだと私は考えた。そのためにはただ彼らの受験指導ばかりでなく、生徒実験を徹底すること、そのうえ理科学器具の製作指導というのに非常な力をそそいだ。[25]

台南二中の生徒が「彼等の希望はほとんどが台北医専である」と屋良が述べているように、当時、「本島人」が台北医専へ進学して医者となることを希望した理由には、医術の能力で判断される医者となることで、いわゆる差別の解消を目指していたという面もあったことを指摘しておきたい。

屋良は、「戦後」の沖縄で、知念高等学校長などを務めた後に、琉球民政府の文教部長を務めるなど教育に従事し、また長く沖縄県教職員会の会長を務めた。「戦後」の米軍統治下の沖縄で、「戦災校舎復興運動」にも取り組み、この運動は米軍当局からの圧力によって、教材教具の配布活動へと転換させられたが継続し、まさに教育における沖縄の「戦後」復興に奮闘した。こうした運動などの経験から、周知の通り、その後、「日本復帰」運動の中核を担い、一九六八年、西銘順治との子弟対決を制して、初の公選行政主席となり、沖縄の「日本復帰」までその任にあたり、「復帰」後は、沖縄県知事を二期務めた。[26]

現在、読谷村村史編集室および沖縄県立公文書館に屋良朝苗の日記や手帳類が所蔵されている。[27] これらの資料群から、屋良の台湾時代をより詳細に明らかにすること、そして、「戦後」の沖縄での彼の動向に、台湾教育経験がどのように影響しているのかを検討することについては、今後の課題としたい。

結びにかえて

本稿は、まず、明治期から大正期にかけての台北師範学校の沖縄出身者の卒業者数（在籍者数ではなく卒業者数を重視するのは、死亡者はもちろん、病気などによる中途退学者が後に教師となった可能性が極めて低いためである）について、各部全体の総数が二一名であったことを明らかにした。「内地人」「本島人」を合わせた卒業生全体の中から、沖縄出身者を抽出することは、改姓改名した者や本籍を変えている者など（時にはその両方を行った者もいる）も存在し、極めて困難な作業であることを、実際に原資料の写しを提示して説明した。

次に、台北師範学校において台湾教育経験をした人物二名を紹介した。台湾の教育を受けた教育受容者の事例として、名城政雄をとりあげ、彼の経歴と沖縄の「戦後」復興への関わりの一端を明らかにした。また、台湾で教師として教育に携わった者の事例として、沖縄の「日本復帰」の顔といわれる屋良朝苗をとりあげ、屋良が台北師範学校で教師として、台湾教育を経験していたことの一端を改めて確認した。そして、異なる台湾教育経験をもつ彼ら二人が、教育の分野からそれぞれのスタイルで、沖縄の「戦後」復興へと携わった点についても指摘した。

こうした考察は、次のような意義をもつものと考えている。一つは、戦前と「戦後」復興の教育の連続性（教育内容ではなく、人材としての教師の連関として）を明らかにすることにつながる。前述したように、沖縄戦で、学徒兵として動員された多くの教師となるべき人材（師範学校生や女子師範学校生など）を失った沖縄では、終戦後、米軍統治が開始した時、教師として、台湾から引揚げた多くの台湾教育経験者たちも（他府県から引き揚げた教育経験者同様に）教育に従事することになった。その実数はどのくらいであったのか。どの程度、教育政策の策定に携わる人材がいたのか。米軍統治下の沖縄の教育政策に、どのように台湾教育経験を活かすことができたのか、あるいはできなかったのか。こうした点を考察することを通して、戦前と「戦後」復興の教育の連続性を明らかにすることができる。

もう一つは、戦前から戦中にかけての台湾教育経験者たちは、沖縄の中における「沖縄人」のみならず、沖縄出身で沖縄以外の地域、特に「最も近い外部である台湾」から、沖縄を見つめることができた人々である。沖縄出身の台湾教育経験者たちの教育への関与は、「外から沖縄を客観的にみることのできる沖縄人」の存在という意味で、沖縄の「戦後」復興に重要な役割を果たしたといえるであろう。

日本統治下の台湾で、「一等国民は内地人、二等国民は琉球人、三等国民は本島人」と象徴的にいわれるような軋轢の中で生きてきた沖縄出身の台湾教育経験者たちは、「戦後」の米軍統治下の沖縄で新たな軋轢（「沖縄人《ウチナーンチュ》の心とは」と問われて、「大和人《ヤマトンチュ》になりたくてなれない心」と答えた元沖縄県知事西銘順治の言葉に象徴的であろう）の中で生き、教育に携わった。彼ら彼女らが、生き抜いてきた「戦後」とその復興への道程が、どのようなものであったかを明らかにすることは非常に重要である。

こうした課題を解き明かすことによって、沖縄の「戦後」復興に、台湾教育経験者たちの果たした役割の全体像が明らかになると考える。

（1） たとえば、又吉盛清『日本植民地下の台湾と沖縄』沖縄あき書房、一九九〇年）。いうまでもなく、台湾、沖縄、それぞれの地域に関する個別研究の蓄積は多い。本稿のテーマに関連する研究として、沖縄については、阿波根直誠編『沖縄県の戦前における師範学校を中心とする教員養成についての実証的研究』（昭和五四年度 科学研究費補助金（一般研究B）研究成果報告書、沖縄教員養成史研究会、一九八〇年三月）や藤沢健一「第九章 初等・師範教育制度における人的組織構成――運営実態（Ⅱ）」（同『近代沖縄教育史の視角』社会評論社、二〇〇〇年）、近藤健一郎「第七章第三節 中等・師範学校生徒の戦場動員」（同『近代沖縄における教育と国民統合』北海道大学出版会、二〇〇六年）などがあり、台湾については、呉文星の師範学校教育に関する一連の研究が代表的である。

最近では、末武美佐「日治前期台湾公学校的沖縄籍教師」（『台湾学研究』（台湾）、第一一期、二〇一一年六月、五九～八六頁）がある。末武論文の主眼は、公学校における沖縄籍教師の在職率やその特質（旧士族出身者が多く、在職人数は多くなかったため、台湾総督府による沖縄籍教師の日本国内での教育経験の重視には限界があったことなど）を明らかにすることにある。末武論文は、公学校に限定して、沖縄籍教師に着目し、その人数や特質を明らかにしているが、本稿では、沖縄出身者（沖縄から渡台した者や台湾生まれ（湾生）だが沖縄を本籍とする者などを含めて）の台湾における教育経験に着目し、教師や学生であった者たちが戦前の台湾でどの程度存在したのか、また、そのうちのどの程度の人数が「戦後」の沖縄で教職に就き、「戦後」沖縄の教育政策に携わったのか、を明らかにすることによって、台湾における教育経験が、沖縄の「戦後」復興にどのように影響したのか、という問題を解き明かす前提としての作業である、という点に大きな違いがある。なお、本稿のもととなる内容は、日本台湾学会第一三回学術大会（二〇一一年五月二九日於早稲田大学）において研究報告を行った。

（2）大浜郁子「「琉球教育」と植民地台湾の教育――日清戦争前後の学務官僚児玉喜八の動向を中心に――」（『沖縄文化研究』第二八号、二〇〇二年）、同「台湾統治初期における植民地教育政策の形成――伊沢修二の「公学」構想を中心として――」（『日本植民地研究』第一五号、二〇〇三年）。

（3）校名は改組により変更した時期もあるが、本稿では便宜的に台湾総督府台北師範学校と統一して表記し、以下、台北師範学校と略記する。

（4）台北教育大学には、日本植民地統治期の一八九六（明治二九）年から一九四五（昭和二〇）年までにとどまらず、戦後の台湾省立時代、国立台湾師範学院時代から二〇〇五年の改称を経て現在にいたるまでの学籍簿も保管されている。

（5）台湾教育会編『台湾教育沿革誌』（同会、一九三九年）、芝原仙雄編『台北師範学校創立三十周年記念誌』（台湾日日新報社、一九二六年）など参照。

（6）註（4）参照。現時点では、『生徒学籍簿』および『生徒明細簿』には個人情報が多数含まれていることなどの理由により、原則として非公開である。ただし、卒業生や当時の在籍者本人、遺族など関係者の許諾が得られた場合には公開可能とされている。

（7）安里積千代『一粒の麦　八十年の回顧　米軍施政権下の四半世紀』（民社党沖縄県連合会、一九八三年）六六頁。

（8）金城順亮「沖縄人ここに在り――差別感の中で――」（『新沖縄文学　特集　熱い眼差し――沖縄から台湾へ――』六〇号、沖縄タイムス社、一九八四年六月）二二頁。金城は、この回想を書いた当時、沖縄県立鏡が丘養護学校長（生没年未詳）。金城は、父金城順安が台湾総督府鉄道部勤務を経て、台北私鉄の公館駅長時代（昭和の初め頃）に誕生したと同稿で記述している。

（9）ここでは、「県立第一中学校卒業」とのみ記載されているが、「沖縄県立第一中学校」と明記する学籍簿もある。山田の場合には、原籍から沖縄出身であることが特定できたので、入学前の履歴の県立第一中学校とは、沖縄県立の可能性が高いと推測できる。

(10) たとえば、ジャーナリズム界では宮城鷹夫などが代表的である。宮城は、沖縄における台北師範学校同窓会の事務局を長年にわたって担当しており、北師の卒業生たちの動向は、同会の会報（たとえば、『北師二〇の会 沖縄大会（台北師範学校同窓会）』一九九四年）に詳しい。

(11) 名城政雄『名城政雄著作集　筆の跡』（沖縄療友会、一九七一年）参照。

(12) 本稿では、資料引用に際し、原則として旧漢字を新漢字に、片仮名を平仮名に改め、適宜句読点を付し、補足説明には［　］を使用した。

(13) 政雄の次男は、全国高校野球選手権の春の選抜高校野球大会で、沖縄県勢の初優勝を果たした沖縄尚学高等学校理事長名城政次郎（一九三〇～）である。政次郎の略歴については、壁谷卓『沖縄尚学の挑戦』（桐原書店、二〇〇〇年）に詳しい。

(14) 日時二〇一一年五月二日一六時三〇分～一七時二〇分（於沖縄尚学中学校・高等学校）。録音記録は、筆者所蔵。

(15) 国立台北教育大学所蔵『学籍簿』。なお、住所の番地については原簿に記載されているが、個人情報に配慮して、引用に際しては□と表記した。

(16) 那覇尋常高等小学校長を務めた後、台湾へ渡り、台南州新豊郡帰仁公学校に勤務した（前掲、『生徒明細簿』）。

(17) 前註の通り、政雄の『生徒明細簿』から、一九二二（大正一一）年三月時点で、政成は、台南州新豊郡帰仁公学校に勤務していたことを確認できたが、国史館台湾文献館所蔵『台湾総督府公文類纂』永久保存、第七門 教育、明治三八年、五二巻（請求番号001099-3）からは、一九〇五（明治三八）年には台北庁大稲花公学校の雇であり、同年一月二六日付で公学校教諭の免許状（無試験検定出願による）を授与されたことが明らかとなった。

(18) 甲辰尋常小学校は、「戦争で生まれ、戦争で消えた学校」といわれる。すなわち、一九〇四（明治三七）年の日露戦争時に創立され、一九四四（昭和一九）年の一〇・一〇空襲で焼失し、「戦後」は復活されることはなかった。学校所在地が県庁や官舎に近かったことから、「本土」出身県幹部の子弟が多く通っていたため「沖縄の学習院」と呼ばれることもあり、当時難関といわれた県立第二中学校や第一高等女学校への進学率も高かった（記念誌編集委員会編『甲辰

校同窓会記念誌　鴻雁』甲辰会同窓会、一九九七年）。

(19)『台北師範学校卒業及終了者名簿』（同校創立三十周年記念祝賀会、一九二六年一〇月）には、一九二六（大正一五）年時点の卒業生の勤務先が明記されており、「大正十一年三月卒業（七十二名）」の名簿によれば、政雄は、当時、台南商業補習学校に勤務していたことがわかる。

(20) 一九五三年四月、日本政府の援助により、公費琉球学生制度（後に国費琉球学生制度、国費沖縄学生制度と改称）が開始し、「日本復帰」後を経て、一九八〇年度を最後に廃止された（医学生対象は別枠）。

(21) 私立沖縄大学の創立は一九六一年であり、私立沖縄国際大学の創立は一九七二年である。

(22) 一九八六年には、沖縄尚学高等学校附属中学校も併設された。

(23) 本稿の続編として、昭和期の沖縄出身台北師範学校在籍者について検討した別稿を準備している。

(24) 屋良朝苗「私が台湾で学んだこと――台南第二中学校での思い出――」（前掲、『新沖縄文学』）、同『私の歩んだ道』（屋良さんを励ます会、一九六八年）、同『屋良朝苗回顧録』（朝日新聞社、一九七七年）など参照。

(25) 屋良朝苗「独創的科学教育を考える」（前掲、『私の歩んだ道』）三七頁。

(26) ちなみに、二期目の県知事選時に一騎打ちとなった大田政作（大田は指名主席経験者）は、台湾の澎湖庁長を務めた人物である。

(27) 屋良の資料は、一九五三（昭和二八）年一月から一九八五（昭和六〇）年一〇月までの一一六冊の日記と手帳であり、原本は読谷村に所蔵され、沖縄県立公文書館では複製を公開している。

〔付記〕　本稿は、日本台湾学会第一三回学術大会　第六分科会「台湾と沖縄をめぐる国際社会の変容と越境する人びと」（二〇一一年五月二九日）における報告および「復帰四〇年沖縄国際シンポジウム　第三日第一セッション「引揚者からみる沖縄社会――植民地経験と「戦後」復興――」（二〇一二年三月三一日）おける報告に、加筆修正を行ったものである。

本稿入稿後、安村賢祐『日本統治下の台湾と沖縄出身教員』（大里印刷、二〇一二年一一月）が刊行された。同書は、日本植民地統治期の台湾総督府の刊行による『職員録』から、「本籍欄をもとに沖縄出身教員及び沖縄出身と思われる教員を、抽出して収録した」（「はじめに」、二頁）という、約五〇年に及ぶ植民地期台湾において各種学校に勤務した沖縄出身教員を広範に「職員録」から抽出した労作である。本稿が、台湾における沖縄出身教員の全体像を明らかにするための基礎研究として位置づけられることに比べて、同書の守備範囲の広さに敬意を表したい。ただ、本稿と関連することについて、次の点は付言しておきたい。安村自身も同書で認識しているが、職員録だけでは、「改姓改名」した者や本籍の変更を行った者（いずれも行った者）を沖縄出身者として特定することは困難である。その意味では、まずは一校とはいえ、師範学校卒業者から始めることで、職員録や「台湾総督府公文類纂」などの公文書では特定が困難であるところを、より正確を期して沖縄出身の学生や教員を特定する作業として本稿の意義はあると自負している。今後、同書との照合作業などによって、本研究テーマが大幅に促進すると期待している。

本稿の作成にあたり、台北師範学校学籍簿の調査に関して、国立台北教育大学何義麟副教授と国立台湾大学周婉窈教授にご協力をいただき、沖縄尚学高等学校名城政次郎理事長にはインタビューに快く応じていただき、また、国際日本文化研究センター共同研究会「植民地帝国日本における支配と地域社会」において、ご参加の諸先生方より様々なご助言を賜ったことをここに記して心より感謝申し上げる。

第Ⅵ部

都市と衛生・娯楽

開港期釜山における朝鮮牛の輸出と「輸出牛検疫所」の設置

金　貞　蘭

はじめに

一九世紀に入り西欧列強の帝国主義進出が本格化するにつれ、人やモノの遠距離地域間の移動は格段に増えた。この際、蒸気船や鉄道など近代交通手段の発達はこうした現象を促進した[1]。地域間の交流がその範囲と規模を拡大していく中、洋の東西を問わず伝染病の問題も一層深刻になってきた。一八一七年インドのベンガル地方から広がったコレラは一八二〇年清国を経て、二年後日本に流入した。また一四世紀ヨーロッパを襲ったペストはその後も流行を繰り返し、一八九九年には古着貿易船を通じて神戸港に上陸した。すなわち、資本主義・帝国主義の拡大にともない、ある地域の風土病が世界的流行（パンデミック）に変わる傾向が顕著になってきたのである。

マックニールが指摘するように、こうした人間のあらゆる集団活動は新しい病気を生み出す環境を作り、その病気がまた人間社会の構造的変化に影響を与えた[2]。したがって、近代の国民国家は、人とモノの移動にともなう病気の伝播を最小化するために衛生環境を整備するとともに、海港検疫に関して多方面で議論の場をもちつづけた[3]。

この時期、人間を襲う病気のみならず、家畜を斃す病気も大陸を超えて広い範囲で伝播し、食糧調達の混乱や地域経済システムの変化をもたらすなど莫大な被害を及ぼした。その代表的な病気が牛疫である。牛疫(rinderpest)とは、牛を含む反芻類に発生する激烈急性伝染病である。牛疫の病毒が体内に入ると消化器の疾病を起こし、罹病した牛は一週間以内に死ぬ。一八六〇年代から七〇年代にかけて、ロシアをはじめイギリス・ドイツおよび東ヨーロッパにおいて牛疫が大流行し、甚大な被害を与えた。これは急激な人口増加と肉類消費の増加による畜牛貿易の活性化によるものであるが、当時絶えず起こり続けていた帝国主義戦争とも深くかかわっている[4]。

周知のとおり、帝国主義進出は戦争を必然的に随伴した。戦争を遂行する際、大量の牛の確保は前提条件であった。それは軍隊食糧調達のみならず軍需品の製作、そして運搬用にも必要であったからである。さらに、植民地における開拓移民者のためにも、食糧確保やその経済活動を支える基盤として畜産業の発達は欠かせなかった。こうした戦争への動員や畜産業発達にともなう大量の牛の移動は牛疫の伝播をも加速化した。つまり帝国主義進出に欠かせない牛の大量確保は牛疫流行という危険性も内包していたのである。これをうけて、ヨーロッパ各国は本国や植民地における海港検疫を実施するなど、牛貿易にともなう牛疫の伝播を防ぎ、自国の畜産業を保護しようとした[5]。

こうした現象は開港期日本と朝鮮の間、中でも釜山港を中心に行われていた牛産業の様子からもうかがうことができる。近代における伝染病の世界的流行を考察する際、地域間交流の中心となった開港場の動向に注目しなければならない。なぜなら、開港場は地域間の人的・物的流れの拠点のみならず、疾病の出入り口にもなったからである。一八七六年以降、開港という国際的な契機と日本人居留地の設置による異集団との接触増加は既存の釜山社会に大きな影響を与えた。その一つがコレラのような急性伝染病の日本からの流入である。しかし牛疫の場合は、釜山港から牛貿易船を通じて日本へ伝播していく傾向が強かった。

明治期に入り、日本における中国・朝鮮牛に対する需要は高まる一方であった。とりわけ、日清戦争を期に軍需用品の調達や耕作などのため、朝鮮牛への依存度は一層高まってきたのである。開港以降、牛（皮骨などを含む）は穀物に次ぎ朝鮮の日本向け輸出品の重要な品目で、その取引は主に日本人業者の手によって釜山港で行われていた。だが、生牛・皮骨類の輸入が本格的に行われていくにつれ、日本では牛疫が頻繁に流行するようになった。明治政府は牛疫の流入を防ぐため、次々と法令や規則を制定・改正しながら国内の貿易港における海港検疫に努めた。だが、これはあくまでも国内予防策に過ぎず、牛疫の流行を防ぐには限界があった。そこで、日本の保護国となった朝鮮政府に働きかけ、輸出牛検疫法の公布とそれに基づく輸出牛検疫所を釜山港に設置するにいたったのである。[6]

当該期朝鮮牛の日本への移出と牛疫発生についての先行研究をみると、まず明治期における日本への朝鮮牛の流入と牛疫発生を時系列的に述べている中里亜夫氏の研究がある。[7] さらに、朝鮮における日本の畜産業開発と日本との牛貿易を一手に握っていた韓国興業株式会社釜山支店の活動に注目した研究もとりあげられる。[8] これらの先行研究は日本における牛疫の発生とそれに対応する日本の防疫体系を時系列的に説明しており、朝鮮と日本の間で行われた牛貿易についても紹介している。だが、「輸出牛検疫法」が持つ特徴には触れておらず、両国間の牛貿易のイニシアチブを握っていた釜山の日本人居留民の活動や地域社会への影響関係については明らかにしていない。

他地域における牛疫流行と帝国主義の動きについての研究に目を向けると、一九世紀後半、東南アフリカを襲った牛疫が同地域の経済システムの乱れや戦闘能力の喪失をもたらし、イギリスやドイツの植民地統治を促進する要因となったことを究明する研究は注目に値する。[9] また、植民地政策としての獣医学の利用や、植民・半植民地における帝国主義国家の牛疫管理の実態を追究した研究は、帝国史の枠組みから、一九世紀における牛疫の流行とその対処が国家機能そのものに関わる問題であったことを明らかにした[10]。

本稿では上記の先行研究が示唆する点を念頭に置き、一九〇九年に朝鮮政府が輸出牛検疫法を制定し、釜山に輸出検疫所を設置するにいたるまでの歴史的経緯を跡づける。特に、日本が日清・日露戦争を経ながら帝国拡大に拍車をかけていく過程で、朝鮮牛の確保と検疫を含む牛疫管理が持つ意味合いを明らかにすることが本稿の狙いである。それと連動して、釜山港を中心に行われていた畜産業と地域社会、そして韓国統監府の統治構想との関係にも注目する。

表1　日本畜牛生産死亡屠殺累年表

	1903年	1904年	1905年	1906年	1907年
出産	155,789	147,049	145,259	151,400	174,785
斃死	16,349	15,867	14,098	11,490	12,590
屠牛	221,386	287,694	202,766	158,484	155,710
屠犢	12,184	9,277	5,849	8,974	4,704
生産数と消費数との対比	減 94,130	減 165,789	減 77,454	減 27,548	増 1,781《ママ》

出典：肥塚正太『朝鮮之産牛』（有隣堂書店、1911年）12頁。

一　戦争と牛の確保

（1）日本における畜牛不足と朝鮮牛の輸入

日露戦争後、日本において畜牛不足の現象が著しくなってきた。それは同戦争の際、缶詰のような軍需食糧の製造に日本の畜牛が大量に使われたからである（表1）。その結果、日本の農家は耕牛不足に陥ってしまった。長野県の状況をみると、一九〇三年に四三三八頭であった畜牛数が翌年には三六八四頭に減少した[11]。一九一〇年の日本全国の農家が保有している耕牛数は平均四・四戸強に対して一頭の割合である[12]。こうした日本における畜牛不足現象は朝鮮牛に対する依存度を一層高める結果につながった。

ここで開港期における朝鮮牛の輸出状況について述べてみる。釜山の開港直後の一八七七年、対馬商人による朝鮮牛の輸入が初めて記録されている[13]。また山口県をはじめ本州地域における朝鮮牛の輸入もよく見受けられる。一八八八年には兵庫県讃岐の牛馬商が朝鮮牛数頭を釜山港から輸入して姫路地方に販売したことが記録されている。[14] だが、朝鮮牛の日本への輸出が本格化したのは、明治二〇年代の半ばにはいってからである。

一八九〇（明治二三）年六月二六日付の釜山日本領事の報告によると、日本商人による朝鮮牛の購入が急増したため、同地では牛の繁殖と農業経営が困難になり農村が疲弊しつつあった。そこで朝鮮の地方官吏が牛の販売を一時禁止する事態にまでいたった。[15] それにもかかわらず、その後も朝鮮牛の輸出は絶えることがなかった。朝鮮牛は性格が温順で、丈夫な体格をもっており、さらに日本牛と比べると廉価であったため、日本の農家は朝鮮牛を好むようになったのである。[16] また、朝鮮牛が繁殖用として日本の農家に販売されたケースも多く見受けられる。

日清戦争の際には、日本国内の牛が大量に軍隊食用として使われた。たとえば、熊本県では第六師団の予備・後備兵および軍人等の非常招集により、食用のために屠殺された牛の頭数が前年に比べて約三割も増加した。[17] だが、日本牛のみで軍需用の牛を調達するには限界があり、日本における朝鮮牛の輸入は格段に増加したのである。

さらに、日露戦争後、日本国内において一般食用としての牛肉消費も増加した。このように、日露戦争前後、日本国内では牛不足現象が顕著となり、それを補うために朝鮮牛の需要はより一層高まった。[18] 特に釜山は地理的に日本ともっとも近い地域である。したがって、生牛を運ぶ際に生じるリスクが他地域から輸入する時よりは断然低い。そのため、釜山港における牛貿易は日増しにその規模を拡大していった（表2）。そして日露戦争以降、軍需用品の十分な供給を図るために朝鮮牛の大量確保は急務となってきたのである。

表2　釜山港より日本への畜産物の輸出

年次	1904年	1905年	1906年	1907年	1908年
生牛(頭)	1,303	3,647	4,055	12,820	14,336
牛皮(担)	6,944	3,927	2,975	3,718	4,741
獣脂(担)	182	268	398	1,446	1,423
牛骨(担)	3,286	7,625	7,625	4,933	2,193

備考：一担＝100斤＝60kg。
出典：『韓国農会報』第4巻第2号、1910年2月。

（2） 軍需用品としての畜牛と牛皮の確保

日清戦争後、清国から獲得した賠償金をもって日本は本格的に軍備拡張政策に取り組みはじめた。そして東アジア地域における主導権争いの相手であったロシアとの一戦で勝利を収めた日本は新帝国主義国家として西欧列強と肩を並べるようになった。その後、周知のように、日本陸軍はロシアの復仇戦を警戒し海軍はアメリカを仮想敵と見なすようになった。

こうした軍備拡張政策を進める中で、軍需用品の円滑な供給は欠かせない条件であった。そのため、畜牛や牛皮の確保は急務となってきたのである。日露戦争の際、海外から牛皮や加工乳、肉類をはじめ大量の食糧が輸入され、その国費支出金額が三〇〇〇万円に上った。[19] 特に軍需用に使うため、日本は英・米・独・豪からも大量の畜産物を輸入せざるを得なかったのである。[20] このように、日本は朝鮮のみならず欧米圏からの畜産物輸入への依存も高かったため、将来、大国との一戦を準備するためには、畜産物の自給は不可避であった。

だが、当時日本は畜牛不足に悩まされており、軍への十分な供給に混乱が生じていた。日露戦争の当時、陸軍大臣山県有朋は兵員数の増強を主とした軍備拡張案を提出し、穀物増産や肉類消費奨励などを主張した。[21] また日露戦争が終決を迎えようとしていた一九〇五年八月一九日、陸海軍の両大臣が協議し農商務大臣に日本内における畜牛事業を奨励することを求めた。[22] そして両軍は国内畜産業の奨励とともに、その不足分を補うため海外からの調達をも構想していた。そこで日本は保護国化した朝鮮を畜牛の供給先と設定するにいたったのである。

当時、朝鮮牛は日本へ輸出されるのみならず、朝鮮に駐屯していた日本軍部隊にも大量に提供されていた。[23] この頃、釜山の日本人居留地の周辺に日本人経営の軍需用牛肉・缶詰製造所と屠殺場が二か所あり、駐屯軍部隊への納品を担当していた。その中で、小川三郎が経営する工場では毎日缶詰二〇〇〇個の製造高を記録しており、数十名の女工が働く大規模な製造所であった。一九〇五年、同製造所では警視庁獣医佐藤浩雄を招聘し、缶詰に使われる牛肉一切を鑑定してもいる。[24] 二年後には検査獣医三名を置き、手数料として一頭につき一円以内を納付する方式で検査を受けるようになる。[25] これは駐屯軍に納品する缶詰の安全性を確保することがその目的であった。特に当時、釜山地域において牛疫流行の兆しもあったため、牛疫で斃死した牛の肉が缶詰に使われることを未然に防ぐことが強く求められていたのである。

そして一九〇五年一月、日本警視庁第一部長丸山重俊が朝鮮政府の警務顧問として赴任して以来、警察が伝染病や衛生関連業務を担当するようになった。[26] そこで警察が牛肉缶詰の製造過程やその衛生環境を管理するにいたったのである。当時、朝鮮においては屠牛および検肉に関する法律がなく、病死牛の肉を食べた朝鮮人が死亡する事故がたびたび起きた。[27] こうした事故は屠畜取締法を制定し、警察が屠牛も管理する方向へ向かうきっかけとなった。その結果、一九〇九年、朝鮮政府は「屠獣規則」を制定し、屠場検査員を動員して屠場における衛生状態の取締や徴税事務を担当させることを決めた。[28] この一連の過程は屠場の衛生管理を徹底し居留民や駐屯軍部隊へ安全な牛肉を供給することを主な目的にしている。

しかし日本への輸出や国内消費の増加により、朝鮮における牛不足現象も一層深刻になっていた。[29] その上、戦争物資供給のために朝鮮牛皮の消費も格段に増加した。開港期を通じて、生牛のみならず大量の朝鮮牛皮が日本へ輸出された。日本商人にとって牛皮は莫大な利益をもたらす貿易品であり、釜山港の対日輸出品の中で米と大豆に次ぐ輸出高を占めている。[30] 当時、朝鮮牛皮の輸出高は牛の屠殺数に左右された。朝鮮には凶作時には屠牛を禁ずる習慣があったため、凶作に見舞われると朝鮮牛皮の輸出高は下がってしまう。

なお、日本に輸出された牛皮の中には屠殺して得たものだけでなく、斃牛からとった皮が混ざっていたことは公然の事実であった。一八九二年二月、釜山港から日本に売られた牛皮の出荷量が増えたため、原価が下落した。これは同年、釜山付近の慶尚道において牛疫が発生し、多量の牛が斃れ、斃死した牛からとった大量の牛皮が日本業者によって買い集められ、輸出物量が増加することで原価が下落したのである。[31] ここで興味深い点は、日本人居留地と釜山港における日本商人の貿易などを管理していた日本領事さえ、斃牛の皮が日本に輸出されていたことを認知していたことである。特に、一八七一年の日本における牛疫の大流行は、釜山から輸入された牛皮から伝播してきたものとみなされていた。にもかかわらず病牛の皮が日本に輸出されることを日本領事が阻止せず、それを認めていたのである。これは日本の皮革産業における朝鮮牛皮への依存度がいかに高かったのかを示す事例ともいえよう。

ところで、牛から皮をとる朝鮮人の技術が洗練されておらず、朝鮮牛皮の中には軍用品を製造するに不適切なものも混ざっていたため、日清・日露戦争の際に欧米から大量の皮を輸入せざるを得なかった。そこで、日本と朝鮮の政財界で活動していた大倉喜八郎は朝鮮に牧場および屠牛場を建設して優良の牛皮を直接生産することを構想するようになる。大倉は当時日本皮革株式会社の取締役会長を務めていたが、彼は朝鮮に大牧場を設け、牛を飼育する過程に直接関与することを計画していた。また牧場とともに専用屠場をも建て、熟練した技術者によって生産した皮を軍需用品として納品することを企図していた。大倉は日本は欧米からの牛皮輸入の依存度が依然として高く、軍備拡張を推進するためにも円滑な牛皮の確保が急務であると強調した。一九〇七年九月七日、大倉は陸軍省を通じて統監府に牧場建設の許可を求める陳情書を出した。[32]

初代韓国統監の伊藤博文も両国皇室の合同事業として朝鮮に大牧場を建設することを構想していた。それは将来、極東に大戦が起こる場合、軍馬の十分な供給を図るとともに、平時においては運搬および食用に使う牛馬を飼育することを目的としている。[33] こうした事例を通じて、当時の日本が軍備拡張に取り組んでいく中、円滑な軍需用品の供給を図るために朝鮮牛と皮の確保を目論んでいたことがわかる。当時日本が本格的に帝国主義への道を進んでいく中、朝鮮牛の大量確保は「富国強兵政策」を支えるために欠かせないものとなってきた。[34] つまり、日露戦争後、保護国となった朝鮮の牛を利用することで、海外からの畜牛輸入量を減らし、食物・軍需品の独立を図ろうとしていたのである[35]。日本の当局者は「将来韓国は畜牛の生産地即ち供給地となし、我邦は需用地として韓国に於いて生産したる畜牛を輸入飼育し、相互の間に連絡を通じ以て其便宜を図るは、畜産経済並に国家経済上得策なるは勿論、日韓両国の利益を増進するの上に於て最も緊要」なることであると考えた[36]。こうして、日本の農商務省と統監府、朝鮮政府の農商工部が三位一体となり、朝鮮の畜産業発展に本格的に関与していく。

二　牛疫の流行というジレンマ

(1)　牛疫発生の状況

しかし朝鮮より生牛・牛皮などを輸入することは同時に、牛疫の流入を起させることでもあった。明治初期より日本において牛疫がたびたび発生していたが、それは朝鮮または清国・シベリアから伝播してきたと推定される。

歴史的に牛疫は戦争による軍隊の移動に深くかかわっていた。一八世紀に起こった三つの戦争であるスペイン継承戦争（the War of Spanish Succession、一七〇一～一三年）、オーストリア継承戦争（the War of Austrian Succession、一七四〇～四八年）、七年戦争（the Seven Years War、一七五六～六三年）において、牛疫はヨーロッパ全域を襲った[37]。一八九〇年代東南アフリカを襲った牛疫もイギリス軍のナイル川遠征にともなってエジプトから伝播してきたものである[38]。

さらに、一八六〇年代の半ばから、交通の発達による大陸間の遠距離貿易が活性化するにつれ、ロシアから発した牛疫がヨーロッパやアジアにまで広がるようになった。それが中国を経て朝鮮に伝播してきたのである。一八七一年六月七日、在上海米国領事は牛疫が同地域において蔓延していると日本の関係者に知らせた。これをうけ、太政官は対馬藩に対して朝鮮からの牛皮輸入の一時禁止を命じた[39]。四か月後の一〇月五日、民部省布達第五一八号「畜産輸入禁止解除」をもって、朝鮮牛皮の輸入は再開された。これは朝鮮牛皮・牛骨などの輸入禁止が日本における皮革産業を阻害すると判断したからである。だが、結局一八七三年七月、朝鮮より牛疫が伝播し、京都・大阪・神奈川・兵庫・和歌山などの二〇県に牛疫が大流行し、四万二二九七頭の牛が斃死する大被害をこうむった。

約二〇年後の一八九二年、朝鮮より病毒が流入され、日本において牛疫が再び大流行した。同年八月一九日、釜山の日本総領事室田義文は外務省宛の報告で、朝鮮からの牛皮輸入に注意を払うよう呼びかけた。当時、朝鮮全域において牛疫が蔓延しており、同年日本へ輸出された朝鮮牛皮の中で約四分の一が斃牛皮であった(40)。釜山の場合、家畜疫病が流行っていたうえ、凶作も相まって農家に大きな被害が発生していた(41)。

この事態をうけ、日本の農商務省大臣は外務大臣に「牛疫猖獗の兆あるを以て内地の取締りと共に輸出地に対しても取締りの必要があり、在仁川の日本人輸出業者に説諭を加えて、この際なるべく日本に輸出しないように告諭することを仁川領事に訓令」するよう求めた。これに対して在仁川日本領事は、日本商人に輸出禁止を命じても清国をはじめ他国の貿易商は朝鮮牛・皮を日本へ輸出しつづけるに違いないため、輸出禁止より日本の輸入港において検疫を厳しく行うことが望ましいとの意見を表している(42)。すでに述べたように、日本の畜産業界の朝鮮牛・牛皮に対する依存度が高く、その輸出入は主に日本人の手に握られていた。したがって、朝鮮牛・皮の輸出禁止はかえって日本の対朝貿易に打撃を与えかねなかったのである。結局、日本商人に対する朝鮮牛・牛皮の売買禁止にはいたらなかった。

その後も、釜山とその周辺地域において牛疫はたびたび起こり、日本の駐屯部隊にも被害が及んだ。日清戦争の真っ最中の一八九四年八月一一日、兵站総監川上操六は陸軍大臣大山巌に「兵站総監より牛疫撲滅の為獣医派遣の件」を送り、在釜山兵站部隊における被害を防ぐため、日本からの獣医派遣を求めている(43)。釜山における牛疫の流行は翌年まで続き、居留地内の釜山公立病院所属獣医である吾郷徳次郎が実地調査を行った。さらに釜山の日本領事は自国の商人に対し、輸出牛に獣医の検査を受けるよう命じた(44)。それに先立って、同年八月には在釜山日本人居留地内に「居留地衛生会規則」に基づく「居留地衛生会」が発足した。これは領事の諮問に応じて居留地内の公衆衛生および獣畜衛生に関する事項を審議することを目的としているものである(45)。同衛生会が一般衛生事項のみならず獣疫業務も取り扱うことにしたのは、牛疫による貿易損失が居留民の経済活動にも被害をあたえていたからである。

こうした朝鮮、とりわけ釜山とその周辺において流行した牛疫は、両国間の牛貿易などを通して日本へ伝播した。特に、生牛の輸入が格段に増え始めた一八九〇年代後半からは、日本において牛疫が頻繁に流行するようになる。農商務省は牛疫調査を行い、牛疫の流入系統の大部分を朝鮮、とりわけ釜山と推定した。そして一九〇八年、再び日本に牛疫が大流行した。そこで農商務省は第二次牛疫調査を実施し、その系統を清国と朝鮮の馬山・釜山からのものだと把握している（表3）。同年の流行で、日本における牛の損害頭数は三三三一頭で、被害補償などで国庫二八万七一八四円九一銭を支出した。

このように、朝鮮牛の輸入は日本の農家や畜産業、ひいて軍備拡張政策に欠かせなかったが、牛疫の伝播という危険もともなっていたのである。

（2） 日本における牛疫予防政策

先述のように、日本において牛疫は明治時代を通じて頻繁に発生した。そこで農商務省は畜産物貿易は維持した上で牛疫の流行を防ぐために、次々と法規を制定・改正していく。最初に、日本国内に獣類伝染病に関する規則が制定されたのは一八八七年である。同年九月一五日の農商務省令第一一号「獣類伝染病予防規則」では、獣

表3　1892年以降における本邦牛疫の発生系統、
流行地方・斃死撲殺及予防費(国費)一覧

年次	斃死または撲殺頭数	牛疫予防費(国費)	発生系統	流行府県
1892	4,351	73,599.633	釜山より山口、岡山、大分、福岡、長崎各県へ	東京、大阪、京都、兵庫、神奈川、長崎、奈良、三重、福井、鳥取、岡山、広島、山口、和歌山、徳島、香川、愛媛、福岡、大分、北海道
1893	5,377	77,445.639	釜山より長崎県へ	大阪、京都、兵庫、長崎、奈良、三重、和歌山
1894	300	3,415.702	釜山より長崎、山口県へ	長崎、山口、福岡、大分
1895	1,666	41,482.702	釜山より長崎、山口、佐賀、愛媛県へ	東京、大阪、神奈川、兵庫、長崎、群馬、千葉、栃木、静岡、長野、福島、岡山、山口、和歌山、香川、愛媛、福岡、佐賀
1896	1,437	51,911.544	仁川より佐賀県、釜山より福岡県　前年より	東京、大阪、神奈川、兵庫、群馬、奈良、和歌山、香川、福岡、佐賀
1897	7,230	222,492.766	上海より長崎へ　前年より継続	京都、大阪、神奈川、兵庫、長崎、奈良、三重、滋賀、鳥取、岡山、和歌山、佐賀
1898	1,160	23,985.317	前年より	長崎、鳥取、和歌山
1900	578	1,845.203	清国芝罘、太沽、仁川より長崎県	東京、神奈川、長崎
1901	322	932.540	前年より継続	東京、神奈川、長崎
1902	166	5,099.207	釜山より長崎、大分県へ	長崎、大分
1903	206	3,014.506	釜山より兵庫、長崎、山口、愛媛へ、上海より兵庫県へ	兵庫、長崎、山口、愛媛
1904	1,276	129,366.873	釜山より長崎県へ、営口より長崎県へ	東京、大阪、神奈川、兵庫、長崎、千葉、岡山、広島
1905	32	66.470	釜山より長崎県へ	壱岐に限局
1906	63	44,258.580	不明	東京
1907	328	10,277.570	前年より継続	東京、兵庫
1908	3,331	287,184.910	馬山より大分県へ、釜山より香川県へ	東京、大阪、神奈川、兵庫、千葉、奈良、三重、滋賀、長野、岡山、広島、山口、和歌山、徳島、香川、愛媛、高知、福岡、大分
1909		57,143.430		
1910	2,935	383,404.560	不明	東京、神奈川、埼玉、千葉、栃木、三重、愛知、山梨
計	30,758	1,416,927.152		

出典：山脇圭吉『日本帝国家畜伝染病予防史』(獣疫調査所、1935年) 78頁。

類伝染病が発生した際に獣医にそれを診断させ、警察に届出を出すことを明記している。

朝鮮と日本において牛疫が流行の勢いを増していた一八九六年、「獣疫予防法」を発布し、開港場において海外から流入する各種の獣疫を防ぐための海港獣類検疫を開始することにした。だが、被害を防ぐことはできず、翌年農商務省訓令第一三号（一八九七年五月一五日）をもって、朝鮮牛の最大輸出港釜山で日本商人が朝鮮牛を輸出する際、日本領事が発給する検疫証を必要とすることを命じた。さらに同年九月二五日、農商務省令第一八号「牛疫検疫規則」を公布し、日本国内の貿易港において繫留検疫を実施することで海外からの牛疫侵入を遮断するシステムの構築に乗り出した。

翌年、農商務省告示第九号をもって、検疫港を神戸港・横浜港・長崎港の三つに絞り、輸入された朝鮮牛に対する検疫体制を徹底させた。だが、釜山領事が発給する検疫証を所持していれば検疫を受けずに済むことを但し書きに加えた(46)。既述のように、釜山港における朝鮮牛輸出のほとんどは日本人の手によって行われていた。したがって、在釜山日本領事の自由裁量を優先することで釜山港における日本人貿易商の被害を最小限に抑えようとしたと考えられる。

ここで当時の日本における海港検疫の全般的な動きについて簡単に述べておく。一八九四年七月一六日「日英改正通商航海条約」が調印され、つづいて治外法権も撤廃された。五年後の一八九九年、日本政府は恒久的な検疫規則である「海港検疫法」を公布するとともに、「海港検疫法施行規則」と「船舶検疫手続」など検疫関係法令を次々と制定した(47)。これは日本が検疫主権を取り戻し、外国の干渉なしに日本国内の開港場における海港検疫の実施が可能になったことを意味する。

一八九〇年代に入り、イギリスはもとよりオーストリア、ドイツなどヨーロッパの国々は万国衛生会議を通じて、コレラに対する海港検疫の緩和政策に合意した。さらに、一九〇三年パリで開かれた万国衛生会議で、ペストに対しても検疫を緩和する方針が定められた。それは科学的にコレラとペストの伝染経路が明らかになり海港検疫の意味が問われ始めたからである。また、帝国主義競争がますます強まっていく中、多くの国々が植民地と本国間における国際貿易の増進を一層強く求めるようになったこともその理由にあたる。[48] これに反して日本は、検疫主権の獲得を契機に日本国内や日本の勢力が及ぶ朝鮮・中国における海港検疫の実施を強化していく。[49] 獣疫に関する検疫制度も強化される方向へ進んだ。一九〇〇年一月二二日、農商務省令第五号「牛疫検疫規則」が発布され、朝鮮とともに清国・シベリアが牛疫の有病地として加えられた。そして当地域から輸入される牛・羊、皮骨類をはじめ牛疫伝播の恐れがあるものまで検疫の対象に含めた。

四年後には下関港および厳原港を新たに検疫港として設定した。これは朝鮮牛の需要が急増したことでその輸入を円滑にするとともに、検疫港の制限などによって牛の密輸入が横行していのでそれを防ぐためであった。[50] 下関の福浦が検疫港として設定されて以来、同港を通じて輸入される朝鮮牛が最も多くなった。[51] 長崎・神戸、横浜の検疫数に比べると、以上の三か所の検疫所で一年間に行われた検疫数が福浦の一か月分に当たる。これは朝鮮牛の荷主に大分・山口・島根の三県の出身者が最も多く、下関の福浦に陸揚げされた朝鮮牛が広島・姫路・神戸・大阪の各地へ移送される仕組みになっていたからである。[52] 一九〇六年四月一二日、農商務省令第一一号「獣疫検疫規則」が制定された。この規則により、朝鮮・清国・シベリアより輸入された獣類の中で獣疫の恐れがあるものを一〇日間以内に繫留検疫することが定められた。二年後には二〇日間以内に延長される。

しかしこれらの法規はあくまでも日本国内での予防策に過ぎず、牛疫をはじめ海外から入ってくる獣疫を防ぐことには限界があった。したがって、生牛の主な供給先でありながら牛疫伝播の系統ともみなされていた朝鮮において牛疫予防政策を実施することが強く求められたのである。

（3） 牛疫防御線拡張の議論

以上のように、日清・日露戦争を経ながら、日本における牛の消費は急増し、日本国内において牛不足現象が著しくなってきた。さらに、軍備拡張を計画していた日本にとって、軍需用の牛の確保は急務であった。そこで日本は保護国化した朝鮮を牛の供給先と設定し、円滑な牛の供給を図ろうとしたのである。だが、朝鮮には牛疫を含む獣疫予防施設がなく関連規則も定められていなかった。また、農商務省が実施した牛疫調査では日本において発生する牛疫の系統のほとんどを釜山を含む朝鮮系統とみなしていたため、朝鮮における牛疫予防政策の実施が目下の急務となってきた。

そこで一九〇五年、農商務省は技術者を派遣し、朝鮮における獣疫調査を行わせた。嘱託技師時重初熊は釜山にわたり、領事館をはじめ居留民、釜山の地域民に対する聞き取り調査を行った。時重はその結果に基づき、防疫意見として朝鮮の中央政府に一名、また各道観察府に一名、ロシア・清国との国境地域に一〜二名の主任獣医を置くことを提案した。さらに、日本人による牧場事業が盛んになっている地域および釜山・全羅沿岸にも主任獣医を補佐する技術者が必要であると付け加えた[53]。

このように、時重が特に強調した点は国境検疫と海港検疫を行うことであった。朝鮮における牛疫はロシアあるいは清国から伝播してきたと考えられており、さらに、露領付近に居住する日本の貿易商が牛疫によって大きな被害を蒙っていたため、国境検疫の施行は寸刻を争う事案であった[54]。加えて、朝鮮の貿易港における海港検疫の必要も唱えられた。時重は厳原獣類検疫所を釜山に移転することを提案するなど海港検疫実施を強く主張した[55]。

時重の意見のみならず、朝鮮とりわけ釜山における輸出牛の海港検疫を主張する声は各所で起こっていた。中には「門司に虎列刺《コレラ》発生の際には随分防疫法も厳行せられていたが病毒は釜山に伝わり京城まで侵入して一時は大騒ぎであつた。牛疫が一朝韓国に発生すれば矢張り虎列剌の伝播と同様に交通の便を藉りて日本に移入せらるは見易き道理[56]」であるため、日本への病毒侵入を防ぐため釜山港における海港検疫の導入を主張する意見も見受けられる。

すでにふれたように、検疫主権の獲得以降、日本は本国における海港検疫体制のみならず、日本の勢力圏が及ぶ地域とりわけ釜山における海港検疫を強化していった。釜山は一九〇五年京釜鉄道線の開通や関釜連絡船の運航開始を皮切りに、日本と大陸をつなぐ連結点として位置づけられるようになった。日露戦争後、朝鮮海関の実権を掌握した日本は釜山に海港検疫所を新設し、専門検疫医を配置するなど海港検疫の体制を強めていった[57]。その上、一九〇七年からは警察と憲兵を海港検疫に動員するなど、公権力を利用したより統制的な海港検疫を実施するにいたった[58]。

一八六〇年代までロシア、プロシア、オーストリアのようなヨーロッパの専制主義国家は伝染病の流入を敵の侵入として受け止めていた。伝染病を運んでくると見なされた人的・物的要素を遮断するため、軍権を利用して国境防備強化・移動統制・集会の制限などを実施した。このように検疫は病気の遮断という本来の目的を超え、国防態勢の強化にも用いられていたのである[59]。

大陸と日本をつなぐ連結点であった釜山で海港検疫を実施する際、憲兵を動員しはじめた意味はこうした脈略から理解できよう。明治維新以降、日本は天皇を頂点とした専制的中央集権国家を目指していった。一八九〇年代に入り、日本国内において憲兵は一般警察業務である公安維持や思想取締りなど専制的国家体制を支える役割を担った。植民地期の朝鮮では民族運動を弾圧することを主要任務の一つとした。つまり、憲兵を海港検疫に投入したことは、検疫の統制的な実施を図るとともに日本と大陸間の反社会的・反国家的勢力の出入りに対する監視体制をも強化するためであったといえよう。

このように、日露戦争以降、釜山港における海港検疫の体制は強化される一方であった。だが、朝鮮から輸出される牛に対する検疫体制は整わず、日本に牛疫が流行するたびに朝鮮が伝播源と目された。日本国内における朝鮮牛への依存度が高まる一方で、朝鮮牛の輸入が牛疫をもともない、かえって日本の畜産業に打撃を与えもしていた。そこで日本の畜産業の発展を図るとともに、日本の自衛上からも朝鮮における牛疫予防策に日本がみずから乗り出す必要があると判断したのである。[60]

その上、一九〇八年日本において牛疫がまたしても大流行し、朝鮮牛に対する反感は募っていった。そして翌年、第二五回帝国議会では朝鮮牛の輸入禁止を求める法案も提出され、賛否両論が激しく交わされる事態を迎えたのである。

三　輸出牛検疫法の制定および輸出牛検疫所の設置

(1) 統監府の狙い

牛疫の発生と日本における朝鮮牛の輸入禁止案は統監府にとっても朝鮮の統治構想上、看過できない問題であった。当時朝鮮で活動していたある日本人獣医は「朝鮮牛を輸入しなければ日本の農肉両界に不便が生じる。さらに、朝鮮においても牛畜輸出の途が杜絶すれば輸出貿易上の不利が齎される」と指摘した。彼は両国の牛畜貿易を発展させるためには、朝鮮に獣疫予防機関を整備することが急務であるとの意見を加えた。[61] 既述のように、牛は穀物とともに朝鮮の主要輸出品であった。したがって、牛疫の流行で朝鮮牛の販路が塞がれると朝鮮の経済全体が大きな打撃を受けかねない。それは統監府の朝鮮統治にも悪影響を及ぼしうる。そこで統監府の指揮下で朝鮮政府の農商工部技師原島善之助[62]を中心に牛疫予防を含む畜産業発展政策を練ることになった。

当時、朝鮮政府は牛疫を含む獣疫の管理体系を整え始めていた。一九〇六年二月、内部警務局衛生課の業務に獣疫予防と衛生警察の事務が加えられた。また時重の提案どおり、朝鮮政府の農商工部内に専門獣医が置かれ、地方では日本理事庁の警察や日本憲兵による獣疫調査・監視体制が整えられていた。そして一九〇八年の牛疫流行によって日本国内における朝鮮牛への反感が強まる中、原島を下関に派遣し牛疫系統を調査させた。調査の結果、原島は同年朝鮮においてみられた牛疫は北韓地方に限られており、釜山付近において発生している病毒は牛疫ではなく炭疽である可能性が高いと考えた。[63]

原島の調査によると、朝鮮牛は六月一三日に釜山港を出帆した源丸および為朝丸により下関の福浦検疫所に運ばれ、検疫後二～三日で各地へ輸送された。その後、該牛は、七月二日に長野県東築摩福島町において、同月三日に山口県豊浦郡豊東村において最初に発病している。こうしたことを勘案すると、該牛は朝鮮積出後病毒に感染し、上陸後発病したものと原島はみていた。また、清国の大連より福浦検疫所、天津より神戸検疫所に入港した生牛の中で牛疫に罹ったものが発見されたため、同年発生した牛疫の系統を朝鮮発と推定することにも原島は否定的であった。[64]

原島は日本で牛疫が発生するたびにその原因が朝鮮から輸入した牛と見なされるのは、朝鮮に検疫施設や関連規則がないためだと指摘した。[65] 原島はかねて、日本の畜産業界のためにはまず朝鮮の畜産業発展が先行すべきだと主張していた。さらに朝鮮牛の改良・増殖のためには徹底した検疫が不可欠であり、日本の技術を導入して朝鮮における国境検疫と海港検疫を実施し、牛疫の出入りを防ぐことがまず大事であると結論づけている。国境検疫を通じてロシアとの国境地域に居住する日本の畜産農家の被害を減らし、また海港検疫を通じて日本へ牛疫が流入するのを未然に防止することがその目的である。[66]

一九〇八年の牛疫流行では、斃死二〇八頭、撲殺九三三頭、疑牛殺二一一六頭と国庫支出二八万七一八四円の莫大な被害が発生した。[67] それにより、前述のように朝鮮牛の輸入禁止案が含まれた獣疫予防法中改正法律案が獣畜市場法案とともに森田俊佐久議員ほか二名によって第二五回帝国議会へ提出された。同案は一九〇九年三月五日から一一日にかけて審議された。

だが、もはや日本の朝鮮牛への依存度が高く、朝鮮牛禁止はむしろ日本の畜産業に悪影響を与えかねないと判断した農商務省は輸入禁止案に反対した。政府委員として出席していた農商務省農務局長下岡忠治は、輸入禁止より、日本のみならず朝鮮における検疫態勢を強化することが望ましいと主張した(68)。その折、東京にいた統監府の児玉秀雄政府委員も朝鮮牛の輸入禁止より、朝鮮政府に専門獣医を雇わせて検疫を強化することを提案した(69)。そこで朝鮮牛の輸入禁止にはいたらなかったのである。代わりに日本は朝鮮牛の輸入を奨励すると同時に、日本の保護国となった朝鮮に防疫体制を整えさせることを選択した。そこで日本の農商務省と統監府、そして朝鮮政府の農商工部が三位一体となって朝鮮における牛疫防止策に取り組むことになる。その上で、統監府は在朝鮮日本人居留民を中心とした畜産業の発展政策も進めていく。

(2) 朝鮮牛貿易と日本人居留民

既述のように、開港期を通じて牛皮と生牛は穀物に次ぐ朝鮮の主要貿易品で、その日本向けの輸出は主に釜山港で行われた。特に、釜山の居留日本人の多くが畜産業や牛輸出にかかわっていた。そのため、朝鮮における畜産業の発展策や牛疫防止策の推進について考える際、在朝日本人とりわけ釜山の日本人居留民との関係を抜きにしてはならない。よって、以下では在釜山日本人居留民が朝鮮の畜産業や対日牛輸出貿易にいかに関わっており、輸出牛検疫所の設置にどう関与していたかについて考察してみる。

一九〇七年六月、第三次日韓協約が結ばれることで、伊藤博文の率いる統監府は朝鮮政府の内政全権を掌握した。これにより、統監府は立法・司法・行政の全般にわたって朝鮮を統治することが可能となった。さらに、伊藤統監は政府の各部次官に日本人官僚を任命し、実際に日本人次官による国政運営システムを完成した。伊藤は朝鮮統治において「日韓協同の自治育成政策」を構想していた。

「自治育成政策」とは一九〇七年後半から伊藤が統監を辞任するまで、朝鮮統治構想の骨格をなしていたものである。それは司法制度整備・銀行設置・教育振興そして殖産興業の四つの要素からなっている。「自治育成政策」を進める際、「日韓協同」という前提を掲げているが、同政策を実際に遂行した主体は日本人であった。そのため、日本人に利益となる一方で、朝鮮人のナショナリズムを再び昂揚させる結果をもたらしたことはいうまでもない。[70] 伊藤が構想していた殖産興業政策には畜産業の育成も含まれている。朝鮮の畜産業発展を図り朝鮮の産業全体を活性化させることで、朝鮮統治の正当性を獲得することがその狙いであったといえよう。これは畜産業に従事している居留日本人の経済活動を支えることにもなる。さらに朝鮮の畜産業の発展は、国策として朝鮮牛・牛皮の輸入を進めていた日本の需要にこたえることにもつながる。そこで、伊藤は北韓地方における日朝皇室の共同出資による大牧場建設を計画するなど、朝鮮の畜産発展計画を積極的に練っていったのである。この際、伊藤を補佐して朝鮮の畜産発展計画を具体化していった人物が農商工部技師の原島善之助であった。

前述のように、原島は日本において朝鮮牛の需要が増加しつつあるため、良質の朝鮮牛を大量に確保することが急務であると主張してきた。その一環として彼は朝鮮の畜産業界に日本人を投入し、牛産業を発展させることを提案した。つまり、日本が国策として円滑な朝鮮牛の供給をはかるために、開港以降朝鮮の畜産業界において勢力を広げていた在朝日本人の力を活用する必要があるとみていたのである。[71] これは本国の資本と人力を半植民・植民地に投入し地域経済を侵蝕していく帝国主義進出の一つのパターンともいえよう。

ヨーロッパ諸国のケースをみると、アジアやアフリカにおける植民地政策を進める上で、畜産業の発展はかかせないものであった。なぜなら、駐屯軍や植民者への肉類供給を円滑に図るとともに、畜産業に従事する自国民を支援し当地域における植民勢力の経済的侵透を容易にするためであった。ドイツの場合、コッホ（Robert Koch）によるワクチン開発に支えられ牛疫の被害を最小化することで、南アフリカ地域における畜産業界を掌握することができた。これは同地域におけるドイツの植民地開拓を加速化させる結果にもつながったのである。つまり畜産業の発展や獣疫の管理は国家の機能が問われる問題であり、植民地開拓と直結していたといえる。そこで植民地政府にとって獣医学や牛疫防止策は欠くことのできない重要な事案であった[72]。

繰り返しになるが、釜山の場合、開港期を通じて多くの居留日本人が畜産業に携わっており、牛の輸出業に従事する者も多数いた。時重の調査によると、日本向けの輸出牛は主に釜山の日本人居留民によって買い集められ、釜山港から輸出されていた。中には、釜山港付近で輸出用の牛舎や牧場を経営する者もいた[73]。さらに京釜鉄道開通以来、南韓各地から大量の牛が釜山港に集められることで、釜山内には大規模な牛市場も形成された。日本人業者はその牛市場に直接赴いて牛を買うか、朝鮮人を介して購買した。また、釜山港には日本人が経営する有力な問屋も何軒かでき、牛輸出業を支えていたのである[74]。

このように、開港を通じて多くの釜山居留日本人が牛産業に携わっていた。そして統監府の畜産業発展政策と日本国内の需要が相まって居留民の牛産業は活気を帯びていくようになる。したがって、居留民にとっても日本への牛輸出を左右する牛疫の問題は看過できないものだった。そこで、一九〇六年に公法人として組織された釜山居留民団は輸出牛検疫所の設置に深くかかわるなど、牛疫防止と牛貿易増進に力を入れていく。

（3）輸出牛検疫法の制定と輸出牛検疫所の設置へ

一九〇八年日本における牛疫の大流行をきっかけに、朝鮮における牛疫予防策の制定をめぐって日本の農商務省と朝鮮の農商工部との間で協議が本格的に始まった。

その結果、一九〇九年七月一〇日、朝鮮政府は「輸出牛検疫法」と「輸出牛検疫所官制」を公布するにいたった。輸出牛検疫法の主要内容をみると、まず日本に輸出される牛のみを検疫対象とし、九日間の繋留検疫を行うことを定めた（第一条）。当時日本のみならず、清国・ロシアへも大量の朝鮮牛が輸出されていた。一九〇八年度の朝鮮牛の輸出先と輸出額をみると、合計七一万七〇五四円のうち、日本への輸出高は三七万八七七一円（五二・八二％）で露領アジアは二九万九九二一円、清国は三万八三六二円であった。[75] ロシアにも大量の朝鮮牛が輸出されており、その貿易に多くの日本人が携わっていたのである。

一九〇九年一〇月、在元山の居留日本人商業会議所は北韓地方における生牛輸出を奨励するため、元山にも輸出牛検疫所を新設することを統監府に願い出ている。[76] 元山で牛輸出業に従事していた日本人商人は主にウラジオストックへ朝鮮牛を輸出していた。当時、露領に牛を輸出する際、ロシア官憲が三週間の繋留検疫を行い、疫牛が発生するとすべての牛を撲殺しその損害は畜主に負担させることを原則としていた。元山からロシアへの牛輸出は高いリスクをともなっていたのである。[77] 輸出の前に検疫所で牛疫有無の検査を受けるようにすれば、以前より時間と費用が一層かかるようになるが、輸出牛の安全性は認められる。そのため、元山の牛貿易商人たちは釜山のように元山にも輸出牛検疫所を新設することを、統監府に願い出たのである。ただし、元山商人らの要望は通らず、釜山以外の地域に検疫所が出来るのは一九二五年まで待たなければならなかった。

また輸出牛検疫所では病牛・健牛問わず輸出されるすべての牛が検疫対象になった。国際検疫法では、獣疫に罹患しているかもしくはその疑いのある獣類のみに対して検疫を実施することが慣例であった。[78] しかし同検疫法では輸出牛が一律に繋留検疫を受けることが定められている。

釜山港における輸出牛検疫所の設置は、日本への安全な牛の円滑な供給を図ることを第一の目的にしている。したがって、他地域に先立って朝鮮牛の対日輸出の第一貿易港であった釜山に検疫所を設置し、牛の移出を統制的に行うことを選んだ。釜山では一九〇七年から関釜連絡船の乗務員と乗客に対する検疫制度を導入するなど、釜山港における検疫体制は強化される一方であった。周知のように、関釜連絡船は京釜鉄道線と連結し、同鉄道線は京義鉄道線とつながっていた。一九一一年になると満鉄ともつながり、日本と大陸を結ぶ交通路線が完成する。つまり釜山港を中心に日本と大陸の間における大量の人的・物的の迅速な移動が可能となったのである。そこで、病気の出入りのみならず人的・物的移動を統制的に管理することが求められるようになったのである。

さらに、輸出検疫所に繋留される牛の管理や輸出時の搭載は農商工部大臣が指定した業者が担当することになり、「朝鮮興業株式会社」にそれを委託した。同社は日本政府の勧業拓殖政策の一環として一九〇四年、渋沢栄一・大橋新太郎・佐々木勇之助・尾高次郎・大倉喜八郎・浅野総一郎により資本金一〇〇万円をもって設立された。[79]同社は、最初は朝鮮での農事開拓事業を営んでいたが、一九〇八年から釜山鎮・東萊・亀浦・梁山・密陽等の地で輸出向けの牛市場経営を開始した。[80]翌年六月には釜山の韓国倉庫株式会社を合併してそれを朝鮮工業株式会社釜山支店とし、倉庫事業と畜産事業まで経営の幅を広げた。釜山支店畜産部の設置は、獣類検疫管理体制の強化による日本の朝鮮牛輸入国策化と密接に関連している。[81]

朝鮮政府は輸出牛検疫法に基づき輸出牛検疫所を新設する準備に着手した。だが、当時朝鮮政府は深刻な財政難に陥っていたため、建設費用の十分な調達が見込めない状態であった。そこで、朝鮮興業株式会社は検疫所および付属建物を無償で貸し、その代りに繋留中の畜牛に対する飼養管理ならびに船舶搭載の業務の権利を獲得した。[82]それに、朝鮮政府が二万一〇〇〇円を、在釜山日本人居留民団が寄付金五万円を建設費用として出し、検疫所の開設にいたった。

居留民団が多額の寄付金を出した理由について考えてみると、すでに述べたように、多くの居留民が畜産業および牛の輸出に深くかかわっていたことをあげられる。たとえば、釜山居留民組織の磯村武経議員も釜山付近で牧場を経営していた。また、居留民団の設立目的からも寄付金を出したことの意味を読み取ることができる。一九〇六年に公法人として組織された居留民団の主力事務の一つは衛生事業を含む居留地や周辺地域における公共事業の実施である。一九〇〇年から日本の外務省は朝鮮内の釜山・仁川・京城の日本人居留地にある学校や病院などを居留民が自治的に管理していくことを構想していた。[83] そこで一九〇五年三月、法律第四一号により居留民団法が発布され、この法律に基き、翌年の八月一五日、統監府告示第七六号をもって釜山および朝鮮・清国内の主要都市にある居留民組織が居留民団として再組織された。これにより、居留民の自治機関が初めて国法の下に公法人として認められることになったのである。

居留民団は国家の監督の下で、法令の範囲内において国家統治の目的に合わせた自治活動を行うことが求められた。ここでいう「自治に関する事務」とは、公共事務すなわち、教育・衛生・土木工事など、居留民一般に対して直接公益を与えることを指す。[84] 同法律上、居留民団は公益上必要のある場合には寄付あるいは補助をすることが定められた（第三三条）。輸出牛検疫所の建設に釜山居留民団が寄付金を出したことはこうした居留民団の設立目的の延長線にあるといえよう。

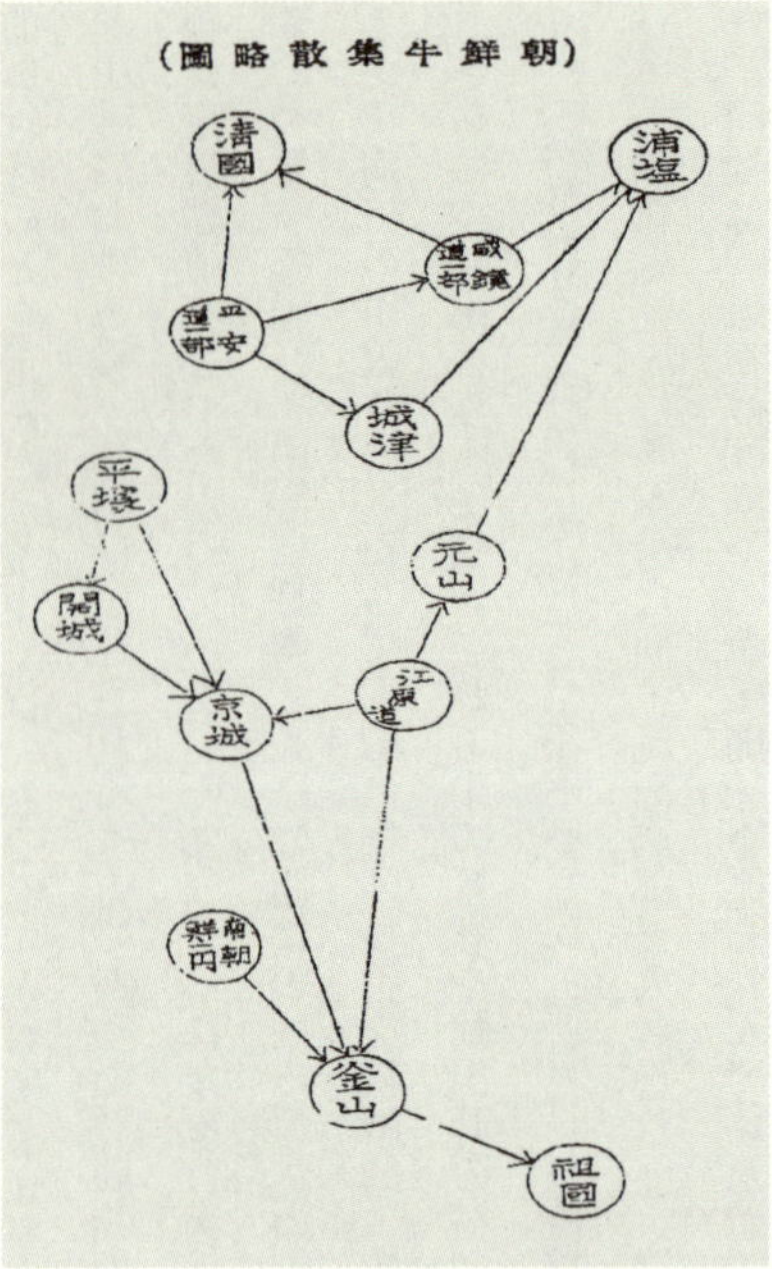

図1　朝鮮牛の輸出経路
出典：肥塚正太『朝鮮之産牛』（有隣堂書店、1911年）。

こうして一九〇九年八月二〇日、釜山に輸出牛検疫所が設置され、日本に輸出される牛の検疫が開始された。輸出牛検疫所は釜山鎮駅より東南二〇町、釜山埋立地より海上一里強の牛巌洞という輸出に最適な位置に設置された。すでに述べたように、一九〇五年以降、京釜・京義鉄道の開通により、鉄道を利用して朝鮮各地の牛を釜山に運搬することも可能となった（図1）。こうした交通機関の発達によって朝鮮牛の日本への移出は格段に増加したのである。

輸出牛検疫所の運営体系をみると、同検疫所は農商工部大臣に直属していた。所長代理農商工部技師原島善之助が事務を開始し、のちに元農商務省畜産課長の西川勝蔵が初代所長として就任した。同検疫所の諸利用料は二円六五銭であり、釜山より東京まで生牛一頭の輸出に要する諸経費は約二三円であった[85]。当検疫所において九日間の繋留検疫を実施し、日本の検疫港において同じく九日間の繋留検疫が行われた。このようにして、朝鮮牛の二重繋留検疫制度が誕生したのである[86]。そして一九一〇年六月には、警務総監部衛生課傘下の防疫係の事務に獣疫予防、移牛および検牛に関する事項が定められた。さらに翌年、東京にあった血清製造所を釜山に移転し、ワクチンを利用した牛疫防止も並行しはじめた。このように日本の牛疫防御線は朝鮮半島にまで拡大されたのである。

以上のように、朝鮮牛の輸入を国策として進めていた日本の要求と日本人による朝鮮の畜産業の育成を目論んでいた統監府の意図が相まって、釜山には輸出牛検疫所が誕生した。同検疫所に集められた朝鮮牛は統制的に検疫を受け、安全性を確保した上で日本へ輸出されていった。

おわりに

以上で述べたように、明治時代、日本国内における朝鮮牛の需要は高まる一方であった。開港期を通して多くの日本人が朝鮮内における畜産業に従事し、牛貿易も主に日本人業者の手によって釜山港で行われていた。日清・日露戦争を経て日本における朝鮮牛への依存度は一層高くなった。両戦争に大量の日本牛が使われ農村における耕牛不足が生じ、それを朝鮮牛によって補っていたからである。軍需品の製造や運搬用として戦争に供給された朝鮮牛も多かった。また両戦争の際、日本は朝鮮・中国のみならず、イギリスやオーストラリアなど西欧からも大量の畜産物を輸入していた。日露戦争以後、日本は軍備拡張政策に取り組んでいくが、その際、軍需用品の円滑な確保のため、朝鮮牛はさらに必要になった。そこで日本は、保護国となった朝鮮を牛の供給先とする計画を具体化していく。

しかし朝鮮牛の輸入は日本における牛疫の流行をもたらした。その結果、朝鮮牛に対する反感も徐々に募っていったのである。ついには、一九〇八年の牛疫大流行を期に、帝国議会に朝鮮牛輸入禁止法案が出される事態にまで発展した。だが、もはや朝鮮牛の輸入禁止法案はかえって日本の経済や軍備拡張政策に大きな打撃を与えかねないほど、朝鮮牛への依存度は高くなっていた。したがって、明治政府は国内における検疫システムを強化するとともに、朝鮮政府に適切な処置をとるよう働きかけることを選んだ。

一方、初代統監伊藤博文の指揮下で、原島善之助を中心に朝鮮政府内の日本人官僚は居留日本人による朝鮮の畜産業発展策に取り組みはじめた。朝鮮の畜産業発展は朝鮮経済全体を活性化させ、朝鮮統治の正当性を獲得することにつながる。さらに畜産業の発展を通じて居留日本人の経済力伸長を図り、内地勢力の移植を一層強めることもでき、その上、日本の農業や軍需産業への朝鮮牛の円滑な供給を可能にする。したがって、日本における牛疫の蔓延と朝鮮牛の輸入禁止案は統監府にとっても看過できない事案であった。そこで、日本の農商務省・朝鮮の農商工部そして統監府が三位一体となって、朝鮮における牛疫検疫システムの整備に着手したのである。

その結果、朝鮮政府は一九〇九年八月、輸出牛検疫法を公布し、それに基づいて釜山には輸出牛検疫所が設置された。全国から釜山に集められた牛は病牛・健牛を問わずこの輸出牛検疫所で一括的に検査をうけたのち、日本に輸出されていった。

釜山に輸出牛検疫所が設置されるこの一連の過程を通じて、以下のことが読み取れる。まず日本は西欧に対する畜産物の依存度を下げるとともに、軍備拡張などの国策を支えるために、植民地化以前から朝鮮を牛の生産地、日本を消費地とする経済構造を構築しようとした。換言すると、帝国内における自給自足システムを作り経済的自立を図ろうとしたのである。特にこれは、当時の軍備拡張政策との関連においても焦眉の課題であったといえよう。

もう一つ注目すべき点としては、日本が帝国という国家形態に変貌する中、帝国内にまたがる新しい秩序の再編成が求められるようになり、人的・物的循環の統制が必要となってきたことがあげられる。特に一九〇五年以降、関釜連絡船と京釜鉄道線の開通により、釜山を連結点にして日本と大陸間の移動が一層容易となった。それは反社会的・反政府的な勢力の出入りも増加させ、その警戒を強化しなければならなくなってきた。特に日本は一九一一年に関税主権を確立し完全な主権国家になる以前、台湾と朝鮮、南サハリンを植民地化し関東州を租借した不完全な帝国の形態を帯びていた。[87] 後発帝国主義国家として他の列強との協力と競争を繰り返していく中、国防のみならず帝国内における秩序確立のために、新しいツールが必要となってきたのである。

そこで日本は病気の遮断という本来の目的のみならず、反国家勢力に対するフィルターとして海港検疫を用いるようになる。つまり帝国の境界と内部における人とモノの流れを海港検疫によって統制・管理しようとしたのである。一九〇七年から釜山港における海港検疫に警察と憲兵を動員したこと、および一九一一年には抗日義兵活動の中心地であった鴨緑江周辺と海岸に江岸派遣所を三一か所も新設し、検疫のみならず防備態勢を強めていったことがそれを裏づける。[88] つまり検疫は帝国を統制・監視する非公式的な手段として利用された。特に人の流れの結節点と位置づけられていた釜山において検疫はなおさら重要な意味を持っていた。[89]

それは物流の統制にも当てはまる。日本はモノの流入による病毒の伝播を、ペストを通じても経験していた。

当時、西欧列強も帝国内におけるモノの循環を促しつつ、病毒の侵入を最小化しようとしていた。当初、日本にとって牛疫は朝鮮牛輸入の付随品のように受け止められていた。よって、政策上、安全な朝鮮牛を大量に確保するために、より徹底した検疫システムが必要となってきたのである。また、日本が本格的に帝国主義路線へ進む中、軍備拡張は必然的条件であったが、円滑で統制的な物資の循環はその前提となる。輸出牛検疫所は朝鮮政府の所属機関であったが、日本と朝鮮の政財界において活動していた核心人物が運営する朝鮮興業株式会社にその運営と管理を任せた。同社が日本の朝鮮牛輸入政策を補助していたことはすでに述べた。それに、国際法上の規則を超えたより強制的な検疫システムを導入し、日本へ輸出される朝鮮牛のすべてを同検疫所で扱うことが定められた。この点からも日本が特定空間を通じて物資の循環を統制的に管理しようとしたことがわかる。

植民地時代に入り、朝鮮牛の移出は一層政策的に行われていくが、これに関しては今後の課題にしたい。

（1） Christopher Hamlin, *Cholera: The Biography*, (Oxford: Oxford University Press, 2009) p.4.

（2） John R. McNeill, *Mosquito Empires: Ecology and War in the Greater Caribbean, 1640-1914* (New York: Cambridge University Press, 2010).

（3） Mark Harrison, "Disease, Diplomacy and International Commerce: The Origins of International Sanitary Regulation in the Nineteenth Century" (*Journal of Global History* 1, 2006) pp.197-217.

（4） C.A. Spinage, *CATTLE PLAGUE A History* (New York: Kluwer Academic/Plenum Publishers, 2003) p.202.

（5） Michael Worboys, *Spreading Germs: Disease Theories and Medical Practice in Britain, 1865-1900* (Cambridge: Cambridge University Press, 2000) p.71.

（6） 朝鮮は一八九七年に国名を大韓帝国に変える。だが、本稿では国名を朝鮮に統一する。ただし、史料を引用する際には、史料に表記されている国名に従う。

（7） 中里亜夫『明治期牛疫流行の歴史地理学的研究——検疫制度の整備と朝鮮牛取引・流通——』（文部省科学研究費補助金成果報告書、一九八七～一九八八年）。

（8）河端正規「近代日本の植民地畜牛資源開発——一九〇九年韓国興業株式会社釜山支店畜産部の開業について——」（『立命館大学人文科学研究所紀要』第七七号、二〇〇一年九月）。
（9）Thomas P. Ofcansky "The 1889-97 Rinderpest Epidemic and the Rise of British and German Colonialism in Eastern and Southern Africa" (*Journal of African Studies* 8-1, 1981).
（10）Edited by Karen Brown and Daniel Gilfoyle, *Healing the Heards: Disease, Livestock Economies, and the Globalization of Veterinary Medicine* (Ohio University Press, 2010).
（11）「長野通信」（『大日本私立衛生会雑誌』第二八六号、一九〇七年三月）。
（12）肥塚正太『朝鮮之産牛』（有隣堂書店、一九一一年）八頁。
（13）吉田雄次郎編『朝鮮の移出牛』（朝鮮畜産協会、一九二七年）八頁。
（14）吉田、前掲書、三頁。
（15）「二十二年中釜山港貿易景況」第二〇九六号、一八九〇年六月二六日（姜萬吉『明治官報抜粋駐朝鮮日本国領事館報告上』新書苑、一九八八年）二〇八頁。
（16）「洋牛に優る朝鮮牛」『大阪日報』一八八八年八月一八日。
（17）農商務省『第十一次農商務統計表』（農商務省総務局報告課一八九六年）一一八頁。
（18）「韓国畜牛輸出貿易状況」（『牧畜雑誌』第二三三号、一九〇五年）。
（19）「韓国の畜牛に就て」（『韓国中央農会報』第二巻第一号、一九〇八年一月）。
（20）原島善之「韓国の牛皮改良に就て」（『韓国農会報』第四巻第四号、一九一〇年四月）。
（21）陸海軍大臣は「戦局久キニ渉ラハ遂ニ内地ノ生牛ハ之ヲ屠リ尽スニ至ル哉モ難計、故ニ今日ニ於テ現住及将来ノ屠牛ヲ補充スルノ策ヲ講セスンハ、内地ニ於ケル生牛供給ノ途全ク杜絶スル」から「現在欠乏及将来ノ需要ニ対シ其補充及供給ヲ確実ナラシムル為メ、適当ノ方法ニ依リ畜牛事業奨励ヲ企画スル」ことを農商務省大臣に提案した（陸軍省編纂『明治三十七八年戦役陸軍政史』第六巻、湘南堂書店、一九八三年、六六七～八頁）。
（22）山県有朋著、大山梓編『山県有朋意見書（明治百年史叢書）』（原書房、一九六六年）二三〇～二三一頁。
（23）大江志乃夫『日露戦争の軍事史的研究』（岩波書店、一九八九年）四八六頁。
（24）「缶詰組合と佐藤獣医」『朝鮮日報』一九〇五年二月五日。
（25）時重初熊『韓国牛疫並獣疫に関する事項調査復命書』（農商務省農務局、一九〇七年）五一頁。

(26)「衛生に関する丸山韓国警務顧問の訓示」(『大日本私立衛生会雑誌』第二七六号、一九〇六年五月)。
(27)「韓国に於ける屠獣取締の必要」(『大日本私立衛生会雑誌』第二七二号、一九〇六年一月)。
(28)河端、前掲論文。
(29)前掲、「韓国畜牛輸出貿易状況」からの再引用。
(30)一八九〇年三月、釜山港より日本へ輸出された貿易品の総金額一七万二五二八円の中で、米は一一万五〇六七円、大豆三万〇一九六円、牛皮はそれに続き七三四五円を記録している。「釜山港貿易景況」第二〇六七号、一八九〇年五月二三日(姜萬吉、前掲書、二〇一頁)。
(31)「釜山港貿易景況」第二五九八号、一八九二年三月二日(姜萬吉、前掲書、三〇一頁)。
(32)「韓国へ牧場及屠牛場設置に関する件」(『陸軍省――壹大日記』アジア歴史資料センター、Ref: C04014326000)。
(33)「韓国施政改善ニ関スル協議会第二十一回」明治四〇年七月九日(市川正明『韓国併合史料』第二巻、原書房、一九七八年、五九一~五九三頁)。
(34)肥塚、前掲書、九頁。
(35)「韓国の産牛事業」(『韓国中央農会報』第二巻第四号、一九〇八年四月)。
(36)「韓国の畜牛に就て」(『韓国中央農会報』第二巻第一号、一九〇八年一月)。
(37)Roger de Herdt, *Bijdrage tot de Geschiedenis van de Veeteelt in Vlaanderen, inzonderheid tot de Geschiedenis van de Rundreepest* (Leuren: Belgisch Centrum voor Landelijke. Geschiedenis, 1970) p.7.
(38)Thomas P. Ofcansky, ibid.
(39)太政官御沙汰 明治四年六月七日、厳原藩「伝染病予防之議ニ付別紙之通御布告相成候條其藩従来朝鮮国ヨリ牛皮輸入之議当分之所厳禁可致事」(山脇圭吉『日本家畜防疫史』文永堂書店、一九三九年、一〇頁)。
(40)「牛皮輸入に関する注意」『読売新聞』一八九二年九月四日。
(41)ゲ・デ・チャガイ編、井上紘一訳『朝鮮旅行記』(平凡社、一九九二年)一七五頁。
(42)農商務省農務局、前掲書、二九頁。
(43)「兵站総監より牛疫撲滅の為獣医派遣の件」(『陸軍省――日清戦争戦役日記』アジア歴史センター、Ref:C05121516700)。
(44)「釜山港近傍韓牛ノ斃死」第三六八三号、一八九五年一〇月七日(姜萬吉、前掲書下巻、一二五頁)。
(45)韓国警察史編纂委員会編纂『韓国警察史』第四巻(内務部治安局、一九八九年)二一一頁。

(46) 山脇、前掲書、五七頁。
(47) 厚生省公衆衛生局『検疫制度百年史』(厚生省公衆衛生局、一九八〇年) 一四頁。
(48) Mark Harrison, "Quarantine, Pilgrimage, and Colonial Trade: India 1866-1900" (*Indian Economic and Social History Review* 29, 1992) pp.117-144.
(49) 金貞蘭『開港期釜山における社会構造変化の研究――日本の衛生行政を中心に――』(神戸大学大学院人文学研究科博士課程後期課程博士学位請求論文、二〇一〇年三月)。
(50) 山脇、前掲書、二一六頁。
(51) 韓国畜産会社専務取締役・獣医肥塚正太「日本西部に於ける清韓牛馬の輸入」(『韓国中央農会報』第二巻第三号、一九〇八年三月)。
(52) 福岡県港務部・牧野獣医官談「韓国の牛」(『韓国中央農会報』第二巻第一号、一九〇八年一月)。
(53) 時重、前掲書、一頁。
(54) 原島善之助「韓国の畜産と獣疫(続)」(『韓国中央農会報』第二巻第一号、一九〇八年一月)。
(55) 時重、前掲書、四一~四七頁。
(56) 獣医学士逸堂居士「韓国牛疫談」(『韓国中央農会報』第二巻第七号、一九〇八年七月)。
(57) 「釜山港湾の検疫医官」『読売新聞』一九〇六年七月六日。
(58) 「明治四十年韓国防疫始末(承前)」(『大日本私立衛生会雑誌』第三〇八号、一九〇八年一二月)。
(59) Christopher Hamlin, *Cholera: The Biography* (Oxford: Oxford University Press, 2009) p.4.
(60) 「韓国に於ける衛生的経営」(『大日本私立衛生会雑誌』第二六四号、一九〇六年五月)。
(61) 「韓国牛疫談」(『韓国中央農会報』第二巻一〇号、一九〇八年月)。
(62) 原島善之助は陸軍獣医出身で、一九〇八年に大韓帝国農商工部技師として雇用された。
(63) 家畜法定伝染病のひとつ。牛・馬・羊などの急性疾患。脾臓の急性腫脹と皮下漿液出血浸潤が特徴。人にも感染する。当時、牛疫と炭疽は混同され、炭疽が流行っていてもそれを牛疫と判断することが多かった。
(64) 「日本の牛疫と韓国牛」(『韓国中央農会報』第二巻第七号、一九〇八年七月)。
(65) 原島善之助「日本の牛疫と韓牛との関係」(『韓国中央農会報』第二巻第八号、一九〇八年八月)。
(66) 原島善之助「韓国の畜産と獣疫(続)」(『韓国中央農会報』第二巻一号、一九〇八年一月)。

(67) 山脇、前掲書、二三九頁。

(68) 『帝国議会衆議院委員会議録』第二五回（復刻、東京大学出版会、一九八八年）二四三頁。

(69) 「第十　獣疫予防法中改正法律案」森田俊佐久君外二名提出　第一議会の続　委員長報告（북악사학회 근현대사분과『帝国議会日本衆議院議事速記録』태산、一九九一年）。

(70) 森山茂徳『近代日韓関係史研究』（東京大学出版会、一九八七年）二一五頁。

(71) 原島善之助「韓国畜産保護と獣疫の予防」（『大日本私立衛生会雑誌』第二九二号、一九〇七年九月）。

(72) Thomas P. Ofcansky, Ibid.; Robert John Perrins "Holding Water in Bamboo Buckets: Agricultural Science, Livestock Breeding, and Veterinary Medicine in Colonial Manchuria" (Edited by Karen Brown and Daniel, ibid.) p.205.

(73) 時重、前掲書、七〇～七二頁。

(74) 肥塚、前掲書、八八頁。

(75) 韓国統監府編『第三次統監府統計年報』（統監官房文書課編、一九一〇年）。

(76) 「元山輸出牛検疫所設置出願」（『大日本私立衛生会雑誌』第三一八号、一九〇九年九月）。

(77) 肥塚、前掲書、一〇九頁。

(78) 津野慶太郎『獣疫警察』（長隆舎、一九〇五年）九八頁。

(79) 鹿沼良三『朝鮮興業株式会社二十五年誌』（東京印刷株式会社、一九二九年）一頁。

(80) 小早川九郎『朝鮮農業発達史・政策編』（友邦協会、一九五六年）一七三頁。

(81) 河端、前掲論文、一〇一頁。

(82) 吉田、前掲書、一四六頁。

(83) 「居留地自治方案」『読売新聞』一九〇〇年一一月二〇日。

(84) 吉野勝・吉田英三郎合著、児玉秀雄・荻田悦造校閲『居留民団法要義』（日韓図書印刷株式会社、一九〇六年）五～二〇頁。

(85) 「釜山より東京まで活牛一頭の輸出に要する諸経費」

二円六五銭　釜山検疫所諸経費
三円八五銭　釜山下関間運賃諸掛
五〇銭　船中飼料代

二円	下関検疫所諸経費
五〇銭	下関積込諸掛
五〇銭	汽車中飼料代
七円五〇銭	下関東京間運賃諸掛
五円五〇銭	釜山及下関輸出入税金
計二三円	

（「韓牛の日本輸出諸費」『韓国中央農会報』第四巻第一号、一九一〇年一月）

(86) 昭和期に入ってからは、毎年朝鮮牛の移出高の七、八割（約四万頭）を同検疫所で取扱うまでに発展する（鹿沼、前掲書）。

(87) 山室信一「国民国家・日本の形成と空間知」（『「帝国」日本の学知』第八巻（空間形成と世界認識）、岩波書店、二〇〇六年）二〇頁。

(88) 「鴨綠江岸 및 海岸에 防疫을 위하여」『毎日申報』一九一一年四月七日。

(89) 他地域の事例をみると、一八九〇年代後半から一九〇〇年代初にかけて、中央アジアにおいて実施されたロシアとイギリスの検疫は当時流行していたペストを防ぐ目的より、当地域をめぐって起こった両国の対立から生まれたという性格が強かった（Sanchari Dutta, Plague, "Quarantine and Empire: British-Indian Sanitary Strategies in Central Asia, 1897-1907", *The Social History of Health and Medicine in Colonial India,* Edited by Biswamoy Pati and Mark Harrison, London: Routledge, 2009）。

一九一〇年代植民地朝鮮における衛生行政と地域社会

李　炯植

はじめに

植民地における衛生は近代の象徴、文明の表象と見なされた。植民地権力は植民地支配体制の維持と再生産のため、また植民地支配を正当化する「文明化」の重要政策として衛生政策を認識してきた。一方、帝国史研究においては、支配に対する同意（consent）を可能にする擬制として衛生の重要性が認識されつつあり、植民地近代性（Colonial Modernity）の議論と共に最近になって、衛生に関する研究が増えてきた。こうした動向は植民地朝鮮においても例外ではなく、二〇〇〇年以後、衛生や衛生政策への関心が高まっている。朝鮮総督府の衛生政策に関する代表的な研究としては次のようなものがある。

まず、松本武祝氏は近代規律権力が作用する「場」としての医療に注目し、総督府や地方行政機関が村落レベルでの「規律化」の動きを上から組織化することによって、農村部での営業事業を効率的に推進したと評価した(1)。植民地近代性論の農村版といえる。

これに対して朴潤栽氏は衛生警察に焦点を当てながら植民地医療・衛生を、理解や権利（自発や同意）の概念ではなく、支配や統制（他律や服従）の道具として捉えた[2]。

両者の研究とも政策決定過程についての充分な検討が行われなかったため、朝鮮総督府の政策意図と総督府が立案した衛生政策の政策的な意味合いを明らかにするためにはさらなる検討の余地がある。特に朴氏の研究では憲兵警察の役割が看過されているように思われる。衛生警察といっても憲兵と普通警察の違いは少なくないが、その違いが見えにくい。

本稿では、以上の先行研究を踏まえながら、次のような分析視角から議論を展開したい。まず制度・法令の転移に注目したい。植民地朝鮮の公医や医生などの制度や伝染病予防令などの衛生法令は朝鮮総督府独自の制度ではなく、台湾総督府により立案され、朝鮮に移植されたいわゆる「植民地台湾型」医療体系であった。ただし、公医制度や医生制度などが台湾に起源を持っていたとはいえ、「植民地台湾型」がそのまま朝鮮に適用されるのではなく、朝鮮の状況によって変容せざるを得なかった[3]。本稿では「植民地台湾型」医療体系が朝鮮に導入される過程で、いかに変容したかに注目しつつ、台湾と朝鮮におけるそれぞれの衛生行政の比較・検討をしたい。

次に一枚岩ではない朝鮮総督府に注目し、衛生行政をめぐる朝鮮総督府内部の多様な見解と構想を検討したい。植民地朝鮮における衛生行政は基本的に総督府内務部（地方行政系統）と警務総監部（憲兵警察）がその一部を分担する体制であったが、衛生組合業務のように重複する領域があるなど衛生行政をめぐり内務部と警務総監部が対立・競合する状況であった。本稿では衛生行政が決定される政策決定過程に注目し、朝鮮総督府官僚の衛生政策や構想を検討したい。

最後に地域社会との関連性についても言及したい。植民地期朝鮮総督府の政策は朝鮮社会に一方的に貫徹されるのではなく、その実行過程において被支配者の反発・抵抗・交渉（バーゲニング）というフィードバックを通じて変容しつつ実行されたり[4]、または挫折したりすることになる。一九一〇年代の朝鮮総督府の衛生行政もまた、総督府の朝鮮社会に対する圧倒的優位のなかでも地域社会と直接・間接的に関連を結びながら展開されていた。つまり日本人医師会（京城医会）、漢方医会（朝鮮漢方医師会）、西洋人宣教師、朝鮮貴族などのような民間セクターと朝鮮総督府が衛生のヘゲモニーをめぐって競合や対立・交渉や妥協をする中で、植民地行政のあり方が形づくられた(5)。本稿では植民地権力が衛生行政を展開する過程において民間セクターといかなる関連を結び、また民間部分の意見がどれほど反映されたのか、また反映されなかった場合はその原因が何であったのかについても検討したい。

資料としては政策主体の内部文書や回顧録を用い、そのなかで朝鮮総督府がどのような衛生構想を抱いていたのかを分析し、表向きに語られた内容との落差を問題としたい。また新聞や雑誌および医師会の団体史等を参考とし、朝鮮総督府の衛生政策に一方的に収斂されない民間セクターの動向にも注目したい。具体的には国会図書館憲政資料室所蔵の寺内正毅文書、さらに従来は研究者があまり利用しなかった朝鮮駐劄憲兵隊司令官兼朝鮮総督府警務総長を勤めた『立花小一郎日記』などを利用して一九一〇年代朝鮮総督府の衛生行政と地域社会との関係を解明したい。

一　植民地当局の伝染病対策

（1）　コレラ対策(6)

大韓帝国時代の伝染病予防は、警察よりも内部―地方長官―地方官につながる地方行政組織を中心に防疫活動を行うものだった。だが統監府が設置されてからは衛生警察制度が樹立され、さらに一九〇七年、一九〇九年のコレラの発生は、警察と軍隊が中心になった軍事的な防疫活動が定着する契機となった(7)。特に一九〇七年には皇太子（のちの大正天皇）が一〇月に韓国を訪問する予定であったが、八月から漢城と平壌にコレラが流行したため、一時、宮内省が藤田嗣章大韓病院長あてに、皇太子渡韓の延期を申し出る事態にまでなっていた。一九〇七年七月に高宗を強制譲位させた伊藤博文韓国統監は、コレラ防疫対策について藤田になにか妙案はないかと問うたところ、藤田は「虎病《コレラ》は病毒及伝染関係が明瞭なるが故に其の防疫は敢て困難ではない、唯それには無制限費用と独裁権とを御許しさへあれば、茲二週間を期して撲滅し得るものと思ふ」[9]と答えた。

伊藤統監は長谷川好道韓国駐劄軍司令官に一任し、「苟くも人権を害せざる限り戒厳令的に行ふを妨げず、費用は望みに任せて支出」[10]せしめ、コレラの撲滅を担わせた。長谷川軍司令官は一〇月四日付で岡崎生三第一三師団長を防疫総長に、藤田軍医監および松井茂内部警務局長を副総長に、佐藤進軍医総監（大韓国医院顧問）を顧問に、その他の統監府並びに駐劄軍の文武官数名を委員に推薦した[11]。軍司令官構内に防疫本部が置かれ、所要地には防疫監視員および防疫委員が任命された。松井副総長に法律関係の処理を一任し、小松緑には伊藤統監が最も苦慮した外国人関係を託した。

防疫本部は漢城を南北に二分し、北半部は韓国警視総監丸山重俊、南半部は京城理事官三浦弥五郎に一任し、各管区に委員長を置いて防疫に着手した。すべての組織を軍隊式とし、毎日午後一時に司令部で各医員部の会報を開き、命令伝達や諭示、報告等をすることとしたという。岡崎防疫総長は「軍隊の例に倣ひ検閲的に消毒的清潔法施行済の区域を順序に巡視して以て改むへきは改めしめ大に奨励を与ふること、」[12]した。貧民部落の住民七〇〇〇人に一人当たり一日米三合ずつを支給して、東大門外二三里先に移し、また鐘路その他の低地にある井戸すべてに石炭を投入して、それを使用不可能とした[13]。さらに不潔な飲食店で防疫上危険と認められるものは、一時的にその営業を停止するなど[14]、武断的かつ強権的な方法で防疫活動を推し進めたのである。漢城だけでも不良井戸の閉鎖、良水の搬入提供、塵芥の集積と石油を注いでの焼却、汚物の徹底的搬出、貧困部落民の食糧および手当支給ならびに数里外への移転が行われた。

さらに一〇月九日平壌にコレラの発生が伝えられると藤田院長からの電文を誤解した平壌旅団長の小野寺実陸軍少将は突如として戒厳令を布いて一時的にコレラ流行区域を封鎖し、兵隊は銃剣で一定区域を――しかも相当広汎な区域を――取り囲み、その区域内から住民たちが出入りできぬようにしたという。[15] 戒厳令の結果、水の供給も不能となり、食料品および薪炭なども戒厳司令部の供給に依存せざるをえなくなり、住民たちの日常生活は大いに侵害された。[16]

このように伊藤統監は皇太子の渡韓について日本の「対韓政策ニ重大ナル関係ヲ有スル空前ノ盛挙ナル」ことと認識し、「人力ノアラン限ヲ尽シテ病毒ノ全滅ヲ期シ」、「自身ノ責任ヲ以テ」、「非常ナル防疫手段ノ断行ヲ命シ」たのである。[17] 総額一〇万五〇〇〇円と人員二二一五人を投入した軍（韓国駐箚軍）・警（内部警務局・警視庁）・官（統監府）による水際対策によって、皇太子は予定どおり一〇月一六日に仁川に上陸し、直ちに漢城に入り二〇日に退京して韓国訪問は無事に終わったが、[18] その武断的なコレラ防疫過程で韓国駐箚軍と韓国統監府は韓国民衆の広範囲にわたる日常生活に介入するようになった。ちなみにコレラ防疫対策費の残額二万八八六五円もって漢城衛生組合[19]を設立して漢城における衛生事業を担わせた。組合設立に際してはさらに、朝鮮人からは一か月一〇銭以上三〇銭まで、内地人からは三〇銭以上一円までの費用を警官に集金せしめた。

（2）ペスト対策

一九一〇年六月、韓国の警察権が日本に全面的に委託され、憲兵を頂点とする警務総監部が設置されることになった。韓国併合後、韓国政府内部衛生局が担当した衛生行政は、総督府内務部地方局衛生課（課長事務取扱小原新三）が担当し、衛生行政中警察に関する事務は警務総監部に属した。前者は主として総督府医院・慈恵医院の救療制度事務その他一、二の事項を管掌し、後者は一般衛生およびその取締りを主管事項としたが、「両者の畛域錯綜して動もすれば権限争議の因たるの憾なき能はさりし[20]」という状況が生じた。

一九一〇年一〇月から翌一一年春にかけて「満洲」（以下、カッコを省略する）全域でペストが大流行すると、朝鮮総督府は、一九一一年一月下旬に新義州および仁川で検疫を開始した。総督府は、はやくから満洲での肺ペストの流行について情報収集にあたっており、大韓医院（のちの朝鮮総督府医院）と順化院（のちの京城伝染病病院）の医師を大連・奉天・長春に派遣して調査にあたらせていた[21]。

表1　1910年代警務総監部幹部

警務総長	任　命	警務課長	任　命	高等警察課長	任　命
明石元二郎	1910.10	中野有光	1910.10	山形閑	1910.10
立花小一郎	1914.4	永谷隆志	1914.12	前田昇	1917.4
古海厳潮	1916.4	国友尚謙	1917.3		
児島惣次郎	1918.7				
保安課長	任　命	衛生課長	任　命	庶務課長 会計課長	任　命
亥角仲蔵	1910.10	中野有光	1911.8	永谷隆志	1910.10
中野有光	1914.12	板東義雄	1914.12 （事務取扱）	亥角仲蔵	1914.12
国府小平	1917.10			宮館貞一	1917.10
時永浦三	1918.10				

出典：秦郁彦『戦前期日本官僚制の制度・組織・人事』（東京大学出版会、1981年）、『朝鮮総督府官報』から作成。
註：網掛けは文官官僚を示す。

さらに、朝鮮総督府は防疫評議委員会を設置し[22]、ペスト防疫対策に臨んだ。藤田委員（軍医監）はペスト予防規則を起案したというが[23]、腺ペスト防疫に携わった台湾での経験が大いに参考となったことは想像に難くない。このペスト予防会議において明石委員長は「支那から来るジヤンクが、朝鮮にペストの病菌を伝播せしむる虞あり」と述べ、そのような危険を絶滅させるために、中国のジャンク全部を総督府が買上げることを主張した。

これに対して山県伊三郎政務総監は「さういふ大仕掛は出来ないだらう」と反論したが、結局、明石の主張が貫徹されることになった[24]。警務総監部は鴨緑江一帯の交通を遮断して中国人の往来を全面的に禁止する措置を取り、さらに中国人の密入国を防ぐため、洞里長を団長に、地域の青年を団員にして自衛団を組織させた[25]。薬師川常義（京畿道警務部長）は防疫自衛団の運営現況を視察する過程で自衛団を衛生組合や消防組合に改変して持続しようとした。[26]

こうした憲兵の防疫対策に対し、評議員のなかには「内地の防疫に比し厳に過ぐる」、「検疫日数を減せん」、「防疫過厳なり」、「満洲に於ける病勢衰頽を云々す」などと取締りの軽減を唱える委員もいたが、明石は「大連の如き全力を傾注し始めて稍其撲滅の形を顕はれたるを認むるも鉄道上草荷口及大嶺付近の発病者の如き寧ろ南下の状を示すを認む一部一局の衰頽を見て全体を論せさるは不可なり」、「熱しては厳其度を超へ、冷めて寛其度を失ふが如きは政令の威信を保つ所以にあらす」、「唯寛にのみ決するは不可なり」[27]とこれを退けた。さらに明石は日清共同防疫会議に参加した北里柴三郎医学博士・藤田嗣章・山根正次（総督府内務部衛生嘱託）など専門家のペスト防疫への注文（すなわち「防疫の細目は防疫の全期成るへく伸縮することなく継続し度」）を引き合いに出し、一部評議員の意見を撥ね付けた。このような明石憲兵司令官の厳重なペスト対策には単なる防疫対策にとどまらない、他の狙いがあった。明石は寺内総督に次のように報告した。

鴨緑江左岸百五十里ノ地ニ日本人朝鮮人ノ力ヲ扶植シ支那人ノ力ヲ奪ヒ、之ヲ回復シ、進テハ其余力ヲ対岸ニ及ホスハ朝鮮経営ノ使命也。責任也。今ハ実ニ千載一遇ノ好時機ナリ。故ニ鴨緑河上ニ於ケル我船舶ノ交通ヲ進メ、左岸各地ノ浦港ニ物貨聚積ノ便ヲ開キ以テ北境ノ供給ヲ計ラハ日鮮人ヲ侵害シツ、アルナリ支那人ハ自然対岸ニ退クベシ。商権日鮮人ノ手ニ落ツヘシ。[28]

明石はペスト防疫対策を利用して平北に「蟠踞」した中国人勢力を駆除する絶好の機会にしようとしたのである。

このような軍民合同の水際対策の結果、朝鮮は一名の罹病者をも出さずに防疫に成功した。他方、このペスト防疫は海岸や港を警戒する法的措置と行政手段が整備されるきっかけにもなり、[29]警務総監部の衛生行政への介入は一層強くなったのだった。

引き続き、一九一一年八月には総督府医院および道慈恵医院（ほとんど現役軍医が任命された）を除く、衛生業務すべてを警務総監部に移管し、衛生行政事務が統一された。内務部は衛生事務を警務総監部に譲って、教育と地方長官の監督のみが残り、朝鮮総督府は「警務総監部を中心として活動し、他の諸部は其周囲を回転する惑星に過ぎざる観[30]」を呈していたという。一九一二年には、度支部が管掌していた海港検疫および移出牛検査も警務総監部衛生課に統合される。かくして朝鮮総督府の防疫行政は、憲兵を中心とした軍事的な色彩を帯びるようになった。一方、一九一三年一〇月、総督府は居留民団を撤廃して府制を制定し、一九一四年四月から施行した。府制施行にともなって、従来京城で衛生業務を担当してきた漢城衛生会の事務や権利義務は京城府に移管され、市街地の衛生組合は府が管轄することになった。このように、警務総監部は衛生行政に関するヘゲモニーを掌握したのち、一九一三年度後半から医師法や伝染病予防令の立案に取り組んだ[31]。

（3）　伝染病予防令の成立

こうしたなか、一九一四年八月に第一次世界大戦が勃発した。警務総監部は居留地撤廃と第一次世界大戦を契機として、本格的な防疫体系の立案に取り組んだ。韓国併合後、朝鮮では民族別に適用対象を異にする伝染病関連法規が並存していた。日本人に対しては一九〇八年の大邱理事庁令と一九〇九年の京城理事庁令で伝染病予防規則が作られていた。そして朝鮮人に対しては一八九九年に制定された伝染病予防規則が存在した[32]。その結果、既存の法規は「予防事務ノ執行上完全ヲ期スルコト難キノミナラス」と当時の実情に適合せず「防疫上支障アルヲ免レサル」あり様であった[33]。それゆえ警務総監部は、第一次世界大戦勃発や伝染病の流行を契機として朝鮮人と日本人の両者に適用できる法規を整え、より効果的な伝染病予防対策を立てようとしたのだった。以下、警務総長立花小一郎の日記を通して、警務総監部がいかに伝染病予防に取り組もうとしたかを見てみよう。

一九一四年八月五日、立花警務総長は朝鮮総督府嘱託山根正次を釜山に送り、赤痢の視察を命じる。[34]八月二二日、警務総監部には「新羅丸［関釜連絡船］停船ペスト疑似云々ノ報」が伝えられ、立花は「諸方面ニ警戒手段ノ電報」を発したが、誤報であることが判明し、警戒注意報を解く。この日、警務総監部の部会議では「衛生取締規則ノ件」が想定されるなど、警務総監部は本格的に伝染病予防対策を検討し始める。[35]「立花小一郎日記」では公医問題や軍医増加、中央衛生会など伝染病予防対策や衛生関連記事が散見できるが、具体的な議論の内容は同日記を補う史料が不足しているため不明なところが多い。

朝鮮総督府は一九一五年六月、朝鮮伝染病予防令を制令第二号として、七月には朝鮮伝染病予防令施行規則を朝鮮総督府令第六九号として公布する。朝鮮における伝染病予防対策は、内地のそれとは次のような点において大きな差異がある。

まず朝鮮の伝染病予防対策では衛生警察、なかんずく憲兵が大きな役割を果たした。警務総監部が立案した朝鮮伝染病予防令（第二一条）によると、「警務部長ハ道長官ノ承認ヲ受ケ地域ヲ指定シ衛生組合ヲ設ケ汚物ノ掃除、清潔方法、消毒方法其ノ他伝染病予防救治ニ関スル事項ヲ行ハシムルコトヲ得」ることになっていた。[36]内地における衛生組合は予防や隔離措置を忌避し、時には暴動にまで発展する住民感情を和らげるため、患者や遺体の措置を警察等が行うのではなく、ある程度その家族が行うことを認め、それを全うさせるために五戸一組といった隣保が連帯責任の方法として組織された。[37]ちなみに、台湾における伝染病対策は、統治機構の末端に存在した伝統的な台湾村落の治安・行政制度であった「保甲制度」を利用した。[38]警察は保甲組織に対して感染者の隔離を義務づけるなど、伝統的な村落組織を利用して住民感情を緩和しようとしたのである。

このように内地の衛生組合は市町村長が後見的に統制掌握することになっていたが、[39]従来の自治的な地域運営の慣行を無力化しつつ行政支配を強化してきた朝鮮では、[40]警務部長が衛生組合を組織し、「汚物ノ掃除、清潔方法、消毒方法其ノ他伝染病予防救治ニ関スル事項」を強制した。のみならず警務部長は「組合ノ名称、地域及事務所ノ位置」、「組合費ノ収支及組合費負担ノ制限ニ関スル事項」、「役員及評議員ニ関スル事項」、「汚物掃除、種痘ノ普及並厠圊、汚水溜等ノ改善其ノ他伝染病予防救治ニ関シ組合ニ於テ施行スル事項」、「規約違反者ノ制裁ニ関スル事項」（朝鮮伝染病予防令施行規則第一三条）等の規約全般に関与し、それを変更させることもできた。

警務総監部は同年八月一七日付で訓令甲第四一号を発布し、（一）「従来設置に係る衛生組合は成るへく速に新法令に準拠して其の組織を改めしむること」、（二）「組合地域は成るへく行政区画若は之を合したる区域に依らしむること」、（三）「従来衛生組合消防組合として合同組織せるものは此際分離せしむること」、（四）「新に組合を設立するの必要ある場合は便宜適当数の委員を指定して設立事務並役員及評議員選任の事務に従事せしむること」、（五）「役員及評議員の選任に付ては便宜組合の内規に依り之を行はしむること」、（六）「組合規約は既に別記標準に準拠し実地の情況に応し便宜変更を加へて制定せしむること」を規定した[41]。台湾伝染病予防令施行規則にもないこれらの項目が設けられることによって、衛生組合は地方自治団体の協力機関ではなく、警務部長の指揮・監督を受ける一種の防疫自衛団と化したのである[42]。その結果、内地の吏員（市町村長）―衛生組合―個人で構成される防疫体系とは異なり、朝鮮の防疫体系は警務部―衛生組合―個人として構成され、行政機関は補助機関化せざるを得なかった[43]。

朝鮮の伝染病予防令は、警察官吏や憲兵が防疫の中心となっているため、強制性を帯びるようになったのはいうまでもない。たとえば「施行規則」では予防装置に対して住民の合意を取り付けることなく、警察官吏や憲兵は「検疫委員予防上必要ト認ムルトキハ伝染病患者ヲ伝染病病院、隔離病舎又は相当の設備アル病院ニ入ラシムヘシ[44]」と規定している。警察・憲兵の強権的な隔離・交通遮断・罰金付加などの強制的処分に対する朝鮮人の反発は想像に難くないだろう。

このように警務総監部が立案した伝染病予防令は、衛生行政における衛生警察なかんずく憲兵の主導権を承認した法令であったが、これに対して内務部が猛反発した。一九一五年三月二日、立花は長官会議で「服部大佐越権ノ件及衛生組合所管ノ件」[45]について宇佐美勝夫内務部長官と議論する。府制実施以後、衛生組合が府の管掌下に置かれたのは前述の通りである。引き続き内務部は一九一四年九月八日付（官通牒第三二九号）で各道長官へ衛生組合に関連する事項（衛生組合の組合名、区域、組織、経費、組合費、財源、面費、財産収入）を報告するように通牒する。[46]内務部は衛生組合へ地方費を支給しながら補助していたが、それがまた警務部の所管に移るのは宇佐美内務部長官にとっては堪え難いことであっただろう。

内務部は一九一二年に面制度を立案したが、結局挫折することになる（理由は不明）[47]。面制の実行を試みようとしている間、警務総監部が地方制度の整備を待たずに、衛生組合を警務部の所管下に置こうとしたことに内務部が反発したのである。一九一五年三月、内務部地方局長から忠南道長官に赴任した小原新三は総督に次のように地方の実状について報告している。

警務部トノ関係ハ至極円満ニ御座候得共、将来関係ヲ見ルニ他道ニ比シ道ニ於テ正当ノ権限ヲ放棄セリト認メラル点特ニ多ク（孰レニテモ宜敷ヤウノモノニハ御座候得共）甚歯痒ク考ラレ候事項少カラズ。例ヘバ衛生組合、市場整理、市街整理等ニ関シ之ヲ警察官憲ノ手ニ一任シ道ニ於テハ何等預リ知ラザルモノヽ如キ態度ヲ執レル等ハ其一例ニ御座候。是等ハ逐次正当ノ軌道ニ引戻スベク警務部長トモ熟議中ニ御座候。[48]

小原は警務部（警務部長憲兵少佐斎藤七郎）との関係が円満であることを強調しつつも、警務部が一般民衆の衛生組合・市街整理など日常生活にまで深く関与し、道長官はそれにまったく関与できない状態をはなはだ「歯痒く」考えていたのである。小原は警務部から地方長官としての「正当な権限」を引き戻すため、部長と「熟議」することを寺内総督に報告している。ちなみに小原新三は内務省衛生局保険課長を歴任し、一九〇四年に『衛生行政法釈義』を著述したが、その中で衛生組合について次のように述べている。

衛生組合は法人に非ず。〔中略〕衛生組合を法人として認むるの趣旨は何等の法律に於ても之認むることを得されはなり。要するに衛生組合なるものは地方長官に依りて設置を強制せらるる所の私法上の組合に過す。従つて之か規約に違反する者あるも之に対し権力を以て強制することを得す。〔中略〕是れ衛生組合なるものか本と五人組の制度に近き性質を有するものなるの結果、相戒相助け互に和譲して其目的を達するを以て趣旨となすものなれはなり。(49)

小原は衛生組合の位置づけの困難さを述べながらも、地方長官によって設置され、権力をもって強制できないことを主張していた。以後、警務総監部と内務部の対立は一層激しくなる。九月八日、部長官会議に出席した立花警務総長は、「宇佐美ノ府義ニ付頗ル不快ノ念アリ暫時ニシテ都悟ス(50)」と書き記している。立花は一九一六年一月二一日衛生組合に関する件を寺内総督に具申し、翌日寺内総督不在のまま行われた長官会議で、立花は「衛生組合費之件大ニ宇佐美ヲ罵倒ス(51)」、二月一七日に行われた長官会議では寺内総督とも「激論」するなど内務部との対立は後を絶たなかった。

それ以後この問題は道長官と警察部長の職制上の問題にまで飛び火した。永野清（朝鮮総督府警視）は一九一六年六月、警務総監部の機関誌である『警務彙報』に『朝鮮警察行政要義』の一部を転載した。その中で永野は「警務部長カ相当ノ理由ノ下ニ道長官ノ命スル警察命令及衛生命令ヲ発スルコトヲ肯セサルトキハ上下官庁ノ関係アラザルヲ以テ其解決ハ一ニ総督ノ決裁ヲ仰カサルヘカラス頗ル不十分ナル下命権ナリト謂ハサルヘカラス(52)」と主張した。これに対して小松浅五郎（京畿道事務官）は「官制が既に道長官に附与するに警務部長に対し命令を発するの権限を与へたる以上、道長官の発する命令は絶対のものにして、警務部長は之を肯せざる能はざるは理の最睹易き所なりとす(53)」と反論した。総督府内における道長官と警務部長との権限問題が法理論にまで発展したのである。

ちなみに総督府は一九一五年度、全朝鮮面公共事業費の中で、衛生費として一三万七六六八円を支出している[54]。板東衛生課長が「警務部長の命令あるときは府は予防上必要ある人員の雇入及設備を為すへく又其の指示に従ひ其の区域内に於て予防救治の事務に従事すへきものなるか故に事実上予算の許す範囲に於て隔離病舎の設備消毒等を行ふへきものとす[55]」と述べているように、内務部は衛生組合に対して組合費を補助するだけであり、組合の管掌・監督はすべて警務部に握られて衛生行政に続き衛生組合業務までも警務総監部にその主導権を奪われてしまう。内務部が防疫対策にある程度介入できるようになるのは、一九一七年一〇月の面制施行により衛生組合の業務が面に移管するのを待たねばならなかった。

では、市町村制制定前後から実施された内地の伝染病予防法とは異なり、警務総監部が地方行政整備を待たずに内務部の反発を招きつつも、台湾伝染病予防令に比べてより強権な伝染病予防策を立案したのはなぜだろうか。

まず、一九一五年九月から開催予定の始政五年記念朝鮮物産共進会の準備があげられる。共進会が開催されれば、多くの人口が移動することになり、またそのことによって伝染病が発生しやすくなる。板東義雄衛生課長は伝染病予防令の制定に当たって「共進会の開設が差し迫り、此れに対する予防の施設をとる多大な便宜を得たのは大変幸いなことである[56]」と明らかにしている。伝病予防令を一九一五年八月一日から実施したのは、共進会の準備のためであったのである。

次に、共進会開催とも関連するが、共進会の開催期間に閑院宮が朝鮮を訪問することになった。内地では伝染病予防法は天皇の巡行や軍隊の移動時に地方長官が適用しており[57]、一九〇七年に皇太子が韓国を訪問した時、伊藤統監が防疫事務を軍司令官に委任して強圧的なコレラ対策を施行したことを思い起こせば容易に納得がいくだろう。

第三に第一次世界大戦の勃発があげられる。一九一四年七月、第一次世界大戦開始の翌月、日本はドイツに宣戦布告し、一〇月に赤道以北のドイツ領南洋諸島を、一一月には青島を占領した。翌年一月、日本政府は中国政府に二一カ条要求を提出するなど、中国を巡る国際情勢は緊迫の度を増していた。山根は一九一四年九月に『朝鮮及満洲』において「時局の進展如何に依つては直ちに軍を動かさねばならぬのであるから啻に兵士たるのみならず、国民一般は此際特に衛生に意を払ふて恐る可き諸種の伝染病を未然に防渇せねばならぬ(58)」と主張した。

こうした状況の中で一九一五年三月九日、総督官邸では寺内総督、立花警務局長、古海厳潮朝鮮軍参謀長が集まり、「対支作戦打合会」が行われるなど臨戦体勢を強化していた(59)。立花警務総長は一九一五年の日記に「我帝国の支那に対して執るべき方針政策は先づ南満洲に於ける帝国の優越なる地歩を厳守し進んで内蒙古の開発を図り以て列国の支那本土に対する分割及趨勢を掣肘し南方に於ける我経済的勢力を伸暢するに至り而して満蒙問題の解決は今日の最大急務(60)」であると書き記している。

このように、いざとなれば出陣するかもしれない緊迫した情勢の中で(61)、中国大陸への進出を夢見る朝鮮総督府武官や朝鮮軍にとって、防疫対策は軍事行動を念頭においた緊急課題であった。それゆえ朝鮮の伝染病予防令は憲兵が先頭に立つという軍事的色彩を帯びざるを得なかったのだった。

二　朝鮮総督府の衛生政策と朝鮮社会

(1)　阿片専売問題と朝鮮貴族

総督府の植民地財政独立五か年計画の発表とともに一九一四年度に入って突如阿片専売問題が浮上することになる。一月二四日付『毎日申報』では、警務総監部が阿片の専売開始を決定し、その結果一九一四年度予算においては一二万八八〇七円の収入が予想されると発表している。このような阿片専売は財政独立五か年計画と決して無関係ではなかった。一月二八日、鈴木穆司税局長は政府の財政整理方針に従って増税することを発表したが、[62]台湾の阿片専売の成績に照らして朝鮮での阿片専売にともなう歳入増加を期待していたのである。総督府は阿片専売に対する反対世論を意識して一月三一日付『毎日申報』において、「阿片専売の理由」という社説を掲載し、阿片専売が増税目的でなく阿片患者を効率的に管理するための措置であると強弁したのだった。

このように総督府が阿片専売方針を発表すると、朝鮮貴族らをはじめとする朝鮮人は猛烈に反対した。李完用は二月一〇日、山県政務総監に「総督府ニ於テハ今回阿片専売ヲ実施シ鮮人ノミニ其吸煙ヲ許シ朝鮮民族ヲ撲滅するの方策ヲ取レリと風評し又々騒擾の虞有し」、「如何専売の趣旨を説クモ政策としてハ専売制度ニ左視スルコト能ハズ実施ノ暁ニ於テハ多少の動揺ハ免カレベカラズ[63]」という意見を陳述した。引き続き李完用は「仮令専売ニ利ありとするも誤解多き今日の場合ニ在てハ姑ラク其実行を見合セラル、方政策上可ナラン[64]」と総督府に要望した。さらに宋秉畯（二月二七日）と兪吉濬（四月六日）も、寺内総督を訪問して阿片問題に対して建議した。朝鮮総督府は阿片専売問題について道長官にも諮問したが、反対意見が出ると専売の延期を検討した。[65]

言論・出版・集会・結社の自由が極度に抑圧された政治的状況で、朝鮮総督府当局と接触できる朝鮮貴族や兪吉濬のような名望家が阿片問題を朝鮮総督府に喚起させたのである。それだけでなく『勧業新聞』や『国民報』なども朝鮮での阿片専売をとりあげ、総督府の阿片政策を強く批判した。このような朝鮮人らの強力な反発に屈服して総督府は一九一四年一二月に、阿片専売予算の全面削除を発表することになったのだった。[66]

（2） 避病院設立問題と漢方医会

台湾では、「避病院土人患者に限り院長監督の下台湾医生に治療せしむるは差支なし」と避病院患者に限り、病院長の監督の下、台湾人医生の治療が許された。[67]これに対して朝鮮では一九一一年に漢城衛生会の主導で順化院が設立された。伝染病病院であった順化院は西洋式医術、馴れない病床生活、治療方法、朝鮮式ではない食べ物のため、朝鮮人には忌避された。そのため伝染病患者を隔離する過程で警官と朝鮮人との衝突が頻繁に生じた。(68)

こうした中で漢方式避病院設立を請願する朝鮮人の運動が展開された。一九一三年九月漢方医師の団体である漢城医師研鑽会（会長小川末五郎、副会長李海盛）と朝鮮医師講究会は合併して朝鮮漢方医師会を発足させた。(69)漢方医師会の総裁に李完用（伯爵）が、顧問に趙重応（子爵）が、会長に兪吉濬、副会長に金性璂がそれぞれ就任した。

一九一三年一一月一五日付で朝鮮総督府は医生規則を発布し、台湾と同じく従来の漢方医を医師ではない医生に分類した。朝鮮総督府は漢方医を医師より一等級低い医生として規定し、漢医薬の既得権の認定と漸進的な廃止をはかったのである。医生の免許発給は警務総監部によって行われ、警務総監部は医生に死亡診断書をはじめ各種の診断書を発給させたのみならず、伝染病患者を捜索、隔離する総督府の防疫政策の一端を負わせようとした。(70)警務総監部は医生が伝染病患者を診断してその死体を検案した時は、直ちに警察官吏または検疫委員に届け出ることを義務づけた。警察の伝染病患者の捜索および隔離が武断的に行われたので、朝鮮人は避病院に収容されることを極力避け、伝染病患者を警察へ届け出る医生に対する暴行も頻繁に行われた。(71)

こうした事態に対し漢方医らは、朝鮮総督府の漢方医整理の動きに組織的に反発しながら、漢方式避病院設立運動を展開した。一九一四年五月、伯爵李完用、子爵趙重応、京城府協議員、各銀行長は避病院内の漢方部設置を主張した。(72)このような動きに対して七月二一日に行われた朝鮮総督府長官会議で「癩病院ノコト」、「私立伝染病院ノコト」、「伝染病予防規則処置」等が議論された。八月五日には趙重応子爵が朝鮮人伝染病院設立について立花警務総長に相談し、これに対して八月二二日に警務総監部では会議を開き、衛生取締規則の件、朝鮮人避病院設立に付寄附金募集法の件、孤児院寄付金の件（大邱）が議論された。医生規則が発布されてからはじめて行われた朝鮮漢方医師会の定期総会（一九一四年八月二九日開始）では「漢医救療所設立」と「漢医界ノ同心協力」することを決議し、[73]また役員改選を行い、総裁に李完用、副総裁兪吉濬、顧問趙重応、会長には大韓医院医育部学監を務めた池錫永をそれぞれ任命し、医生規則の発布に対応しようとした。

こうした漢方医の動きに対して具然寿警務官は避病院費募集について趙重応と問答し、これに対して八月二六日、山形閑高等警察課長が立花に報告した。一〇月一六日に開かれた長官会議で「順化院附属舎設設《ママ》ニ付募金ノ件」、つまり漢方式避病院設立寄付募集運動が議論されたが、会議の結果は募集運動の禁止と決定された。当局はその趣旨に対して同調しつつも予算を理由に受け入れなかったと『毎日申報』は報道したが、[74]実は集会・結社など政治的自由を抑圧した総督府が寄付金募金運動を快く思わなかったためであろう。

さて始政五年記念朝鮮物産共進会に合わせて、一九一五年一〇月二三日から二五日まで開催された全国医生大会で医生たちは「医学会の組織、医学会報の発行、薬剤需要の改良」を決意し、李完用と趙重応をそれぞれ総裁と顧問に祭り上げた。[75]全国医生大会は総督・政務総監・警務総長が臨席する中で、六七〇名の医生が参加して盛大に行われた。一〇月二六日、崔東燮は立花警務総長を訪問して大会許可に対する謝礼を述べた。

全国医生大会を契機に、一九一五年一一月七日、漢方医たちは総会を開き、衰退する漢方医学の復活をはかるため全鮮医会を組織した。会長には池錫永が、副会長には崔東燮、総務には池義燦が就任した。[76]だが全鮮医会では軋轢・内訌が生じ、一九一六年二月二二日、臨時総会が開催され役員の改選が行われ、会長に趙重応、副会長には金性璂が、総務には金海秀がそれぞれ推戴されたが趙は辞退した。[77]臨時総会当日に長官会議において立花警務総長は趙重応と全鮮医会についての報告を行った。全鮮医会は金銭をめぐるトラブルも生じ内紛が絶えず、[78]その動向に注目していた警務総監部は医会の内訌を利用して、安寧秩序を害したという理由で保安法第一条により解散を命じた。そして医会関係者池錫永・金性璂・崔東燮などを鍾路警察署に招致し、今後二度とこうした会を設立しないという誓約書を提出させた(79)。

要するに漢方医たちは政治的自由が抑圧された状況下において、朝鮮貴族と連携しつつ、漢方式避病院設立運動に代表される漢方医学の復活運動を展開した。しかし漢方医の政治勢力化を警戒する憲兵警察の弾圧によって運動は失敗に終わり、本格的な避病院設立運動の展開は「文化統治」期まで待たなければならなかった。三・一運動後、「文化統治」がはじまり、一九二〇年一〇月、避病院期成同盟会が設立され、寄付金募金運動が展開された。そして一九二一年三月には私立避病院創立期成会（会長侯爵朴泳孝、副会長子爵閔丙奭、池錫永、常任理事鄭応卨）は朝鮮総督府から寄付金の募集を認可され、寄付金の募集運動に着手した(80)。

（3） 中央衛生会と日本人医師会

一九〇五年に組織された京城医会（会長和田八千穂）に代表される日本人医師会は、コレラやペスト防疫対策において防疫本部にも参加できず、あくまでも補助的な役割にとどまっていた。だが小児に多い発疹性伝染病である猩紅熱対策においては民間医療人の協力が必要不可欠であった。一九一四年冬から翌年春にかけて朝鮮で猩紅熱が大流行すると、警務総監部は警務総監部令第一二号を発令し、猩紅熱予防のため痲疹、風疹など熱性、発疹病患者を診断し、また死体を検案する際は管轄警察官署や関連機関に届け出ることを指示し(81)、違反したものは拘留または科料に処した。

翌年一月一六日、立花警務総長は和田京城医会長に猩紅熱予防について注意したものの、未だ届出が徹底していなかったようである。板東義雄衛生課長は一月二四日付で、京城医会宛に「爾来其ノ届出ニ接スルコト少ナキ感アルハ該部令ノ趣旨未タ洽ネク一般医師諸君ニ徹底セサルニ非サルヤヲ疑ハレ候ニ付、此際尚特ニ一般会員ニ周知ノ方法ヲ講セラレ該令施行上遺憾ナカラシムル様御配慮相煩度候[82]」と指示した。一月二五日、立花警務総長は檜垣直右京畿道長官と協議し、猩紅熱のため小学校を一月二七日から二週間閉鎖することを決定した。翌日立花は和田京城医会長と猩紅熱撲滅策に関して会見し、「軽症ノ猩紅熱ハ短時日ニシテ治癒スルモノアリ。斯ノ如キハ情実上届出ヲ躊躇シ心ナラスモ自宅療養ヲ計ルコトナキヤノ疑ナキニ非ラス。此際公衆衛生上左様ノコトナキ様為念一般会員ヘ特ニ伝達アリタシ[83]」と徹底的な届出提出を命じた。

さらに立花警務総長は一月三〇日付訓令乙第三号をもって「猩紅熱患者又ハ死者アリタル家其ノ他病毒ニ感染シタリト認ムヘキ家ノ家族ニ対シ消毒方法ノ施行ヲ了リタル後一週間他人ト交通セシメサルコト」、「右期間中ハ受持巡査ヲシテ巡回ノ都度其ノ家ニ臨ミ、交通遮断隔離ノ実行如何ト及健康状態ヲ視察セシメ必要ト認ムルトキハ医師ヲシテ検診セシムルコト」、「期間満了ノ際ハ更ニ家族ノ全部ニ対シ健康診断ヲ施行シ異状ナキモノハ交通ヲ解除スルコト」を直轄各隊署に発した[84]。

一方、京城府は京城医会に猩紅熱予防のために小学校や普通学校生徒の健康診断を行う目的で開業医の派遣を依頼し、医師会は医師を派遣して健康診断を行うなど猩紅熱予防対策に協力した。だが警務総監部の高圧的な取締りや交通遮断に対して京城医会の不満は絶えなかった。

京城医師会は三月六日役員会を開催し、「猩紅熱患者は私立病院に収容するを禁せり、本会は従来の通り伝染病収容を許可せられ居る私立病院には入院許可せらる、様交渉すること」、「主治医あるに係らす警官か直接警医を伴ひ診断せしむるは当局と本会員との誤解を招く恐あり故に一応主治医に通知の上適当の方法を取らる、様建言すること」、「陸軍部内同様医師の家族は伝染病発生することあるも交通遮断なき様其筋に建議すること」を出席者全員一致で和田会長、高井貞治副会長に依頼し、陳情することを決定した。

和田会長は三月八日、立花警務総長と会見し、「患家交通遮断ノコト、届出条件軽減ノコト、私立隔離承認ノコト、主任者立合処分ノコト」[85]について陳情した。三月一八日に和田会長と高井副会長は私立隔離病院承認については「各自ノ隔離室ヲ検査シタル上何分ノ確答ヲナスヘシ」、主治医立会処分については「伝染病予防上急ヲ要スル場合ハ斯ノ如キ挙ニ出ツル能ハサルコトナルヲ承知サルヘシ」、医師家族の交通遮断緩和については「芳賀総督府医院長ノ意見ヲ聞キ追テ確答スヘシ」という警務総監部との交渉顛末を会員に報告した[86]。

一九一五年七月に制定された朝鮮伝染病予防令には警察・憲兵の強権的な隔離・交通遮断・罰金付加などの強制的処分が含まれていたが、医師会の要求が伝染病予防令にどれほど反映されたのかは疑問である。ちなみに一一月一七日に警務総監部は警秘二五〇八四号をもって伝染病に対する京城医会への警告を発したように、高圧的な姿勢は崩していなかった。

ところで、台湾では一八九七年三月に府令第八号で中央衛生会が設置された。同会は会長一人（総務長官）、委員一八人（警務局長、医学専門学校長、中央研究所衛生部長、局長、知事、台湾軍軍医部長、医師、薬学家中から総督が任命）からなり、総督に直属して重要な衛生事項について総督の諮問に応じて、意見の開陳や建議を行った[87]。

これに対し朝鮮では、伝染病予防令が立案される過程において中央衛生会の設置が議論された。一九一五年四月二一日、朝鮮総督府医院長芳賀栄次郎は中央衛生会設立について立花総長に交渉しはじめた。四月二六日、立花は「尚朝鮮中央衛生会創設之件本府へ意見上申致候間、其内御預相成候事と奉存候」[88]と寺内総督に報告した。六月一五日、立花は長官会議に出席し、総督に中央衛生会および間島憲兵内規案を提出した。この会議では小原新三忠南長官の衛生に関する意見が提示された。六月一八日、定例長官会議では中央衛生会案について立花と総督が論争し、七月七日、立花は宇佐美長官から中央衛生会について協議を受けた。引き続き芳賀は伝染病研究所、臨時京城衛生委員会について意見を陳述した。警務総監部が起案した中央衛生会案の内容は不明であるが、総督府内の意見対立によって成案を見ずに頓挫した。

一方、警務総監部は共進会準備のために健康診断等に従事する医師数を増加させ、消毒班を数か所に新設するなど防疫施設を拡張し、さらに予定の経費に新たに防疫費五万六千余円の追配を行った。しかしそれだけでは防疫対策に万全を期することが難しいと判断し、臨時京城衛生委員会を設置した。臨時京城衛生委員会は警務総長を会長とし、委員には警察官署の他、京畿道・京城府・鉄道局・駐箚軍等関係部局の職員および京城・龍山の医師会長などが任命もしくは嘱託された。一九一五年七月一九日、立花警務総長の自宅で臨時京城衛生委員会が開催され、芳賀、矢島柳三郎（朝鮮軍軍医部長）、金谷充（京城府尹）、有賀光豊（京畿第一部長）、工藤武城新京城医会長（一九一五年三月から就任）など一四人が参加し、京城市街衛生について協議した。八月五日以後、しばしば会合して京城における伝染病予防の措置、公共下水の改築修繕、公共便所の増設修繕および汚物掃除、街路撒水などに関する衛生状態の改善、その他伝染病院の改修、隔離病舎の設置などに関して審議を行い、警務総監部の諮問への回答、もしくは各委員会みずから地区を分担して衛生実況の視察に任じた(89)。

上記のように軍官民による京城衛生に関する協議体である臨時京城衛生委員会が設置され、衛生改善をはかったものの、それはあくまでも共進会準備のための非常処置に過ぎなかった。結局衛生行政の諮問機構である中央衛生会の設置は三・一運動後まで待たなければならなかった。中央衛生会は一九二〇年七月に設置され、一九二一年九月に委員として中枢院顧問である四人の朝鮮人が任命されたが、それも一九二四年一二月の行政整理で廃止されてしまった。これらのことから、朝鮮では台湾に比べて衛生行政の専制的性格が極めて顕著であることが分かる。

（4） 医学教育と西洋人宣教師

台湾では一八九九年、台湾総督府医学校が設立され、早い時期から台湾人医師が輩出しはじめた。台湾総督府は台湾人を公医として積極的に採用し、地方衛生を担わすことによって地方医療の充実を図った[90]。これは医師出身である後藤新平民政長官が医学教育に力を注いだためであろう。

これに対して山県有朋は軍事力強化の一環としての兵力増強を志向した。そのため、衛生行政は「衛生工事」や「衛生警察」が重視され、医療施設の拡充や医学教育の推進は後回しにされた[91]。山県派である寺内正毅や藤田総督府医院院長も医学教育機関設置に消極的であった[92]。菊池常三郎大韓医院院長は「医学校を医科大学にしようと目論ん」だが、藤田は大韓医院付属医学校を韓国併合と共に朝鮮総督府医院付属医学講習所へと縮小し、医科大学設立について「それは遠い将来のことだ、目下は朝鮮の時勢民度に適応する施設でよいんだ」と退けた[93]。また山根も熱心な医育優先論者で、伝染病を「防遏」するためには伝染病予防法則の厳重さと医師の分布が必須要件であることを主張した。同時に都市に医学専門学校を、京城には医科大学を設立することを希望し[94]、機会あるごとに寺内総督に進言した。だが、「教育振興は第二次実行とし、先づ交通水利植林産業の如きを第一義として[95]」医学教育は後回しにされたという。

このように、朝鮮総督府が医学教育に微温的態度をとっていた状況に対し、宣教師らは宣教の一環として医学教育に力を注いだ。セブランス病院院長エビスン（高宗の元典医）は韓国人医師を養成し、米国人と共に働けるようにし、米国人医師の代わりも務められるようにすべく韓国人への教育を主張した[96]。セブランス二世の惜しみない財政的支援の下でセブランス病院は一九一三年六月セブランス連合医学専門学校に改称し、医学校と診療所を設置した。

これに対して朝鮮総督府は一九一三年一一月、医師規則を制定して医師の資格要件として日本医師免許所持者または朝鮮総督指定の医学校卒業者、もしくは朝鮮総督が定めた医師試験に合格した者に限定した。医師規則の制定により、米国で医学校を卒業した医師は朝鮮で活動するためには東京で行われる医師試験を受験せざるを得なくなり、総督府設立の医学校の学生には卒業と同時に自動的に医師免許を与えながらも、セブランス卒業生には別の資格試験に合格した者に限り医師免許を与えた。朝鮮総督府のこうした措置に対してエビスンとスミスは一九一四年六月一〇日に立花警務総長と「医学校問題に付き懇談」し、セブランスの専門学校昇格を働きかけた。

朝鮮総督府はヘゲモニー競争において守勢に置かれ、医学教育に前向きな態度を取らざるを得なくなった。藤田は従来の立場を変え、医学講習所を医学専門学校に昇格させるように寺内を説得した。寺内は医学専門学校設立を内諾・承諾したが、「経費をかけてはならぬ」と指示し、医専案の経常費として一か年二万七〇〇〇円位が想定された[97]。一九一四年六月一八日、藤田は寺内総督との交渉について朝鮮総督府医院医育課長佐藤剛蔵に次のように伝えた。

総督閣下に二時間計り閑話の機有之。学校の先途も大略御賛成被下、従令大に高める要ありとは全然御同意見に落著申候。其節此度官制通過一名増員と相成り、解剖学に適材を得、稲本病理もあり、基礎医学の方今一名増せば内地の医専後には落ち不申と申御満足に有之候[98]。

総督府は医学専門学校設立を決定する一方、セブランス医学校に対する規制を依然として維持しようとした。六月三〇日の総督府長官会議で「医師試験規定修正及エビソン医学校卒業者処分ノ件」が論議されたが、セブランス連合医学校卒業生に対する自動的な医師免許の付与は受け入れられなかった。しかし七月九日付で医師規則が改正され、外国で医学校を卒業して医師免許を獲得した者について医師免許を付与することになった。また一〇月一三日に行われた長官会議で寺内総督は「セブランス病院認可云々ノ件」について談話した。「立花小一郎日記」には寺内の談話内容についての言及はないが、寺内が総督府医学専門学校の設立に先立ちセブランスの医学専門学校認可への同意をしたとは考えにくい。

結局、総督府の医専予算案が一九一四年一二月二五日に帝国議会解散による予算不足により見合わせとなると、総督府は翌年「改定私立学校規則」（総督府令第二四号）を通じてセブランスに対し、植民教育体制への編入を強要する一方、「専門教育に関する方針」（訓示第一六号）を通して私立専門学校への可能性を開いた。[99] 朝鮮の私立学校は「改定私立学校規則」により学校設立・教育課程・教科用図書・教員資格などについて総督府が提示した基準に従わざるを得なかった。一九一五年一一月四日、エビスン、スミスらは立花警務総長を訪問し、九州帝国大学を卒業した加納五郎（解剖学専攻）の雇用を協議するなど、[100] セブランスは総督府の提示方針を充たすために日本人教授を採用して専門学校昇格に備えた。こうしたセブンラス側の努力が功を奏し、総督府は一九一六年四月の京城医学専門学校設立後の翌年五月に、私立セブランス連合医学専門学校を認可した。

総督府のこうした対応の背景には、医療・教育を通じた宣教師の勢力拡大に対する警戒があった。朝鮮総督府の宣教師勢力に対する警戒は、一九一六年七月一五日付の寺内総督宛ての関屋貞三郎学務局長書簡からも確認できる。

平壌之基督教徒、殊ニ外人宣教師等も大体不都合を認めナクも、鮮人青年中ニハ尚血無気思慮之輩不少。此等を外人ニ委し置く事ハ元より策の得たるものニ非す。将来は平壌ニも専門学校（例へば鉱山を主としたる）等の設立を必要と可致、政府の施設ニして着々進行せば外人ハ遂ニ手をひくの不得已ニ至るべくと存候。[101]

関屋は宣教師勢力を防ぐため、寺内総督に基督教勢力が強い平壌に専門学校の設立を提案したのである。

このように医学教育に関心が低い朝鮮総督府に比べ、西洋宣教師らが高等教育に関する朝鮮人の要望を受け入れて積極的な医学教育機関の設置および拡張を試みた結果、朝鮮総督府は医学専門学校設立に乗り出さざるを得なくなったのである。

おわりに

韓国統監府と朝鮮総督府は一九〇七年に発生したコレラと一九一一年に満洲で流行したペストに対して、軍・憲兵・警察官を中心とする水際対策によりその防疫に成功した。軍（憲兵）と衛生警察が中心となった防疫対策を通じて植民当局は、朝鮮民衆の日常生活に武断的かつ暴力的に介入し、民衆を自警団や衛生組合へと組織した。寺内総督の医学教育に関する関心の低さもあり、以後朝鮮総督府の衛生政策は医学教育機関の拡張よりも、憲兵と衛生警察による伝染病予防対策に力を注ぐようになった。

朝鮮総督府は第一次世界大戦の勃発と共進会の準備をきっかけに伝染病予防令を制定した。一九一五年六月に発布された伝染病予防令は、衛生行政における衛生警察の主導権を承認した法令であり、これに対しては内務部が猛反発している。なぜなら警務部長は、同令をもって衛生組合の設置・組合費・役員および評議員に関する事項・規約違反者の制裁に関する事項など規約全般への関与および変更が可能となったからである。台湾伝染病予防令施行規則にもないこれらの項目が設けられることによって、衛生組合は地方自治団体の協力機関ではなく、警務部長の指揮・監督を受ける一種の防疫自衛団化していったのだった。

一方、朝鮮総督府の衛生政策は朝鮮貴族・漢方医会・日本人医師会・西洋人宣教師などの民間セクターとの対立・交渉・競争の過程において決定された。阿片専売については朝鮮貴族をはじめ朝鮮人の猛反発により延期されるようになったが、朝鮮貴族と連携しつつ推進された漢方医師らによる漢方式避病院設立運動は、漢方医の政治勢力化を警戒する憲兵警察の弾圧によって失敗に終わった。他方、日本人医師会は共進会の準備のため、臨時京城衛生委員会に参加したが、それはあくまでも共進会準備のための非常処置にすぎなかった。医師会も参加できる中央衛生会については伝染病予防令の制定過程で議論はされたものの、結局三・一運動後まで設置されず、民間の衛生行政への参加は台湾に比べて極めて制限された。

また、医学教育に消極的な朝鮮総督府に比べ、西洋宣教師は積極的に医学教育機関の設置および拡張を試み、朝鮮総督府の医学専門学校設立に圧力をかけた。

このように一九一〇年代の衛生行政は朝鮮総督府、特に警務総監部の専制性が顕著になるなかで、民間セクターと関わりながら重層的に決定された。

(1) 松本武祝「植民地期朝鮮農村における衛生・医療事業の展開」(松本武祝『朝鮮農村の〈植民地近代〉経験』社会評論社、二〇〇五年)。

(2) 박윤재『한국근대의학의 기원』(혜안、二〇〇五年)。

(3) 山室信一氏は「植民帝国・日本と満州国」の関係を「統治様式の遷移(succession)と統治人材の周流(circulation)」という概念を用いて関東州・朝鮮・台湾からの「満州国への流入」の様相を描いた(山室信一「植民帝国・日本の構成と満州国」ピーター・ドウス・小林英夫編『帝国という幻想』青木書店、一九九八年)。衛生行政の転移については飯島渉氏の研究(「医療・衛生事業の制度化と近代化――「植民地近代性」への試論――」濱下武志・崔章集編『東アジアの中の日韓交流』慶応義塾大学出版会、二〇〇七年)が示唆に富む。飯島氏は朝鮮総督府が展開した医療・衛生事業の多くは、基本的に台湾での経験を踏襲したものであることを指摘しながら、台湾モデルが朝鮮に移転する際、朝鮮の状況(朝鮮末期の医療・衛生事業の制度化)を勘案したとしている。だが「統治様式の変遷」に対しては、松田利彦氏は「継受の過程を明らかにせねば単なる偶然の一致の可能性は排せない」と分析視角の有効性に疑問を呈していた(松田「近代日本植民地における「憲兵警察制度」に見る「統治様式の遷移」――朝鮮から関東州・「満洲国」へ」『日本研究(国際日本文化研究センター)』第三五号、二〇〇七年五月、四七〇頁)。朝鮮総督府が従来の自治的な地域運営慣行を無気力化させ、その代わりに行政支配を強化してきたことや、大韓帝国時代に比べて衛生警察、とりわけ憲兵警察の役割が大きくなったことを考えあわせると飯島氏の議論に疑問がないわけでもない。

(4) 並木真人「植民地期朝鮮人の政治参加について――解放後史との関連において――」(『朝鮮史研究会論文集』第三一

集、一九九三年一〇月)。

(5) 京城帝大設立をめぐる植民当局・帝国政府・西洋人宣教師および朝鮮人が繰り広げたヘゲモニー競争については정준영「식민지의학교육과 헤게모니 경쟁」(『사회와 역사』第八五号、二〇一〇年)の議論は示唆に富む。本稿は医学教育をめぐる朝鮮総督府と民間セクターとの間のヘゲモニー競争という정氏の議論を踏まえつつ、政治史的実証を試みたものである。

(6) 一九〇七年のコレラ防疫についてはについては신동원『한국근대보건의료사』(한울아카데미、一九九七年)を参照のこと。本稿は신동원氏の研究を新史料から得られる知見で補なったものである。

(7) 박윤재「한말・일제 초 방역법규의 반포와 방역체계의 형성」(연세대학교국학연구원편『일제의 식민지배와 일상생활』혜안、二〇〇四年)五四二頁。

(8) 藤田は一八五四年生まれ、大学東校員外生として医学を学び、一八七七年陸軍軍医補となった。以後、台湾陸軍軍医部長、第五師団軍医部長、朝鮮総督府医院長などを歴任。一九一二年軍医総監に昇進した。台湾在任中には「ペスト」予防委員・総督府医院監督・総督府衛生常置委員・台湾中央衛生会委員・市区計画委員などを歴任。陸軍軍医団『陸軍軍医中将藤田嗣章』(陸軍軍医団、一九四三年)の年譜から作成。

(9) 陸軍軍医団、前掲書、一四七頁。

(10) 同右、九〇頁。

(11) 防疫本部の顔ぶれは以下のようである。総長…岡崎生三、防疫副総長…藤田軍医監および松井茂内部警務局長、顧問…佐藤進、防疫本部委員…統監府書記官小松緑、軍医正柴岡文太郎、軍医正村上潔、統監府書記官沢田牛麿、同荻田悦造、同児玉秀雄、統監府技師小山善、陸軍歩兵大尉松江豊寿、同広瀬秀彦、陸軍一等主計植村松之助、陸軍一等軍医寺川源。

(12) 韓国統監府編『明治四十年韓國防疫記事』(韓国統監府、一九〇八年)一六頁。

(13) 藤田嗣章「漢城衛生組合の創設其他の回顧」(二)(『朝鮮新聞』一九三六年五月二〇日)。

(14) 朝鮮憲兵隊司令部編『朝鮮憲兵隊歴史』第一巻(復刻、不二出版、二〇〇〇年)一七四頁。

(15) 佐藤剛蔵『朝鮮医育史』(佐藤先生喜寿祝賀会、一九五六年)二一頁。

(16) 井戸の閉鎖によって水不足が大きな問題になり、特に貧民たちに莫大な被害をもたらしたという（『皇城新聞』一九〇七年一〇月八日）。

(17) 「韓國現地의 虎列剌防疫現況 및 日皇太子迎接件」（『統監府文書』四、国史編纂委員会、一九九九年、一六三頁）。

(18) 『韓国施政年報』（統監官房、一九〇八年）三八六～三八七頁。

(19) 漢城衛生会については、박윤재「韓末・日帝初 漢城衛生会의 活動과 植民支配」（『서울학 연구』第二二集、二〇〇四年三月）を参照のこと。

(20) 板東義雄「朝鮮に於ける衛生一班」（『軍事警察雑誌』第九九三号、一九一五年三月）三九頁、白石保成『朝鮮衛生要義』（発行者不明、一九一八年）三五頁。

(21) 飯島渉『ペストと近代中国：衛生の「制度化」と社会変容』（研文出版、二〇〇〇年）一九〇頁。

(22) 防疫評議委員会には明石元二郎警務総長（委員長）、鈴木穆司税局長（以下委員）、小原新三地方局長、藤田嗣章軍医監、岡本桂次郎通信局技師、小城鉄鉄道局技師、中野有光警務官などが参加していた。同委員会は一九一一年三月二〇日付で臨時防疫委員会に改変された。

(23) 陸軍軍医団、前掲書、二六二頁。

(24) 森安連吉「「衛生」思想の普及」（『朝鮮統治の回顧と批判』朝鮮新聞社、一九三六年）六五頁。

(25) 박윤재「一九一〇年代初 日帝의 페스트 防疫活動과 朝鮮支配」（河炫綱教授定年紀念論叢刊行委員會편『韓國史의構造와 展開』혜안、二〇〇〇年）七八四～七八七頁。

(26) 『毎日申報』一九一一年三月一日。

(27) 寺内正毅宛明石元二郎書翰、一九一一年二月二二日付（『寺内正毅関係文書』六―一五、国立国会図書館憲政資料室所蔵）。以下『寺内文書』と略記す。

(28) 寺内正毅宛明石元二郎書翰、一九一一年二月二二日付（前掲『寺内文書』六―一五）。

(29) 박윤재、前掲「一九一〇年代初 日帝의 페스트 防疫活動과 朝鮮支配」七八一頁。

(30) 『東京朝日新聞』一九一一年一一月三日。

(31) 山根正次「朝鮮に於ける現下の衛生状態」（『朝鮮及満洲』第七四号、一九一三年九月）二〇頁。

(32) 박윤재、前掲「한말・일제초 방역법규의 반포와 방역체계의 형성」五四二～五四三頁。
(33) 国立公文書館所蔵「伝染病予防令ヲ定ム」(『公文類聚』二A—11—類01231)。
(34) 「立花小一郎日記」一九一四年八月五日条(『立花小一郎関係文書』所収、国立国会図書館憲政資料室所蔵)。以下「立花小一郎日記」と略記す。
(35) 前掲「立花小一郎日記」一九一四年八月二二日条。
(36) 『朝鮮総督府官報』一九一五年六月五日付。
(37) 衛生組合については尾崎耕司「衛生組合に関する考察——神戸市の場合を事例として——」(『大手前大学人文科学部論集』第六号、二〇〇五年)を参照のこと。
(38) 脇村孝平「植民地統治と公衆衛生——インドと台湾——」(『思想』第八七八号、一九九七年八月)四四～四七頁。
(39) 尾崎耕司「『伝染病予防法』考——市町村自治と機関委任事務に関する一考察——」(『新しい歴史学のために』第二一三号、一九九四年五月)が詳しい。
(40) 一九一〇年代の朝鮮総督府の地方行政については、金翼漢『植民地期朝鮮における地方支配体制の構築過程と農村社会変動』(東京大学博士論文、一九九六年)が詳しい。
(41) 「衛生組合取扱に関する件」(『警務彙報』第一〇三号、一九一五年八月、二一～二六頁)。警務総監部が指定した衛生組合規約標準は第一章　総則、第二章　組合役員及職務、第三章　評議員会、第四章　給与及救恤、第五章　会計、第六章　組合員の格守事項、第七章　違約処分で構成されていた。
(42) 박윤재、前掲「一九一〇年代初 日帝의 페스트 防疫活動과 朝鮮支配」七八四～七八七頁。
(43) 박윤재、前掲「한말・일제초 방역법규의 반포와 방역체계의 형성」五四七～五四九頁。
(44) 『朝鮮総督府官報』一九一五年七月一二日。
(45) 前掲「立花小一郎日記」一九一五年三月二日条。ちなみに服部大佐越権の件とは、慶北警務部長服部米次郎大佐が道の道路行政に不満を持ち、李軫鎬長官の頭越しに佐々木正太道内務部長と協議の上、朝鮮総督府土木局に通報し土木局員の派遣を請求し、道行政の見直しを試みて物議を醸す事件であった(服部米次郎『九十年の回顧』自家版、一九六三年、九一頁)。また「立花小一郎日記」一九一四年八月四日条では「長官会議へ出席平壌府尹ト警官不円満ノ件ヲ申告ス（書類ハ宇佐美ニ渡ス）」と警察と地方行政機関との対立が散見できる。
(46)「衛生組合等調査ノ件」（『朝鮮総督府官報』一九一四年九月八日付）。
(47) 姜再鎬『植民地朝鮮の地方制度』（東京大学出版会、二〇〇一年）一五九〜一六〇頁。
(48) 寺内正毅宛小原新三書翰、一九一五年五月三日付（前掲『寺内文書』二三六―二）。
(49) 小原新三『衛生行政法釈義』（金港堂、一九〇四年）三七〇〜三七一頁。
(50) 前掲「立花小一郎日記」一九一五年九月八日条。
(51) 前掲「立花小一郎日記」一九一六年一月二二日条。
(52) 永野清「朝鮮に於ける警務機関（承前）」（『警務彙報』第一二二号、一九一六年六月）一二頁。
(53) 小松浅五郎「道長官と警務部長との職制上の関係に関する永野法学士の所説に就て」（『朝鮮彙報』一九一六年一〇月）一五七頁。
(54)「朝鮮面制制定書類」韓国国家記録院所蔵。
(55) 板東義雄「衛生について」（朝鮮総督府編『朝鮮総督府道府郡島書記講習会講演集』朝鮮総督府、一九一八年）二九一頁。
(56)『毎日申報』一九一五年七月一〇日。
(57) 小栗史朗『地方衛生行政の創設過程』（医療図書出版社、一九八一年）二六九頁。
(58) 山根正次「戦争と衛生」（『朝鮮及満洲』第八六号、一九一四年九月）二九頁。
(59) 前掲「立花小一郎日記」一九一五年三月九日条。
(60) 前掲「立花小一郎日記」一九一五年日記の最後に書き留めていた文章。
(61) 第一次世界大戦後の朝鮮と関連する軍事行動計画については、松田利彦「일본육군의 중국대륙침략정책과 조선（一九一〇〜一九一五）」（권태억외『한국근대사회와 문화Ⅱ 一九一〇년대 식민통치정책과 한국사회의 변화』서울대학교출판부、二〇〇五年）を参照のこと。
(62)『毎日申報』一九一四年一月二八日。
(63) 寺内正毅宛山県伊三郎書翰、一九一四年二月一二日付（前掲『寺内文書』三六一―一五）。

(64) 寺内正毅宛山県伊三郎書翰、一九一四年三月二六日付(前掲『寺内文書』三六一―一六)。
(65)『毎日申報』一九一四年三月一九日。
(66)『毎日申報』一九一四年一二月四日。
(67) 栗原純「台湾における日本植民地統治初期の衛生行政について――『台湾総督府公文類纂』にみる台湾公医制度を中心として――」(東京女子大学史学研究室『史論』第五七号、二〇〇四年三月)一五頁。
(68) 박윤재・신동환「일제하 사립 피병원 설립운동 연구」(『의사학』第七巻第一号、一九九八年七月)二八頁。
(69) 一九一〇年代漢方医団体については、기창덕『한국근대의학교육사』(아카데미아、一九九五年)を参照のこと。
(70) 一九一〇年代の朝鮮総督府の漢医学政策については、申東源「一九一〇년대 일제의 보건의료정책 한의학정책을 중심으로」(『韓国文化』第三〇号、二〇〇二年一二月)を参照のこと。
(71)『毎日申報』一九一五年七月一五日。
(72)『毎日申報』一九一四年五月三一日。
(73)『毎日申報』一九一四年九月三日。
(74) 박윤재・신동환、前掲論文、二九頁。
(75)『毎日申報』一九一五年一〇月二七日。
(76)『毎日申報』一九一五年一一月九日。기창덕、前掲書、四一五頁。
(77)『毎日申報』一九一六年二月二四日。
(78)『毎日申報』一九一六年三月一一日付は、池錫永が李完用や趙重応の名義で公函を偽造し、医生に発布して医生に金銭を義務金のように徴収したことが李や趙に発覚し、李や趙が池錫永の不当行為を厳重に叱責し、金銭の返還要求をする会員が続出し、池錫永が新聞に事実に相反したことを広告したと伝えていたが、真相は定かではない。
(79)『毎日申報』一九一六年四月二日。
(80)『毎日申報』一九二一年三月一三日。
(81)『朝鮮総督府官報』第七〇三号、一九一四年一二月五日付。
(82) 京城医師会編『京城医師会二十五周年誌』(京城医師会、一九三二年)二一頁。

(83) 同右、二二頁。

(84) 『警務彙報』(第九〇号、一九一五年二月)二三～二四頁。

(85) 前掲「立花小一郎日記」一九一五年三月八日条。

(86) 京城医師会編、前掲書、二二～二三頁。

(87) 台総督府警務局衛生課編『台湾衛生要覧』(台湾総督府警務局衛生課、一九三二年)三二頁。ちなみに内地では一八七九年一一月二七日、非常措置的に設置された中央衛生会が内務省の恒常的な諮問機関として改めて設置された。一八八三年民間医事衛生団体として大日本私立衛生会が設置され、内務省・中央衛生会―大日本私立衛生会のラインが完成した(吉川芙佐「明治初期段階における近代医療体制の構築過程」(京都女子大学院文学研究科『研究紀要』第七号、二〇〇八年)。

(88) 寺内正毅宛立花小一郎書翰、一九一五年四月二六日付(前掲『寺内文書』三一九―二二)。

(89) 「京城に於ける衛生施設の状況」(『朝鮮彙報』第四号、一九一五年六月)一二七頁。

(90) 台湾総督府の台湾人公医活用については、鈴木哲造「台湾総督府の衛生政策と台湾公医」(『中京大学大学院生法学研究論集』第二五号、二〇〇五年三月)を参照のこと。

(91) 石塚裕道『日本近代都市論』(東京大学出版会、一九九〇年)九五頁。

(92) 平壌慈恵医院院長内村安太郎は、「平壌慈恵医院を根底とし平壌に医学教育機構を設置せられたき希望を縷々述べたことがあつたが、その時寺内総督は頗る不機嫌であつて現状は朝鮮内には京城医専一つで十分である。突飛のことを考えるものでないといわれた」そうである(佐藤、前掲書、四一頁)。

(93) 陸軍軍医団、前掲書、九八頁。

(94) 山根正次「朝鮮に於ける現下の衛生状態」(『朝鮮及満洲』第七四号、一九一三年九月)二一～二二頁。

(95) 陸軍軍医団、前掲書、二六四頁。

(96) O.R.Avison, “Personal Report of Dr.O.R.Avison 1910-1911”, P.H.S.Microfilm, RG140, 8-2, pp.1-2、이만열『한국기독교의료사』(아카넷、二〇〇三年)三一一頁から再引用。

(97) 陸軍軍医団、前掲書、九八頁。

(98) 同右、九八頁。

(99) 정준영「一九一〇년대 조선총독부의 식민지교육정책과 미션스쿨 : 중・고등교육의 경우」(『사회와 역사』第七二輯、二〇〇六年一二月)二二五~二二六頁。

(100) 前掲「立花小一郎日記」一九一五年一一月四日条。

(101) 寺内正毅宛関屋貞三郎書翰、一九一六年七月一五日付(前掲『寺内文書』二七三―七)。

植民地台湾の大相撲興行と「国技」相撲

胎中千鶴

はじめに

相撲を「国技」とする認識が日本社会に広く定着したのは、明治期の日清・日露戦争を経て日本が帝国として膨張・拡大していった時期である。それは体力増進、体位向上という、近代国家が国民に求める「国家に奉仕する身体」の量産期でもあり、近代スポーツがその理念や価値観に帝国イデオロギーを内包しつつ発展した時代でもあった。

日本の伝統的な技芸である相撲もまた、近代化の途上で「国技」と位置づけられた結果、近代スポーツの影響を意識しつつも、「武士道」や「日本精神」を体現し、国民の鍛錬に資す競技であるべきという武道的側面が強調された。しかし一方で、相撲は日本人にとって最も身近な「遊び」であり、大相撲が上質な「見せ物興行」として、近世以来長く庶民から愛され続けてきたことも事実である。

相撲は「国技」なのか娯楽なのか、近代スポーツの範疇に含まれるのか。このような近代以降の相撲に対する認識の多面性は、現在の日本社会においても相撲をとりまく言説として存在し、大相撲の不祥事などが起こるたびにそれらがさまざまなかたちで表出する。その結果、近年では「国技」というナショナルな枠組みの起源を明らかにし、「国技」としての相撲を批判的に再検証する試みも歴史学や哲学、文化人類学などの研究者によって進められつつある。(1)

筆者は、そうした論議に新たな一視点を加えるべく、近代の相撲を植民地社会に軸足を置いてとらえなおしてみたいと考えている。植民地社会とは、日本人が異民族と緊張感をはらみながら形成しようとした新社会であり、同時に支配者が被支配者に「身体の規律化」をより強固に求める場でもあった。そこでは「娯楽」であれ、「国技」であれ、日本の伝統的技芸である相撲が、内地より肥大し、しかも明確な輪郭をもって異民族の前に提示された可能性があるからだ。

まずその前段として、大日本相撲協会成立前後の「国技」をめぐる言説を検証する。次に植民地期台湾社会における大相撲興行をとりあげ、その「娯楽」としての実態を具体的に検証し、それらを享受した当時の在台日本人社会についても言及する。

台湾では一九三〇年代以降の戦時期に、皇民化政策の一環として「国技」としての相撲指導が重視された。この時期に、近代スポーツの視点を取り入れながら国技相撲の普及活動を積極的に展開したのがアマチュア相撲指導者の八尾秀雄である。八尾に関してはすでに別稿で言及しているが、(2)本稿ではそれを補完する形で、主にこれまで不明だった一九二〇年代の彼の活動を明らかにし、植民地育ちの日本人である彼の「国技」観を再考したい。

最後に、台湾人や台湾原住民が「国技」相撲をどのようにとらえ、受容したのか、あるいはそこにどのような矛盾が生じたのか、その関係性について初歩的な考察をおこなう。

一　大日本相撲協会の成立と「国技」

（1）明治・大正期の大相撲

一九〇九（明治四二）年五月、東京の両国元町の回向院に隣接する一等地に、常設相撲場が落成し、同年六月に「国技館」と命名された。当時の東京の相撲興行組織「東京大角力協会」が建設したこの巨大建築物は、坪数約一〇〇〇坪、八角の張り出しとドーム型屋根をもつモダンなデザインで、収容人員一万六〇〇〇人を誇った。協会が総予算二七万円の巨費をかけて国技館建設に踏み切った背景には、当時の相撲興行の隆盛がある。明治期の相撲興行組織は、大阪・京都・東京に三大拠点が置かれていたが、力士の力量という点で東京の優位は明らかだった。一九〇〇年前後から東京には常陸山谷右衛門と梅ヶ谷藤太郎の二大力士が登場、その後約一〇年以上も第一線を守ったほか、太刀山・駒ヶ嶽など有力力士が続出したため、「所謂常連として貴顕、縉紳、学者、巨商等が競つて十日間の桟敷を特約し、そこ好地位の桟敷は占有権利金数千円と称さるるに至[3]」るほど東京の相撲興行は順調だった。

さらに日清・日露戦争後の日本社会におけるナショナリズムの高まりを追い風として受け、協会は今後も高収益が見込めると判断、従来までの回向院境内の土俵場では「狭隘を感じ、来集する観客の半数をも収容し難き状態」であるし、「雨天の際は興行が出来ず晴天十日の本場所を一ケ月も掛つた事もあつた」ため、常設館建設の声が高まったのだった[4]。

この相撲常設館が「国技館」と命名されたのが、作家江見水蔭の起草した開館式の落成披露文に由来するというエピソードはよく知られている。「抑も角力は日本の国技歴代の朝廷之を奨励せられ」の一文に「国技」の二字を見つけた当時の年寄尾車が、選名会議で提議したという[5]。江見はみずから「文士相撲」と銘打って文筆家たちの体位向上と士気養成を兼ねた趣味サークルを催すほどの好角家で[6]、こうしたジャーナリスト・学者・実業家・華族などの「上流好角家」たちが、明治三〇年代以降各種相撲後援会を結成し、物心両面での相撲界の援助をおこなっていた。彼らが組織した後援会の趣旨文には、「相撲道は、太古伝来の体育的武術にして、国粋保存の一なり」「実に本邦唯一の国民的壮技たり。而して其優美高潔にして尚武の気象に合へる。彼の欧西に行はる拳闘搏牛の類と同一視すべからず」といった表現が並ぶ[7]。

相撲へのこうした意識は、日清・日露戦後のナショナリズムが醸成したものともいえるだろうが、彼らの相撲との関わりは趣味的で、必ずしも相撲に対してナショナリスティックな「国技」の本質を厳密に求めているわけではない。「老伯がその偉容を正面桟敷へ現はさないと、相撲場がひき締まらないやうな気がした[8]」といわれた板垣退助に代表されるように、「上流好角家」たちは本場所の桟敷に日参し、魚屋や汁粉屋などの「稼人階級」や芸者衆と混じって観戦することを好んだ。酔っ払いが「片手に正宗の瓶詰を携へ、ラッパ飲みに長鯨の酔気を吐きつつ[9]」西の花道から声援を送ったり、幇間《ほうかん》が「赤い長襦袢など着て、土俵の上に飛び出して景気を附け」たり、「人気力士が勝つと、羽織やら着物やらで土俵の上に山をつくる[10]」といったような、野卑で猥雑だが生き生きとした庶民の相撲の楽しみ方を、彼らは桟敷で共有したのであろう。

しかしこうした相撲黄金期は第一次大戦後に一変する。日本人に「西欧的・自由主義的風潮の影響の下に滔々と欧化の一途を辿らうとする傾向」が現れ、野球、ラグビー、レスリングなどの「近代的ゲーム」が人々を魅了したのである。髷を結った力士が街を歩くと「見る者をしてひとしく何とはなしに時代錯誤の感を懐かせ[11]」る風潮のなか、相撲の人気は凋落した。また当時の大相撲界も、内外から求められていた東京・大阪両協会の合併、人材の養成や力士の管理、経営陣の刷新など一連の改革に着手できず、戦後不況の追い打ちを受けてもただ手をこまねくばかりであった。一九二三（大正一二）年の関東大震災で国技館が焼失すると、大相撲はいよいよ窮地に立たされた。

（2）　皇太子と相撲

こうした状況下で、大相撲界に変化と改革の契機をもたらすキーパーソンとなったのは、裕仁皇太子（のちの昭和天皇）であった。昭和天皇の相撲好きは良く知られている。一九〇九（明治四二）年に八歳で初めて国技館を訪れた皇太子は、翌年の相撲観戦の際、『最近角力便覧表』というガイドブックを取り出して、登場する力士の年齢、身長などと照らし合わせて熱心に観戦、熱戦のあとには「国見山、はじめ『突き出し』で、あとで『喉《の》喉《ど》輪《わ》』よ。そうしてまた突いたの」と、一瞬の間の技を見事に説明したという。一九八二年九月の那須御用邸の記者懇談では「私は初等科の時代に相撲をたびたび取った、その取ったことが相撲を好きになったことと思っています」「私はむしろ押しが専門で専門と言っちゃなんだけれども。（笑い）」と回想している。[12]幼少時から相撲に親しんだ彼のその嗜好は、終生変わらなかったようである。

一九一五（大正四）年、一五歳の裕仁皇太子は、誕生日の四月二九日に東宮御所で台覧相撲を観戦した。皇族の相撲観戦は明治期から軍施設や華族の私邸で催されることがあったが、東京大角力協会が宮中に赴くのは「明治十七年芝離宮に於て先帝の天覧相撲ありし以来絶えて無かりし御事」[13]ということで、協会にとっては三二年ぶりの晴れ舞台だった。厳粛な空気のなか、土俵祭り、幕内力士の土俵入りと続き、取り組みが始まった。すると皇太子は「五人抜きが御意に召され、御身体を揺がせ給ふて尊覧あらせ給ふた」[14]という。勝ち抜き戦に興奮し、思わず身を乗り出すようにして観戦する皇太子の姿は、後年の昭和天皇の相撲観戦と重なるものがある。

これ以降、皇太子の誕生日には台覧相撲が挙行されるのが慣習となった。これは天皇即位後も天覧相撲として継続し、昭和天皇の相撲観戦は一九二八（昭和三）年から計五一回に及んだ。一九二五（大正一四）年、皇太子二四歳の誕生日に、恒例の台覧相撲が東宮御所で開催され、その際「相撲奉仕」に対して宮内省が東京大角力協会に下賜金を与えた。協会はこの下賜金で摂政賜杯を製作することとし、高さ三尺六寸、重さ六貫目、表面に菊の紋章を施した純銀製カップを完成させた[15]。これ以降、力士たちはこの賜杯争奪をかけて技を競うようになる。
東京協会はこれを「この光栄は東京大角力協会のみならず国技たる相撲道の光栄である」として、大阪大角力協会に懸案の合併案を提示、大阪がこれを受けて同年七月「日本大相撲連盟」が成立、さらに同年一二月、文部大臣から「財団法人大日本相撲協会」の設立が認可された[16]。

(3) 大日本相撲協会成立まで

上述のように、一九二五年の台覧相撲を契機として、それまで衰微しつつあった大相撲が一気に東西合併と財団法人化を実現できた背景には、当時の一部ナショナリストの相撲復興の動きがある。ここではその中心人物の一人、杉山茂丸の記述から検証してみよう。

杉山茂丸(一八六四〜一九三五)は福岡出身で、一七歳で上京し、反薩長藩閥の自由民権家として活動、その後同郷の頭山満と玄洋社の活動に加わった。各種事業の設立や経営に携わったほか、政界の黒幕として名を馳せた人物である。彼が一九二八(昭和三)年に発表した「相撲道振興策」という一文によると、一九二四(大正一三)年初頭、「頭山翁外数人の者」が協議し、「相撲の復興と興隆」について杉山に助力を依頼してきたという。それは頭山らが「[相撲道の]思想や精神を滅ぼすことは、日本人として皇室に対し奉る無形の損害が形容しがたい程多量である」と考えているからであり、明治期よりたびたび相撲界に直言してきた杉山に再び「此の大震災を機会として、相撲道の物質的復興と共に其の精神も、倶に復興するやうに尽力してもらひたい」というものであった[17]。自身も「皇室護衛精神の専業力士が、斯く堕落した」と嘆いていた杉山は、盟友頭山の依頼を受け、ただちに堀内信水陸軍中将の筆で協会に質問書を送り、協会が杉山の意見に「絶対服従」する旨の言質をとったのち、宮内省の「或筋に訴へた」という。その後の経緯を杉山は次のように述べている。

此の間幾多の困難はあつたが、宮内省も此々に始めて相撲道の動かす可からざる理由を了解せらるるに至り、終に賀陽宮殿下よりは相撲道の復興に尽力せよとの御沙汰を賜はるに至つた。此の御沙汰を承つたものは私や頭山翁等の親友である、陸軍大将福田雅太郎閣下であつた。福田大将は賀陽宮の淀橋御用邸に召されて、親しく御沙汰を承ると当時に、私共に之を報告せられた。そこで私は直ちに相撲協会の総会を招集して協議した結果、御沙汰による新協会の設立、役員の選挙等を一任された[18]。

大言壮語で知られる杉山の回想であり、また詳細な日時も明らかでないため断定はできないが、頭山や杉山、およびそれにつながる陸軍や皇族の人脈が、宮内省の相撲協会に対する下賜金授与決定に影響を与え、その後の財団法人化実現へと導いたと推測しても、それほど不自然ではないだろう。

当時のナショナリストのあいだには、相撲を武士道ととらえ、相撲道の興隆こそが国民精神の作興、国家の興隆に資するとする言説が生まれていた。たとえば帝国興信所（のちの帝国データバンク）の創業者で、日本魂社、大日本教化団体連合会などの教化団体をつくった後藤武夫は、一九二八年当時の日本社会が「一般的には尚相撲道に対して徹底せる理解なく、寧ろ之に対して一種の軽侮心を有するが如き観もあるは、欧米模倣と、我が国民の国技に対する無反省なる結果であり、真に慨かはしい次第である」と考えていた。さらに後藤は「世界の大勢は正に国民体格の向上と、其の訓練に日もこれ足らざる有様」を「他山の石」とし、相撲を普及して「以て国民の堅実なる精神を養ひ、強健なる体力を増進し、如何なる難局に遭着するも、敢然之を打開して勇往邁進する底の国民を養成」すべきだと述べている[19]。

こうした主張からは、一九二〇年代のナショナリストたちが欧米を強く意識し、日本の精神文化の象徴である相撲を「国技」として擁護・発展させようとしていたことがうかがえる。また同時に「国民体力の増進」によって国家に奉仕すべきだという、近代スポーツが含有する帝国主義的イデオロギーもみてとれる。

武士道（相撲道）という前近代的な精神性、国民の体格向上という近代的な帝国イデオロギー、彼らはこの両者を「国技」としての相撲に求めた。そうした国技を統べるのは当然天皇であるから、相撲には天皇制につながる装置が欠かせない。古代から相撲は天皇家の神事であったことが強調され[20]、さらに近代日本の皇太子が「御身体を揺がせ給ふて尊覧あらせ給ふ」ほどのものと喧伝されたからこそ、相撲は帝国の発展につながる「国技」であると彼らに認識されたのだといえよう。一九二五（大正一四）年に協会が文部省に提出した財団法人設立申請書には、このような「国技観」が端的に表現されている。

東京大相撲協会ハ深ク時勢ニ鑑ミル所アリ。今般其ノ組織ヲ革メテ別紙寄付行為ニ依ル財団法人大日本相撲協会ヲ設立シ、主務官庁御監督ノ下ニ全然営利ヲ離レ、協会本来ノ理想タル武士道ノ精神ニ則リ、剛健ナル国民思想ノ涵養ト体育ノ向上トニ努メ、日本固有ノ国技タル相撲道ノ維持興隆ヲ期シ度ニ付、民法第三十四条ニ依リ御許可相成度左記書類相添へ此段及申請候也。[21]

こうして「相撲道ノ維持興隆」を目的とした財団法人という、国家のいわば「お墨付き」を得た大相撲は、このののち一九三〇～四〇年代の戦時期にかけて、より「国技」としてのふるまいを社会から要請されるようになる。

二　大相撲の台湾興行

さて、「国技」の大義名分を引き受けた大相撲は、日清・日露戦争期以降、帝国の拡大と歩調を合わせるように、新領土である植民地や、中国、朝鮮半島への巡業を積極的に展開した。筆者は満洲巡業に関しての初歩的な考察は別稿ですでにおこなっており[22]、朝鮮巡業については稿を改めて論じる予定なので、本稿では台湾興行に焦点をしぼってみてゆくことにする。

（1） 明治・大正期の台湾興行

日清戦争後、一八九五（明治二八）年の下関条約によって日本に割譲された台湾には、割譲直後からさまざまな内地の興行団体が訪れた。たとえば一八九五年末から一九〇三（明治三六）年末までに台北で興行をおこなったものとしては、落語・浄瑠璃・義太夫・壮士芝居・歌舞伎・軽業・新派劇などがあり、そのなかに「相撲興行」も二回含まれている。(23) 現時点の筆者の調査では、日本統治期（一八九五～一九四五）全体を通じて、大相撲の台湾興行は少なくとも三三回おこなわれており、そのうち明治期（一八九五～一九一二）に一三回、大正期（一九一二～一九二六）一三回、昭和期（一九二七～一九四五）は七回である。

また東西協会が合併し、財団法人大日本相撲協会の新体制が発足した一九二七（昭和二）年以前についてみてみると、台湾興行二六回のうち、大阪相撲が一五回、京都相撲が四回、東京相撲が四回、九州相撲が一回、東京・大阪合併が二回、新体制以後は七回のうち一九三二（昭和七）年の春秋園事件(24)で協会を離反した天龍が結成した関西角力協会が二回含まれている。資料上で割譲後最も初期の相撲興行とされるのは、一八九七（明治三〇）年五月の興行である。これは勧進元（興行主）が草風瀧五郎(25)、京都相撲の力士大碇ら四〇余名による一行で、大人気を集めたという。(26)

一九〇〇（明治三三）年の興行も大碇ら京都相撲によるもので、台北新起街（現在の西門町一帯）の本願寺跡地(27)でおこなわれた。『台湾日日新報』の記事によると、「台北へ大相撲の来たのは三十年の四月と今度の二度だが、先の時は雨降りが続いて大分損になつたが、今度は偉い人気で大人が千人計り這入り初日も千二百の札が進つて、三日目は千六百四十、四日目は千三百十五といふ大入だ(28)」ったという。一九〇四（明治三七）年には、二年前に完成した新起街の劇場「栄座」で京阪合併一行が毎日正午から午後五時まで、一〇日間の興行をうった。木戸金二五銭、割（土間）二五銭、上等桟敷は銀三枚だった[29]。

明治期の京阪地方の相撲は、元禄期より定着した大阪相撲・京都相撲が東京相撲と並ぶ二大相撲集団として活動していた[30]。一八九八（明治三一）年に行司として大阪相撲に入門、戦後第二二代木村庄之助を襲名した泉林八の回想録によると、明治三〇年代の大阪相撲は、難波の空き地に小屋掛けをして本場所をおこなっており、部屋持ちの親方が二二人、番付に載る力士が約三七〇人、番付外の前相撲力士が一〇〇人前後、他に世話人など四〇〇人ほどで構成されていた。団体の長は「総理」、その下に「取締」という役職があり、総理には当時浪速の俠客として知られていた小林佐兵衛が就任していた。

小林は一八三〇（文政一三）年大阪生まれ、幼少で家出をし、二〇代の頃から町奉行所と関わりを持つようになり、行方不明人の捜索、番所の見張り役、市中見回りなどの仕事を請け負う「人夫（町夫）」となる。一八七三（明治六）年には大阪市中消防組北大組の頭取に就任したほか、清掃業や土木事業の請負、救済事業所の経営など多面的な役割を果たした人物である。一八七五（明治八）年に大阪相撲の力士一〇余名が脱走する騒ぎがあり、仲介に入ったのが小林であったというから、その頃から大阪相撲との関係があったとみられる[31]。泉林八によると「小林佐兵衛というのは当時の大阪の大親分で、相撲とはあまり関係がないのだが、大親分を総理ということにしておけば、興行上なにかと便利だった」という[32]。

人気・実力のある力士が東京に集中することもあり、当時の大阪・京都の幕内力士は東京に行けば幕下格で、逆に東京の力士が大阪にいくと「自堕落に落入つて直に弱くなつてしまふ[33]」といわれていた。いわば「二軍」の地位に甘んじていた京阪相撲は、興行でも相撲と他の競技や演目を抱き合わせにした見せ物を企画して集客をねらうことが多かったようだ[34]。

一九〇三（明治三六）年に台北で行われた大阪相撲も同様で、取組みのなかには「西洋相撲」と称する外国人四人との対抗戦もあった。ワッセイという外国人が「葡萄に似たる眼を瞠つて呼吸をうかがへば、谷響は鼬のやうな眼をキヨロキヨロさして牙を曝し出して見せ、思はず敵を笑はせる事数度」など、コミカルな仕草で会場は大いにわいた。また外国人同士の取組みでは「西洋角力の型」、つまりレスリングの返し技を披露、さらには椅子を口にくわえて持ち上げてみせるなど、[35]ショー的要素の濃い内容がうかがえる。

しかし大阪相撲が実力派力士を輩出した明治末期、一九〇七（明治四〇）年一〇月の台湾興行では、総勢一五〇人で台北に乗り込み、本格的な大相撲を心待ちにしている在台日本人を大いに楽しませた。高収益を上げて気をよくした勧進元は急遽「討蕃慰問大相撲」と銘打って、原住民「討伐」にかかわる軍・警察関係者慰問と戦死者遺族の扶助を目的としたチャリティ大相撲を企画した。愛国婦人会や日本赤十字特志看護婦会などの賛助により、入場券を総督府や台湾銀行その他有力者に販売した結果、一日の興行で二九七八枚、計二六二三円の売り上げを出した。勧進元は収益の七割を寄付したという。[36]

一九一〇（明治四三）年一〇月の興行もなかなかに賑々しい。一行は基隆港に到着後、列車で台北駅に移動した。歓迎の花火の音を聞きながら、駅から人力車で会場に向かって土俵祭りをおこない、その後数か所の旅館に分宿している。翌日は午前八時に会場を開門、午後一時頃から本割りを開始し、六時に終了した。この時の入場料は、特等一円、一等八〇銭、二等六〇銭、三等三〇銭だった。[37]台北のほか基隆・台中・嘉義・高雄など、地方都市を巡るのが常であった。

しかし一九一〇年代半ばから二〇年代前半になると、大阪相撲の力士は「ばくちに精を出す者が多く、けいこ量も少なく、東京との実力の差は開く一方だった」ため、「不人気の連続で、巡業をやりたくても買い手がつかず、仕方なく大阪協会が巡業一切をとり仕切る、いわゆる手相撲がほとんど[38]」という凋落ぶりを呈するようになった。確かに当時の大阪相撲に対しては、台湾でも「渡台毎に八百長や風紀の悪いので失敗を重ね[39]」たなどという世評もあったようだ。しかし一九一七（大正六）年の台湾興行では、「土俵入りは頗る簡単明瞭にして東京方に比し敢て遜色なし、流石は先年の名誉恢復を標榜して来ただけある[40]」、「従来の弊害を一掃し総てに改良を加ふべしといふ美名の下に、相当の人気を博し、勧進元も予期以上の庫入を見て何れもホクホクものなりとの事[41]」など、肯定的に評価する雑誌記事もみられる。そのせいか三月一〇日の陸軍記念日には、台北の陸軍施設・偕行社の土俵で安東貞美総督を招いて相撲を披露するなど、台湾では内地とは異なる華やかな出番もあった。

このように、行けば必ず歓迎され、それなりの収益が見込める台湾は、経営不振にあえいでいた大阪相撲にとっては魅力的な興行先であったのだろう。また当時の在台日本人からみても、一九一一（明治四四）年に初めて台湾巡業を実施し、大正期に四回しか来なかった東京大相撲に比べると、内容にややもの足らなさがあるとしても、おそらく大阪相撲は比較的身近な娯楽だったに違いない。

（2） 一九三〇年代の台湾興行

一九三六（昭和一一）年、相撲は学校体操教授要目の改正によって尋常小学校五・六年男子の競技種目として導入された。折しも大相撲では一九三九（昭和一四）年に六九連勝を達成した横綱双葉山の人気が沸騰、戦時ナショナリズムとあいまって、外地を含む日本人社会では空前の相撲ブームとなった。全国の学校の校庭には土俵が作られ、子どもから学生・社会人まで相撲をとる機会が急増したのもこの頃である。国技館の本場所開催期間も三九年の五月場所から、これまでの一三日間を一五日間に延長した[42]。この時期から大相撲は満洲でも本場所を開催し、奉天や新京などで「国技」を意識した気迫みなぎる相撲がみられるようになった。一方台湾への巡業は、朝鮮・満洲巡業を重視する協会の意向を反映してか相対的に減少し、一九三九年一〇月の興行が最後となった。本節では一九三六年三月と三九年の興行についてみてみよう。

当時大相撲は力士らを「組合」とよばれる四つのグループに分け、適宜単独、あるいは合併して各地を巡っていた。巡業は一般的に力士が一二〇人前後、ほかに年寄・行司・若者頭・呼出・世話人などが八〇名前後、計二〇〇人ほどの大人数で移動する。巡業に際しては事前に検査役級や部長級の年寄が「売込」（興行の予約）に出向き、各地の有力好角家と交渉にあたった。こうした好角家たちは協会や年寄から「世話人」や「目代」として推薦された者で、利害関係を度外視して興行の実施に尽力する。また各地には「木戸御免」として優待される常連客もおり、目代や木戸御免が協会に勧進元を周旋した。興行は勧進元が一括して請け負うのが普通だが、組合が全責任を負う「手相撲」や、勧進元と組合が共同責任を帯びる「歩合相撲」もあった。[43]

一九三六年の台湾巡業は、横綱武蔵山一行と大関男女ノ川一行の合併巡業で、三月二八日に神戸港を出発、四月一日の台北（五日間）を振り出しに、台中・嘉義・台南・高雄・新竹・基隆をほぼ二日間ずつ回り、四月一一日に帰還した。[44]三月三一日に基隆から台北駅に到着した一行は、武蔵山・男女ノ川・双葉山の各後援会のほか、「台北消防組、台北見番の美妓練数百名、カフエー組合の女給数百名」の華やかな歓迎を受けたのち、車三〇台を連ねて台北郊外の台北神社に参拝し、巡業の安全息災を祈願すると、市内の会場（築地町）に参集して、万歳三唱したのち散会した。翌四月一日の初日には、芸妓・女給約三五〇名、国民中学の生徒約一〇〇名、陸軍・警察関係者約一四五〇名、商業学校の学生約三五〇名などの団体が会場に詰めかけた。

二日目も同様で、「相撲場は早朝から活気を呈し、さしも広い三十間四面の小屋も正午には、立錐の余地もない盛況ぶりだった。総督府交通局鉄道部や専売局に勤務するアマチュア力士が飛び入り参加で土俵に上がると、「此の日場内を埋め尽した五千の大観衆期せずして専売団の応援団と化し」[45]「観衆は熱狂のるつぼに入り、土俵に跳上がる者、躍り出すもの、桟敷の小競り合ひ、手拍子揃への応援等、場内の騒然たること、さながら往年の移動本場所の感があつた」[46]という。

このような熱気に満ちた会場の光景は、台北以外の地方都市でも同様であった。特に南部の都市台南では、当地の小学校出身の力士「鹿嶌洋」を迎えて格別な盛り上がりをみせた。鹿嶌洋は茨城県生まれ、台南の南門小学校卒業後、春日野部屋に入門、一九三八年に新入幕、のち横綱双葉山から二勝をあげたことで知られる。当時は幕下力士であったが、台南の会場には小学校後援会も駆けつけ、「場内を揺がすばかりの声援湧く中」で勝ち星をあげた[47]。

一九三六年のこうした記録からは、大相撲到来を待ちかねた人々の、外地巡業独特の高揚感が感じられる。しかしこれらは慰問相撲や軍関係施設への訪問もおこなわない通常の興行日程であり、協会が「国技相撲」を意識して行事や演目を組んだようにはみえない。台北二日目の「初っ切り」では、力士たちが「世界に冠たる国技の品位を傷ける」ような下品な仕草で笑いを誘おうとしたため「心ある者皆目を掩う[48]」ほどだった、などという場面もある。一方、同年六月〜八月の武蔵山・男女ノ川一行による朝鮮・満洲巡業では、七月一日に陸・海軍や病院・刑務所で慰問相撲をおこない、旅順要塞司令部から感謝状を贈られるなど、協会自身が「我が一行の皇軍慰問は時を得、且つ最も有効的であつた[49]」と自負するような内容であった。それに較べると、同時期の台湾では「島都」台北においてでさえ、戦時の緊張感が反映された興行ではなかったことがうかがえる。

一九三九（昭和一四）年の台湾興行は、双葉山・男女ノ川両横綱一行が来台、一〇月一三日が台北の初日で、その後、基隆・嘉義・台南・高雄などを回った。当時は六九連勝の記録を打ち立てた横綱双葉山が再び連勝を始めた頃で、「無敵のシンボル」としての人気は未だ衰えていない。たとえば五〇〇〇人収容の会場を準備した台南では、興行前から、「デパートの飾窓に、店頭に、街頭に勘亭流の番付が行人の目を惹き付け、台北からのラヂオ放送がもう市民を興奮させてゐる。理髪店の一角では待つてましたとばかり、相撲談義に泡を飛ばす角通［ママ］？

連も見受けられる[50]」という興奮ぶりであった。

この興行では、戦時期の「国技」大相撲らしい活動も散見される。台北の千秋楽では小林躋造総督や傷病兵が桟敷席で観覧、総督以下が一斉に起立して、「大日本帝国万歳」と叫び、アナウンサーが「白衣の勇士万歳」を唱えると、万場がこれに和した[51]。基隆でも軍人や傷病兵、遺族を桟敷に招待して「銃後人感謝の表徴をした[52]」ほか、各地の小学校に双葉山らが訪問し、児童に稽古をつけたり、校庭の土俵開きをおこなったりした。たとえば新竹の新竹小学校では、「国技相撲を通じて明日の時代を担ふ児童の体位向上、志気の錬成を図るべく」校庭に土俵を設けたので、その土俵開きに双葉山を招待し、それにあわせて「新竹州下小公学校学童相撲大会」を開催している[53]。

(3) 勧進元としての消防組

一九三九年の興行は台湾中部の嘉義でもおこなわれたが、前人気が頗る良かったのにもかかわらず、開催期間はわずか一日だった。そのため、会場の嘉義公会堂裏庭には七〇〇〇人以上の観客が殺到し、「はばかりは愚か、身動き一ツ出来ない程の惨さ」となってしまった。雑誌の記事によると、興行を一日に限ったのは、当地の相撲巡業を勧進元として一手に請け負っている嘉義消防組が、二日間の興行にすると「余り儲からぬと云ふので無理に一日間にした」のが原因だという[54]。

このように、植民地期台湾では「消防組」、あるいは消防組の「組長」などの名で勧進元（興行主）を引き受ける例が多くみられる。早い時期では第(1)項で言及した一九〇七（明治四〇）年一〇月の大阪相撲の台北消防組組長澤井市造、三〇年代では一九三六（昭和一一）年の興行における台北消防組顧問の篠塚初太郎、高雄消防組組長東本定輔のほか、台中・嘉義・台南・新竹でも各地消防組が勧進元として名を連ねている[55]。本項では、こうした大相撲と消防組の関係についてみてみよう[56]。

台湾では、植民地期初期に日本人が流入し、木造家屋が増えて内地同様の消防組設立が急務となった。一九〇〇（明治三三）年に台北県では県令「内地人消防規則」を定め、それまで土木請負業者などが私的に結成していた消防団体の組織化をはかったが[57]、その経緯について、『台湾日日新報』には次のような記述がある。

領台以来明治三十二年迄は、消防組として一定の組織なく亦消防器具の設備もなかつたから、ソレ火事だといふ場合は権平も八兵衛も現場に駆けつけ消防に従事し弥次馬の蹂躙に任せてあつたが、漸々と渡台内地人の増加するに伴ひ、建築土工等の請負を業とするものが殖えた結果、互に業務上の競争となつて、現業者たる大工、左官、石工又は鳶職を常備使役するに至り、其の極遂に傭者、被傭者間に主従の関係が出来て、傭主は所属の被傭者を使嗾し、勢力の扶植と業務の拡張に努め、党を作り派を成して、火災其他集合の場所に出入し、互に鬩ぎ合ふという幣を作つたので、警察でも公安を害するものと認め、三十三年の六月内地人消防組規則を制定して当時の消防組を解散すると同時に、消防組の設置要件や組員の資格要件を定めて、同年の七月其頃の頭分を集め商議した結果私設消防組を設置することとなつた[58]。

一九〇二（明治三五）年に公設消防組の設置が認められ[59]、台北では台北消防組が発足、初代組長に澤井市造が就任した。澤井以下、副組長一名、小頭三名、取締三名、消防夫九〇名で構成される台北消防組は、事実上澤井が率いる私設消防組「共義組」がそのまま公設として認定されたものである[60]。一九二一（大正一〇）年に勅令第二〇六号で「台湾消防組規則」が施行されると、消防事務の監督は州の警務部警務課がおこない、各州下の消防組の設備等費用は市街庄で負担するようになった。しかし内地の消防組と同様に義勇的組織だったため、財政面では「公設消防組であつても尚寄付に依ることは免れ難い[61]」状態であった。

これら消防組組長の多くは、植民地期初期に急ピッチでおこなわれたインフラ建設の需要に合わせて内地から流入した土木・建築業者である。その後定住して事業を拡大し、地域社会に地位を築いた人物も多い。たとえば澤井市造は一八五〇（嘉永三）年、丹後国由良村に生まれ、大手建築会社有馬組の一員として一八九五（明治二八）年渡台、のちに澤井組を設立し、台湾鉄道の改良・建設工事や基隆築港などに携わった。台北では「普通人の難事とした問題も一度彼が顔を出せば大抵の事は円満に解決した」[62]といわれた人物で、地方制度が未整備だった統治期初期には、地域の「顔役」として存在感を示していたようである。

一九一六（大正五）年に初代高雄消防組長に就任した杉本音吉は、一八七三（明治六）年大阪府南河内郡生まれ、一八九六（明治二九）年に軍夫として渡台し、のちに高雄港の仲仕たちを統括する元締めとなり、一九二一（大正一〇）年台湾運輸株式会社専務取締役に就任、高雄労働需給組合理事長、高雄漁業組合長、高雄州協議会会員を歴任した[63]。篠塚初太郎は一八七二（明治五）年生まれ、神戸で銅器類の卸業に従事し、一八九九（明治三二）年に渡台後、スレート葺きや銅板鉄材などの製造販売業として成功、のちに西洋料理店やカフェーの経営にも携わった[64]。

澤井と杉本は講談「台湾任侠伝」の題材にもなっており[65]、台湾社会では侠客として知られていた。当時の消防組員は日雇い労働者などアウトローともいえる人員が大半を占めていたため[66]、組長には彼らを束ねるだけの侠気が必要とされた。またこうした任侠博徒は大阪の小林佐兵衛に代表されるように、地域社会の顔役として、あるいは興行師として相撲興行に関与することが多かった。俳人・歌人で編集者の柴田宵曲は、明治末年から江戸の風俗・文化を研究した三田村鳶魚の著作集『侠客と角力』の解説文で次のように述べている。

侠客と角力はもともと似たやうな畠から発生したものである。幕府が遊侠無頼の徒を取締る一方便として勧進角力を許可し、角力が次第に職業化するに及んで、両者は自ら途を異にするに至つたが、それでも全く相分れるわけには往かなかつた[67]。

明治初期、相撲が文明開化に逆行する「蛮風」として非難されたとき、東京では力士たちが「力士消防別手組」の設置を警視庁に願い出て、「奉仕」の姿勢を示すことで相撲廃止を免れたことがある[68]。腕力に長けた者がその強さと侠気を競うという点で、相撲界と任侠の世界はきわめて親和的であった。

その例に漏れず、澤井も杉本も無類の相撲好きで知られていた。澤井は日露戦争後の一九〇六（明治三九）年、台湾警備にあたる南清艦隊が基隆に入港した際に、台北の歓迎宴の余興として相撲を披露すべしと台北庁長らに主張した。しかし相撲を「裸踊り」と揶揄して反対する者がいたため激怒し、「あんなつまらぬものは見なくても良いと云つた野郎は、明日相撲へ水兵を案内して来る時には、棺桶を用意してこい」と啖呵を切ったというエピソードもある[69]。

杉本もまた「一場所見物に三千円以内では済まなかつた」ほどの好角家で、「上は横綱大関から下は呼出し行司見習ひ褌かつぎに至るまで一人残らず一封宛渡す[70]」のが常であった。高雄の興行がいつも好況なのは、杉本が何千枚もの切符を買い占めて配っていたからだ、ともいわれていた[71]。彼らのような地域の顔役にとってはまた、大相撲興行の勧進元として名を知らしめることが一種の名誉でもあったのだろう[72]。

同時に台湾の消防組にとって大相撲興行は、収益面で実入りの良い、いわば独占事業に近いものであり、本項の冒頭に述べたような嘉義の例をみても、ときに強引な手法で利益を求めていたことがわかる。一九二四（大正一三）年の台北の東京大相撲興行では、五日間で四〇〇〇円余の純利益を上げ、勧進元の台北消防組は一〇〇〇円で自動車ポンプを購入して台北市に寄付、残額は勤続三年以上の消防夫に賞与した。しかしこのとき開催前に消防組が各戸に招待券を配布したので、これは祝儀の強要ではないかと疑念を抱く市民もいたという[73]。

こうした消防組のアウトロー集団としての側面に対しては当然厳しい批判もあった。台湾消防協会の雑誌『台湾消防』には、「時勢の進展に伴ふて、昔日の如く破壊消防に重きを置いた時代に必要とせられた人物は、機械消防に変わつた現代に於ては不必要」であり、「世上消防の幹部は親分肌の者でなければならぬと云ふ事を聞き、又消防組幹部の内に於ても『世間の紛め事に対して消防組幹部が口を利けば直ちに解決する様に、消防組を強化せねばならぬ』と云ふやうな考へを持つた者があるとすれば、甚だ程度を越へた考え」だという記事も出ている(74)。以上概観したように、台湾にも統治直後からしばしば大相撲興行が訪れ、官僚や警察官などの支配階層から、建設業や花柳界などの、いわば植民地社会という新社会の基層をなす日本人たちまで広く受け入れられた。年に一度見られるかどうかの相撲興行への人々の期待度や熱狂ぶりが三〇年代の戦時期にピークに達したことが、当時の資料からも確認できる。

また相撲興行というイベントを通して見えてくるのは、地域の顔役ともいえる消防組組長たちの存在感である。内地と異なり伝統的な地域秩序が希薄な植民地の日本人社会では、時に表舞台で、あるいは裏社会で、社会各層の仲介役やアウトローの統括者としての彼らが、その力量を発揮する機会が充分にあったということだろうか。

三　戦時期台湾の国技相撲

(1)　木村秀雄という人物

既述のように、一九三六(昭和一一)年の学校体操教授要目の改正によって、相撲は尋常小学校五・六年生男子の競技種目として導入され、台湾でも内地同様に初等教育の現場で相撲が奨励されるようになった。

この時期、台湾各地の小学校や公学校(台湾人児童対象の初等教育機関)を巡回し、相撲体操や学童相撲を指導したのが、民間の相撲教師八尾秀雄(一九〇六〜没年不明)である。出生地は不明だが、一九一〇年代に父とともに台湾各地で相撲を指導するようになり、父の死後は弟とともに巡回指導を続け、一九二七年から五年間にわたっ

写真1　相撲講話放送中の八尾秀雄
（八尾秀雄『小学生相撲読本』田中宋榮堂、1936年より、写真2も同）

て台湾東部の高砂族（台湾原住民）の児童のべ一四、〇〇〇人を対象に教授した。また父の考案した相撲体操を改良・完成させ、台湾島内の小学校や公学校のみならず大阪・東京など内地の小学校も回って指導にあたったのち、満洲に渡り「国民相撲」と称する国民学校向けの教育相撲の指導をおこなった。現時点で確認できる限りでも、八尾が出版した相撲教育書は一一冊、そのほか振り付きの相撲唱歌「讃えよ国技」のレコード化、教育映画「相撲体錬法」の製作もおこなうなど、きわめて精力的に活動したことが明らかになっている。

筆者は八尾の相撲指導や相撲観についてすでに別稿で初歩的考察を試みたが[75]、彼の具体的な活動については未だ不明点が多い。本項ではその後の資料調査で判明した彼の足跡を検証し、その空白期間の一部を補うことにしたい。

別稿で言及したように、八尾の台湾における相撲指導の具体的な活動について、これまで資料上で明らかになったのは主に一九三〇年代が中心だったが、その後の資料調査により、筆者は二〇年代に台湾各地で巡回指導をした「木村」という相撲指導者が、八尾と同一人物であると推測できるにいたった。

その根拠としては、木村の名前が「秀雄」であること、木村が活動した一九二三（大正一二）年前後から一九三二（昭和七）年頃まで八尾秀雄の名前が資料上に見られず、逆に三二年以降木村秀雄の名が資料から消えること、また木村と行動を共にし、相撲指導の助手を務めた弟「木村三千夫」[76]と、八尾の略歴に書かれている弟「三千夫」（一九三八年に戦死）が同名であることなどが挙げられる。

『台湾日日新報』に木村の名が初めて載ったのは一九二三（大正一二）年の「嘉義通信」の欄である。ここでは

「木村秀雄君は恒例に依り、来る二十七日晩から中央噴水横の空地で子供相撲の土俵を開いた」[77]と小さく報じられている。また木村は東部の花蓮港庁での活動も目立つ。一九二六（大正一五）年の『台湾警察協会雑誌』には次のような記事がある。

能高団は野球の外に相撲部を組織し、其の手腕を試すべく十三日花蓮港出発西部台湾遠征の途に上り十四日着北した。素より団員は花蓮港農業補習学校の生徒さん達で、一校は坂本校長・村富助教諭・木村相撲教師に生徒八十一名、其の年齢は十五六歳を多とし、最長者二十歳迄のアミ族蕃人で、野球選手十四名相撲選手二十名を擁してゐる。[78]

能高団とは、花蓮港庁長江口良三郎が一九二〇（大正九）年に結成したアミ族を中心とする野球チームだが、記事にあるように相撲部も併設されていたようだ。しかし木村は正規の教員として教育機関に所属していたわけではなかった。一九二八年初頭、木村がある意志を胸に秘めて内地に向かったことをうかがわせる記事がある。

相撲の行司、少年相撲の先生、テニスマンとしての木村秀雄君と云へば相当知つてゐる人があることと思ふが、同君は三年来病床に臥せつてゐる母と八人の小さい弟妹たちを一本の腕で養ひ慰めて来たが、少年相撲の授業料では其日の糧にさへ差し支へることがあつた。どうかして相当の収入を得て弟妹だけには人なみの学問をさしてやりたいと焦慮してゐたが、遂に大なる決心の下に病母とも相談し、中等学校の体育教師の資格を得べく、血の出る様にして貯蓄した僅かな金を残し、十九歳になる妹に病母の世話を頼み、苦学する為雄々しくも十六日の蓬萊丸で上京した。[79]

彼のこの目的はどの程度達せられたのか不明だが、同年末から再び埔里・嘉義・高雄・屏東・花蓮など、台湾中南部を中心に少年相撲大会の指導や素人相撲大会の審判として活動している。[80] その後の活動をみても、正規の教員として就職した形跡はなく、おそらく台湾で安定した職を得たいという希望は果たせなかったと推測される。

木村秀雄が八尾秀雄の名で活動を始めるのは一九三二（昭和七）年である。この年、八尾は三月に大阪でおこなわれた大日本相撲連盟の選手権大会を見学している[81]。大日本相撲連盟は春秋園事件後に協会を離脱した天龍（和久田三郎）らが二月に結成した組織である。大相撲の現状を批判し、従来の「職業相撲」と区別するために満洲の相撲を「角道」と称した和久田に、八尾は大阪で交流を深めた可能性が高い。後年八尾は大阪国技館講習所所長を経たのち、満洲に渡った和久田のもとへ赴き、満洲帝国武道会少年部講師となった。

八尾は一九三七（昭和一二）年頃から内地で活動を本格化させるが、一九三八年一一月には台北州で初等教育の教職員を対象とした「教育相撲講習会」の講師も務めており[82]、この時期には内地と台湾を行き来して活動を継続していたとみられる。

別稿で論じたように、彼の相撲指導は、児童の興味・関心を重視し、身体的諸能力の「調和的発達」を目標としている[83]。相撲体操や四股などの基本運動と屈伸運動などの補助運動を組み合わせて児童の体力向上をめざす点は、明治以降日本の教育現場で導入されつつあった欧米の近代的な体育理論を意識したものといえる。同時に八尾は、相撲こそが尚武性と敬徳心、剛毅や快活、公正や忍耐といった「日本精神」の錬磨をはかるのにふさわしいと説く。前近代的な精神性と近代スポーツを接合し、帝国イデオロギーとして相撲をとらえる、その言説は皮肉にも、のちに彼の活動を「土角力」と批判し、満洲に追いやった大日本相撲協会の財団法人設立申請書の文面を彷彿とさせる「国技相撲」観である。

植民地育ちの彼にとって相撲とは、おそらく内地の子供たちのように、幼少時から遊びや地域の行事などで親しく接し、自身の身体に染みこませてきたものではないだろう。そのような彼が支配者の立場から異民族の子どもを前にして見せる相撲は、他者に教えるための原理的かつ理念的な相撲であり、大相撲の力士のような、相撲部屋における日々の鍛錬によって獲得した伝統的身体とは異質のものである。それはまた、植民地の貧困家庭に生まれ育った日本人の彼にとっては、現状を脱却し社会内で上昇移動するための、唯一無二の生活手段でもあった。一九三〇年代当時、誰よりも先鋭的な国技相撲を提唱したのが、こうした境遇に置かれた植民地の日本人青年であったことは、やはり偶然ではないだろう。

（2）「国技相撲」の矛盾

1　台湾人少年と相撲

八尾秀雄は木村秀雄時代を合わせ、台湾で通算一五年に及ぶ相撲指導をおこなった。一九三〇年代後半には既述のように指導対象は児童にとどまらず、小・公学校教員向けの講習会を担当する機会も増えた。八尾の指導が各地で求められた背景には、教育現場で「国技相撲」を指導できる指導者と指導法の確立が喫緊の課題だとする認識の高まりがあるだろう。職業相撲とは一線を画す「体育的見地に立脚した」[84]教育相撲が求められ、八尾はその第一人者であった。彼は準備体操、基本動作、技、試合の方式などを、学年別に教導細目として作成したほか、土俵の大きさや審判規定など、大相撲とは別個の改革案を提示した。一九三九（昭和一四）年には台北州各市部で、彼の改革案に沿った審判規定による児童相撲大会をおこなうべく、州教育課が各学校に通知している[85]。

かつて八尾の指導を受けたという公学校教師は、「素直な純一な日本人をつくる上には、国民性を密接に融合した、教育相撲及剣道が第一であると思ふ」として、担任学級で積極的に相撲を指導した。その結果、児童の体位が向上し、さらに以下のような変化がみられたという。

自分の子供等は此の相撲が大好で、いたる処で右四つ、左四つになつている。又三年生の生徒は「先生相撲をおしえて下さい。」とたのみにくる、「よし、教えてやる。」と言えば喜んで走つて行く。［中略］相撲によつて日本人としての気魄を体得したのか、はきはきして来た[86]。

しかしこうした例は一部の教師が個別におこなったものである。学校体操教授要目の改正後も、相撲は体練科で教授する「武道」(剣道・柔道・薙刀・弓道など)の範疇には含まれず、あくまで指導の「奨励」項目にとどまっていた。そのためおそらく多くの教育現場では、「砂場等を利用して体操時の服装で行う力競べをするといふ程度」[87]という扱いであったろう。それはやはり遊びの延長であり、「日本精神の錬磨」や「国民の体位向上」をめざす「国技」の鍛錬とはとらえ難い。

写真2　相撲の試合(田中公学校)

しかし支配者側からみれば、それでも相撲は皇民化を促進する国技である。台北の台湾人児童が公学校で相撲をとる風景も、『台湾日日新報』の記者の目には次のように映る。

国技相撲から日本精神を汲み取らうといふのである。〔中略〕はじめは裸になるのをとても厭がつた、殊に褌をしめるのをきらつて困つたとのことである。現在ではどの公学校でも四年生以上の男子は体操の時間にちよいちよい相撲をやる、〔中略〕相撲ときけばヤンヤヤンヤと大さわぎをして喜ぶ程になつた。〔中略〕身に一糸もまとはず、素ツ裸での肉と肉との闘ひ、この中にはたしかに廉潔な、素直な、しかも烈々たる攻撃心に燃えた日本精神が端的にもりあがつてゐる[88]。

さて、それでは当時の台湾人児童にとって、相撲とはどのようなものだったのだろうか。一九二五年生まれの台湾人作家鍾肇政は、自叙伝ともいえる長編小説のなかで、公学校時代の相撲との関わりを次のように書いている。

公学校時代の私にとって、「相撲」はなじみ深いものだった。二人の人間が組んで力を競う相撲は、遊びともいえるし、「国技」とも呼ばれていた。東京の国技館では毎年春と夏に本場所が開かれる。頭のてっぺんを「ちょんまげ」という古めかしい髪型に結ったプロの「力士」が出場して、全国を熱狂させた。当時の人気力士は双葉山、玉錦、男女ノ川、羽黒山などで、みな私たちの憧れだった。本場所期間中は毎日、新聞に星取予想や写真が載ったので、私は一人一人の力士の顔をすっかり憶えてしまった。当時は体操の時間に先生がよく生徒に相撲をとらせた。しかし小柄で非力な私は大抵真っ先に倒されてしまう。大相撲は好きだったが、自分で相撲を取るのは苦手で、授業中はいつも先生に指名されないよう縮こまっていたものだ。(89)

また、文学者で「台湾独立運動の父」として知られる王育徳も、一九三〇年代の公学校で実兄が相撲の手ほどきを受けた日本人教師について、こう述べている。

下門先生の一番の懐かしい思い出といえば、恐らく台南市の小・公学校で初めて相撲の土俵をつくった一事であろう。先生ご自身が「大親玉」と名乗り、一人一人に「新高山」とか「濁水渓」とかシコ名をつけて、ハッケヨイ、ノコッタのかけ声も勇ましく、相撲をとらせた。ひっくり返ってベソをかくようなやつは、何回も何回も投げとばされた。フンドシ姿を恥ずかしがる本島人の旧観念も粉砕された。(90)

一九三〇年代の台湾人少年たちが大相撲に憧れと興味を持った様子は、筆者の聞き取り調査でもうかがえる。一九二二（大正一一）年生まれで台北市萬華在住の漢族系台湾人Kさんは、一四歳で薬店に丁稚として入った。当時萬華の大きな商店には店内にラジオがあったので、大相撲放送を聴くのが何より楽しみだったと語ってくれた。一九三六年の台北興行の際は、会場の外から眺めた記憶もあるという。(91)また一九三〇（昭和五）年生まれで新台北市三峡在住のRさんは、裕福な家庭環境だったため家にラジオがあり、相撲中継を欠かさず聴いていた。双葉山など人気力士の絵が描かれた「カルタ」（メンコ）も持っていたという。(92)

しかし彼らも鍾肇政や王育徳の兄と同様に、学校以外でみずから相撲を取る機会は多くなかった。Kさんは萬華の華西街近くにあった稲荷神社の土俵で、祭りの時に日本人が相撲を取るのをよく見ていたが、自分では取ることはなかった。初めてまわしを着けたのは海軍志願兵として入団した海兵団の頃で、上官が日本人の場合はしばしばおこなった。しかしKさんによると、これも訓練というよりはあくまで「遊び」の一種だったという。Rさんの住む三峡でも、公学校には土俵が常設されていたが、彼自身が実際に相撲を取った記憶はあまりないという。Rさんも地元青年団の相撲大会を見学するなど、もっぱら「見る相撲」だったようだ。

2　原住民と相撲

一方こうした漢族系台湾人とは対照的に、みずから相撲をとったのが植民地期に高砂族と呼ばれた台湾原住民である。一九三六年の大相撲興行では、「十五六里の山から更に山へ三里も登つた蕃社」から「蕃族の児童三十名」が台中の会場まで観戦に来た。引率した日本人によると「この児童等も日本の相撲を見たいと養成所の巡査に訴へたので、連行した[93]」ということだった。

確かに台湾原住民のなかには、プユマ族のように部族の祝祭的行事「猿祭り」のなかで相撲に似た競技[94]をおこなう部族もあり、八尾秀雄ら日本人が教化の一環として指導した相撲に対し、それを抵抗感なく受け入れる者も少なくなかったとみられる[95]。青年団の活動に相撲指導を取り入れる例も多く、州庁や総督府が主催する高砂族青年相撲大会では、常に熱戦が繰り広げられた。こうした「台湾蕃人の相撲熱」に関して、当時のスポーツ雑誌『野球界』には次のような記述がある。

彼等は、相撲は日本の国技であつて、相撲の中には日本精神が体顕されてゐるのだ、といふ風に考へてゐる。それで相撲を学び、相撲が強くなるといふことは、それだけ自分達の敬愛してゐる日本人に近づくことになるのだ、といふ風に考へてゐるとのことである[96]。

しかし、「日本人に近づく」ための「国技」であるにもかかわらず、彼らが実際に相撲を取ると、次のような光景を生み出すこともあった。

選手は先づ土俵の一隅で四股を踏む、教へられたままの型で唯力をこめて踏むだけだが、この四股踏みを残る四人の選手が睨みつけて、足を下すたびに大声で「よいしよう」と叫ぶ。四股踏み終わつて力水を受け、塩を一つまみ受けてそれをペロリとなめて、さて仕切に向ふその背中めがけて、控への選手が手に残る塩を力まかせに叩きつけるのだ。

行司を中心に先づ睨み合ふのだが、この睨み合の双方の眼光の鋭さは凄いばかり、かけ引きも作戦もあらばこそ、土俵に上るや否や今にも飛びかからんとする気構へなのだ。待つたなしの仕切だから、双方共手も下すもどかしいらしく、行司に叱られても叱られても立たうとする。腰の高い甚だ型の悪い仕切で、中には左足を後に引いた短距離のスタート式のもあるが、そのいづれもが恐ろしい程の闘志に満ちてゐるのだ。[97]

この一九四一（昭和一六）年の光景からうかがえるのは、彼らが「国技相撲」を通じて、彼らの伝統的な身体競技の身振りをむしろ際だたせるかたちで表現しているということである。同年の総督府警務局理蕃課の機関紙『理蕃の友』には、「高砂族青年相撲審判規定」制定の記事が掲載されている。これは「国技相撲を全島に普及し、其の健全なる発達を期する意味合ひ」から定められたもので、試合時の審判法のほか、禁手としていわゆる「喉輪」や「外だすき」「閂《かんぬき》」など、一般的なもののほかに「相手ノ頭髪又ハ耳ヲ摑ムコト」というプユマ族の伝統的な競技で行われる技を禁止する項目もみられる。また、「試合上の作法」として「応援は拍手の程度に止め発声を禁ずべし」ともある。[98] 当時原住民はこうした「国技相撲」の規定と作法の指導を受け、日本人のような相撲をとることを支配者から求められていたはずだった。

しかし支配者の思惑や予想を越えて、土俵上の彼らは「今にも飛びかからんとする気構へ」と「恐ろしい程の闘志に満ちて」いた。翌一九四二年に台北でおこなわれた全島高砂族青年団相撲大会でも同様で、総督府総務長官や警務局長、台北州知事らが観戦するなか、「期待にそむかず各選手の闘志はものすごいばかり、加へて高砂族学芸会出演のため全島から来北中の青年男女が声をからしての声援は試合を一層活気づけ、相手を投げつけて土俵の真ん中に仁王立のまま万歳を叫ぶもの、敢闘の甲斐なく敗れて歯を喰ひしばるもの[99]」が続出するという光景が繰り広げられた。

こうした原住民の土俵上の熱気や闘志の発露をみると、それはもはや押しつけられた「日本精神」などではなく、相撲を通して彼ら自身の「伝統的身体」が呼び覚まされ、身振りや熱狂として表現されていることがわかる。皮肉にも異民族教化の手段としての「国技相撲」は、「日本人に近づく」どころかむしろ埋めがたい彼我の差異の存在を示してみせた。土俵下で観戦する日本人たちのなかには、おそらく居心地の悪さを感じた者もいたのではないだろうか。

おわりに

伝統文化を基層としてもつ相撲を、「帝国の国技」という近代的要素をもつ枠組みに押し込んだのは、一部の保守派や上流好角家であった。それは偶然にも昭和天皇の相撲趣味に後押しされた結果でもあり、相撲が近代を生きるための延命策ともなった。しかし「帝国の国技」と位置づけられた後も、大相撲は各地を巡業し、庶民の娯楽として親しまれた。帝国日本の新領土となった台湾にも大相撲巡業はたびたび訪れ、新たに形成されつつあった植民地社会との人的・物的関係を築いていった。

一方「国技相撲」は、植民地という異民族教化の場でどのように扱われたのか。本稿ではその問題関心から相撲指導者八尾秀雄の活動を追った。支配者側の立場とはいえ、植民地育ちでエリート階層の出自をもたない彼にとっての相撲は、見たりおこなったりして楽しむものではなく、より現実的な、自身の社会的上昇を果たすための唯一の手段でもあった。そうした内地の日本人とは異なる植民地的相撲観をもつ彼は、その分原理的な「国技相撲」の実践に躊躇しなかった。彼がナショナリスティックかつドラスチックな相撲指導をおこなったのは、そうした彼の出自や植民地経験と大きく関係しているとみてよいだろう。

しかし彼のめざす国技相撲が植民地の教育現場で広く実践されたとは言い難い。植民地の子どもたちから見ても、また教師からみても、相撲は余技や遊びであり、帝国臣民を鍛錬する「相撲道」とはみなされなかった。また、台湾原住民の相撲大会など、戦時期に最も規律化された身体を披露すべき場所においても、相撲はむしろ彼らの身体を解放し、熱狂させる娯楽として機能した。相撲を「国技」と規定し、それを異民族教化の手段として利用しようとすればするほど、相撲はその枠からはみ出し、滲みだし、時には異民族の身体と共鳴する。植民地社会に置かれた「国技相撲」が、はしなくも露呈した「非国技」的な側面こそが、「国技」の虚構性の一端を示唆しているようにみえてならない。

(1) 稲垣正浩・今福龍太・西谷修『近代スポーツのミッションは終わったか　身体・メディア・世界』(平凡社、二〇〇九年)および稲垣・今福・西谷の対談「大相撲のゆくえ」(『現代思想』第三八巻第一三号、青土社、二〇一〇年一一月)がある。
(2) 胎中千鶴「帝国日本の相撲——外地から見た「国技」と大相撲——」(『現代思想』第三八巻第一三号、二〇一〇年一一月)一八四〜二〇二頁。
(3) 加藤隆世『明治時代の大相撲』(国民体力協会、一九四二年)三三九頁。
(4) 加藤、前掲書、四一七頁。
(5) 彦山光三『相撲道綜鑑』(国民体力協会、一九四〇年)二二〜二七頁。
(6) 栗島狭衣『相撲百話』(朝日新聞社、一九四〇年)三九〜四一頁。
(7) 加藤、前掲書、二八六〜二九五頁。たとえば一九〇一年結成の「日下会」(秋元興朝、三宅硯夫など)、「尾車会」(黒岩涙香、三木愛花など）「同感会」「常陸山会」などである。
（8）栗島、前掲書、二四頁。
（9）同右、五〇頁。
（10）江口福来「相撲見物の変遷」（『野球界』第一三巻第七号、一九二三年七月）九六頁。
（11）尾崎士郎『昭和時代の大相撲』（国民体力協会、一九四一年）四頁。
（12）文春新書編集部編『昭和天皇の履歴書』（文藝春秋、二〇〇八年）七四～七五頁。
（13）『東京朝日新聞』一九一五年四月二九日。
（14）『東京朝日新聞』一九一五年四月三〇日。
（15）財団法人日本相撲協会・博物館運営委員監修『近世日本相撲史』第一巻（ベースボールマガジン社、一九七五年）二頁。ただしこの紋章が「皇族ノ外菊御紋ヲ禁止シ粉敷品ハ改メシム」とする太政官布告の「御紋章取締規則」にふれるとされたため、代用品を急遽使用、正式な賜杯が認められたのは一九二八（昭和三）年からである。
（16）同右、三～五頁。認可後、財団法人大日本大相撲協会が正式に発足したのは一九二八（昭和三）年である。
（17）杉山茂丸「相撲道振興の要素」（『日本魂』第一三巻第五号、一九二八年五月）四八～四九頁。
（18）同右、五〇頁。
（19）後藤武夫「相撲道興隆の急務」（『日本魂』第一三巻第五号、一九二八年五月）六～九頁。
（20）協会は一九三一（昭和六）年に皇居でおこなわれた天覧相撲を機に、土俵の屋根を入母屋造りから神社建築様式の神明造りに改め、土俵の直径を一三尺から一五尺に広げた（財団法人日本相撲協会・博物館運営委員監修、前掲書、一八四頁）。
（21）同右、三頁。
（22）胎中、前掲論文。
（23）井出季和太『興味の台湾史話』（萬報社、一九三五年）二二五～二二九頁。
（24）一九三二（昭和七）年、関脇天龍ら一部力士が、力士の待遇改善をはじめとする大相撲界の改革を唱えて東京・大井町の中華料理店「春秋園」に籠城した事件。

(25) 草風瀧五郎がいかなる人物かは明らかではないが、一九〇六（明治三九）年に京都相撲がおこなった朝鮮巡業の勧進元が京都相撲出身の「草風弥惣右衛門」という元力士だったという資料があり（前原太郎『呼出し太郎一代記』ベースボールマガジン社、一九五四年）、また京都相撲には明治三〇年代に「草風部屋」があったことから、草風瀧五郎も関係者と推定できる。

(26) 同右。なお割譲後初の相撲興行として一八九六（明治二九）年に「国技館部屋大相撲団」が訪れたという記述も別資料（竹村豊俊編『創立十周年記念台湾体育史』台湾体育協会、一九三三年）にみられるが、国技館落成（一九〇九年）前の名称とすると不自然であり、職業相撲団かどうかは特定できない。

(27) 「本願寺跡地」とは浄土真宗本願寺派の駐在所があった北門外の土地を指すと思われる。その後、本願寺派は新たな土地を購入、一九〇一年に「台北別院」を設立した。

(28) 『台湾日日新報』一九〇〇年三月一日。

(29) 『台湾日日新報』一九〇四年二月二日。なお一八九六（明治二九）年の台北では会席料理が安くて一人前五〇銭、一円二〇銭以上が普通、また間口二間半ほどの家賃が一か月二〇円ほどであった（井出、前掲書、二三一～二三二頁）。

(30) 江戸期の大坂・京都相撲については、新田一郎『相撲の歴史』（山川出版社、一九九四年）、近世以降の大阪相撲と都市社会内の諸集団との関係については飯田直樹「大阪の都市社会と大阪相撲」（『近代大阪と都市文化（大阪市立大学文学研究科叢書第四巻）』清文堂出版、二〇〇六年）に詳しい。

(31) 原田敬一「侠客の社会史――小林佐兵衛と大阪の近代――」（佐々木克編『それぞれの明治維新――変革期の行き方――』吉川弘文館、二〇〇〇年）三〇〇～三二六頁。

(32) 泉林八「二十二代庄之助一代記」（http://www.syounosuke.net/gallery/book_01.html）。

(33) 東京角道会編『相撲の話』（黒燿社、一九二五年）八八～八九頁。

(34) 呼出しの前原太郎によれば、一九〇六（明治三九）年の京都相撲は「アイヌ対抗相撲」を企画し、関西地方のほか、朝鮮・中国巡業でおこなったという（前原、前掲書、三五～四六頁）。

(35) 『台湾日日新報』一九〇三年四月一四日。

(36) 『台湾日日新報』一九〇七年一一月六日および一九〇七年一二月二九日。

(37)『台湾日日新報』一九一〇年一〇月二八日。
(38)泉、前掲書。
(39)「喫煙室」(読者投稿欄)(『運動と趣味』第二巻第三号、一九一七年三月)四七頁。
(40)観音山「大阪相撲素見記」(同右)一八頁。
(41)「大阪相撲来る」(『新台湾』大正六年四月号、一九一七年四月)二九頁。
(42)こうした戦時期の相撲ブームの背景に、一九二八(昭和三)年から始まったラジオの相撲実況放送の影響があることは間違いない。野球の実況放送が中止になった一九四三(昭和一八)年以降も、相撲中継だけは続行され、内地・外地のみならず、アジア各地の戦地においても短波放送で聴くことができた。
(43)彦山、前掲書、四七五~四七七頁。
(44)財団法人日本相撲協会・博物館運営委員監修『近世日本相撲史』第二巻(ベースボールマガジン社、一九七七年)六七頁。
(45)「専売春秋」(『専売通信』第一五巻第五号、一九三六年五月)八六頁。
(46)「地方巡業だより」(『相撲』創刊号、一九三六年五月)一一六~一一七頁。
(47)同右、一二二頁。ただし、戦前の台湾出身の力士(台湾人力士)は一九四〇年に花籠部屋に入門した「新高山」のみである。新高山は本名を卓詒詢と言い、台中州大甲郡生まれ。台南工業学校を卒業後、製紙会社に勤めたが、二メートルの体軀を見込まれ力士をめざした(『相撲と野球』第三三巻第一三号、一九四三年七月、七六~七七頁)。新高山は一九四六年に引退、その後日本プロレスに所属、プロレスラー「羅生門綱五郎」として知られた。
(48)前掲、「専売春秋」、八六頁。
(49)「地方巡業だより」(『相撲』第一巻第六号、一九三六年一〇月)二二二頁。
(50)『台湾日日新報』一九三九年一〇月一七日。
(51)竹中信子『植民地台湾の日本女性生活史』(田畑書店、二〇〇一年)一一一頁、および『台湾日日新報』一九三九年一〇月一九日。
(52)「基隆雑俎」(『台湾公論』第四巻第一一号、一九三九年一一月)二二五頁。

(53)『台湾日日新報』一九三九年一〇月一二日。
(54)「勧進元ホクホクだが観衆は鮨詰の憂目」(『台湾公論』第四巻第一一号、一九三九年一一月)二五頁。
(55)消防組以外の勧進元としては、一九一八(大正七)年三月の東西合併相撲における台北の料亭「梅屋敷」や、一九三六年の基隆巡業における台湾土木協会もあるが、これらは稀な例である。
(56)日本統治期初期の消防組全般に関しては、蔡秀美「臺灣近代消防制度之萌芽──以日治初期臺北地區在台日人消防組之試行為中心──」(『臺灣文獻』第五八巻第二期、二〇〇七年六月)三〇一～三〇五頁を参照。
(57)これは日本人のみの組織で、台湾人を除外したのは「本島人には保甲又は壮丁団員としての責務がある」という理由からだったという。篠原哲次郎「行政警察の二三に就いて」(『台湾警察時報』第二五九号、一九三七年六月)二四～二五頁。
(58)『台湾日日新報』一九一二年一月一五日。
(59)「台北消防組ヲ設置ス」(台湾総督府史料編纂会編『台湾史料稿本　明治三五年一一月』台湾総督府、一九〇二年)一～七頁。
(60)『台湾日日新報』一九一二年一月一三日。
(61)篠原、前掲論文、二五頁。
(62)吉田静堂「町奴の大御所　澤井市造君」(吉田静堂『台湾古今財界人の横顔』経済春秋社、一九三二年)一一三頁。
(63)高橋伝吉編『杉本音吉小伝』(内外出版、一九三四年)一〇三～一一五頁。
(64)大園市蔵『台湾人物誌』(谷澤書店、一九一六年)三二九頁。
(65)後藤方泉『後藤方泉講談集』(盛友社、一九三七年)。
(66)一九三〇(昭和五)年の史料によると、台北州の消防手二四一名の職業別構成は、「日雇労働者」が全体の三二%、「その他」が三〇%、「商業」が二三%である。また基隆消防組には一七名、羅東消防組には二名の台湾人消防手が含まれている。台北州消防協会編『台北州消防一覧』(台北州消防協会、一九三〇年)一四頁、および二七～三三頁。
(67)三田村鳶魚著、柴田宵曲編『侠客と角力』(筑摩書房、二〇一〇年)三一五～三一六頁。
(68)加藤、前掲書、二九～三一頁。

(69) 高橋窓雨編『澤井市造』(澤井組本店、一九一五年)八七～八九頁。
(70) 高橋、前掲書、一二一頁。
(71)「地方巡業だより」(『相撲』創刊号、一九三六年五月)一二三頁。
(72) 地方巡業では「頼まれ勧進元」と称し、地元の顔役が「手相撲」に名前貸しをすることもあった。多くは必ず収益が見込めると協会が踏んだ場所の興行や、移動日を使った一日興行の場合で、顔役は名前貸しをすることで花柳界からの祝儀や、協会からの招待券寄贈を受けることができた。横河彌生「呑気極まる地方巡業」(『野球界』第一三巻第一号、一九二三年一月)五七～五八頁。
(73)『台湾日日新報』一九二四年四月一九日。
(74) 纏子生「因習的観念を捨てよ」(『台湾消防』第七一号、一九三七年一一月)五七～五九頁。
(75) 胎中、前掲論文、一九〇～一九二頁。
(76)『台湾日日新報』一九二九年七月一四日。
(77)『台湾日日新報』一九二三年九月二七日。
(78)「理蕃通信」(『台湾警察協会雑誌』第一一二号、一九二六年一〇月)二七〇～二七一頁。
(79)『台湾日日新報』一九二八年一月一日。
(80) 一九二八年一二月一三日、一九二九年五月三〇日、同七月二日、同七月一四日、同八月三一日、同九月二七日、一九三〇年一二月二四日、一九三一年三月二五日、同四月五日、同九月一二日、一九三二年二月二六日付、各『台湾日日新報』。
(81)『台湾日日新報』一九三二年四月七日。
(82)『朝日新聞外地版(台湾版)』一九三八年一一月一一日。
(83) 胎中、前掲論文、一九一頁。
(84) 森吉信「児童相撲への提言」(『台中州教育』第七巻第六号、一九三九年六月)一七頁。
(85)『朝日新聞外地版(台湾版)』一九三九年三月一二日。
(86) 大島喜代志「相撲と中学年訓育」(『台中州教育』第七巻第一二号、一九三九年一二月)一三～一八頁。

(87) 甲斐留吉編『体操科教授細目』(竹南郡教育会、一九三九年)一二頁。
(88) 『朝日新聞外地版(台湾版)』一九三八年九月一七日。
(89) 鍾肇政『八角塔下』(草根出版事業有限公司、一九九八年)七七~八九頁。原文は中国語。
(90) 王育徳『昭和を生きた台湾青年』(草思社、二〇一一年)九一頁。
(91) 二〇〇七年八月、台北市にてインタビュー。
(92) 二〇〇七年八月、台北県三峡鎮にてインタビュー。
(93) 「地方巡業だより」(『相撲』創刊号、一九三六年五月)一二〇頁。
(94) プユマ族の児童の遊びとして、次のような記述もある。「両名の児童、互に其頭髪をつかみて其一方を引倒さんとつとめ、引仆さるるも降参の一言を発せざれば勝敗定まらずと云ふ聊か乱暴なれども面白き相撲あり」(成田武司『台湾生蕃種族写真帖』(一九一二年の復刻版)、南天書局、一九九五年)一〇八頁。なお、プユマ族の相撲については、渡邉昌史『身体に託された記憶』(明和出版、二〇一二年)を参照。
(95) 一九三八(昭和一三)年、高雄州潮州郡のクラユウ社の青年が遊びに来た友人と庭で相撲をとっているうちに喧嘩となり負傷したという記事もある(『理蕃の友』第一〇一号、一九三八年八月、八頁)。
(96) 「台湾蕃人の相撲熱」(『野球界』第三二巻第二号、一九四二年一月)三三頁。
(97) 河合政「高砂族蕃社対抗相撲大会」(『相撲』第六巻第一二号、一九四一年一二月)四六~四九頁。
(98) 「高砂族青年にも国技相撲を奨励」(『理蕃の友』第一一九号、一九四一年一一月)七~八頁。
(99) 『朝日新聞外地版(台湾版)』一九四二年三月一九日。

〔筆者注〕本稿で引用した原史料は、読みやすさを考慮して句読点を補い、旧漢字は現在のものにあらためた。

〔付記〕本稿は、日本学術振興会平成二三年度科学研究費補助金(基盤研究C:課題番号二二五二〇六八七「帝国日本の「外地」における相撲の受容と大相撲の「国技化」に関する調査研究」)および平成二三年度目白大学特別研究費による研究成果の一部である。

日中戦争期、満洲都市の住宅問題と保健・衛生行政——奉天を中心に——

田中隆一

はじめに

本稿の目的は、一九三〇年代、奉天（現在の瀋陽）における社会的変容の様相について、日中戦争期の住宅問題を中心に検討するとともに、それにともなう保健・衛生問題に対する政策当局による行政的対応を明らかにすることにある。

周知のように、「満洲国」（以下、「」省略）における「満洲産業開発五箇年計画」の実施には多くの専門的技術者と労働力が必要であり、日本本国からの日本人、中国華北地方からの中国人労働者のおびただしい流入を見た。また日中戦争にともなう戦時統制経済の進行によって中国東北の農村経済には深刻な混乱が生じ、そのため農村から都市に向けて激しい人口移動が発生した。その結果、満洲国政府は各種の都市問題に対し、「高度国防国家」の人的資源の保全という見地から、多様な「戦時社会政策」を実施する必要に迫られた。

日中戦争期の日本本国におけるこうした戦時社会政策に関する研究としては、鍾家新（一九九八年）、高岡裕之（二〇一一年）など、近年注目すべき成果が蓄積されつつあり、他方、朝鮮近代史研究においては韓国学界において「植民地近代性」論、あるいは「植民地ファシズム」論の観点から、金晋均・鄭根埴編(一九九七年)、孔堤郁・鄭根埴編(二〇〇六年)、延世大学校国学研究院編(二〇〇四年)、方基中編(二〇〇四年・二〇〇六年)など、植民地期の朝鮮人の多様な日常生活相を明らかにする試みが開始されている。また満洲国が常に参照したドイツの事例については、川越修(二〇〇四年)などの研究成果が提示されている。

本稿の主題に関する満洲国研究においては、越沢明(一九七八年)が長春を中心に住宅問題と都市計画に関する先駆的研究を提示し、沈潔(一九九六年)は中央政府レベルの社会事業政策の展開過程を跡づけ、藤野豊(二〇〇三年)は一九四二年の東亜厚生大会、および満洲国における厚生運動について考察している。そして殷志強(二〇一一年)は『日本関東憲兵隊報告集』を素材にして日中戦争期、奉天の物価変動や配給状況について検討している。(1) これら先行研究に対して、本稿は日中戦争期、奉天という地域社会に即して、日本植民地支配下、満洲都市社会における日常生活の諸相を復元しようとするものである。(2)

そこで本稿の具体的な課題は、第一に前史として一九三〇年代前半の奉天における人口増加と住宅難、および保健・衛生問題を概観する。第二に日中戦争期、奉天における人口爆発と住宅難、満洲房産株式会社を中心とした住宅政策と満洲国協和会の役割、家賃統制と経済警察の活動など、社会変化の諸側面を明らかにする。第三に、住宅難に起因する都市問題の一つとして、保健・衛生問題をとりあげ、奉天市における保健・衛生行政の取り組みとその限界について検討する。(3) 以上の検討を通じて、日中戦争期、奉天における社会的変容過程と、植民地権力が地域社会にもたらした影響について考察したいと考える。

一　一九三〇年代、奉天都市社会の変容と住宅問題

（1）奉天における人口推移

まず最初に、一九三〇年代、奉天市における人口推移を概観しておく（図1）。

統計上の技術的困難に加えて、満洲における人口移動の高さなどの諸要因のために、正確な人口統計を求めることは極めて難しい。その上で人口増加の趨勢を概観すれば、一九三一年、満洲事変時点で三一万四四八一人

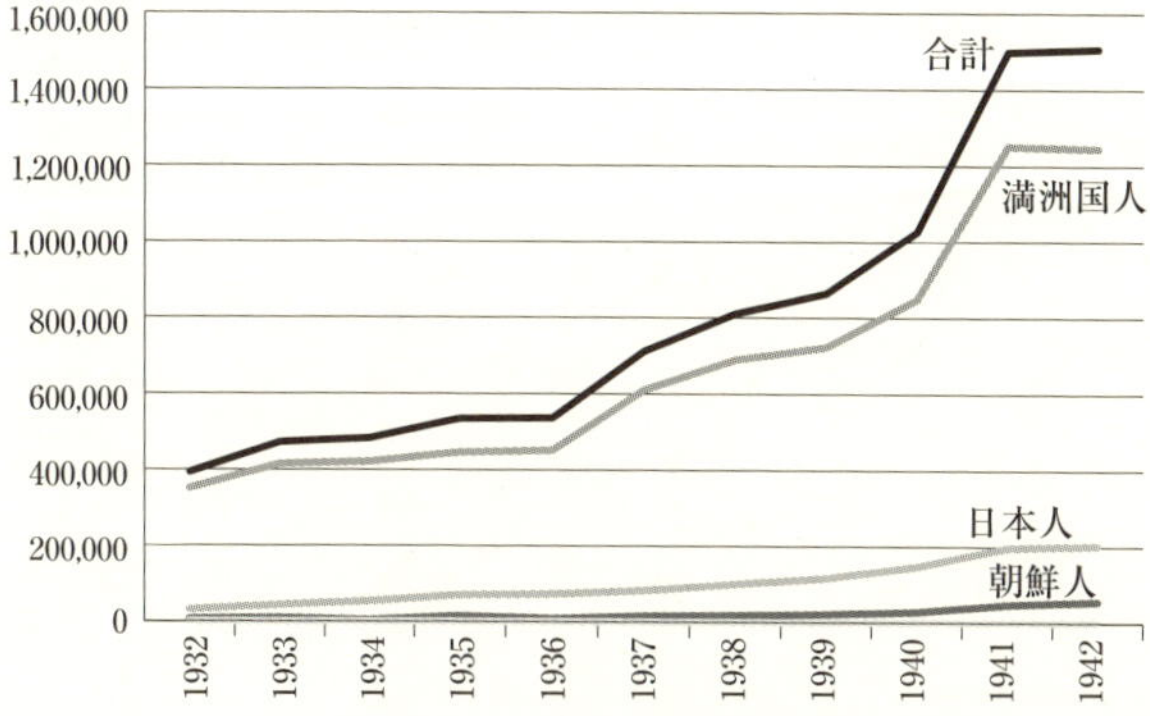

図1　奉天市人口推移

出典：奉天商工公会『奉天産業経済事情』1942年版。
註：ここでの「満洲国人」は漢族・満洲族をさす。

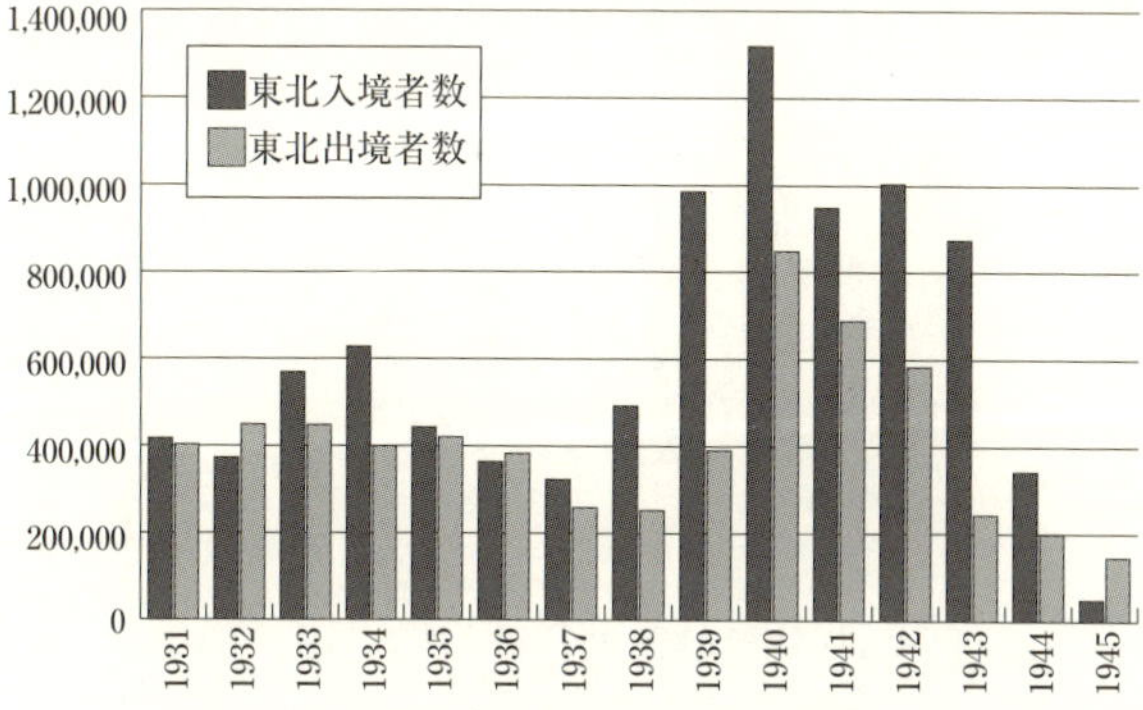

図2　華北労働者入満推移

出典：李秉剛・高嵩峰・権芳敏『日本在東北奴役労工調査研究』社会科学文献出版社、2009年。

と集計された奉天市の人口は三〇年代前半、漸増していたが、日中戦争時期を契機に急増し、一九三九年一〇月一日実施の戸口調査では一〇四万人（定着者八八万人、中国人労働者一六万人）、翌四〇年四月末の人口調査では一三〇万人以上（定着者一一二万三二八七人、中国人労働者二〇万人）と集計されている。さらに一九四一年七月末の人口調査では一四三万七六五二人（漢・満洲族一二〇万六六三〇人、日本人一八万五八三八人、朝鮮人四万三四一一人、外国人一二六六人）、同四一年末では一五一万六八〇八人などの記録がある（『満日』一九四〇年六月一八日、四一年九月一七日、一〇月九日。なお、『満洲日報』『満洲日日新聞』は『満日』と略記する）。

こうした人口急増の原因は満洲国建設過程における日本本国からの日本人人口の増加と、「満洲産業開発五箇年計画」による中国華北地域、特に山東半島からの中国人労働力の流入によってもたらされた（図2）。先行研究が明らかにしているように、「苦力」とよばれた中国人労働者の移動率は極めて高く、当時の統計調査では定着者とは区別して分類されている。[4] また中国東北農村部からの人口析出によっても、奉天の人口増加は促進された。[5] 他方、一九四〇年時点の奉天市内の民族別住居分布を確認すれば図3のようである。奉天市構成人口の大部分は漢族であり、瀋陽区に多く居住している。日本人は大半が奉天駅前に広がる大和区に居住しており、朝鮮人も大和区・皇姑区に多く居住している。[6] 鉄西区は三〇年代に入り形成された工業地帯である。

牧野正己（新京首都警察庁工場科長）は奉天の人口動態について「大和署（旧附属地）管内に於ける出入の激しいことと、鉄西署管内に於て定着人口が急激に増加しつつある」ことを指摘し、その理由を「前

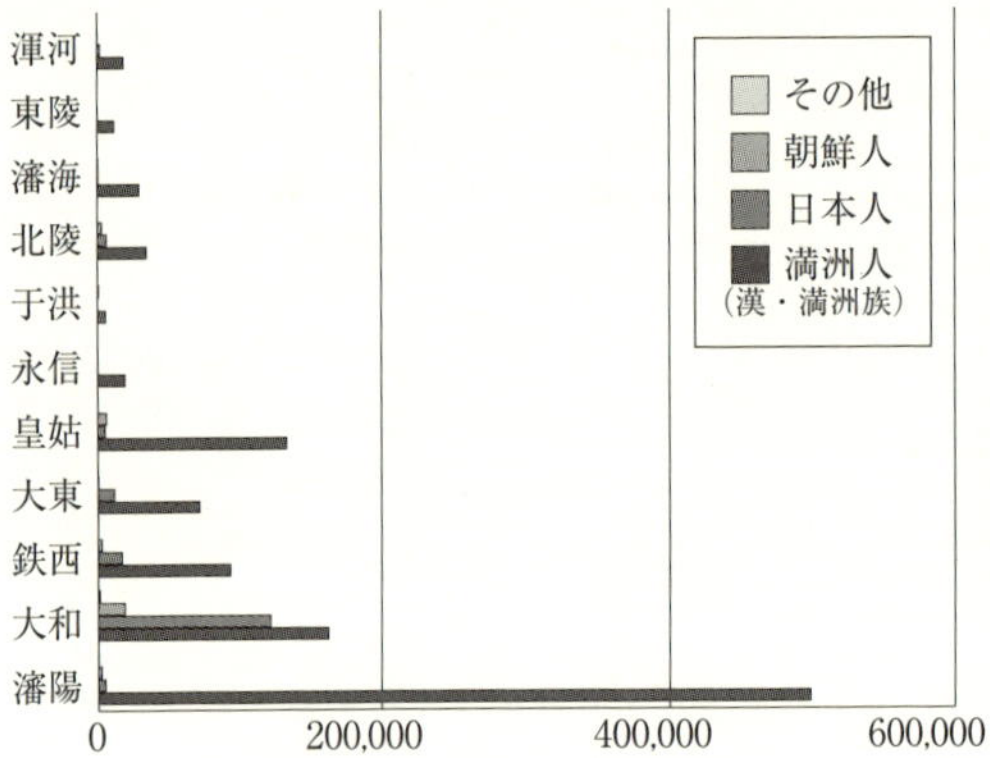

図3　奉天市区域別居住分布（1940年）
出典：『奉天市統計年報』（康徳七年版）。

表1　奉天市貧民調査表

警察署別	年	合計	貧困状況別			通年食糧欠乏者	夏季食糧欠乏者
			有活動能貧困者	無職業貧困者	乞食者		
大和	38	2,974	1,807	177	4	111	871
	39	0	0	0	0	0	0
	40	72	27	29	0	0	0
城内	38	1,920	959	267	208	364	328
	39	2,993	1,021	395	90	524	662
	40	869	351	241	97	420	471
鉄西	38	1,328	467	300	175	307	731
	39	5,456	2,055	277	222	532	2,370
	40	1,359	756	520	74	2,007	1,132
北関	38	4,045	3,313	1,269	337	980	1,079
	39	2,155	639	366	63	200	189
	40	3,013	1,359	515	146	734	248
北市場	38	9,030	7,782	572	191	300	185
	39	3,029	1,369	518	109	1,044	1,008
	40	1,805	651	371	48	125	115
大東区	38	2,309	1,538	535	236	584	749
	39	4,229	3,424	637	168	1,732	2,832
	40	4,003	1,524	951	97	1,192	4,238
皇姑屯	38	2,772	1,037	274	105	410	547
	39	13,771	3,864	6,777	285	383	722
	40	8,269	3,814	415	112	1,036	244
南市場	38	4,817	2,016	799	326	872	974
	39	16,616	779	453	109	469	1,724
	40	1,980	935	948	337	894	1,086
合計	38	29,195	18,919	4,202	1582	3,928	5,464
	39	48,249	13,151	9,423	1046	4,875	9,507
	40	21,370	9,417	3,690	911	7,208	7,534

出典：『奉天市統計年報』各年度版。
註：単位は人。

者は奉天が満洲各地及び華北（北支）方面への足溜りで一応奉天に落着いてから移住してゆく者の多いことを示し、後者は鉄西工場地帯の発展性を物語っている」[7]と述べている。一九三六年初時点ですでに新聞紙上には「無明地獄に喘ぐ放浪者群の氾濫、奉天に千五百名の内鮮人、幼児まで生活線へ、漫然渡満の哀しき決算」（『満日』一九三六年二月二日）との記事が見えるが、特に一九三九年の朝鮮半島での旱魃・凶作を契機に、多くの朝鮮人が奉天市内に滞留し「一定の職も住所もなく市内を放浪、夜は公園、空家を時として悪の温床を醸成」[8]するにいたっていた。また奉天市が実施した「貧民調査」によれば、奉天駅前の大和区には一九三九年以後「貧民」が存在しないか、以前に比べて著しく減少していることがわかる（表1）。その理由は、奉天市当局では無料簡易宿泊所を設置したり、施粥・就職斡旋・医療救護を行う一方、朝鮮人の奉天市内への入市を制限したり、大和署では旧附属地一帯で「浮浪者狩」を行ったりしたためと思われる（『満日』一九四〇年八月一日、四三年六月八日）。

(2) 満洲事変期、奉天の住宅難と保健・衛生問題

こうした急速な人口膨張による満洲各都市の住宅難は満洲事変直後よりすでに一部、社会問題化していた。[9]その理由は「［満洲］事変後急激に膨張した諸般の情勢に伴ひ附属地を中心とする満鉄関係事業も勢ひ膨張の一途を辿り、従つて増員又増員で満鉄社員の奉天来住者の数も増加し、現在では約三千人中独身者一三二九人の社員居住者を見ている」[10]との新聞記事にも見えるように、満洲国建設にともなう日本人官僚や満鉄社員が単身で満洲に進出したためであった。[11]

そこで、満鉄では急ごしらえの社宅準備に着手していたが、「満鉄社員の代用社宅として五百戸の新築を見たが、鉄路局勤務の満鉄系の社員に対してはその二分の一より貸与されないので、最近総局の警務処に新に採用した局員の住宅は全く見当がつかず［中略］奉天は今や住宅難に直面して各方面では悲鳴をあげ、本年度の新築

家屋一千三百余戸が全部約束ずみといふ家主の天下となり、店舗には巨額の権利金がついているといふ状態である」(『満日』一九三三年一〇月七日)との報道のように、数量的にも不十分であったうえ、「〔奉天〕新築家屋増加で暖房の脅威、装置が間に合はぬ」(『満日』一〇月一三日)、「満鉄新社宅街、道路の歩行困難」(『満日』一〇月二七日)といった住宅施設の不備が噴出していた。

こうした住宅事情のため、大部分の満鉄社員は借家住まいを余儀なくされたが、その賃料は昂騰し続けていた。『満洲日日新聞』の一九三五年一〇月一二日付社説は「社会問題としての家賃暴騰」との標題を掲げ、「家屋払底、家賃暴騰の趨勢底止する所を知らざる有様にて、其間に家主の家賃不当値上げもあり、借家人との紛争が頗る多い。之れが満洲事変以来引続いての全満に渉る状況である」と記している。その原因は「商埠地、城内方面には満人から低廉な価格で家屋を借受けて、之に或程度の手入れをして今度は暴利を貪つて又貸している邦人などが現れ(12)」ていたためであった。こうした家賃高騰の事情は、満洲各地で発生していたものであるが、奉天においても「これは亦ひどい、四畳半廿五円、奉天にも蔓る悪地主」との新聞記事に見るように、深刻であった。

満洲景気の波に乗つて無軌道に昂騰する全満の家賃―借家人の変る毎に一割乃至二割の値上に依つて家主は暴利を貪つている〔中略〕奉天附属地における貸家は現在約一万五千戸、その中六百戸はアパートであるが、その大半は家主より暴利を貪られ住居に堪へないものである(『満日』一九三五年一〇月一一日)

そのため、一九三三年一一月には大連の満鉄社員が中心となって住宅手当の増額を要求しているが(13)、翌三四年五月の満鉄重役会議は、会社が住宅手当を増額することはかえって家賃の値上げを招くことになるとの理由で、住宅手当には手を付けず、散宿社員に限り、賃料の不足額だけを支給することなどを決定した(14)。

一方、奉天市当局では家賃の高騰を抑制する行政的措置を講じ、一九三五年一〇月一九日付『満日』は「十七日奉天署保安係に訴へられた投書一通、私は青葉町管内のアパートに居ります。六畳一間が二十円です。しかしきたない人達と一緒です。又ここに居る人達には二十円といふ家賃どう考へても高過ぎます。悪家主に鉄槌を加へること、それは今後の社会問題に必ず好影響を与へるでせう。警察はこの点をよく調査をして下さい」との書き出しで、次のような記事を掲載している。

現在奉天の家賃は奉天署の見る所によれば畳一枚三円五十銭から四円平均であるが、これは事変後家賃払底に紛れて家主が一方的に定めた家賃であつて、当時の家は古く、畳建具もろくなものではなかつた、併し店子側は家賃払底の圧力に一たまりもなく、不平もいへぬ始末であつたところ、その後南奉天の発達はアパート続出となり、借家難解消の見込が立つやうになつたけれども、何分にも新築されたものであるため、従来の古家より家賃の裁定に於て幾分高めにするのが当然のこととされ、その大勢は総局宿舎のやうな合理的な家賃提供者があらはれても、一向改まる模様がなく、今日に至つたのである、その極甚だしきは現に浪速通り〇〇アパートにあつた実例の如く日光の入らぬ室、六畳といふも実は四畳半位しかなく、しかも二十円の家賃に前家賃敷三つ、二ヶ月以内に立退く場合は敷金の一割を徴収するといふやうな勝手な規約を作りても大手を振つて横行することが出来るのである。

そこで「奉天署の調査は専らかういふ実例に処し若干強権を以てこれに臨み合理的に是正せんとするのである」[15]としている。しかし、家賃高騰は容易には鎮静化せず、やや時期は下がるが、一九三七年四月二九日付『満日』には「お次は悪家主退治、奉天の家賃、一割昂騰」との見出しで、次のような記事が掲載されている。

春の訪れと共に内地よりの渡満者が続々と来満し奉天における人口は急激に増加し、これに伴ひ横暴家主がまたも跳梁し始めたので、奉天署高等係では住宅統制の見地から側面的調査に着手した、奉天の平均家賃は畳一畳二円の標準であるが、最近家屋払底に乗じて家賃引上げを店子に要求し、四月に入つてから約一割平均の値上げを見てをり、同保安係には家賃値下げ方の説諭願やら家主の横暴を訴へる投書が頻々として舞込んで来るので、いよいよ不当敷金並に家賃の調査を行ふことになつた。

以上は日本人の住宅難であるが、中国人側にも住宅難が生じていた。『満洲日日新聞』一九三五年一〇月には「奉天市内満人側住宅は居住者増加にて向寒と共に愈々不足を来しているが、警察庁の調査によれば最近これに着眼した日満人貸家業者は会社組織又は個人経営にて空地空家を買収し、満人向家屋を新築しつつあり、それ等の貸家は本年中の総勘定で十三箇所、一箇所は百戸乃至四百戸であつて約三千戸が新築貸借されたるものといはれている」[16]との記事が報道されている。

さらに、こうした満洲事変後の急速な人口増加と住宅難は、保健衛生上の諸問題を惹き起こしていた。『満洲日報』には「病魔包む奉天、赤痢は例年の八倍」（一九三三年一〇月一三日）、「奉天を蝕む文明病、附属地内人口六万人のうち三分の一は花柳病患者」（一九三四年五月六日）といった問題点が指摘され、そのため奉天でも「民衆保健の徹底へ全満健康週間、いよいよ来る十五日から一斉に、奉天における診断」として、満洲医大病院や赤十字病院での健康診断が実施されている。また「観光シーズンを迎へ、奉天でも清掃運動」が行われることになり、「吾等が大奉天を、清く明るく」をスローガンに毎月一回、浄化デーを実施し、道路・小路・家屋裏の清掃を行うこととなった。その他、満洲都市部においては一九三六年一〇月より「行旅死亡者取扱規則」が施行された。新聞報道によれば「満洲国七大都市における昨年度の行旅病者数は五千八百四十六人、都市人口百万人に付き三千九百十四人を算し［中略］満洲国にあつては殆ど身元判明する者がなく、その取扱費用は地方費にかぶさつているのと行政機構の不備と相俟つてこれが処理も意に任せなかつた」[17]とある。そのほか、失業者の増加に対して奉天では職業紹介所を強化したり、貧窮者救済のために「同情週間」が設けられたり、施粥などが実施されたりしている[18]。

(3) 日中戦争期、奉天の住宅難と住宅政策

日中戦争期には建築資材難もあいまって、奉天をはじめとする満洲諸都市ではさらに深刻な住宅難にみまわれた。たとえば、一九四〇年末、奉天市が実施した調査によれば、同年九月末現在、日本人一四〇〇戸、朝鮮人五〇〇戸、漢・満洲族一万四〇〇〇戸の住宅不足と記録され、翌年の推定人口増加数四万人の換算では、日本人五九〇〇戸、朝鮮人一二〇〇戸、漢・満洲族三万七〇〇〇戸、合計四万一〇〇〇戸の住宅新築が必要であると予測したが、満洲国政府による明年度住宅新築予定数は全国で六万五〇〇〇戸に過ぎないと警告している。また同年、奉天市警察局に提出された住居建築許可件数は一二〇〇余件、一万七九〇〇戸であったが、実際に居住可能な住宅はそのうちの二割に満たなかったという(『満日』一九四〇年一二月一七日、四一年二月二五日)。

一九四一年一一月に実施された「全満住宅実態調査」によれば、奉天市では「有家族者にして独身者宿舎、あるいは下宿等に同居しているものを合計すれば九三九二戸が不足/一万二三一三室の独身者室が不足[19]」と報道されており、住宅難のため奉天市内の喫茶店には昼夜を分たず青年男女で溢れる現象が見られたという(『満日』一九四一年六月七日)。満洲国政府建築局によれば、坪当建築費昂騰の趨勢は、一九三七年に一九九円であったのに対して、一九三八年は三三八円、一九三九年は四三二円、一九四〇年は五五〇円と急騰している。[20]

そこで、こうした住宅難のために、満洲国政府では住宅政策を講究することになり、一九三八年三月、「満洲房産株式会社」が設立された。同社は満洲国特殊法人で、資本金三〇〇〇万円(うち満洲国政府一〇〇〇万円、満洲興業銀行一〇〇〇万円、東洋拓殖会社一〇〇〇万円)で設立された。営業内容は、(イ)家屋の建築または購入資金、および住宅の購入、または借受資金の貸付、(ロ)賃貸または売買を目的とする建築、(ハ)宅地建物の売買賃貸借、およびその仲介、(ニ)宅地建物の受託管理などであった。[21]

房産会社では、奉天北陵の草原地に九六〇余戸の家屋を建築したが、交通機関の不備、食料雑貨市場の遠隔、

屋内の湿気関係などの懸念から、市民には不評で、その大半が空き家状態であったという。三九年には政府の命を受けてセメント・鉄材を極度に節約し、従来の重層集中暖房方式をやめ、平屋各戸暖房方式を採用した協和簡易住宅（応急住宅）を建築することになった。奉天では大和区（九三棟・九三〇戸）、皇姑区（三五棟・三五〇戸）、大東区（五〇棟、五〇〇戸）、鉄西区（七二棟・七二〇戸）が建設されている。[22]

一九三九年の満洲国協和会全国連合協議会では首都（新京）、奉天、錦州各地の連合協議会より議案「住宅問題に関する件」が提出され、住宅問題について本格的に審議されている。弁法としては、応急対策として「応急的住宅の建築、住宅建築に対する資材の優先的配給、大住宅の制限、余剰室の利用、特殊会社の民間住宅借上、買収の制限」、恒久対策として「簡易住宅（協和住宅）の普及、房産会社の機構拡充、煉瓦生産量の増加」などが提起されたほか、「国家の恒久対策の樹立、建築用資材の物動計画中への挿入〔中略〕優先的に住宅を建築せしむるが如き建築統制法を制定すること、住宅の構造様式を簡易ならしむる暫行建築取締規則[23]」の制定などが要求された。

しかし、当時、満洲国政府の建築局長であった笠原敏郎は「満洲国住宅政策に就て」という講演で次のように述べている。まず満洲における住宅様式は大きく二種類、すなわち漢族・満洲族・朝鮮人などの「満系の住宅」と日本式住宅に分けられる。その違いは暖房の方式にあり、「満系住宅」はオンドルを用い、日本人はペーチカ、湯暖房・蒸気暖房である。日本式住宅は建築費が高く、資材労力も多く必要であるのに対して、「満系住宅」は建設費も安く、資材労力等も非常に少ないという。「窓にしても満系は木の扉に油紙の障子なんかで過して居るのが普通でありますけれども、日系の住宅になると、どうしても大部分は二重ガラスでなければ凌げませぬ」、「便所、台所、風呂、給排水、皆一々寒さの為に内地と違つて非常な煩はしいことになつて来るのであります。総て皆酷又給排水管なども地下の凍結しない所に持つて行かねばなりませぬから非常な厄介な事になる訳です。

寒が半年も続くと云ふことに連関する特殊性が現はれて来ます。殊に工事の施行も半年は仕事が出来ない」、また「満洲だけでは調達出来ず日本に期待しなければならぬ資材がある。それは大体鉄鋼、非鉄金属、セメントが主なるもの」で、しかも「其の年の物動計画の現物の入つて来るのは早い年で七月から九月の頃にやつと入つて来る[24]」という有様であった。

またこの時期、満洲国の住宅事情について見聞した西山卯三（住宅営団技師）は「満洲国の住宅問題は特に民族関係といふ点で特殊の様相を呈している」と指摘している。すなわち「この民族問題といふものは主として日本人が向ふに移住して行くことに依つて生ずるいろいろな問題、それが住宅に纏はついていろいろな事柄を起して来るといふ点」が「第一の特殊事情」であり、その次に「苦力の住宅問題」すなわち「今までは苦力は山東方面から夏期にやつて来て冬期に帰るといふ形になつてをりましたところ、最近はその移動が行はれなくなり、その結果苦力に冬期住宅を与へる必要が生じて来ています」「その労工宿舎をどうするか。何しろ量が多いので、あまり特別の資材の要るものでは出来ないし、と云つて非常に寒い冬期を越すので可なり技術上解決困難な問題」と述べている。具体的には日本人は政府関係者、満鉄など国策関係会社の大半が官舎・社宅などの「給与住宅」に居住する者が多く、生活様式上の問題から「各人の住宅費を直接給与といふ形で補助してやらなければ、各人が勝手に自分の金を出して勝手に自分の住居を購ふといふ自由経済の制度でやつてをつたのでは迚も住宅が供給されない」という問題があった。しかも、住宅難にもかかわらず、建築する住宅の規模は今後、より大きくしなければならないという。その理由は「民族問題の一例をとつて言ひますと、地方の省長とか県長とかいふ人が小さな住宅に住んでいたのでは満人が相手にしない。ところが大きな家に住むとトタンによく言ふことをきく様になる。満人はさういふもので判断しますから、どうしても大きな家を建てなければいけない[25]」と述べている。

一九四〇年には房産会社は「前年度建てた住宅があまりにも質が落ち、住む上からも、構造上又都市美の面より考へて見ても思はしくない節があつたので、依然として資材難であつたにもかかはらず質の向上に努力することになつた[26]」という。そして奉天と新京に限り、各特殊会社の社宅も建築することになり、市民向け簡易住宅として「砂山住宅」六〇〇戸、鉄西区「西部住宅」四〇〇戸、大東区「東部住宅」五〇戸を建築しようとしたが、うち「砂山」の六〇〇戸は資材難のため一時中止となり、各戸六畳、四畳の二間となり、便所は各戸ごと、水道は共同使用、ガス施設はなしという住宅規格であった[27]。

こうして「資材の絶対的不足を前にしてこの絶対的住宅払底を緩和するには、従来の如き房産会社の姑息な努力や当局の援助ぐらいではどうにもならない［中略］物動計画の中に住宅問題を取り入れて建築資材を確保し、中央政府に強力な住宅建設局の如きを設けて、国家的見透しの上に合理的計画を樹て、それを国家的責任に於いて強行することが必要[28]」であるといわれた。

そこで一九四〇年一〇月、「現下ノ住宅不足状況ハ国民ノ保健風紀及活動能率上由々シキ弊害ヲ醸シツツアル」ため、満洲国政府は「臨時住宅対策要綱」を決定し、「政府ノ住宅建築管理行政及民間協助ノ機構ヲ整備シ住宅建築ニ対シ積極的ニ指導統制督励ヲ為スト共ニ、他面之カ資材配給ニ付物動計画上所要ノ調整ヲ加ヘル[29]」ことが声明された。同要綱は一一月の満洲国政府「住宅建築対策要綱」へと継承され、「三ケ年間に全満に二十万戸の住宅を設立」し、「一、住宅資材の優先的確保／二、住宅建築の労力確保／三、住宅政策遂行機構の整備／四、住宅建築実施方法の決定／五、住宅規格の統一[30]」を図ることが決定され、各市県旗別・各会社団体別に住宅建設を行うことになった。

その結果、翌一九四一年、房産会社では「この年度から政府代用官舎の建設に主力を注ぐことになり、余力ある時にかぎり一般民間に貸出す房産住宅を建設[31]」することになった。また、従来「これが［房産会社の］指導監督については経済部が、金融関係及び資材割当をなし、国民生活向上の立場からは民生部が、また住宅建築が都市計画と不可分の関係であるところより交通部が、また直接指導には各市県がこれに当るといふ有様であるが、その指導方針が異つているため、住宅政策について一貫した方針が皆無である」[32]と批判されたように、満洲国政府の住宅政策をめぐるセクショナリズムが問題視されていたが、ここにきて、総務庁建築局が住宅行政の担当官庁となった[33]。

一九四二年には、満洲房産会社の所有する代用官舎は政府が住宅債権により買い上げ、建設部門の人と資材は総務庁建築局に移管、建築局内に住政処が新設されて、代用官舎の建設は直接政府が行い、房産会社は不動産金融を主とし、既存の住宅の管理のみ行うように改組され、住宅建設機能を停止した[34]。そして同年末には「満洲国基本国策大綱」が制定され、「住宅の改善を図ると共に住宅の計画的増設を図るものとす」ことが謳われ、日本人には四〇型（四二・二五平方メートル）、五〇型（四八・七五平方メートル）、六〇型（六三・七〇平方メートル）の三種類、漢・満洲族には三間房子以下の小型住宅が規格化され、特に日本人住宅の「畳形式の揚棄」が決定された[35]。

一九三八～四二年度、奉天における房産会社の建設戸数は代用官舎（日式）八四四、（満式）一五〇、（独身）一五〇、房産住宅（日式）三七六九、（満式）〇、（独身）六一八であったが[36]、房産会社を軸とした満洲国の住宅政策自体が、政府官僚や国策関係会社の職員・社員、特に日本人を主眼としたものであり、一般民衆、特に漢族・満洲族、朝鮮人など庶民層の住環境は劣悪なままであったことは看過されてはならない[37]。一九四二年一一月には、満洲国政府官吏に対して「生活安定と体面保持」を目的に「住宅津貼給与制」が新設されている（『満日』一九四二年一一月二八日）。

（4） 家賃統制と満洲国の経済警察

満洲国政府総務庁人事処が一九三八年度に調査した満洲各都市家賃評量（総量を一〇〇〇とした時、家賃・修繕費合計評量）は大連が一五一・一八、新京二〇八・四、奉天二〇七・一九、ハルビン一九三・五、吉林一五三・八七などとなっている。同年度、満洲中央銀行の調査による日本人の生計費比較によれば、東京を一〇〇とした場合の新京の住居費は三〇一・四で、その内訳を見れば家賃三二一・四、修繕費一七八、家具什器費一六一、水道費一九三・六などと記録されている。[38] 当時の報道によれば、奉天市内の日本人の賃貸家屋は日本人全戸数二万二五〇〇戸中の二万戸で、全体のほぼ九割を占めており、四畳半一七円、四畳半・六畳三二円、四畳半・六畳・八畳五二円（一畳三〜四円）の高家賃であった。[39]

一九三九年七月、満洲国政府は「時局物価政策大綱」を決定し、「住宅の緩和ならびに家賃の騰貴抑制のため強力なる住宅対策を実行する」とし、同年九月に経済警察を設置、奉天警察庁の経済保安科でも「悪質土地家屋ブローカー」の取締・検挙を実施するとした。[40]

満洲国政府は高家賃が全般的な物価高騰をもたらす憂慮があることから、日中戦争直後のいわゆる「暴利取締令」（一九三七年八月）により家賃統制を試みたものの、実効性が乏しかったため、一九四〇年より「臨時住宅房租統制法」が施行され、本格的な統制が開始された。本法は一九四二年一二月三一日を時限に、家屋税台帳に登録された家賃は、これに一定度の割合の金額を加へた限度で抑制し、未登録住宅は地方行政官署房租審査委員会で公定するというものである。しかし、同法施行に先立ち、家主側の反対により現状に比し一割程度の引下げにとどめざるをえず、さらに奉天市臨時物資調整事務局では家主の申告者数一万三〇〇〇件、貸家七万二〇〇〇件分の台帳を作成しなければならなかったため、その作業は遅延した（『満日』一九四〇年一月九日・二三日、五月二八日）。しかも、本法制定にあたり、政府当局の談話として伝えられているところでは、

本法ニ於テハ賃貸住宅ニ対シテ各個ニ公定家賃ノ規制ヲ図ルノデアルガ、其ノ統制ノ細部ニ亘ツテ国民ノ一挙手一投足ヲ覊束スルガ如キ紀律ヲ為スコトヲ故意ニ避ケ、従来当事者間ニ於テ和平談笑裏ニ賃貸借契約

ノ結バレテイル世ノ所謂醇風美俗トイフモノハ飽ク迄モ尊重スル方針トシタ[41]として、極めて微温的なものであり、経済警察による取締に関しても「違反者ニ対シテ一応戒告ヲ与へ戒告ニ従ハナイモノニシテ始メテ処罰スルガ如クニシ、総テノ国民ノ自覚的統制意識ニ俟ツヤウニシタ次第」であったため、奉天市における一九四一年度の臨時住宅房租統制法違反はわずか七件に過ぎず、十分な効果をあげたとは思われない[42]。

一方、前述した満洲房産会社が建築した住宅家賃は高く、当初二四円とされたのが、二九円に改悪されたために「借家人に一大恐慌[43]」をもたらし、市中家賃の統制を乱すものとして警察当局からも是正勧告を受けた。満洲房産会社には「暖房工事費や煉瓦工事費、木工事費については設計施工の変更により相当軽減し得る見込みがあり［中略］高家賃には房租当局の無駄が多分に影響[44]」しているといった批判が寄せられ、『満洲日日新聞』には次のような批判も掲載された。

家を建てて家賃を引下げることを最大の目的にしている国策会社がいくら会社運用の原則に則つて利潤を挙げねばならぬといつても、現下の情勢、特に満洲の邦人生活に最大の役割を果たす房産会社が、これから将来大いに奮闘しなければならぬ際一昨年より昨年は利益を多く上げているといふことはどうしても不可解なことである、こんなことでは房産会社が家賃の吊上げをやつているといはれても致し方あるまい[45]

そして一九四三年五月、満洲国政府は「住宅票標示規則」「賃貸住宅修繕規則」を制定した。「住宅票標示規則」は市公署が賃貸住宅に公定住宅票・統制外住宅票を交付し、門票の横に掲げる一方、家賃通帳を発行し公定家賃を明記するものである。また「賃貸住宅修繕規則」は畳表の裏返は一年三ヶ月以内、畳表の新規取替は二年三ヶ月以内、襖張替四年以内、ペンキ塗替・壁塗替は五年以内、土屋根塗替は一年以内に行わねばならないことなどを規定した[46]。奉天市では同年一〇月より実施したが、実際には「十万の貸家のうちその殆どが公定を無視していた乱脈ぶりで、中には十割以上の闇」[47]であり、「一向眼にみえる成果があがらぬ」[48]のが実情であった。こうした法外な闇家賃の横行のため、家主と店子の間では紛争が絶えず、殺人事件にまで発展する場合もあったという。紛争の主な原因は、借家貸主の移転による家賃値上げ、立ち退き要求で、たとえば貸主が一万円で建てた家が二万円で買い手がつき、二万円で買った第二の貸主が、家賃を引き上げようとすると借家人との間に紛争が生じたり、二万円で買う前に、第一の貸主に対して借家人を立ち退かせる条件付で購入の約束をし、第一の貸主は家を二万円で売りたい一心で、立ち退き料の代わりに向う半年間は無家賃とするなどして、借家人との間にトラブルが発生する、というものであった（『満日』一九三九年一一月二一日）。

二　奉天の都市問題と保健・衛生行政

（1）「非衛生」都市・奉天

前述したような、日中戦争期の奉天における人口爆発とそれにともなう住宅難は、さまざまな都市問題を引き起こすことになった。一九四〇年の『満洲日日新聞』記事には車窓から見た奉天の風景が次のように描写されている。

北大営、柳条湖附近は満洲事変勃発の聖地で当然感激を覚へるに相応しい施設が見られるかと思ふ期待を裏切り附近一帯は濫設の煉瓦竈と累々たる無縁墓に荒され、荒寥たる風景だ、続いて異様な臭気が風と共に車内に漂ふと思へば、すぐ目の下に展がるのは、牛、馬糞の野積みした露天の肥料製造風景が展開し、更に奉天駅附近になると列車と十米も隔てぬ沿線一帯に鮮系細民部落の密集は観光客の肝を奪ふ、浅間しい家屋の内部がのぞかれ各種各様の看板や泥濘中の豚群や、路線へ向つて裾をまくる排泄行為などが滅茶苦茶に眼に飛び込み、附近工場の煙突の煤にむせながら奉天に第一歩を印する[49]

奉天駅周辺に形成された朝鮮人密集地帯の様子、工場から排出される煤煙、排泄物の異様な臭気、「不潔」な奉天の様子が伝えられている。市内に入ってみれば、さらに殺伐とした景色が続く。

一歩市街に足を踏み入れて見ると街路樹は枯れ、傷き、塵埃、馬糞が目抜きの大通りに散乱し、行き倒れ死体が放置され、裏街に入ると小便小路、大便空地が到るところに散在する、郊外に出ると悪道路、下水、汚物処理の不完備が白日下に露呈され泥沼と共に蝿、蚊等の発生温床となり更に空を蔽ふ煤煙の不潔さ等々非衛生都市奉天の相貌は実に醜悪の極である[50]

先に見たように、酷寒の満洲では凍結のため、便所や排水施設を持つ日本式住宅の建築は困難であったのだが、日本人の目には「便所を持たない満人家屋の密集は城内繁華街を始め北市場、南市場、皇姑屯、農業地区等到るところ伝染病の温床たるにふさわしい慄然たらざるを得ない非衛生状態を露呈している」と映り、「非文明」的な中国人に対する差別的な視線として向けられるのが一般的であった。しかし、なかには「商埠地の街路樹を眺める毎に羨ましいと思ふ、そして旧附属地の街路樹を見ると恥しいと思ふ。街々に氾濫する紙屑にはいつも義憤を覚へる。文字を尊び敬ふ満人は、決して文字の書いてある紙片を捨てたりはしなかつた相だ、あれはみな日本人たちの仕業なのだ[51]」との記述にみるように、奉天の塵芥問題には日本人の行為に原因があることを指摘する者もいた。

(2) 伝染病・結核と清掃事業——衛生警察との関連で——

1 伝染病と結核

一九三七年一一月に実施された満洲国治外法権撤廃、並びに満鉄附属地行政権移管が実施され、それまで満鉄が担当していた、奉天をはじめとする満鉄沿線主要都市の保健・衛生行政は満洲国政府に移管されることになった。その結果、満洲国政府では同年一二月「伝染病予防法」（満洲国勅令第三六五号）を制定した。伝染病予防法はペスト、コレラ、赤痢、腸チフス、パラチフス、痘瘡、発疹チフス、猩紅熱の九種類の伝染病を規定し、これに民生部大臣の指定する指定伝染病としてジフテリア、流行性脳脊髄膜炎、再帰熱の三種類を加えて、合計一二種類を法定伝染病とした。同法の立法目的の一つは「伝染病の作為的流行」に対処するためであり、満洲国治安部警務司編『衛生警察』（一九三八年）は次のように述べている。

戦時に於ては飛行機により或はスパイが国内に入り込み後方撹乱の手段として飲料水に病菌を投じて銃後国民の健康に打撃を与へ、或は牧場放牧地に病毒菌を散じて、家畜伝染病の猖獗を招来せしめ、資源の消耗を策する等人道上天人倶に許すべからざる蛮行をも敢て為す虞なしとせざるを以て戦時に於ては上水道、共同井水、牧場放牧地の警戒を要する（一四頁）

ここで満洲全域、および奉天における伝染病発生患者数と死亡者数を見れば（表2）の通りである。しかし、統計上の数値に関して、日本人患者および漢族・満洲族の間には大きな差があった。この差は、後者が「面子の問題を非常に重んじ患者の申告を極力さけるため」と「一般民衆の殆んど大部分は前述せる如く伝染病の一般症状すら知らないのみならず、辺陬の地に在りては愈々重態になつて初めて医師（漢医）の診療を乞ふやうな状態で、伝染病発生した場合など故意に隠蔽する訳ではないが、容易に官憲の耳に入らない[52]」ためといわれた。

一九三八年三月、満洲国政府衛生当局は防疫施設の不足を急速に補充強化すべきことを決定していたが、同年夏、奉天でコレラが流行し、貧民密集地域で朝鮮人女性の死亡を発端にして、旧附属地内でも日本人患者が発生した。

一九四〇年三月には奉天で天然痘五〇〇名、流行性脳脊髄膜炎二〇余名の患者が発生し「未曾有の伝染病恐怖時代[53]」が到来したといわれた。しかし、一九三九年以降、奉天ではコレラが発生しておらず、「当市に於ては着々

表2　奉天における伝染病患者発生数と死亡者数

法定伝染病統計		1938年		1939年		1940年		1941年		1942年	
		患者	死亡	患者	死亡	患者	死亡	患者	死亡	患者	死亡
ペスト	全満	718	687	657	500	0	0	708	554	※	※
	奉天	0	0	0	0	0	0	0	0	0	0
コレラ	全満	21	9	0	0	0	0	143	87	※	※
	奉天	11	6	0	0	0	0	0	0	0	0
赤痢	全満	9,185	626	8,613	671	9,878	666	5,623	426	※	※
	奉天	753	53	1,612	93	1,698	134	1,372	98	1315	50
疫痢	全満	1,180	134	501	112	823	132	388	91	※	※
	奉天	10	8	70	30	55	19	99	28	215	51
腸チフス	全満	4,164	412	4,034	511	7,141	971	4,861	471	※	※
	奉天	376	73	650	141	700	153	494	107	644	108
パラチフス	全満	1,043	56	1,121	59	1,341	53	1,477	98	※	※
	奉天	89	1	108	5	111	9	128	11	165	9
発疹チフス	全満	1,395	209	1,702	248	2,515	276	5,711	524	※	※
	奉天	52	1	74	3	240	29	215	16	318	16
痘瘡	全満	1,345	173	1,021	149	1,490	241	1,969	313	※	※
	奉天	130	20	130	22	483	67	54	7	213	34
猩紅熱	全満	2,047	244	1,349	212	1,650	167	1,030	98	※	※
	奉天	214	10	140	6	187	12	146	11	127	3
ジフテリア	全満	593	129	1,271	198	1,523	201	1,475	211	※	※
	奉天	112	28	278	48	191	36	145	29	153	28
流行性脳脊髄膜炎	全満	194	32	190	58	359	134	253	77	※	※
	奉天	16	9	36	20	99	38	69	25	66	31
再帰熱	全満	266	43	243	22	※	※	1,208	37	※	※
	奉天	2	0	3	0	8	1	14	0	27	2

出典：「全満」は『満洲年鑑』各年度版、「奉天」は『奉天市統計年報』各年度版。
註：※は統計数値がないものである。単位は人。

その対策の整備を実現しつつあるのであって、本年の夏期防疫に於ては遂に、『コレラ』の完全防遏」、また「国都新京に於て発生せるペスト流行の波及を凡んど完全に防止[54]」したと自賛しているが、広大な満洲において奉天市においてのみかろうじて防ぎえたというのが事実であろう。

一方、満洲国の結核蔓延状況は極めて深刻であり、「我満洲国における結核死亡数毎年五万、患者数五十万、而も少壮有為の青年男女がこの大半を占むる憂ふべき現状に鑑みても、結核の撲滅こそは人口問題解決の関鍵[55]」といわれた。結核については届出義務がなかったためか、『奉天市統計年報』には結核に関する詳細な統計数値は記録されていないが、北野政次（満洲医科大学教授）「満洲と結核」は次のように記している。

満洲在住の国籍別病類別死亡数を見ますと、在満邦人は人口三十五万五千名中結核死亡者は七百八十名でありまして、諸死因中の最高の死亡数を示して居ります。朝鮮人は約三万五千人中結核死亡者は約八十名で、諸種の死因中呼吸器疾患が最高を占め、結核死亡の約二倍であります。満人百二十三万千名中約二千百人の結核死亡者がありまして、呼吸器疾患による死亡者最も多く、結核死亡の二倍強に相当して居ります。人口一万人に対する結核死亡率は在満邦人二一・六、朝鮮人二二・八、満人一八・一、外人一〇・八となって居ります。然るに前述の如く朝鮮人及び満人は呼吸器死亡者が非常に多数に上りますが、其の中には尚多数の結核に因る死亡者が含まるるものと思料せられます。満洲に於ける結核死亡実数は、統計にあらはれた所では昭和八年より十一年までの平均一ケ年間の死亡数は二千五百五十名であります。

しかし北野は続けて「満人の結核感染の程度は日本人より遥かに高いことは確かな事実ではありますが、発病の程度、即ち治療を要する患者は日本人より少ないのではないか」と述べ、その理由の一つとして「満人の方が日本人よりも戸外の大気、日光の恩恵を受ける機会が多いやうに思はれること(56)」と指摘している。そのため「在満邦人の冬季生活様式の欠陥」として「密閉高温室のそれであります〔中略〕満洲の日本人住宅は窓は全部二重硝子戸となつておりまして冬は厳重に目張りがされます上に、室内は『ストーブ』『ペチカ』等でいやが上にも暖められる(57)」と日本式住居を問題視していた。

一九三九年、満鉄では創業三〇周年記念事業として、奉天・撫順・新京・ハルビン・大連に結核療養所を設立した。奉天省公署の病別死亡調査によれば、一九四〇年は伝染病による死亡よりも結核による死亡が多く、結核による死亡の総計五七三九名であったのに対して、伝染病による死亡は一二二九名、一般病気による死亡が一万六八九八名であった（『満日』八月一六日）。「一万人に約四十人を占めているといはれる満洲国の肺結核は、日本の二十人、欧州の五、六人に対し世界最高率を示してをり〔中略〕〔満洲結核予防協会では〕来年度より全満各省に会支部を置き、その下の各市県旗には分会を設置し全満を挙げて大々的な肺結核撲滅運動に乗り出す」[58]ことになり、まず奉天・ハルビンに支部が設置されることになった。

一九四〇年秋にはペストの流行が懸念されたが、それを受けて翌四一年には奉天市の保健衛生諸費用は前年度の二倍強の二一〇万八〇〇〇余円が計上された。費目別に見れば（カッコ内は前年度比増額）、清掃費一四二万六〇〇〇円（四八万一〇〇〇円）、伝染病予防費一〇万三七〇〇〇円（二万二三〇〇円）、伝染病院費二八万八九〇〇円（六万一〇〇円）、婦人病院費九万二一〇〇円（一万八三〇〇円）、保健費六万五七〇〇円（三一〇〇円）、鉄西診療所費新規計上七万八九〇〇円（七四〇〇円）、葬祭費二万七〇〇円（七〇〇〇円）、獣疫予防費一万三五〇〇円（二四〇〇円）となっている（「奉天市本年度計画の全貌2」『満日』一月二九日）。

一九四一年五月には奉天市公署防疫科で検疫委員会が開催され、「公衆に対しては予防思想喚起のため『手を洗へ』の市民運動を展開、予防接種、衛生展等を大々的に実施、病菌の伝播物や飲食物に対しては市内一斉殺蛆消毒を行ふ一方、学童の捕蝿週間、水泳プールの消毒、野菜の消毒〔中略〕徹底的に病菌から奉天市を護ること」[59]を決議した。しかし、六月には「三十二度—三十四度とぐんぐん水銀柱が上昇する最近の蒸し暑さに奉天市内では赤痢、腸チフス等夏季につきものの伝染病患者が続出し市立伝染病院は本院、分院とも二百余のベッドは超満員」[60]と報道されている。また奉天省結核予防協会が発足するとともに、城内では衛生展が開催され、各市県では健康相談所・保養所・消毒所が設置されている。

一九四二年一〇月には満洲結核予防協会は「結核予防撲滅事業第一次五ケ年計画」として「一、結核の実態並に基礎的調査／一、衣食住による生活改善並に保健衛生指導／一、学校、団体等の指導者の職能の向上／一、講演会、展覧会並に映画会等の開催／一、ポスター、パンフレットの作製発行」[61]を実施することとし、「予防対策要綱」として「一、衛生思想特に結核予防に関する識能の向上、諸学校並に公共団体等における指導者の識能の向上及び一般に対する衛生思想の普及／一、生活の改善指導、栄養学的指導[62]」などを決定している。さらに同年六月からは月二回の巡回治療に加え、奉天市立結核療養所も新設されている。同年末の「満洲国基本国策大綱」は「伝染病防疫に関する方策を強行し特にペスト及結核の予防撲滅に努むる」ことを提唱した。

2 「清掃週間」「健康週間」「体育週間」行事

上記のような伝染病・結核を防止し、戦時下の人的資源を保全するため、満洲国ではさまざまな厚生事業が実施されたが、ここでは年中行事として実施されていた「清掃週間」「健康週間」「体育週間」について検討する。満洲国政府は予算不足のなかで行政的に対応できない部分を、大衆動員方式で対処しようとしたのである。

一九三七年、満洲国政府は「市街地清掃法」(満洲国勅令第四六一号)を制定し、都市衛生行政に本格的に着手した[63]。同法は新京および市、または民生部大臣の指定する街は汚物を清掃し、その区域内に居住する者や土地、建物の所有者は、当該土地・建物、地先道路の汚物を清掃する義務を負うものとされた。そして清掃により集められた汚物は、地方団体において処分することとされた。しかし、一九四一年一一月の奉天市公署と市警察局による衛生会議において「道路清掃の徹底のため市民各戸の地先道路は清掃規則によつて市民の手で責任をもつて清掃することになつているのにも拘らず殆ど実行されていない[64]」といった意見が提出されているように、効果はなかったのが実情であった。

そして一九三八年八月、満洲国政府では治安部令で衛生警察に従事する各省・庁定員数を定め、三九年一月には省警務庁衛生科の所管であった衛生警察事務を、各省民生庁に移管した[65]。衛生警察としては年中関連行事を実施し、その主なるものとしては、一月：衛生座談会、二月：衛生講話、三月：野犬一斉取締、四月：隔離病舎の

表3　奉天市における清掃作業実施状況

市清掃状況		収去量	使役車馬数			使役人夫数			
			自動車	馬車	手推車	自動車	馬車	手推車	捨場
塵芥清掃	1938	252,807,465	7,791	12,355	28,127	63,054	20,344	82,193	2,389
	1939	388,401,655	7,728	44,354	17,078	118,934	72,488	52,378	3,241
	1940	396,814,936	3,566	8,202	0	40,821	30,405	0	3,011
	1941	503,109,430	2,076	96,517	5,406	23,090	108,097	22,589	3,595
屎尿清掃	1938	47,660,246	5,097	9,517	0	64,976	20,279	0	5,288
	1939	35,033,749	4,244	2,298	0	55,087	4,620	0	4,319
	1940	42,359,013	5,558	556	25	69,053	4,698	50	5,786
	1941	46,351,118	6,229	3,619	0	66,815	4,378	0	5,601
汚水清掃	1938	20,242,925	822	1,494	0	1,642	3,383	0	0
	1939	17,483,600	676	1,595	0	1,797	3,986	0	0
	1940	13,645,060	642	1,526	0	1,804	3,688	0	0
	1941	7,496,370	199	1,573	0	580	2,293	0	0
道路清掃	1938	35,367,060	0	0	36,849	0	0	96,670	0
	1939	37,738,898	20	532	40,417	196	1,483	118,665	0
	1940	28,035,400	馬車80	35,628	4,241	馬車80	115,046	6,959	0
	1941	28,187,679	0	930	37,388	0	511	98,159	0

出典：『奉天市統計年報』各年度版。
注：単位は塵芥清掃と道路清掃がトン、屎尿清掃と汚水清掃がリットル。

視察・消毒器具の検査・罌粟密作の取締、五月：種痘実施・清潔法施行、六月：飲料水の水質検査、七月：臨時清潔法・検病的戸口査察、八月：衛生講話、九月：井戸・便所の一斉調査、一〇月：種痘実施・清潔法施行、一一月：結核予防日・トラコーマ予防日、一二月：行事計画といったものがあった[66]。ここで、奉天市における清掃作業実施状況を概観すれば表3の通りである。特に、汚水清掃については、『康徳七年版奉天市要覧』（一九四一年発行）においても「当市に於ける下水道は旧附属地を除くの外、未だ実に微々たるもので胡同等に至つては全く其の設備を見ない現状」（一三三頁）と指摘されている。

また奉天市の「五箇年計画事業費」（一九四二年度より五年間）を見れば、総経費中各費目の割当率は、警護施設八％、街路施設二四％、交通施設一〇％、教育施設五％、住宅施設一一％、社会施設一％、上水道施設一〇％、下水道施設一二％、公園施設五％、体育施設一％、医療施設三％、整理施設一％、衛生諸施設三％、市場施設二％、雑施設四％と計上されており、奉天市が保健・衛生施設に意を注いでいたことは看取される。しかし、これらの諸計画は実現されずに終わった。[67]

同三八年四月には、協和会市本部の主催で「天長節慶祝建国体操大会」が開かれ、奉天国際運動場では皇帝奉迎の体育大会が開催されている。九月の「国民体育週間」では、市・県・旗民の体育大会が開催され、青少年体力検査や、優秀証の授与が行われている。年末には、満洲日日新聞社主催で「第八回全満健康週間」が開催された。奉天では市民健康診断と歯科診断、患者奉仕投薬、ラジオ放送、虫下しデー、体温器検査、建国体操・ラジオ体操、血清検査、戸外デーが実施されている。そして漢・満洲族は八〇〇件以上、日本人は三〇〇〇人以上が健康診断を受診したとされている。

一九三九年三月には満洲国建国記念事業として、協和会が無料健康診断券を配布した。七月には「国民健康週間」を設定し、前三日間（保健生活日）には衣食住の再検討と生活科学化、中二日（伝染病予防日）には予防知識の普及、食料・飲料検査、後二日（結核予防日）には無料健康相談所が開設され、腸チフス無料予防注射の実施や、野菜消毒、映画会、蝿撲滅週間、虫歯・近視防止講演会、衛生委員会の開催、接客業者健康診断、学童健康診断が行われている。一一月、奉天市の「清掃週間」では毎朝午前七時のサイレンで起床、自宅内外・道路を朝夕二回清掃、協和義勇奉公隊員による車道清掃が実施されている。同月には「健康増進運動」も実施され、奉天では歯科診断、建国体操・ラジオ体操、徒歩奨励、戸外デーのほか、市民の血清検査、虫なしデー、患者奉仕投薬、ラジオ放送の夕、体温器検査が実施された。初日には医大医院二三六名、赤十字病院二三名、市立健康相談所六二名のほか、市内各医院合計一〇〇〇名以上が受診した。奉天では「市街浄化週間」も実施されている。

同年、奉天省連合協議会は全国連合協議会に議案「国民体位向上に関する件」を提出した。弁法として「政府は之が統制的調査研究機関を設置し其の真相を明かにすると共に学生、生徒、児童の身体検査を益々励行して其の発育状態を究め、更に一般青年層に対しても定期健康診断を実施し、他面、体育館、保健所、結核療養所等の設備を普及し、国民体育の向上を計られること[68]」を要求した。その主眼は「満洲保健協会並に満洲帝国体育連盟の事業を国民運動であるところの、我協和会の手に移す[69]」ことにあった。

一九四〇年四月、奉天では協和会市本部の主導で「全市特別清掃月間」が設けられ、協和会の指揮の下、各戸から一人を出して学校青年団と協力し、各区に動員本部を設置して、毎朝七時半から冬の煤煙、春の黄砂、塵芥箱の浄化など市街の美化運動を行うものとされている。「奉天市にとつて恐らく本年度程市の衛生問題について官民双方からの関心が傾注され、現状に対する不満の声が昂まつたことは空前のこと[70]」となった年であり、市当局では市保健科内に清掃企画部を設置し、約一七四万円を投じて、トラック三〇台、馬車二〇〇台、清掃用車両二〇〇台などを動員して、塵芥・屎尿清掃を行う一方、「捕つた鼠は大一匹十五銭、小五銭、死屍五銭で買上げ[71]」るネズミ取り運動を展開している。しかし、市当局としては資材難などの理由から「万全を期し難い」と釈明せざるをえないのが、実情であった。そこで奉天の大和警察署長は取締官の方策として「番地単位制を採用し、協同責任作業」とすることを提唱している(『満日』九月二八日)。

七・八月には奉天で「第四回満洲国建国体操会」が開催され、学校・神社・広場でラジオ体操を行い、九月には「国民体育週間」「秋期特別大清掃」が行われている。一〇月下旬よりの「全満健康週間」では「個人の生命、個人の健康は最早今では国家のもの、近代科学戦では前線も銃後も同じ戦場だ、動員計画に編入されている者もいない者も干城の一分子、殊に満洲といふ特殊地域に興亜先遺隊の重責を負ふわれわれは弥が上にも身心を鍛へて、鉄の心、鉄の体、零下十数度の寒さくらい平然と制圧する溢れる健康を闘ひ取らねばならぬ[72]」と主唱された。また「国民体位に関して生活、衣服、住居、動態凡ゆる方面から科学的に向上方策を研究する[73]」ため、民生部内に体力審議会が翌年度より設置されることになった。

一九四一年、奉天鉄道局が戸外運動による青少年社員の体位向上を目指して、二・三月にウサギ狩りを実施し、「捕獲した兎はその場で社員の家族の手で薩摩汁、兎汁等にして昼食をとり、毛皮は各支隊或は分隊長を通じて軍に献納[74]」することになった。体育方面では政府民生部が新京・奉天・ハルビンで五〇人以上の会社・団体に対して厚生会を組織させる一方、『国民体育教範』を制定して、国民体位向上の指針を提示している。また奉天協和義勇奉公隊総隊本部では医師・薬剤師・青年隊からなる衛生挺身隊を結成した。

一〇月下旬よりは恒例の「健康週間」が実施され、街頭に紙芝居部隊が繰り出したり、隣組の回覧板を通じて結核・伝染病予防の宣伝活動を行ったりした。そして「健康満洲の十則」が定められ、「一、戸外運動保健を第一／二、室内換気に留意せよ／三、部屋の加熱は風邪のもと／四、室内で炭火使ふな胸の毒／五、ペーチカは燃さず熱活かせ／六、煤煙防止に努力せよ／七、新築の家は壁が乾いてから入れ／八、女子の服装先づ防寒／九、子供には薄着本位で加減せよ／十、努めて油物と野菜果物を摂れ[75]」が主唱された。

関係有識者で構成される国民体位向上官民懇談会では「若人は国家で管理」の方針の下、二五歳以下の禁酒法、二〇歳以下の禁煙法の制定や、協和会による青少年体位の向上などが論議された。協和会全国連合協議会では、奉天省連合協議会が首都連合協議会とともに「国民体位向上に関する件」を提出し、弁法として次のように提示している。

一、国民体位国家管理制度を確立し、主要地区より逐次実施すること（奉天）

民生部に保健局を設置すること／衛生思想の普及を計ること／住宅の改造建設を行ひ休養を得せしむること／完全栄養を補給せしむること／運動を奨励すること／体力検査を実施し体育章を下附すること／三大悪習（手鼻、野糞、阿片）の矯正を計ること／伝染病の対策を講じ、之が思想を徹底せしむること／優生法を制定すること

二、日本内地同様二十五歳以下の禁酒法、二十歳以下の禁煙法を制定し厳重取締ること（奉天）

三、結核予防対策を確立すること（奉天、首都）

1、年二回春秋の期に結核予防週間を設け、ポスター、パンフレット、ラヂオ、映画、幻燈、紙芝居及講演等を通じて国民を教育すること／2、年一回結核予防の展覧会をデパート等に於て開催すること／3、年一回結核切手等の如きものを発売して国民の結核予防に対する観念を喚起すること／4、先づ特定地区に臨床的、理学的、細菌学的検査の可能なる結核相談所を設け、結核患者の追及並に治療と予防及宣伝にあたらしめ、此の方法を漸次地方に及ぼすこと／5、移民地には独立したる結核相談所を設くるか、又は移動結核相談所等の如きものを設け少くとも年二回巡回すること（首都）[76]

一九四二年五月、奉天の「清潔週間」では「一、身体、衣服の清潔／二、建物の内外並びに地元道路の清掃等の励行／三、汚水、汚物、紙片等は所定の場所以外に放棄せざること／四、道路、公園等の公共施設、乗物集会場等を汚穢せざること／五、手鼻、吐痰、便所施設以外の排便等の陋習打破／六、市街地における家畜、役畜の糞便除去の徹底[77]」を行うこととされている。七月には恒例の「国民健康週間」が実施されている。

同年の協和会全国連合協議会には「国民体位向上及ビ防疫対策ニ関スル件」が提出されているが、本議案は本来、「国民保健衛生及地方病対策ニ関スル件」（通化）、「国立検疫所設置ニ関スル件」（奉天）、「ペスト防疫対策ヲ国策トシテ取上ゲル件」（吉林）を一括整理したもので、このうち奉天では「検疫法ヲ制定シ海陸空国境ニ施行スルコト／特殊労働者ニ対スル大規模ノ検疫所ヲ国家経営ノ下ニ適地ニ建設運用スルコト」を提起している。その理由は「国内ニ於ケル防疫ハ漸次整備強化サレツツアルモ国外特ニ北支トノ交通ハ今後ニ於テモ益々頻繁ヲ加ヘルニ就テハ伝染病ノ国内持込蔓延ニヨル増産阻害人材ノ損失甚シキモノアリ。海陸空国境ノ検疫ニ今一段ノ施設充実ヲ計ルヲ要ス[78]」ためであった。この年、協和会は「運動の基本方針として保健衛生運動を取り上げるべきである」として「一、国民の保健衛生思想の徹底、一、具体的保健衛生方針の指導、一、保健衛生担当指導者の養成並びに施設の拡充を会運動の中に包含して一般国民保健の基礎を確立するとともに第二国民の保健方針として、イ、青少年義勇隊員以外の一般青年の保健思想生活の確立、ロ、青少年自興運動と保健思想の徹底を併立すること、ハ、独身寮に指導者を置き、監督、衣料、食物施設の万全を期すること」(79)を明示した。

同四二年六月には「[満洲国]建国十周年慶祝記念奉天省体育大会」(一万五〇〇〇名参加)が開催され、七月の「建国体操会」では炭砿体力章検定も行われている。この「体力章」は元来、満鉄が社員に実施していたものであったが、七月、満洲国政府は「国民体力法」を公布し、まず日本人青年に対して各市県旗長の命により、身体検査、疾病異常検診(肺結核、トラホーム、花柳病)、運動機能検査(二〇キロの荷重速行三〇秒間、その他二〇〇〇メートル、一〇〇メートル徒歩等)等を義務づけ、受検者には体力手帳が交付された。同七月の「国民健康週間」では腸チフスの無料予防注射や、学童の蝿取り競争が行われ、年末には恒例の清掃運動も実施されている。

翌四三年度の協和会全国連合協議会の一括議案「戦時国民意識の昂揚並戦時生活体制確立に関する件」中には奉天省連合協議会が提案した「戦時生活革新に関する件」「国民保健に関する件」も含まれ、そこでは「結核予防策を積極的に促進すること／冬期に於ける生産《(鮮カ)》野菜の配給」(80)が要求されている。それに対して満洲国政府では「結核対策要綱」を作成して対策を講究しているが、奉天市公署『奉天市統計年報』(一九四三年)は「衛生」部分の冒頭に異例的に次のような文章を掲載している。ここに戦時下の保健衛生環境の悪化を明瞭に看取することができる。

保健施設ノ急務：保健衛生部門ニハ幾多施策ノ改善向上ヲ要スルモノ頗ル多キ時、現時下生産力拡張ハ重工業ノ勃興ト各種産業ノ殷賑ト相俟ツテ人口ノ都市集中漸ク激甚ヲ極メ、延テハ深刻ナル住宅難ヲ招来シ、勢ヒ密集雑居ノ生活状態ヲ呈シ、他面高層林立ノ煙突ヨリ吐出スル煤煙ハ冲天ヲ覆ヒ、此ノ外、小路胡同ニ横溢スル屎尿、行水、汚物ハ鼻柱ヲ衝ク実情ニシテ、兎角斯ル環境ニ生活シツツアル市民ハ必然的ニ非衛生的生産ノ余儀ナキヲマヌガレズ。此ノ外、法定伝染病、結核死亡、乳児死亡ハ愈々ソノ数ヲ加ヘ、我国ノ亡国的悪弊タル阿片麻薬癮者ハ尚実質的ニハ減少セザルノ状態ナリ。斯ノ如キ状態ハ一時ダニ偸安ヲ許サズ、実ニ保健衛生施設拡充ハ其ノ厚生ヲ企ルノ要ヲ痛感スルコト今日ノ如ク急ナルハナシ。

おわりに

以上の議論を要約すれば、以下のようである。

第一に、日中戦争時期、奉天では人口の急増にともない、住宅難が発生していた。満洲事変直後よりこうした都市問題は顕在化していたが、日中戦争の勃発と「満洲産業開発五箇年計画」の遂行により、諸矛盾の深化は一層進行した。そこで満洲国政府は満洲房産会社を設立して住宅建築を試みたが、日本式住宅の移植にともなう資材難に加えて、官庁セクショナリズムもあいまって、効果的な政策を実施できなかった。総じて満洲国政府による住宅政策はほぼ官僚・国策関係会社の職員らに限定されていたといってよく、中国人庶民層に対する住宅政策は不備であった。また高物価のなか「闇家賃」問題や借主借家人間の紛争解決などに関する諸問題についても、経済警察は有効な対策を打ち出すことができなかった。

第二に、住環境の悪化にともなう都市の「非衛生」が問題視され、奉天市行政当局では清掃事業を実施していたが、十分な対応が出来ず、協和会など関連団体と連携しつつ、毎年「清掃週間」「健康週間」「体育週間」といった大衆動員方式を通じて、対処することを試みた。こうした効果のためか、奉天ではペスト・コレラの市内発生防止にかろうじて成功していたが、これは満洲全域でみれば例外的であり、また奉天においても、戦時下の生活水準の低下のために、保健衛生環境は悪化し続けていた。

いずれにせよ、こうした植民地支配政策の背後に「国民の生命に対する国家管理」への志向が強力に作用していたことは明らかである。しかしながら、国策関係会社の職員などを除く、日本人以外の人々に対する植民地権力による規律化がどこまで浸透していたのかについては留保の余地があるように思われる。

（1）鍾家新『日本型福祉国家の形成と「十五年戦争」』（ミネルヴァ書房、一九九八年）、高岡裕之『総力戦体制と「福祉国家」』（岩波書店、二〇一一年）、金晋均・鄭根埴編『근대주체와식민지규율권력』（문화과학사、一九九七年）、孔堤郁・鄭根埴編『식민지의 일상 지배와균열』（문화과학사、二〇〇六年）、延世大学校国学研究院編『일제 식민지지배와 일상생활』（해안、二〇〇四年）、方基中編『일제 파시즘 지배정책과 민중생활』（해안、二〇〇四年）、方基中編『식민지 파시즘의유산과 극복의 과제』（해안、二〇〇六年）、川越修『社会国家の生成20世紀社会とナチズム』（岩波書店、二〇〇四年）、越沢明『植民地満洲の都市計画』（アジア経済研究所、一九七八年）、沈潔『「満洲国」社会事業史研究』（ミネルヴァ書房、一九九六年）、藤野豊『厚生省の誕生』（かもがわ出版、二〇〇三年）、殷志強「日中戦争期における奉天市民生活の実態」（新潟大学コアステーション人文社会・教育科学系附置環東アジア研究センター『環東アジア研究センター年報』第六号（二〇一一年三月）、また殷志強「『満洲国』期における奉天の社会変容」（同『環東アジア研究センター年報』第七号、二〇一二年三月）は奉天市の行政変遷の軌跡を探り、各時期における交通、道路、水道など都市インフラ整備の実態を明らかにしながら、奉天の社会変容について検討している。なお台湾については、小野浩「住宅市場と政策」（老川慶喜編『植民地台湾の経済と社会』日本経済評論社、二〇一一年）を参照。

（2）満洲在住日本人の植民地経験を考察した代表的な研究には、経済団体を事例にした、柳沢遊『日本人の植民地経験　大連日本人商工業者の歴史』（青木書店、一九九九年）、奉天に関しては、塚瀬進「奉天商工公会の設立とその活動」（柳沢遊・木村健二編著『戦時下アジアの日本経済団体』日本経済評論社、二〇〇四年）などがある。

（3）満洲における伝染病問題については、飯島渉『ペストと近代中国』（研文出版、二〇〇〇年）、同『マラリアと帝国』（東京大学出版会、二〇〇五年）、同『感染症の中国史』（中公新書、二〇〇九年）、奉天については、橋谷弘『帝国日本の植民地都市』（吉川弘文館、二〇〇四年）を参照。

（4）居之芬『一九三三・九～一九四五・八日本対華北労工統制掠奪史』（中共党史出版社、二〇〇七年）。

(5) 「時評：離農・人口都市集中の傾向」には「最近の傾向は、都市人口の農村人口に対する比重が漸次大きくなりつつあり、この間に、はつきりした離農の傾向が見出される」と指摘されている。その理由は「第一は小作制度が確定していないために、小作料が急激に上がり、地主の不法な搾取に喘ぐ小作人が生活苦をのがれて、都市へ走ること」、「第二には、農村における生活必需物資が都市にくらべて割高となつてをり、これによる生活の喘ぎからのがれんとする」、「第三に、都市労働賃銀が農村労働賃銀に比較して高く、この都市の賃銀高を追ふて農村から都市に人口が集中しつつあること」などがあげられている（『満洲評論』第二三巻第一号、一九四二年一月）。

(6) 張暁紅「『満州国』商工業都市――一九三〇年代の奉天の経済発展――」（『三田学会雑誌』第一〇一巻第四号、二〇〇八年四月）、殷志強「『満洲国』初期における鉄西工業区問題」（『現代社会文化研究』第四九号、二〇一〇年一二月）。

(7) 牧野正已「新京特別市に於ける住宅難の実相」（『満洲建築雑誌』第二〇巻第一号、一九四〇年一月）。

(8) 「浮浪者半島人を救済せよの声、ここにある人的資源」（『満日』一九四〇年六月六日）。そのため、奉天市から送還された朝鮮人数は一九三八年一一件、三九年九〇件、四〇年六八件、四一年三七件、四二年四一件である（『奉天市統計年報』各年度版）。金周溶「일제 강점기 한인의 만주이주와 도시지역의 구조변화」（柳智元他『근대만주도시역사지리연구』동북아역사재단、二〇〇七年）、金炅一・任城模・尹輝鐸・李東振『조선인의민족이산과 도시』（역사비평사、二〇〇四年）。

(9) 同様に、大連でも「大連空前の住宅難、空家たつた五軒、百家族の新採用者来連を控へ、流石の満鉄大弱り、事変直後の空家千五百軒あつた、今ではボロ家も空いていない」（『満日』一九三三年一〇月一八日）との状況であった。

(10) 「奉天の住宅難、来年更に深刻化せん」（『満日』一九三五年一〇月二二日）。

(11) 『満日』一九三四年五月一一日付記事「奉天の住宅難深化、人口増加、戸数は減少」は「月を逐うて激増しつつある奉天附属地内の戸口数は四月末現在、奉天署の調査によると戸数は前月に比し八十一戸減じ、人口は八百十五名増加という珍現象」が生じており、これは「戸数の減少は旧宿舎店舗が改築せられたるため取り壊された」ことが原因であり、「住宅難を呈している折柄人口増加に対し住宅減少するため、一層住宅難を来」すであろうと予測している。

(12) 「家賃値上禁止、奉天でも近く佈告す」（『満日』一九三五年九月二五日）。『満日』一九三五年一〇月二一日付「家賃問

題の一考察、之が緩和策は如何」は家賃高騰の原因を「(イ)悪地主と悪店子との一掃／(ロ)金利と家賃との比較論／(ハ)不良ブローカーの介在に因る弊害／(ニ)公営住宅の社会政策的意義無視」に求めている。

(13) 「住宅手当の増額、満鉄社員頻りに要望」(『満日』一九三三年一一月三〇日)。

(14) 「住宅手当問題は臨時弁法で解決、散宿社員の家賃不足分だけ支給す」(『満日』一九三四年五月三日)。一方、満洲国官吏は住宅組合を結成している(『満日』一九三三年一〇月二八日)。

(15) 「奉天署家賃問題の調査本腰で乗り出す、合理的是正を図る」(『満日』一九三五年一〇月一九日)。

(16) 「満人にも住宅難、新築された三千戸」(『満日』一九三五年一〇月二九日)。

(17) 「行旅死亡者取扱規則制定、差当り七大都市に於て十月一日から実施」(『満日』一九三六年九月四日)。

(18) 「どん底に蠢く、奉天のカード階級七十一戸」(『満日』一九三六年六月二八日)、「失業者群の殺到に奉天の職業紹介陣強化」(三七年一月八日)、「(奉天)施粥所の閉鎖に貧民たちが反対運動」(『満日』一九三六年四月六日)。

(19) 「住宅不足はご尤も実態調査で歴然たり」(『満日』一九四二年一月二四日)。

(20) 「住宅飢饉と対策」(満洲国通信社編『康徳九年版　満洲国現勢』一九四二年、クレス出版復刻版二〇〇〇年)。

(21) 同社については、鈴木邦夫編『満洲企業史研究』(日本経済評論社、二〇〇七年)、冨井正憲「第五巻(解題)朝鮮・台湾・関東州住宅営団について」(西山夘三記念すまい・まちづくり文庫編『幻の住宅営団』日本経済評論社、二〇〇一年)、平山剛「満洲房産株式会社の住宅供給事業」(『アジア経済』第五三巻第五号、二〇一二年九月)参照。

(22) 藤井定「満洲住宅供給事業十年の跡」(『満洲建築雑誌』第二二巻第一一号、一九四二年一一月)。

(23) 満洲帝国協和会『康徳六年度全国連合協議会議決事項処理経過報告』(一九三九年)一三七～一三八頁。「総務庁の外局として設置し同局によつて建築資材の調達、代用品の研究、煉瓦等の直接製造、家屋の改善等」住宅問題全般を取り扱う「国立住宅局」設置論が台頭していた(「深刻な家の払底を救ふ・国立住宅局設立要望の声沸く」『満日』一九三九年五月一二日)。

(24) 笠原敏郎(前満洲国建築局長)「満洲国住宅政策に就て」(住宅営団『住宅研究資料(第十三輯)』一九四三年、京都大学経済学部図書室所蔵)。

(25) 西山夘三「満洲国の住宅事情」(住宅営団『住宅研究資料(第一七輯)』(一九四三年、京都大学経済学部図書室所蔵)。

同様の指摘は「最近の住宅難の最大の原因は勿論人口の膨張率と家屋の増加率とが不均衡であることに基づくが、同時に家屋や部屋が特定の人達に偏在している事実にも基づくのである」(白水生「文化随想其の一、住宅難の問題」『満洲評論』第一六巻第二四号、一九三九年六月)にもみられる。
(26) 藤井、前掲「満洲住宅供給事業十年の跡」。
(27) 「先づ四百六十戸、砂山と鉄西・月末迄に完成」(『満日』一九四〇年六月二八日)。
(28) 「住宅難解決の積極策を要望」(『満洲評論』第一八巻第一五号、一九四〇年四月)。
(29) 前掲「住宅飢饉と対策」。
(30) 「住宅対策要綱成る」(『満日』一九四〇年一一月六日)。
(31) 藤井、前掲「満洲住宅供給事業十年の跡」。
(32) 「指導機関を一貫し住宅政策を確立」(『満日』一九四〇年八月二五日)。
(33) 湊満雄「住宅対策と家賃統制」(『協和運動』第二巻第五号、一九四〇年五月)。
(34) 笠原、前掲「満洲国住宅政策に就て」、および藤井、前掲「満洲住宅供給事業十年の跡」。
(35) 国務院建築局「建築物戦時規格設定に関する解説」(『満洲建築雑誌』第二四巻第五号、一九四四年五月)。後述する保健衛生問題との関連では「日本人の住居様式特に畳、床の間等が冬季の長い而も換気口の小さい満洲向家屋に応用された場合、畳、床の間は徒らに塵埃の溜り場となる」と批判された(満洲事情案内所編『満洲生活案内』一九四一年、一一四頁)。
(36) 藤井、前掲「満洲住宅供給事業十年の跡」。満洲国政府では一九四三年以降五年間で「毎年日系二二〇〇〇、満系四七六〇〇、合計六九四〇《ママ》〇〇戸」を必要としたが、その内訳は「日系住宅に於ては、官舎三五〇〇、地方官舎一五〇〇〔中略〕資材中央割当に依る会社〔中略〕社宅七九〇〇、満鉄社宅三〇〇〇、及一般民需を合して二二〇〇〇戸、満系住宅に於ては、官舎一〇〇〇、地方官舎五〇〇、会社々宅二八〇〇、満鉄社宅四一〇〇、民需三九〇〇〇合計四七四〇〇戸と云ふ、数字が出て居る。この満系住宅の方で、官舎、社宅が非常に少く、民需が厖大な数に上つて居るのは、資金其他の関係で、已むを得ず、極力民間資金の活用を奨励し、民需として建てさせたいと云ふ希望」からであった(笠原敏郎「満洲国住宅政策経過概要」建築学会『建築雑誌』第五七輯第七〇二号、一九四三年九月)。

(37) 中国人労働者住宅に対しては作業能力維持の観点から一九四〇年一一月「土木建築労働者保護規則」(民生部令第三六〇号治安部令第六二号)が公布されたが、「現在一般労務者住宅の保健、衛生に就て不備なる点多々あり且考慮する必要ありと思惟せらる」状態であった(鄭炳文「満系労務者住宅に就て」『満洲建築雑誌』第二四巻第六号、一九四四年六・七月)。

(38) 藤井定「住宅の家賃」(『満洲建築雑誌』第二二巻第四号、一九四二年四月)。

(39) 「いづこも同じ住宅難、店子泣かせの満洲家賃」(『満日』一九三八年九月二日)。なお、新京の例であるが、官吏・国策関係会社の俸給生活者の平均月給は一七〇円程度といわれていた(牧野、前掲「新京特別市に於ける住宅難の実相」)。

(40) 満洲国における経済警察については拙稿「満洲国警察と地域社会――経済警察の活動とその矛盾を中心に――」(韓国・中央大学校中央史学会編『中央史論』第三二集、二〇一〇年一二月)を参照。

(41) 湊、前掲「住宅対策と家賃統制」。

(42) 奉天市公署・奉天市商工公会共編『康徳八・九年版　奉天市統計年報』(一九四三年)。

(43) 「房産住宅の家賃に再検討の声、鉄西区協議会の真剣」(『満日』一九四〇年九月一八日)。

(44) 「房産の家賃は何故高いか」(『満日』一九四一年七月五日)。

(45) 「国立住宅局に期待、住宅問題、資材と企画の両部門を強化」(『満日』一九四〇年三月二三日)。

(46) 「闇家賃を完封」(『満日』一九四三年三月二四日)。

(47) 「闇家賃罷りならぬ。畳表替へも一年三月には一回、家賃通帳制と住宅修繕規則」(『満日』一九四三年九月一六日)。

(48) 「住宅難の根本衝く、監督機関と膝を交へて協議会」(『満日』一九四三年一二月一四日)。

(49) 「列車の窓に映ずる、都市美汚す数々、嘆かはしいこの醜状」(『満日』一九四〇年八月二八日)。

(50) 「全市民よ奮ひ起て、清掃標語の創造へ、美しき街へ愈々進軍」(『満日』一九四〇年九月七日)。

(51) 宇田一(奉天農業大学学長)「奉天市清掃の声」(『満日』一九四〇年八月三日)。

(52) (満洲国)治安部警務司編『衛生警察』(一九三八年、中国・吉林省檔案館原本所蔵、国際日本文化研究センター所蔵マイクロフィッシュ)九～一〇頁。「恐い奉天の伝染病統計」(『満日』一九四一年一一月一八日)。

(53) 「恐怖伝染病撃退へ、市に予防委員会設置」(『満日』一九四〇年三月九日)。

(54) 奉天市長官房文書科『康徳七年　奉天市要覧』(一九四一年)。
(55)「社説：健全な徳風と剛健な体力」(『満日』一九三九年七月一〇日)。
(56) 北野政次「満洲と結核」(満洲電信電話株式会社総務部保健班編纂『満洲保健読本』満洲事情案内所、一九四三年)。
(57) 佐々虎雄「結核の予防と患者の注意」(満洲電信電話株式会社総務部保健班編纂、前掲書)。協和会では政府とともに、保健衛生上と石炭消費節約の見地から、奉天地区においては一一月一日から三月二五日の一四五日間にわたり、適温生活、昼間摂氏一四度〜一八度、就寝時一三、四度の設定運動を展開していた(満洲事情案内所編、前掲書一一〇〜一一一頁)。
(58)「結核の撲滅に全満的運動」(『満日』一九四〇年一一月二七日)。
(59)「防疫に万全の陣」(『満日』一九四一年五月一七日)。
(60)「伝染病院は超満員、日系の不摂生に警告」(『満日』一九四一年六月二五日)。
(61)「結核撲滅五ケ年計画、まづ十ケ所療養所設置」(『満日』一九四二年八月七日)。
(62)「結核予防対策案成る」(『満日』一九四二年一〇月二二日)。
(63) それ以前は、一九三二年にコレラに対する「虎列拉予防暫行令」、伝染病一般に対して「共同防疫暫時弁法」、捕蠅を奨励する訓達なども発令されていた。そのほか、慢性伝染病、特に性病に関する予防対策として、一九三八年九月二一日付民生部令第九二号、治安部令第四六号で「接客業者其ノ他衛生上取締ヲ要スル者ノ健康診断規則」が公布された(治安部警務司編『満洲国警察史』一九四二年、一九七六年復刻版、六七四・六七七頁)。
(64)「道路清掃に市民督励」(『満日』一九四一年一一月二九日)。
(65) 治安部警務司編、前掲『満洲国警察史』六六四頁。
(66) 治安部警務司編、前掲『衛生警察』二一〜二二頁。
(67) 奉天市公署・奉天市商工公会編『康徳十年版　奉天統計年報』(一九四三年)。
(68) 満洲帝国協和会編、前掲『康徳六年度全国連合協議会議決事項処理経過報告』一三二頁。
(69) 同右、『康徳六年度全国連合協議会記録』八六頁。
(70)「衛生問題に空前の声、痛切に感じた責任と自負」(『満日』一九四〇年一二月二一日)。

(71)「ペスト侵入の惧れ、完璧期す防疫陣」(『満日』一九四〇年一〇月一〇日)。
(72)「健康へ、さあ進軍だ」(『満日』一九四〇年一一月二二日)。
(73)「体力審議会を設置、斯界の権威者を動員具体化」(『満日』一九四〇年一一月一五日)。
(74)「体位向上に兎狩り」(『満日』一九四一年二月二日)。
(75)「健康満洲の十則」(『満日』一九四一年一〇月五日)。
(76)満洲帝国協和会『康徳八年度全国連合協議会議案』(一九四一年)二〇頁。
(77)「美しき街づくり」(『満日』一九四二年四月二五日)。
(78)満洲帝国協和会『康徳九年度全国連合協議会第二次整理案』(一九四二年)四一~四三頁。
(79)「保健衛生を強調、協和会の基本方針として要望」(『満日』一九四二年八月一日)。
(80)満洲帝国協和会『康徳十年度全国連合協議会議案』(一九四三年)一七頁。

第Ⅶ部

戦時体制下の地域社会

戦時期朝鮮における「慰安婦」動員の「流言」「造言」をめぐって

藤永 壮

はじめに

植民地における支配権力と地域社会の関係を探ろうとする本書の中で、本稿がとりあげるのは、戦時期の朝鮮各地で流布していた「慰安婦」に関する「流言飛語」「造言飛語」（「飛語」は「蜚語」とも表記）である。よく知られているように、戦時体制下の朝鮮においては、未婚の朝鮮人女性が日本軍将兵への「性的慰安」を強要されるといううわさが流れ、娘を持つ親たちを震撼させていた。たとえば一九八〇年代末、「慰安婦」問題の真相調査に先鞭をつけ、被害者に対する日本政府の公式謝罪・補償を求める運動の先頭に立ってきた尹貞玉・韓国挺身隊問題対策協議会元共同代表は、そもそも「慰安婦」問題に取り組みはじめた動機を次のように語っている。

一九四三年一二月、私が梨花女子専門学校一年生のとき、日帝が朝鮮半島の各地で未婚の女性たちを挺身隊に引っ張ってゆくという恐ろしいことが頻繁に起こるようになった。多くの学生たちは挺身隊を免れるために結婚を急ぎ、続々と退学しはじめた。この事態に驚いた学校当局は「学校側で責任をもっていうが、あなたたちには絶対そんなことはない」と公言した。しかし、間もなく私たちは国家総動員令に応じるという書面に捺印させられた。私は両親のすすめに従って退学し挺身隊を免れたが、そのころ私と同じ年頃の若い女性たちは日帝によって連行されていたのである。[1]

ここで尹貞玉は、日本が未婚の朝鮮人女性を「挺身隊に引っ張ってゆく」ことを「恐ろしいこと」と認識している。「恐ろしいこと」の具体的内容はいうまでもなく、朝鮮人女性を日本軍将兵の「性的慰安」の道具＝「慰安婦」にすることであった。[2]「慰安婦」と「挺身隊」は、制度上はもちろん別個の存在であるが、[3]戦時期の朝鮮社会においては両者を同一視する見方が一定程度、広まっていたと見られる。[4]一方で日本政府は一九四四年七月、朝鮮における未婚女性の徴用をめぐって「中ニハ此等ヲ慰安婦トナスガ如キ荒唐無稽ナル流言巷間ニ伝ハリ」[5]という事実を把握していた。徴用、すなわち国民徴用令にもとづく強制労働動員も、朝鮮社会の一部では女性を「慰安婦」にする手段と認識されていたのである。

このように戦時体制下の朝鮮では、日本の国家権力により動員された朝鮮人女性は将兵への「性的慰安」を強要されるといううわさが流れ、少なからぬ人びとがそれを信じていた。しかしこの時期の朝鮮で、人びとが口コミで流通させた情報のうち、日本の戦争遂行や植民地統治を脅かすおそれのあるものは「流言飛語」「造言飛語」として、厳しい取り締まりの対象となっていた。「流言」「飛語」は「根拠のないうわさ」、「造言」は「つくりごと」という意味だが、[6]取り締まりの理由は必ずしもそれが虚構であったからではなく、軍事上または治安維持上「有害」と見なされたからであった。[7]社会心理学者による古典的な「流言」研究も、それが国家の安全を脅かす危険な存在と捉えるところから出発している。[8]

しかし従来の戦時期朝鮮における「流言」に関する研究[9]は、このような「流言」を危険視する見方とは正反対の方向からなされてきた。この分野の先駆者である宮田節子が「流言」を通じて「朝鮮の民衆が、日中戦争下で何を考え、戦争をどうとらえていたのかを、再構成」することで「「闘争」や「運動」の底流となっていた民衆の意識」を明らかにしようとしたように、[10]戦時期朝鮮の「流言」は、日本の侵略戦争や植民地支配に対する朝鮮民衆の抵抗意識をあぶり出す材料として、分析されてきたのである。

本稿はこうした「流言」研究の成果に学びながら、まず戦時期の朝鮮人女性動員に関わるうわさが、具体的にどのような内容をもち、どのようなルートで拡散し、またその過程でどのように変化していったのかを検証する。先行研究において「慰安婦」動員の「流言」の存在はつとに指摘されてきた。しかしそれらはいまだ断片的な事例の紹介にとどまっているため、本稿ではできるだけ多くの事例をとりあげることによって、可能な限り、その全体像に迫りたい。また「流言」とともに植民地統治当局から危険視されていた「慰安婦」動員に関する「造言」もあわせて検討するが、本稿ではとくに日中戦争・アジア太平洋戦争の展開過程に対応して、どのような「流言」「造言」が出現したのかという点にも注目する。このような作業を通じて、戦時期朝鮮の地域社会で「慰安婦」に関する「流言」「造言」が発生、流布したことの意味を改めて考察すること、これが本稿の課題である。

なお本稿で使用する史料は、韓国の国家記録院や国史編纂委員会所蔵の裁判関係資料、『思想彙報』『高等外事月報』に収載された裁判関係資料、新聞記事などであるが、とくに水野直樹氏が収集した史料を数多く利用させていただいた。感謝とともに、この点をあらかじめお断りしておく。

一　「慰安婦」動員の「流言」の出現と拡散

(1)　日中戦争全面化と「流言」への警戒・取り締まり

一九三七年七月七日の盧溝橋事件により日中戦争が全面化すると、朝鮮総督府は直ちに「流言」を拡散させないための対策に乗り出していた。朝鮮総督府警務局は七月一一日から一二日にかけて緊急課長会議など幹部会議を数次開催し、治安確保に万全を期すため「流言蜚語」取り締まりの方針などを各道警察部に通牒した。[11]するとその直後より、各地の警察官署でも「流言」を厳重に取り締まっているとの報道が次々と現れるようになる。[12]

さらに七月二一日には三橋孝一郎警務局長が「時局に対し荒唐無稽の言辞を流布して一般民衆に不安の念を抱かしめ、或は徒に内鮮人対在留中国人の間の感情を刺戟し、又は経済的妖言を放ちて経済界攪乱を誘発するが如き言動を敢てする者のある事は甚だ遺憾」との談話を発表した。[13] この談話によれば、日中戦争勃発直後より朝鮮社会では戦争に関連するうわさが流布し、とくに民族対立や経済不安を刺激するような内容が含まれていることが分かる。確かにたとえば平壌では七月下旬、花柳界を中心に貯金がすべて軍費として徴発されるという「流言」が広まったため、郵便局・銀行・金融組合などへ預金の引き出しを求める者が殺到する事件が発生した。[14]

このような状況を背景に、朝鮮中央情報委員会（一九三七年七月二二日に新設）では、八月一二日の定例幹事会で「女給、妓生など接客業者が時局に関する流言蜚語を多く引き起こしているので」「特別な講演会を開催したり、または一つ一つ警察で呼び出してよく注意させたり、その具体的方法を講究すべきこと」を決定した。[15] 一方、朝鮮軍当局でも八月初めに、流言蜚語を流布した者に対しては陸軍刑法第九九条を適用し、断固とした処罰を行うとの方針を発表した。[16] すでに八月に入ったころから、「流言」「デマ」によって当局により処罰された事件が新聞紙上で報道されはじめていた。[17]

その後、日中戦争は八月一三日の第二次上海事変を契機として、華北から華中へと戦線が拡大し、日本軍は一一月一一日に上海、一二月一三日には南京を占領して、戦闘は小休止状態となった。翌一九三八年一月一六日、日本政府は「国民政府を対手とせず」とする声明を発表して、みずから国民政府との関係を絶ち、日中戦争は長期・持久戦の段階にいたった。

さて、ここに掲げた「不穏言動・流言蜚語処罰表」は一九三七年七月から三八年八月までの「不穏言動」「流言蜚語」の処罰件数・人数を月別・道別にまとめたものである。この表によると、処罰件数・人数は、日中戦争

不穏言動・流言蜚語処罰表(1937年7月～1938年8月)

(単位：件、名)

		1937年						1938年								合計
		7月	8	9	10	11	12	1	2	3	4	5	6	7	8	
京畿道	件数	3	8	2	3			1	1			1		1	2	22
	人員	3	10	2	3			1	1			1		1	2	24
忠清北道	件数	1	6			1								1		9
	人員	1	6			2								1		10
忠清南道	件数	6	7	3	4	3		1							2	26
	人員	7	7	3	4	3		1							2	27
全羅北道	件数	2	5	1		1									4	13
	人員	2	5	1		1									6	15
全羅南道	件数	4	13	16	12	6	1			1				1	1	55
	人員	4	13	16	12	6	1			1				1	2	56
慶尚北道	件数	1	13	4	4		1			5	3	4	4	6	1	46
	人員	1	13	4	4		1			6	3	6	4	6	1	49
慶尚南道	件数	2	6	3	5	1	1		2		2	1	1		2	26
	人員	2	6	3	5	1	1		2		2	5	1		2	30
黄海道	件数	7	2	1	2	1			1	1				1	4	20
	人員	7	2	1	2	1			1	1				1	4	20
平安南道	件数	7	3	1											2	13
	人員	8	3	1											3	15
平安北道	件数	5	1	2			2		1	1		1		3		16
	人員	6	1	2			2		1	1		1		3		17
江原道	件数	1	11	12				3			1		2	1	11	42
	人員	1	12	12				5			1		2	1	13	47
咸鏡南道	件数		3	3	4	2	1	1	1				1	1	10	27
	人員		4	3	6	2	1	1	1				2	1	12	33
咸鏡北道	件数	1	1	5						1		1	2	6	2	19
	人員	1	1	6						2		1	3	8	2	24
合計	件数	40	79	53	34	15	6	6	6	9	6	8	10	21	41	334
	人員	43	83	54	36	16	6	8	6	11	6	14	12	23	49	367

出典：「不穏言動又ハ流言蜚語処罰表　自昭和十二年七月至昭和十三年八月」朝鮮総督府警務局保安課『昭和十三年十月十五日　治安状況』(国史編纂委員会韓国史データベースNIKH.DB-had_171_0730)。

が全面化した三七年七月に四〇件・四三名を数え、翌八月の七九件・八三名をピークとして徐々に減少し、開戦の興奮状態が収まったと見られる三七年一二月〜三八年五月は一桁の件数にとどまっていた。なお三八年七〜八月に再び増加しているは、このころ発生した張鼓峰事件の影響であろう。

ところで先の「不穏言動・流言蜚語処罰表」を見ると、一九三八年三〜七月の慶尚北道の処罰件数・人数が他地域に比べて多いのが目を引く。実はこの時期の慶尚北道は、朝鮮人女性動員に関するうわさが流布しはじめた地域であった。

（2）女性動員「流言」の出現

女性動員に関する「流言」を最初に確認できるのは、いまのところ日中戦争が長期・持久戦化しはじめた一九三八年の春のことである。上海・南京など華中地方の占領地で日本軍が慰安所を開設しはじめたのは、やや遡って一九三七年末から三八年初にかけての時期であり、そのため上海の貸座敷業者が、三七年一二月中旬には日本国内で「慰安婦」の募集を開始し[18]、朝鮮にも「稼業婦女（酌婦）」＝「慰安婦」の募集者を派遣していた[19]。このとき朝鮮でも、内地とほぼ同様の方法で「慰安婦」が募集されたとするならば、上海から派遣された業者は、日本政府経由か、あるいは直接の接触によって、朝鮮総督府の協力を得、各地方警察の便宜のもとに「慰安婦」を動員したものと見られる。

朝鮮において女性動員の「流言」が発生したのは、こうした「慰安婦」募集の開始から、しばらく経った後のことである。すなわち一九三八年春ごろに現れた朝鮮人女性動員のうわさは、こうした「慰安婦」の募集が実際に朝鮮各地で行われていたことを裏付ける証拠といえるだろう。

さて一九三八年三月初めごろ、慶尚北道で出現した女性動員に関わる「流言」は、その内容上、二種類に分類できる（図1）。

まず慶尚北道の南西部から中央部に位置する金泉・義城方面では、未婚女子・寡婦を軍での炊事の仕事などに動員するという内容の「流言」が流布していた。たとえば金泉では、次のようなことを述べる男がいた。最近一五歳以上の未婚女性はみな中国戦線に送られ、軍の炊事などに使役されるということが、金泉警察署前の掲示板に広告されているのを見たが、自分の一五歳の妹は警部の叔父がいるので満洲行きを免れた、と。そしてこの男は、ある女性に対して「此ノ際自分ト結婚セシムベシト情交関係ヲ結ビタル外金銭ヲ騙取」したというのである。この男は三月九日に検挙され、懲役一年六月の実刑判決が下されている[20]。新聞も四月になって、金泉では娘がみな北支に送られるという流言蜚語が出回り、娘をもつ農家では速やかに結婚させせようと準備に忙しいが、当局が出所を調べたところ、行商の飴売りやパガジ（フクベ）売りが語ったもので厳重に取り調べている、と報道していた[21]。

また義城郡鳳城面（鳳陽面の誤りか？　鳳城面は慶尚北道北端の奉化郡に所属）でも、未婚女性や寡婦は軍隊の炊事をさせるため強制的に輸送されることとなり、すでに某地では貨物自動車二台で輸送され、近く当地でも輸送者の調査が行われるという「流言」を述べた者が四月三日に検挙され、拘留一五日の処分を受けている[22]。これらの「流言」は、七月までには義城郡の南隣に位置する軍威郡山城面にも伝播していた模様であり[23]、また遠く離れた慶尚南道南部の統営でも類似の「流言」を述べた二名が七月四日に検挙された[24]（図2）。

一方、慶尚北道南部の盆地地帯に位置する大邱・達城・漆谷方面では、未婚女子の血を負傷兵に輸血するという内容の「流言」が広まっていた。一九三八年三月一六日、大邱警察署に検挙された男性二名は、次のような「流言」を述べていた。彼らが住む漆谷郡漆谷面梅川洞では一七歳以上の女子を調査中だが、それは負傷兵に娘の血を輸血するため強制的に中国へ送ることを目的としており、「娘アル者ハ何レモ狼狽シ配偶者ノ物色ニ奔走

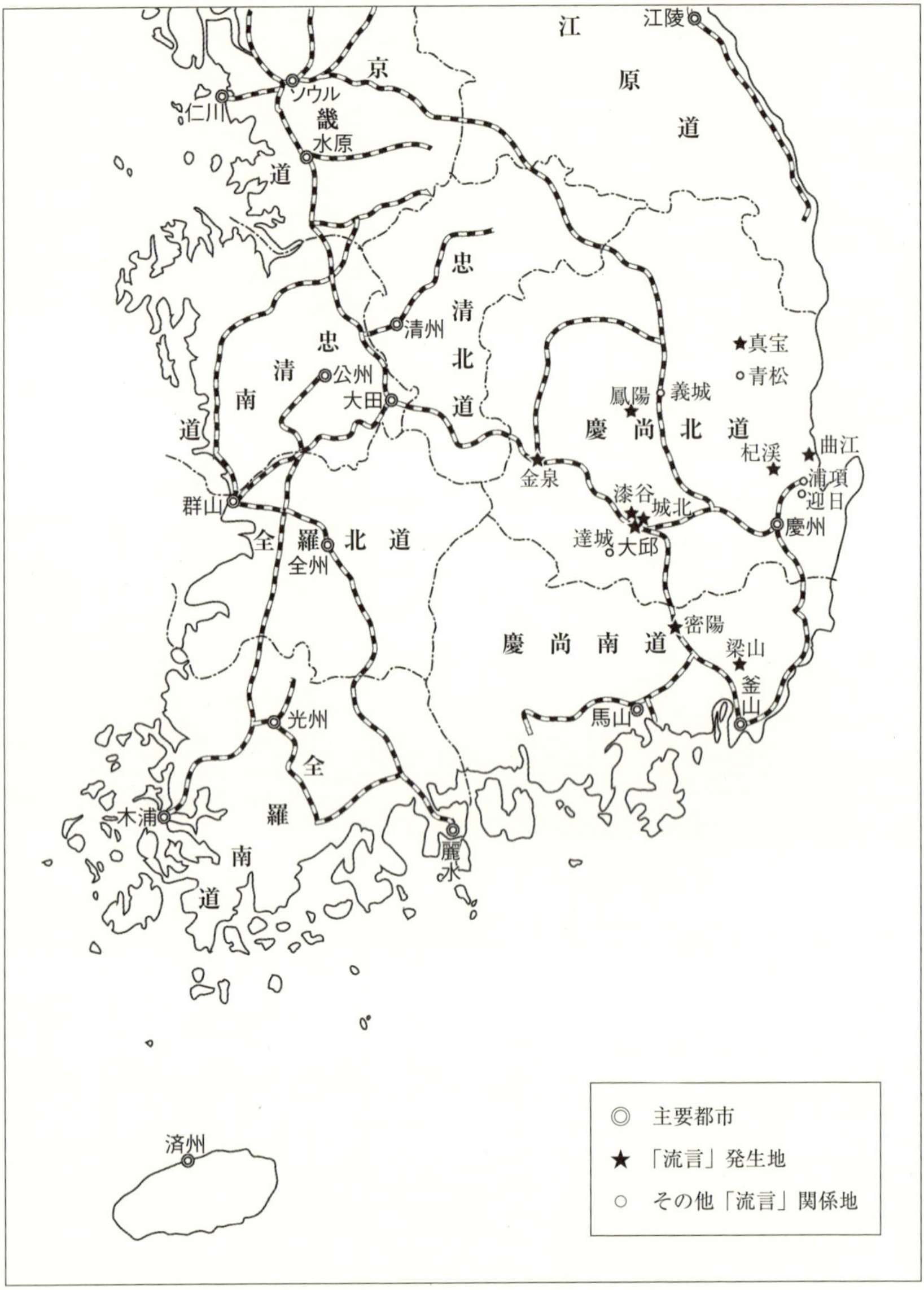

図1 「流言」発生地(その1：1938年3～5月ごろ)

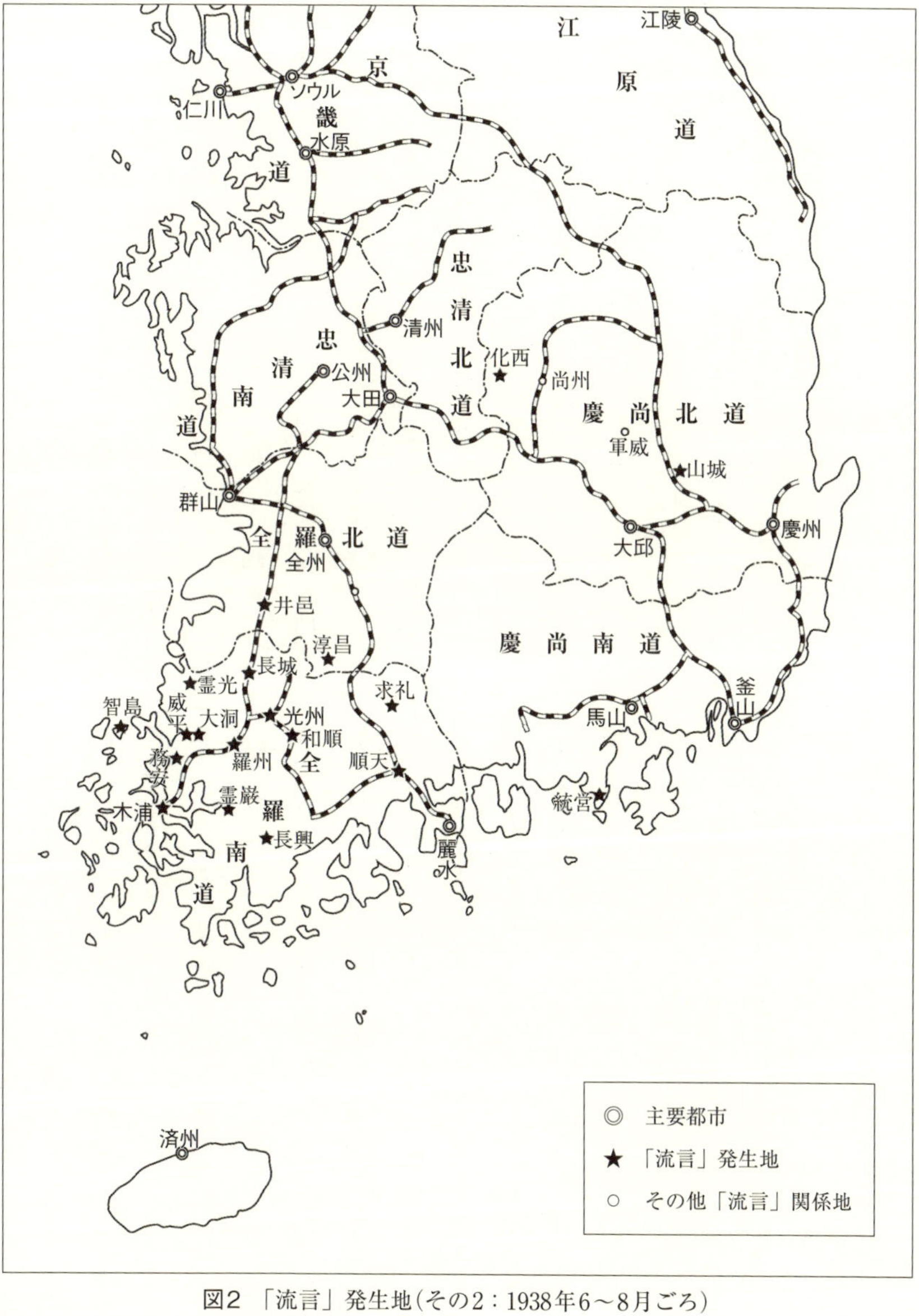

図2 「流言」発生地（その2：1938年6〜8月ごろ）

シツ、」ある状況である、と。[25]

大邱での流言は、三月下旬には次のように変化していた。出征中の陸軍は甚だしく疲労し、とくに軍人の「肱ノ力」が抜け満足な活動ができないため、元気回復の方法として一六、一七歳ぐらいの「朝鮮娘」を多数徴発して戦地に送り、「処女[26]達ノ肱ヨリ血ヲ採取シ之ヲ軍人ノ肱ニ注射」する。また「敵弾避ケノ方法」として「処女達ノ口ヨリ或ハ機械ヲ挿入シ月経ノ血ヲ採取」し、これを軍服に塗布する。達城郡城北面山格洞方面では、すでに十数名の「朝鮮娘」が徴発されたため、これを免れようと結婚を急いでいる。このように述べた人物（氏名から女性と思われる）は第一審・控訴審ともに、陸軍刑法第九九条が適用され、禁錮三月が言い渡された。[27]このような若い朝鮮人女性の血を採取するという内容の流言は、四月には東部の青松郡真宝面へ、[28]また六月までには海岸地方（迎日郡曲江面）、さらには内陸地方（尚州郡化西面）の双方へと広がっていった。[29]

ところで三八年三月初めにこのような二種類の「流言」が出現したのち、三月末以降になると、慶尚北道海岸地方の浦項・迎日方面および慶尚南道北部の密陽・梁山方面では、女性を炊事などに使役する、女性の血を輸血するなどの内容に加えて、性的慰安に関する内容が追加されていた。密陽・梁山方面では三月末から四月上旬にかけ、一六〜二〇歳の処女および一六〜三〇歳の寡婦を強制的に狩り集めて戦地に送り「昼間ハ炊事及洗濯ノ労務ニ使役シ夜間ハ軍人ト性的関係ヲ為サシムル」と述べていた三名が、陸軍刑法第九九条に該当するとして禁錮四月を宣告された。[30]また五月ごろ迎日郡杞渓面美峴洞などで「十四歳以上ノ処女ハ悉ク満洲及支那方面ノ戦場ニ送リ出征軍人ノ炊事洗濯ノ手伝ヒ並ニ軍人ノ慰安ヲ為サシメ且該処女ノ血液ヲ軍人ニ輸血スル」と語った女性は、警察犯処罰規則により拘留一〇日に処せられた。[31]

そしてこのような「流言」の出現に対し、警務局保安課も「最近ニ至リ当局ハ戦地ニ移送スル目的ヲ以テ鮮内〔ママ〕各地ニ於テ未婚婦女子ヲ募集シツツアリ……云々等ノ流言流布セラレツツアリ」[32]と、警戒を促すようになったのである。

(3)「流言」の拡大とその特徴

一九三八年六月になると、「流言」は全羅南道へ飛び火し、数か月の間に朝鮮南西部一帯へと拡大していった(図2)。三八年六月一九日に語られたという全羅南道咸平郡大洞面での「流言」の内容には、四〇歳以下の寡婦・処女を戦地に送って、炊事をさせ、「兵士ノ慰安ニ供スル」ほか、「処女ハ其ノ皮ヲ剝キ油ヲ搾リ飛行機ニ使用スル[33]」と、新たな情報が追加されていた。

続いて七~八月ごろには、全羅南道の中心地域である光州・和順地方をはじめ[34]、北部の長城[35]、西部海岸地域の木浦・務安[36]、南部の霊厳[37]や長興[38]、東部の順天[39]や求礼[40]など全羅南道全域に拡大し、隣接する全羅北道南部の淳昌[41]や井邑[42]でも「流言」が出現していた。秋から冬にかけてはさらに北上し(図3)、一〇~一一月ごろに全羅北道南東部の南原[43]や北西部の港町・群山[44]にいたると、一二月ごろには忠清南道南部の江景で「若キ女ヲ集メ其ノ乳ヤ血ヲ搾取シ之ヲ支那戦地ニ送ラムトスルモノニシテ果テハ満洲ニ身売セラルルニ至ル[45]」という、さらに変形した内容の「流言」が確認されている。

なお慶尚道地方で検挙された人びとの職業はほとんどが農業であったが、全羅道地方では反物・油・鮮魚・櫛などの行商人が目立っている。「流言」の拡散に、各地を転々とする行商人が大きな役割をはたしたと見て、まず間違いないであろう。

また全羅道地方では、「淳昌警察署ニ於テ……梁某ノ娘十七、八歳ヲ戦地ニ連行スル為メ調査」(淳昌/傍点引用者、以下同様)[46]、「居里区長朴××方ニ来レル公文ヲ見タルカ政府ニ於テハ処女ヤ寡婦ヲ調査シ満洲方面ニ送ルコトトナリ同区長ハ目下之カ調査中」(務安/人名はプライバシー保護のため×に置き換えた。以下同様)[47]、「処女ヲ戦地ニ

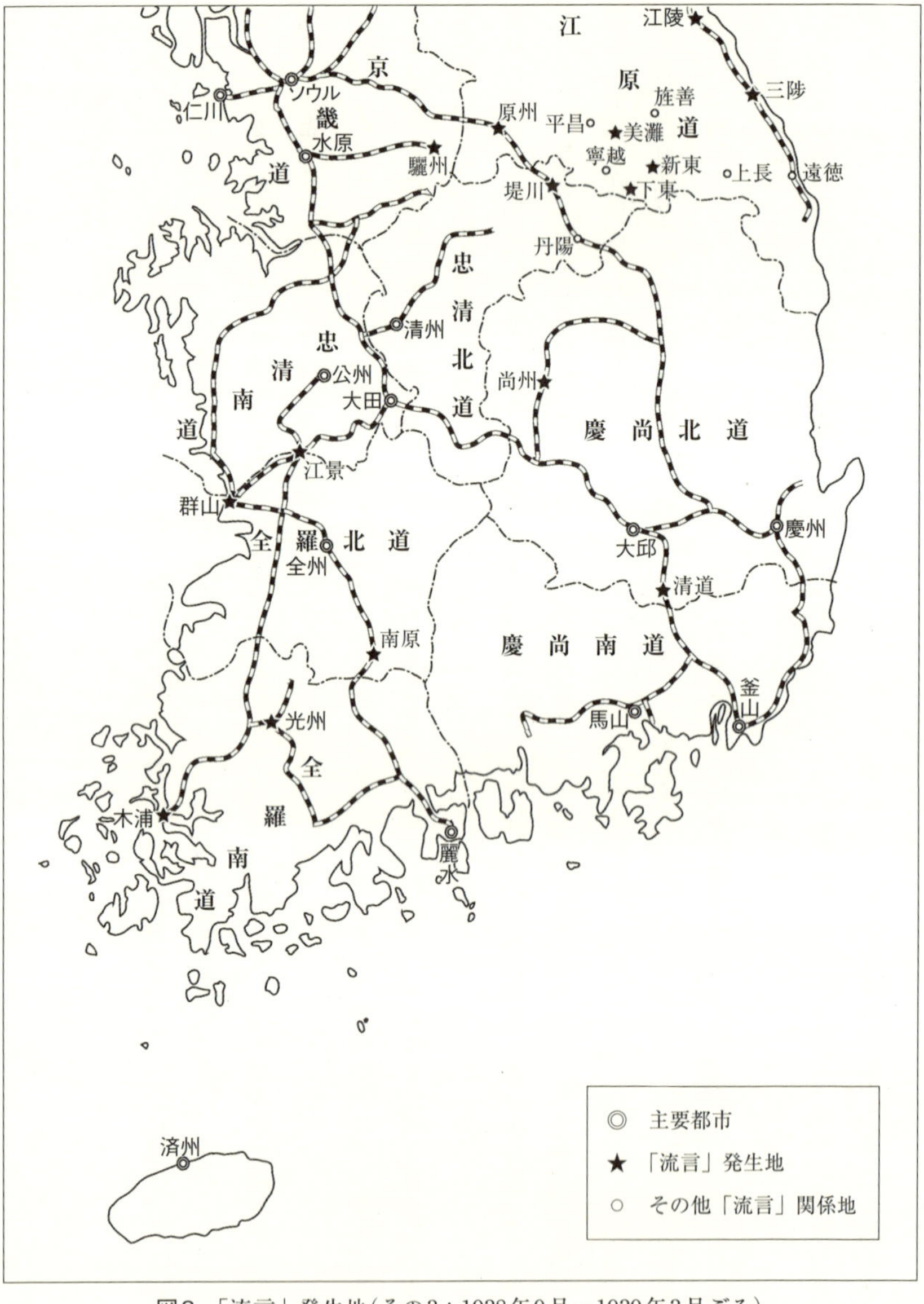

図3 「流言」発生地(その3：1938年9月～1939年3月ごろ)

送ルヘク戸口調査ヲ為シ未婚ノ処女ヲ登録シ居ル」（光州）[48]などの事例のように、警察・区長などが動員のために女性を調査しているという事例がしばしば見られた。

一方、こうした全羅道方面の動きにやや遅れて、中部内陸・東海岸地方へも「流言」は広がっていた。一九三八年の八月から九月にかけて、江原道三陟では、警察官が「処女」を調査して戦場（または内地）に送り出し、油を搾り取って飛行機などに使用する、あるいは血液や肉体を液化した油を兵士に注射する、といった内容の「流言」を述べたとして、十数名が検挙されている[49]。そしてほぼ同じころ、同様の「流言」は、京畿道東部の驪州[50]、忠清北道東部の堤川[51]、江原道の原州[52]・旌善郡新東面[53]・平昌郡美灘面[54]・寧越郡下東面[55]・江陵[56]にまで拡大していたのである。

（4） 小括

「慰安婦」に関する「流言」は一九三八年春、慶尚北道で発生し、同年秋までに朝鮮南部・中東部地方に広がったと見られる。そしてその後、さらに済州島など他地方にも徐々に拡散していった模様であり（図4）、地図に描けなかった平壌方面でも「流言」が発生しているが、北東部の咸鏡道だけは今のところ伝わった形跡を確認できない。

一九三八年の春から秋にかけて、朝鮮各地に拡散した「流言」の内容は、おおむね以下のように整理することができる。

第一に、動員対象は、若年の未婚女性と寡婦に限定されている。動員がうわさされた女性の年齢は一様ではないが、一般的には一二歳ないし一五～一七歳以上で、三〇～四〇歳まであった。既婚女性が募集対象となるケースは皆無といってよい。

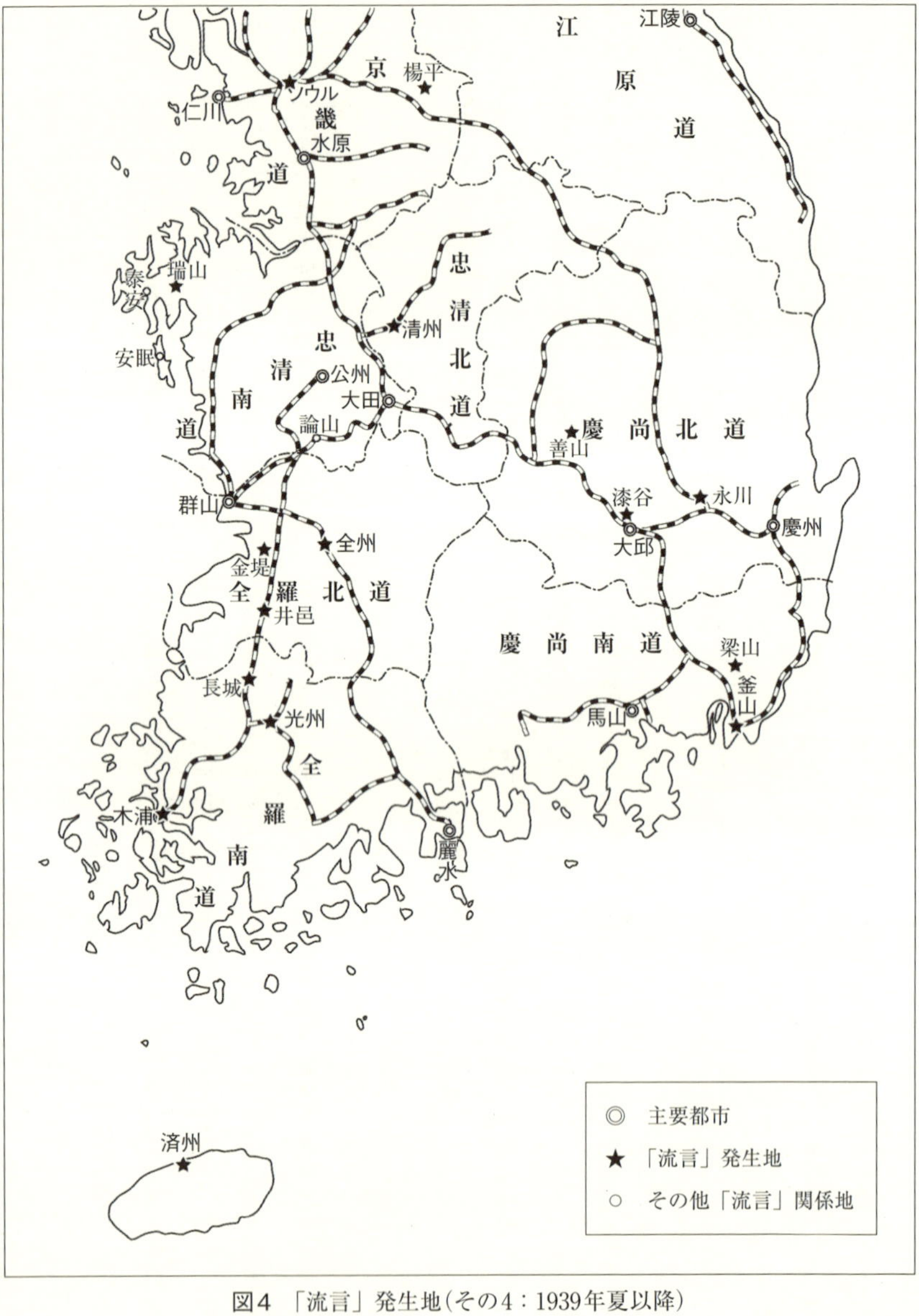

図4 「流言」発生地(その4：1939年夏以降)

第二に、動員の目的は軍への「奉仕」であり、おおむね、①将兵の世話（炊事を中心に洗濯・裁縫・看護など）、②血液・体液の利用（採血して兵士に輸血、身体から油を搾り取り飛行機の燃料として使用など）、③性的慰安、の三種にまとめられる。ほとんどの「流言」が、①または②を内容としており、ときに③、すなわち将兵への性的慰安を動員目的とする内容が付け加わっていた。

第三に、夫をもつ女性は対象外であるため、未婚女性が結婚を急いでいることも、しばしば伝えられた。とくにこの点は、冒頭掲げた尹貞玉の回想も触れているように、単なるうわさではなく、さまざまな文献資料より裏付けられる歴史的な事実である。

第四に、警察・区長・憲兵などの権力機関が、動員のために女性を調査している、あるいは動員の主体となっている事例がしばしば見られる。先ほどの淳昌・務安・光州の事例のほか、一九三九年初夏の平壌では、巡査が一八歳の既婚女性を呼んで「支那ニ於テ日本ノ将兵ニ酒ヲ売レハ一日ニ四、五十円位一年足ラスシテ数万円ノ所得アリ」と述べて誘い出そうとした。この巡査は同じような手口で、ほかにも二名の女性を誘拐しようとしており、国外移送誘拐未遂などで懲役一年（執行猶予三年）の刑に処せられた(57)。

なお刑罰には、主に陸軍刑法第九九条が適用され、量刑は禁錮三～四月が多く、最大で禁錮六月であった。ただしアジア太平洋戦争開戦後は、ほとんどが朝鮮臨時保安令(58)、または刑法の安寧秩序に対する罪(59)が適用されている。

ところで先に述べたように、一九三七年一二月中旬以降、日本内地では上海・南京方面の慰安所に送るため、「慰安婦」の募集を開始していた。興味深いのは、情報が伝わっていなかった地方の警察が、こうした業者の募集活動を「造言」による婦女誘拐ではないかと疑っていたことである。たとえば和歌山県田辺警察署は一九三八年一月六日、「金儲ケ良キ点」や「軍隊ノミヲ相手ニ慰問シ食料ハ軍ヨリ支給スル」ことなどを述べ、料理店の酌婦に上海行きを勧誘した男性三名（二人は大阪市の貸席業者、一人は地元海南市の紹介業者）を、誘拐の容疑で拘束している。[60]

その他の地方警察でも、反応は同様であった。

……果タシテ軍ノ依頼アルヤ否ヤ不明且公秩良俗ニ反スルカ如キ事業ヲ公々然ト吹聴スルカ如キハ皇軍ノ威信ヲ失墜スルモ甚シキモノ……。[61]（群馬）

……如斯ハ軍部ノ方針トシテハ俄カニ信シ難キノミナラス斯ル事案ガ公然流布セラル、ニ於テハ銃後ノ一般民心殊ニ応召家庭ヲ守ル婦女子ノ精神上ニ及ホス悪影響尠カラス更ニ一般婦女身売防止ノ精神ニモ反スルモノ……。[62]（山形）

……果タシテ軍ノ依頼アリタルモノカ全ク不明ニシテ、且ツ酌婦ノ稼業タル所詮ハ醜業ヲ目的トスルハ明カニシテ公序良俗ニ反スルガ如キ本件事案ヲ公々然ト吹聴募集スルカ如キハ皇軍ノ威信ヲ失墜スルコト甚タシキ……。[63]（茨城）

同じ国家機関の一員である警察でさえ、軍が業者に「慰安婦」を募集させるとは、にわかに信じられない出来事であった。そのため各地方警察は、業者が「慰安婦」募集の際に語った言葉を、「造言」ではないかと疑ったのである。こうした事態を憂慮した高知県では、「慰安婦」募集を絶対禁止し、渡航に必要な身分証明書を発行しない措置さえ取った。[64]つまり当時の日本社会にとって、「慰安婦」制度は公序良俗に反し、倫理的にも到底受け入れられない存在だったといえるだろう。しかし業者の語った言葉は、決して「造言」などではなかったのである。[65]

二　「流言」「造言」に映し出された「慰安婦」政策の実態

（1）　南京慰安所での過酷な生活

「流言」として処罰された事件の中には、驚くべきことに、実際に南京の慰安所で「慰安婦」をつとめた朝鮮人女性の事例がある。先述のように、上海とほぼ同じ時期に南京でも陸軍慰安所が開設されていた。日本軍は一九三七年一二月一三日に南京を占領し、いわゆる南京大虐殺を引き起こしたが、南京での慰安所の開設はその直後の一九三七年末から一九三八年初めごろと見られる。ところで一九三九年九月、ソウルで「流言」を述べたとして処罰された朝鮮人「元娼妓」は、南京の「皇軍慰安所」で一年半ほど「就労」した経験をもっていたという。朝鮮人「慰安婦」が語った同時代のきわめてまれな「証言」として、この事件の経過を記録した警察文書を紹介しておきたい。

右者家庭貧困ノ為父母ノ意ニ従ヒ昭和十三年三月〔京城――引用者。以下同様〕府内西大門町×丁目×××番地徐××ノ仲介ニテ中支南京所在皇軍慰安所娼妓トナリ本年八月中旬飯鮮〔ママ〕セル者ナルカ八月二十八日前記徐××方ニ於テ同人ニ対シ「第一線ノ娼妓ハ軍人ト共ニ戦争ニ参加シタルコトアリテ実ニ危険ナレハ今後ハ如何ナルコトアルモ皇軍慰安所ノ娼妓トハナラス」ト軍事関関〔ママ〕スル流言ヲ為シ事実ヲ虚報シタルコト所轄鍾路警察署ニ於テ探知シタルヲ以テ本名ヲ同行取調タルニ、本名ハ前記娼妓就労中一日七十名位ノ客ヲ受持タサレタル関係上身体ニ無理ヲ生シ食欲減退シ複痛〔ママ〕腰痛アリ身体衰弱シ病臥シタルコト屢々ニシテ本年八月中旬■〔一字判読できず〕シテ前借金ヲ完済飯鮮〔ママ〕セルコト判明セルカ流言虚報ヲ為シタル動機ニ関シテハ「再度娼妓ニ売ラルル虞レアルヲ以テ之ヲ回避スル為殊更仲介者徐××方ニ至リ斯ル言辞ヲ弄シタル旨」洩シ居リテ同情スヘキ点アルヲ以テ所轄鍾路署ニ在リテハ京城地方法院検事正（貴官）ノ指示ヲ受ケ九月十一日警察

犯処罰規則第一条第二十一号違反トシテ拘留七日ニ処分シタルニ付右報告ス。(66)

（傍点は引用者）

この女性が処罰されたのは、最前線の「慰安婦」が「軍人ト共ニ戦争ニ参加」し「実ニ危険」と述べたことが「流言」と判断されたからである。ここでいう「戦争ニ参加」が具体的にどのような行動を指すのかは理解しづらい。「慰安婦」が武器をもって実際に戦闘に参加したという意味なのだろうか、あるいは最前線に送られて兵士の「性的慰安」に当たらされたという意味なのだろうか。もし前者の意味であれば、確かに事実とは考えにくいが、後者であれば「流言」とはいえない。

ところで、これに続く傍点の部分については「同情スヘキ点アル」として、処罰の対象になっていない。すなわち警察・検察当局は、この女性が一日約七〇名もの兵士を相手にしたため身体に無理が生じ、食欲減退、腹痛、腰痛などでたびたび病臥したことを「事実」と認めているのである。慰安所の生活はこのような過酷なものであったため、この女性は再び「慰安婦」として送出されることをおそれ、先のような「流言」を述べたのであった。女性動員に関する流言に対する処罰は、前節の(4)でまとめたように陸軍刑法第九九条を適用して、量刑は禁錮三～六月となるケースが多いのだが、この女性に対しては、警察犯処罰規則第一条第二一号が適用され、拘留七日という比較的軽い行政罰が課せられたことも、警察・検察当局が慰安所での生活状況を「事実」と認識していたことを示すものであろう。(67)

なおこのころ釜山地方でも、ある貸座敷の帳場係が、中国へ行って「慰安婦」になると、毎日五〇～六〇名の兵士の相手をするので身体を壊すという、ほとんど同じ内容の「放言」を行っていた。ただしこの人物はさらに、もし「慰安婦」が嫌な顔をすればただちに銃剣で殺害され、戦場では一個部隊が全滅する場合もあるので中国行きは危険、とも述べていたため、釜山地方法院は一九三九年九月四日、先の女性に比べて格段に重い禁錮四月（陸軍刑法違反）を宣告している。(68)この事例がソウルの事件とどのような関係にあったのかは分からないが、中国での慰安所生活が過酷なものであるといううわさが、朝鮮の貸座敷・紹介業者の中で囁かれはじめた可能性はありそうである。

こうした「慰安婦」の「酷使」は、数多くの被害者の証言や、一部兵士の回想[69]と一致するだけでなく、日中戦争初期に上海に送られた日本人「慰安婦」の体験[70]の中にも同様な事例を発見することができる。日本の警察・検察当局は、こうした「慰安婦」の過酷な生活実態を認めていたのであった。

先の「流言」を述べた朝鮮人女性は、一九三八年三月から翌三九年八月まで南京の慰安所で、「慰安婦」としての生活を送っていた。「慰安婦」となった理由は「家庭貧困」、すなわち日本の植民地支配のもとでの困難な経済生活にあった。この女性は一年半ほどで前借金を完済し、朝鮮に帰ってきたのであるが、それは健康を害するような過酷な労働条件の中で得られた代償なのであった。

(2) 台湾経由での華南地方への渡航

一九三九年の夏、慶尚北道の慶州地方では次のような女性売買のうわさが広まっていた。

> 不正な紹介者や、悪質な娘貿易、人妻誘拐の疑いがある商人が跋扈し、まさしく彼らの氾濫時代を迎えている慶州で、最近、慶州邑皇吾里の崔某という者が台湾に大量に娘や人妻を送っているといううわさが広まり、また北支・南支や、その他日本内地の和歌山・東京などの地方から、多数の抱主が慶州に来ているというわさが多く、「明朗慶州」の名が汚されている。去る七月は普段に比べれば、一般的には紹介業者の閑散時期だが、今年に入ってからは比較的、好景気を呈していると見ることができ、彼らの跋扈状況が今後注目される。[71]（傍点は引用者。原文朝鮮語）

この記事は華北、華南、日本内地の和歌山・東京などから、多数の貸座敷業者が慶州に集まっていることを伝えているが、とくに注目されるのは、慶州在住の崔某という人物が台湾へ多数の未婚・既婚女性を送っているといううわさが広まったことである。

筆者はかつて、各種の統計値をもとに、台湾における朝鮮人「慰安婦」動員の動向を検討したことがある。[72] そこでは、①一九三九年に日本帝国内から台湾を経由して外国に渡る朝鮮人女性が急増していること、②同年に台湾に来航した女性の職業は「商業」と「無業」が大半を占め、慶尚南北道出身者が全体の七〇％に達していること、③また同年、台湾から外国へ渡航した朝鮮人女性の多くは「商業」と「その他の有業者」に分類された女性であり、広東省への渡航者が圧倒的な比率を占めていたこと、などを指摘した。一方、一九三八年末から四〇年初めまでの時期には、多数の慰安所関係者が台湾から華南地方に渡航したことも知られている。これらを総合すると、朝鮮人女性が「慰安婦」として、朝鮮（慶尚道）から台湾を経由して中国大陸（広東省）に渡航する流れが、この時期に形成されたと見られるのである。先の慶州で誘拐の疑いをもって集められた女性たちも、こうして集団的に台湾を経由して広東省に送られた可能性がきわめて高いといえよう。

周知のように、日中戦争は開戦翌年の一九三八年一〇月に実施された広東作戦で、[73] 華南にも拡大した（主力は三八年九月一九日に編成された第二一軍）。その後日本軍は三九年二月に海南島、[74] 六月に汕頭、八月には深圳と、広東省の沿岸部を占領したうえで、[75] 同年一一月、第二一軍の一部兵力が南寧攻略に着手した（いわゆる南寧作戦）。しかし一二月に入ると中国軍の猛反撃を受けて苦境に陥り、第二一軍主力の来援を得てようやく翌四〇年一月二八日に南寧を制圧するにいたった。

前述の拙稿では、慰安所関係者の台湾から華南方面への渡航には二つのピークがあることも指摘した。一つは三八年一一月から三九年三月にかけてであり、いま一つは三九年一〇月から一二月までである。すなわち一回目のピークは広東作戦直後の時期に、また二回目は南寧作戦の時期に重なっているのである。このように朝鮮から台湾を経由して中国大陸に渡航する朝鮮人「慰安婦」の流れは、日本軍の大規模な軍事作戦に対応していた[76]。慶州での女性募集のうわさは、「流言」「造言」の類ではなく、こうした事実を反映したものと考えられるだろう。

（3） アジア太平洋戦争期の「造言」

ところで中国以外への女性動員の「流言」「造言」は、それほど多くは報告されていないが、アジア太平洋戦争勃発以後においては、シンガポールや南洋への動員に関する「造言」が現れている。一九四二年三月に平壌では、憲兵隊がシンガポール行きの貸座敷営業者を募集中であり、すでに第一回分は出発したが、第二、第三、第四回ぐらいまでは憲兵隊の許可が出るはずだと述べた二名の朝鮮人男性が拘束された。一人は同年五月五日に朝鮮臨時保安令違反で罰金五〇〇円を言い渡され、いま一人は起訴猶予となっている[77]。シンガポールが日本軍によって陥落したのは、一九四二年二月一五日のことであり、占領後のかなり早い時期から慰安所が開設されたといわれている[78]。したがって同年三月の時点で、朝鮮で慰安所経営者が募集されたとしても、とくに不思議ではない。またアジア太平洋戦争開戦以後は陸軍省がみずから慰安所の設置に乗り出し、朝鮮・台湾での「慰安婦」募集にあたっても、総督府を通さず朝鮮軍司令部・台湾軍司令部を通じて募集するようになったことから[79]、警察ではなく憲兵隊が業者の募集にあたったことも合点がいく。以上から考えて、先の平壌の「造言」は、実は事実である可能性がかなり高い。

ところでシンガポールでの慰安所開設に関連する「慰安婦」の動員については、アメリカ軍による捕虜尋問報告書の記述が有名である。一九四二年五月初旬、日本の周旋業者は東南アジア諸地域における「慰安役務」に従事させるため、約八〇〇人の朝鮮人女性を徴集した。「慰安役務」の内容は、負傷兵の看護など「将兵を喜ばせること」（英語原文では making the soldiers happy）に関わる仕事と考えられていたという。しかし実際に連れて行かれたのは、女性たちが期待していたシンガポールではなくビルマであり、彼女たちは六か月から一年にわたって「軍の規則と「慰安所の楼主」のための役務に束縛」されたのであった。[80]業者は朝鮮軍司令部の許可を得ていたと推定される。[81]

シンガポールやビルマへ送出するため、朝鮮で「慰安婦」を集めるにあたっては、陸軍省の指示のもとで、朝鮮軍司令部が憲兵隊などを通じて業者を募集したと見られる。しかし業者は詐欺的手段で女性を集めており、[82]こうした方法は募集の責任を負う朝鮮軍司令部や、渡航証明書を発給する管轄警察署の暗黙の了解を得て実施されたと解釈するほかない。管轄警察署が黙認していたということは、各道知事と朝鮮総督府が黙認していたことをも意味している。平壌での「造言」の事例は、朝鮮において「慰安婦」の詐欺的募集がどのように行われたのかを解明するうえで、補完的な資料として使用できそうである。

おわりに

戦時期朝鮮の女性動員に関わる「流言」「造言」は、統治権力側から見れば危険極まりないものであったが、そこには「慰安婦」の動員方法や、慰安所での生活実態などを示唆する情報が含まれていた。

朝鮮において、戦場への女性動員の「流言」は、「慰安婦」募集の開始からほどない一九三八年の春に慶尚北道で発生し、同年秋までに朝鮮南部・中東部地方に広がった後、他地方にも拡散していったと見られる。そこには、娘をもつ親たちを震撼させるような、性的虐待の内容が含まれていた。また南京で「慰安婦」となった女性の「流言」は、過酷な慰安所生活の実態を告発しており、慶州での女性売買のうわさは、朝鮮から台湾を経由して広東省に送り出された朝鮮人「慰安婦」の存在を裏付ける証拠といえる。そしてシンガポールへの「慰安婦」動員に関する「造言」は、朝鮮軍司令部が動員の主体であったことを示唆しており、しかもこのときは業者が詐欺的手段を使用した疑いが濃厚であった。

実は、女性の動員や性に関する「流言」は、日本でも広まったことがあった。明治初年に遡って一八七三年一月の徴兵令施行に際し、日本では一二歳から二〇歳の娘を徴募し外国へ送るといううわさが流布したのである。そのため青年男女は、にわかに無理な結婚をしたり、剃眉染歯し既婚者を装って、難を免れようとした。静岡県では一三歳から二五歳までの処女を樺太へ送るという風説が、また甲州では一七歳の女は政府の御用で西洋人の「種」を取らされるという風説が立ったという。[83] これらが、戦時期朝鮮での「慰安婦」動員の「流言」と同様に、軍事に関連して発生し、海外への動員や異民族との性交渉を、その内容としている点は興味深い。

性的な内容をもつ「流言」は、それが一般大衆に強い恐怖心を抱かせるがゆえに、洋の東西を問わず、しばしば発生していたようである。註(8)で触れたG・W・オルポートとL・ポストマンの流言に関する古典的研究は、アメリカ合衆国において「黒人に対する偏見の最後のよりどころは、性に関するデマである」と述べている。そして「性のデマと、少数民族のデマとは、非常によく似て」いるので「この二種類のデマは、結合されやすい」とも指摘していた。[84]

アフリカン・アメリカンと植民地時代の在朝日本人は、それぞれの社会における「少数民族」という点では一致する。ただし社会におけるその立場は正反対であった。被抑圧者たるアフリカン・アメリカンをめぐって発生した性的内容の「流言」は確かに「偏見の最後のよりどころ」であったかも知れない。しかし抑圧者側にある日本の権力機関が行った「慰安婦」動員の「流言」は、日本人に対する民族的偏見にもとづくというより、日本の統治権力に対する不信の表明であったと解釈すべきだろう。

戦時期朝鮮の地域社会において「慰安婦」動員の「流言」「造言」が発生したのは、まずそれが、ある程度、場合によってはかなり正確に、事実を伝えていたからであろう。しかし「流言」の広範な拡散は、朝鮮民衆の中に日本の植民地統治権力に対する不信感が根強く存在しており、権力機関を総動員した皇民化政策の展開にもかかわらず、ついにそれが払拭されえなかったことを意味しているのではないだろうか。「慰安婦」動員に関する「流言」「造言」が映し出しているのは、結局、「慰安婦」制度の現実と朝鮮民衆の植民地統治政策・戦時動員政策に対する不満・不信であったのだ。

（1）尹貞玉（山下英愛訳）「挺身隊取材記」（『朝鮮人女性がみた「慰安婦問題」――明日をともに創るために――』三一書房、一九九二年）一三～一四頁。

（2）この引用文では必ずしも明らかではないが、尹貞玉の前掲「挺身隊取材記」は、実際には「慰安婦」取材の記録であり、ここで尹貞玉は「挺身隊」を「慰安婦」の意味で使用している。

（3）「挺身隊」とは、日本ではおもに「女子勤労挺身隊」という若年女性を労働力として動員するための組織として認識されており、朝鮮人女性を動員した最も早い事例として現在知られているのは、一九四三年二月の動員である（山田昭次・古庄正・樋口雄一『朝鮮人戦時動員』岩波書店、二〇〇五年、一四九～一五〇・一七九～一八一頁）。その後、一九四四年八月に公布、施行された「女子勤労挺身隊令」によって、動員の法的根拠が与えられた。
なお、不二越鋼材工業株式会社富山工場に動員された女子挺身隊員が「性的慰安」を強要された事例などもあるが、基本的に「挺身隊」組織の目的は労働力利用にあり、将兵への「性的慰安」のために動員された「慰安婦」とは区別されなければならない、とするのが日本社会・学界での一般的な認識である。ただし韓国では、このような認識に疑問を投げかける見解もある（註（4）参照）。

（4）「挺身隊」という語を「慰安婦」の意味で使う事例は、解放直後の朝鮮の新聞記事からも確認できる。たとえば上海で元「慰安婦」を保護する施設がつくられたことを伝える記事では「このたびの戦争中に日本人が負うべき最も大きな罪の一つとして、この地［朝鮮――引用者］の娘たちを女子挺身隊または慰安部隊という美名で、日本はもちろん遠く中国、南洋などの地に、強制により、あるいは騙して送った事実を指摘できる」（『ソウル新聞』一九四六年五月一二日。原文は朝鮮語）と述べていた。

また韓国での「慰安婦」研究の第一人者である鄭鎮星は、やはり新聞記事の記述などから、すでに一九三九年一一月の時点で、咸鏡南道咸興では「農村挺身隊」という名目での労働動員が行われ、一九四〇年代には「内鮮一体挺身隊」「勤労報告挺身隊」「学徒挺身隊」など「多くの種類の挺身隊が結成されて朝鮮から男女を動員した」ことから「事実上、挺身隊が強制動員の代名詞のように使われたということは容易に推測できる」と指摘している（鄭鎮星〔鄭大成・岩方久彦訳〕『日本軍の性奴隷制――日本軍慰安婦問題の実像とその解決のための運動――』論創社、二〇〇八年、一四〜一五頁）。

（5）閣議決定「朝鮮総督府部内臨時職員設置制中改正ノ件」一九四四年七月一二日（女性のためのアジア平和国民基金編『政府調査「従軍慰安婦」関係資料集成』〔以下『資料集成』と略す〕第四巻、龍渓書舎、一九九八年、一一三頁）。

（6）社会学者・廣井脩は「流言」と「デマ」の違いについて、流言は「自然発生的に生じた情報が、これに関心をもつ集団の内部に広がっていく現象」、デマは「意図的に仕組まれた情報」「造言や造言飛語もほぼ同じ意味に解釈される」として、「作為性」の有無を区別の基準としている（廣井脩『流言とデマの社会学』文藝春秋、二〇〇一年、二九〜三三頁）。なお廣井は「流言」と「うわさ」の違いについても言及しているが、本稿では「流言」「デマ（造言）」をも含め、口コミで言いふらされ、世間に流通している情報全般を指す語として「うわさ」「風説」などを用いることにする。

（7）一九三八年一一月二九日に大審院が示した判例は、陸軍刑法第九九条に定める「造言飛語」を、軍事に関して、①虚構の事実を捏造する、②根拠のない風説を人に伝える、③実在の事実を誇張するなど「軍事上有害なる言辞を弄する一切の場合を包含するもの」と、広義に解釈した（『朝鮮刑事政策資料　昭和十四年版』高等法院検事局、一九四〇年、二二五頁）。つまり日本内地では、かりに事実を述べたとしても「軍事上有害なる言辞」と判断されれば、陸軍刑法の「造言飛語」として処罰することも可能だったのである。植民地朝鮮において、このような判例は確認できなかったが、基本的には同様の措置が取られたと考えるのが自然だろう。

なお陸軍刑法第九九条の規定は、以下の通りである。「戦時又ハ事変ニ際シ軍事ニ関シ造言飛語ヲ為シタル者ハ三年以下ノ禁錮ニ処ス」。

（8）G・W・オルポート、L・ポストマン（南博訳）『デマの心理学』（岩波書店、一九五二年）。

（9）戦時期朝鮮の「流言」については、以下のような研究がある。

宮田節子『朝鮮民衆と「皇民化」政策』（未来社、一九八五年）。李時載「日帝末의 朝鮮人流言의 研究」（『韓国社会学』第二〇輯、一九八七年九月）。朴用夏『日帝末期 流言蜚語現象에 對한 一考察』（高麗大学校新聞放送学科碩士学位論文、一九九〇年）。卞恩眞『日帝 戰時파시즘期（一九三七~四五）朝鮮民衆의 現實認識과 抵抗』（高麗大学校韓国史学科博士学位論文、一九九八年）。변은진「日帝 戰時파시즘전쟁（一九三七~四五）과 조선민중의 戰爭觀」（『역사문제연구』第三号、一九九九年六月）。박수현「중일전쟁기 '流言蜚語'와 조선인의 전쟁 인식」（『한국민족운동사연구』第四〇号、二〇〇四年九月）。水野直樹「戦時期朝鮮の治安維持体制」（『岩波講座アジア・太平洋戦争7 支配と暴力』岩波書店、二〇〇六年）。山口公一「「造言飛語」にみる戦時末期の朝鮮民衆と社会」（『史海』第五七号、二〇一〇年五月）。

このほか、鄭鎭星も朝鮮総督府法院の判決文から、「慰安婦」動員に関する「流言蜚語」の存在を指摘している（鄭鎭星、前掲書、七八~七九頁）。

(10) 宮田、前掲書、二〇頁。

(11) 『東亜日報』一九三七年七月一三日。『毎日申報』一九三七年七月一三日夕刊。『京城日報』一九三七年七月一三日夕刊。

(12) 京畿道漣川警察署（『毎日申報』一九三七年七月一五日夕刊中東版）、平安北道警察部（『東亜日報』一九三七年七月一七日）、忠清南道警察部（『毎日申報』一九三七年七月一七日夕刊）、黄海道海州警察署（同、一九三七年七月二一日）、黄海道信川警察署（『東亜日報』一九三七年七月二一日）、平安南道警察部・江原道春川警察署（同、一九三七年七月二四日）、江原道警察部（『毎日申報』一九三七年七月二九日夕刊）、江原道通川警察署（同、一九三七年八月六日夕刊中東版）、など。

ところで筆者が目を通した三紙のうち、各地警察官署による「流言」取り締まりの記事は、朝鮮語紙の『東亜日報』『毎日申報』だけに掲載され、日本語紙の『京城日報』ではまったく報道されなかった。すなわち朝鮮総督府が警戒していたのは、とくに朝鮮人の間での「流言」拡大であったといえそうである。この時期に「流言蜚語」を社説でとりあげたのも、朝鮮語紙『毎日申報』（一九三七年七月一五日朝刊）だけであった。

(13) 『京城日報』一九三七年七月二二日夕刊。『東亜日報』一九三七年七月二二日、および『毎日申報』同日朝刊には、朝鮮語に翻訳された談話が掲載されている。

(14) 『毎日申報』一九三七年七月二一日夕刊。『東亜日報』一九三七年七月二五日。『京城日報』一九三七年七月二五日夕刊。

(15)『東亜日報』一九三七年八月一四日。おそらくこの朝鮮中央情報委員会の決定を受けてと思われるが、警務局でも芸妓、女給、仲居などの接客業者によって流言が流布、媒介されることのないよう、各道に徹底させる方針であることが伝えられている(『京城日報』一九三七年八月一四日夕刊、『毎日申報』一九三七年八月一四日朝刊)。

(16)『東亜日報』一九三七年八月六日。『京城日報』一九三七年八月六日夕刊、一九三七年八月八日朝刊。陸軍刑法第九九条については、註(7)を参照。

(17)一九三七年八月中では、以下のような事例が見られる。

・大田警察署管内で、性別・民族不明者(四九歳、大田府)が拘留五日、料理屋紹介婦(日本人、四一歳、大田府)が科料一〇円、農民の妻(朝鮮人、年齢不明、大徳郡)が拘留一五日、農民(朝鮮人、女、五二歳、大徳郡)が拘留五日の処分を受けた(『毎日申報』一九三七年八月一日夕刊)。その後、大田では八月二日までに男性二名、女性三名が検挙されたとも報道されている(『東亜日報』一九三七年八月四日)。

・全羅北道裡里で「何も知らない無識な婦女子たち」が警察に拘束(『東亜日報』一九三七年八月四日)。

・海州警察署で朝鮮人男性(二五歳)を検挙(『東亜日報』一九三七年八月一日朝刊)。

・ソウル西大門署と京畿道漣川署で一名ずつ拘留処分(『毎日申報』一九三七年八月一〇日)。

・ソウル・龍山憲兵分隊がメッセンジャーボーイ(朝鮮人、男、二四歳)を逮捕、陸軍刑法第九九条を適用して起訴の予定(『京城日報』一九三七年八月一一日夕刊、『東亜日報』一九三七年八月一一日)。

・京城憲兵分隊が某官庁の官吏(日本人、男、二八歳)を逮捕し、陸軍刑法第九九条を適用して送検した(『京城日報』一九三七年八月一二日夕刊)。

・京城憲兵隊が会社員(日本人、男、二五歳)を検挙、送検(『毎日申報』一九三七年八月一二日朝刊)。

・京畿道各警察署により、満洲国官吏の朝鮮人男性(二六歳、漣川郡)が拘留二五日、ほか七名の朝鮮人男性(二三〜三八歳、江華郡・開城府・京城府・水原郡)が拘留一〇〜二九日の処分を受けた(『東亜日報』一九三七年八月一七日)。

(18)群馬県知事「上海派遣軍内陸軍慰安所ニ於ケル酌婦募集ニ関スル件」一九三八年一月一九日(前掲『資料集成』第一巻、一一〜一三頁)。

このころの日本国内で開始された「慰安婦」募集の状況については、以下の論考が検討している。和田春樹「政府発表文書にみる「慰安所」と「慰安婦」――『政府調査「従軍慰安婦関係」資料集成』を読む――」(女性のためのアジア平和国民基金「慰安婦」関係資料委員会編『「慰安婦」問題調査報告・一九九九』女性のためのアジア平和国民基金、一九九九年)。永井和「陸軍慰安所の創設と慰安婦募集に関する一考察」(『二十世紀研究』第一号、二〇〇〇年一二月。のちに「日中戦争と陸軍慰安所の創設」と改題され、永井『日中戦争から世界戦争へ』思文閣出版、二〇〇七年、に収録)。尹明淑『日本の軍隊慰安所制度と朝鮮人軍隊慰安婦』(明石書店、二〇〇三年)第二章第二節。

(19) 和歌山県知事「時局利用婦女誘拐被疑事件ニ関スル件」一九三八年二月七日(前掲『資料集成』第一巻、三八頁)。

(20) 「不穏言動及流言蜚語処罰表　三月四月中」(朝鮮総督府警務局保安課『昭和十三年六月十日　治安状況』(韓国・国史編纂委員会韓国史データベース NIKH.DB-ha_d_171_0530))。

(21) 『東亜日報』一九三八年四月二四日。

(22) 前掲「不穏言動及流言蜚語処罰表　三月四月中」。

(23) 「不穏言動及流言蜚語処罰表　七月」(朝鮮総督府警務局保安課『昭和十三年十月十五日　治安状況』(前掲、韓国史データベース NIKH.DB-ha_d_171_0730))。

(24) 『思想彙報』第一六号(一九三八年九月)四六頁。

(25) 前掲「不穏言動及流言蜚語処罰表　三月四月中」。

(26) 「処女」は朝鮮語では未婚女性を指し、ここでもそのような意味で使用されていると思われる。

(27) 大邱地方法院、昭和一三年刑公第一一〇〇号、一九三八年六月一〇日。大邱覆審法院刑事第二部、昭和一三年刑控公第二二七号、一九三八年六月二七日。以上は、韓国・国家記録院所蔵。

(28) 前掲「不穏言動及流言蜚語処罰表　三月四月中」。

(29) 「不穏言動及流言蜚語処罰表　五月中」(朝鮮総督府警務局保安課『昭和十三年八月五日　治安状況』(前掲、韓国史データベース NIKH.DB-ha_d_171_0640))。

(30) 釜山地方法院密陽支部、昭和一三年刑公第三七六号、一九三八年六月二四日。韓国・国家記録院所蔵。

(31) 前掲「不穏言動及流言蜚語処罰表　五月中」。

(32) 「不穏言動流言蜚語ノ状況」(前掲『昭和十三年八月五日　治安状況』所収)。
(33) 前掲『思想彙報』第一六号、四七頁。前掲「不穏言動及流言蜚語処罰表　七月」。このように語った女性は、陸軍刑法第九九条により禁錮四月に処せられた。
(34) 光州地方法院、昭和一三年刑公第一一九六号、一九三八年一一月一二日。同、昭和一三年刑公第一一三三号、一九三八年一〇月七日。同、昭和一三年刑公第一一二八号、一九三八年一〇月七日。同、昭和一三年刑公第一〇九二号、一九三八年九月二八日。以上は韓国・国家記録院所蔵。『思想彙報』第一八号（一九三九年三月）四八～四九頁。
(35) 光州地方法院、昭和一三年刑公第一一二一号、一九三八年一〇月七日。韓国・国家記録院所蔵。
(36) 光州地方法院木浦支庁、昭和一三年刑公第八八六号、一九三八年一〇月八日。同、昭和一三年刑公第八七九号、一九三八年一一月七日。同、昭和一三年刑公第一〇三四号、一九三八年一二月一二日。同、昭和一三年刑公第八七九号、一九三八年一一月七日。以上は、韓国・国家記録院所蔵。前掲『思想彙報』第一八号、四七頁。
(37) 光州地方法院長興支庁、昭和一三年刑公第九二七号、一九三八年一〇月七日。同、昭和一三年刑公第九八〇号、一九三八年一〇月二七日。以上は、韓国・国家記録院所蔵。
(38) 前掲『思想彙報』第一八号、五〇頁。光州地方法院長興支庁、昭和一三年刑公第一〇一〇号、一九三八年一一月一〇日。韓国・国家記録院所蔵。
(39) 前掲『思想彙報』第一八号、四六頁。
(40) 同前、四七頁。
(41) 同前、五一頁。全州地方法院、昭和一三年刑公第九九八号、一九三八年一〇月五日。韓国・国家記録院所蔵。
(42) 前掲「不穏言動及流言蜚語処罰表　七月」。
(43) 前掲『思想彙報』第一八号、五一頁。
(44) 同前。
(45) 同前、三五頁。
(46) 同前、五一頁。前掲、全州地方法院、昭和一三年刑公第九九八号。
(47) 前掲、光州地方法院木浦支庁、昭和一三年刑公第一〇三四号。

(48) 前掲『思想彙報』第一八号、四八頁。
(49) 同前、三八~三九頁。朝鮮総督府警務局保安課『高等外事月報』第一号、一九三九年八月、一四頁(復刻版、不二出版、一九八八年)。「主ナル時局犯罪検挙表」(江原道警察部・京城地方法院検察局『昭和一三年度　治安状況』〔前掲、韓国史データベース NIKH.DB-ha_d_173_0280〕)。
(50) 京高秘第二二三一号ノ一八四、一九三八年九月一六日(京畿道警察部長『(支那事変関係)管内治安状況』第一八五報、韓国・国家記録院所蔵)。
(51) 前掲『高等外事月報』第一号、一五頁。
(52) 前掲『思想彙報』第一八号、三四頁。
(53) 前掲「主ナル時局犯罪検挙表」。
(54) 同前。
(55) 同前。
(56) 前掲『思想彙報』第一八号、三八頁。
(57) 『思想彙報』第二〇号、一九三九年九月、七六頁。
(58) 朝鮮臨時保安令(一九四一年一二月二六日公布・施行、制令第三四号)は「戦時ニ際シ言論、出版、集会、結社等ノ取締ヲ適正ナラシメ以テ安寧秩序ヲ保持スルコトヲ目的」とし(第一条)、「時局ニ関シ造言飛語ヲ為シタル者ハ二年以下ノ懲役若ハ禁錮又ハ二千円以下ノ罰金ニ処ス」(第二〇条)と規定している。この制令の制定により、造言飛語の取り締まり対象はいっそう拡大されたといえよう。
(59) 昭和一六年法律第六一号(一九四一年三月一二日公布、三月二〇日施行)で、刑法第二編第七章ノ二として追加された。「人心ヲ惑乱スルコトヲ目的トシテ虚偽ノ事実ヲ流布シタル者ハ五年以下ノ懲役若クハ禁錮又ハ五千円以下ノ罰金ニ処ス/銀行預金ノ取付其他経済上ノ混乱ヲ誘発スルコトヲ目的トシテ虚偽ノ事実ヲ流布シタル者ハ七年以下ノ懲役若クハ禁錮又ハ五千円以下ノ罰金ニ処ス」(第一〇五条ノ二)、「戦時、天災其他ノ事変ニ際シ人心ノ惑乱又ハ経済上ノ混乱ヲ誘発スヘキ虚偽ノ事実ヲ流布シタル者ハ三年以下ノ懲役若クハ禁錮又ハ三千円以下ノ罰金ニ処ス」(第一〇五条ノ三)、などと規定されている。

なお刑法の規定は、朝鮮刑事令（一九一二年三月一二日公布、制令第一一号）第一条の定めにより、基本的にはそのまま朝鮮に適用されることになっていた。

(60) 和歌山県知事、前掲「時局利用婦女誘拐被疑事件ニ関スル件」二七～三三頁。田辺警察署は業者の主張にもとづき、長崎県外事警察課、大阪九条警察署に照会した結果、容疑者の身元が判明したので、「皇軍慰問所」の有無は不明としながらも、三人の身柄を釈放する措置を取った。

(61) 群馬県知事「上海派遣軍内陸軍慰安所ニ於ケル酌婦募集ニ関スル件」一九三八年一月一九日（前掲『資料集成』第一巻、一二頁）。

(62) 山形県知事「北支派遣軍慰安酌婦募集ニ関スル件」一九三八年一月二五日（同前、二四頁）。

(63) 茨城県知事「上海派遣軍内陸軍慰安所ニ於ケル酌婦募集ニ関スル件」一九三八年二月一四（同前、四九頁）。

(64) 高知県知事「支那渡航婦女募集取締ニ関スル件」一九三八年一月二五日（同前、二五～二六頁）。

(65) こうした事態に対応して、内務省警保局長は「支那渡航婦女ノ取扱ニ関スル件」と題する有名な通牒を発し、現在「娼妓其ノ他事実上醜業」を営む満二一歳以上の女性の、華北・華中方面への渡航に限って「当分ノ間之ヲ黙認スルコトトシ」身分証明書を発給することを各庁府県長官に命じた（内務省警保局長「支那渡航婦女の取扱に関する件」二月二三日、吉見義明編『従軍慰安婦資料集』大月書店、一九九二年、一〇二～一〇四頁）。一方、陸軍省では、「慰安婦」の募集にあたって「故ラニ軍部諒解等ノ名儀ヲ利用シ為ニ軍ノ威信ヲ傷ツケ且ツ一般民ノ誤解ヲ招ク虞アルモノ」などがあるので、中支那派遣軍に対し「軍ノ威信保持上並ニ社会問題上遺漏ナキ様」配慮を求める通牒案を作成している（陸軍省兵務局兵務課起案「軍慰安所従業婦等募集に関する件」一九三八年三月四日、同前、一〇五～一〇七頁）。

(66) 京畿道警察部長、京高秘第二三〇三号「流言蜚語者処罰ニ関スル件」一九三九年九月一三日（京城地方法院『昭和十四年　思想ニ関スル情報綴』〔前掲、韓国史データベース NIKH.DB-ha_d_125_0740〕）。

(67) 警察犯処罰規則（一九一二年三月二五日公布、四月一日施行、朝鮮総督府令第四〇号）第一条の第二一号に規定された「人ヲ誑惑セシムヘキ流言浮説又ハ虚報ヲ為シタル者」に対する刑罰は、拘留または科料である。

(68) 『思想彙報』第二一号、一九三九年一二月、七二頁。

(69) 曾根一夫『元下級兵士が体験見聞した従軍慰安婦』（白石書店、一九九三年）七〇～七六・一一四～一二〇頁。

(70) 大林清『玉の井挽歌』(青蛙房、一九八三年)二一九~二二二頁。一九三八年初めに上海の南市に開設された陸軍慰安所では、開業日には「兵隊が何十人も列を作って、見世開きを待ってい」る光景に、女性たちは「色を失った」。最初の五日間の「稼ぎ頭」は、一日平均三〇人を相手にしたという。

(71) 『東亜日報』南部版、一九三九年八月九日。

(72) 拙稿「植民地台湾における朝鮮人接客業と「慰安婦」の動員――統計値から見た覚え書き――」(『近代社会と売春問題』大阪産業大学産業研究所、二〇〇一年)。

(73) 広東作戦は、一九三八年八月下旬に開始された武漢作戦(南京陥落後、国民政府の事実上の首都であった武漢三鎮への進攻作戦。一〇月二五日に漢口陥落)と並行して、いわゆる援蔣ルート(国民政府に対する物資補給路)の中心であった香港ルートを遮断するために実施された。この作戦の直前に編成された第二一軍が一〇月一二日、バイアス湾に奇襲上陸し、中国軍の抵抗をほとんど受けることなく、同月二一日には広州を占領した。

(74) 日本軍が海南島を占領した後、海軍の委託を受けた台湾拓殖株式会社は、事実上の子会社である福大公司をダミーとして同島に慰安所を開設した。台湾から一九三九年四月に慰安所関係者二〇名(うち芸妓四名、酌婦七名で、すべて日本人)、五月に一六名(酌婦一〇名中、日本本土出身者七名、沖縄出身者二名、朝鮮人一名)が、海南島に渡航したことが明らかにされている。海南島の慰安所については、朱徳蘭『台湾総督府と慰安婦』(明石書店、二〇〇五年)が詳しく分析している。

(75) 広東作戦による香港ルート断絶後、援蔣ルート中、最大の比重を占めることになった仏印ルートの遮断を目的として展開された軍事作戦である。

(76) 広東省に送られた「慰安婦」の募集状況について、朝鮮では先の慶州でのうわさ以外には具体的な資料がないが、朝鮮と同時に集められた日本での状況については、和田春樹がその実態を明らかにしている(和田、前掲論文、一一二~一一三頁)。

(77) 『大東亜戦争勃発後ニ於ケル特殊犯罪調――造言飛語及不敬事件――』(高等法院検事局思想部、一九四三年)七四頁。

(78) シンガポールの慰安所については、林博史「マレー半島における日本軍慰安所について」(関東学院大学経済学部一般教育論集『自然・人間・社会』第一五号、一九九三年七月)参照。

(79) 吉見義明「「従軍慰安婦」政策における日本国家の指揮命令系統」(VAWW-NET Japan編『「慰安婦」・戦時性暴力の実態Ⅰ　日本・台湾・朝鮮編(日本軍性奴隷制を裁く――二〇〇〇年女性国際戦犯法廷の記録　第三巻)』緑風出版、二〇〇〇年)五四～五六頁。

(80) アメリカ戦時情報局心理作戦班「日本人捕虜尋問報告」第四九号、一九四四年一〇月一日。日本語翻訳文は、前掲『従軍慰安婦資料集』四四一～四四二頁、による。原文は、前掲『資料集成』第五巻、二〇三頁。これら資料の解釈については、和田、前掲論文、に教えられたところが大きい。

(81) 同じく一九四二年に、ソウルの料理店経営者が朝鮮軍司令部の「示唆」に応じて、シンガポールへ「慰安婦」を引き連れて行く許可を同司令部に申請した事例がある(東南アジア翻訳尋問センター「心理戦　尋問報告」第二号、一九四四年一一月三〇日。日本語翻訳文は、前掲『従軍慰安婦資料集』四五八頁、による。この資料の原文は未見だが、同内容と見られる記録〔Allied Translator and Interpreter Section, South West Pacific Area, "Research Report" No.120(1)〕が、前掲『資料集成』第五巻、一五一頁、に収載されている)。

(82) 詐欺的手段を用いた女性募集については、アメリカ軍側による前掲「日本人捕虜尋問報告」のほか、新聞記者・小俣行男の回想や、林博史が紹介する日本人通訳の証言など、日本側の資料でも裏付けることができる(小俣行男『続・侵掠――現代のドキュメント――』現代史出版会、一九八二年、一八一～一八三頁。林、前掲論文、八八頁)。

(83) 中村古峡『流言の解剖』(愛之事業社、一九四二年)四三～四四頁。

(84) G・W・オルポート、L・ポストマン、前掲書、二〇五～二〇六頁。

植民地期朝鮮の「国語普及運動」の展開と朝鮮女性の対応

崔　眞善

はじめに

植民地期朝鮮では、総動員体制にはいってから日本語を「国語」として全解、常用することを求める「国語全解・常用運動」の中で、さまざまな施策が総督府によって行われた。特に一九四二年、朝鮮での徴兵制実施が決定されたのにともない日本語普及政策には一層拍車がかかるが、こうした中、朝鮮女性に想定された役割や期待も変化していく。本稿では、徴兵制実施決定以降、徴兵対象の男性に加え、主な普及対象として設定されてきた女性に対する日本語普及の展開様相を概観し、それに対して朝鮮女性たちがどのように対応したのかについて考察する。植民地時期の総督府の政策に対する朝鮮女性の認識や対応が現れている史料は限られているものの、ここでは当時の新聞を中心として朝鮮女性の対応をうかがうことにする。

日本語普及政策は、一九三八年の朝鮮教育令改正以降、日本語が「国語」の位置に引き上げられたことにともない、「国語全解・常用運動」として展開された。一九四二年五月八日の徴兵制実施発表以降は普及運動が強化され、徴兵対象となる青年層はもちろん「軍国の母」の役割を果たす女性にも日本語習得が強いられた。しかし、こうした政策の変化は表面的な普及対象の拡大以上の意味を含んでいる。当時の朝鮮人女性に対しては、一九三三年からの初等教育の就学率急上昇[1]にともなう学校教育を支える家庭教育者としての役割、ひいては日本の軍人を養成する母の役割や地域社会で男性の労働力に代替する労働者としての役割が新たに付加されつつあったが、女性への国語普及運動は、総督府がこうした女性の地位の変化を意識して新たな女性政策をとるようになったことを背景としている。

一九三八年当時、朝鮮人全体の日本語普及率は一二％台、一九四二年には一九・九％[2]にとどまっていた。このように普及が低調だった原因として朝鮮女性に目が向けられ出したのは、一九三〇年代初頭の農村振興運動期からであり、女性への日本語普及という問題の重要性が本格的に論議されはじめたのは朝鮮での徴兵制実施発表の直前からである。

朝鮮人の日本兵士としての徴集を目前にして、この日本語普及率の数字は植民地当局にとって危機的だった。その危機感から「日本兵士」を育てる家庭や母の重要性が再認識されてきたのである。総督府学務局編輯課長島田牛稚は、「家庭内の朝鮮語使用により折角の学校教育の効果が軽減されるなど、子どもの日本語教育に大きな障害」となっていると述べながら、朝鮮女性の日本語不習得の問題から波及する悪影響を指摘している[3]。

朝鮮植民地期の初期段階（一九一一年、第一次朝鮮教育令施行以降）から日本語が社会全般に公用語、教育用語として使用が強いられてきたにもかかわらず、二割程度の普及率にとどまっている数値が表しているように、日本語は依然として生活語として定着しているとは言いがたかった。こうした状況を背景に、「国語普及の一番の癌は家庭」であり、その中心的問題として朝鮮の「母」の役割が論じられるようになった。江原道に提出されたある郡の諮問答申書では、「赤ん坊に対する国語使用の指導＝初めて話を稽古する赤ん坊に対しては、自今、朝鮮語使用を絶対禁止せしむると共に、必ず語法に依り日用単語を習得せしむることを指導すること[4]」を提案し、母国語を習う段階から母は「国語」(日本語)に満ちた言語環境づくりに努めるべきであると明記している。[5]

しかしながら、日本語普及政策に女性が障害となる状況は、そもそも総督府自身の政策に起因していた。すなわち、一九四〇年代に養育者になる女性たちが就学年齢であった一九三〇年前後までの女性の普通学校就学率は、わずか一〇%前後にとどまっていた。[6]女性を「公教育」から排除していたのである。総督府が併合以降、意図的に女性の就学機会を制限した結果がブーメランのように戻ってきていたのである。[7]

一九三〇年現在、朝鮮女性の識字率は八・〇%(日本文・ハングル双方)だった。[8]このことは、女性が日本語で「近代的知識」もしくは「日本的」思想を習得し、国家が必要とする「近代的かつ日本的教育」を実行する家庭教育者の役割となることは不可能であることを意味した。[9]ゆえに、総督府は、「家庭をまず国語常用化する必要上、就中母親に国語を教へ込むことが先決である」[10]と認識し、母たる女性の思想教育や「国語」教育に取り組むことを先決課題とした。こうした認識にもとづいて、「国語環境」の土台となる母の「国語」能力や時局認識を高める啓蒙運動の具体策が模索されることになる。

一 「国語」普及の多様な方式

(1) 社会教育の基点としての小学校――「母の会」「母姉会」――

一九三〇年代半ばから推進された学校増設政策を基盤として、普通学校、高等普通学校(一九三八年以降小、中学校)は社会教育の場として機能したが、日本語普及においてもそうした役割を果たした。一九四〇年に入ってからは、学校を中心として就学学生の家族や該当地域の構成員を対象とする日本語普及教育が行われた。そのなかでも家庭と緊密な連結をとり、家庭教育の主体となる「母」や養育者役に当たる「姉」に行う時局教育や日本語教育の機会は増加の一途をたどった。総督府が養育者の日本語能力に注意を払ったのは、それが次世代の日本語教育と深い関係があるからであった。
学校によって結成された「母の会」「母姉会」[11]は、定期的会合や頻繁な授業参観を通じ[12]、女性たちにまず学校教育の内容やその目的を熟知させた。さらに、母親を対象とする各種の時局講演会や「国語講習会」も開いた。特に「国語講習会」は小学校に限らず中等教育機関にまで拡大し開催された。学校以外にも部落聯盟、宗教団体[13]、町の有志など[14]多様な主体による「国語講習会」が存在し、講師は小学校や中等教育機関の教師が主に担当した。学校は、就学児童の日本語教育のみならず、その保護者や地域住民にまでその教育範囲を広げ、日本語の指導・監督・管理など普及の中心的役割を果たしたのである。

(2) 母のための「国語」教育――「一日一語運動」――

学校は、母たちの日本語教育に直接関与し、母姉を対象とする講習会の主催、その参加の督励、習得状況の確認・調査・管理を随時行う一方、就学児童による保護者の日本語学習として「一日一語運動」を実施し、その学習結果は、地域組織である愛国班[15]で公開するなど母の日本語学習を促した。「国語普及運動要綱」が決定された一九四二年五月六日以降「国語全解・常用運動」についての各道知事からの諮問に対して、各道の下級行政機関から提出された「諮問答申書」には、「一日一語運動」実施の具体策が記されている。以下にあげるのは、その諮問答申書の内容である。

学童を通じて各家庭に及ぼし、先づ、生活上必修なる国語を一日一語宛習得せしめとす〔ママ〕。殊に、子女育成の任にある婦人に常用せしめ、母を通じて幼児に及ぼし、漸次全家族に常用せしむこと。（慶尚北道清道郡）

学校の先生は時々家庭訪問と同時に其の状況激励をなし、成績優秀者に対しては校長より選賞。（江原道江陵郡）

学校職員随時各家庭を訪問査察し、効果高揚に努むる。（江原道洪州郡）
教職員は常に査察を厳にし、実行の徹底を図る。（黄海道松禾郡）
教職員に於いては随時巡回、之〔日本語――引用者〕が実践状況、並に実情を査察指導（実践は実績査察簿を備付、之に記入のこと――原注）する。（全羅南道珍島郡）
国語解得の促進を図ること〔中略〕国民学校教育を中心として、国語一日一語普及票を製作し、学校より児童を通じて簡易なる日常語を家庭に普及せしむること。（京畿道始興郡）
生徒児童をして一日一語宛家族に教へしむ。一週一回程度、右結果を調査し復習せしむる為、生徒児童の母を学校に集合せしむ。（慶尚北道尚州郡）
国民学校児童を介して、一定の系統案に基づき、各期の家庭に一日一語の解得に努めしむ。[16]（京畿道富川郡）

各道の諮問答申書を見ると、家庭を「国語教育環境」つまり「「国語」である日本語教育にふさわしい環境」として位置づけ、その役割を個々の家庭に担わせるために国家の教育指針→学校→家庭→学校への有機的かつ循環的な連結関係を作りあげ、皇民校が直接介入や監督・管理の体制をつくりながらさまざまな奨励や制約を行ったことがわかる。家庭教育の中心に日本語教育を置き、その基準に達した家庭を選別し賞罰表彰を用いてもいる。[17] 一九四二年からは、家庭の国語常用実態の調査にもとづき、「国語の家」[18]を選抜し、その結果を児童の成績に反映するようになった。「一日一語運動」の実績を報告する新聞報道、[19] 運動に使われた語彙集や教材の編纂などの実施を報告する諮問答申書[20]の内容からは、実際の実施の様相がうかがわれる。

ともあれ、総督府は、そうした管理システムの構築により、母の日本精神の意識化や日本語能力涵養を図り、それが効果的に学校の皇民化教育へつながっていくことを狙った。つまり皇民化教育を下から支える「家庭」や「母親」を作り上げようとしたのである。「子供による家族構成員への日本語学習」を掲げていた「一日一語運動」

は、皇民化教育の影響が及んでいない「母親」への日本語普及、そして日本語使用にともなう日本精神の教育という意味も帯びていたことがうかがえる。

「一日一語運動」は、一九三八年から実施された一部地域を除くと、一九四二年の「国語普及運動要綱」を契機として全国の各小学校が中心となって全国的に本格的な展開を始めた。その際、「国語全解運動要綱」を企画し「国語全解運動」や「国語常用運動」を最先端で展開した官選団体である「国民総力朝鮮聯盟」(一九四〇年一〇月結成)も、中央や地方の行政機関、学校、地域(愛国班などの地域組織)と緊密な連絡関係を保ちながら運動を推進した。

(3) 組織の活用——愛国班を通じた「国語」——

日本語普及は、一九三〇年代の農村振興運動以来、婦人啓蒙運動の一つとして提起され推進されてきたが、戦時期には、総督府の皇民化政策を主導した国民総力朝鮮聯盟がその中心となった。その下部組織である愛国班を効率的に働かせ、日本語を「国語」として常用させる政策を主導した。そして、一九四二年末頃からは愛国班の女性班長が七割を占めるなど愛国班参加者の大半が女性になり、当然常会参加者にも女性が多くなった。そのうえ、婦人啓蒙をより効果的に行うため、婦人愛国班常会が別途に設けられていた。そうした組織再編のなかで、愛国班を中心として行われた日本語普及運動の対象は、男性に集中していた従来のあり方とは異なり、女性も含めたより広い範囲に拡大された。[21]

愛国班では「国語講習会」の運営以外に毎日の朝会には各家庭の責任者(または代表者)を集め一日一語を指導したし[22]、また、愛国班常会の際、家族、特に母親の学習成績を郡・面・学校教職員が調査し、督励するなど、学校と緊密に連携していた。

愛国班参加者の日本語学習状況が「郡面職員をして査察」され、その成績によって「物資配給に考慮」することになり、[23]暗に未解得者の「講習会」への参加が強制された。その強制性については、「日常使用の簡易なる用語集を編纂して国語未解者全部に配付し、部落聯盟常会、及愛国班常会に於て毎月二十五語以上準備とし解得せしめ、翌月の常会に於いて前月中に習得したる用語に付、約十分間会話を為さしめ、其の進度を点検し、国語習得に関し誠意ある者に対しては、特に優遇の方法を考慮する等[24]」の方法を、前述の諮問答申は提案している。そうした答申が実際の施策に反映したであろうことは愛国班での日本語学習の進捗状況[25]や成果を報ずる新聞記事[26]などからうかがえる。

（4）「婦人啓蒙指導網」の形成――「中堅婦人」の養成、女子学生の活用――

一九四二年五月総督府から出された府尹郡諮問答申書の「婦人啓発運動ノ徹底ニ関シ有効適切ナリト認ムル施策如何」の部分から推測すると、総督府は、農村女性を先導する女性中間指導者役を中心に、より効果的な啓蒙や動員の「指導網」の形成を図っていたことがわかる。「婦人指導者」には、農村の女性労働力の動員役とともに農村女性教育、つまり生活改善や日本語教育の担い手としての役割が課されたと考えられる。儒教的習慣が根強く残存していた朝鮮、特に農村では、女性の啓蒙・指導に努める「婦人指導者」の養成が必要とされた。婦人啓蒙や日本語教育に動員されたのは、主に講習所で養成された中堅婦人をはじめ、学校の女性教員、役所の婦人指導員、女子青年団、女子普通学校在学生および卒業生などであった。

中堅婦人には、近代化が進んだ「内地」や朝鮮内の先進的な地域を視察する機会が与えられた。それだけではなく、優秀中堅婦人として選抜されると面単位の「婦人指導員」として採用されることもあった[27]。当時の女性たちにとっては、社会的に必要な新知識を吸収する機会や官公署の行政職に勤める機会は乏しく、相当な教育を受けても社会進出の機会は閉ざされていた。[28]こうした当時の社会状況の中で、「婦人指導者」への抜擢は、女性の社会参加の一つの入口として受け止められた側面があった。女性を動員主体として養成しようという総督府の意図は、そのような女性の社会進出の欲求を巧みに刺激し、その活動の促進剤として機能していたのである。

二　自発性を強制する構造

(1)　さまざまな社会的不利益

総督府は日本語普及運動の方法として、何よりも日本語の解得能力がないと社会生活が不可能な環境をつくることで、[29]朝鮮人がみずから日本語取得の必要性を認識する構造を作り上げようとした。そのため、官公署はもちろん、公共機関・学校・企業など多方面で「国語」常用を推進した。社会用語・行政用語として日本語を通用させ、日本語解得能力がないと社会への進出・参加・活動への道が最初から遮断される状況をつくりだそうとしていたのである。

朝鮮社会で日本語は実際「近代的知識」を獲得する唯一の手段だった。一九三三年当時、印刷物の九五%は日本語の出版物であり、残りの五%を占める朝鮮語書籍も学術書に限定されていた。[30]一九四〇年代に入ってからは、出版物以外にレコード、映画などの朝鮮語制限や禁止施策が行われ、日本語を知らないと娯楽を享有することも不可能であった。『毎日新報』紙上での次の記事は、そうした現実を改めて自覚させようとするものだった。

母の力は絶対的です。一定の年に至ってから教育しようという考え方より幼い頃から国民教育を徹底にしなければなりません。それなら先決問題は母の修養です。新聞、雑誌、パンフレットを読み、知識を整えるべきです。外国の母がどのように子女を教育しているのか、しかも、内地の母はどのように子女教育をしているのかのようなことは書籍を通して習うべきです。このような書籍を読むためには国語を使用して会話や

読書ができる実力を育てなければなりません。(31)

（筆者訳）

こうした社会的雰囲気は暗々裏に朝鮮女性にとって日本語を解得せざるを得ない要因として作用した。

社会全般にいたる日常生活での統制は、南次郎総督を総裁とする聯盟指導員会から企画され国語の習得常用の必要性を自覚させる精神的指導方針をはじめ、ラジオにおける第二放送の国語取入れ、朝鮮語新聞雑誌における国語欄設置、国語常用の家の表彰、常用者の優先的就職待遇、一切の集会からの朝鮮語排除などの方策(32)として示達された。それにもとづく具体策が各地域の行政単位で実行された。次は、官公署での日本語常用のため道内所属各官公署長に通達された平安北道での「国語を解する者への実行方策」の例である。

(一)各種聯盟職員相互間に不用意に朝鮮語を使った時は互ひに注意し合ひ国語常用運動を阻害する所為を□に慎む

(二)各種聯盟特に所属聯盟員の国語常用を徹底せしめる横の連絡督励機関を設ける

(三)外来者との続対、国語を使用せぬ者には注意を促し解せぬ者には早く習熟するやう注意する

(四)電話続対に鮮語を使った時は国語常用に決定されてゐる旨を告げ反省を促すか出頭して用務を果たすやう指導する

(五)会議その他の集会、朝鮮語の通訳は漸次廃止する

(六)各種聯盟職員の職場、家庭、国語の全解を指導し講習会その他あらゆる機会を捕へて教導に努める

(七)一般指導階級、先づわが家を「国語の家」たらしめる。(33)

朝鮮語の制限や禁止に関わるさまざまな施策は、意図的に朝鮮人が朝鮮語を使うことに不便さや屈辱感を感じさせる内容のものであり、(34)日常生活上の不便さの認識から日本語の必要性を体から感じさせることを意図するものだった。

(2) 経済的不利益

「国語常用運動」の一環として、公務員やその家族の「国語」常用が義務化されたことを始め、「国語」常用の度合いによって給料を調整するなど、職場での賞罰の方針が「府尹郡守会議」の諮問答申により下された。[35] 公職への就任・就職の制限、差別賃金、勤務判定への反映など日本語習得の可否が直接経済的不利益に結びつけられた。給料の調整や差別賃金などの実施状況が確認できる資料は未だ確認できないが、「国語常用運動」に関するさまざまな地方答申書の指示がほぼ実際に実施されたことから見ても、こうした制裁も実際に行われた可能性が高い。公共機関の職員はその家族の「国語常用」状況が次の資料に見るように随時調査され、その結果による賞罰が決定されていた。

〝国語常用は先づ家庭から〟と京畿道ではこのほど職員の家庭における国語解得状況を調査したところ三百卅六人の職員中、国語を常用してゐる家庭が六十三人、僅か二割といふ現状であつた、このうち奥さんの解得状況が日常会話に差支へない程度二百廿六人、や丶話せる者六十三人、全然国語を解しない者が七十七人もあり奥さん教育が先決問題だとして職員から直接奥さんへの国語の手ほどきを行ふやう厳達した。[36]

当時、日本語能力は社会活動や経済活動、出世の必須要件となってきた。したがって、日本語習得や使用の問題は女性個人の問題にとどまらず、家族共同体の死活問題であった。男性である夫が職場で生き残るためには「奥さん教育」をせざるを得なかったのである。一九四二年、新聞に「美談」として紹介された記事は「国語」を知らない妻を持つことがいかに不利益を被るかを感じた女性が「血みどろの国語勉強を真剣に」始めた状況を紹介している。[37] そのうえ、日常生活の面では一九四二年一一月、家庭用燃料の配給開始以降、愛国班の指導が強化され、常会に出席しない者に物資を配給しない愛国班も現れ、すべての朝鮮家庭で愛国班の会合に出席せねばならぬ状況となった。愛国班体制に依存しなければ生活の維持が不可能である状況下[38]、「国語」の習得程度は、以下の資料に見られるように、配給の優遇・不利益に関わる重要要因となった。

一般民の物資配給の際の用語は必ず国語たるべく、故に朝鮮語を使用する者に対しては配給をなさざること。（京畿道富川郡）

本国語講習会の如きは強制的に加入せしむる必要上、参加せざる者は物資の配給を停止すること。（咸北城津郡）

国語の理解者より特権を与ふ。例えば、物の配給に当りても優先権を与ふなど。（慶北奉化郡）

国語常用家庭には各種配給品の優先を認むると同時に、各種労務者雇用、或は賃金などに就ても優遇の方法を講じ。（江原江陵郡）[39]

家庭内の女性が「国語不使用」の場合、自分の社会的生活が制限される以外に、家庭全体の生活も左右された。統制経済の中でも日本語の習得によって家庭経済の状況を変えうるのであれば、女性はいかに苦しい状況であれ「国語」講習会に参加する選択肢を選ばざるをえなかった。

(3) 教育機会の制限や不利益

一九三八年以降推進された小学校拡充政策の推進により小学校の就学率は上昇したが、中等学校以上の教育機関の増設は行われていなかった。小学校は植民地体制を下から支える「労働者」を養成するための基本教育機関であったので「内地」とは比べものにならない程度の数であったとはいえ、教育費さえあれば入学はそれほど難しいことではなかった。が、それに比べ中等教育機関は植民地初期からその増設を求める世論があったにもかかわらず、朝鮮が植民地支配から解放されるまで実現されなかった。そのため上級学校への進学競争は激しかった。そのような状況の中で、受験生に限らずその家族の「国語」解得度が重要な入学条件となり、家庭の「国語常用状態」が新たな入学や進学基準とされた。次の例は、京畿道学務課が家庭の国語常用状態を入学の重要選考資料とするために定めた方針である。

▲一般男女中等学校

（ア）口頭試問で言語、思想、性行を考査する際には、国語生活を実践しているのか、あるいは、会話術に熟練しているかを考査し、皇国臣民たる思念に透徹しているかその可否を判断した後、入学資料とする。

（イ）選抜試験に於いても常に受験者の言動、態度で国語常用の状態と国語の発表力の如何を充分に観察し、入学資料とする。

（ウ）国民学校長の家庭調査書（内申書）には、家庭環境欄あるいは、備考欄の中に児童家庭の国語常用の実際状態と国語普及の「熱意」の有無を記入させ、それを参考資料とする。

▲国民学校入学生

国民学校の入学においても直接受験児童を通じ、あるいはその他の調査資料により家庭の国語全解状態と国語常用の「熱意」を重要参考資料とする。[40]（筆者訳）

これは、子どもの教育のために「国語常用」が親の努めるべき義務とされたことを意味した。植民地支配の全時期を通じて、朝鮮での学校数不足の問題が深刻であったことや上級教育機関への進学が立身出世の道であったことを考えると、子どもの将来のためにも親は日本語を習得せざるを得ない状況だった。そのような意識が朝鮮女性に扶植されつつあったことは次の資料から読み取れよう。

私は子供達が国民学校へ入学する前に必ず内地人側の幼稚園に入れて、この一年間は国語を徹底的に吹き込んでゐますが子供達も自然と言葉だけでなく日常の礼儀作法までも純然たる内地式になり、学校へ行つて

も同級生に模範を示してゐるらしいんですよ。(41)

必要なのは子女たちの入学以前の教育です。学校生活に順応できる素質を家庭であらかじめ作らなければなりません。〔中略〕用語においても優しい国語を単語でも良いから少しずつ教えておいた方が学校生活に順応するのに一番賢明な手段です。また幼いころから自分がいかに貴重なのかを国家と帰結させ徹底に認識しなければなりません。(42)（筆者訳）

このように、一部上流階層では日本語を教育用語とする学校でより優秀な成績を得られるよう、率先して日本人向けの教育機関で教育を受けさせ、母としても積極的に「国語」を習得し常用することもあったのである。他方、こうした状況にもかかわらず母親が「国語」常用に消極的な場合、学校指導の影響を強く受けた子供によって、その態度を変えなければならないことさえあった。次の資料の逸話がまさにその一例である。

南原平北道学務教員（視学）の長男秀男君（若竹六年）は秀才で国語も鮮やかなものであるがどうしてもお母さんが鮮語で話しかけるので「鮮語なら返事は致しません」とやつた、以後何といつても国語でないと答へない、そこで遂にお母さん「負うた子に教へられ」で一生懸命国語を勉強し今では相当なところまで漕ぎつけたといふ朗かな話がある。(43)

「国語」を話せない母を子どもが「恥ずかしい存在」と認識し、母が学校に来ることも嫌がるなど学校内の話の紹介(44)も母の日本語習得を促す要因として作用したと考えられる。それでは、こうしたさまざまな側面で作られた「強制的な構造」に朝鮮女性はどのように対応していたのか。

三　朝鮮女性の対応――「同化」のスペクトラム、さまざまな様相――

（1）可視的成果――朝鮮女性の「積極的な」参加――

朝鮮での徴兵制実施が発表された一九四二年以降、言論媒体では「軍国の母」の言説が急激に増えてきた。徴兵制に備える教育者としての母の役割が強調され、日本語能力の涵養を促す呼びかけが多く見られる。それは、次の総督府の官房情報課の世論指導指針などに基づくものだった。

　青少年ノ資質ノ向上ハ家族ニアリテハ子女ノ育成ニ当ル婦女母性ノ薫■■〔二字不明〕ニ依ル所極メテ大ナルモノアルヲ以テ身心共ニ健全ナル青少年ヲ育成スルニ足ル健全ナル母性ヲ錬成シ「日本ノ母」タル心構ヲ持セシムルコト。[45]

この文書では、朝鮮での徴兵制実施は内鮮一体の真髄を具現する画期的な制度で、[46]その本意を指導し朝鮮人を覚醒に導く必要が記されている。その主要指導対象は朝鮮女性とされ、朝鮮女性に「日本の母」としての役割を課すことを明確にしている。徴兵制実施発表以降、総督府の女性政策は、既存の「女性労働者」や「銃後の婦人」の役割期待に、さらに兵士を養成する「軍国の母」としての要求を付加した。この時期、新聞上では、徴兵制の実施は朝鮮人にとって「帝国臣民」としての権利を得る機会として特別な意味を帯びていることが強調されていた。[47]そのため、この機会に朝鮮男性は徴兵の義務を忠実に務めることで、また、朝鮮女性は兵士を育てることで、その権利を獲得しうるという言説が増加した。それらの言説においては、まさに兵士になることや兵士を養成することこそが、皇国民・皇国の女性になる道であると強調していた。次のような議論を見てみよう。

　新しい家庭というのは、母を中心としている家庭を意味します。今我々は新しい家庭を建設するべきであり、新しい家庭を建設する要素は国語生活であるという問題を皆さんと一緒に考えましょう。〔中略〕未来の新しい時代をよく考えても母たる皆さんはこれから立派な日本人家庭での子弟教育をすべきだと思います。日本人家庭としての教育の一番目の条件が国語生活です。[48]（筆者訳）

ここでは、「新家庭」と規定された母を中心とする家庭で日本語を常用することを女性に求めている。こうした言説とともに、「銃後の婦人」や「軍国の母」としての役割をみずから認識した朝鮮女性が、階層や地域を問わず「国語」講習会に積極的に参加する姿が新聞紙上に頻繁に登場している。

野田面長――それ以外にも国語普及のため講習所などを開催しているが、そこにも熱意が普通ではありません。お昼休む暇もなく働いてひどく疲れているにもかかわらず、子供たちを背負って講習所に集まるのを見るのは感激そのものです。[49]（筆者訳）

農作業で疲れた体で赤ちゃんを抱いて真剣に日本語の勉強をする農村女性の姿は「燃え上がる国語熱」と報道されていた。たとえば、徴兵制実施の発表後、一九四二年四月からの新聞では、都市と農村とを問わず「国語」講習会の女性受講希望者が殺到し、主催側がその講習会主催の場所や教育人材の不足を吐露する記事で溢れている。新聞は、京城の京畿高女で開催された国語教室への女子志願者の殺到、それに感心して講義を行う卒業生出身の女性講師の例[50]や日本語非識字者のため開催された国語講習会での夜学風景など[51]読者が身近に感じられる事例を次々と載せている。

こうした女性たちのなかには、「国語」である日本語が話せないのは「恥」であると認識し、みずから「国語」講習会の開催を要求する者もいた。[52]こうした「国語」講習会への参加意欲は、相当な日本語の上達ぶりを示すことでも証明された。「僅か二ヶ月間に国民学校一年程度の国語を全部終え」日常会話が可能となった府内崇仁新設町会の母たちの国語講習会の例もそのひとつである。[53]講習会に参加できない場合でも毎日の愛国班常会で日本語能力者との個人学習や、ラジオの日本語講座の学習など、いろいろと工夫された学習方法が記事化されるなど一般人の「国語」習得への熱意が報道されていた。[54] それは、徴兵制実施が「新たな刺激」となり、女性みずから「皇国の母、歴史上に残る母や妻」を目指し猛烈に講習を受けていると解釈された。[55] 報道された講習会参観記は、農民女性に直接かかわっていた農政課の女性職員のものだが、ここから、当時の雰囲気が感じられよう。

このような言説は、日本語普及運動が官主導ではなく朝鮮女性の自発的意思によるものであることを強調するとともに、朝鮮女性みずから「軍国の母」としての役割に努めているという言説へ発展していた。新聞記事では多くの言説が、朝鮮での徴兵制実施を朝鮮人にとっての一つの希望として位置づけ、[56] それにふさわしい能力を備えることが必要であると訴えていた。その能力つまり日本語能力が、軍人を育てる母にも求められたことはいうまでもない。

また、三か月間毎日三時間続く講習会に参加した五六歳の老婆が、視察に来た道知事に「死ぬまでに一度は国語常用をしてみたい」と語っている記事[57] からは、農村女性の識字への欲求がうかがえる。それは、日本語普及運動により日常生活での日本語使用が強いられた状況の中で、日本語習得の可否が意味することを表している。女性たちが社会的不利益を被ったことばかりではない。一部の家庭では教育機会から排除された非識字者女性が、日本式の学校教育を受ける孫とのコミュニケーションさえ取れない困難を経験していた。孫との意思疎通、そして屋外の労働、家庭教育上の必要性から日本語の習得こそが「幸福の鍵」になると信じた朝鮮女性の談話[58] からは、徴兵制の実施にともない、日本語教育とともに女性への意識化教育を展開した総督府の「婦人啓蒙」政策の影響力を読みとることができる。

このように一般女性の日本語学習に対する「積極的」な様子を報じた新聞記事が、特に当時唯一の朝鮮語新聞だった『毎日新報』に集中していたことからも、総督府が多量の言説を生産しそれを宣伝することにより、朝鮮人に日本語習得への参加を督励・扇動する効果を狙っていたことが推測できる。

（２）模範女性の率先

可視化された女性たちの「積極的」参加は、講習会の参加に見られる向学熱に限らなかった。「国語」を知らない女性は「国語」を習得することで、「国語」を知っている女性は「国語」を習得させることで熱心に参加していたことが見られる。高等女学校を卒業した女子愛国班員の朝鮮人女性が、私費で日本語講習会を開いた例[59]など、「国語普及運動」に積極的に参加している模範的な女性の活躍する姿が感動的な美談として紹介された。こうした日本語普及の先頭に立った女性たちは、高等女学校の卒業生や女子教員が多かった。その背景に、かつて一九二〇年代朝鮮の民族主義知識人が促した知識層女性の社会的責務や役割についての教育観の影響があるのかどうかは定かではない。しかし、一九二〇～三〇年代に女性教育者として女性啓蒙団体で活動していた代表的な女性知識人金活蘭の「知識人女性の二重責任論」の主張はその理解の糸口になると考えられる。

現代朝鮮女性はせめて二重責任を担っていると思います。まず、教育を受けた女性たちは、家庭、社会その二つの場を舞台としてとりあえず、農村の蒙昧な婦女たちのため力を注がなければならない。そうするためには、まず自分自身を修養し、世相の知るべきこと——従来男性だけが関わっても構わないと認められた部分——を相当自覚しなければなりません。[60]（筆者訳）

この文章では、朝鮮社会で教育を受けた少数のインテリ女性の社会的役割の自覚を求めている。それに対し、いわゆる模範女性が認識した社会への責任感は具体的にどのような性格を帯びていたのか。裕福な家庭に育った二〇代のある朝鮮人女性は、「女性も社会に御奉公せねばならぬ」と両親を説得し、大和塾[61]を訪れ「折角教はつた知識」を活用しつつ、無報酬で児童の日本語教育に携わっている。[62]また、女性対象の「国語」講習会に参加し教師を務めた女性たちも、ほぼ同様に、社会語として常用が強いられていた日本語を知らない大多数の女性の啓蒙[63]に対する責任感を感じたのではないかと考えられる。

こうした啓蒙活動を行う女性たちが、講習会参加者の熱意に感動し、活動にさらに拍車をかける姿が記事として紹介された。こうした知識層女性の「国語」講習の活動は、彼女たちの社会的な責任感を表していようし、社会進出の機会が極めて少ない当時の状況にあって、社会参加に強い欲求をもっていたことも物語っている。さらに、女性が教育を受けるのは良い結婚のためという既存世代とは教育観が異なっていたことも見て取れよう。

しかし、そうした責任感や自己実現の欲求には、一九二〇、三〇年代の知識人が求めた「朝鮮民族の文明化」という啓蒙への責任感が変質し、やがて日本国家の利益と結びついてしまった一面も示されているといえよう。

（3）親日女性知識人――イデオロギー生産の先導――

植民地支配末期にいたると、朝鮮知識人の親日活動が活発となった。知識人たちの親日活動は、志願兵としての参加を促す一連の活動でその絶頂に達した。そのなかで女性知識人も「皇国の母遊説団」を結成し、全国各地で朝鮮青年の母に志願兵制度への協力を呼びかける活動をした[64]。積極的な活動をしたのは主に女性教育系の人士や女流文人であり、彼女らは「臨戦報国団婦人隊」のもとで志願兵制度支援活動をした。その活動は、徴兵制実施の発表以降、一層活性化し一般女性に「軍国の母」の使命を意識させる言説として現れた。「国語」普及に関しては、兵士を育てる母としての「国語」全解や常用の重要性を論じる各種言説を生産しつつ、みずから「国語」講習会を開催することで直接普及活動を行い、母たちの「国語」普及の効率的な方法を講究する活動をしていた。

こうした女性知識人たちは、女学校の校長など女性教育の指導者や、女性文筆家が大多数を占め[65]、彼女らにより生産されたイデオロギーの影響力は相当に大きかったと思われる。新聞社主催の歓談会において、有名女性知識人が世論先導の役割をしていた例を見てみよう。

□士白――わたしもやはり子供たちの健康問題と国語普及問題だと思います。［中略］子供の習慣養成を研究する集まりを一つ組織するのが良いようです。そして子供の相談所みたいに設置し健康相談をすればよいでしょう。［中略］
崔貞熙――それも良いお話ですが、私たちが今でもできることは国語普及だと思います。［中略］
毛允淑――国語普及をしながら少し時間を設け、母親たちに有益な講習をさせるのも良いです。［中略］
任淑華――毎日するのは無理だから一週間に二回、母姉会を開き一回は国語普及を、一回は母姉会を開いた方が良いです。朝鮮の婦人たちは大体忙しいので一、二回しか参加できないと思います。［中略］
崔貞熙――［前略］私の考えでは、各家庭で国語を知っている人が一人、二人はいるはずなので自分の家族を集めて教えるようにすれば良いのではありませんか。［中略］
朴瑪利亞――朝鮮の母親たちはまだ大部分自分の息子が兵隊になることを納得しておりませんが、まずこのように軍人になる理由と栄光をうまく教えるべきです。
高凰京――母親自身がまず、皇国臣民たる信念を持ち子どもたちに幼い時から子守歌の中でも国という観念を入れながら育てると良いと思います。つまり、母親の再教育が必要です。[66]（筆者訳）

この記事に登場する毛允淑[67]・崔貞熙は、文筆活動のなかでも「皇国の母」の使命を呼びかける活動に積極的であった。また、高凰京・裵祥明は、それぞれ女学校の校長でありながら臨戦報国団婦人隊指導委員として活動していた。この座談会で出されている意見からは、母たちの徴兵制への協力と認識転換を図ろうとする総督府の政策をそのまま正当化していることが見てとれる。そのうえ、子守歌も日本語で歌うよう、朝鮮女性の「軍国の母」としての姿勢を強調していた。そうした母の意識化活動は、臨戦報国団婦人部が主催する「家庭婦人国語講習会[68]」として実施されている。講習会には日本語はもちろん、家庭婦人の時局観を強化する教育も含まれていた。

朝鮮知識人女性は、一般の大多数女性に対する「啓蒙」活動をそれなりの使命感をもって行っていたと思われるが、植民支配の末期には民族より国家（日本）を優先視するにいたっている。日本の支配による近代化を認め、その新しい進歩が大勢であると認識し、そうした近代化の社会的変化に追いつけない大多数女性の啓蒙の必要性を感じたということかもしれない。しかし、その近代化は究極的には日本化に過ぎなかった。

金允禎――自分の子女より劣る教養程度を持っている母であれば、良い息子を育てられないことは確実です。このような母たちの教養を私たちが改善していくことが急務であります。我々朝鮮婦人たちは純粋であり率直なので、この機会に良く啓蒙すれば内地母たちに負けない立派な母になれると思います。［中略］日本臣民でありながら国語を知らないのは恥ずかしいことです。私の意見としては、一週間に何回かずつ午後に二、三時間位国語講習会を開いてみたいですが。

朴仁徳――我々朝鮮の母たちが徴兵制の意味を正確に認識してくれれば良いと思います。徴兵制が何を意味するか知らない状態で、徴兵を戦争に出て死ぬというように漠然と思っているのが残念です。徴兵の対象になれるのは一番強い青年であるという証拠です。いかに嬉しいことでしょうか。[69]（筆者訳）

教育制度から排除された一般女性に日本語を習得させ近代知識の吸収を可能にするための「啓蒙」活動は、総力戦体制の展開につれ、植民地権力との緊密な提携や積極的な協力関係へと変質していった。そして、内地の女性運動家たちが戦争協力に女性の参政権獲得など地位向上の希望を抱いたように[70]、こうした朝鮮人女性知識人の活動も、国家政策への積極的な協力を通じて女性の地位向上を図ろうとする一面ももっていた。

男性たちは、婦人問題についてそれほど関心を持っていないようです。これからは社会の両軸である男女同志が国家的な立場から内鮮一体に団結協力してゆくことを希望しております。［中略］やはり重要なことは、我々朝鮮の婦人自身が新たな希望と理想を持ち、社会的に進出してゆくことであると思います。〔中略〕新たな婦人問題は、とりあえず国家的立場で理想を掲げ実践することであり、婦人のみの利益のためであるとか、あるいは階級に基づいた偏見になることはいけないので、最も高い理想が完全に具現されてゆくことだと思います。(71)（筆者訳）

ここに見られるように、「内鮮一体」という国家政策への協力により、女性も男性と同等に公的領域でその役割や責任を担う主体として活躍できる男女平等への期待を抱いていたのではないだろうか。

以上、一般の女性から一部知識人の女性まで、日本語普及をめぐるそれぞれの対応様相を考察した。しかし、女性たちの対応は外見は同様に見えるものの、イデオローグとしての役割を果たした一部の知識人女性の「自発的」活動と、農村女性の「向学熱」に現れた「自発性」とは相当に異なる。前者のような女性の姿は時代遅れの民衆女性の啓蒙という「歪んだ使命感」や植民地化への順応として捉えることができる。それに比べ、農村女性に見られた「自発性」には別の意味もあった。すなわち、近代教育に接近するすべのなかった大多数の女性にとって、「国語」普及運動が教育への渇望や知識欲を満たす機会として作用したという面(72)もあったのではないか。

しかし、特に、農村振興運動の時期（一九三二年）から農村女性に与えられた重労働や総動員体制（一九三八年）に入ってから強制された多層的な期待や役割、生活全般にわたる統制を考えると、女性に対する多様な「国語」講習会参加への強制は、実に「二重、三重の負担」そのものであった。総動員時期以降、農村での季節託児所や常設託児所の設置が急激に増加したことから朝鮮女性に課された多重の負担を総督府も十分認識していたこと(73)が読み取れる。こうした状況を勘案すれば、女性の「近代的知識」への渇望や、女性自身の「知」への欲求の発現という側面があったとしても、それにもまして、自分の意志とは関係なく「国語」習得に参加せざるを得なかった面を重視すべきだろう。すなわち「自発性」として見られた現象の背景にはそれを強制する構造が存在していたことを視野に入れるべきであり、家庭の運営や、子女の将来などの要因を踏まえた女性たちのやむを得ない選択であったと理解するのが妥当と考えられる。

(4) 抵抗の可能性

1 家庭での朝鮮語使用

上述したように、「強制的」な構造による女性の「可視的」な協力の面とは別に、政策の展開に対する女性の抵抗の姿は見られないだろうか。その点、府郡の「諮問答申」で伝えられている次の例は興味深い。

> 国語を解する者にして常用せざる傾向あり。特に、婦女子に於いて然りとす。一般民衆をして根本理念を把握せしめ、国語に近づかしめ、親ましむる為には、之等解する者にして絶対常用を必須の要件とす。特に、家庭に於ける婦女子の常用は、国語普及、頗る有力なり。[74]

> 半島人家庭の主婦は、其の大多数の者国語を解せざるのみならず、有識層の婦女子にて国語を解するも、家庭にありては之を使用せざる向多し。[75]

「国語全解・常用運動」を活発に行っている最中でも、このように依然として朝鮮語を使う「母」の問題が生じていたことはどのように解釈すればいいだろうか。就学経験がなく朝鮮語しか解しない女性は「出来ないから」使えないとも思われる。しかし、いわゆる有識層の女性の「日本語不使用」はそれなりの「抵抗」の方式として捉えるべきではないだろうか。

先述のように「近代語」であり「社会語」であった日本語使用の必要性は公教育の場で充分意識化されたと考えられる。とすれば、良妻賢母教育により家庭の運営者や家庭教育者としての近代的な女性観を持った有識層女性の「家庭内の朝鮮語使用」は、子どもに朝鮮人のアイデンティティを与えるための民族意識に基づく積極的抵抗を意図していたとも考えられる。あるいは、日本語不使用によって家庭での日本語教育を「サボタージュ」する消極的な「抵抗」ともいえよう。

残念ながら、現在の資料状況では、こうした仮説は推測にとどめておくしかない。ただ一九三四年、培花女子高等学校生の読書状況を分析した調査はひとつの糸口になりそうである。同調査によれば、全校生三四〇名の一年間の読書のうち三位に入っている歴史書籍の大部分が朝鮮歴史に関する書籍だったとされている。これについて調査者は「学校教育課程に朝鮮歴史科目がないので朝鮮の過去を知りたい感情が表れている」と分析している。[76]断片的資料ではあるが、当時の有識層女性が一定の民族意識を抱いていたことは間違いない。加えて、有識層の女性を含めた朝鮮女性の戦争や徴兵に対する認識も確認してみたい。彼女たちは、日本語普及政策が、徴兵制の円滑な実施の前提だったとことを明確に見抜いていたのではないだろうか。

総督府は「特に家庭や婦人層に対しては徹底的な啓蒙運動を展開し、立派な軍人を養成する「軍国の泉」になれるようにしなければならない」と力説していた。[77]にもかかわらず志願兵や徴兵制を忌避する一般女性の感情や認識が深刻な問題となっていたことは、朝鮮の知識人女性の発言からも確認できる。

朴瑪利亞——朝鮮の母親たちはまだ大部分自分の息子が兵隊になることを納得しておりませんが、まずこのように軍人になる理由と栄光をうまく教えるべきです。

朴仁徳——我々朝鮮の母たちが徴兵制の意味を正確に認識してくれれば良いと思います。徴兵制が何を意味するか知らない状態で、徴兵を戦争に出て死ぬというように漠然と思っているのが残念です。[78]（筆者訳）

戦争や徴兵制実施に対するこのような朝鮮女性の認識は、それを象徴的に表す日本語普及に関する抵抗や反感につながり、せめて家庭内では民族言語を維持しようというかたちで表出したと考えられる。

一方、「事変前《〔支那事変〕》」には女性の日本語使用が生意気だと軽蔑され、男性が女性に対して日本語を使用するのは大変な失礼だと認識されていたが、[79] このような社会の雰囲気は、異なる問題も示唆している。すなわち、朝鮮語や日本語という言語が象徴していた「野蛮」対「文明」、「克服すべき旧習」対「時代を先導する近代」という二分化された図式に当時のジェンダー観も投影されていた。そこで象徴されている社会関係は、「植民国家」と「植民地」の支配関係が「男性と女性」の上下関係に置換され、「支配民族の言語」(日本語)は「男性語」で「社会的公式語」となり、「被支配民族の言語」(朝鮮語)は「女性語」や「非公式語」となるものだった。そのために、女性があえて「近代語」である「日本語」を使うのは「生意気」で「女性らしくない」と思われたのだろう。

しかし、こうした状況は日本語普及の加速化とともに変化し、「事変以後」は「国語で話し合う事が一種の親近感を感じ」「国語が話せるということで誇り」を抱くようになった[80]と新聞は報道している。

こうした「国語」が話せる女性に対する社会一般の認識の変化を念頭に置いたとき、逆に家庭で日本語を使わなかった女性の心性もおのずと推測されよう。

2　主体意識の萌芽

総力戦体制下の「国語」普及運動や婦人啓蒙運動は、伝統的に男性中心的社会であった農村社会に予想以外の変化をもたらし、女性が地域社会や家庭内でより中心的な役割を果たすようになっていった。農村女性の啓蒙運動に携わっていた江原道農政課の女性職員は、農村女性の家庭経済や生活合理化への関心の高まり、屋外労働への進出、知識欲の向上などの現象を指摘しつつ、女性たちの「恥ずかしくない皇国の母、歴史上に残る母や妻になるために努力」する姿をたたえ、彼女らが「戦時日本の食糧問題を堅固に保つ根本的な力」になっていると賞賛している。[81] そうした発言は、当時の農村女性の変化の一面も表している。女性は日本語やさまざまな「近代知識」を獲得することによって、生活を掌握し統制する力を高めつつあったのである。

農村振興運動期から、女性は家庭教育の担当者、家庭経済の運営者として浮上し、生活改善、衛生、家計経済の運営、管理、経済知識や婦徳の涵養、子女育成などの役割が期待されていた。総力戦体制を支える「主婦」や「母」としての重要な役割を認識させるためのさまざまな婦人啓蒙の講習会は、農村経済、家庭経済の統制者としての自覚を女性に促し主体意識の萌芽をもたらしたともいえる。日本語獲得にもそのような側面があったと考えられる。

つまり、前述したように、社会的に日本語と朝鮮語の関係が序列化される中、朝鮮女性は男性語であり社会語である日本語を獲得し社会的な活動に必要な要件を満たし活動基盤を広げる一方、日本語の習得による知識の獲得によって支配体制への抵抗や女性の地位向上への意志を発現するようになったのではないだろうか。それは、ある意味、植民地国家が意図していなかった亀裂の可能性が支配体制に生じはじめたことを意味していた。

おわりに

以上、総力戦体制期の「国語普及政策」と朝鮮女性の対応について考察した。植民地朝鮮の女性に課された次世代を養育する教育者としての期待や役割は、究極的には「軍国の母」を求める形で現れていた。そして、特に徴兵制実施という現実的な必要に迫られ強制された「軍国の母」への「国語」普及に対して、朝鮮女性はさまざまな形で対応していた。それは階層や教育程度、置かれた社会的状況や認識によって異なる。日本語が「近代知識」とされた時代に、そうした仮想の「近代知識」の啓蒙あるいは「近代知識」へ接近しようという意志によりそれが一貫して認められるようにも見える。

しかし、日本語を「近代知識」として規定し普及させる際に行われた日常生活や意識への多様な強制、人々を統制するための施策が、女性たちの「自発性」の裏面に存在していたことを忘れてはならない。それとともに困難ななかでもさまざまな抵抗の意志を表していた女性たちの存在も意味深い。

解放後も「軍国の母」に象徴される国家と女性の関係は終わりを告げたわけではなく、「民族復興」のための母という新たな装いを持った役割期待として再現した。女たちの戦いはなおも続く。

（1）就学率は、一九三八年…男子四〇・七％、女子一四・三％、一九四一年…男子七〇・二％、女子二八・六％。日本女子大学女子教育研究所編『昭和前期の女子教育』（国土社、一九八四年）八七頁。

（2）朝鮮総督府「昭和十八年末現在に於ける朝鮮人国語普及状況」「第八十六回帝国議会説明資料」昭和十九年一二月、（『朝鮮総督府帝国議会説明資料』第一〇巻、復刻、不二出版、一九九四年）、参考までに、一九四三年の普及率は、二二・二％、そのうち男性は、三二・二％、女性は一二・二％、府部（都市）は、四五・三％、郡部（農村）一八・九％の普及率で、日本語の普及には著しい性差と地域差があった。

（3）「国語를 体得する秘訣（三）子供를 先生삼아 対話해 버릇하라（習慣をつけよう）」（学務局編輯課長島田牛稚談『毎日新報』一九四二年五月二九日）。

（4）江原道知事から下された国語常用徹底に関する諮問（一九四二年五月一五日）に対する楊口郡の答申書。

（5）朝鮮女性に近代的養育術を教育するなど、近代的母性に対する期待、それに対する女性たちの対応は김혜경「식민지 가족담론」（『식민지하 근대가족의 형성과 젠더』、二〇〇六年）を参照されたい。

（6）金富子『植民地期朝鮮の教育とジェンダー――就学・不就学をめぐる権力関係――』（世織書房、二〇〇六年）七四頁。

（7）金富子、前掲書。

（8）『大阪毎日新聞』北鮮版、一九四二年五月二七日。熊谷明泰「朝鮮総督府による「一日一語運動」の構想と展開過程」（『関西大学人権問題研究室紀要』二〇〇六年①）。

（9）一九三〇年「朝鮮国勢調査」（金富子、前掲書、三八頁）。

（10）「国語普及の展開――朝鮮総督府編輯課長島田牛稚――」（『文教の朝鮮』一九四二年八月号）。

（11）母姉会を通じ、母の教育に国家が関与していく「内地」での傾向は朝鮮でも同様に行われる。しかし、近代的養育の教育に中心をおいた内地の母教育と違い、朝鮮では母の日本語教育が強調されていた。
(12) 最低一か月一回の「母姉会」や授業参観参加を定めた総督府次元の指示があったことが一九四二年五月の諮問答申書からわかる。
(13) 「익숙해 가는（慣れていく）国語――城東救世団서婦女들에講習」（『毎日新報』一九四二年六月九日）など。
(14) 「활짝（大きく）열린（開かれた）国語全解의道――婦女啓蒙에 挺身――平原女史의 指導로 깨우쳐 가는班員」（『毎日新報』一九四二年六月五日）など。
(15) 官辺組織である国民総力聯盟の末端組織で、一〇戸を基本単位としている内地の隣組と類似な組織。
(16) 京畿道富川郡「諮問答申書」一九四二年五月　熊谷明泰「日本統治期の台湾・朝鮮における「国語」教育（下）」（『関西大学人権問題研究室紀要』第五二号、二〇〇六年②）四五～四八頁。
(17) 熊谷明泰「賞罰表象を用いた朝鮮総統府の「国語常用運動」」（『関西大学視聴覚教育』第二九号、二〇〇六年③）が詳しい。
(18) 「国語の家」の設定基準は、（一）全家族が解する家、（二）祖父母および学齢以下の者を除きたる家族にして之を解する家とされた。
(19) 『京城日報』一九四二年四月二三日。
(20) 京畿道金浦郡の「昭和十七年 五月府尹郡守会議 諮問答申書」。
(21) 「京城」の事例。樋口雄一「太平洋戦争下の女性動員――愛国班を中心に――」（『朝鮮史研究会論文集』第三二号、一九九四年）。
(22) 江原道旌善郡「国語常用徹底に関する諮問答申書」一九四二年。
(23) 全羅南道光陽郡「国語常用徹底に関する諮問答申書」一九四二年。
(24) 京畿道始興郡「国語常用徹底に関する諮問答申書」一九四二年。
(25) 愛国班用の教本の編纂を示す記事としては以下のようなものがある。「国語・これで行かう／総聯で一般家庭用教本を統一　近く各愛国班に配布」（『京城日報』一九四二年五月二六日）、「愛国日常会にも朝鮮語訳を廃止／国語一本庫の清溪町会」（『京城日報』一九四二年五月二九日）など。

（26）「愛国班長教本／咸北道で作成」（『大阪毎日新聞』一九四二年七月一四日）、「愛国班や町聯盟で国語の猛練習」（『朝日新聞』西鮮版、一九四二年七月一九日）、「婦人愛国班員의国語講習――府聯盟에 正式提出된 것만 六箇所」（『毎日新報』一九四二年七月二五日）、「〝皇民の母へ〟喜びの一歩／愛国班婦人、常用国語を卒業」（『京城日報』一九四二年一〇月二八日）など。

（27）朝鮮総督府「昭和十七年五月　府尹郡守会議報告書――婦人啓発の徹底――」。

（28）一九三二年三月の女子高等普通学校卒業生の進路に関する調査によると、眞明女高普卒業生の家事従事率（七九・二%）、東徳女高普（六七・六%）、淑明（八八・一%）、梨花（四七・〇%）、培花（五八・三%）を示している。『朝鮮総督府調査月報』一九三二年一一月号、家事従事者数に留学などの進学者を含めると、就職などの社会進出率はより低くなる。また、この数字はソウルに限られているため、地方や全国統計の水準はさらに低くなると推定される。

（29）熊谷明泰「朝鮮総督府による「国語常用」強制と朝鮮語使用禁止の事例」（『植民地下朝鮮に於ける徴兵制実施計画に伴う「国語常用・国語全解」運動の展開様相』研究成果報告集、二〇〇六年④）が詳しい。

（30）박정우「일제하 언어민족주의――식민지기 문맹퇴치 한글보급운동을 중심으로――」ソウル大学校碩士論文（ソウル大学校、二〇〇一年、未発表）七五～七六頁。

（31）「徵兵制実施를 앞두고（目前に）家庭生活의 大転換　座談会（四）――「九軍神」의 武勳은 母의 感化에서」（『毎日新報』一九四二年五月一八日）。

（32）「言葉は國語で／常用の家表彰や就職にも優先權／聯盟委員會で運動」（『大阪毎日新聞』朝鮮版、一九四二年五月七日）。

（33）『大阪毎日新聞』西鮮版、一九四二年六月一二日。

（34）熊谷、前掲論文②。

（35）「会社、鉱山、工場、其他事業場における就労者の国語を解する者には、賃金の割増を実施すること」（江原道金化郡）、「事業場における従業者の国語の修未修に対し、之が待遇に差等を設けしむること」（江原道淮陽郡）、「国語の不解者には公職を与えざること」（京畿道江華郡）など、「昭和十七年度府尹郡守会議報告書綴」。

（36）「奥さんから國語――全然解しないのが七十七人／京畿道／職員の家庭調査」（『京城日報』一九四二年七月二日）。

(37)「国語へ真剣な努力／大に励まされ発奮した〝訓導の妻〟」(『釜山日報』一九四二年九月六日。熊谷、前掲論文④)、日本語をまったく解さない国民学校訓導竹春虎夫の妻は訓導の妻として国語が解さないことで、「夫により〝一通り国語が話せるまでは家に戻つて来るな〟と実家に帰させ、国語講習会に通い大いに発奮し夫より月々仕送りをうけ実家で血みどろの国語勉強を真剣に始めることになつた」という記事が載っている。

(38)樋口、前掲論文。

(39)「昭和十七年度府尹郡守会議報告書綴」(熊谷、前掲論文④)。

(40)「첫(第一の)条件)이国語常用――中等、國民校入學考査에새(新しい)標準」(『毎日新報』一九四二年八月二二日)。

(41)「内鮮一體は「國語」から(十一)」(『京城日報』一九四二年五月二四日)。

(42)「義務教育은皇民化의聖門――이 感激에 응한(応じる)家庭의決意」(『毎日新報』一九四三年一月五日)。

(43)『大阪毎日新聞』北鮮版一九四二年七月一八日。

(44)「義務教育은皇民化의聖門――이 感激에 응한(応じる)家庭의決意」(『毎日新報』一九四三年一月五日)。

(45)「徴兵制度実施ニ伴フ輿論指導方針ノ件」、「徴兵制度実施ニ伴フ輿論指導指針」、朝鮮総督府官房情報課長(官秘第二号)一九四二年五月一三日。本資料は水野直樹氏より提供を受けた。

(46)「指導ノ方針の第一――本制度ハ我ガ国体ノ本義ニ基ヅクモノニシテ本制度ガ半島ニ施行セラルルニ至タルハ内鮮一体ノ真髄ヲ具現セルモノニシテ畏クモ一視同仁ノ御聖旨ニ基クモノナルコトヲ銘記セシム、[後略]」(朝鮮総督府、同前資料)

(47)「指導の方針の第六――我ガ国ノ徴兵義務ハカクノ如キ神聖ナル本質ヲ有スルモノナルガ故ニ義務ニ対シテ直ニ権利ヲ予想スルガ如キ功利的観念ハ我ガ国体ニ反シ本制度ノ崇高性ヲ冒瀆スルモノナルコト」(朝鮮総督府、同前資料)徴兵制を国民の義務であることを強調しながらもそれにともなう国民権利の行使については、固く否定している。それは、一般の朝鮮人が徴兵制実施に期待していた市民権獲得の面が最初から前提とされていなかったことを意味する。

(48)大和塾金光芳雄「새(新しい)家庭과国語」(『毎日新報』一九四二年四月一八日)。

(49)「皇軍의武運을빌며(祈りながら)――至誠ある献納献金、夜は子供を背負って国語講習」(『毎日新報』一九四二年六月一三日)。

(50)「大きく開いた国語教室——京畿道高女서積極的協力」(『毎日新報』一九四二年六月一三日)。

(51)「家庭婦人도熱誠——大島第二町会に国語講習会」(『毎日新報』一九四二年五月九日)。

(52)「徴兵制実施를 앞두고(目前に)家庭生活의 大転換 座談会(二)——子供를 둔(持つ)甲斐은 잊고(忘れ)、母낯 떳떳하게(として堂々と)——尹恩恵氏」(『毎日新報』一九四二年五月一六日)。「〝私達はこの子(永考君——原注)が幼稚園に行くころ下関市にゐました、お蔭で大体国語が話せますが、使はないと下手になります。夜間国語の講習会でも開いて頂きたいと存じます。私と同じ考へをもつてゐる婦人は新義州にも大分あります。〟と□□の婦人の要望を語つた」「国語を常用しませう／大阪毎日新聞座談会——主婦の反省が大切／家庭でも明るい国語を」(『大阪毎日新聞』北鮮版、一九四二年七月一九日。熊谷、前掲論文②)。

(53)「努力만 하면 된다(次第)——新設町国語講習好成績」(『毎日新報』一九四二年一〇月一日)。

(54)「国語が出来ない人々は国語を解しようと自発的に国語を熱心に勉強して、晩にはラジオで習い、あるいは、講習会に通いながら勉強しており、国語生活をするようになった人が非常に増えたのを見ると、国語生活の進歩が認められます」(第二放送部長婦人八幡慶子氏談「大聖戦満五年의 朝鮮女性의 決戦生活——日本精神의 体得과 国語生活의 向上——」『毎日新報』一九四二年七月三日)。

(55)江原道農政課金本英淑「東海의 朝日처럼 불타는(燃える)새(新たな)生活意識——時局에 協力하는 農村女性」(『毎日新報』一九四二年七月一八日)。

(56)一、本制度ハ韓国併合ノ詔書ニ示シ給ヘル趣旨ニ基ヅキ半島二千四百万臣民ニ一視同仁ノ大御心ヲ垂レサセ給フ御聖旨ニ外ナラザルコト

二、コノ大御心ヲ奉戴シ皇運扶翼ノ無上ナル光栄ニ感激スルトトモニ洪大無辺ナル皇恩ニ酬イ奉ルベク益々大君ノ御楯タルベキ尽忠ノ精神ヲ振起スベキコト

三、本制度ノ実施ハ内鮮一体ノ具現ニ一期ヲ画セルモノニシテ半島臣民ハ最モ光栄アル九国臣民道実践ノ道ヲ与ヘラレソノ前途真ニ洋々タルモノアルコト

(前掲「徴兵制度実施ニ伴フ輿論指導方針ノ件」、「徴兵制度実施ニ伴フ輿論指導指針」)

(57)鈴川京畿道知事の視察を受け、発言する老婆の例が載っている、「六十媼も一年生／張切る梅洞女子国語講習会」(『京

城日報』一九四一年九月四日)。
(58)「国語は私たちの幸福の鍵――年寄りとて尻込みする時ではない　六十二歳の婆さんが毎夜受講」(『朝日新聞』北鮮版、一九四二年七月二三日。熊谷、前掲論文③)。
(59)註(14)の資料には、仁川府内松峴町第三町会の模範女性の例が載っている。
(60)『東亜日報』一九二八年一二月一九日。
(61)一九三八年七月に組織された親日転向者団体。正式名称は、時局対応全鮮思想報国連盟。一九四〇年一二月財団法人大和塾へ統合、解消された。
(62)「幼い無産児童の皇民教育へ挺身／頼もしい半島女性の佳話」(『京城日報』一九四二年七月一六日)。
(63)「文盲退治に挺身する半島人一家の麗しい話、安岩町国語講習会は去る五月から開始され国語不解者卅餘名を集めて、光明の道へと国語普及に努めてゐるが、このことを知つた同町一六〇自働車附属品商三浦泰元氏は、京畿高女を卒業した妻女淑子さん(二六)と女子師範演習科在学中の姪喜美枝さん(一八)に相談し〝我が家が率先して半島婦人を指導しませう〟と皇民教育に乗出し、三人家族で毎日午後七時卅分から二時間婦人を相手に〝アイウエオ〟を教へ、皇民教育に挺身して〝街の先生〟として町内から非常に感謝されてゐる」(「有難う町の先生――国語普及に半島婦人」『京城日報』一九四二年九月三〇日)。
(64)姜徳相『朝鮮人学徒出陣』(岩波書店、一九九七年)一四三～一四七頁。
(65)金活蘭(梨花女専校長)、朴仁德(女性啓蒙運動家)、毛允淑(女流文筆家)、崔貞熙(女流文筆家)、盧天命(女流文筆家)、兪珏卿(朝鮮女子青年会)、李淑鍾(誠信家庭女学校校長)、裵祥明(祥明女学校校長)、宋今璇(徳成女子実業学校校長)などが「朝鮮臨戦報国団婦人隊」で活動した。
(66)「臨軍報国団婦人隊主催座談会(二)子守歌를 聞かせる時에도 忠君愛国의 思い담어(を込めて)」(『毎日新報』一九四二年六月一日)。
(67)植民地末期、志願兵出征を呼びかける内容の本格的出征歌〈志願兵へ〉や、大東亜戦争の勝利を強調する〈東方の女人達〉などの日本の侵略戦争を褒め称える作品を多数発表した。
(68)「国語는 先ず主婦에――臨軍報国団婦人部で普及運動展開」(『毎日新報』一九四二年五月二四日)。

(69) 「臨戦報国団婦人隊主催座談会」(『毎日新報』一九四二年五月三一日)。

(70) 小熊英二『〈日本人〉の境界』(新曜社、一九九八年) 四二九～四三一頁。

(71) 『東洋之光』一九三九年六月号 (이혜정「일제말기 김활란의 일제협력의 배경과 논리」『여성학논집』第二一集第二号、二〇〇四年、四五～七六頁より再引用)。

(72) 川嵜陽「日帝末期日本語普及政策」(『史林』第八四巻第四号、二〇〇六年)。

(73) 季節託児所は従来の社会事業の一部としてではなく、農業労働力対策の一部として女性労働力を動員するために推進されたものである。託児所の数の拡大は、一九四〇年一一、九七九か所、託児数三一一、六四八名であったのが急激に増加し、一九四二年には三四、七一一か所、託児数九一五、〇〇三名と、三倍以上になった。전경옥 등 編『한국여성정치사회사』(숙명여자대학교출판국、二〇〇四年) 一〇八頁。

(74) 国語常用徹底に関する慶尚北道金泉郡の「諮問答申書」(一九四二年五月、熊谷、前掲論文②)。

(75) 咸鏡南道知事から下された国語常用の普及徹底に関する元山府の「諮問答申書」(一九四二年五月、熊谷、前掲論文②)。

(76) 김은경「여학생의 독서현상 해부」(『신가정』一九三四年一〇月号) 四四頁。

(77) 「훌륭한 (立派な) 軍人의 養成은 母의손 에 (力に) 달렸다 (左右される) ――南総督徴兵制徹底に婦人の啓蒙鼓吹」(『毎日新報』一九四二年五月一二日)。

(78) 「臨戦報国団婦人隊主催座談会」(『毎日新報』一九四二年五月三一日)。

(79) 第二放送部長婦人八幡慶子氏談「大聖戦満五年에 朝鮮女性의 決戦生活――日本精神의 体得과 国語生活의 向上」(『毎日新報』一九四二年七月三日)。

(80) 同前。

(81) 注(54)に同じ。

戦時末期朝鮮邑面の機能と朝鮮人民衆との乖離について

樋口雄一

はじめに

戦時末期朝鮮社会は植民地支配の矛盾が表出していた時期であると同時に、アジア太平洋戦争における日本帝国主義の朝鮮民衆に対するさまざまな要求が直接民衆の上にかぶせられ、矛盾が大きくなっていた時代であった。本稿では帝国主義支配末期の朝鮮における末端行政機関である邑面を中心とした行政と民衆の関わりについてその実態を明らかにしていきたい。特に、矛盾が表面化する一九四四年から四五年八月までの事象を中心として検討したい。

朝鮮における邑面は朝鮮総督府行政施策の最末端であり、朝鮮総督府の具体的な政策の実施機関となった。戦時政策実施の成否は邑面の取り組みにかかっていたのである。この邑面における行政実態と邑面と邑面民の具体的な状況、特に行政と民衆の関係、両者が乖離していたのか否かを明らかにすることによって戦時末期の植民地支配のあり方を検証する一助としたい。なお、戦時末期の邑面数は韓国「併合」後の整理によって少なくなり、一九四四年六月現在で一三道二一府二一八郡二島一二二邑二二〇三面になっていた。この邑と面が朝鮮人民衆と総督府行政の接点であった。

この時期の邑面研究については、韓国ではハングンヒ「戦時体制期地方行政強化政策――邑面行政を中心に――」がある。(1)

また日本国内では、邑面行政と職員について論じた松本武祝『朝鮮農村の植民地近代経験』所収の論文などがあり、邑面職員の動向と民衆との関係を論じている。(2)

なお、この時期の資料は極めて限られており、朝鮮内で作成されていたはずの膨大な公文書資料などは発見されていない。このため、本稿ではいくつかの道報と新聞資料などを使用して邑面行政と邑面民の乖離の一部の状況を明らかにしていきたい。

まず、朝鮮総督府高官たちの持っていた行政や邑面についての現状認識を見ておきたい。

一　朝鮮総督府の行政状況認識

戦時下の朝鮮総督訓示において必ずといっていいほどにとりあげられたのは「地方行政」の刷新強化であった。一九四三年四月六日の小磯國昭総督の道知事訓示では「邑面に於ける庶政運営の如何は上意下達　下情上通の良否は分岐点となり延て半島統治に至大の影響を齊すこと言をまたざる所であります〔中略〕諸般の行政が邑面の活動に負う所極めて切実なるものがあるのでありますから之が強化刷新は蓋し焦眉の急務とするところであります」(3)として邑面事務の強化、職員の資質向上などを図るべきであると述べている。邑面は朝鮮民衆動員の最前線にあり、戦時下に新たに加重された課題も多く、その果たすべき役割が大きくなっていると指摘している。

小磯国昭についで一九四四年八月に着任した阿部信行総督も同様な訓示を行っている。阿部総督は地方行政強化を中心として一九四四年一一月二一日付で総督府幹部職員の異動と総督府機構を拡充する課の新設を行った。

これについて新聞報道[4]では「地方行政を強化」というタイトルで「決戦地方行政の刷新強化を一層強力に推進すると共に明朗闊達な行政の下部への浸透が期待される」と報じられている。

こうした総督府の対応には、戦時政策を遂行する上で地方行政のあり方がその成否の鍵を握る存在の一つであったことが明らかに示されているといえる。この地方行政の「強化刷新」という課題は戦時動員などの新しい課題に答えることと同時に、それまでの地方行政が多くの問題を含んでいたために刷新を強調しなければならなかったことを示していると考えられる。この問題を検証するため、手始めにこの時期の邑面行政が担当していた事務内容について把握しておかねばならない。

二　戦時下の邑面行政

戦時下にはそれまでの邑面行政になかった愛国班などの国民動員・朝鮮内外労働動員・戸籍整備・徴兵事務などが加わり、統制・配給などの事務量も増加していた。この時期の具体的な事務内容については各道で決定された業務にしたがって行われていたが、ここでは資料の関係から一九四四年四月二〇日に改正された慶尚北道邑面処務規定[5]によって見てみよう。

邑面には内務・戸籍兵事・農産の三係が置かれていた。各係の事務は以下の通りである。

(1)内務係（神社神祠・人事・典礼儀式・公印管守・文書収受発送・文書簿冊保管・選挙議事・予算・統計・国道邑面税学校費賦課徴収・使用料手数料他税外収入・工事請負物件売買賃借労力供給契約・金銭物品出納保管会計・決算・財産管理処分・所中取締・社寺宗教亨祠・国民総力運動・国民総力邑面連盟・地方改良社会事業・国民貯蓄・鉱工業・物価物資需給調整・企業整備企業許可・資源調査資源回収・林業・土木・労務調整・他の主管に属さざる事項に関する事務）の二九項目に関する事務

（2）戸籍兵事係（戸籍・寄留・諸証明印鑑・埋火葬認可・衛生・犯罪者破産者・兵事・軍事扶助破産者・警防・青年訓練・青年特別錬成所・女子青年隊錬成所に関する事項）の一一項目に関する事務

（3）農産係（農業商業水産業その他産業・食糧の管理・土地改良・農村指導並中堅人物の養成・自作農創設及維持・小作・満洲開拓民・度量衡・気象に関する事項）の九項目に関する事務

合計すると四九項目に関する事務を行うこととなっている。しかし、邑会議員に関する事務や面協議会に関する事務、邑面農村対策委員会事務、四四年度でいえば臨時的な人口調査が行われており、そうした事務事項に現れない事務を加えるとさらに大きな負担が邑面に加えられていたと考えられる。

戦時下には、こうした事務が円滑に進められているのかどうかについての検閲が実施されていた。検閲は郡守あるいは郡守の命じた官吏が年に一回以上行うこととされていた。ここでは京畿道の「邑面事務指導監督規定」[6]をとりあげて検閲の実態と目的を考えていきたい。この邑面事務指導監督規定は、京畿道の場合、各事務分担にあわせて詳細に行われることとなっていた。この規定に基づいて「指導監督」の事務内容の実情を明らかにしていきたい。

三　邑面事務指導監督規定に見る邑面事務の問題

（1）　邑面事務指導監督規定の概要

規定自体は一一か条の簡単なもので第一条　邑面事務所の新築、第二条　標札の掲示、第三条　事務引き継ぎ、第四条　邑面事務検閲は年一回以上行うこと、第五条　検閲時の検閲員の態度、第六条　郡守の知事への報告、第七条　検閲すべき事項、第八条　公金亡失、第九条　会計事務の検閲は検閲日を記入すること、第一〇条　検閲を受けた官吏は書面で郡守に報告、改善を要することは直ちに指示すること、第一一条　郡守は毎年検閲状況を知事に報告すること、が条項として定められていた(7)。第七条で検閲すべき事項が詳細に定められ、書式も決められている。これらの条項のうち、この時期の邑面行政のあり方を象徴的に示しているのが第五条の検閲員の態度についての内容であると思われるのでまず第五条・第七条の検証をしておきたい。

(2) 邑面事務指導監督規定第五条と七条の特徴

指導監督計画は毎年四月末までに事前に道知事に報告しなければならなかった。指導・監督は詳細に決められていたが、検査を行う態度についても第五条で指示している。

邑面事務指導監督規定の中でも特徴的なことは、指導・監督を行う際の邑面に対する「気遣い」であり、指導・監督を上意下達、あるいは権威主義的・命令的に行わないように規定しているのである。第五条には、わざわざ「邑面事務の検閲に際しては懇切丁寧を旨とし、誤謬または不整理の点ある時は、反復説明し之が指導に努べし」としている。すなわち「懇切丁寧」に「反復説明」することを命じているのである。

監査をする側として、邑面民に対する職員の態度について検閲するという視点を強く打ち出している。たとえば、事務処理だけでない邑面職員の態度も問題にされており、邑面事務指導監督規定第七条の邑面事務検閲要項の第一項「職員の教養錬成並びに事務刷新に関する事項」の（八）には「民衆処遇の状況」という事項があり、

(イ)民願書類処理の適否
(ロ)口頭申告簿活用の件
(ハ)応接態度の適否

についても検閲指導を行うように指示している。ここには一般的な文書整理、職員の勤務状況と違う検閲内容が含まれている。職員の民衆に対する態度のあり方を特に検閲対象としている。民衆との乖離をおそれ注意するこ

とを狙いとしているのである。しかもこうした観点が第七条の邑面事務検閲要項のすべてにわたってみられる。次に邑面事務検閲要項の各事項とその概要について検討しておきたい。

(3) 邑面事務検閲要項の内容

この邑面指導監督規定は全一一か条とされている。この規定は一九一八年朝鮮総督府京畿道訓令二〇号面事務指導監督規定を廃止して新たに訓令されたもので、邑面事務にとっては大きな改訂であった。この時期の特徴を示す新しい事務検閲要項の内容は邑面事務指導監督規定第七条に示されている。第七条の邑面事務検閲要項のうちいくつかをとりあげて論じておきたい。

邑面事務検閲要項は全一二項にまとめられている。このうち、この時期に邑面事務に課せられた民衆動員関係要項を中心に検討していきたい。第一項については先に触れたので第二項以下戦時下の重要事項と思われる事項について、その内容に触れておきたい。

邑面事務検閲要項の第二項は「国民総力運動に関する事項」である。

(一)邑面連盟及部落連盟常会開催並に之が運営状況
　(イ)常会開催の励行状況　(ロ)実践徹底事項の審議策定並に指導状況　(ハ)下情上通事項の処理状況
(二)部落連盟指導者責任者の適否並に指導状況
(三)重要施策の末端浸透状況
(四)神祇振興の指導状況
　(イ)敬神思想の涵養状況　(ロ)奉務者の活動状況　(ハ)神賑方法
(五)国語全解運動の状況

（イ）国語普及講習及講習会実施状況　（ロ）講師育成状況　（ハ）職場及各種会合に於ける国語常用状況
（ニ）学校の協力状況　（ホ）壮丁に対する国語力の徹底向上の為採りたる処置

周知のように国民総力運動は朝鮮民衆動員の基礎組織でその運営の成否は動員体制そのものに影響を与える重要な要素であった。常会の開催やテーマについては府・道からその時期の課題が提示され、実行することが要求された(8)。そのため、愛国班単位に相互監視機能を利用し課題実施を民衆に迫っていた。

第三項は「貯蓄奨励に関する事項」である。

（一）個別目標割当の適否並に之が達成状況
（イ）個別目標割当の適否　（ロ）目標達成の為採りたる施策並に之が適否　（ハ）官公吏の貯蓄状況
（二）国民貯蓄組合の指導状況
（三）国債債権の消化計画の適否並に之が指導状況
（イ）国債債券割当の適否　（ロ）国債債券の消化方法並に之が適否　（ハ）官公吏の国債債券の消化状況

総督府当局は朝鮮における高いインフレの進行を防ぎ、同時に戦費調達のために貯蓄、国債債券化を強力に推し進めた。朝鮮外の労働者からの送金には天引き預金を実施し、米の供出代金からも一割五分を天引き預金とした。賃金からも天引きした。このためそれまで低調だった朝鮮人の預金率は急速に高くなった。特に農村の供出代金の支払い機関となった朝鮮金融組合では供出代金の支払時期に預金率が高くなった。貯蓄奨励の事項と総督府の政策は一体となって貯蓄体制から朝鮮人を逃さないようにしていた(9)。

第四項は「労務動員に関する事項」である。

（一）労務動員計画の樹立並に之が実施状況
（イ）動員計画の適否　（ロ）出頭者選定方法の適否　（ハ）諸台帳の整備状況

（二）労務動員に対する民衆の指導啓蒙の状況
（三）出頭者及其の遺家族救護の状況
（イ）要援護者の調査状況　（ロ）要援護者に対する援護の状況[10]
この検閲要項事項は、邑面事務分掌に定められている事務分担に対して行われた検閲内容を示している。これは戦時労働動員の最先端で機能していたのが邑面行政であり、警察とともに最も重要な役割を果たしていたことを明らかにしている。いうまでもないことであるが、労働動員の最末端をになっていたのは総督府の出先機関たる邑面であったことがわかる。

なお、道と労働動員の関係を示す保存文書項目の一覧は道報によって確認できるがこの時期の邑面文書一覧は確認出来ていない。（一）－（八）にある諸台帳の整備状況という事項から多くの資料が存在したと考えられるが、関係資料の存在は明らかでない[11]。

第五項は「物資需給調整に関する事項」である。
（一）統制物資の配給状況
（イ）配給割当基準の適否　（ロ）情実配給の有無　（ハ）特配処理の適否　（ニ）取扱業者との関係
（二）金属回収の状況
（イ）回収割当の適否　（ロ）回収方法の適否　（ハ）回収物件の処理の適否　（ニ）官公署の供出状況
（ホ）代替物配給の適否　（ヘ）回収物件売却代金支払いの状況
統制物資の対象は総督府官報に示されているが、生活物資や農産物の大半が対象にされて統制価格が提示されていた。しかし、闇価格が消費物資の大半を占め、公定価格では買えなかった。配給は都市、農村でも実施されていた。配給がなければ生活できない体制になっていた。情実、特配などさまざまな問題が起きていた。

金属回収も徹底して割り当てられ回収が行われていたのであるが、食器（鍮器）、アルミ製品、鉄なども対象になり代用品が配布されていたためにこうした事項の検閲も必要になったのである。

第六項は農業生産責任制の実施状況であるが本稿では省略する。

第七項は「食糧対策に関する事項」である。

（一）事前割当及供出割当並に供出状況

（イ）事前割当の適否　（ロ）供出割当の適否　（ハ）供出割当基礎資料の適否

（ニ）供出完遂のため採りたる施策

（二）食糧配給事務の処理状況

（三）消費規正に対する施策の状況

（イ）農村に於ける消費規正上採りたる具体的施策　（ロ）代替食糧増産の為採りたる具体的施策

（ハ）農家還元食糧の配給状況

戦時下の朝鮮民衆を苦しめたのは食糧不足であった。一九三九年の大旱害のあと四〇年、四一年は平年作であったが四二年度から四四年度産米、すなわち四五年八月までは凶作下にあった。極めて深刻な事態になったが一九四三年度までは「満洲」からの雑穀の移入、麦が平年作であったことなどで対応していた。しかし、一九四四年度は麦も凶作となり深刻さは増していた。同時に四一年末の太平洋戦争の開始は、軍用米需要の増加などから日本国内を含めて米の不足を深刻化させていた。朝鮮内での米の供出は以前にも増して強化された。面事務所の職員・警官・供出督励員が一軒ごとに「捜索」を行い供出させていた。凶作時の事前割当は自家用米の供出を強要される結果になっていた。また、「農家還元食糧」とは、農家が米以外の麦・サツマイモなど雑穀も供出させられていたために食糧が欠乏し、一度供出させた食糧をふたたび還元食糧として配給していた実態を表している。つまり、朝鮮人農家に対して再配給を実施しているのである。総督府の米中心農政が肥料・農具・労働力不足などによって破綻していたために一部を畑作に転換しなければならない状況を生んでいたという背景があり、こうした事務が邑面に課されていた。

邑面事務検閲要項の一二項の八項（鉱工業）・九項（邑面経理）・一〇項（賦課金）・一一項（邑面出納）・一二項（税）の各項はいずれも重要な問題を反映しているが、ここではとりあげない。

以上のように邑面事務指導監督規定を改めて邑面事務検閲要項を定めたのは、戦時下に全朝鮮民衆を動員するという課題があり、戦局が不利になり、さらなる動員の推進を目的にしていたと考えられるが、具体的に検閲要項を検証しその意味を考えたい。(12)

（4）　邑面事務指導監督規定と邑面事務検閲要項の意味するもの

右の規定と要項の注目すべき点は、第一に戦時末期の邑面事務内容と状況を具体的に明らかにしていることである。第二節でみた慶尚北道の面事務内容では大まかな項目はわかるものの、細目は判らないため十分ではない。ここまでの検討から邑面では極めて大量の事務を抱えていたが、この時期に強化された皇民化教育、義務教育の実施を前にした学事および徴兵の実施時期と重なる兵事事務については事項が少ない。これは関係する学校、警察などで事務を担当していたためだと考えられる。いずれにせよこの資料から、この時期の行政事務の量が大幅に増えていたことは明らかである。

第二に、行政課題を民衆に要求する政策について必ず、その「適否」を問うていることである。邑面当局にとっては行政政策を実施したことについての「適否」は「適当」であったとするのが当然であり、「適否」を問うことはそれまでの行政には見られない検閲姿勢であったと考えられる。加えてこれは戦時政策についての「適否」を問うことによって民衆の反応を探りたい、という行政の立場の表れであったと位置づけることが出来る。

第三には道、郡などから指示される行政課題に対してどのような「施策」を取ったのかという点について検閲を行い、回答を要求している。回答は「実施状況」という言葉で表現されており、政策実施過程の報告をもとめているものと見られる。特に施策については改善点があれば直ちに検閲係官は改善指示を出さなければならなかった。

第四に民衆動員については、すべての事項にわたって民衆との接点を重視している。こうした民衆に対する「配慮」はそれまでの地主、地域有力者たちのみへの動員指示では民衆を戦時動員できず、個々の邑面民のすべての動員が課題となっていたためと考えられる。邑面民が納得できる形での動員でなければならなかったのである。たとえば、預金は供出するすべての農民が供出代金の一割五分が天引き預金されることを了解しないと出来なかった。もちろん、天引き預金は一律で強制的なものであり断ることは不可能だったが、納得させるという作業が必要であったのである。

第五に、全項目に共通しているが、邑面職員にとって個々の邑面民すべてに対する戦時動員が至上命令になり、協力を取り付けなければならなくなっていた事情を反映している。この協力・動員要請にはいくつかの改善点を提示し、妥協する姿勢を示さなければならないほどに動員政策自体が追いつめられていたと評価できよう。

邑面指導と検閲要項からは、政策がどの程度民衆の実情と乖離しているのか、受け入れられているのか、についての関心から作成されたことが見て取れる。では、邑面長たちは邑面行政についてどのような問題を課題として考えていたのであろうか。

四　邑面長たちの見た邑面行政の問題点

邑面長たちの邑面状況認識を知りうる資料は少ないがここでは邑面長座談会記録からいくつかをとりあげておきたい[13]。この座談会に出席した面長はみな面長に就任したばかりの人々で、総督府官僚などを退職したての有力新面長たちである。総督府から邑面の強化のために特別に選ばれた人々である[14]。まず、座談会記録の中で「施策の下部浸透について」としてまとめられた部分が面職員の状況についての発言であり、この問題を中心にみていきたい。

(1)　邑面職員の質について

菊山時権京畿道始興郡東面長は次のように指摘している。

今日の面職員の学歴は大方初等学校を卒業した程度のものでありまして、私の面は職員一九人、この内で中等学校を終わったものは一人もいません。乙種の実業学校二年なり三年なりを卒業して来たものが最高であります。しかも年齢は三〇近いものが多い。会社にも、組合にも適当な就職口がないから面職員でもしようというものが大半を占めています。［中略］それが私が参りまして職員の異動状況を見ておりますと、本年だけで一九人中五人代わっております。［中略］一年なり、二年なりの面事務見習いの期間を過ぎた程度で出て行く。

さらに、職員はほとんどが他所の出身であると指摘し、実質的には面の職員人事は郡が決めていること、面の意志で決めていないこと、結果として寄せ集めになり、定着性がなく、面の仕事に熱心でないことについて具体的に説明している。「面の職員でありながら面の実情を知らん、それでは仕事が出来ない」と指摘している。統計報告がいかに正確でないか、面の実情と報告が違うか、についても就任してからの具体例をあげて面職員は「実態について触れないでいい加減なことをやっている」とまで発言している。正確でないために農民に余計に負担がかかることも指摘している。

芝村鍾殷江原道洪川郡洪川面長は「なにしろ面の職員は学校教育を受けたものが少ない」と述べて、上から起案をして命令が来るが「その命令の本当の精神判断が出来ない。それで仕事に無理があるし、極めてまずい結果になる」としている。「これを最近経験したことで言いますとたとへば供出をさせるにしても、上から来た数字を各人の耕作面積に当嵌めても、あるものは自分の食糧を差し引いて多少ゆとりのある供出が出来る、あるものは殆ど全部を出さねばならぬ、という結果になる。これは細かいことですが、同じ面積でも出来具合によって違います。［中略］そういった公文をそのまま通達すると、無理が来て結果が悪い」と発言し、面の作業の実情を述べている。

徳山善彦忠清南道公州郡牛城面長は菊山・芝村面長の話を受けて「施政方針が面書記に及ばない、これは今、御説の通りであります。現在の食糧政策についてもどういう訳でこういう政策を執るのかということを、寧ろ面職員が疑っているものもある状態であります。故に面民はどういう訳で供出するのであるか尚更分からん訳であります」と述べて面職員だけではなく面の民衆も厳しさを増していた供出について理解していなかったと述べている。彼は面職員を指導する立場にある郡職員についても「郡職員が指導に廻る時に良く理由を説明して貰えば分かるけれども、唯、やれやれということが多いんです」という。この事例として、麦刈りと田植えの時期は重なるが部落内の人は田畑にみな働きに出ているので昼間働いている時に指示するのではなく夜廻ってくれと面長として郡の職員へいってもこれを無視して、さらに郡職員は「田植えをしている所に行って麦刈りをやれ、麦刈りをしている所に行って田植えをやれということは止めて呉れ」という。面長として「あなた方が行って一人呼べば皆が休む」と郡職員にいったと話している。さらに郡からの面職員に対する呼び出しがたびたびあり、仕事の進行の妨げになると指摘している。面長の場合も一五日間で七日間も呼び出しがあった、など具体的に意見を述べている。

広安鐘哲京畿道楊州郡渼金面長は前三名の面長の発言を受けて、面の仕事が忙しいので面職員の増員を図って貰いたいと主張し、「公文は山の如く来ます。それに全部返事をしなければならぬ」これでは「本当の仕事」は出来ないと発言している。本当の仕事とは「例えば面民を集めて聞いてみると大東亜戦争の真相が殆ど分からぬ。それを説明するには人員がいるので面職員の増員をして貰いたいと言うことを痛切に感じます」と述べている。さらに郡農会を解散し、その機能を面に移すこと、区長（里の責任者）給料を優遇すること、郡内部の連絡を良くして郡などから来る調査要求などが同じ日に重なることのないように要求している。

また、この時期には航空機燃料に役立てるとして松炭油（日本国内では松根油といって大量に生産が奨励された）の生産運動が至上命令として実施されていたが、これを農民の草刈りが終わってからにしてほしいと発言している。農民たちは松炭油生産か、草刈りか、「百姓に云わせると多岐多端でどっちを向いていいのか分かりません」と証言している。彼は面職員の問題だけでなく、郡やその上の道の行政の施行協議が十分ではなく、よって百姓（面民）は困惑していると発言しているのである。

以上のような面職員の問題をまとめていえば、次の五点になる。

①面職員は職務に精通するほど定着していない場合がある

②面の職員でありながら面の実情を知らないものがいる、結果として統計などが不正確になっている

③面職員は大量の事務報告などを処理しなければならず、報告には調査が必要でそれを昼間に行い、夜に報告書を書いているという現状であること。したがって面職員の増員を図ることが必要である

④供出など農地の条件など実情を配慮せず指示どおりに均一に割り当てている

⑤「施政方針が面書記に及んでいない」だけではなく面職員が接する面の民衆は「戦争の真相」などがわからないし各種の動員が多く「困惑」している、としている。

（2）面民に対する施策について

施政についての面職員の理解が不足し、政策を機械的に処理しており、面民に対する形式的な行政を実施し、面民に理解されていないことがある、ということが優良面であっても指摘されているのである。この問題解決のために面職員体制の増員強化が望まれている。

では面長たちは面民を動員する政策方法として面職員体制の整備のみで解決できると考えていたのであろうか。系統的ではないが解決のためにいくつかの発言をしている。

先の広安鐘哲面長は厳しく割り当てられていた松炭油採取の状況を述べた後、米・麦の供出について次のように発言している。

麦の供出時には自分の食糧があろうが、なかろうが出す。籾の供出の時分にはまたそうして出す。そうやってその場その場を漸く切り抜けるということでは、農民の増産に対する計画が果たして巧くいくかどうか心配であります。それで私は以前からの考えでありますが、百姓は麦を食わせねばならぬ。水田は一反歩一石穫るものを一石六、七斗には容易に出来ませんが、麦は十割くらいの増収は現状では楽に出来ます。そうして増収をさせて百姓に十分食わせなければ増産は出来ませんね。

農民に対する過酷な供出の実態を述べ、農民の食糧難と労働意欲は関係があるので、農民に食糧を供給することによって生産に動員し生産を伸ばすという施策を提唱しているのである。米優先という総督府の政策より、当面は農民が主食としていた麦の生産増強が重要である、との認識を示している。連続していた米の凶作、生産意欲の減退などを目の当たりにしていた面長の自然な発言であろう。

この座談会には総督府から司政局長の新貝肇と地方課長の渡辺昂郎が出席しているが、彼らとしては、面長が戦費調達などの増税についてどのような考えを持っているか、それに対して面民がどう対応を示すかに関心を寄せていた。渡辺は「相当面民の方も負担が多いでしょう。税金は高くなるしいろいろの寄付金もある。〔中略〕みなさん御覧になって果たして如何がですか。また、面民の方で負担に耐えきれると思われますか」と問いかけをしている。これに対して先の徳山面長は「個別税以外の負担が重いですね。警防団、志願兵後援会、こういうものが六種類あって」負担は大きいと発言している。菊山面長は負担力は相当あると述べており、一致していない。議論ではどのように負担を合理化できるかが話されているが、結論は出ていない。

こうした議論の他に「行政の簡素化」、面の下部機構である区長（里長）の位置づけ、面に農会を置く案、面が教育行政を担当することになった場合の「面の教育能力」などについて論議されている。

司政局長の新貝は座談会をまとめる形で、行政の実情例として「現に私も最近愛国班から廻ってくる回覧板を見て感じたのですが、丁度金属の特別回収か何かが載っている。それをみて驚いたのですけども、総督府から出した通牒と一字一句も違っていない。本府から知事に対して出した通牒その儘が来ているのです。そういう状態ではなかなか本当に民衆に迄徹底さすことは困難だろうと思う」としている。新貝自身がその形式主義、上意下達ぶりを嘆いているのである。総督府行政が全体的に形式主義に陥り、民衆と接する邑面行政も民衆との乖離を来していたと認めているのである。

総督府行政・邑面行政と民衆の関係を行政担当者がどのように見ていたかについて検証してきたが、行政対応についての一般的な評価はどのようなものであったのか。こうした問題に対する公文書が極めて少ないため、次節では新聞資料によって概要を見ていきたい。もちろん、新聞も強い統制下にあり必ずしも事実を伝えていないなどの限界があることを前提に検証していきたい。

五　新聞報道に見る行政問題

一九四四年一二月三〇日、阿部朝鮮総督は年末にあたり、高等官たちを集めて訓示を行った。総督就任後をふり返り、慚愧に堪えないことが多いとして次のように述べている。「吏道の弛緩を物語る事例や民間、会社、団体等に於ける幹部の私服を肥やす行為など指導者としては面目ない事柄が少なくない［中略］必ずしも現下の事態に合致せざるものがあることを明言せざるを得ない」[15]として、朝鮮全体に戦時下の緊急事態にそぐわない行為が多いとしている。戦争の現段階や総督府の政策と「合致」しない事態がおきていると指摘しているのである。

また、大野季夫慶尚南道知事は一九四四年一一月二七日に部課長会議が開催されると次のように訓示した。

増産といわず、輸送といわず官公吏および当事者の心構えはまだ安きにつき形式に流れる傾向が見受けられる、例えば輸送の面に於けるトラック運転手のごとき、まだその心構えで自由経済時代の域を脱していないかに見受けられる、釜山府の水道給水時間の問題にしろ［釜山では給水制限が実施され府民生活に影響を与えていた――筆者］あるいは松炭油の生産、麦の播種にしろ［中略］この際官吏はもとより全道民は徹底的に頭を切り換えるべきだ、麦の播種も果たして報告道りに進捗しているかどうか、各部課では今後はあらゆる部門にわたって臨時査察を行うとか適当な方法により決戦行政の完遂を期する必要がある［中略］要は官庁自体まず徹底的な頭の切換へを励行、率先垂範するのであらねばならない。[16]

官公吏に当事者としての心構えが出来ていないことを指摘しているのである。さらに四四年度米の不作を受けて麦作が食糧問題の課題になっていたが報告通りに出来たのか、知事自身が報告を不審の目で見ている。これをふまえて、何度も行われていた査察の強化と官庁自体が変わることを要求せざるを得ないような状況であったことが明らかである。ここで総督や知事が認識しているように政策が浸透せず、形式のみに終わっていた状況は朝鮮全体に広がり、末端に行くほど深刻になっていた。

朝鮮社会の実態としても不正行為は多くなり、会社と官吏が結びつき、不正が横行し、それは上級官庁から愛国班にいたるまで問題になっていた。こうした報道は規制されていたと考えられるが、一部報道された事例をあげておきたい。一九四五年二月に検察当局から摘発された大会社、官公吏、町会役員などの事件から官公吏に関しては次のように報道されている。

京城府では「労務徴用に関し京城府庁管下の役所内で労務担当の吏員が府当局者との間に醸した不正行為が当局の摘発するところとなったがこの問題も現在喫緊時とされる労務供給の運用上に絡まる不詳な事件として、その発生事情の関係と今後における問題防止の対策が講じられなければならぬ」としている。具体的な人名や内容の詳細は発表されていない。これについて古市京城府尹は「〔前略〕いろんな誘惑に手を払えず遂に過ちを惹起したようです。〔中略〕それは一般の中にも悪い気風があって口には徴用の意義を説きながら一個の私人としては身辺に生じた徴用を如何にして逃れるかということで醜い行動を取るものがないでもない」としている。[17] 一般に広くこうした行為が存在していたことをうかがわせる。

問題は上級官庁に限らなかった。下部愛国班活動まで「形式主義」「不正」が広がっていた。国民総力連盟の重要な中間機関として結成されていた国民総力平壌連盟でも会議が形式主義に流れがちだった。具体的には一九四五年三月に開催された国民総力平壌連盟の定例理事会には定員六〇名のうち出席したのは「わずか十余名で」あり、「毎月のこと」ながら理事の出席率が悪いと述べていることに示されている。[18]

こうしたことは戦争末期の朝鮮社会の中では一般的なことで、府の下部組織である町会も十分に機能していなかった。

釜山府での町会は「明朗敢闘を決戦必勝の鍵として港都府民に大号令を下す国民総力釜山府連盟では本年の総力運動展開策として従来の上意下達を末端機構にまで浸透させ形の上のみの実行とせず、あくまで府民全般が共同実践をするよう仕向けるべく町会機能の監査を実施、各愛国班の活発なる運動を促進する。なかには連盟広報を受けながら末端機構まで徹底していない町会もあり、はなはだしいのに至っては決戦が要請する国民貯蓄が行われていない町会もあるといった実情で、これは町会長の不誠意によるもので府連盟ではかかる町会に対しては断固たる処置をとるとともに町会長を更迭、名実ともに明朗敢闘の大釜山建設に乗り出すことになった」と報じられている。[19] これは一九四五年一月になってからの記事だが、それまでこうした事態が放置されていたことを示している。府連盟広報にはその月の課題やさまざまな呼びかけが行われており、インフレ防止と戦費調達のために国民貯蓄は大きな課題であったにもかかわらず、それと無縁の人々がいたことを示している。

さらに町会長の水準ではなく、一般朝鮮人の家庭の間でもさまざまな形での通達にはそぐわない行動が見られるようになっていた。戦時下の朝鮮人にとって最も深刻であったのは食糧問題であり、生命を維持するのが困難な状態にあった。特に配給に頼る生活の場合、物資不足から闇に頼る生活となっていた。これについては取締当局でもある程度の「黙認」もあったが戦時末期には家族人員を増やして配給を受けるという方法が都市民衆のなかに広がっていった。「幽霊人口」問題である。

一九四四年八月、京城府では「種々の家庭物資の配給源泉となる米穀購入帳の幽霊人口の撲滅を図るため打ち合わせを行った」各区を二班に分けて五日間にわたって実施されることになった。「悪質な者は検察当局と連絡の上厳重な処罰を行うこととなった」が、この問題について千田専平京城府総務部長は「利敵行為的幽霊人口は府内に一五万人も存在している。一世帯に平均〇・五人づつある訳になるが、一億全員が戦闘配置についている秋戦列を乱し銃後の食生活を攪乱するが如き行為は断じて許されるべきではない、かかる行為者に対しては徹底的調査の上適切な処置を講ずるつもりだ」と述べている。[20]

こうした事態は京城だけではなく全羅南道光州府や道内全体に不正受給が広がっていた。

やはり一九四四年九月に取締が実施された。「不正者出した愛国班は全員減配」と題する記事全体を見ると次のように描かれている。

九月から食糧の増配を断行した全羅南道では同時に米穀を食う幽霊人口、二重配給、横流れ、など不正な食糧の流れを一掃することに決定、警察の取締と府邑面当局の監視網を強化し愛国班を単位に責任制を布き班員中から不正配給を受けていたものを出した場合は班員以下全班員の配給物資を減配、また、二十日間以上旅行あるいは出張して不在となる場合は手続きを要し履行せぬ者も不正受給者として処分される、まっ先に槍玉にあがったのは光州府内中心地某町会愛国班長が一班員の不正受給を黙認し、実際は一名の家族を一八名として諸物資の配給購入を続け、一七名の幽霊が毎日米穀を食い配給品を購入していた事実を突とめ目下光州署に検挙取締中。[21]

この光州府における取締全体の結果は明らかでないが、広範な「不正」が存在していたのである。八、九月に京城府と光州府で同時にこうした取締が実施されたのは、四四年度も米の凶作になり三年連続の凶作によって食糧不足がさらに深刻になることが明らかなことから、食糧対策の一つとして全朝鮮で実施されたと考えられる。京城府の場合は一五万人も存在すると当局は認識していたのであるから、当然、利敵行為的な幽霊人口の存在はそれまでにも認識されていたと考えられる。当局はあまりに少ない配給量に幽霊人口を黙認していたものの、食糧不足からこうした「節米」を考えたのである。「闇」物資・「闇」賃金がある程度公認されていたように、愛国班、配給体制のなかでもこうした方法は民衆にも知られていたのではないか。愛国班や民衆にしてみれば節米という施策に忠実にしたがっていては生命が危ういことを認識し、施策に従えなかったと考えられる。京城府・光州府の場合も取締の結果は報道されていない。朝鮮総督府の政策をそのまま受け入れていない民衆の姿がこの問題に映し出されていると評価出来よう。

都市における愛国班は行政の一般民衆への施策の浸透が出来ていないばかりではなく、むしろ、政策との乖離が大きくなっていた状況があった。朝鮮総督府は何らかの対応策を講じ、民衆動員を強化しなければならない事態になっていたのである。この一つの手段として処遇改善が掲げられて実施されるが、ここでは「最前線」に立つといわれた邑面における処遇改善政策をとりあげておきたい。

六　邑面における処遇改善と吏員養成・錬成

邑面長に対する処遇改善は民衆動員を強化し、民衆との乖離を埋めるために実施されたと考えられる。一つはそれまでも行われてきた面長たちへの表彰であり、二つ目は判任官から奏任官への待遇改善であった。同時に邑面長に対する錬成と新たな吏員の養成も行われた。

面長たちへの表彰は、たとえば京畿道報に「吏員及び篤行選奨」として公示され、邑面長・副邑長・区長などが対象になっていたが、彼ら表彰者の事跡概要を紹介し、行政の要請する事業にいかに努力したかについて述べている。多くの事例があるが京畿道の場合は一九四四年二月一一日の紀元節に発表されている[22]。このときは四人が表彰されているが、安城郡二竹面長の場合は多年、面民のために尽くし、行政事務のみではなく、教育、農業生産、愛国班の共同作業、神祠参拝、国語常用の推進等に努力したとして他の三名と共に「螺鈿硯箱」を贈られている。他の機会にもこうした表彰は行われていたが、この時期に行われた邑面長に対する処遇改善は大規模なものであった。

一九四四年一〇月に朝鮮総督府地方官官制が改正された。邑面長はそれまで一〇〇名までが奏任官になることが出来ていたが、この改正によって「邑面長二三二五名中の三分の一が奏任官待遇となり一一月に発令されることになった」として「末端行政の躍進に資する点は大きかろう」と報じられている。[23] 実際には各道で発令されるが、慶尚南道では「従来十名であった奏任官待遇が七四名に増員される。これで道内邑長は全部奏任官待遇に昇格するが面長昇格については本月二十日迄に予定数の九割の上申手続きをとる」[24]ということであり、予定道り実施されたと考えられ、大量に奏任官待遇の邑・面長が出現したと見られる。この記事が正確かどうかは不明だが、邑長の大半は奏任官になったと考えられる。この大量な朝鮮人奏任官の任命は大きな効果があると考えられ、実施されたのである。

当時の日本人の価値観からすれば極めて大きな処遇改善ではあったが、朝鮮人がこのことをどう受け止めていたのかは資料的には明らかでない。これは一九四四年一二月の朝鮮人の処遇改善に関する発表に先行する形で実施されているが、四五年になると四月一日付で朝鮮人官吏の昇級が発表された。「昨年四月以来内地人官吏のみに支給されていた六割の加給を朝鮮人官吏の一部にも及ぼすことになり、高等官全部、第一所属官庁の課長その他特定官署の長に限り適用してきたが今回の改善で判任官及び同待遇者全部にも同様給与され、俸給の上における内鮮の差別は事実上撤廃された。なお、新たに適用を受ける人員は全鮮を通じて約二万人の見込みである」と報じられた。[25]

こうした画期的ともいえる邑面職員に対する処遇の変化は、膨大な財政支出をともなうものであり、朝鮮総督府としては必要に迫られた処置であったと考えられる。もちろん、激しいインフレで官吏の給与が低水準だったことも考慮されたと考えられるが、それだけではなく、朝鮮人民衆動員の最先端にいた邑面長、区長たちを奏任官・判任官にするという「名誉」と実質賃金の増加という処置によってつなぎ止めておかざるを得ないという圧力が背景にあったと位置づけられよう。

朝鮮総督府はこのような処遇改善を実施したが、そうした施策だけでは十分ではないと考えていた。朝鮮総督府は徴兵前の青年、農村女性などさまざまな階層の人々に対する錬成を実施していたが、邑面長たちにもこうした錬成を実施したのである。平安南道では一九四四年八月二八日から一〇日間にわたって邑面長を集めて平壌・端氣山の財務協会道場で実施された。「第一線の陣頭に立つ邑面長に対し国策の本義を透徹せしめ、決戦意欲の昂揚を図る目的として二八日から九月一日までの五日間に五十名を、さらに三日から七日までの五日間五十余名都合百名に対し実施する」とされていた。

同じ時期に慶尚南道では初の試みとして邑面長の錬成会が実施され、日本礼法・祭事を通じて皇民魂を体得した、とされている。参加したのは「半島人」ばかりであり、六四歳の面長も参加していたとされ、さらに錬成会を続けると国民総力道連盟では意気込んでいた、という記録もある。他道でも同様の錬成が行われていたと思われる。邑面長にも戦時体制に協力させるための教育を実施しなければならなかったという側面を示しているといえる。(26)

邑面長に対する訓練と同時に、新しく採用される邑面職員に対する新たな行政職員としての教育も開始されることとなった。朝鮮における系統的な邑面職員教育としては初めての試みであったと考えられる。「合理的」な行政教育をはじめることによって効率を高め、民衆対応などについて学ばせようとしてのである。この新職員に対する教育は京畿道で試みられた。

一九四四年五月五日付京畿道令二五号で京畿道邑面吏員養成所規定が告示された。この目的を邑面吏員養成所は「邑面吏員たるべき者に必要なる学科及び実務を施すと共に真に忠良有意なる皇国臣民たるの資質を錬成するを以て目的とす」としている。学科は訓育、時事解説、公民科、国語、数学、統計、地方制度大意、各種行政法規、各種行政実務であった。期間は六か月間、定員は六五名、入学は郡守の推薦のある者、給与は支給されるが知事所定の邑面で三年間勤務すること、等が定められている。[27] 戦時下に面職員としての訓練を半年間受けたのちに職員になるという新制度であった。

こうした制度と訓令がなければ行政運営は出来なかったにもかかわらず、出来ていなかった。これは、朝鮮総督府のそれまでの施策での民衆統制にはそれほど必要ではなかったためで、農民・都市住民などに対する徴兵、義務教育制、物資動員、供出など総動員態勢のなかで必要になり、改めて実施せざるを得なくなっていたのである。邑面制度の基本からの立て直しという意味合いもあったと考えられる。なお、この制度の実施状況や他道での実施などについては資料的に裏付けられない。

このような邑面に対するさまざまな、また、それまでにないような施策が採られたが、邑面民に政策を納得させられるほどの効果が存在したのであろうか。この検討のために邑面民にとって最も深刻な問題となっていた食糧問題、なかでも供出をとりあげておきたい。[28]

七　米の供出と邑面民の紛争

一九四四年秋、米の収穫期になり、凶作が明らかになったが、にもかかわらず米は軍用や日本国内への移出などによって需要が高まっていた。朝鮮総督府は農民には麦、雑穀、「満洲」からの移入雑穀などによって食糧を供給しようとしていたがまったく不十分で、闇が横行し、農村でも配給が実施されていた。総督府当局にとっては農民から完全に米を供出させることが大きな課題になっていた。このための供出体制の整備が供出成否の鍵になっていた。

こうした状況を背景に「戦力増強の基盤である決戦糧穀の供出完遂に京畿道では府郡、邑面、部落、各挺身隊を編成することになり府郡では郡守を隊長に府郡勧業課長および道有力者の二名を副隊長に、邑面では邑面長を隊長に、警察官主席を副隊長に、部落では区長または部落連盟理事長を隊長に、部落有力者を副隊長にして、官民一体の挺身隊を組織し、供出割当の確保、講習会の開催、供出促進に対する諸計画の樹立、糧穀の移動防止、ならびに搗精統制の抑制、退蔵の防止、乾燥、脱穀調整の指導、部落共同出荷の完遂指導を図ることになった」としている。[29] 挺身隊という軍組織に似せた供出組織を作り供出させたが、個別の家々を廻って供出させたのは面の役人や供出督励員であり、特に警察官が立ち会って実施された。農民たちも出来るだけ自家用に米を確保しようとしたが大半は発見され、処罰された。こうした方法が毎年行われ、さらに厳しい強制供出が実施され多くの問題を起こしていた。資料で確認できる事例は少ないが直接邑面と面民が厳しく対峙した場合も存在した。

その事例として、黄海道瑞興郡栗里面で一九四四年一二月一七日に供出をめぐる郡面職員と愛国班長やその班にいる部落民との対立・暴行事件を紹介しておきたい。これは『朝鮮検察要報』[30] に内容が紹介されているので、これに基づいて概要を述べておく。

事件に先立って副面長は一二月一五日に開かれた郡面職員の供出督励員の打合会で四四年度の供出成績が良くないので「今度は部落民全部に対し家宅捜索を実施し、雑穀は種子でも供出させ、もし不遜な分子が居て反抗するようなときには強制手段を用いても供出させて之が完璧を期する」ように指示していた。

一二月一七日、郡面職員が供出督励のために部落内で検査をしていたところ「部落民中に糧穀を隠匿し又は供出を渋る等の所為があったので右郡面職員に於て金山黙他九名（内女二名）の部落民を棒または手拳を以て殴打したため部落民を憤激せしめた」。これを聞いた愛国班長たちは、郡面職員に対し「郡面職員にかかる行為をなさしめないように反省を促さんことを謀り」、部落民たちには班長宅に集まるように指示し、車夫の農民を先頭に部落内に宿泊していた二名の技手を殴打し、他の家に居た面書記、また、別の家にいた配給組合書記を殴打した、とされている。さらに、「部落民約四十名は栗里面事務所に押しかけて同副面長に対し汝は腹一杯食い居り乍ら我ら農民を餓死せしめるつもりか、と糾問しつ」、副面長を殴打し、全治一か月の傷害を与えたとされている。この結果、警察に一一名が検挙され取り調べを受けている、と報告されている。わかる範囲では検挙されたのは同面の四人の愛国班長、牛車夫一名、農民一名で、被害者とされているのは郡吏員二名、配給組合員一名、面書記六名、副面長一名である。郡面職員と農民側の対立で、双方ともすべて朝鮮人であった。

この事件に示されているのは、供出という政策実施において行政側からの暴力行為が日常的に行われていたことである。これを報告した検察官は、この原因を近時供出をめぐっての不祥事が多くなっているとして、この事件は「農民の時局観念が足ざるによるものであるが供出に熱心の余り指導的な地位にあるものが適切な方法を樹てずして徒に強制力を用いんとするの所謂行過ぎに因るもの又すくなしとしない現況は食糧問題調整上重大な隘路ともいうべきであろう」としている。

この事件の場合は警察官がたまたまいなかったようであるが、多くの督励には警察官がおり、農民に圧力をかけていた。大半の場合、抵抗できなかったと考えられるが、この事件は、督励する側も抗議した側もみな、朝鮮人であり日本人は居あわせなかったこと、日常的な食糧や翌年必要な雑穀の種子まで供出させせようとしたこと、女性に対してまでの暴力行為などに対する「抗議」として起きたのである。他村と連携するなど、広範囲ではないが事前に相談し、愛国班長を中心に実力で報復し面の政策に抵抗した。農民は生産した米を全て供出され、その日の食にも窮する状況になっていたために組織的に抵抗した（配給組合書記が督励班に同行していたのはこのためと思われる）。米の代わりに配給される食糧は麦であれば良い方で、粟・稗・玉蜀黍・大豆の絞りかすなどで、配給量も極めて少なく見積もられていた。抵抗は当然であった。

この事件を通して見えてくるものは面民たちに面当局に対する信頼などなく、むしろ対峙していた姿勢である。また、関係する地域農民の大半が面事務所への抗議に参加しており、集団的な行動であった。さらに、朝鮮総督府の施策実現の最前線に位置づけられていた国民総力朝鮮連盟の愛国班長が先頭に立って行動している。この事件に限ってみても面当局と愛国班長を含めた民衆との対立、乖離は大きくなっていたと考えられる。

以上のような行動は栗里面だけではなく朝鮮全体で存在したが、少しでも抵抗すると検挙され暴行を受けた。なお、こうした抵抗が郡民全体を巻き込むような行動となっていたという資料は見つかっていない。これは供出督励が、日程を変えて地域ごとに行われていたことが理由と見られる。また、供出をめぐる民衆の行動は大小併せて多数存在したと考えられるが一般紙などに報道されることはなく、情報が伝わらずに広がりを持ち得なかったという点もあげられる。

民衆が面行政に抵抗するという事態は、供出に限らなかったと思われる。食糧配給量の少なさ、供出代金からの天引き預金、送金からの天引き預金への抵抗も見られ、さらには、朝鮮内外に対する労働動員は面が割当を行い動員者を指定していたことから、そうした面の業務にも抵抗があった。徴兵の実施に抵抗した事例も見られる。朝鮮社会の物資不足が統制強化で深刻さを増していたことも抵抗を引き起こしていた。

まとめ

一九四四年から四五年八月にかけての朝鮮の一年間は労働動員者数の著しい増加、徴兵、供出強化と凶作、供出・統制強化などによって著しく矛盾が大きくなっていたといえよう。本稿でとりあげたこの時期の邑面職員と邑面民衆との乖離も深刻になっていたのである。

このことについては朝鮮総督や高官たちの「地方行政の刷新」が必要であるという発言とそうした認識に典型的に示されているといえよう。邑面行政は膨大な事務量を抱えていたが職員は極めて少なく、総督府の通達そのままに「上意下達」を繰り返していたのが実情であった。総督府はこうした状態に対して「刷新」のために「邑面指導監督規定」に見られるように邑面の指導については「懇切丁寧」と「反復説明」することをもとめていた。

邑面の事務検閲については「邑面事務指導監督規定」に含まれる「邑面事務検閲要項」に基づいて行うこととなっていた。総督府が邑面職員に要求していたのは行政施策一つ一つについて民衆に対する施策が「適否」であるか、どうか、という判断であった。貯蓄奨励の適否や貯蓄目標の適否、労働動員に際しての「出頭者選定の適否」まであらゆる事務事項について邑面民の反応を検閲という手法で聞いているのである。配給については「情実配給の有無」、供出については「供出割当の適否」など行政のすべてにわたっている。

これは施策の成否を聞くというより、第一には邑面民の反応を見る目的であり、一面ではそれだけ邑面民の反応を恐れていたためであるといえる。第二には実際に反発があり、それがどの程度のものであるかを判断するために必要であったと考えられる。第三に検閲要項に見られる施策適否の問いそのものが、邑面民との乖離を示しているといえよう。この乖離がそれぞれの項目についてどの程度のものであったかについては検閲結果に関する資料がなく、明らかではないが邑面民と邑面行政の乖離への危惧が全施策にわたっていたことは確認できる。

邑面行政の責任者たる面長たちの認識は職員不足だけでなく、面の職員でありながら面の実情を知らない職員がいたり、職員教育が十分ではなく上意下達になっていた。郡から来た施策実行を機械的に割り当てるのが多くの邑面職員の実情であったと考えられる。こうしたことから、いきおい邑面民との乖離は増幅していたと考えられる。「太平洋戦争の意味を面民が知らない」という結果になり、その中で行う政策は強制をともなうものとなっていた。

また、新聞報道でも規制が多かったが行政との乖離を示す報道が多くみられる。典型的には配給量を水増しするため家族人口を増やす幽霊人口の存在で、京城では一五万人にもなっていたといわれ、これは他都市、農村でも確認できることから愛国班長を含めた広範な「不正」が公然と行われていたことがわかる。ここでは触れられなかったが、買い出しの闇も公然と行われ、闇賃金の高騰もよく知られていた。

このため行政当局は改めて判任官から奏任官への昇格、給与改善などの処遇改善を行い、邑面長錬成や新面職員養成に取り組んだが、実施は一九四四年末以降のことで、これで邑面民衆との乖離が解消したとは考えられない。

戦時末期には矛盾が拡大し、時には邑面職員と邑面民衆が鋭く対立し、暴力をもって対峙することもあり、確認できる範囲では先に見たような栗里面での実情をあげることが出来る。栗里面のような規模でなくとも供出をめぐる争いは日常的に存在し、大半は警察官の威圧と暴力的な抑圧によって押さえ込まれていた。単なる乖離から対立・抵抗の要素を含む社会状況も生まれていたのである。解放一年前を中心に当局と民集の乖離の幅が大きくなっていたと考えられる。

総督府行政と朝鮮民衆の乖離の存在は、皇民化政策下にも朝鮮人の世界が広がっていたことを示し、それは朝鮮民衆の義兵戦争、三一運動を通じ保たれていたことを明らかにしている。

なお、日本の政策と民衆との乖離についての検討は邑面行政からのみでは不十分であることはいうまでもない。邑面職員自身の総督府政策との乖離、あるいは日本語の普及率の問題、朝鮮人に対する教育、朝鮮人の社会慣行の無視、インフレの進行、闇行為・闇賃金の一般化等を総合的に検証していく必要がある。ここでは邑面職員と邑面民との関係に絞って検討したが、個別の政策業務と邑面民の乖離の問題についてさらに考える必要があろう。今後の課題としたい。

（1）　한긍희「일제하 전시체제기 지방행정 강화 정책——읍면행정을 중심으로——」（『국사관논총』第八八号、二〇〇〇年

三月）がある。この論文では一九四三年八月の「邑面行政強化刷新要項」について論じられている。なお、総督府全体の戦時行政体制については庵逧由香『조선총독부의 총동원체제（一九三七～一九四五）형성 정책』（高麗大学校大学院史学科博士論文、二〇〇六年）がある。

（2）松本武祝『朝鮮農村の植民地近代化経験』（社会評論社、二〇〇五年）の第四章「戦時期朝鮮における地方職員の対日協力」、第五章「戦時体制下の朝鮮農村」が面職員をめぐる動向について述べている。

（3）小磯國昭道知事会議訓示要旨『朝鮮総督府官報』一九四三年四月七日付による。こうした総督の意向を受けて「邑面行政強化刷新要項」が総督府司政局から発表され、一九四三年一〇月号の『朝鮮行政』に発表されている。この要項の実施方法として人的機構の整備拡充、事務の改善刷新、邑面財政の強化確立が述べられている。

（4）「地方行政を強化　総督府大異動発令さる」（『朝日新聞西部版』南鮮版、一九四四年一一月二三日）。

（5）慶尚北道訓令一八号「邑面処務規定」（慶尚北道『慶尚北道報』一九四四年四月二一日付）。

（6）朝鮮総督府京畿道訓令第五九号「邑面事務指導監督規定」（『京畿道報』一九四四年九月二二日付）による。本来であれば慶尚北道の事務分担と照応する事務指導監督規定が存在すれば良いが、現在のところ発見されていないので京畿道報を使用する。

（7）各条項は条文のママとせず筆者が略記した。

（8）『京城彙報』の戦時下の各号には愛国班回覧板欄があり、班長に時々の動員テーマなどが指示されていた。一般の記事でも府の課長や担当などが記事を書いており、国債購入、徴兵、預金など政策趣旨の徹底を行っていた。また、彙報は大都市で刊行されており、大邱彙報・釜山彙報・平壌彙報などが確認できる。

（9）このことについては拙著『日本の植民地支配と朝鮮農民』（同成社、二〇一〇年）の第四章「戦時下朝鮮農民の新しい動向」第二節「戦時労働力不足下の朝鮮内闇賃金とインフレの進行」を参照されたい。

（10）一九四四年九月以降の戦時末期になって動員労働者援護制度などが整備されたが名目的な存在にすぎなかったと考えられる。拙稿「朝鮮における解放前一年史——戦時労働動員を中心に——」（『在日朝鮮人史研究』第四一号、二〇一一年一〇月）を参照されたい。

（11）なお、当時邑面でどのような公文書を作成・保存していたかについては明らかでない。先にあげた邑面処務規定に沿う形で文書が作成されていたと考えられる。道全体の作成文書一覧はあるので、道段階での労働動員関係の文書一覧は確認できるが、文書そのものについては一部の保存が明らかになっているものの、全体については判明していない。なお、現在の韓国における郡・邑面関係文書の所蔵は戸籍・土地関係が最も多く、共和国については明らかではない。

(12) この検閲結果については「官吏」は検閲事項について「その顚末」を書面で報告することになっている。さらに、「改善を要する事項は直ちに指示すべし」と条文に明記されている。条文には報告文書雛形が付されている。しかし、こうした報告書の原資料は現在のところ発見されていない。

(13) 「座談会　正しい面行政――大物面長に聞く――」(『朝鮮行政』一九四三年八・九月合併号)。ただし、この会議に出席したのは総督府から邑面行政強化のために直接依頼された参与官など元総督府幹部が面長になった「大物面長」が中心で、総督府からは司政局長、地方課長が出席している。出席面長は優良面の面長である。いわば翼賛的な座談会で限界のあることを前提にいくつかの現状認識についてとりあげる。なお、この座談会記録が掲載されたのちの『朝鮮行政』一九四三年一〇月号には司政局が「邑面行政刷新強化要項」を発表している。同要項は司政局が各道知事宛に一九四三年八月二四日付で通牒した「邑面行政の強化刷新に関する件」に付されている文書である。

(14) 面長の職務能力向上についてはその必要性が認識され、総督府は一九四三年一月六日付で「邑面長の資質向上に関する件」を通牒して、郡の中で優秀なものを面長にすること、面長の処遇改善、優秀な面長は郡長に抜擢すること、郡内面の一割を資質向上対象とすることなどを指示している。その後、副面長制度を取り入れるなどの面行政の強化を行っていた。

(15) 「勝利へ反省せよ努力の不足」(『朝日新聞西部版』朝鮮版、一九四四年一二月三一日)。

(16) 「まだ頭の切替へが足りぬ　決戦行政を大野慶南知事強調」(『朝日新聞西部版』南鮮版、一九四四年一一月三〇日)。

(17) (『朝日新聞西部版』中鮮版、一九四四年二月八日)。この事件については検事正談話、警察部長談話が掲載されており、一罰百戒的な報道であったと考えられる。新聞報道と同時に検察当局がまとめた『朝鮮検察要報』第九号には「全羅南道庁職員等の汚職事件」に触れ「この種の犯罪は依然跡を絶たずかえって激増の一途をたどる傾向にある。而して彼ら役職員中は甚だしきはその種の贈収賄等は一つの役得として当然なる者の如き誤れる観念を持如斯観念は今や社会的通念として一般に蔓延しつつあるように想われる」としている。

（18）「これでよいのか」（『朝日新聞西部版』南鮮版、一九四五年三月二七日）。
（19）「不誠町会長を粛正　町会機能を監査」（『朝日新聞西部版』南鮮版、一九四五年一月二九日）。
（20）「京城の幽霊退治　悪質は厳重処罰」（『朝日新聞西部版』中鮮版、一九四四年八月一三日）。
（21）「不正者出した愛国班は全員減配　全南の幽霊退治」（『朝日新聞西部版』南鮮版、一九四四年九月六日）。
（22）「彙報欄　地方行政」（『京畿道報』号外、一九四四年二月二三日付）。
（23）「鶏林週記」（『朝日新聞西部版』中鮮版、一九四四年一〇月二九日）。
（24）「慶南の奏待邑面長増員」（『朝日新聞西部版』南鮮版、一九四四年一一月一六日）。
（25）「朝鮮出身官吏の昇級」（『朝日新聞西部版』一九四五年四月三日）。
（26）平安南道の事例は「面長さんら錬成」（『朝日新聞西部版』西北鮮版、一九四四年八月一二日）。慶尚南道の事例は「皇民魂を体得　慶南の邑面長錬成会の成果」（同紙、南鮮版、一九四四年九月一日）。
（27）『京畿道報』号外、一九四四年五月五日付。
（28）戦時下の供出については一九四二年前後の状況であるが拙著『戦時下朝鮮の農民生活誌』（社会評論社、一九九八年）を参照されたい。
（29）「糧穀供出に挺身隊編成」（『朝日新聞西部版』南鮮版、一九四四年一一月二五日）。
（30）「糧穀供出に絡む愛国班長等の輿党暴行」（高等法院検事局『朝鮮検察要報』一九四五年一月号）。

共同研究会「植民地帝国日本における支配と地域社会」報告一覧

【二〇〇八年度】

二〇〇八年四月二〇日

松田利彦　共同研究会「植民地帝国日本における支配と地域社会」の狙いと関連研究の状況

二〇〇八年七月二〇日

陳　姃湲　帝国史の視座から地域社会研究の可能性を再考する――台湾における地方エリート（地方精英）の研究トレンドと関連して――

金　貞恵　カン・ギョンエ（姜敬愛）の『塩』に見られる植民地時代の下層女性

水野直樹　植民地期朝鮮における民籍・戸籍制度と朝鮮人の対応

大浜郁子　書房義塾参考書の制定過程にみる台湾の植民地的近代教育の形成――地域社会における「植民地的近代教育」と伝統的教育の相克――

野口真広　下村宏民政長官の台湾社会認識と統治策について

二〇〇八年九月二九日

金　貞蘭　開港期釜山に於ける朝鮮牛の輸出と「輸出牛検疫所」の設置

李　昇燁　最初の在朝日本人衆議院議員・大池忠助について

永島広紀　〈朝鮮総督府中枢院〉研究の方向とその課題

板垣竜太　植民地期朝鮮の酒造・酒造業（1）

青野正明　植民地期朝鮮の宗教運動と「中堅人物」を見る視点（1）――農村社会の変動を軸に――

二〇〇八年一一月二四～二五日

崔　眞善　植民地期朝鮮の婦人啓蒙運動と「中堅婦人」の役割――「国語普及運動」を中心として――
宮崎聖子　植民地期台湾における女子青年団
広瀬貞三　植民地期朝鮮における羅津港建設と土地収用令
樋口雄一　朝鮮に於ける小学校生徒の食事と栄養状態――日本人生徒と朝鮮人生徒の差異について――
松田利彦　韓国「併合」直前の民心状況――伊藤博文殺害事件と一進会請願を中心に――
福井　譲　朝鮮簡易生命保険と村落社会(1)
長沢一恵　新「朝鮮鉱業令」下における民間鉱業と地域社会――朝鮮人民間鉱業者の動向を中心に――

二〇〇九年二月七〜八日

庵逧由香　朝鮮における総動員体制の構築と地域社会
藤永　壮　戦時期朝鮮における「慰安婦」動員の「風聞」
李　鐘旼　朝鮮における「犯罪即決例」の研究やその課題
李　炯植　阿部充家と朝鮮統治
James Baxter　朝鮮殖産銀行と日本支配下の地域社会
小川原宏幸　韓国皇帝巡幸と朝鮮民衆
梅森直之　比較帝国研究の問題設定：保甲制度を手がかりに

【二〇〇九年度】

二〇〇九年五月一七日

松田利彦　植民地期朝鮮における消防組について
大浜郁子　「琉球教育」と台湾における植民地教育の比較史的考察――授業料徴収の問題を中心に――
春山明哲　黄欣：台南・固園主人――植民地近代を生きたある台湾人の肖像――

二〇〇九年六月二〇日

胎中千鶴　植民地と相撲――八尾秀雄の活動を中心に――

金　貞蘭　開港期釜山における梅毒管理

李　昇燁　在朝日本人衆議院議員・大池忠助について

板垣竜太　戦時下ソウルの職工日記(一九四一年)について

二〇〇九年九月二七日

陳　宛妤　植民地台湾における旧慣の胎について　一八九五―一九二二年

野口真広　治安警察法違反事件を通じて見る台湾社会の総督府認識

藤永　壮　一五年戦争期・台湾の接客業――『台湾日日新報』の記事から――

青野正明　植民地期朝鮮の宗教運動と「中堅人物」を見る視点(2)――農村社会の変動を軸に――

永島広紀　朝鮮総督府中枢院―朝鮮総督府学務局―経学院間相互の人事慣行形成について

二〇〇九年一一月二一〜二二日

宮崎聖子　台湾人における陸軍士官学校の経験――一個人のライフ・ヒストリーから――

蔡　彗玉　鷲巣敦哉の植民地世界―《警察生活の打明け物語》を中心として

崔　眞善　植民地期朝鮮の婦人啓蒙運動と「中堅婦人」の役割――「国語普及運動」を中心として――

広瀬貞三　植民地期の南朝鮮鉄道工事と土地収用令

何　義麟　日本統治期の台湾人の教育要求――台陽中学校設立運動を中心にして――

樋口雄一　植民地末期の朝鮮農民と食――江原道農民を事例として――

二〇一〇年一月三一日

李　炯植　阿部充家と朝鮮統治

李　鐘旼　一九一〇年代朝鮮の刑事処罰構造と「犯罪即決」

水野直樹　咸鏡南北道における思想浄化工作をめぐって――郷約の問題を中心に――

梅森直之　植民地統治の重層性をめぐって：戦後日本思想史をめぐる認識論的考察

二〇一〇年三月一三日

松田利彦　台湾総督府覆審法院検察官長・手島兵次郎関係文書　簡介

陳　姃湲　植民地台湾の地方行政制度と公娼制度――台湾各県庁州報、台湾総督府公文類纂、台湾各州警察法規を資料に――
陳　姃湲　植民地社会のニッチ市場を求めて――植民地台湾の朝鮮人娼妓業ネットワーク――
尹　海東　不作為的な立法機構としての朝鮮総督府中枢院
庵逧由香　植民地下咸鏡北道の軍事都市と日本軍・「遊郭」・「慰安所」

【二〇一〇年度】

二〇一〇年四月二四日
王　泰升　殖民地台灣與西方式法院的初次接觸
小川原宏幸　日本の朝鮮統治初期の地方制度改革――府制導入における総督府の在朝鮮各国居留地の撤廃交渉過程――
松田利彦　一九二〇年代朝鮮における「地方改良運動」
長沢一恵　一九二〇～三〇年代における朝鮮鉱業の地域動向――朝鮮での「鉱業警察」設置を中心に――
二〇一〇年七月四日
李　相燦　朝鮮総督府の朝鮮時代の歴史記録の管理
広瀬貞三　植民地期朝鮮における水道事業――仁川水道を中心に――
田中隆一　「満洲国」警察と地域社会――経済警察の活動とその矛盾を中心に――
二〇一〇年九月二三日
金　貞蘭　開港期釜山におけるコレラ流行とその対応――日本のコレラ対策を中心に――
陳　宛妤　植民地台湾における担保制度と民衆社会
青野正明　植民地期朝鮮の宗教運動と「中堅人物」を見る視点(3)――「類似宗教」について――
福井　譲　逓信政策と村落社会の対応――「簡易生命保険模範部落」を中心に――
二〇一〇年一一月二八～二九日
藤永　壯　在日済州島出身女性の労働について――大阪の紡績女工を中心に――

宮崎聖子　日本植民地期台湾における青年団の中間指導者　横尾広輔について
大浜郁子　台湾公学校令(勅令)の制定過程に見る植民地帝国日本の支配と地域社会
李　鐘旼　一九一〇年代の処罰権力と笞刑
樋口雄一　一九四五年の朝鮮農業・農政と社会状況——新聞資料から読み取る——

二〇一一年一月二二～二三日
永島広紀　朝鮮総督府学務局の「社会教育」と地域社会
小林善帆　植民地朝鮮の女学校と日本の伝統的文化の受容
春山明哲　黄欣　植民地近代を生きたある台湾人の肖像(その2)——黄欣の「新知識」と「新思想」をめぐって——
李　炯植　一九一〇年代朝鮮総督府の衛生行政と地域社会
崔　眞善　植民地朝鮮の「国語普及運動」の展開と朝鮮女性の対応
胎中千鶴　相撲指導者八尾秀雄の植民地経験
板垣竜太　皇民化の隙間——創氏改名時代の族譜について——

二〇一一年三月一三日
庵逧由香　朝鮮総動員体制における労働力動員と地方行政
陳　姃湲　台湾人医師の朝鮮留学
陳　姃湲　「東洋史」と「国史」のはざまで：戦後韓国歴史学界における台湾史研究
水野直樹　咸鏡北道における思想浄化工作と郷約・自衛団

あとがき

本書は、朝鮮人や台湾人といった「支配される側」から――とりわけ彼らの生活の場である地域社会から――植民地史を考え直すと同時に、そのような歴史像を単一な植民地――ひいては植民地と母国日本との間で完結される単一な二者関係――のなかへと収斂させず、帝国全体という有機的な関係性から編みなおすことを試みたものである。前者がややもすれば近代ナショナリズムの高い壁に遮られ、国家間の歴史認識問題として跳ね返されてしまう現状や、支配される側の視点を踏まえない帝国史が、帝国主義の再現という危惧を生み出している点を考えれば、一見異なるレベルと領域に属するかのようにみえる両者を、つなぎあわせてみる必要性が自明になる。

とはいえ、それを実践に移すことは容易ではなかった。植民地の歴史が韓国近代史や台湾近代史といった一国のナショナルヒストリーの範疇にそれぞれ組み込まれている現状のもとで、各植民地史を足しあった合計がそのまま帝国史に還元されるとはかぎらず、それ以上に互いをつなぎ合わせる有機的関係性を見いださなければならないからである。朝鮮史と台湾史の研究者が一緒に悩みあうことで、問題をそれぞれの研究領域のなかで完結させず、帝国というレベルへと反芻させることこそが、本書とそのもととなった研究会の目的だったのである。

ただ、本書が全体として帝国史を志向する以上に、そのような視点が個別論文のなかにどれほど溶け込んでいるかについては、まだ多くの課題が残されているといわざるを得ないだろう。留意していただきたい点は、それはひとりひとりの研究者をとりまいている現時点での問題である以上に、それ自体として帝国史の全体像をも反映しているということである。植民地史を考える視点を支配する側から支配される側にシフトさせたときに、統治する側の帝国というバウンダリーはもはや自明ではなくなり、地域社会がその外延の間で獲得できる歴史文脈は、もうひとつの植民地まではなかなか広がらない。言いかえれば、このような断絶こそが帝国の内部構造を垣間見させる一面であると同時に、帝国が植民地支配を通して各植民地の地域社会に残した遺産でもあるといえよう。

以上の認識を踏まえて、今後帝国史と地域史のなかでなにができるかについては、研究会に参加した筆者たちに残された今後の課題であると同時に、読者の皆さんのひとりひとりによって新たな可能性が生み出されることを期待する。その意味において、本書が共同研究の成果である以上に、問題提起という役割をも担ってくれることを願ってやまない。

三年に及ぶ共同研究会を経て本書ができあがるまでは、間接直接を問わず、多くの方々のさまざまな力を借りなければならなかった。もっとも京都を拠点にして台湾と韓国を考える研究会だけあって、わたし自身をふくめ、少なからぬ参加者が海を越えて研究会に駆けつけなければならず、身をもってこの研究のハードルの高さを知ることとなった。親身になって研究会をサポートしてくださった国際日本文化研究センターの有能なスタッフの皆さんがいらっしゃらなかったら——さらには同センターの海外共同研究員という制度がなかったら——、とうてい無理な試みだったのかもしれない。さらに、田中峰人さんをはじめ、思文閣出版の皆さんには、研究会での討論を本という形で外に向けて発信する機会をいただいた。そのほかにも各執筆者を支えてくださった多くの方々に、ここであわせて深くお礼を申し上げます。

このようにして、台湾と朝鮮を起点とする日本帝国史研究は、いままさしくその一歩を踏み出したばかりである。本書を踏み台にして、さらに活発な討論と問題提起の連鎖が生れることを期待してやまない。

陳　姃湲

執筆者紹介（収録順）

松田利彦（まつだ　としひこ）
1964年生．京都大学大学院文学研究科現代史学専攻後期博士課程中途退学．京都大学博士（文学）．国際日本文化研究センター准教授．『戦前期の在日朝鮮人と参政権』（明石書店，1995年），『日本の朝鮮・台湾支配と植民地官僚』（共編著，思文閣出版，2009年），『日本の朝鮮植民地支配と警察——1905～1945年——』（校倉書房，2009年）．

陳　姃湲（ジン　ジョンウォン）
1972年生．東京大学大学院人文社会系研究科博士課程修了．（台湾）中央研究院台湾史研究所助研究員．『東アジアの良妻賢母論：創られた伝統』（勁草書房，2006年），『看不見的殖民邊緣：日治台灣邊緣史讀本』（玉山社，2012年），「殖民地臺灣社會夾縫中的朝鮮人娼妓業」（『臺灣史研究』第17巻第3期，2010年9月）．

庵逧由香（あんざこ　ゆか）
1966年生．高麗大学校大学院史学科博士課程修了．立命館大学文学部准教授．「植民地期朝鮮史像をめぐって——韓国の新しい研究動向——」（『歴史学研究』第868号，2010年7月），「朝鮮人強制動員における労務（国民）動員計画と地方行政」（『季刊 戦争責任研究』第70号，2010年12月），「朝鮮における総動員体制の構造」（『岩波講座 東アジア近現代通史』第6巻，岩波書店，2011年）．

福井　譲（ふくい　ゆずる）
1971年生．（韓国）延世大学校大学院史学科博士課程修了．広島大学大学院国際協力研究科博士課程修了．博士（学術）．（韓国）仁済大学校人文社会科学大学日語日文学科助教授．朝鮮近現代史．「朝鮮総督府の逓信官僚とその政策観——朝鮮簡保制度の施行を中心に——」（松田利彦・やまだあつし編『日本の朝鮮・台湾支配と植民地官僚』思文閣出版，2009年），「在住朝鮮人の「身元調査」について——岩井警察署『朝鮮人関係綴』をもとに——」（『在日朝鮮人史研究』第40号，2010年10月），「韓国から見たフクシマと「核」——震災報道と原発への再認識——」（慶應義塾大学東アジア研究所編『アジアにおける「核」と私たち——フクシマを見つめながら——（仮）』慶應義塾大学出版会，2013年（予定））．

宮崎聖子（みやざき　せいこ）
お茶の水女子大学大学院人間文化研究科修了．福岡女子大学国際文理学部准教授．『植民地期台湾における青年団と地域の変容』（御茶の水書房，2008年），『ジェンダー研究が拓く地平』（共著，文化書房博文社，2005年），『戦後台湾における「日本」——植民地経験の連続・変貌・利用——』（共著，風響社，2006年）．

永島広紀（ながしま　ひろき）
1969年生．九州大学大学院人文科学府博士後期課程修了．佐賀大学文化教育学部准教授．
『戦時期朝鮮の「新体制」と京城帝国大学』（ゆまに書房，2011年）．

青野正明（あおの　まさあき）
1958年生．筑波大学大学院博士課程歴史・人類学研究科史学専攻退学．桃山学院大学国際教養学部教授．『朝鮮農村の民族宗教――植民地期の天道教・金剛大道を中心に――』（社会評論社、2001年），「植民地期朝鮮における「類似宗教」概念」（『国際文化論集〔桃山学院大学〕』第43号，2010年12月），「創氏改名の政策決定過程――朝鮮民事令改正をみる視点から――」（『朝鮮史研究会論文集』第50号，2012年10月）．

水野直樹（みずの　なおき）
1950年生．京都大学大学院文学研究科博士後期課程修了．京都大学人文科学研究所教授．『生活の中の植民地主義』（編著，人文書院，2004年），『創氏改名――日本の朝鮮支配の中で――』（岩波新書，2008年），『図録　植民地朝鮮に生きる』（編著，岩波書店，2012年）．

陳　宛妤（チン　ワンユ）
1979年生．京都大学大学院法学研究科博士後期課程修了．国立清華大学大学院科技法律研究所助理教授．「植民地台湾における担保法と社会㈠」（『法学論叢』第172巻第1号，2012年10月），「植民地台湾における担保法と社会㈡」（『法学論叢』第172巻第3号，2012年12月）．

李　鐘旼（イ　ジョンミン）
1963年生．韓国延世大学校大学院社会学科博士課程修了．韓国延世大学校社会発展研究所研究員．「日本の植民地支配と朝鮮社会変動」（『世界の日本研究2002――日本統治下の朝鮮：研究の現状と課題――』国際日本文化研究センター，2002年），「軽犯罪の取締法令に見る民衆統制――朝鮮の場合を中心に――」（浅野豊美・松田利彦編『植民地帝国日本の法的構造』信山社，2004年），「戦時下愛国班組織과 都市의 日常統制――京城府를 中心으로――」（『東方学志』第124輯，2004年3月）．

長沢一恵（ながさわ　かずえ）
1970年生．関西大学大学院文学研究科史学専攻博士後期課程単位取得退学．京都造形芸術大学、近畿大学、天理大学、奈良大学、各非常勤講師．「朝鮮総督府・鉱務官僚と朝鮮鉱業会――両大戦間期における鉱業保護奨励策を中心に――」（松田利彦・やまだあつし編『日本の朝鮮・台湾支配と植民地官僚』思文閣出版，2009年）．

春山明哲（はるやま　めいてつ）
1946年生．東京大学大学院工学研究科修士課程修了．国立国会図書館勤務を経て，現在早稲田大学アジア研究機構台湾研究所客員上級研究員．『近代日本と台湾――霧社事件・植民地統治政策の研究――』（藤原書店、2008年），「台湾旧慣調査の歴史的意義」（西川潤・蕭新煌編『（台湾研究叢書4）東アジア新時代の日本と台湾』明石書店，2010年）．

野口真広（のぐち　まさひろ）
1974年生．早稲田大学大学院社会科学研究科博士後期課程修了．博士（学術）．早稲田大学社会科学総合学術院助教．「台湾総督府の雲林事件への対応と保甲制――領台初期の台湾人の抵抗と協力――」（早稲田大学大学院社会科学研究科『社学研論集』第9号，2007年3月），「石塚英蔵総督の台湾統治改革構想――台湾経験から見る郡警分離問題――」（松田利彦・やまだあつし編『日本の朝鮮・台湾支配と植民地官僚』思文閣出版，2009年），「近代日本外交の二元性とその調整――満洲問題をめぐる日中関係を事例に――」（『二つの「戦後」秩序と中国』国際書院，2012年）．

広瀬貞三（ひろせ　ていぞう）
1956年生．韓国・高麗大学校大学院史学科修士課程修了．福岡大学人文学部教授．『間組百年史』全2巻（共著，間組，1989・90年），『産業の昭和社会史⑫土木』（共著，日本経済評論社，1993年），『東アジア〈共生〉の条件』（共著，世織書房，2006年）．

大浜郁子（おおはま　いくこ）
1973年生．法政大学大学院人文科学研究科日本史学専攻博士後期課程単位取得退学．琉球大学法文学部准教授．「台湾統治初期における植民地教育政策の形成――伊沢修二の「公学」構想を中心として――」（『日本植民地研究』第15号，2003年6月），「「加害の元凶は牡丹社蕃に非ず」――「牡丹社事件」からみる沖縄と台湾――」（『二十世紀研究』第7号，2006年12月），「書房・義塾参考書の制定過程にみる台湾の植民地的近代教育の形成」（松田利彦・やまだあつし編『日本の朝鮮・台湾支配と植民地官僚』思文閣出版，2009年）．

金　貞蘭（キム　ジョンラン）
1978年生．神戸大学大学院人文学研究科博士後期課程修了．Postdoctoral research assistant of Wellcome Unit for the History of Medicine, University of Oxford.「植民地期における釜山の『癩病』に対する政策」（『朝鮮史研究会論文集』第48集，2010年10月），「近代海港都市釜山におけるコレラの流行とその対応――日本人居留地の運営と上水道の設備過程を中心に――」（『海港都市文化交渉学』［韓国海洋大学校国際海洋問題研究所］第4号，2011年4月），"The Borderline of 'Empire': Japanese maritime quarantine in Busan c. 1876-1910", *Medical History* 2, 2013.

李　炯植（イ　ヒョンシク）
1973年生．東京大学人文社会系研究科博士課程修了．嘉泉大学アジア文化研究所研究教授．「「文化統治」初期における朝鮮総督府官僚の統治構想」（『史学雑誌』第115編第4号，2006年4月），「南次郎総督時代における中央朝鮮協会」（『日本歴史』第720号，2008年5月），「패전 후 귀환한 조선총독부관료들의 식민지 지배 인식과 그 영향」（『韓国史研究』第153号，2011年6月）．

胎中千鶴（たいなか　ちづる）
1959年生．立教大学大学院文学研究科博士後期課程修了．目白大学外国語学部教授．『植民地台湾を語るということ：八田與一の「物語」を読み解く』（風響社，2007年），『葬儀の植民地社会史』（風響社，2008年），「帝国日本の相撲――外地から見た「国技」と大相撲――」（『現代思想』第38巻第13号，2010年11月）．

田中隆一（たなか　りゅういち）
1967年生．大阪大学大学院文学研究科博士後期課程修了．博士（文学）．同志社大学非常勤講師．『満洲国と日本の帝国支配』（有志舎，2007年），「『満洲国』軍の反乱」（『東洋文化研究』第11号，2009年），「『民族協和』と『自治』」（『岩波講座 東アジア近現代通史』第5巻，2011年）．

藤 永　 壮（ふじなが　たけし）

1959年生．京都大学大学院文学研究科博士後期課程単位取得退学．大阪産業大学人間環境学部教授．

「韓国における「親日」清算問題の位相」(歴史学研究会編『「韓国併合」100年と日本の歴史学——「植民地責任」論の視座から——』青木書店，2011年)，「差別語의 誕生，그리고 그 記憶—— '第三國人' 에 대하여——」(『韓国史研究』第153号，2011年)，「第二次大戦後における済州島民の日本への「密航」について」(津波高志編『東アジアの間地方交流の過去と現在——済州と沖縄・奄美を中心にして——』彩流社，2012年)．

崔　 眞 善（チェ　ジンソン）

1970年生．滋賀県立大学人間文化学研究科博士後期課程満期退学．滋賀県立大学人間学部非常勤講師．

『植民地における母性——総力戦体制期の「日本語普及政策」との関係を中心として——』(滋賀県立大学大学院人間文化学修士論文，2007年)．

樋 口 雄 一（ひぐち　ゆういち）

1940年生．明治学院大学卒業．高麗博物館館長．

『戦時下朝鮮の農民生活誌：1939～1945』(社会評論社，1998年)，『日本の朝鮮・韓国人』(同成社，2002年)，『朝鮮人戦時労働動員』(共著，岩波書店，2005年)．

索　　引

＊1 本索引は本文の語句から抽出し、表・注の語句は原則として割愛した。
＊2 朝鮮人名は韓国語読みを日本語50音順に排列し、台湾人名は漢字の日本語読みで排列した。地名は漢字の日本語読みで排列した。

【人　名】

【事　項】

け

こ

さ

ち

て

れ

わ

地域社会《ちいきしゃかい》から見《み》る帝国《ていこく》日本《にほん》と植民地《しょくみんち》
――朝鮮《ちょうせん》・台湾《たいわん》・満洲《まんしゅう》

2013（平成25）年3月29日発行

定価：本体13,800円（税別）

編　者　松田利彦・陳姃湲

発行者　田中　大

発行所　株式会社　思文閣出版
〒605-0089　京都市東山区元町355
電話 075-751-1781（代表）

印　刷
製　本　株式会社　図書印刷　同朋舎

ISBN978-4-7842-1682-6 C3021